Die schönsten Routen zum NORDKAP

Frank-Peter Herbst
Die schönsten Routen zum Nordkap

erschienen im Reise Know-How Verlag Peter Rump GmbH, Bielefeld
Osnabrücker Straße 79, 33649 Bielefeld

Herausgeber: Klaus Werner

2., neu bearbeitete und komplett aktualisierte Auflage 2016

Lektorat (Aktualisierung): amundo media GmbH
Gestaltung: amundo media GmbH
Fotos: siehe Bildnachweis S. 398
Stadtpläne: amundo media GmbH, der Verlag
Routenkarten: world mapping project
Druck und Bindung: Media-Print, Paderborn

ISBN 978-3-8317-2695-0
Printed in Germany

Dieses Buch ist erhältlich in jeder Buchhandlung Deutschlands, Österreichs, der Schweiz, Belgiens und der Niederlande. Bitte informieren Sie Ihren Buchhändler über folgende Bezugsadressen:
Deutschland: Prolit GmbH, Postfach 9, D-35461 Fernwald (Annerod)
sowie alle Barsortimente
Schweiz: AVA Verlagsauslieferung AG, Postfach 27, CH-8910 Affoltern
Österreich: Mohr Morawa Buchvertrieb GmbH, Sulzengasse 2, A-1230 Wien
Niederlande, Belgien: Willems Adventure, www.willemsadventure.nl
Wer im Buchhandel trotzdem kein Glück hat, bekommt unsere Bücher auch über unseren Büchershop im Internet: www.reise-know-how.de

Wir freuen uns über Kritik, Kommentare und Verbesserungsvorschläge. Alle Informationen in diesem Buch sind vom Autor mit größter Sorgfalt gesammelt und vom Lektorat des Verlages gewissenhaft bearbeitet und überprüft worden. Da inhaltliche und sachliche Fehler nicht ausgeschlossen werden können, erklärt der Verlag, dass alle Angaben im Sinne der Produkthaftung ohne Garantie erfolgen und dass Verlag wie Autor keinerlei Verantwortung und Haftung für inhaltliche und sachliche Fehler übernehmen.
Die Nennung von Firmen und ihren Produkten und ihre Reihenfolge sind als Beispiel ohne Wertung gegenüber anderen anzusehen. Qualitäts- und Quantitätsangaben sind rein subjektive Einschätzungen des Autors und dienen keinesfalls der Bewerbung von Firmen oder Produkten.

Wohnmobil-Tourguide

137wn Abb.: hwk

Frank-Peter Herbst

DIE SCHÖNSTEN ROUTEN ZUM NORDKAP

„Wir leben also in diesen steinigen Bergen.
Vor uns das Eismeer. Hinter uns die Gedanken
wie eisige Meere. Aber das ist unser Land.“
Nils-Aslak Valkeapää

136wn Abb.: hwk

INHALT

VORWORT

Nordkap, Polarkreis, Mitternachtssonne, Lappland und Nordlicht: Die Worte klingen geheimnisvoll, so recht nach Abenteuer und ziehen viele Urlauber zum nördlichsten Punkt Europas. Auf dem Weg zum Traumziel Nordkap fährt man über leere Straßen, trifft auf karge Landschaften und hat das Gefühl, dem Alltag entronnen zu sein. Nach der Fahrt vorbei an Rentierweiden und über baumlose Hügel geht es auf erstaunlich guten Straßen durch die Tundra immer Richtung Norden. Wer Glück hat, erlebt die Aurora borealis, das Nordlicht mit seinem atemberaubenden Farbspiel am Himmel, und vielleicht gesellen sich zu den Rentieren sogar majestätische Elche. Auf jeden Fall aber erlebt man im Sommer die Mitternachtssonne – die Zeit, in der die Sonne wochenlang nicht untergeht.

Neben Tipps zur Reisevorbereitung und Ausrüstung bietet dieser Wohnmobil-Tourguide ausführliche Routenbeschreibungen, die den Leser dazu befähigen sollen, eine entspannte Reise zu unternehmen. Ich wünsche eine gute Fahrt und genug Zeit, um die letzte Wildnis Europas kennenzulernen.

Frank-Peter Herbst

138wn Abb.: hwk

GPS-KOORDINATEN IN DIESEM BUCH

Alle GPS-Daten in diesem Buch sind als ***geografische Koordinaten*** *(Breite/Länge; Lat./Lon.) in Dezimalgrad (hddd.dddd) angegeben, also z. B. für das Nordkap 71.169894, 25.783024. Die erste Angabe zeigt den Wert für die nördliche Breite (N), die zweite den für die östliche Länge (O bzw. E) an. Kartendatum ist WGS84. Bei vielen Geräten können Sie einfach für die Eingabe das Format auswählen, in dem die Koordinaten vorliegen. Achtung: Möglicherweise müssen Sie die Koordinaten mit Komma statt Punkt eingeben.*

Umrechnung der GPS-Koordinaten

Wenn Sie die Angaben ***von Dezimalgrad in Dezimalminuten*** *(dd°mm,mmm') umrechnen müssen, so beachten Sie bitte, dass ein Grad 60 (nicht 100!) Minuten hat. Die Angaben in Dezimalgrad können daher nicht einfach durch Kommaverschiebung in Dezimalminuten umgewandelt werden! 71.169894°N sind nicht 71°16,9894', sondern 71°10,193'. Wer dies nicht beachtet, erhält beträchtliche Fehler. Ein Datenkonverter wie z. B. unter http://gpso.de/maps erleichtert die Umrechnung beträchtlich.*

Nutzung der GPS-Koordinaten

Wer ein GPS-Gerät oder Navigationssystem benutzt, das Koordinaten-Eingaben akzeptiert, der kann sich von diesem Gerät direkt zu den jeweiligen Punkten führen lassen. Praktisch alle GPS-Handgeräte bieten diese Möglichkeit, während manche Navigationssysteme nur Eingaben von Adressen akzeptieren – und Park- oder Stellplätze haben nicht immer eine Adresse.

Einige ***Internet-Kartendienste oder Routenplaner*** *wie GoogleMaps™ (http://maps.google.de) zeigen nach Eingabe der geografischen Daten den gesuchten Punkt an, auf Wunsch mit Satellitenansicht und an vielen Stellen mit StreetView-Funktion. Das kann für die Beurteilung der Lage eines Camping- oder Stellplatzes natürlich sehr hilfreich sein.*

Durch Einscannen des QR-Codes auf dem Umschlag bzw. durch Eingabe der Internetadresse www.reise-know-how.de/wohnmobil-tourguide/nordkap16 wird ein ***für den mobilen Einsatz optimierter Internetdienst*** *aufgerufen. Damit kann die Lage der Camping- und Stellplätze auf einer Karte und die Route dorthin angezeigt werden. Voraussetzung ist eine Datenverbindung über das Mobilfunknetz oder WLAN.*

Koordinaten zum Download

Auf der Produktseite dieses Buches unter www.reise-know-how.de finden Sie alle Stellplatzkoordinaten aus diesem Buch zum Download auf den PC. Von dort können Sie die gesamte Liste auf Ihr GPS-Gerät oder Navi übertragen und ersparen sich die mühsame Eingabe per Tastatur. Bei Bedarf kann die Umrechnung in ein anderes Datenformat beispielsweise auf der Seite www.gpsvisualizer.com erfolgen.

133wn Abb.: ta

134wn Abb.: ta

135wn Abb.: ta

120wn Abb.: fo©wDmitry Naumov

PRAKTISCHE REISETIPPS A–Z

ANREISE

Um das Ziel in Lappland im hohen Norden zu erreichen, gibt es drei unterschiedliche Wege, die sich erst in Norwegen jenseits des Polarkreises treffen. Bei der Wahl der Strecke sollte man die zur Verfügung stehende Zeit bedenken. Der Weg über **Norwegen** ist der zeitraubendste, man muss um die Fjorde herumfahren. Insgesamt erwarten den Reisenden etwa 5000 km pro Strecke. Der Weg über **Schweden** führt durch endlose Wälder an der Ostseeküste entlang. Man kann auch in der Mitte des Landes parallel zur Inlandsbahn nach Norden vorstoßen, aber an der Küste ist es schöner. In **Finnland** dagegen erwarten den Reisenden Tausende von kleinen Badeseen in relativ flacher Landschaft, die es auf dem Weg nach Norden zu umfahren gilt. Die Strecke an der Ostseeküste entlang wurde herausgesucht, da sie die abwechslungsreichste ist und man auch über die schöne Seenplatte fahren kann. Im Sommer gibt es allerdings in Schweden und Finnland auch reichlich **Mücken,** deswegen ist ein Mückenmittel dringend erforderlich.

Lappland

*Die Gegend nördlich des Polarkreises nennt man im deutschsprachigen Raum Lappland. Einen Staat mit diesem Namen gibt es allerdings nicht. Der Begriff ist aus der finnischen Bezeichnung für die Ureinwohner dieser Region entstanden und wurde von den Schweden übernommen, die ihre nördliche Provinz Lappland nannten. Die Norweger nannten die Bevölkerung „Finner" (Finnen) und aus diesem Grund heißt der nördlichste Teil Norwegens auch „Finnmark". Der finnische Teil Lapplands wird wiederum Lappi genannt. Die durch den Golfstrom erwärmte, nördlichste Region Europas fasziniert durch unberührte Sümpfe, weite Ebenen, endlose Tundren und schroffe Berge, die eine natürliche Einheit bilden, wie sie heutzutage selten geworden ist. Sie ist genau das Richtige für Leute, die die Einsamkeit genießen wollen. Die gesamte Region ist auf vier Nationen verteilt. Zu **Norwegen** gehören die Bezirke Nordland, Troms und Finnmark, zu **Schweden** Norrbotten und Västerbotten und zu **Finnland** Lappi. Der Teil Lapplands auf der Halbinsel Kola gehört wiederum zu **Russland.***

FÄHREN

Die meisten Menschen reisen von Süden aus mit einer der zahlreichen Fähren an. Sehr komfortabel ist die Direktverbindung **von Kiel nach Oslo** mit den Schiffen der Reederei Color Line. Die Überfahrt dauert 19,5 Stunden. Eingeschifft wird um 14 Uhr und man ist dann am nächsten Morgen um 10 Uhr in Oslo. Auf den Schiffen erwartet den Reisenden ein „norwegisches Büffet" mit warmen und kalten Speisen, das schon beim bloßen Anblick eine wahre Freude ist. Der Nachmittag auf dem Sonnendeck und der Abend in der Bar mit Tanz und Unterhaltung lassen die Überfahrt zu einem Urlaubserlebnis werden. Natürlich ist der Spaß nicht ganz billig, denn es handelt sich um die teuerste von allen möglichen Überfahrten nach Norwegen: Rund 420 € kostet die einfache Fahrt mit dem 6,50-Meter-Wohnmobil für zwei Erwachsene in einer 2-Bett-Außenkabine mit Dusche und WC (Stand: 2016). Am nächsten Morgen ist man dafür aber bereits mitten im Trubel von Oslo.

60 Mio. Menschen erreichen Skandinavien jährlich mit der Fähre – die großen Schiffe von Stena, Silja und Viking fassen bis zu 3000 Personen und 500 Autos. Der Abdruck aller Fahrpläne und Informationen würde den Rahmen dieses Buches sprengen, weshalb hier nur ein paar Tipps gegeben werden.

Auf bestimmten Strecken ist ein Umweg mit dem Wohnmobil sinnvoll, auf anderen wiederum kann die längere Fährstrecke günstiger sein – das hängt in erster Linie vom Fahrzeug ab. Bei den meisten Linien

121wn Abb.: fh

gibt es eine **Pkw-Klasse,** die bis zwei Meter Höhe gilt. Dies ist für Wohnmobile wichtig, ein Bus mit einem Hubdach geht als Pkw durch, für alle höheren Fahrzeuge bezahlt man einen saftigen Aufschlag. So gilt z. B. bei Viking (Pkw-Limit: 2,25 m) der Transit des Autors noch als Pkw, bei Silja Lines mit einem Limit von 1,85 m dagegen schon als Lkw. Einige Linien berechnen die Autos auch nach Länge: Ab 5 m zahlt man einen Aufpreis.

Viele Reedereien bieten **Kombinationstickets** an, z. B. Hin- und Rückfahrt inklusive Fahrzeug und sechs Personen zum Pauschalpreis. Es besteht auch die Möglichkeit, in Deutschland ein Kombiticket für zwei bis drei Fähren zu kaufen, z. B. für die Strecken Puttgarden – Rødby und Helsingør – Helsingborg.

Bei längeren Überfahrten müssen eventuell **Kabinenzuschläge** bezahlt werden. Bei manchen Linien gilt dies nur bei Nachtfahrten, andere stellen im Sommer Räume mit Liegesesseln zur Verfügung. Unverbesserliche verbringen die Nacht auch in ihrem Campingauto, wobei der Aufenthalt auf den Fahrzeugdecks während der Überfahrt streng verboten ist und man sich aus Sicherheitsgründen an dieses Verbot halten sollte – zumal die Fahrzeugdecks bei der Überfahrt auch kein angenehmer Ort sind.

Die Überfahrt in der **Hochsaison** ist immer erheblich teurer. Wann Saison ist, bestimmen die einzelnen Linien. Auch erhöhen sich die **Preise** am Wochenende und teilweise in der Nacht. Studenten und Rentner werden dagegen oft günstiger befördert und für Kinder unter sechs Jahren ist die Überfahrt oft kostenlos. Jugendliche zahlen meist den halben Preis, allerdings variieren die Altersgrenzen von Gesellschaft zu Gesellschaft. Bei manchen ist man bis 16 Jahre noch Kind, bei anderen schon ab 11 erwachsen.

Der Standard der Fähren ist sowohl in Sachen Sicherheit als auch was den Komfort angeht im Allgemeinen sehr hoch. Einige Schiffe wie z. B. bei Color Line, Tallink Silja oder Viking Line können es mit ihrer Ausstattung inzwischen auch mit Kreuzfahrtschiffen aufnehmen.

Die meisten Reisenden kommen mit einer Fähre nach Skandinavien

Fährverbindungen

Fährverbindungen

1: Hirtshals (DK) – Kristiansand (N)

Zweimal täglich fährt Fjord Line mit dem Express ca. 2,5 Std. durch den Skagerak. Allerdings nur vom 16.5. bis 1.9. Ein Wohnmobil bis 4,10 m Höhe und 6 m Länge inkl. zwei Pers. 124 €, plus 26 € pro zusätzl. Meter. Color Line braucht eine Stunde länger, fährt aber bei jedem Wetter, Auto bis 1,95 m Höhe inkl. zwei Pers. von 75 € bis 140 €.

2: Hirtshals (DK) – Langesund (N)

Zweimal täglich fährt Fjord Line mit den neuen Kreuzfahrtfähren ca. 4,5 Std. durch den Skagerak. Ein Wohnmobil bis 4,10 m Höhe und 6 m Länge inkl. zwei Personen 87 €, plus 26 € pro zusätzlichen Meter.

3: Hirtshals (DK) – Larvik (N)

Color Line fährt von Norddänemark an die Südküste Norwegens. Meist zwei Fahrten pro Tag, im Winter nur eine. Fahrtdauer

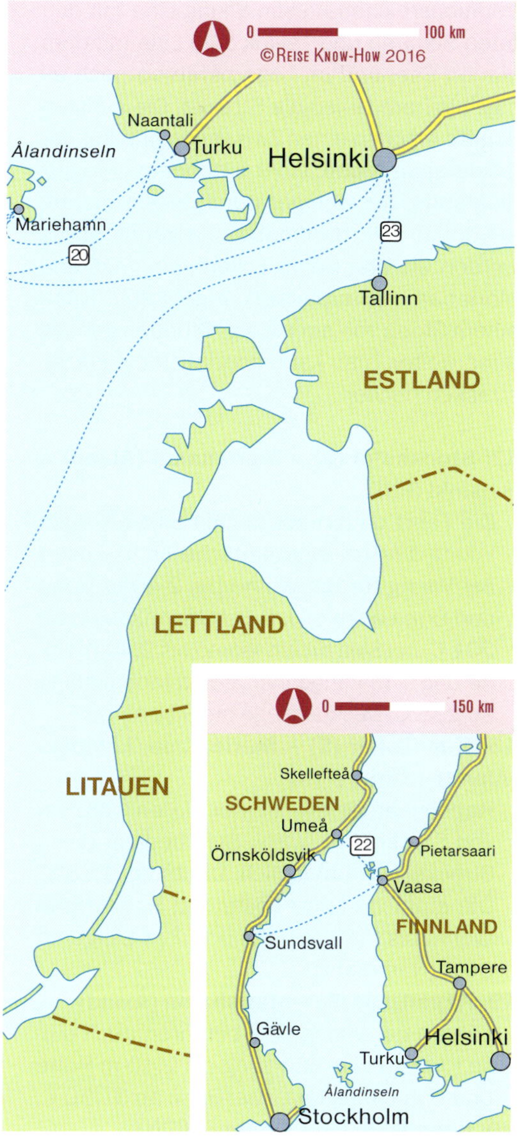

ca. 4 Std. Zu bestimmten Abfahrtszeiten Wohnmobil-Ermäßigungen. In der Hochsaison: Auto bis 2,60 m Höhe und 5 m Länge inkl. zwei Personen 120 € bis 165 €.

4: Frederikshavn (DK) – Oslo (N)
Stena Line hat ein kompliziertes Tarifsystem. Fahrzeug bis 2,50 m Höhe und 5 Personen je einfache Fahrt ab 102 €. Nachtfahrten zuzüglich Kabine mindestens 55 € pro Person.

5: Frederikshavn (DK) – Göteborg (S)
Stena Line, je nach Abfahrtstag/-stunde unterschiedliche Preise. Fahrzeug bis 2,60 m Höhe und 6 m Länge inkl. fünf Personen einfache Fahrt ab 60 €.

6: Grenå (DK) – Varberg (S)
Stena Line, Preise je nach Abfahrtstag/-stunde. Fahrzeug bis 2,50 m Höhe und 6 m Länge inkl. fünf Personen einfache Fahrt ab 52 €.

7: Kiel (D) – Oslo (N)
Der lange Seeweg, „Kreuzfährfahrt" von 19 ½ Std. Tägliche Abfahrten um 14 Uhr von Kiel und Oslo mit der Color Line. Sparpaket: Womo bis 2,50 m Höhe und 6 m Länge inkl. zwei Personen pro einfache Fahrt mit 2-Bett-Innenkabine je nach Saison ab 500 €.

8: Kiel (D) – Göteborg (S)
Stena Line, Preise nach Abfahrtstag/-stunde. Fahrzeug bis 6 m Länge inkl. zwei Personen einfache Fahrt ab 200 € plus Kabine. Standarddoppelkabine ab 82 €, Kammern im Unterdeck im Sommer ab 39 € pro Person.

9: Puttgarden (D) – Rødby (DK)
Die Vogelfluglinie wird von Scandlines alle 30 Minuten befahren, die Überfahrt ist aber ziemlich teuer, da es sich um die Hauptroute handelt. Die Fahrzeit beträgt 45 Minuten. Einfache Fahrt pro Person ab 6 €, Womo bis 6 m Länge inkl. 2 Personen ab 67 €. Rabatt für Besitzer eines Camping Key Europe.

10: Helsingør (DK) – Helsingborg (S)
Scandlines, 60 Abfahrten täglich, Fahrzeit 20 Min., nur in Verbindung mit einem Puttgarden-Rødby-Ticket buchbar, einfache Fahrt Womo bis 6 m Länge inkl. 2 Personen zusammen 52 €.

11: Kopenhagen (DK) – Oslo (N)
Am Wochenende teurer, einfache Fahrt für Womo bis 2,20 m Höhe und 6 m Länge inkl. zwei Personen in der Innenkabine 200 €. Die Überfahrt dauert 17 Stunden. Eine Abfahrt pro Tag mit der britischen DFDS. Zum Terminal in Kopenhagen vom Ring 02 bei

Folke Bernadottes Allé in den Dampfaergevej einbiegen (Reederei DFDS).

12: Travemünde (D) – Trelleborg (S)
Die Fähren der TT Line fahren 7 ½ Std. bei Tag und 8 ½ Std. bei Nacht. Einfache Fahrt für Pkws bis 6 m Länge und 2 Personen ab 114 €, für Womos ab 6 m Länge und vier Personen gilt ein Zuschlag von 10 € je angefangenen Meter, in der Saison keine Nachtfahrten.

13: Rostock (D) – Gedser (DK)
Die Fähren von Scandlines fahren zwölfmal täglich und brauchen 1 Std. und 45 Min. Einfache Fahrt für Womo bis 6 m Länge inklusive zwei Personen ab 67 €.

14: Rostock (D) – Trelleborg (S)
TT Linie: Fahrzeug bis 5 m Länge inkl. zwei Personen ab 83 €. Kombinierte Fracht- und Passagierschiffe fahren für TT Linie am Tag 6 und in der Nacht 7 ½ Std. Die Riesenschiffe befördern auch Eisenbahnzüge nach Skandinavien.

15: Saßnitz (D) – Trelleborg (S)
Die Überfahrt dauert 4 Std. Für Leute aus dem Westen Deutschlands weniger geeignet, da man auf dem Weg nach Rügen in der Saison auch nachts mit Staus rechnen muss. Einfache Fahrt für ein Womo bis 4 m Höhe und 6 m Länge inkl. zwei Personen 61 €. Reederei: Stena.

16: Travemünde (D) – Helsinki (FIN)
Die Schiffe von Finnlines fahren mindestens einmal am Tag und brauchen 28 Std. für die Strecke. Einfache Fahrt für ein Fahrzeug bis 6 m Länge und über 2,10 m Höhe ab 435 € (enthält zwei Plätze im Liegesessel), bei Buchung einer 3-Bett-Innenkabine pro Person zusätzlich 140 €. Verpflegung (Vollpension) kann für 70 € dazugebucht werden.

› **Weitere Fähren** gibt es von Dänemark mit Fjordline bzw. Color Line nach Bergen, Egersund, Haugesund und Stavanger in Norwegen.

Zwischen **Schweden** und **Finnland** herrscht ebenfalls reger Schiffsverkehr. Außer den traditionsreichen Riesen Viking Line mit den roten Schiffen und Tallink Silja Line mit dem blauen Seehund im Logo befahren noch einige kleinere Linien die Strecke. Die meisten Schiffe machen einen Zwischenstopp auf der Inselgruppe **Åland,** einer autonomen Provinz Finnlands, die weniger durch Inselromantik als durch tolle Briefmarken bekannt ist. Es werden die drei Häfen Eckerö, Långnäs und Mariehamn (Hauptstadt) angelaufen. Nach einem Stopp von ein bis drei Stunden geht es dann weiter, man kann aber auch die Einzelstrecken buchen.

17: Stockholm (S) – Mariehamn (Åland) – Helsinki (FIN)
Die Fahrt dauert sowohl mit Silja als auch Viking 17 Std. Eine einfache Fahrt kostet bei Viking für ein Womo bis 2,40 m Höhe und 6 m Länge inkl. 2-Bett-Innenkabine ab 201 €, bei Silja für ein Womo bis 2,40 m Höhe und 7 m Länge inkl. 2-Bett-Innenkabine ab 235 €, Deckpassage bei Silja ab 50 €.

18: Kapellskär (S) – Mariehamn/Längnäs (Åland) – Turku (FIN)
Kapellskär ist ein kleiner Hafen nördlich von Stockholm. Tallink Silja bedient diese Strecke zweimal täglich. Dauer ca. 11 Std. Die einfache Fahrt kostet mit Kabine und Womo bis 2,40 m Höhe und 7 m Länge ab 60 € (Nachtfahrt).

19: Kapellskär (S) – Mariehamn (Åland)
Fähren der Viking Line befahren auch diese Kurzstrecke, Fahrzeug bis 2,40 m Höhe und 6 m Länge inkl. zwei Pers. ab 37,50 €.

20: Kapellskär (S) – Naantali (FIN)
FinnLink fährt zum Hafen von Naantali unweit von Turku. Ab 39 € pro Person, 2-Bett-Kabine ab 40 €, Fahrzeug bis 6 m Länge Tagfahrt 19 €, Nachtfahrt 60 €.

21: Grisslehamn (S) – Eckerö (Åland)
Zu den Åland-Inseln kommt man mit Eckerö Linjen täglich fünfmal, außerhalb der Saison nur zweimal. Von Stockholm sind es über Norrtälje 110 km bis nach Grisslehamn. Einfache Fahrt pro Person 18 €, Fahrzeug ab 12 €.

Buchungshilfe
Wer sich nicht selbst durch den Dschungel der Angebote arbeiten will, kann sich an die Spezialisten von Richtig Schiffen wenden. Hier sind Informationen und Tickets von allen großen Fährlinien erhältlich.
- www.richtig-schiffen.de, Tel. 01805 546463

22: Umeå (S) – Vaasa (FIN)
Hier kann man in der Saison täglich bis zu zweimal mit der Wasa-Line übersetzen. Fahrtdauer 4 ½ Std. Einfache Fahrt Fahrzeug bis 6 m Länge und zwei Personen 135 €.

23: Tallinn (EST) – Helsinki (FIN)
Überfahrten mit Tallink/Silja bis zu neunmal am Tag. Einfache Fahrt für ein Fahrzeug bis 2,40 m Höhe und 5 m Länge ab 103 €, plus 30 € pro Person und Kabinenaufschlag von 30 €. Die Viking Line fährt, vertreten durch die Eckerö Linjen, zweimal täglich. Montagmorgens ist es teuer (35 €) als samstagabends (27 €), freitagabends noch teuerer, jedoch günstiger als donnerstagfrüh (42 €). Pro Womo mindestens 144 €.

Reedereien
- **Color Line GmbH,** Norwegenkai, 24143 Kiel, Tel. 0431 7300300, www.colorline.de
- **DFDS Seaways (Deutschland) GmbH,** Högerdamm 41, 20097 Hamburg, Tel. 01805 8901051, www.dfdsseaways.de
- **Eckerö Linjen,** Skatuddsvägen 13, Grisslehamn, SE, Tel. +46 (0)175 25800, www.eckerolinjen.se
- **Finnlines/Finnlink,** Skandinavienkai, 23570 Lübeck-Travemünde, Tel. 04502 80520, www.finnlines.com
- **FinnLink AB,** Kapellskär, 76015 Gräddö, Schweden, Tel. +358 (0)10 3434500, www.finnlines.com
- **Fjord Line,** Nizzastr. 28, 18311 Ribnitz-Damgarten, Tel. 03821 7097210, www.fjordline.com/de
- **NordöLink (Finnlines),** Zum Hafenplatz 1, 23570 Lübeck-Travemünde, Tel. 04502 80520,www.nordoe-link.com, (www.finnlines.com)
- **Scandlines,** Fährhafen, 23769 Puttgarden, Tel. 0180 2116699, oder Fährcenter Saßnitz, 18456 Saßnitz, Tel. 038392 64420, oder Fährcenter Rostock, Tel. 0381 2073317, www.scandlines.de
- **Tallink Silja Line,** Zeißstraße 6, 23560 Lübeck, Tel. 0451 5899222, www.tallinksilja.com/de
- **Stena Line,** Schwedenkai 1, 24103 Kiel, Tel. 0431 9099, 01805 916666, www.stenaline.de
- **TT Line,** Zum Hafenplatz 1, 23570 Travemünde, Tel. 04502 80181, www.ttline.com
- **Viking Line,** Große Altefähre 20–22, 23552 Lübeck, Tel. 0451 384630, Tel. Kapellskär: +46 (0)176 44100, Tel. Stockholm: +46 (0)8 4524200, www.vikingline.de

ÖRESUNDBRÜCKE

In der Nähe des **Kopenhagener Flughafens** verschwindet die Autobahn zunächst in einem Tunnel, der etwa 3,5 km unter dem Øresund entlangführt. Auf einer künstlich aufgeschütteten Insel südlich von Saltholm kommt die Straße wieder an die Oberfläche, um dann über eine 8 km lange **Schrägseilbrücke** nach Schweden (Malmö) zu führen. Der Mittelteil hängt fast einen halben Kilometer lang „frei“ in 57 m Höhe. Die Strecke ist **mautpflichtig.** Es gibt eine Zahlstation mit verschiedenen Fahrspuren, Vielnutzer haben einen Sender hinter der Windschutzscheibe, der die Durchfahrt automatisch registriert. Man kann auch für 30 € Kaution einen Sender leihen und ihn dann per Post zurückschicken. Buchung: www.oeresund-bruecke.de.

- **Preise mit Sender:** Fahrzeug bis 6 m Länge und 3,5 t zulässigem Gesamtgewicht einfache Fahrt 44 €, Wohnmobile über 6 m, Pkw mit Anhänger 83 €. Vor Ort und ohne Sender ist es 15 % teurer und kann außerdem zu Wartezeiten führen.

STOREBÆLTBRÜCKE

Wer nun überhaupt keine Fähren benutzen will, der fährt auf der E45 nach Kolding in Dänemark und dort auf die E20, wo man über eine Brücke die Insel Fünen (Fyn) erreicht. An Odense vorbei fährt man in Nyborg auf die

122wn Abb.: fo©Reimer - Pixelvario

6,8 km lange Storebæltsbroen, Pkw ab 33 €, und erreicht bei Halskov die Insel Seeland (Sjælland). Südlich von Kopenhagen geht es auf die Øresundbrücke bis Malmö in Schweden und dann kann man sich für die schwedische oder norwegische Anreise entscheiden.

TUNNEL DURCH DEN FEHMARNBELT

Ab 2020 soll man den Fehmarnbelt **von Puttgarden nach Rødby** im Zug oder im Auto durch einen 18 km langen Tunnel unterqueren können. Dänemark möchte hier den längsten Fertigtunnel der Welt versenken. In Deutschland regt sich Protest gegen das Milliardenprojekt. Man fürchtet einen Anstieg des Verkehrs und ein Nachlassen des Tourismus, denn auch die Eisenbahnverbindungen der Ostseebäder wären davon betroffen. Sollte die Trasse weiter nach Westen näher an die Autobahn A1 gelegt werden, hätten die Ostseebäder keine direkte Bahnanbindung mehr. Die Zahl der Urlauber in den betroffenen Kommunen könnte sinken und Reisende müssten mit Shuttlebussen zwischen den Bahnhöfen und den bis zu vier Kilometer entfernten Stränden pendeln.

- Baubeginn in Dänemark 2015, Infos unter www.femern.de

BOTSCHAFTEN

- **Deutsche Botschaft in Norwegen,** Oscars gate 45, 0244 Oslo, Tel. 23275400, www.oslo.diplo.de, Mo.–Fr. 8.30–11.30 Uhr, Do. 8–12 Uhr
- **Deutsche Botschaft in Schweden,** Skarpögatan 9, 115 27 Stockholm, Tel. 08 6701500, www.stockholm.diplo.de, Mo.–Fr. 9–12, Do. auch 13.30–15.30 Uhr
- **Deutsche Botschaft in Finnland,** Krogiuksentie 4, 00340 Helsinki, Tel. 09 458580, www.helsinki.diplo.de, Mo.–Fr. 9–12 Uhr

Leuchtturm am Fehmarnbelt

- **Österreichische Botschaft in Norwegen,** Thomas Heftyes gate 19–21, 0244 Oslo, Tel. 22540200, www.aussenministerium.at/oslo, Mo.–Fr. 9–16 Uhr
- **Österreichische Botschaft in Schweden,** Kommendörsgatan 35/V, 11458 Stockholm, Tel. 08 6651770, www.aussenministerium.at/stockholm, Mo.–Fr. 9.30–16.30 Uhr
- **Österreichische Botschaft in Finnland,** Unioninkatu 22, 4. Stock, 00130 Helsinki, Tel. 09 6818600, www.aussenministerium.at/helsinki, Mo.–Fr. 9–12 Uhr
- **Schweizerische Botschaft in Norwegen,** Bygdøynesveien 13, 0244 Oslo, Tel. 22542390, www.eda.admin.ch/oslo, Mo.–Fr. 9–12 Uhr
- **Schweizerische Botschaft in Schweden,** Valhallavägen 64, 10041 Stockholm, Tel. 08 6767900, www.eda.admin.ch/stockholm, Mo.–Fr. 9–12 Uhr
- **Schweizerische Botschaft in Finnland,** Kalliolinnantie 16 A 2 a, 00140 Helsinki, Tel. 09 6229500, www.eda.admin.ch/helsinki, Mo.–Fr. 9–12 Uhr

EINREISEBESTIMMUNGEN

DOKUMENTE UND VISUM

Norwegen und die **Schweiz** sind zwar keine Mitglieder der EU, wenden allerdings den Schengener Besitzstand an, das heißt für Deutsche, Schweizer und Österreicher gilt **keine Visumspflicht,** es reicht zur Einreise nach Norwegen, Schweden oder Finnland der Personalausweis. Nach drei Monaten Aufenthalt benötigt man allerdings ein Visum oder eine Aufenthaltsgenehmigung**. Kinder benötigen** eigene Ausweispapiere. Ein Eintrag in im Reisepass eines Elternteils reicht nicht aus.

Da sich die Einreisebedingungen ändern können, sollte man sich kurz vor der Abreise beim Auswärtigen Amt (www.auswaertiges-amt.de bzw. www.bmaa.gv.at oder www.eda.admin.ch) oder der jeweiligen Botschaft über den aktuellen Stand der Einreisebestimmungen informieren.

HAUSTIERE

Wenn man ein Haustier mitnehmen will, braucht man einen von einem bevollmächtigten Tierarzt ausgestellten, blauen **EU-Heimtierausweis,** in dem eine gültige **Tollwutimpfung** bescheinigt ist. Außerdem muss das Tier durch einen Transponder (Chip) oder eine lesbare Tätowierung **identifizierbar** sein. Hat das Tier einen Mikrochip, welcher nicht FECAVA- oder ISO-Standard hat, muss man selbst ein Ablesegerät mitbringen.

Bei der Einreise nach Norwegen muss sich das Tier mindestens die letzten sechs Monate vor der Einfuhr im Gebiet der EU/EFTA aufgehalten haben (Nachweis: Eigenerklärung des Besitzers). Wer Hunde nach Norwegen oder Finnland nimmt, muss außerdem dokumentieren, dass bis 30 Tage vor der Einreise eine Bandwurm-Behandlung stattgefunden hat.

ZOLLBESTIMMUNGEN

Norwegen

Waren zum persönlichen Gebrauch bis zu einem Wert von 6000 nkr darf man zollfrei einführen. Innerhalb dieser Grenze sind folgende Waren zollfrei:

- **Alkoholhaltige Getränke:** 1 Liter mit über 22 und bis zu 60 Volumenprozent Alkohol und 1 ½ Liter mit mehr als 2,5 und bis zu 22 Volumenprozent Alkohol oder 3 Liter mit über 2,5 und bis zu 22 Volumenprozent Alkohol und 2 Liter Bier oder andere Getränke mit 2,5 bis 4,7 Volumenprozent Alkohol. Die Einfuhr alkoholischer Getränke ist nur Personen über 18 Jahren gestattet. Das Mindestalter für die Einfuhr alkoholischer Getränke mit über 22 Volumenprozent beträgt 20 Jahre.
- **Tabakwaren:** 200 Zigaretten oder 250 g andere Tabakwaren sowie 200 Blatt Zigarettenpapier. Zur Einfuhr von Tabakwaren sind nur Personen über 18 Jahre berechtigt.
- **Fleisch, Fleischprodukte, Käse:** insgesamt 10 kg Fleisch/Fleischwaren, Käse und Futtermittel (außer Hunde- und Katzennahrung)

- **Treibstoff:** maximal 600 l im normalen Treibstofftank des Fahrzeugs. Zusätzlich dürfen 10 l pro Fahrzeug in einem dafür zugelassenen Reservekanister mitgeführt werden.

Verboten!

- Drogen, Medikamente und Gifte (geringere Mengen an Medikamenten für den persönlichen Gebrauch sind gestattet)
- Alkohol über 60 Volumenprozent
- Waffen und Munition
- Feuerwerkskörper
- Kartoffeln
- Säugetiere, Vögel und exotische Tiere
- Pflanzen/Pflanzenteile zum Anbau

Schweden

Die Einfuhr alkoholischer Getränke ist nur Personen über 18 Jahren gestattet. Das Mindestalter für die Einfuhr alkoholischer Getränke mit über 22 Volumenprozent beträgt 20 Jahre. Eingeführt werden dürfen:

- **Spirituosen,** mehr als 22 Volumenprozent: 10 Liter
- **Spirituosen,** max. 22 Volumenprozent: 20 Liter
- **Wein:** 90 Liter (aber höchst. 60 Liter Schaumwein)
- **Bier:** 110 Liter
- **Tabakwaren:** 800 Zigaretten (oder 400 Zigarillos oder 100 Zigarren oder 1 kg Tabak)
- **Fleisch:** bis zu 15 kg
- **Fisch, Weichtiere und Krustentiere:** maximal 15 kg
- **Milch, Käse, Butter und Eier:** wenn sie zum persönlichen Reisegepäck gehören

Verboten!

- Das **Führen von Messern** ist auf öffentlichen Plätzen verboten. Taschenmesser werden jedoch in der Regel geduldet.
- **Drogenbesitz:** auch in geringen Mengen zum eigenen Verbrauch

Finnland

Grundsätzlich gilt, dass aus allen EU-Mitgliedstaaten Waren in unbegrenzter Menge nach Finnland eingeführt werden dürfen, sofern sie zum persönlichen Gebrauch bestimmt sind. Personen, die das 18., jedoch noch nicht das 20. Lebensjahr vollendet haben, dürfen nur **alkoholische Getränke** bis zu 22 Volumenprozent mit sich führen. **Verboten** sind Getränke mit einem Alkoholgehalt von über 80 Volumenprozent.

Tabakwaren müssen eine Gesundheitswarnung und die Angabe des Teer- und Nikotingehalts in finnischer und schwedischer Sprache aufweisen, sonst:

- 200 Zigaretten, 50 Zigarren, 100 Zigarillos und 250 Gramm Pfeifen- oder Zigarettentabak

ESSEN UND TRINKEN

Bei Essen in Skandinavien fällt einem zuerst der Reichtum an Fisch ein und auch vom *Smörgåsbord,* dem reichhaltigen Frühstück, hat sicher schon jeder was gehört. Hier kommt Fisch in allen Formen auf den Tisch, gefolgt von allem, was die Küche zu bieten hat. Zur Krönung steht in der Mitte die Punschurne mit dem *Brännvin,* dem Branntwein. Das klassische Smörgasbord ist allerdings verschwunden. In einigen teuren Restaurants in Schwedens Hauptstadt bekommt man es noch. Wer auf der Suche nach einem guten **Restaurant** ist, der ist in Lappland gut beraten, wenn er ein Hotel ansteuert. Da die Lokale meist Hinweisschilder haben, hier eine kurze Vorstellung, damit man weiß, was einen erwartet:

In Norwegen gibt es die Fjellstue, ein Berggasthaus, in dem man etwas zu essen bekommt und auch übernachten kann. Die *Kaffistova* ist eine Kaffeestube des Bauernverbands. Ein Gasthaus mit Übernachtungsmöglichkeit nennt sich in Norwegen *Gjestgiveri* und in Schweden *Gästgivaregård.* Auch hier bekommt der Hungrige etwas zu essen. In Finnland heißt ein *Café Kahvila* und ein Selbstbedienungsrestaurant *Itsepalvelubaari* oder meist nur *Baari.*

Das Erste, was man vom skandinavischen Essen mitbekommt, ist das kalte Büfett auf der Fähre. Man zahlt vorher einen Festbetrag und kann dann eine Stunde lang am Büfett zulangen. Der Skandinavier geht dabei genau nach Plan vor: Zuerst kommt die Vorspeise mit Hering, danach Räucherlachs oder Krabben und Muscheln. Als Nächstes folgt das Fleischgericht mit Gemüse, danach kommen Obst und Käse und zum Schluss der Pudding. Knäckebrot findet man bei jedem kalten Büfett.

Für den **Selbstversorger** stellt sich vor der Abreise die Frage, welche Lebensmittel er schon zu Hause kaufen soll und welche er im Urlaubsland vielleicht günstiger bekommt. Da das Fahrzeug über Zollgrenzen bewegt wird, sollte man einen Blick auf die **Einreisebestimmungen** werfen (s. S. 19) und sich z. B. auf der Website des Auswärtigen Amtes (www.auswaertiges-amt.de) informieren. Dabei stellt man fest, dass es unter anderem verboten ist, Frischfleisch, Eier, Milch und Kartoffeln einzuführen.

Alle Gemüsesorten, die im Land nicht angebaut werden, werden teuer importiert. Milchprodukte, Backwaren und Fisch sind vor Ort oft preiswerter als bei uns. Hagebuttenmarmelade, die man von Skandinavien nach ganz Europa exportiert, wird sogar eimerweise verkauft. Auch wenn Lebensmittel in Nordskandinavien generell teurer und die Auswahl und Verfügbarkeit schlechter ist als zu Hause, sollte man sich überlegen, ob man sein ganzes Auto mit heimischen Lebensmitteln vollstopfen will, schließlich ist das Einkaufen und das Essen ein Teil der Kultur des besuchten Landes.

Die **Preise für Alkohol** sind in Schweden und Finnland seit der EU-Zugehörigkeit zwar gefallen, dennoch ist auch heutzutage in Schweden das Glas Bier doppelt so teuer wie bei uns. Der Skandinavier bevorzugt eher Kaffee, Teetrinker sollten sich ihre Lieblingssorte mitnehmen.

124wn Abb.: fh

Frognerseteren (s. S. 45), die erste Fjellstue Norwegens, entstand in Oslo

GELDFRAGEN

Finnland gehört zum Euro-Raum, Norwegen und Schweden nicht, das hat Auswirkungen auf den Zahlungsverkehr. An vielen Orten kann man mit seiner Maestro-(EC-)Karte am Automaten Geld abheben. Je nach Hausbank wird dieser Service nicht zusätzlich in Rechnung gestellt, sondern ist im Grundpreis der Kontoführung enthalten. Manche Banken erheben jedoch eine Gebühr. Man sollte sich vor der Reise bei der eigenen Bank über deren Höhe erkundigen. In **Norwegen** kann man mit der Maestro-(EC-)Karte an Geldautomaten Bargeld abheben, die heimische Bank nimmt meist eine Gebühr von 1 bis 1,75 % für den Fremdwährungseinsatz. In **Schweden** ist an vielen Tankstellen und Geschäften die bargeldlose Zahlung mit der Maestro-Karte möglich (zwischen 1 und 1,75 % berechnet die Bank). **Finnland** gehört zum Euro-Raum, deshalb können Maestro-Karten

Wechselkurse (Stand: Anfang 2016)

Norwegische Kronen
1 nkr = 0,11 € = 0,12 SFr
1 € = 9,50 nkr
1 SFr = 8,54 nkr
Schwedische Kronen
1 skr = 0,11 € = 0,12 SFr
1 € = 9,32 skr
1 SFr = 8,38 skr

ebenfalls am Automaten eingesetzt werden, die Gebühren legt die finnische Bank fest, meist kostet eine Barabhebung zwischen 5 und 10 Euro.

Reiseschecks sind mit einer ziemlich hohen Provision beim Einlösen belastet und daher für Skandinavien nur zu empfehlen, wenn man weder Maestro- noch Kreditkarte hat.

Die gängigen **Kreditkarten,** etwa Visa-, American Express und MasterCard, werden auch an den meisten Tankstellen und in vielen Supermärkten akzeptiert. Innerhalb der Euro-Länder sollte die Barauszahlung per Kreditkarte nach der EU-Preisverordnung nicht mehr kosten als im Inland, aber je nach ausgebender Bank können das bis zu 5,5 % des abgehobenen Betrages sein (am Schalter in der Regel teurer als am Geldautomaten). Mit bestimmten VISA-Karten (z. B. der DBK) geht es jedoch auch kostenlos. Für das bargeldlose Zahlen per Kreditkarte innerhalb der Euro-Länder dürfen die ausgebenden Banken keine Gebühr für den Auslandseinsatz veranschlagen. Für Schweizer wird jedoch ein Entgelt von ca. 1 bis 2 % des Umsatzes berechnet.

An vielen Tankstellen kann man mit der Kreditkarte tanken. Dazu benötigt man allerdings die **PIN-Nummer.** Zusätzlich verlangen Geschäfte manchmal eine Sondergebühr für die Kreditkartenzahlung.

Postbankkunden bekommen in Skandinavien über die Postbank SparCard an Visa-Plus-Geldautomaten zehnmal im Jahr gebührenfrei Geld. **Schweizer** können die günstigen Postcheques benutzen. Pro Scheck können dabei bis zu 300 SFr in die Landeswährung eingetauscht werden. Auf jedem Postamt können bis zu zehn Postschecks gleichzeitig eingereicht werden. Diese Schecks werden immer erst nachträglich in der Schweiz umgerechnet.

Falls man **Bußgelder** zahlen muss (z. B. wegen Verkehrsverstößen), kann man diese bei der norwegischen Post bar einzahlen, das spart die teure Auslandsüberweisung.

NORWEGEN

Man zahlt mit **Norwegischen Kronen** (**Kroner,** nkr, NOK). 1 Krone besteht aus 100 Øre. Da keine Münzen unter einer Krone im Umlauf sind, werden Preise gerundet. Im Umlauf sind:

- **Münzen:** 1, 5, 10, 20 Kroner. Es gibt viele Sonderprägungen bei den 20-Kronen-Münzen.
- **Scheine:** 50, 100, 500, 1000 Kroner

In Norwegen heißen die Banken ebenfalls *Bank* (Öffnungszeiten: Mo.–Fr. 8.15–15.30 Uhr). Wechselautomaten gibt es an Flughäfen und manchen Bahnhöfen. Internationale Geldautomaten findet man in allen größeren Orten. Bis 2020 soll das Bargeld ganz abgeschafft werden, um Überfälle und Schwarzgeldzahlungen zu verhindern.

SCHWEDEN

Auch hier zahlt man mit Kronen, allerdings mit **Schwedischen Kronen** (**Kronor,** skr, SEK). 1 Krone besteht aus 100 Öre. Es sind im Umlauf:

- **Münzen:** 50 Öre, 1 Krona, 5, 10 Kronor
- **Scheine:** 20, 50, 100, 500, 1000 Kronor

Auch in Schweden nennt man Geldinstitute *Bank* (Öffnungszeiten: Mo.–Fr. 9.30–15 Uhr, in Großstädten teilweise bis 18 Uhr). Es werden alle Kreditkarten akzeptiert, American

Express allerdings mit Einschränkungen, außerdem funktionieren „alte" Karten mit Magnetstreifen oft nicht mehr. Ganz ohne Bargeld geht es noch nicht. Um den üblichen Sicherheitsstandards zu genügen, wird bis 2017 das Geld komplett ausgetauscht. Die neuen Scheine zeigen auf der Rückseite schwedische Persönlichkeiten.

Die Kosten für eine Abhebung mit einer Maestro-Karte am Geldautomaten legt die schwedische Bank fest, sie liegen zwischen 1 und 1,75 % des abgehobenen Betrages. Hotels oder Geschäfte verlangen bei Kartenzahlung manchmal eine Sondergebühr, deshalb kann eine Barzahlung z. Z. noch günstiger sein.

In Stockholm gibt es am Bahnhof und am Flughafen Wechselstuben, die von 8 bis 21 Uhr geöffnet sind. Sie haben günstigere Kurse. Unter den Wechselstuben ist Forex die preiswerteste. Sie befindet sich an den Fährterminals von Trelleborg, Ystad und Helsingborg sowie am Terminal 2 des Arlanda-Airports.

FINNLAND

Bis 1809 wurde in Schwedenkronen bezahlt, danach bis 1860 in Rubel und nach der Unabhängigkeit dann in Markka und Penniä. Seit 2002 gilt der **Euro.** Da jedes Land die Rückseiten selbst gestaltet, zeigen die finnischen Münzen fliegende Schwäne, eine Moltebeere und den finnischen „Staatslöwen". Kleinbeträge werden immer auf 5 Cent gerundet, da man wenig 1- und 2-Cent-Münzen prägen ließ. Wenn der Kassenbon 2,03 € aufweist, muss man also 2,05 € zahlen.

In Finnland klingen manche Bankennamen etwas fremd, z. B. „Kansallis-Osake-Pankki-KOP". Banken (Öffnungszeiten in der Regel: Mo.–Fr. 9.30–16 Uhr) heißen auf Finnisch *Pankki,* Schweizer Franken *Sveitsin Frangi.* Finnen benutzen oft die aufladbare Avant-Karte als Zahlungsmittel für kleinere Beträge, sie wird von ihren Hausbanken ausgegeben.

INFORMATIONSSTELLEN

IN DEUTSCHLAND

- **Norwegisches Fremdenverkehrsamt,** Postfach 113317, 20433 Hamburg, Tel. 040 2294150 (Broschürenversand), www.visitnorway.com, (auch für Österreich und die Schweiz zuständig)
- **Finnische Zentrale für Tourismus,** Lessingstr. 5, 60325 Frankfurt, Tel. 069 50070157, Fax 7241725, (auch für Österreich, Tel. 01 79567161, und die Schweiz, Tel. 01 6545132, zuständig), www.visitfinland.com
- **ADAC,** Am Westpark 8, 81373 München, Tel. 089 76760, www.adac.de
- **ACE (Auto Club Europa),** Schmidenerstr. 227, 70374 Stuttgart, Tel. 0711 53030, www.ace-online.de
- **AvD (Automobilclub von Deutschland),** Lyoner Straße 16, 60528 Frankfurt/M., Tel. 069 66060, www.avd.de

NORWEGEN

- **Norges Turistråd,** PO Box 722, Sentrum, 0105 Oslo, Tel. 24144600, Fax 24144601, www.visitnorway.com
- **Touristenverein Den Norske Turistforening (DNT),** Youngstorget 1, Oslo 1, Tel. 40001868, www.dnt.no
- **Automobilklub Norges Automobil-Forbund (NAF),** Østensjøveien 14, 0609 Oslo, Tel. 085 05, www.naf.no
- Die **Infoseite der Regierung** erreicht man unter www.regjeringen.no.
- Das **Nordkap** informiert auf der Internetseite www.nordkapp.no/de/.

SCHWEDEN

- **Visit Sweden,** Stortorget 2–4, 83130 Östersund, www.visitsweden.com/de, aus Deutschland: Tel. 069 22223496, aus Österreich: Tel. 0192 86702, aus der Schweiz: Tel. 044 5806294. Das schwedische Fremdenverkehrsamt.

- **Schwedische Zentrale für Tourismus,** 10384 Stockholm, Hamngatan 27, Tel. 08 7892495
- **Svenska Turistföreningen (STF),** Birger Jarlsgatan 18, 10394 Stockholm, Tel. 08 4632100, www.svenskaturistforeningen.se. Der schwedische Touristenverein.
- **Automobilklub (Motormännens Riksförbund),** Fridhemsgatan 32, Stockholm, Notruf: 08-6903800, www.motormannen.se

FINNLAND

- **Finnisches Fremdenverkehrsamt,** Töölönkatu 11, PO Box 625, 00101 Helsinki, Tel. 094 176911, Fax 094 1769399, www.visitfinland.de
- **Finnische Zentrale für Tourismus,** Besucherberatung, Eteläesplanadi 4, 00130 Helsinki, Tel. 010 6058000, www.mek.fi
- Automobilklub **Autoliitto,** Hämeentie 105 A, 00550 Helsinki, Tel. 09 72584400, Notfallnummer: werktags 0977476400, am Wochenende und feiertags 020-08080, www.autoliitto.fi
- Unter **www.finn-land.net** gibt es jede Menge Informationen.
- Wetterdienst, Wettervorhersagen für größere Orte, http://en.ilmatieteenlaitos.fi/home

KLIMA UND REISEZEIT

Als Erstes muss mit dem Vorurteil aufgeräumt werden, in Nordskandinavien gäbe es nur Schnee und Eis. „Lappland, das ist doch da irgendwo am Nordpol?“, hört man schon mal als Nordkap-Begeisterter. Der **nordische Sommer** kann einem schon zu schaffen machen, in Zentral-Lappland herrschen an manchen Sommertagen höhere Temperaturen als am Mittelmeer! Vor einigen Jahren wurden im finnischen Sevettijärvi im Juli 32,4 °C gemessen. In den schroffen Bergen auf der norwegischen Seite kann es sich dagegen schon mal einregnen. Wenn dann der penetrante Nieselregen, von unangenehm kühlem Westwind begleitet, tagelang auf einen herniederfällt, sollte man schon einen dicken Pullover dabei haben.

NORWEGEN

Der **Golfstrom,** der sich entlang der ganzen norwegischen Küste bemerkbar macht, verhilft dem Land zu einem günstigen Klima mit milden Wintern, allerdings auch nicht gerade trockenen Sommern. In Meeresnähe liegen

Anders Celsius – Wasserkochen mit 0 Grad

Der schwedische Astronom wurde nach dem julianischen Kalender am 27.11.1701 in Uppsala geboren und starb 1744. Er gründete das Observatorium der Universität Uppsala, jedoch war er nicht nur Astronom. 1736/37 nahm er an einer Lappland-Expedition des französischen Forschers Mauperius teil, auf der er die Abplattung der Pole bewies.

Berühmt ist er jedoch durch die gleichnamige Thermometerskala geworden. Celsius teilte einfach die Temperaturspanne zwischen dem Gefrieren und Sieden des Wassers in 100 Teile, entsprechend 100 Grad. Seine Idee dahinter war, dass man diese Skala überall auf der Welt reproduzieren konnte. Allerdings bestimmte Celsius – anders als heute – 0 Grad zum Siedepunkt und 100 Grad zum Gefrierpunkt. Das war 1742. Kurze Zeit später drehte er auf Anraten eines Freundes aus Studientagen, dem schwedischen Botaniker Carl von Linné, seine Skala um, und es entstand die bis heute bekannte Einteilung. Damit hatte er eine bessere Einteilung gefunden als Gabriel Daniel Fahrenheit, dessen Nullpunkt die kälteste Nacht des Jahres 1714 in Danzig war (–17,8 °C), ein Wert, den er später korrigieren musste, da er in London noch kältere Winter erlebte.

Das Originalthermometer von Celsius kann heute im Museum der Universität Uppsala, dem Gustavianum, besichtigt werden.

die Niederschlagsmengen durchschnittlich bei 2200 mm im Jahr. Im Landesinneren, auf den Vidda genannten Hochebenen, gibt es richtige „Trockenlöcher". Dort herrscht **Kontinentalklima** mit kalten Wintern und heißen Sommern. Auf der Finnmarksvidda fällt jährlich 300 mm Regen. Der größere norwegische Teil Lapplands liegt somit in der Zone mit kontinentalem Klima. Fährt man allerdings zur Nordkapinsel Magerøya, kommt man wieder in den **Seeklimabereich.** Im Winter liegen hier die Temperaturen durchschnittlich bei 0 °C.

SCHWEDEN

Der Golfstrom und die Westwinde sorgen in Südschweden für ein **mildes Klima.** Auf Breitengraden, wo es sonst nur Schnee und Eis gibt, können hier noch Getreide und Kartoffeln angebaut werden. Im Sommer liegt die Durchschnittstemperatur bei 22 °C. Im Winter kann es bis zu –30 °C kalt werden. Schwedisch-Lappland ist regenärmer als der Rest des Landes und hat ein ähnliches Klima wie Finnland.

FINNLAND

Suomi, wie die Finnen ihr Land nennen, gehört zu den **Schnee- und Waldzonen** mit kalten Wintern und relativ heißen Sommern. Die Durchschnittstemperatur beträgt z. B. im Januar in Sodankylä –14 °C und im Juli +14 °C.

Im Vergleich mit anderen Regionen auf diesen Breitengraden liegen die Temperaturen allerdings trotzdem 6 °C höher und aufgrund der trockenen Luft werden sie als noch höher empfunden, als sie in Wirklichkeit sind. Der wärmste Monat ist der Juli mit einer Durchschnittstemperatur von 20 °C, es können aber auch schon mal 30 °C werden. Im Norden gibt es pro Sommer etwa 70 Tage, an denen die Sonne nicht untergeht (Mitter-

In höheren Lagen kann durchaus im Frühling Schnee liegen

Mitternachtssonne

Im Sommer steht die Sonne auf der Nordkalotte, also in Orten die nördlicher als 66,5 Grad Breite liegen, 24 Stunden über dem Horizont. In Lappland geht sie dann nicht unter. Diese Erscheinung nennt man Mitternachtssonne. Am besten ist sie an der Küste zu sehen oder von Bergen aus, die eine gute Rundsicht haben. Verfolgt man am Abend den Lauf der Sonne, sieht man sie in einer sanften, immer flacher werdenden Kurve untergehen. Das Abendrot breitet sich aus, aber kurz über dem Horizont beginnt sie wieder zu steigen, umgeben vom Morgenrot. Ohne Uhr kann man sich schnell in der Zeit vertun. Wenn die Tage immer länger werden und der Sommer ins Land zieht, treibt es die Skandinavier in die freie Natur. Viele haben ein Häuschen auf dem Land. „Friluftsliv“, das Leben an der frischen Luft, ist für viele ein Lebenselixier. Je nach Breitengrad kann die Mitternachtssonne, also die Tage, an denen die Sonne gar nicht untergeht, mehrere Wochen andauern. Wer bei Licht nicht einschlafen kann, muss unbedingt eine Schlafmaske mitnehmen, ansonsten sollte man versuchen seinen Rhythmus auf die Helligkeit einzustellen. Meist geht man immer später schlafen und wundert sich am Ende der Reise, wenn man z. B. vor geschlossenen Läden steht, weil es zehn Uhr nachts ist, man selbst aber glaubt, es sei später Nachmittag. Das andere Extrem ist die totale Dunkelheit im Dezember, in diesem Monat geht die Sonne gar nicht auf.

126wn Abb.: fh

nachtssonne). Ab Anfang Dezember bleibt der Schnee auch in Süd- und Mittelfinnland liegen, in Südfinnland hat der Tag dann nur noch sechs helle Stunden. Die Schneeschmelze ist in diesen Gegenden Anfang Mai.

LAPPLAND

Im **Sommer** von Juli bis August lässt sich das Wetter mit gutem Gewissen als warm bezeichnen. In Lappland sind alle Touristeninformationen und Restaurants geöffnet, die Fremdenverkehrsindustrie zeigt sich von ihrer besten Seite. Dummerweise sind die Preise dann aber auch entsprechend hoch. Das gilt besonders für die Fähren in der Zeit von Ende Mai bis Mitte September. Viele Besucher werden eine andere Begleiterscheinung des Sommers noch unangenehmer finden: Milliarden von **Mücken** suchen das Gebiet regelrecht heim! Zum Trost geht die Sonne monatelang nicht unter.

LANDKARTEN

Wer nur auf den Hauptstraßen direkt zum Nordkap will, kommt mit einem herkömmlichen **Autoatlas** aus. Wer aber auf Nebenstrecken und in einsameren Gegenden fährt, der wird eine genauere Karte benötigen, die mehr Detailinformationen bietet. Auch in den Reiseländern bekommt man die meisten der im Folgenden aufgeführten Karten. Für eine bessere Planung lohnt es sich aber, sie schon zu Hause zu kaufen.

Die Mitternachtssonne Skandinaviens ist immer wieder ein beeindruckendes Schauspiel

Karten für Navigationsgeräte bieten zwei Hersteller: die niederländische Teleatlas (gehört mehrheitlich TomTom) und der US-Betrieb Navteq. Man sollte sich auf der Website des Geräteherstellers über Aktualisierungen informieren. Wegen der großen Datenmengen (ein Download kann bis zu 10 Stunden dauern) ist es besser, sich eine DVD schicken zu lassen und das Gerät über den PC zu aktualisieren.

Wer sein **Handy zum Navigieren** benutzt, sollte bedenken, dass jede Satellitenpeilung Geld kostet. Deshalb sollte man auf Offline-Karten zurückgreifen. Bei denen lädt man sich die Karte vor der Reise komplett auf sein mobiles Gerät und kann dann im Land auf die abgespeicherten Daten zurückgreifen, ohne Verbindung zum Netzanbieter.

Für Apple-Geräte findet man sie beispielsweise unter https://itunes.apple.com/us/app/scandinavia-denmark-norway/id843993541?mt=8. Für Androidgeräte gibt es z.B. Here Maps (www.here.com), hier lassen sich Karten für jedes Land herunterladen. Auch OsmAnd-Karten (http://osmand.net) haben alle Länder parat, 10 Downloads sind hier kostenlos, die Bedienung ist leider an manchen Stellen umständlich. Das gleiche Kartenmaterial benutzt Maps.Me Pro (http://maps.me/de/home) – eine reine Offline-Anwendung. Auch zu empfehlen ist Mapfactor Navigation (http://navigatorfree.mapfactor.com).

Die folgende Liste bietet eine Auswahl guter **Landkarten,** sortiert nach Ländern und in der Reihenfolge der Maßstabgröße. Ein (A) hinter dem Maßstab bedeutet „Autokarte".

SKANDINAVIEN

- **Finnland und Nordskandinavien** und **Südschweden/Südnorwegen,** beide 1 : 875.000, world mapping project, erschienen im Reise Know-How Verlag. Gute Übersichtskarten für die Routenplanung.
- **Skandinavien Superatlas,** 1 : 250.000–1 : 400.000, Freytag & Berndt. Mit Stadtplänen.

NORWEGEN

- **Reisekarte Norwegen in fünf Blättern,** 1 : 325.000–400.000 (A), Kümmerly+Frey. Die beste und detaillierteste Autokarte, man kann sie auch als Fahrradkarte verwenden. Eine Lizenzausgabe der norwegischen Serie von Cappelen, die Blätter 4 und 5 decken Norwegisch-Lappland ab. Karten von Cappelen sind in Norwegen preiswert.
- **Turistkart Nordkapp,** 1 : 80.000 (A). Topografische Karte, gibt es an der Info in Honningsvåg.
- Unter **http://kart.finn.no** gibt es auch Online-Karten. Man kann auf Luftbilder umschalten, die aber nicht schwammig vom Satelliten fotografiert sind, sondern von einem Sportflugzeug in geringer Höhe aufgenommen wurden. Nur auf Norwegisch.

SCHWEDEN

- **Straßenkarte Schweden in 6 Blättern,** 1 : 250.000–400.000 (A), Kümmerly+Frey. Gute, detaillierte Straßenkarte, eine Übernahme des Schwedischen Landesvermessungsamts. Die Einzelblätter überschneiden sich stark (Lappland: Blatt 6).
- **KAK-Autoatlas,** 31 Karten im großen Maßstab 1 : 275.000 (A), deutsche Legende, Stadtpläne (Stadtpläne findet man auch in jedem Telefonbuch).
- Eine aktuelle **Baustellenkarte** gibt es unter www.trafikverket.se (Unterpunkt „Vägtrafik").

FINNLAND

In größeren Orten gibt es Kartenhandlungen *(Karttakeskus),* auf dem Land kauft man Karten an der Tankstelle oder am Kiosk. Alle Karten gibt es bei Helsinki-Karttakeskus (Opastinsilta 12 und Eteläesplanadi 4).

- **Finnland,** 1 : 800.000 (A), Rv. Gute Straßenkarte für den Überblick.
- **Kesän Tietyöt,** Übersichtskarte mit den zu erwartenden Baustellen in Finnland. Erscheint jährlich neu, ist aber nur in Finnland bei den Straßenämtern (liikennevirasto) zu bekommen. im Internet kann man sich unter www2.liikennevirasto.fi über Wetter und Straßenverhältnisse auf seiner Route informieren.

Höchstgeschwindigkeiten (in km/h)

	Norwegen	Schweden	Finnland
Innerorts:	50	50	50
Außerhalb von Ortschaften:	80	90	80
Autobahn:	90	110	120
Mit ungebremstem Anhänger:	60	40	80

PANNE, NOTFALL

NORWEGEN

- **Polizei:** Tel. 112, vom Handy Tel. 911
- **Notarzt:** 113
- **Automobilclub NAF:** Tel. 08505, Mobil 00479 2608505
- **Bergungsunternehmen Viking:** Tel. 06000
- **Bergungsunternehmen Falck:** Tel. 02222
- **Automobilklub KNA:** Tel. 21604900

SCHWEDEN

- **Polizei, Feuerwehr:** Tel. 112
- **Pannenhilfe Väghjälp:** Tel. 020 912912
- **Pannenhilfe Viking:** Tel. 020 100100
- **Bergungsunternehmen Falck:** Tel. 087 679000

FINNLAND

- **Polizei, Feuerwehr, Krankenwagen:** Tel. 112
- **Pannenhilfe:** Tel. 09 77476400

SICHERHEIT

Auch wenn Skandinavien im Allgemeinen als sicheres Reiseland gilt, so haben doch die **Einbrüche in Autos** zugenommen. Wohnmobile sind zum Ziel Krimineller geworden, allerdings erstreckt sich das Einzugsgebiet krimineller Banden eher auf den Süden Skandinaviens. Dort ist vor allen Dingen auf den Raststätten und Parkplätzen der viel befahrenen Autobahnen Vorsicht geboten. Wie überall in Europa sind natürlich die Hauptstädte der drei Länder ebenfalls ein Anziehungspunkt für Räuber aller Art. Hier sollte man als Fußgänger auf seine Wertsachen achten.

STRASSEN UND VERKEHRSREGELN

Man findet in Norwegen, Schweden und Finnland die auch in Deutschland üblichen Warn- und Verbotsschilder, nur die Farben sind etwas anders: ein dunkleres Blau oder Gelb statt Weiß etc. Ein Hinweisschild mit schwarzem Schleifenquadrat auf weißem Grund und mit blauem Rand ist das Zeichen für Sehenswürdigkeit. Darunter findet man immer ein Schild mit dem Namen des „Sehenswerten" und die Entfernung von der Hauptstraße. Leider ist aus den Eigennamen der Wasserfälle oder historischen Fundstätten meist nicht erkennbar, ob sich der Umweg lohnt. In Schweden weist *Fornminne* auf etwas ganz Altes und *Kulturminne* etwas Kulturelles hin und *Industriminne* ist dann auch klar.

In ganz Skandinavien herrscht **Anschnallpflicht** und das **Telefonieren am Steuer** ist tabu! Die **Promillegrenze** liegt bei 0,2 ‰, in Finnland bei 0,5 ‰ (schwere Strafen!). In allen drei Ländern fährt man auch **tagsüber mit Abblendlicht oder Tagscheinwerfern.** Das Rauchen am Steuer ist innerhalb geschlossener Ortschaften verboten. In **Norwegen** hat an Engpässen immer der **bergauffahrende Wagen Vorfahrt.** Meist gibt es

Ausweichstellen, aber Vorsicht, oft fehlen Leitplanken. Übrigens gibt es in Norwegen mehr Schneemobile als Busse. Kreisverkehre sind sehr gebräuchlich.

Schnellfahrern drohen hohe Strafen, so kostet „60 km/h im Ort gefahren" bereits 700 skr (ca. 82 €). In Schweden dürfen **Lastwagen über 3,5 Tonnen** auf Autobahnen maximal 90 km/h schnell sein, auf Landstraßen dürfen sie 70 km/h fahren. Das gilt auch für Wohnmobile. Wenn es keine Hinweisschilder gibt, beträgt die zulässige Höchstgeschwindigkeit 70 km/h!

In **Finnland** herrscht übrigens von Dezember bis März **Winterreifenpflicht.** Schneeketten verleihen die heimischen Automobilklubs.

Achten sollte man auf **Wild:** Unfälle mit Rentieren und Elchen verursachen jedes Jahr Millionenschäden.

NORWEGEN

Norwegen ist ein reiches Land, alle Straßen haben mittlerweile einen festen Belag. Die **Höchstgeschwindigkeit** beträgt innerorts 50 km/h, außerhalb 80 km/h und auf der Autobahn 90 km/h. Wohnmobile ab 3,5 t dürfen auf Autobahnen nur 80 km/h fahren, ungebremste Gespanne über 300 kg Gewicht 60 km/h. Bei Gespannen ab 2,30 m Breite müssen die Rückspiegel an der Vorderseite weiße **Reflektoren** haben. Insgesamt dürfen Fahrzeuge maximal 2,55 m breit und 18,75 m lang sein.

Die Bundesstraßen heißen *Motortrafikkvei,* während Autobahnen *Motorvei* genannt werden. Die Nummerierung der Straßen ist aufsteigend, je größer die Nummer, desto schmaler die Straße. Die rot-weißen Stangen, die man oft links und rechts der Straße sieht, sind die Wegmarkierungen für den Winter. Sie ragen aus dem Schnee und zeigen, wo die Straße aufhört.

Viele Tunnel und Brücken Norwegens sind privat finanziert und deshalb **mautpflichtig.** Die Zufahrten auf mautpflichte Straßen verfügen über verschiedene Spuren. Bei denen mit automatischer Erfassung steht „AutoPass" oder „ikke stopp" mit einem Kamera-Symbol, bar bezahlen kann man bei den Spuren mit „mynt – coin". Weit verbreitet ist die Zahlung via **AutoPASS.** Wer seine Kreditkarte, die E-Mail-Adresse und das Autokennzeichen online registrieren lässt, dem werden bei der ersten Durchfahrt 300 nkr als Guthaben abgebucht bzw. bei Womos über 3,5 t 1000 nkr. Bei jeder Durchfahrt wird die Maut abgezogen, ist nach zweieinhalb Monaten noch ein Restbetrag vorhanden, wird er zurückgebucht (Abwicklung über www.autopass.no, auch auf Deutsch). Auch einige Fähren haben eine AutoPASS-Fahrspur. Bei Benutzung wird der Preis für die Überfahrt vom Mautguthaben abgebucht. **Achtung:** Benutzt man die AutoPASS-Fahrspur wird auf jeden Fall das Kennzeichen fotografiert und die Rechnung an den Halter des Wagens geschickt. Das führt bei Leihwagen immer zu Ärger mit den Verleihern!

Es gibt außerdem **Mautautomaten** und mit „Kr-Service" gekennzeichnete **Zahlstellen,** meist eine Tankstelle, an denen man die Maut innerhalb von drei Werktagen bezahlen kann. Eine dritte Möglichkeit ist der Kauf eines **Transponder-Chips.** Die meisten Mautgesellschaften bieten ihre Dienste an Tankstellen in der Nähe der Mautstation an. In Oslo kann man einen Vertrag und einen Chip an Esso-Tankstellen bekommen oder man erledigt dies unter www.fjellinjen.no. Man muss eine Kaution von 200 nkr bezahlen und den Chip später zurückgeben.

› **Straßenzustandsberichte:** Tel. 91502030, www.vegvesen.no

SCHWEDEN

Der Verkehr wird dünn, sobald man Stockholm hinter sich gelassen hat. Bis Ende des 19. Jh. wurden Transporte hauptsächlich im Winter abgewickelt, wenn die Flüsse und Seen gefroren waren. Dann ließ es sich im Schlitten bequem reisen. Heute gibt es ein gut ausgebautes Straßennetz. Auf den schwedischen Straßen fährt man immer mit **Abblendlicht** oder **Tagfahrleuchten.** Gelbe Linien am Straßenrand bedeuten **Halteverbot.** Die **Höchstgeschwindigkeit** beträgt innerorts 50 km/h und außerhalb einer Ortschaft 70 bis 90 km/h. Auf der Autobahn darf man 90 bis 110 km/h fahren. Die Höchstgeschwindigkeit für Wohnmobile ab 3,5 t und Gespanne liegt auf Landstraßen bei 80 km/h und auf Autobahnen bei 90 km/h. Das **Bußgeld** bei Geschwindigkeitsüberschreitung startet ab 260 €, Verstöße gegen die Gurt- oder Helmpflicht kosten 176 €. Die Promillegrenze liegt bei 0,2 ‰.

Straßen mit E-Nummern nennt man **Europaväg,** Bundesstraßen sind **Riksvägar** und Gemeindestraßen mit dreistelliger Nummer heißen **Länsvägar.** Auch in Schweden findet man im Norden längs der Straße im losen Grund die rot-weißen oder gelb-weißen Stangen stecken. Es handelt sich um Wegmarkierungen für den Winter. Sie ragen aus dem Schnee und zeigen, wo in der weißen Wüste die Straße aufhört.

Wegen der Straßenreinigung darf man auf vielen **Parkplätzen** in Orten nur zeitlich begrenzt stehen (Angabe von Tagen und Uhrzeiten). Parkplätze in derselben Gegend sind häufig verschiedenen Automaten zugeordnet. Oft ist die Bezahlung ausschließlich mit schwedischen Bonus- oder Kreditkarten möglich. In diesen Fällen ist es besser, einen anderen Parkplatz aufzusuchen. Falschparken ist teuer.

FINNLAND

Wie in den anderen skandinavischen Ländern gibt es auch in Finnland harte Winter. Im Frühjahr neigen die Straßenbeläge dann zu Frostaufbrüchen, deshalb erfand man den Ölkiesbelag. Über die letzte Kiesschicht des Unterbaus wird ein zähes Teeröl aufgewalzt. Dieser Belag ist elastischer als Asphalt oder gar Beton und so sind die Straßen hier fast frei von Schlaglöchern. Im Süden des Landes sind alle Straßen normal belegt.

Schwierig für den Touristen ist die **Beschilderung.** Dass „Aja hitaasti" „Langsam fahren!" bedeutet, erschließt sich einem z. B. nicht ohne Weiteres. Im Anhang vorgestellt, enthalten die Listen der wichtigsten Ausdrücke auf Norwegisch, Schwedisch und Finnisch auch Verkehrshinweise (s. S. 386).

Die **Höchstgeschwindigkeit** beträgt innerorts 50 km/h, außerhalb 80 km/h. Wohnmobile ab 1,8 t Leergewicht dürfen auf bestimmten Straßen nur 100 km/h fahren, auch wenn sonst 120 km/h erlaubt sind. Gespanne dürfen auf Landstraßen 80 km/h fahren. **Abblendlicht** braucht man außerhalb geschlossener Ortschaften immer.

Die Qualität der Straße sinkt mit der Nummerngröße. Daher sollte man Straßen mit dreistelligen Nummern nur mit Fahrzeugen befahren, die genügend Bodenfreiheit haben. Gespanne scheitern dort in der Regel. Die Staatsstraßen *(Valtatie)* entsprechen den deutschen Bundesstraßen. Die E-Nummern sind Europastraßen.

Spikereifen müssen auf allen vier Rädern montiert sein. Den Straßenzustandsbericht, nach Regionen und Straßen sortiert, kann man unter www2.liikennevirasto.fi aufrufen. Die Höchstgeschwindigkeit im Winter ist auf 100 Km/h begrenzt.

Wer ohne große Umstände etwas essen will, kann sich entlang der großen Straßen ganz gut versorgen. Alle größeren Tankstellen besitzen ein Schnellrestaurant.

› **Automobilklub Autoliitto,** Hämeentie 105 A, 00550 Helsinki, Tel. 09 72584400, www.autoliitto.fi/auf_deutsch/

TANKEN

BENZIN UND DIESEL

Wie die übrigen Serviceeinrichtungen, so sind auch die Tankstellen in Lappland nicht gerade dicht gesät, deshalb sollte man vielleicht einen gefüllten Reservekanister dabei haben. **Tankautomaten,** bei denen man mit Scheinen bezahlt, gibt es kaum noch in Skandinavien. Am häufigsten stehen sie in Schweden, wo man mit 20- und 100-Kronen-Scheinen tanken kann. Für 10 und 20 € kann man in Finnland tanken, allerdings meist nur Normalbenzin. Üblich ist das Zahlen mit einer Kreditkarte, deutsche Maestrokarten werden nicht akzeptiert. Hat man die Wahl, muss man darauf achten, dass die richtige Treibstoffart eingestellt ist! Meist sind die Tankstellen bis in die Nacht geöffnet. Oft wird nicht zwischen Normal und Super unterschieden, sondern es geht nach der **Oktanzahl.** Wer sich nicht sicher ist, sollte in der Betriebsanleitung seines Wohnmobils nachsehen.

Diesel-Wohnmobile über 6 t müssen in Schweden 0,18 skr Spritsteuer pro Kilometer zahlen. Die Steuer wird bei der Ausreise erhoben. (Bei der Einreise wird der km-Stand erfasst und bei der Ausreise vom aktuellen Stand subtrahiert.)

Wenn *Avgiftsfri* an Dieselsäulen steht, heißt das in Norwegen: Heizöl! Missbrauch ist strafbar. Wer in Finnland statt Diesel das billigere Heizöl (polttoöljy) tanken will, muss für Pkws 168 €/Tag (Womo 252 €) zahlen. Die Zahlung an den Zoll muss bei der Ausreise nachgewiesen werden. Die Einfuhr von Reservesprit muss verzollt werden. Nur in Norwegen ist die Dieseleinfuhr frei.

AUTOGAS (LPG)

Der Verbrauch bei nordeuropäischem LPG (100 % Propan) steigt deutlich, der Preis lag 2015 bei 7 Kronen/Ltr! Für Norwegen muss man einen Bajonett-Adapter und für Schweden den Dish-Anschluss mitnehmen.

- **Norwegen:** rund 60 Tankstellen, die nördlichsten in Mo i Rana, Mosjøn, Tromsø, Bardufoss und Alta
- **Schweden:** Helsingborg, Malmö, Stockholm, Jönköping, Falun, Svartvik (Sundsvall), Piteå
- **Finnland:** Keine

ERDGAS (CNG)

- **Info:** www.gas-tankstellen.de und www.gibgas.de/Tankstellen/Service/GPS-Daten (Tankstellen in Finnland und Schweden fürs Handy)
- **Norwegen:** 4 Stationen, u. a. Bergen, Moellendalsvei 44 (nur mit Gasnor-Karte)
- **Schweden:** 51 Stationen, u. a. Stockholm, Skellefteå, Jönköping und Boden.
- **Finnland:** Gasum-Stationen nur bis zur Jyväskylä-Leppävesi. Man braucht eine Karte von Gasum, die nur über eine finnische Bank abgerechnet werden kann (www.gasum.com).

TELEFON

In **Schweden** und **Finnland** wählt man auch bei Ortsgesprächen immer die vollständige Telefonnummer samt der Ortsvorwahl inklusive der „0". In **Norwegen** gibt es keine Ortsvorwahlen. Sie ist immer in die achtstellige Rufnummer integriert.

Generell sollte man unbedingt auf seine **Telefonkosten** achten! Zum Beispiel treibt die Benutzung von Online-Karten oder anderer Internetdienste auf dem Smartphone die Kosten exorbitant in die Höhe!

- **Landesvorwahl Norwegen (Festnetz):** 0047
- **Landesvorwahl Schweden:** 0046
- **Landesvorwahl Finnland:** 00358

ÜBERNACHTEN

Dem Wohnmobilisten werden in Lappland mit der Übernachtung keine Probleme entstehen. Wer auf eine warme Dusche verzichten kann und Natur sowie Einsamkeit liebt, findet überall ein Plätzchen an einem See oder Fluss.

Auch die **Rastplätze** an den Hauptstraßen sind oft so schön gelegen, dass sie zum Verweilen einladen. Hier hat man meist noch den Luxus einer Toilette und eines Tisches. Zur Hauptreisezeit sind die schönsten Plätze auf der Route zum Nordkap stets belegt.

Wer die ganz einsamen Stellen abseits der Hauptstraßen sucht, muss sich darüber im Klaren sein, dass Seitenwege oft **Zufahrtswege zu Wohnhäusern** sind, die vielleicht 2 bis 3 km entfernt liegen. Wenn man auf solchen Wegen parkt, muss man unter Umständen den Platz räumen, wenn ein Anlieger mit seinem Auto durch will. Ein sicheres Zeichen für solche Zufahrtswege sind Briefkästen oder Milchflaschenhäuschen am Abzweig. In Finnland sind fast alle Seeufer bewohnt. Die Wege dorthin sind dann immer Zufahrtsstraßen. Auch Stege am See- oder Flussufer wurden nicht für badefreudige Touristen aufgestellt, sondern in der Regel vom Besitzer des Sees, damit er angeln kann. Er wird sicher nicht erfreut sein, wenn ihm planschende Leute die Fische verjagen.

Grundsätzlich hat aber kein Mensch etwas dagegen, wenn man sich an derartigen Stellen niederlässt, es kommt eben auf die Vorgehensweise an. Man sollte zuerst die Umgebung des auserkorenen Lagerplatzes zu Fuß erkunden. Steht irgendwo ein Haus, kann man dort nachfragen, ob jemand etwas dagegen hat, wenn man vor Ort ein oder zwei Tage rastet. Dies kann man z. B. mit dem Holen von Frischwasser verbinden – da es im Norden nicht an jeder Ecke Trinkwasser gibt, muss man sich privat versorgen.

Am sichersten übernachtet man auf den zahlreichen **Campingplätzen.** Diese können internationalen Standard haben oder auch nur eine private Wiese sein, für die man sich den Schlüssel beim Besitzer holt. Manchmal handelt es sich auch um einen „Freizeitpark" mit Kinderbespaßung, Minigolf, Café, Restaurant, Laden, Fernsehraum, flächendeckendem WLAN-Netz und Verleih von allerlei Sportgeräten wie Booten, Fahrrädern oder im Winter Skiern. Von manchen Plätzen aus werden Touren zu umliegenden Sehenswürdigkeiten angeboten. Zwischen den Extremen liegt ein weites Feld. Auf allen größeren Plätzen gibt es **Campinghütten,** da man bei schlechtem Wetter in Skandinavien eher nicht zeltet. Diese Hütten haben meist nicht mehr als Tisch und Bett zu bieten. Toiletten und Kochgelegenheiten finden sich dann in einem Gemeinschaftshaus. **Hütten** haben oft mehrere Schlafräume und ein Bad, **Ferienhäuschen** sind kleine, abgeschlossene Häuser. **Fremdenzimmer** liegen oft im Haupthaus der Campingplätze.

Wanderheime *(Vandrehjem, Vandrarhem, Retkeilymaja)* sind Jugendherbergen, in denen alle übernachten können, Wohnmobile können oft auf dem Gelände abgestellt werden.

Berggasthöfe *(Fjellstua, Fjällstuga)* vermieten hauptsächlich Zimmer an Wanderer, ein *Värdshus* hat manchmal Fremdenzimmer.

CAMPING KEY EUROPE

Die Camping Card Scandinavia (CCS) wird durch den **Camping Key Europe** abgelöst, der in ganz Europa gilt. Es ist eine Plastikkarte mit personalisierten Daten. Man bekommt sie auf folgenden Internetseiten:

- www.adac-shop.de/Vignetten/Camping-Key-Europe-CKE.html
- www.ace-online.de/reisebuero/reiseinformationen/camping
- www.camping.fi/Camping-Key-Europe--kortti
- www.camping.se/de/Campingse-Camping-Schweden

Als Besitzer der Karte hat man folgende Vorteile: Schnelleres Ein- und Auschecken, Preisvergünstigungen für Stellplätze und Haftpflichtversicherung auf dem Campingplatz. Die Karte kann für 16 € direkt auf einem Campingplatz gekauft oder für 17 € im Internet bestellt werden. Der Versand dauert ca. drei Wochen. Für Automobilklub-Mitglieder ist sie preiswerter.

CAMPINGPLÄTZE IN NORWEGEN

Im ganzen Land gibt es über 1000 Plätze, ein Drittel davon ist im Winter geöffnet. Der

Automobilclub NAF betreibt über 250 eigene Plätze, der Norwegische Caravan Club NCC besitzt 180. Wer möchte, kann auf den meisten Plätzen auch feste Hütten mieten. Campingplätze im Norden sind eher für Durchreisende, die nur eine Nacht rasten wollen. Hier gibt es selten mehr als einen Kiosk, einen Aufenthaltsraum für schlechtes Wetter und eine Entsorgungsstation für die Chemikalien.

CAMPINGPLÄTZE IN SCHWEDEN

Sveriges Campingvärdars Riksförbund (SCR) betreibt die meisten Plätze im Land – etwa 600. Auf diesen Plätzen ist der Camping Key Europe obligatorisch. Viele Plätze, besonders im Norden, sind eher schlicht ausgestattet, Entsorgungsmöglichkeiten gibt es jedoch immer. Die Schweden lieben es, am See zu sitzen, deshalb liegen die Plätze oft an Seen oder Flüssen. Da die Übergangszeit im Herbst ungemütlich ist, stehen auf fast allen Plätzen im Land feste, mehr oder weniger gemütlich eingerichtete Hütten. Vom Doppelbett mit allem Komfort bis zur Mehrbetthütte ist alles vertreten. Für Wandervögel, die nicht länger als eine Nacht bleiben wollen, erfand man den **Quick-Stop.** Das sind Plätze, die man nach 21 Uhr anfährt und vor 9 Uhr wieder verlässt. Man erkennt diese Möglichkeit am Schild auf dem ein Zeiger auf der 9 steht, der zweite müsste auch auf der 9 stehen. Das kostet dann 35 % weniger.

Auf allen Plätzen gibt es **Entsorgungsmöglichkeiten** für Grauwasser, für Chemikalien auf allen offiziellen Plätzen, die einem Verband angeschlossen sind.

CAMPINGPLÄTZE IN FINNLAND

Von Finnlands 350 Plätzen ist nur ein Viertel im Winter offen. Die meisten liegen im Seengebiet. Auch hier sollte man den Camping Key Europe besitzen. Damit kostet die Übernachtung unter 20 Euro. Übernachtungen im hohen Norden sind wegen der einfachen Ausstattung der Plätze preiswerter. Allen gemeinsam ist die gute Lage in der finnischen Natur. Läden und Kioske sind eher klein. Dafür hat jeder Platz eine Sauna, die gegen Gebühr von Gästen benutzt werden kann, die nicht übernachten. Auf allen offiziellen Plätzen gibt es **Entsorgungsmöglichkeiten** für Chemikalien.

› **Finnischer Campingverband,** Suomen Leirintäalueyhdistys, Tulppatie 14, 00880 Helsinki, www.camping.fi

VER- UND ENTSORGUNG

In Wohnmobilen gibt es meist **Propangasflaschen,** erkennbar an den graugrünen oder roten Flaschen mit 5,5 und 11 kg Füllmenge. Da es in Europa mindestens fünf verschiedene Anschlusssysteme gibt und in Skandinavien ein anderes Gewinde verwendet wird als z. B. in Deutschland, muss man sich bei den Propangasvertrieben oder im Campingbedarfsladen ein **Set mit Zwischenstücken** besorgen. Nun kann man das entsprechende Anschlussstück auf die eigene Flasche schrauben und diese kann dann bei einer skandinavischen Füllstation angeschlossen werden. Man muss damit kochen und eventuell heizen und, wenn man nicht auf Campingplätzen mit Stromanschluß steht, den Kühlschrank betreiben. Kochen allein leert keine 11-kg-Flasche, aber um drei Wochen lang zu heizen und Warmwasser zu haben sollte man zwei volle 11-kg-Flaschen an Bord haben.

In deutschen Baumärkten gibt es auch leichte **Kunststoffflaschen** aus GFK, aber auch hier braucht man einen Adapter. Manche Womo-Besitzer bauen sich auch feste **Gastanks** aus Aluminium ein, die ein größeres Fassungsvermögen haben als die Flaschen.

Butangas wird z. B. unter dem Namen *Camping Gaz* in blauen Flaschen verkauft. Bei dieser Gasart hat man in Nordeuropa Nachschubprobleme, Butan brennt zwar sehr

Sieht man solch ein Schild, kann man sein Abwasser loswerden

gut, vergast aber bei niedrigen Temperaturen nicht mehr.

Vor Jahren tauchten in den asiatischen Lebensmittelläden Gaskocher mit **Propanpatronen** auf, die wie große Nachfüllflaschen für Gasfeuerzeuge aussehen. Sie zeichneten sich durch ein genial durchdachtes Design aus und wurden dann z. B. von Camping Gaz in Lizenz vertrieben. Ich finde diese kleinen Modelle ganz prima, man muss lediglich genügend Gaspatronen mitnehmen.

Spirituskocher aus dem Jachtbereich werden ebenfalls gern benutzt. Diese Kocher stehen den Gaskochern bezüglich ihrer Leistung in nichts nach und sie brauchen keine Flaschen mit Schläuchen und keine Gasabnahme. Man schüttet den Spiritus einfach von oben in den Kocher, wo er durch eine Art Wolle auslaufsicher gehalten wird. Der Vorteil: Man kann jederzeit draußen kochen, indem man das Gerät einfach aus dem Wohnmobil nimmt.

Für die **Toilettenentsorgung** besitzen alle offiziellen Campingplätze eine Entsorgungsstation. Hier fährt man über einen Gully, der das Schwarzwasser aus den festen Tanks aufnimmt. Meist muss vorher mit einem Schlüssel der Gullydeckel geöffnet werden. **Kassetten** werden an der Station in einen Ausguss entleert. Zum Nachspülen gibt es einen Schlauch. Auch Reisende, die nicht auf dem Platz übernachten, können gegen eine Gebühr meist die Entsorgungsstationen der Campingplätze benutzen. Manchmal findet man auch an großen Tankstellen solche Stationen, sie sind mit einem **Schild** gekennzeichnet, auf dem ein Wohnmobil über einem Tank steht, ein Pfeil zeigt in den Tank.

NORWEGEN

Gas: In Norwegen werden bei AGA-Gasstationen (www.aga.no) norwegische Flaschen befüllt. Leere Campinggasflaschen können in einigen Orten gegen volle getauscht werden. Unter www.lpgnorge.no/stasjonsoversikt gibt es eine Karte mit den Tausch-und Füllbetrieben. Gasflaschen aus Deutschland werden nicht gefüllt. Die AGA Gas hat ein eigenes System und man kann ihre Flaschen ausleihen. Den Adapter zum Anschluss an das Fahrzeugnetz bekommt man im Zubehörhandel in Deutschland oder in Norwegen. Die Flaschen können bei der Heimfahrt bei AGA zurückgegeben werden. Wer einen fest eingebauten Gastank hat, kann diesen an vielen Tankstellen befüllen, Genaueres erfährt man unter www.autogastanken.de/de/tanken/autogastankstellen-in-europa.html.

Strom muss immer extra bezahlt werden und eine heiße Dusche gibt es meist nur über einen Münzautomaten. Stromanschlüsse besitzen oft keine CEE-Dose, sondern nur einen Schuko-Anschluss. Dafür sind sie aber oft mit 16 Ampere abgesichert, was die Benutzung eines Heizlüfters möglich macht. **Wasser** kommt aus üblichen ½- oder ¾-Zoll-Hähnen.

Abwasser: Spezielle Entsorgungsstationen für Wohnmobile gibt es nur auf den Plätzen im Süden des Landes. Die meisten Plätze haben jedoch Bodenbehälter zum Ablassen der Tanks im Fahrzeug. Im Süden haben auch Tankstellen Entsorgungsstationen.

SCHWEDEN

Gas: Es gibt fast ausschließlich Propangas *(gasol)* und das Auffüllen deutscher Flaschen ist schwierig. Auskunft über spezielle Anschlüsse und Füllstationen:

- **Primus Svenska AB,** Oljehamnen, 15138 Södertälje, www.primus.se, Tel. +46 08 56484230, und an AGA-Gasstationen im Süden, www.energigas.se.

Tankstellen für **Autogas** (Motorgas, Autogas, LPG) gibt es auch nur im Süden des Landes. Zum Tanken braucht man einen Adapter für italienische Flaschen (Dish-Anschluss), der auch für deutsche passt, aber in Schweden verbreiteter ist. Jedoch auch der ACME-Adapter findet sich in Schweden.

Gastanks kann man u. a. hier füllen:

- **Helsingborg:** Aniol Gasol
- **Göteborg:** Preem
- **Stockholm/Nacka:** Preem
- **Växjö:** Gasolbolaget
- **Åhus:** Åhus Gas
- **Jönköping:** Kem och Gas
- **Linköping:** ÖP Energi
- **Karlstad:** OK/Q8
- **Mönsterås:** Timmernabbens Karamellfabrik
- **Falun:** Gasbolaget
- **Sundsvall:** Gasoldepån
- **Piteå:** OK/Q8

Strom: Wie in allen skandinavischen Ländern sind auch schwedische Campingplätze mit normalen Schuko-Steckdosen ausgerüstet, die aber mit mindestens 16 Ampere meist ganz gut abgesichert sind.

Wasser: Die üblichen ½- oder ¾-Zoll-Anschlüsse gibt es überall.

Abwasser: Ausgüsse für Schmutzwasser gibt es auf allen Plätzen, da man in Schweden nur geschlossene Systeme verwendet: Man darf also kein Wasser aus seinem Wohnmobil in einen Eimer laufen lassen, sondern muss es in eingebauten Tanks auffangen.

FINNLAND

Gas: Es werden nur Flaschen der **Firma Primus** gefüllt. Der Umtausch der deutschen Flaschen ist so gut wie unmöglich, da die Händler diese nicht weiterverwenden dürfen. Man sollte also ausreichend Gas mitnehmen. Weiterhin bestehen keine Betankungseinrichtungen für Wagen mit festen Gastanks. Bei den Flaschen werden, wenn überhaupt, nur deutsche Flaschen mit Prüfzeichen befüllt.

Es gibt im Land zirka 20 **Erdgastankstellen,** die CNG (Maakaasu) stellt Karteneinträge von Erdgastankstellen für das GPS-Handy bereit: www.gibgas.de/Tankstellen/Service/GPS-Daten.

Achtung: Auf manchen **Fährlinien** ist es verboten, gefüllte Reserve-Gasflaschen und Benzinkanister mitzunehmen. Wer also mit einer Gasflasche auf dem Dachgepäckträger zum Fähranleger kommt, muss damit rechnen, abgewiesen zu werden. Man darf auch nie Propangas in die flacheren Butangasflaschen füllen.

Strom: Wie in den anderen skandinavischen Ländern gibt es keine CEE-Steckdosen, sondern nur hoch abgesicherte Schuko-Steckdosen. Damit kann man auch Heizlüfter betreiben. Allerdings sind die Stromkosten ziemlich hoch, sie können bis zu 5 € pro Nacht betragen.

Wasser läuft aus den üblichen ½- oder ¾-Zoll-Hähnen.

Abwasser: Bessere Plätze müssen eine Entsorgungseinrichtung für Abwassertanks besitzen. Vorrichtungen zum Ausleeren der Schmutzwasserbehälter gibt es auf allen Plätzen.

ZWISCHEN BERGEN UND MEERESKÜSTE

Wer sich für diese Route zum Nordkap entscheidet, erlebt nach einer Anreise über Oslo ab Trondheim die grandiose Fjordlandschaft Norwegens hautnah. Die Hauptroute windet sich 1600 Kilometer gut ausgebaut über die E6 parallel der Küste nach Norden. Rechts steigen majestätisch die Berge auf, links schäumt das Eismeer.

Die Bewohner der kleinen Orte haben oft Häfen und ein paar verstreute Holzhäuschen auf den Felsen errichtet. Das Leben ist seit Urzeiten vom Meer geprägt. Fischerboote und Fischereibetriebe sind auch heute noch in der Überzahl. Vielfach wird ins Meer hinaus gebaut, die schroffen Berge sind unwirtlich, freie Flächen brauchte in der Vergangenheit die Landwirtschaft. Straßen gibt es aus diesem Grund ebenfalls wenig.

Früher reiste man mit dem Boot. In jeder größeren Ansiedlung am Meer gibt es eine Anlegestelle der Fährgesellschaft Hurtigruten, die in begrenzter Menge auch Autos mitnimmt.

Im Norden können die Ortsschilder mehrsprachig sein. Die weiteren Ortsnamen sind in Klammern aufgeführt, zuerst auf Samisch, dann die Minderheitensprachen der Gegend, etwa Finnlandschwedisch oder Kvenisch.

160wn Abb.: fo © A.Jedynak

⊡ *Norwegens schöne Hauptstadt Oslo*

ROUTE 1

ENTLANG DER NORWEGISCHEN KÜSTE

VERLAUF ROUTE 1

Malmö – Oslo – Trondheim (1113 km)
Trondheim – Olderfjord (1534 km)

ANREISE VON MALMÖ ÜBER OSLO NACH TRONDHEIM

Von Deutschland aus kann man mit der **Fähre** von Kiel nach Oslo (Weiterfahrt ab Oslo, s. S. 41) kommen. Diese Verbindung ist aber relativ teuer und dauert am längsten. Alternativ kann man über die **Vogelfluglinie** nach Dänemark fahren und von **Kopenhagen** das Schiff nach Oslo nehmen. Oder man fährt in Kopenhagen über die **Öresundbrücke** nach **Malmö** in Schweden.

STRECKENVERLAUF

Malmö – Göteborg (273 km) – Strömstad (norwegische Grenze, 165 km) – Oslo (136 km) – Eidsvoll (67 km) – Dombås (275 km) – Trondheim (197 km)

Streckenlänge: 1113 km

MALMÖ

Die meisten Besucher betreten schwedischen Boden über die südlichste Provinz des Landes: Skåne, zu Deutsch Schonen. Die E6/E kommt von Trelleborg an der Südspitze und führt nordwärts bis zur Grenze nach Norwegen. Unterwegs reist man parallel zum Öresund durch flache Landschaften über Malmö, Helsingborg und Halmstad. Die Gegend ist von der Landwirtschaft (hauptsächlich Ackerbau) geprägt. Durch die Provinz Halland mit schönen Badeorten wie Varberg erreicht man die zweitgrößte Stadt des Landes, **Göteborg** in der Provinz Västergötland.

026wn Abb.: fo©TobiasW

Die 7845 Meter lange Öresundbrücke

GÖTEBORG
(273 km – km 273)

Information

- **Turistbyrå,** Kungsportplatsen 2, Tel. 3684200, Sommer täglich 9.30–20 Uhr, Winter Mo.–Fr. 9.30–17, Sa. 10–14 Uhr, Zweigstelle in Nordstan, im Sommer Mo.–Sa. 10–20 Uhr, So. 10–18 Uhr.

Schwedens zweitgrößte Stadt (525.000 Einwohner) hat den größten Hafen des Landes und mit dem Nordstan das größte Einkaufszentrum Skandinaviens. Wenn man sich auf der E6 dem Göteborger Bereich nähert, nimmt der Verkehr schnell großstädtische Ausmaße an. Der Göteborger geht angeblich immer leicht vornübergebeugt, um sich gegen den Wind vom Meer zu stemmen, aber das ist Legende. Die Stadt besitzt viele **Grünanlagen** und ist von **Kanälen** durchzogen, ihre Straßenzüge sind in unterschiedlichen Stilen in verschiedenen Jahrhunderten entstanden.

Ab Göteborg fährt man durch das Schärengebiet von Bohuslän mit seinen flachen Inselchen, vorbei an **Udevalla,** wo man den Götakanal überquert, und **Tanum** mit seinen alten Felszeichnungen bis zur Grenze bei Strömstad.

1 Camping Lilleby (SCR)

GPS 57.743931, 11.756397

Lillebyvägen 100, Torslanda, Tel. 031 562240, geöffnet 31.5.–30.8., Stellplatz 230 skr, Strom 50 skr. Auf Hisingen (nordwestlich von Göteborg Zentrum) am Meer bei Torslanda, dem südlichsten Teil von Bohuslän, direkt an einem Fjord zwischen einem Felsmassiv und einem Kiefernwald.

Literaturtipp

„CityTrip Göteborg"
von Lars Dörenmeier,
Reise Know-How Verlag.
Der ideale Stadtführer für einen Kurztrip nach Göteborg. Mit Faltplan und Online-Kartenservice.

Stellplätze

- Saltholmsgatan 29, GPS 57.666366, 11.853716, Tageskarte fürs Parken um 25 skr. Mit der Tram-Linie 11 geht es von hier in die Innenstadt.
- Brudaremossen 20, GPS 57.698754, 12.043813, Juni–August, Parkplatz an der Rennbahn, mit Wasser und Entsorgung, Strom möglich, 350 skr pro Tag

030wn Abb.: ld

Blick auf die Oper von Göteborg mit ihrer gewagten Architektur

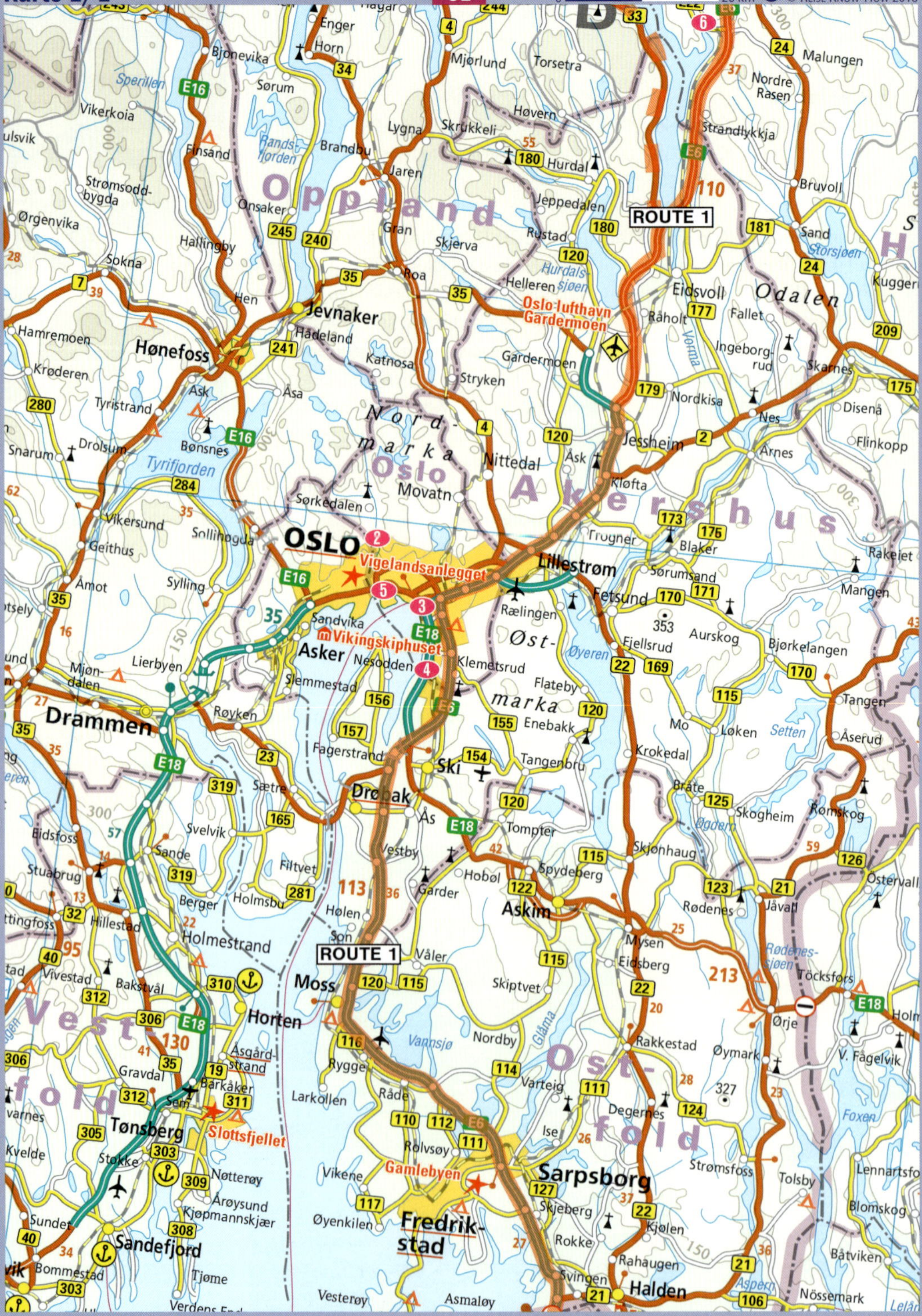
ROUTE 1
OSLO
Vigelandsanlegget
Vikingskipshuset
Oslo lufthavn Gardermoen
Oppland
Nord-marka
Oslo
Akershus
Øst-marka
Østfold
Vestfold
Odalen
Lillestrøm
Hønefoss
Jevnaker
Drammen
Asker
Sandvika
Drøbak
Ski
Moss
Horten
Tønsberg
Slottsfjellet
Sandefjord
Fredrikstad
Gamlebyen
Sarpsborg
Halden
Askim
Mysen
Eidsvoll
Jessheim
Hurdal
Nittedal
Movatn
Tyrifjorden
Øyeren
Vannsjø
Glåma
E6
E16
E18

STRÖMSTAD (NORWEGISCHE GRENZE)

(165 km – 438 km)

Die Grenze selbst ist der Meeresarm **Svinesund.** Parallel zu der 1946 errichteten, 420 m langen und 60 m hohen Svinesundbrücke wurde zur Verkehrsentlastung im Juni 2005 eine 704 m lange neue Brücke eingeweiht – eine der längsten Einbogenbrücken der Welt. Ab hier wird die Gegend deutlich bergiger. Die E6 ist Norwegens längste Straße. Sie führt über 2502 km von Oslo bis zum östlichen Ende in Kirkenes an der russischen Grenze einmal quer durch das ganze Land.

Nach der Grenze bleibt man auf der E6 in Richtung Oslo. Die Ostsee reicht mit ihrem Meeresarm bis zur Hauptstadt ins Landesinnere herein. Rechts liegt der ehemals wichtige Hafenort **Halden** mit der Festung Fredriksten aus dem 17. Jh. Links zum Fjord erstreckt sich bald das für seine Altstadt bekannte **Fredrikstad.** Bei Moss kommt die Straße wieder an den Fjord, der Verkehr wird dichter und nun ist es nicht mehr weit zum ersten Verteilerkreis am Rande von Oslo.

Stellplatz Kebalvägen

am Ende des Parkplatzes „D" im Norden von Strömstad, GPS 58.951374, 11.175014, Juni–Aug. kostenpflichtig mit Automat, Wasser und Entsorgung frei, Bus in die City kostenlos

OSLO

(136 km – 574 km)

Die Hauptstadt Norwegens wurde vom König Hårdråde im Jahre 1047 östlich des heutigen Oslo gegründet und nach diversen Bränden an die heutige Stelle versetzt. Lange hieß der Ort Kristiania. Heute ist sie mit rund 475.000 Einwohnern die größte Stadt des Landes. Ein Besuch Oslos lohnt auf jeden Fall. Zu sehen gibt es weltberühmte Museen auf der Bygdøy-Halbinsel, den Vigeland-Park und die Munch-Gemälde-Sammlung. Wer kein Museumstyp ist, findet in den reichlich vorhandenen Grünanlagen ausreichend Gelegenheit, sich zu entspannen (z. B. im Botanischen Garten in Tøyen).

Ein Wahrzeichen der Stadt ist das **Rathaus** mit seinen beiden massigen Türmen und der Großen Halle mit dem Monumentalgemälde von Henrik Sørensen. Hier wird jedes Jahr der Friedensnobelpreis verliehen. **Karl Johans Gate** ist die prächtige Hauptstraße, die 1,5 km zwischen Schloss und Hauptbahnhof durch das Zentrum geht. Zwischen dem Parlament Stortinget und dem Nationaltheater liegt Studenterlunden mit seinen Cafés und Restaurants.

Nahe der Karl Johans Gate befinden sich das Künstlerrestaurant Blom, das Theatercafé und das traditionsreiche Grand Café mit dem Wandgemälde ehemaliger Besucher, u. a. Henrik Ibsen und Bjørnstjerne Bjørnson. Außerdem ist die Karl Johans Gate die Haupteinkaufsstraße.

Jüngere Leute leben im Stadtteil Grünerløkka, das liegt nördlich des Bahnhofs. Die Gegend hat sich vom Studentenviertel zur erstrebenswerten Bohème-Meile entwickelt. Der größte Flohmarkt findet am Wochenende im Park Birkelunden statt, der das Zentrum von

Information

› **Turistinfo,** Fridtjof Nansens plass 5, Tel. 031 612500, Sommer täglich 9–18 Uhr, im Winter bis 16 Uhr

Oslo

Millionen von Touristen besuchen jedes Jahr den auf seine Weise einzigartigen Vigeland-Park

Grünerløkka bildet. Hier gibt es auch einen Haufen kleiner Läden und Lokale. Oslo verfügt über ein breites Angebot guter Museen. Direkt gegenüber vom Hafen liegt die **Museums-Halbinsel Bygdøy.** Hier hat man sechs Museen gebaut, die alle zu empfehlen sind. Auf der Insel selbst sind alle Gebäude zu Fuß zu erreichen. Das **Kon-Tiki-Museum,** auf der Halbinsel direkt am Fährhafen, zeigt das Floß und andere Gegenstände der Expedition, die Thor Heyerdahl 1947 durchführte. Damals segelte er mit fünf Freunden von Südamerika über den Pazifik nach Polynesien. Das gegenüberliegende **Fram-Museum** präsentiert die Fram, das Schiff, mit dem sowohl Fridtjof Nansen 1893–1896 zum Nordpol als auch Roald Amundsen 1910–1912 zum Südpol reiste. Das Museum wurde um das Schiff herum gebaut. Das **Vikingskipshuset** präsentiert drei komplette Wikingerschiffe, die in Norwegen ausgegraben wurden; unter anderem das weltberühmte Oseberg-Schiff. Nicht auf der Museumsinsel und etwas außerhalb

östlich der City liegt das für jeden Kunstliebhaber obligatorische **Munch-Museum.** Es präsentiert u. a. Werke wie „Angst“ und „Der Schrei“ des norwegischen Expressionisten Edvard Munch. Ein einzigartiges begehbares Kunstwerk ist der **Vigeland-Park.** Die im Frogner-Park liegende Anlage ist voll von überlebensgroßen Figuren aus Granit, Marmor und Bronze. Unter anderem kann ein 17 m hoher Obelisk aus einem Stück, in den 121 Figuren gemeißelt wurden, bewundert werden. Alles wurde von einem Mann erschaffen: Gustav Vigeland. Die Anlage ist einfach überwältigend. Im **Vigeland-Museum,** gleich neben dem Park, werden weitere 1650 Plastiken des Künstlers ausgestellt. Es war früher das Atelier des Meisters, das er im Tausch gegen seine Kunstwerke vom König erhielt.

Die alte **Festung Akershus** am Ostende des Oslofjordes ist auf einem grünen Hügel mit Blick auf das Wasser gebaut worden. Hier steht auch einer der königlichen Reitställe, in der Krypta ruhen mehrere norwegische Könige und in den Sälen empfängt die Regierung ihre Gäste. Die neue **Oper** mit ihrem begehbaren Dach unweit vom Bahnhof am Hafen ist ein architektonisches Kleinod. Das Gebiet Tjuvholmen südlich des Rathauses ist neu gestaltet worden, früher gab es hier nur Werften. Heute ist ein quirliges Viertel entstanden, mit Lokalen, teuren Appartments und dem **Astrup-Fearnley Museum** Museum für moderne Kunst. Neben dem Hafen liegt die im 14. Jh. vollendete Festung Akershus. In der Festung, die auf alle Fälle einen Besuch wert ist, befindet sich das Verteidigungsmuseum, das den Widerstandskampf gegen die deutsche Besatzung darstellt.

Sehenswertes

- **Astrup-Fearnley Museum,** Museum für moderne Kunst mit Park und Badestelle, Strandpromenaden 2, geöffnet: Di.-Sa. 10-18, So. 12-19 Uhr, Eintritt 100 nkr
- **Festung Akershus,** Akershuskai, Straßenbahn 12, www.forsvarsbygg.no/akershusfestning, die „Akershus slott og festning“ aus dem 14. Jh. beherbergt heute Repräsentationsräume und kann bei einer Führung besichtigt werden, geöffnet: Di.-So., im Sommer 6-21 Uhr
- **Fram-Museet,** Bygdøynesveien 36, Bygdøy-Museumsinsel, www.frammuseum.no, täglich 10-16 Uhr geöffnet, vom 1.6.-31.8. 9-18 Uhr, 100 nkr
- **Karl Johans Gate,** die Prachtstraße verläuft vom Schlosspark bis zum Hauptbahnhof durch die City
- **Kon-Tiki-Museet,** Bygdøynesveien 36, Bygdøy-Museumsinsel, www.kon-tiki.no. täglich 10-16 Uhr geöffnet, vom 1.5.-30.9. 9.30-18 Uhr, Eintritt 90 nkr
- **Munch-Museet,** Tøyengatan 53, Bus 29 bis Sørligatan, Bus 20 bis Museum oder U-Bahn bis Tøyen, das Vermächtnis Edvard Munchs ist ein Muss für Expressionismusliebhaber, Mo.-So. 11-16 Uhr, vom 15.6.-30.9. täglich 10-17 Uhr, 100 nkr
- **Museums-Halbinsel Bygdøy,** man erreicht die Insel per Fähre, die im Sommer alle 20-30 Min. vom Hafen (Rådhusbrygge 3) aus verkehrt, oder mit dem Bus 30.
- **Oper & Ballett,** Kirsten Flagstads pl. 1, T-Bane: Jernbarnetorget, www.operaen.no, Karten an der Kasse im Opernhaus, Tel. 21982000, besser vorbestellen!
- **Rådhus,** Fridtjof Nansens plass, Straßenbahn 12, www.oslo.kommune.no/english/, geöffnet: 9-16 Uhr, Eintritt frei
- **Vigeland-Park und Vigeland-Museum** im Frogner Park, die wohl größte Sehenswürdigkeit Oslos. Der Park ist das ganze Jahr rund um die Uhr geöffnet, Eintritt frei, das Museum ist geöffnet: Di.-Sa. 10-17, So. 10-17 Uhr, Eintritt 60 nkr
- **Vikingskipshuset,** Huk Aveny 35, Bygdøy-Museumsinsel, geöffnet: täglich 10-16 Uhr, 1.5.-30.9. 9-18 Uhr, 80 nkr

Essen und Trinken

- **Aker Brygge,** ein Gang entlang der Ausgehmeile Stranden offenbart jeden Meter neue Restaurants, Cafés und Bars. An schönen Sommerabenden ist hier halb Oslo auf den Beinen und genießt den Blick aufs Wasser. Einfach schauen, was einem gefällt: D.S. Louise ist ein Schiff, Albertine eine Brasserie, T.G.I. Friday's

Literaturtipp

„CityTrip Oslo“
von Martin Schmidt,
Reise Know-How Verlag.
Für spannende historische und kulturelle Erkundungen Oslos eignet sich dieser CityTrip, der zugleich zeigt, wie sich Norwegens Hauptstadt im rasanten Tempo wandelt.

031wn Abb.: ms

Das Erbe der Wikinger: das Osebergschiff im Vikingskiphuset

amerikanisch, Big Horn bietet Steaks, das Fischrestaurant Lofoten Fiske, hier ist für alle etwas dabei.

- **Albert Bistro,** Albertine, Stranden 3, www.albertbistro.no, französisch angehauchte Küche, geöffnet: Mo.-Sa. 7.30-0 Uhr, So. 9-23 Uhr.
- **Ekeberg Restauranten,** eine Institution in norwegischer Streamline-Moderne, 1927 erbaut. Herrlicher Blick auf Oslo. Restaurantsaal, Bar, Café, Wintergarten und Veranda, unterschiedliche Preise, Kongsveien 15, GPS 59.899431, 10.761645. Schwer zu finden. Vom Ekebergtunnelen in den Kongsveien nach Süden bis hinter der einer Burg ähnelnden medizinischen Hochschule, dann links in die Sackgasse den Berg hoch bis zum Ende. Tel. 23242300, www.ekebergrestauranten.com, geöffnet: Mo.-Sa. 9-17 Uhr, Restaurant auch So. 12-16 Uhr.
- **Frognerseteren-Hütte,** Holmenkollveien 200, Tel. 22 924040, www.frognerseteren.no. Geöffnet 12-22 Uhr, im Sommer ab 10 Uhr. Die Berghütte mit Restaurant und Café liegt hoch oben auf dem Holmenkollen und bietet die beste Aussicht auf die Stadt. Im Inneren gibt es zwei riesige Kamine, ein Schnellrestaurant, mehrere Gasträume und Plätze im Freien. Berühmt ist der Apfelkuchen.
- **Fru Hagen,** Thorvald Meyers gate 40, gemütliches Café mit hohen Räumen mitten in Grünerløkka. Kleine Gerichte zu erschwinglichen Preisen. Geöffnet von 11 bis mindestens 24 Uhr.
- **Håndverkeren Restaurant,** Rosenkrantz' gate 7, Eingang Kristian IVs gate, Tel. 22411322, seit 1880 und wird hier traditionell norwegisch gekocht, hochpreisig, geöffnet: Mo.-Mi. 13-1 Uhr, Do.-Sa. bis 2 Uhr.
- **Hukodden Strandrestaurant,** Strømborgveien 46, Tel. 47955246, herrliches Lokal am Badestrand von Bygdøy, mittelpreisig. Nur zu Fuß zu erreichen, Bus 30 bis Endstation Huk.
- **Lille Herbern,** Bygdøy, GPS 59.898834, 10.693495, auf einem winzigen Eiland liegt dieses Gartenrestaurant. Dorthin gelangt man, indem man auf dem Bygdøynesveien den letzten Parkplatz rechts vor dem Seefahrtsmuseum benutzt, zu Fuß den nächsten Weg hinein zur Fähre geht und dort die Messingglocke läutet (Fahrt 30 nkr). Vom Restaurant darf man keine Sterneküche erwarten, dafür ist es aber ein schöner Ort. Bushaltestelle: Herbernveien. Geöffnet Mai bis Ende September.

002wn Abb.: fh

⊡ *Die Oper in Oslo ist so gebaut, dass man ihr bequem „aufs Dach steigen" kann*

- **Café M,** Majorstua, Valkyriegata 9, Tel. 22603400, ein beliebtes Café in der Gegend mit Plätzen im Freien. Geöffnet: Mo.-Sa. 11-3 Uhr, So. 12-0 Uhr
- **Olivia,** Bryggegangen 4, Tjuvholmen, Tel. 23115470, http://oliviarestauranter.no, geöffnet: 11-23 Uhr, am Wochenende länger. Quirliger Italiener mit preiswerter Pizza und Plätzen im Freien.
- **Café Sorgenfri,** Bryggetorget 4, Tel. 21501090, www.cafesorgenfri.no. Hier in Aker Brygge (s.u.) wird dänisch gekocht. Urig eingerichtet, aber etwas teurer. (Frei nach Lars Saabye Christensen: Wir gingen ins Sorgenfri Café, aber es hat nichts genutzt.)

Einkaufen

Die hippen „In"-Viertel sind Bogstadveien im Stadtteil Majorstua und das ehemalige Arbeiterviertel Grünerløkka mit vielen Kneipen und Restaurants.

- **Aker Brygge,** am Kai beim Rathaus. In den Arkaden mit ihren 60 Shops und 35 Restaurants mit viel Glas gibt es alles, was sich konsumieren lässt. Hier findet auch das nicht gerade billige Nachtleben statt. Dahinter ist das neue Viertel Tjuvholmen.
- **Byporten Shopping,** der Konsumpalast am Bahnhof hat mehr als 70 Läden, 10 Restaurants etc.
- **Galerie Oslo,** die längste überdachte Fußgängerzone Europas, Stenersgate 1 (am Bahnhof), geöffnet 9-21 Uhr.
- **GlasMagasinet,** Stortorvet 9, seit 1739 das berühmteste Kaufhaus von Oslo.
- **Oslo City,** Stenersgate 1, über 80 Läden in Bahnhofsnähe.
- **Steen & Strøm,** der größte Kaufpalast, Kongens gate.

Verkehr

Der Autoverkehr um Oslo ist mit drei ringförmigen Umgehungsstraßen organisiert, die im Zentrum beginnend mit Ring 1, Ring 2 und Ring 3 ausgeschildert sind. Der äußere Ring 3 führt als Schnellstraße im großen Bogen um die Innenstadt herum. Der mittlere Ring 2 verläuft in einem Halbkreis um die City von Majorstua im Westen auf Höhe des Vigeland-Parks, im Osten geht er am Munch-Museum vorbei. Aufgrund vieler Ampeln geht es nur stockend voran. Ring 1 umkreist direkt das Zentrum und ist aufgrund vieler kurzer Ausfahrten und zwei sehr befahrener Kreisverkehre für auswärtige Autofahrer eine gewisse Herausforderung. Wer mit dem Auto in die City will, muss an einer der 18 Mautstellen oder einer Esso-Tankstelle 30 nkr bezahlen. An Mautstellen mit mehreren Möglichkeiten wählt man die Spur „manuell" (für das Kassenhäuschen) oder „mynt/coin" (für den Münzautomat). Bei der Autopass-Spur steht meist „fullautomatisk bomstasjon". Hier fahren Osloer mit automatischen Lesesystemen oder **AutoPass-Abonnenten** (siehe s. S. 29) ohne Halt durch. Ausländer, die nicht bei AutoPass registriert sind, bekommen Monate später die Rechnung aus Norwegen zugeschickt. Die größte Verkehrsberuhigung erfuhr Oslo mit der Eröffnung des kostenlosen Rathaustunnels. Seitdem rauscht der Verkehr unter der Innenstadt durch.

Man kann sich die Fahrt mit dem Womo in die Innenstadt aber auch einfachheitshalber sparen, da ein gut ausgebautes Nahverkehrssystem zur Verfügung steht, mit dem alle Sehenswürdigkeiten erreicht werden können. Außerdem hat die Stadtregierung von Oslo angekündigt, dass bis 2019 Privatautos aus der Innenstadt verbannt werden sollen.

Parken

Parken in der City ist teuer und schwierig: Die Innenstadt von Oslo ist in eine innere rote Zone (rød) (Zentrum vom Schlosspark bis zum Akerselv) und eine äußere gelbe (gul) Parkzone aufgeteilt. An Werktagen von 8 bis 17 Uhr gilt: An den roten Uhren kann man eine Viertelstunde, an den gelben eine, an den grauen zwei und an den braunen drei Stunden parken. (Außerhalb der City und des Rings 3 befinden sich die blaue (blå) und die grüne (grønn) Zone mit günstigeren Gebühren.)

Mit dem Oslo Pass kann man auf allen **öffentlichen Parkplätzen** in Oslo kostenlos parken, wenn eine Maximaldauer angegeben ist, gilt das natürlich auch.

Man kann das Womo auf der Halbinsel Bygdøy auf dem Strandparkplatz am Ende des Strømsborgveien abstellen (GPS 59.898726, 10.675009) und mit dem Bus von dort in die Stadt fahren.

Der Hausberg Holmenkollen bietet ebenfalls einige Parkmöglichkeiten. Dazu den Ring 3 in Richtung Bogstad und Holmenkollen verlassen und immer der Straße nach. Oben gibt es einige Stationen der U-Bahn 1 in die Stadt, z. B. bei GPS 59.977258, 10.677005.

Im Sørkedalsveien beim Vigeland-Park kann man es ebenfalls versuchen, ab 18 Uhr ist es frei, doch man ist nicht allein.

Preiswerter als am Straßenrand kann es sein, gleich beim Womoparkplatz Sjølust oder beim Ekeberg Camping stehen zu bleiben und von dort die öffentlichen Verkehrsmittel zu benutzen.

Im Zentrum gilt oft das Datumsparken: Dabei ist das Parken am jeweiligen Straßenabschnitt nur an den auf den Schildern angegebenen geraden oder ungeraden Tagen und Stunden gestattet. Es gibt auch private Parkhäuser/ Parkplätze, an denen man sein Auto für unbegrenzte Zeit aber gegen Gebühr abstellen kann, z. B. von Euro-Park oder Q-Park. Achtung: Die meisten Parkhäuser scheiden wegen fehlender Höhe für Wohnmobile aus. Am Fillipstadveien hinter Tjuvholmen bei GPS 59.909892, 10.721899 gibt es eine etwas höhere Tiefgarage. Oberirdisch geht es von der Dronning Mauds gate zum Aker Brygge-Parkplatz bei GPS 59.911675, 10.7286.

An Bus- und Straßenbahnlinien gelten überall dieselben Bestimmungen wie in der inneren Zone. Gebührenpflichtig sind die Strecken Oslo – Drammen und Oslo – Hønefoss, hier muss man etwa 10 nkr Maut *(bompenger)* bezahlen.

❷ NAF Bogstad

GPS 59.963948, 10.642562

10 km vom Zentrum nach Nordwesten; Drammens-, Park-, Hedgehaugs-, Bogstad- und schließlich Sørkedalsveien. Vom Hafen kostenloser „Lotsendienst". Tel. 22 510800, www.bogstadcamping.no, ganzjährig geöffnet, 1000 Stellplätze (aber nur 38 für Womos), Stellplatz 290 nkr, Strom 75 nkr, inkl. 2 Personen. Die Anlage ist etwas heruntergekommen.

❸ NAF Ekeberg

GPS 59.89829, 10.773529

Ekebergveien 65, Tel. 22 198568. An der E18/E6 und dem Ring Nr. 3, ausgeschildert. Stellplatz 260 nkr, freie Stellplatzwahl ab 330 nkr, gute Busverbindung vom Zentrum. Keine Bäume, welliges Gelände, aber tolle Aussicht auf Oslo, Hafen und Berge, geöffnet: 1.6.–30.8.

❹ Oslo Fjordcamping Stubljan

GPS 59.835468, 10.776619

Ljansbrukveien 1, Tel. 22 752055, 10 km südlich von Oslo nahe der Straßen E18/E6 am Fjord, man kann zu Fuß zur Rathausfähre laufen. Einfache Anlage, Stellplatz 230 nkr, Strom 55 nkr, geöffnet: 20.6.–20.8.

❺ Sjølyst Marina Bobil parkering

GPS 59.919215, 10.676798

Wer in der Stadt stehen will, kann hier einen Stellplatz und eine Steckdose finden. Geöffnet: 1.6.–15.8. Mit Entsorgungsmöglichkeit. 200 nkr pro Nacht inkl. Strom und Dusche. Bezahlt wird an einem Parkautomaten. Ab 23 Uhr geschlossen. Der asphaltierte Platz gehört zu einem Yachthafen, der hinter der Insel Bygdøy liegt.

Von Westen an der letzten Ausfahrt vor der westlichen Mautstation der E18 nach Drammen, Ausfahrt Skøyen, abbiegen, die Einfahrt liegt gleich rechts. Von der City biegt man beim Schild Ring 2/Majorstuen von der E18 ab und umrundet den ersten Kreisverkehr zu drei Vierteln. Nach der Unterführung kommt die Einfahrt. Wer hier parkt, kann zum Bahnhof Skøyen laufen und den Zug zur City nehmen (4 Haltestellen) oder den Bus rechts neben der Einfahrt der Marina, wo 16 Linien halten.

Ausflug zum Holmenkollen

An den Hügeln im Norden der Innenstadt liegt das berühmte Skigebiet **Holmenkollen.** Man erreicht es mit der T-bane (U-Bahn) Nr. 1 vom Zentrum in 20 Minuten. Auf dem 371 m hohen Berg im Norden Oslos hat man im Sommer wie im Winter eine herrliche Aussicht auf Oslo (geöffnet: im Sommer 10-17 Uhr, Mo. geschlossen). Die **Sprungschanze,** einst Wahrzeichen der Stadt, wurde abgerissen. Die neue kann seit 2010 bestiegen und sogar mit einem Lift befahren werden.

Einkehren kann man in der **Frognerseteren-Hütte** (am Ende der T-1) mit Panoramablick. Der ab 10 Uhr geöffnete Weg ist auch mit dem Wohnmobil befahrbar. Die Berghütte im neoromantischen Stil geht auf den Begründer des Norwegischen Touristenvereins zurück, der hier oben ein Grundstück kaufte, um Wanderern Erfrischungen zu verkaufen. Leider kam die Schickeria von Oslo, sodass man sogar noch einen Ballsaal dazu baute. Nach dem Tod des Gründers kaufte die Stadt den Grund und betreibt seitdem die Hütte als Ausflugslokal.

Weiterfahrt

Wer nur nach Lappland will, der muss auch nicht durch die Stadt. Man folgt einfach den Schildern „E6 Trondheim“ und wird über den Ring 3 vor der City auf den Weg nach Norden gebracht.

Auf der E6 erreicht man von Oslo aus nach etwa 45 km den Abzweig nach **Gardermoen,** wo sich der internationale Flughafen der Hauptstadt befindet. Nun sind es noch 25 km bis Eidsvoll.

Wo im Winter die Boote stehen, können im Sommer Wohnmobile parken

003wn Abb.: fh

EIDSVOLL
(67 km – 641 km)

In Eidsvoll wurde am 17. Mai 1814 das norwegische Grundgesetz beschlossen. Als Norkapfahrer muss man sich entscheiden: Die E6 folgt dem rechten Seeufer des **Mjøsa-Sees** und wechselt dann auf das linke Ufer. Die E6 ist breiter, jedoch 100 km länger als der Weg über die Landstraße 3, die hinter Tangen bei GPS 60.701164, 11.274004 von der E6 abzweigt und in Ulsberg wieder auf die E6 stößt.

Man kann **alternativ** hinter Eidsvoll auch ein Stück das linke Seeufer entlang den Schildern „33" nach Gjøvik folgen. Der Weg ist kürzer, die Straße jedoch schmaler. In **Feiring** gibt es einen Badestrand, links ab zur Klinik, dort zum Parkplatz im Årnesvege (GPS 60.477977, 11.167519). **Gjøvik** hat 18.000 Einwohner, Parken kann man am Hafen, Bryggevegen, den ersten Kreisverkehr rechts raus (GPS 60.797799, 10.699130). Ab Gjøvik folgt man der Straße 4, bis man auf die E6 trifft, wo letztere den Mjøsa-See überquert.

Wenn man in Eidsvoll auf der E6 geblieben ist, kann man 12 km hinter **Tangen,** wo sich der Campingplatz Tangenodden befindet, von der E6 auf die Nebenstraße 3 abbiegen, die einen auf dem kürzesten Weg nach Trondheim bringt.

6 Tangenodden

GPS 60.614038, 11.260679

Tangenveien 54, Tangen, Tel. 90198917. Am besten auf der E6 bis zur Abfahrt Tangen fahren und dann der Beschilderung folgen. 50 Stellplätze, Womo 230 nkr, ganzjährig. Hier gibt es eine Badestelle, einen Laden und einen Imbiss.

Anstatt in Tangen zu übernachten, kann man sein Wohnmobil auch in Hamar am Jachthafen abstellen.

7 Marine senteret Tjuvholmen

GPS 60.789155, 11.072395

Von der E6 fährt man in Hamar zum Bahnhof, hier durch eine Unterführung auf die andere Seite der Bahnlinie, wo sich der Jachthafen befindet, kostenloser Stellplatz, kostenlose Entsorgung, auch für Schwarzwasser, Toilette, Restaurant mit Wasserblick. Dusche 5 nkr.

ZWISCHENSTOPP IN LILLEHAMMER

Am Ende des Mjøsa, der mit 362 km² Fläche und 100 km Länge der größte See Norwegens ist, passiert man auf der E6 die Olympiastadt **Lillehammer.** Dies Städtchen hat sich seinen Charme trotz des Geldes für die Olympischen Spiele bewahrt und lohnt einen Stopp, um durch die Fußgängerzone Storgata zu schlendern oder in den Lokalen am Mesnabach zu pausieren. Stellplätze findet man auf dem

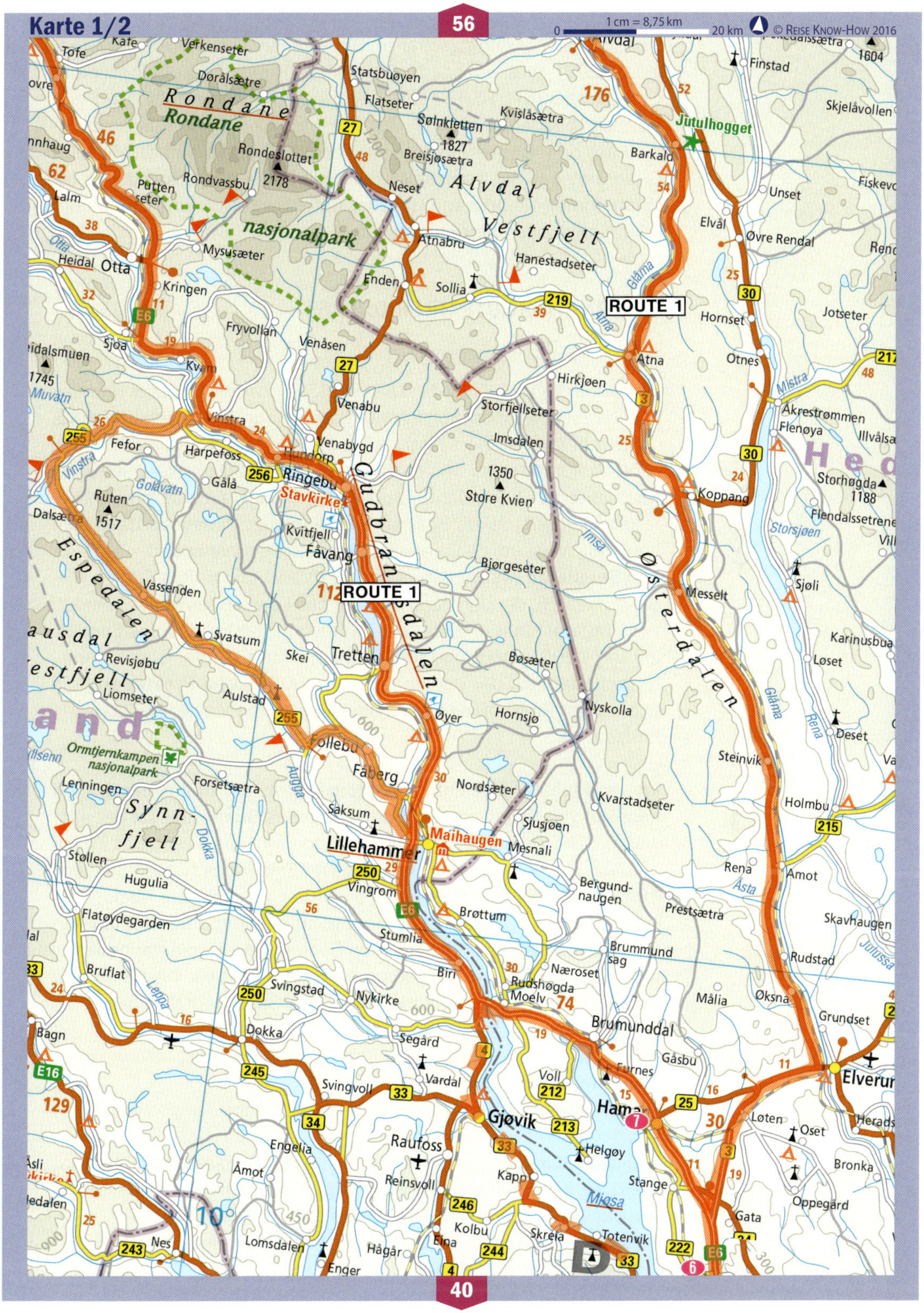
56
1 cm = 8,75 km
0
20 km
© Reise Know-How 2016
Rondane
Rondane nasjonalpark
Rondeslottet
2178
Rondvassbu
Verkenseter
Dørålsætre
Tofe
Putten seter
Mysusæter
Statsbuøyen
Flatseter
Sølnkletten
1827
Kvisläsætra
Breisjøsætra
Neset
Alvdal Vestfjell
Atnabru
Hanestadseter
Enden
Sollia
Jutulhogget
Barkald
Finstad
Skjelåvollen
Unset
Elvål
Øvre Rendal
Fiskevo
Hornset
Jotseter
Otnes
Atna
Glåma
ROUTE 1
Otta
Heidal
Lalm
Kringen
Sjoa
Kvam
Fryvollan
Venåsen
Venabu
Storfjellseter
Hirkjøen
Imsdalen
1350
Store Kvien
Akrestrømmen
Flenøya
Illvålsa
Storhøgda
1188
Koppang
Flendalssetrene
Storsjøen
1745
Muvatn
Vinstra
Fefor
Harpefoss
Hundorp
Venabygd
Ringebu
Stavkirke
Gålå
Golåvatn
Ruten
1517
Dalsætra
Kvitfjell
Fåvang
Gudbrandsdalen
Bjørgeseter
Imsa
Østerdalen
Messelt
Sjøli
Espedalen
Vassenden
Svatsum
Skei
Tretten
Bøsæter
Karinusbua
Løset
Revisjøbu
Liomseter
Aulstad
Nyskolla
Øyer
Hornsjø
Follebu
Deset
Steinvik
Rena
Ormtjernkampen nasjonalpark
Lenningen
Forsetsætra
Fåberg
Nordsæter
Kvarstadseter
Holmbu
Synnfjell
Saksum
Lillehammer
Maihaugen
Sjusjøen
Mesnali
Støllen
Hugulia
Vingrom
Bergundnaugen
Prestsætra
Åmot
Skavhaugen
Flatøydegarden
Stumlia
Brøttum
Bruflat
Brummund sag
Rudstad
Næroset
Biri
Svingstad
Nykirke
Rudshøgda
Moelv
Målia
Øksna
Grundset
Bagn
Dokka
Segård
Brumunddal
Gåsbu
Furnes
Elverum
Vardal
Voll
Svingvoll
Hamar
Gjøvik
Løten
Oset
Raufoss
Helgøy
Engelia
Åmot
Reinsvoll
Kapp
Stange
Bronka
Oppegård
Mjøsa
Gata
Nes
Lomsdalen
Hågår
Kolbu
Eina
Skreia
Totenvik
Enger
40

Parkplatz an der Sprungschanze (Birkebeinerveien, GPS 61.123941, 10.48692) und vor dem Birkebeinerhotel (Birkebeinerveien, GPS 61.119967, 10.477138) gegenüber der Badestelle. Dort gibt es auch Toiletten.

Hinter dem Mjøsa-See geht die Fahrt durch das naturschöne Tal Gudbrandsdal, das von seiner Bauernkultur geprägt ist. Kurz hinter Lillehammer bleibt man entweder auf der E6 Richtung Trondheim oder nimmt eine Alternativroute über die 255.

ALTERNATIVROUTE ÜBER DIE 255

(25 km)

Ein kleiner Umweg über die Straße 255 durch das Gausdal und das Espedal ist eine landschaftlich interessante, ruhigere **Alternativroute.**

Dazu biegt man kurz hinter Lillehammer von der E6 beim Schild „255/Ausdal" ab und wechselt kurz danach auf die andere Seeseite. Nach einer Weile erreicht man **Aulestad,** die Heimatstadt des Literaturnobelpreisträgers Bjørnstjerne Bjørnson, in dessen Haus sich heute ein Museum zu Ehren des Schriftstellers befindet.

In **Segalstad** wechselt man auf die RV254 und trifft in Tretten wieder auf die E6, die sich dann am Ufer des Losna-Sees entlangwindet. Vor **Ringebu** steht eine der berühmtesten Stabkirchen des Landes, die um 1200 erbaut und im 17. Jh. erweitert wurde. Gleich dahinter befindet sich der denkmalgeschützte **Ringebu Prestegård,** ein ehemaliger Pfarrhof, der heute als Museum mit kleiner Kunstgalerie fungiert.

Im als Nächstes erreichten **Hundorp** gibt es ein Kulturzentrum auf dem Hof von Dale Gudbrand, nach dem das **Gudbrandsdal** benannt wurde. Schon in der Heldendichtung Edda wird von diesem Ort 70 km nördlich von Lillehammer berichtet. Der Eigner des Hofes hatte sich 1021 mit dem König angelegt und wurde ein geachteter Mann.

Vinstra, der nächste Ort an der E6, ist bekannt durch seine Peer-Gynt-Festspiele. Man hat hier einen Gedenkstein für die Hauptperson des Dramas von Henrik Ibsen errichtet. Von Oslo bis Vinstra sind es 265 km. Nun geht es entlang dem Fluss Gudbrandsdalslågen zum Verkehrsknotenpunkt Dombås.

Sehenswertes

- **Dale-Gudbrands gård,** links am Südeingang von Hundorp, ausgeschildert, täglich geöffnet
- **Museum Aulestad,** Bjørnsonvegen, am Ortsausgang von Aulestad, rechts der 255, Tel. 61288900, http://aulestad.no, geöffnet: Ende Mai bis Ende August täglich 10–17 Uhr, September Di.–So. 10–16 Uhr Führungen, 130 nkr
- **Ringebu Prestegård,** in Ringebu hinter der Stabkirche, geöffnet: täglich 10–17 Uhr, Eintritt 50 nkr

Stabkirchen/Holzkirchen

Die exotisch aussehenden Holzkirchen findet man in Lappland und in Norwegen. Beim Bau wurden lange Pfähle in die Erde gerammt und mit Querbalken verbunden. Die Anzahl dieser Pfähle, „staver" (Masten) genannt, bestimmte die Form und Größe der Kirche. Auffällig sind auch die Dachkonstruktionen mit ihren vielen ineinander verschachtelten Gauben. Die Glocken hängen in separaten Türmen, denn durch die Schwingungen beim Läuten würde die Holzkonstruktion Schaden nehmen. Wenn der Turm beim Läuten zusammenfiel, wurden wenigstens nicht die Gemeindemitglieder erschlagen. Viele Kirchen besitzen Aufenthaltsräume, damit sich Besucher von weit her aufwärmen konnten. Im Inneren präsentieren sich die Kirchen meist schlicht. Ursprünglich gab es in ihnen nur wenige runde Lichtöffnungen. Die neueren Kirchen haben allerdings große Fenster, durch die viel Licht fällt, was für eine gemütliche Atmosphäre sorgt. Die Einrichtung ist ebenfalls aus Holz, obwohl sich einige Gemeinden das „Aufpeppen" nicht nehmen ließen. Da tritt man ins Innere und findet sich von marmorner Pracht umgeben. Bei genauerem Hinsehen entpuppt sich dann allerdings alles als aufgemalt. Da die zum UNESCO-Weltkulturerbe gehörenden Kirchen immer weiter verfallen, wurde ein staatliches Restaurierungsprogramm mit Zuschüssen von 398.000 € ins Leben gerufen. Die Kirchen von Urnes, Nore und Uvdal wurden bereits restauriert. Hier hatte man erhebliche Schäden an den Fundamenten und Fäulnis in den Balken festgestellt.

032wn Abb.: ms

DOMBÅS
(275 km – 916 km)

Vom Ort hat man einen herrlichen Blick über das Romsdal. Im Trollpark von Dombås werden die Trolle der Märchen zum Leben erweckt (zentral im Frichgården, mit angeschlossener Touristeninformation). Zum Übernachten kann man auf einen Platz im Südosten fahren.

8 Faksfall Camping
GPS 62.042111, 9.155611

4 Kilometer südöstlich von Dombås, Tel. 61241633. 20 Womostellplätze, Stellplatz ab 110 nkr, geöffnet: ganzjährig. Auf einem Bauernhof zwischen der E6 und den Bergen auf einer Anhöhe über den Feldern gelegen.

Die E6 biegt nun nach Nordosten (rechts) ab und führt von dem Weiler **Kongsvoll** (887 m) über die baumlose Hochebene **Dovrefjell** durch das wilde Drivdal. Wer Moschusochsen sehen will, kann in den dortigen Hotels Touren zu deren Weidegründen buchen (ca. 50 €). Der Gebirgsgarten in Kongsvoll liegt 890 m ü. d. M. und ist ein Naturgarten, in dem die ursprüngliche Flora und Vegetation der Umgebung beibehalten wurde. Oberhalb verläuft seit dem 12. Jh. der Vårstigen, der ehemalige Königsweg.

In **Oppdal** liegt Vang, Norwegens größtes Gräberfeld aus der heidnischen Zeit. Bald danach ist **Berkåk** erreicht, 85 km vor Trondheim und 430 km nördlich von Oslo. Die E6 führt ab Heimdal am Zentrum Trondheims vorbei.

TRONDHEIM
(197 km – 1113 km)

Nordlandfahrer bleiben auf der rechten Spur und folgen den Schildern „E6 Narvik“ (Mautgebühr bis Ranheim 33 nkr).

9 Motel und Camping Sandmoen
GPS 63.33143, 10.356195

Sandmoflata 6, 7072 Heimdal, 10 km südlich von Trondheim hinter Melhus, vor der Ausfahrt Heimdal direkt an der E6, Tel. 72596150, www.sandmoen.no, Stellplatz ohne Strom 170 nkr, mit Strom 200 nkr, ganzjährig geöffnet. Hotel mit Restaurant und Laden, 14 Stellplätze.

10 Øysand Camping
GPS 63.327231, 10.21372

Øysand, 7224 Melhus, 25 km südlich von Trondheim an der E39 in Melhus, Abfahrt Øysand, Tel. 72872415, www.oysandcamping.no, Womo 200 nkr, Hütte 450 nkr, ganzjährig geöffnet. Der kleine Platz liegt direkt am Wasser. Busverbindung nach Trondheim.

ENTLANG DER KÜSTE VON TRONDHEIM NACH HAMMERFEST

STRECKENVERLAUF

Trondheim – Levanger (84 km) – Verdal (12 km) – Steinkjer (31 km) – Grong (80 km) – Mosjøen (192 km) – Mo i Rana (88 km) – Røssvoll (13 km) – Saltfjellet (69 km) – Fauske (96 km) – Tømmernes (107 km) – Ulsvåg (35 km) – Bognes (20 km) – Narvik (86 km) – Setermoen (91 km) – Nordkjosbotn (88 km) – Skibotn (47 km) – Kåfjopd (268 km) – Alta (18 km) – Skaidi (86 km) – Olderfjord (23 km)

Streckenlänge: ohne Abstecher 1534 km

TRONDHEIM (TRONDHJEM)

Trondheim ist der Welt vor allem durch seinen **Nidarosdom** bekannt, der größte Sakralbau Norwegens und Krönungsort der norwegischen Könige. Die Stadt besitzt viele charmante alte Häuser und am Hafen sind schöne Speicher zu sehen.

Ein Campingplatz befindet sich ca. 14 km nördlich von Trondheim im Ortsteil Vikhammer, außerdem gibt es einen Platz in Storsanden.

⓫ Vikhammer Motell & Camping

GPS 63.440629, 10.637376

Vikhammerløkka 2, 7560 Vikhammer, 14 km nördlich von Trondheim an einer Straße, die parallel zur E6 am Meer verläuft, in der Nähe des Fjords, Tel. 73976164, www.vikhammer.no, Womo 210 nkr/Nacht, Strom 30 nkr, geöffnet: ganzjährig. 49 Motelzimmer, rund 100 Stellplätze.

Alte Speicher in Trondheim glänzen bunt im Licht der Sonne

007wn Abb.: fh

Karte 1/3
0
1 cm = 8,75 km
20 km
© Reise Know-How 2016
62
51
Trondheimsleia
Sundan
Astan
Vårvik
Botnen
Rørvika
Vanvikan
Frosta
Haugan
Langstein
Gjengstø
Vikan
Hemnefjorden
Øyangen
Røberg
Snillfjord
Kjøra
Flakk
Lade
Malvik
Storoddan
Hafsmo
Nidarosdomen
Ranheim
Spongdal
Trondheim
Hommelvik
Kyrksæterøra
Våvatnet
Gjølme
Orkanger
Orkdal
Buvik
Bakken
Todal
Vinje
Vassli
E39
Melhus
Øvre Jervan
Bjørklji
Nidelva
Amdal
Kårøyen
Jølia
Hoston
Svorkmo
ROUTE 1
Okstad
Selbusjøen
Brattset
Bjørnstad
Storås
Løkken
Hølonda
Lundesokna
Reinsfjellet
941
Rindal
Harang
Surna
Øye
Skei
Meldal
Lauvåsen
Sørungen
Samsjøen
Holtsjøen
Seter
Ressel
Grut
Orkdalen
Rognes
Follsjø
1169
Gråsjø
Granabru
Skjerli
Reitstøa
Reberg
Garli
Økdal
Singsås
Gaula
Trollheimshytta
Jøldalshytta
Trollheimen
Moen
Heggvoll
Volden
Kårvatn
Granasjøen
Berkåk
Enmoen
Blåhø
1671
Storlia
Gjevilvasshytta
Ulsberg
Sør-Trøndelag
Gjevilvatn
Forollhogna
Storbudalen
Fale
Romfo
1699
Blåøret
1605
Fagerhaug
1099
Forelshogna
1332
Storvollen
Driva
Albu
Oppdal
nasjonalpark
Såtåhaugvoll
Bøymoen
Brattskarven
1569
Driva
Orkelsjøhytta
Innerdalsvatnet
Bratthøa
1221
Åsenvoll
Loennecnenbua
Engan
Kvikne
Magnillsætra
Vangrøfta
Drivstua
Settalsjølia
Seljeås
Fundin
Høgstegia
1641
Reinheim
Dovrefjell nasj. park
Snøhetta
2286
Kongsvoll
1690
Knutshø
Vingelen
Lonåsmoen
Tolga
Svanåtindan
Skamsdalshytta
Flåmseter
Telneset
Dovrefjell
Hjerkinn
Storvollen
Savalen
Kolbotn
Fåset
Tynset
Fokstugu
Dalholen
Moskaret
Grimsbu
Tron
1665
Raudsjød
Dombås
Grimsdalshytta
Folldal
1247
Folla
Brydal
Fjellheim-Kafe
Verkenseter
Tylldal
Alvdal
Spekedalssætra
Tofe
Dovre
Dørålsætre
Statsbuøyen
Finstad

⑫ Storsand Gård

GPS 63.43244, 10.70776

E6, Storsanden, 7 km nördlich von Trondheim am Trondheimsfjord bei Malvik, Tel. 73976360, www.storsandcamping.no, Womo 280 nkr/Tag. 200 Stellplätze, 72 Hütten, 520 nkr.

WEITER AM TRONDHEIMSFJORD/ STRINDFJORD ENTLANG

Vom Ortskern fährt man auf die gut ausgeschilderte E6 in Richtung Norden. Die Straße verläuft unweit des Ufers des Strindfjords, wie dieser Teil des Trondheimfjordes offiziell heißt. In Hommelvik führt die Straße zuerst durch den 2 km langen Stavsjøfjelltunnelen und anschließend durch den Helltunnelen.

Die Felsformation **Steinmohaugen** beim Ort Hell, 5 km vor Stjørdal, lockt mit Felsritzungen aus der Steinzeit. Der Bahnhof trägt die Aufschrift „Hell – Gods Expedition“, was viele Englisch sprechende Touristen zum Fotografieren animiert, aber nur die Gepäckausgabe anzeigt. Die Felszeichnungen stammen aus der Steinzeit, wurden erst 1985 entdeckt und stellen Rentiere dar.

Dann liegt etwa 50 km östlich der E6 die **Festung Hegra,** die noch Anfang des 20 Jh. gebaut wurde, als die Union mit Schweden aufgelöst wurde. Sie sollte vor einem möglichen Angriff der Schweden schützen. Man kann hier die Geschütze und Bauwerke besichtigen. Auch einige leere Bunker gehören zur Anlage.

Rund 10 km nördlich von Stjødal nach links zum Meer ab kann man der **Steinvikholm-Schlossruine** aus dem Mittelalter einen Besuch abstatten. Die Festung, die heute von einem Altertumsverein betrieben wird, wurde 1530 für den letzten Erzbischof von Nidaros, Olav Engelbrektsson, errichtet. Die Schlossruine war einst im 16. Jh. das Machtzentrum Norwegens. Sie liegt auf einer Insel, die man vom Festland aus über einen hölzernen Steg erreichen kann.

Die Straße zieht sich nun vom malerischen Trondheimsfjord ins Landesinnere durch ein Flusstal. Die E6 teilt sich das Tal mit der alten, schmalen E6 und der Eisenbahnstrecke nach Mo i Rana. Dazwischen liegen noch Felder und die dazugehörigen Höfe. Im Ort **Åsen,** auf halbem Weg zum Meer, kann man tanken. Danach erreicht man **Hammar** am gleichnamigen See. Müde Reisende fahren zum Gullberget Camping.

Nach Hell und der Brücke über den Stjødalselva erreicht man auf der E6 den Verteilerkreis des Flughafens Trondheim Værnes und eine Unterführung. Man fährt unter der Startbahn hindurch, die bis ins Meer reicht. Danach ist der kleine Ort **Stjørdal** erreicht (Mautgebühr bis Stjørdal ca. 90 nkr). Der Hognes Campingplatz liegt an der E14 landeinwärts und ist ganzjährig geöffnet.

⓭ Hognes Gård og Camping

GPS 63.46547, 10.965205

7500 Stjørdal, Tel. 74 824506, Stellplatz 200 nkr, ganzjährig geöffnet. Auf dem Gelände eines Gebrauchtwagenhandels.

⓮ NAF Camp Gullberget

GPS 63.623, 11.0681

7630 Åsen, Tel. 74056151, Womo 165 nkr, Strom 35 nkr, 25 Hütten, Vollservice 15.6.–20.8. Der Platz liegt durch eine unwegsame Wiese vom Meer getrennt nahe der Abfahrt Hammer.

Sehenswertes

- **Festung Hegra,** bei GPS 63.451224, 11.16597. Bei Stjørdal rechts ab nach Osten auf die E14 bis Hegra, dort rechts auf den Fv26 und per Brücke Fluss und Schienen überqueren. Vom Fv26 ist die Festung ausgeschildert, ein sehr schmaler Weg führt von dem Abzweig 3 km weit zur Festung.
- **Steinmohaugen,** bei Hell 5 km vor Stjørdal von der E6 hinter der Brücke über den Fluss Stjørdalselva vor dem Flughafen ab nach Hell, man parkt am Bahnhof. Von dort ist der etwa 600 m lange Weg ausgeschildert (GPS 63.444754, 10.906802).
- **Steinvikholm-Schlossruine,** von der E6 Abzweig links auf den Fv40 bei GPS 63.528071, 10.838097.

Fjorde

Die Fjorde sind tief ins Landesinnere reichende Meeresarme, die nach der Eiszeit entstanden sind. Die Täler waren durch das ungeheure Gewicht der auf ihnen liegenden Eismassen tief eingedrückt worden. Nach dem Abschmelzen des Eises füllten sie sich nun mit Meerwasser. Fjorde liegen folglich auf ganzer Länge in Meereshöhe, nicht wie Flüsse, die ja auch in höher gelegenen Regionen anzutreffen sind und dort eine beachtliche Größe entwickeln können. Befindet man sich z. B. in 500 m Höhe und auf der Karte liegt 10 km voraus ein Fjordarm, muss es folglich bald 500 m abwärts gehen.

Ein Fjord kann über 1200 m Wassertiefe haben. An der Mündung wird er allerdings flacher, da das dort lastende Eis an der Küste zu schwimmen begann und dadurch nicht mehr die Kraft hatte, den Untergrund wegzuhobeln. Vielfach gibt es Süßwasseranteile von Flüssen oder Gletschern im Fjordwasser, die zur Mündung hin jedoch schnell versalzen. Fjorde finden sich in ganz Norwegen und an der schwedischen Westküste. Der größte ist der Sognefjord in Norwegen mit 204 km Länge und 1300 m Tiefe.

006wn Abb.: fh

Nach Hammar geht es auf der teilweise sogar vierspurig ausgebauten E6 weiter durch die liebliche Landschaft. Die Landwirtschaft dominiert weiterhin. Ab und zu geben Felswände einen Vorgeschmack auf den Norden. In **Skogn** erreicht man das Meer. Hier war im Zweiten Weltkrieg ein berüchtigtes Strafgefangenenlager der deutschen SS. Heute gibt es eine Papierfabrik der Norske Skog, ansonsten ist der Ort eher uninteressant. Interessanter ist da schon **Levanger,** das nach weiteren 8 Kilometern erreicht wird. Wer in die Stadt will, muss die Ausfahrt nehmen.

Literaturtipp

„Norwegisch – Wort für Wort" von O'Niel V. Som, Reise Know-How Verlag. Wer mit Einheimischen Bekanntschaft machen will, der muss mit ihnen reden, und man wird erstaunt sein, wie schon ein paar Brocken Norwegisch das Eis brechen. Natürlich verstehen fast alle jüngeren Leute Englisch, einige auch Deutsch, dennoch sind sie positiv überrascht, wenn jemand anfängt, Norwegisch zu sprechen.

LEVANGER

(84 km – 84 km)

Levanger ist ein uralter Handelsplatz. Hierher kamen die Schweden mit Eisen und Fellen, um ihre Waren gegen Fisch und Güter aus dem Süden zu tauschen. Die Stadt brannte dreimal fast gänzlich nieder. Der komplette Ort gehörte einem Herrn Jestrup, bis die Gemeindeverwaltung ihm den Boden 1885 abkaufte. Levanger hat einen **natürlichen Hafen** und ist trotz der drei Brände ein nettes Städtchen mit alten **Holzhäusern** geblieben. Es bietet also Gelegenheit, eine Pause einzulegen. Kaum hat man sich aus den Vororten wieder auf die E6 begeben, erreicht man schon den nächsten Ort, nämlich Verdal.

VERDAL

(12 km – 96 km)

In Verdal wird man zunächst von einem Industriegebiet begrüßt. In der Stadt selbst kann man ein **Museum** mit Gebäuden aus dem 17. bis 19. Jahrhundert – meist Bauernhäuser – besuchen. 1893 begrub eine Lawine mit 55 Mio. Kubikmetern Schlamm aus den Bergen die ganze Stadt und riss über 100 Höfe weg. Der Schlamm soll bis zu 50 m hoch gelegen haben.

Im Ortsteil **Stiklestad,** den man über die Rv757 Richtung Osten nach 12 km erreicht, wurde 1010 **Olav der Heilige** im Krieg getötet, wodurch die Ausbreitung des Christentums in Norwegen forciert wurde. Jedes Jahr Ende Juli wird das Schauspiel um seine letzten Tage (Spelet om Heilag Olav) hier aufgeführt. Eine Marmortafel am **Nasjonale Kultursenter** erinnert zudem an das Ereignis. Eine Freilichtbühne, die Kirche und ein historischer **Friedhof** gehören ebenfalls zu den kulturellen Highlights dieses Ortes. Die Kirche wurde im 12. Jh. normannisch begonnen, dann romanisch weitergebaut und zum Schluss gotisch vollendet. Die rechtsgerichtete Partei Nasional Samling nutzte während der Zeit des Nationalsozialismus den historischen Grund, um ein Nationaldenkmal zu errichten. Nach dem Ende des Zweiten Weltkriegs kam das Denkmal weg: Es wurde begraben.

Sehenswertes

- **Folkemuseet på Stiklestad,** über 30 Gebäude, die meisten sind aus der 17. und 18. Jh. Im Sommer täglich geöffnet, Tageskarte 160 nkr, www.stiklestad.no. Man erreicht das Areal zu Fuß vom Kultursenter aus.
- **Stiklestad Nasjonale Kultursenter,** Leksdalsveien 1, Mo.-Sa. 11-20 Uhr, So. bis 18 Uhr, Friedhof und Kirche, gegenüber dem Kultursenter. Von Verdal fährt man die 757 in Richtung Stiklestad, am Kreisverkehr sieht man schon den Kirchturm, außerdem ist es ausgeschildert.

Parken

- Parken kann man in Stiklestad hinter dem Kulturzentrum auf der linken Seite, GPS 63.794892, 11.562742. Auch am Kreisverkehr gegenüber der Kirche gibt es einen Parkplatz, GPS 63.796067, 11.559505. Bei Veranstaltungen werden weitere Parkmöglichkeiten auf den umliegenden Weiden ausgewiesen.

AUSFLUG NACH HEGGSTADMARKA

Fährt man hinter der Kirche auf dem Gamle Prestgårdveg (Fv163) weiter nach Osten, kommt nach etwa 1,5 km nach rechts eine kleine Abzweigung, die nach Heggstadmarka führt. Hier trifft man bei GPS 63.790941, 11.573145 acht **Grabhügel aus vorchristlicher Zeit,** die noch nicht genauer untersucht wurden. Der größte hat einen Durchmesser von 46 m und ist 8 m hoch.

WEITER RICHTUNG INDERØY

Zurück im Ortskern von Verdal verlässt man die geschichtsträchtige Stadt auf der E6 in Richtung Norden. Wen das Ganze ermattet hat, der kann 6 km weiter in Inderøy an der Hyllbucht übernachten. Im Mittelalter war **Inderøy** (Eynni Idri) ein wichtiges Zentrum mit dem Sitz des Gouverneurs, der Richter und Steuereintreiber von Nordtrondheim. Im Wappen der Stadt sind vier Schollen abgebildet, denn die Gegend ist für den Reichtum an diesen Plattfischen bekannt.

15 Koa Camping

GPS 63.847791, 11.405329

Røraveien 620, 7670 Inderøy, Tel. 74154471, www.koa-camping.no, geöffnet: 1.5.-1.10. Der kleine Platz liegt links zwischen Straße und Meer. Es gibt ein paar Hütten und ca. 20 Womoplätze. Stellplatz mit Strom 270 nkr.

Als Nächstes erreicht man **Sparbu,** wo es zwei Tankstellen gibt, und dann wieder das Meer am Beitstadfjord. Von dort fährt man parallel zu einer alten Trasse der E6 auf Steinkjer zu, die Hauptstadt des Bezirks Nord-Trøndelag, die man schon von Weitem an ihrer Industrieanlage erkennen kann.

STEINKJER (STIENTJIE)

(31 km – 127 km)

Steinkjer hat 21.000 Einwohner und liegt in der geografischen Mitte des Landes. Der 700 m hohe Berg Snøkolla überragt die Gegend. Die E6 verschwindet mitten im Ort in einem 500 Meter langen Tunnel. Im Zweiten Weltkrieg zerstörte die deutsche Luftwaffe den Ort, der danach in der anspruchslosen Architektur der Nachkriegszeit wieder aufgebaut wurde.

Alles ist breit, eckig und grau bis auf den geschwungenen Lauf des Steinkjerelva. Zu sehen gibt es das **Eggemuseum,** ein Freiluftmuseum mit einem Gräberfeld aus der Bronzezeit sowie Ausstellungen mit dem Schwerpunkt Mittelalter. Sehenswert ist auch der Ort **Tingvoll** mit einer Schiffssetzung. Bei dem 35 m langen Monument wurden Dutzende von Steinen in Form eines Bootes angeordnet. Grabmäler in Form von Steinanordnungen in ovaler, spitz zulaufender Bootsform gab es im Norden seit der Bronzezeit, also etwa 2000 v. Chr. Schiffen wurde im Glauben der Wikinger eine besondere Bedeutung zugemessen: Von ihrem Untergang bis zum erneuten Aufgang fährt die Sonne nach der nordischen Mythologie auf einem Schiff durch das Reich der Nacht.

Information

› **Steinkjer Turistkontor,** Namdalsveien 11, Tel. 74163617, http://en.visitinnherred.com (unten auf Karte: Steinkjer), Mo.–Sa. 9–20 Uhr, So. ab 12 Uhr

Parken

› Auf dem Hotelgelände des Best Western Tingvold Park, Gamle Kongeveg 47, Steinkjer, GPS 64.023605, 11.492051

Sehenswertes

› **Eggemuseum,** Eggevegen 40, GPS 64.022261, 11.465557, http://eggemuseum.no, im Sommer täglich geöffnet: 10–16 Uhr, außerhalb der Saison nur am Wochenende, 60 nkr. Im Kreisverkehr hinter dem Tunnel links.

› **Tingvold skipssetting,** Gamle Kongeveg 47, GPS 64.023595, 11.491876, auf dem Hotelgelände des Best Western Tingvold Park.

Einkaufen

› **Amfi,** Sjøfartsgata 2, an der E6, Ecke Fjordgata, www.amfi.no, geöffnet: Mo.–Fr. 10–20 Uhr, Sa. 10–13 Uhr. Das Amfi ist das größte Einkaufszentrum in Mittelnorwegen mit 120 Geschäften, diversen Restaurants und einer Tiefgarage.

008wn Abb.: fh

Zeit für eine Rast mit Ausblick

Karte 1/4
1 cm = 8,75 km
0
20 km
© Reise Know-How 2016
68
56
ROUTE 1
Nord
Trøndelag
Innherad
Fosna
Namsen Laksakvarium
Nasjonalt Kultursenter
Nidarosdomen
Trondheim
Vikna
Rørvik
Ottersøya
Hoflesja
Salsbruket
Rosendal
Kjølstadfjellet
Trones
ASSVEET
Nærøya
Strandval
Geisnes
Skrøvstad
Hognes
Øyvatnet
Lassemoen
Bergsnova
Steine
Hananeset
Lund
Salsvatnet
Abelvær
Foldefjorden
Fosnes
Salen
Flått
Fjerdingøya
Heimdalhaugan
Høylandet
Seierstad
Aglen
Jøa
Breksittan
Duna
Moen
Fiskumfossen
Otterøya
Leirvika
Vetter-husbotn
Gartland
Utvorda
Årnes
Ytterby
Flasnes
Grong
Bergfossen
Skorstad
Vemundvik
Overhalla
Bahem
Namsfjorden
Otterøy
Lokkaren
Halmøya
Lauvsnes
Nord-Statland
Namsos
Namsen
Formofoss
Sandnes
Kvaløysætra
Hasvåg
Tøttdal
Selnes
Klinga
Homstad
Lura
Sør-Flatanger
Fjelle
Bangsund
Heia
Kjenneråς
Romstad
Bangjøen
Agle
Sætervika
Bøle
Jøssund
Solem
Skromoen
Vegset
Snåsa
Aunet
Sjøåsen
Årgård
Osen
Hegge
Jørstad
Preste
Åsegg
Dorråsbrenna
Gilten
Imsa
Åsa
Vik
Namdalseid
Snåsvatnet
Kvam
Hofstad
Finnvoll-vatnet
Tørring
Vallamelen
Valøya
Almlia
Sem
Holsengsætra
Finnvollheia
Hjellbotn
Sunnan
Skjækerhatten
Beitstad
Asp
Skjelstad
Malm
Steinkjer
Ogndal
Skjækervatnet
Holden
Bodom
Gaulstad
Stjern
Ørmarka
Vist
Henning
Follafoss
Beitstadfjorden
Sparbu
Skansen
Veimo
Leksdalsvatnet
Skjækra
Kjerknes-vågen
Skjelstad
Straumen
Åkran
Flenstad
Mørriaunet
Røra
Vangshylla
Vestvika
Helgåa
Vollen
Vera
Søre Moen
Skäckerfjä
Moldøra
Kjerringvik
Verdal
Stiklestad
Vuku
Trongsundet
Mosvik
Ytterøy
Steine
Inna
Vaterholm
Fines
Sollia
Levanger
Rinnan
Buran
Ådalsvollen
Stor-rensjön
Rausjøseter
Meltingen
Tronvika
Slipra
Skogn
Skalstugan
Kulia
Ekene
Ronglan
Markabygd
Medstugan
Leksvik
Selbua
Trondheimsfjorden
Fånes
Åsen
Trættlia
Kjøljaugan
Feren
Sulåmoen
Skjelbreia
Hoven
Storvatnet
Hindrem
Frosta
Risvollen
Meråkervollen
Langstein
Okkelberg
Vanvikan
Haugan
Stjørdalseiva
Fjergen
Rensjön
Stjørdalshalsen
Hegra
Gudå
Kopperå
Lade
Malvik
Hell
Elvran
Ytteråsen
Sonvatna
Storlien
Ranheim
Hommelvik
Bakken
Skarvan
Stordal
Enafors-holm
Handöl
Ånn

16 Guldbergaunet Camping

GPS 64.022265, 11.5064072

Elvenget 34, Tel. 74162045, www.steinkjercamping.no, Womo 240 nkr. Dem NAF angeschlossener Platz mit 100 Stellplätzen, Hütten und Appartements auf einer Halbinsel an der Mündung des Steinkjerelva in den Byøelva.

17 Øksnes Camping

GPS 64.179276, 11.861703

Steinkjer, Ortsteil Upper Kvam. Ein kleiner Platz auf dem Hof Øksnes, der nur im Sommer geöffnet ist. Ein Weg führt zum See hinunter.

ALTERNATIVROUTE SÜDLICH DES SNÅSAVATNETS

Von Steinkjer kann man alternativ zur E6 den **Riksveg 763** nehmen, der am Südufer des Snåsavatnets vorbeiführt und am Ende wieder auf die E6 trifft, die derweil am Nordufer entlang verläuft. Beide Strecken sind etwa gleich lang. Auf der Südroute kommt man an **Bøla** vorbei, wo man sich die **Felsritzungen** anschauen kann. Der Abzweig ist 30 km nördlich von Steinkjer bei GPS 64.14622, 11.945937. Auf dem Hinweisschild steht „Bølareinen".

Die ca. 6000 Jahre alten Petroglyphen aus der Jungsteinzeit zeigen etwa 30 lebensgroße Tiere. Leider sind im Laufe der Jahrtausende die meisten ziemlich unkenntlich geworden. Die berühmteste Zeichnung ist das Bølareinen, eine Rentierdarstellung, die so exakt ist, dass Wissenschaftler mittlerweile bezweifeln, dass die Ritzung so alt ist. Lange Zeit glaubte man, dass das Bølareinen allein sei, bis Arbeiter während des Baus der Eisenbahn 1920 ein Bärenbild entdeckten, das durch Frost aber ziemlich beschädigt war. Danach fand man noch einen steinzeitlichen Skifahrer mit Stock.

In **Snåsa,** am östlichen Ende des Snåsavatnets gelegen, ist ein kleines Museum angesiedelt, das sich mit der Kultur der dortigen Samen befasst (Saemien Sijte, ausgeschildert).

Sehenswertes

- **Saemien Sijte,** Flatbostad, 7760 Snåsa, Tel. 74138000, http://saemiensijte.no, tägl. 9–15 Uhr. Am Ortseingang geht es einen Weg links ab. Das Haus zeigt etwa 450 Gegenstände der Südsamen, mit Verkauf von Büchern und samischer Musik

Hinter Snåsa trifft die Straße am Ende des Sees wieder auf die E6 (ausgeschildert). Zwischen der Kreuzung und dem See liegt ein Campingplatz.

18 Vegset Camping og kiosk

GPS 64.262611, 12.269056

an der Kreuzung der E6 mit der 763, am Nordostufer des Sees, Tel. 74152930. Kleiner, einfacher Platz am Wasser.

WEITER AUF DER E6

Jetzt sind es auf einer landschaftlich sehr schönen Strecke noch 30 km bis Grong. Die Fahrt geht durch landwirtschaftliche Gebiete, die dann in gebirgige Gegenden übergehen, es gibt Wälder und bewaldete Hügel. Es wird alpin, obwohl die Ebene Høgsetråbakken nur 200 m hoch liegt.

Der **Rastplatz Korsvollan** (GPS 64.300222, 12.339191) hat eine Tafel, auf der alle Campingplätze der Gegend verzeichnet sind. Ein nettes Rasthaus ist das von Heia, das auch fünf Hütten zu vermieten hat. Ansonsten ist das Halten auf der relativ schmalen E6 schwierig, es gibt nur von Zeit zu Zeit Haltebuchten, so z. B. bei GPS 64.371946, 12.336745. Hier vor der Brücke zwängt sich das schmale Flüsschen an hohen Felsklötzen vorbei und erzeugt die Stomschnellen **Verkesfossen.** Dann kann man sich noch den 30 m hohen Wasserfall namens **Formofoss** mit Lachstreppe am Fluss Sandøla ansehen. Dazu biegt man bei GPS 64.389296, 12.340908 von der E6 auf die Straße 74 ab und folgt dem Schild. Der Weg führt um eine Biegung des Flusses in das Örtchen **Formofoss,** wo man sein Fahrzeug auf dem Bahngelände abstellen und dann zu Fuß zur Brücke über die Schnellen laufen kann. Danach kann man ein kurzes Stück auf der östlichen Flussseite auf der 74 weiter fahren und trifft an der Tankstelle in Grong wieder auf die E6. Wer auf der E6 geblieben ist und Hunger bekommt, muss in Grong ins „Sentrum" abbiegen und findet dort die Tankstelle, einen Laden und ein Wirtshaus.

GRONG (KRÅANGKE)

(80 km – 207 km)

Information

› **Kontoret på Laksen,** die Touristeninformation ist das erste Gebäude rechts an der Hauptstraße, Tel. 074 312700, http://grongfritid.no, Juni/Juli Mo.–Fr. 9–19 Uhr, Sa. 11–18 Uhr geöffnet

Der Ort **Grong** wurde erst 1883 gegründet, hier hat sich keramisches Handwerk angesiedelt. Im Ort ist der Fluss Namsen hinzugekommen, dessen Tal die Straße nun fast 90 Kilometer flussaufwärts folgt. An der E6 kann man 13 km hinter Grong ein Lachsmuseum mit Lachsräucherei und zwei **Wasserfälle besuchen:** den Fiskumfoss mit einer Fallhöhe von 30 m und den 16 m tiefen Laksfoss. Der Lachsfall liegt etwa 200 m von der E6 entfernt und ist ausgeschildert. An der E6 kann man noch das **Laksakvarium** (GPS 64.542612, 12.453604) besuchen. Nur eine Glasscheibe trennt den Besucher hier vom König der Fische. Man blickt in den Wasserfall **Fiskumfoss.** Hier stürzen bis zu einer Million Liter Wasser pro Sekunde in die Tiefe. Am Wasserfall vorbei führt die längste Lachstreppe Europas. Außer dem Museum gibt es eine Räucherei und ein Restaurant (Tel. 74312700), dessen Speisekarte natürlich Lachs bietet.

Wer übernachten möchte, fährt die E6 15 km nach Norden und findet in **Harran** eine Tankstelle und einen Campingplatz vor. Von Grong bis Mosjøen sind es etwa 165 km.

033wn Abb.: fh

Wer Zeit und Lust auf einen Imbiss hat, kann bei Oksen Ferdinand in Mosjøen (s. S. 66) mehr als einen Oksen verspeisen

⑲ Moa Camping

GPS 64.563389, 12.497389

an der E6 nördlich von Harran, Tel. 74332729, Womoplatz 130 nkr. Gut gepflegter Platz unweit der Straße. Nur im Sommer.

⑳ Langnes Camping

GPS 64.460489, 12.303942

vor der Brücke von der E6 rechts ab den Schildern folgen, Tel. 47688333, http://langnescamping.no. Schmaler kleiner Platz am Flussufer, Womo 240 nkr, Strom 50 nkr.

WEITER AUF DER E6

Hinter Harran wechselt man auf einer einspurigen Stahlbrücke auf die andere Flussseite. Hinter dem Ort erhebt sich auch der 1159 m hohe **Heimdalshaugen.** Danach kommt der Nebenfluss Tunnsjøelva zum Namsen und 30 Kilometer hinter Harran erreicht man schließlich Namsskogan, einen kleinen Ort, in dem man wieder tanken und Kaffee trinken kann. Wer sich die heimischen Tierarten ansehen will, kann durch den **Familienpark Namsskogan** schlendern. Auf der E6 ist der Abzweig bei den Koordinaten GPS 64.742721, 12.845664 ausgeschildert.

Sehenswertes

- **Namsskogan Familiepark,** http://familieparken.no, GPS 64.927661, 13.161618. Eine gute Gelegenheit, Bär, Wolf, Luchs und Vielfraß zu sehen, auch Elche gibt es hier. In der Saison vom 27.6.-11.8. 10-18 Uhr, sonst kürzere Öffnungszeiten, Eintritt 180 nkr, Tel. 74 333700

MOSJØEN (MUSSERE)

(192 km - 399 km)

Information

- **Helgeland Reiseliv,** Austerbygdveien 20, 8657 Mosjøen, Tel. 75018000, www.visithelgeland.com, geöffnet: Mo.-Fr. 10-16 Uhr.

Essen

- **Oksen Ferdinand,** Sjøgata 23, 8656 Mosjøen, Tel. 75119991, in dem kleinen Restaurant können nicht nur Ochsen in angenehmer Umgebung verspeist werden.

Mosjøen ist mit seinen 10.000 Einwohnern eine der größten Städte der Provinz Nordland. Der größte Arbeitgeber ist eine gigantische Aluminiumfabrik. Die **Sjøgata** mit ihren alten Holzhäusern ist ein Anziehungspunkt für Touristen, am Fluss **Vefsna,** der in den gleichnamigen Fjord mündet, stehen reihenweise alte Holzhäuser. Nostalgiker finden hier noch ein Fotomotiv. Die norwegisch-deutsche Aktieselskab Mineralöl, später Shell A/S, ließ 1933 in Mosjøen eine **Tankstelle** bauen, die nie jemand modernisiert hat, weswegen sie heute noch genauso aussieht wie damals. Mittlerweile ist daraus ein wichtiges „Kulturdenkmal von nationalem Interesse" geworden: Der kleine Zweckbau an der Strandgata 1 steht unter Denkmalschutz.

21 Mosjøen Camping

GPS 65.834749, 13.209363

Kippermoen, mitten im Ort am Flussufer, Tel. 075177900, www.mosjoencamping.no, Womo 280 nkr mit Strom. An das kleine Hotel ist eine Bowlingbahn angeschlossen. Es gibt einige Stellplätze und Hütten, ganzjährig geöffnet.

22 Sandvik Gjestegård

GPS 65.941005, 13.40366

Mjåvatn, Mosjøen, etwa 20 km außerhalb des Ortes, Tel. 75115000. Der Platz liegt schön, aber auch einsam vor dem Hintergrund der Berge, ein Wanderweg führt dorthin.

010wn Abb.: fh

Auch die Bahn quert den Ranfjord

Die Samen

*Sie selbst nennen sich **Sápmelaš** oder **Sameh,** was so viel heißt wie „Sumpfleute“. Eine einzelne Person ist ein „Sabme“. Im Englischen hat sich für die Bevölkerung die Bezeichnung „Sami“ durchgesetzt, im Deutschen war lange die Bezeichnung „Lappe“ üblich. Carl von Linné schrieb 1732: „Das Wort Lappe kommt von der Kleidung, da ihre Kleider gewöhnlich aus Lappen bestehen.“ Für die Sameh ist die Bezeichnung „Lappe“ eine **Beleidigung,** da das Wort übersetzt so etwas wie „Ausgestoßener“ bedeutet. Das Gebiet, auf dem sie leben, heißt demnach auch nicht Lappland, sondern **Sameoednâm** oder **Sápmi.***

*Die **Tracht,** die heute noch von den Samen getragen wird, besteht aus Hosen bzw. Röcken und langen Jacken aus meist blauem Wollstoff oder Flanell. Die Ränder sind mit bunten Borten verziert, denn die Samen lieben Schmuck und Verzierungen. Vermutlich besiedelten sie Lappland schon in der Bronzezeit – einige historische Funde stammen aus dieser Epoche. Gemeinsamkeiten zwischen den Samen und der nordasiatischen Volksgruppe der Samojeden führen zu dem Schluss, dass die Samen ausgewanderte oder vertriebene Samojeden gewesen sein müssen. Was sie zu ihrer Wanderung in die heutigen Gebiete von Lappland veranlasste, ist bislang unklar. Sicher ist jedoch, dass sie früher ausschließlich Jäger und Sammler waren und Fischfang betrieben. Die wichtigste Beute war das Rentier, welches ihnen alles lieferte, was sie zum Leben brauchten. Die Ackerwirtschaft und der Bootsbau wurden ihnen erst von den Norwegern beigebracht.*

*Das **Nomadentum** entwickelte sich aus der Notwendigkeit, den halbzahmen Rentierherden zu folgen. Im Sommer dörrte die Sonne die Flechten aus, die den Tieren als Nahrung dienten, weshalb sie in die Berggegenden nach Norden zogen. Ein weiterer Grund waren die Mückenschwärme, die auf den zugigen Fjells, den baumlosen Bergregionen, weniger häufig waren. Im Winter flüchteten die Tiere wieder vor Schnee und Kälte nach Süden, wo sich die Flechten inzwischen erholt hatten. Die einzigen echten Nomaden waren die Kautokeino-Samen. Die Samen in Norwegen und Schweden waren Berg-Samen, bei denen ein Großteil der Familie zu Hause blieb.*

*Es gab nie eine einheitliche **Mythologie** in Lappland. Angebetet wurden sogenannte Seiden – Gegenstände, die aufgrund ihrer besonderen Form als verehrungswürdig angesehen wurden. Meist waren es allein stehende Felsen oder z. B. ein See. Der Vermittler zwischen den überirdischen Mächten und den Menschen war der Noaide, eine Art Schamane. Wichtigstes Instrument für seine Tätigkeit war eine **Zaubertrommel.** Sie bestand aus einer eiförmigen, flachen Schale aus Wurzelholz. Auf dieser Trommel spielte sich der Noaide selbst in Ekstase, während der angeblich eine Seelenwanderung stattfand. Im Körper blieb nur der Teil zurück, der die motorischen Funktionen aufrechterhält. Die an die Trommel gebundenen Miniaturen sollten dem Noaiden bei seiner Reise als Schutz und Hilfe dienlich sein.*

*Zwischen dem 13. und 14. Jh. gab es erste Bestrebungen, die Samen zum **Christentum** zu bekehren. Da sie jedoch in öden Regionen lebten und für die Kirchenfürsten eher „uninteressant“ waren, blieb es bei vereinzelten Versuchen. Die Samen lebten jahrhundertelang zwar relativ unbehelligt, aber auch nicht im Überfluss. Im 19. Jh. begannen viele von ihnen aus wirtschaftlicher Not mit dem Ackerbau. Die Vorzüge der Zivilisation wie Fernseher, Konserven und Motorschlitten werden von ihnen heute genauso selbstverständlich genutzt wie von anderen Skandinaviern. Heute leben rund 70.000 Samen in Nordeuropa: 40.000 bis 45.000 in Norwegen, davon allein 25.000 in der Finnmark, in Schweden sind es 17.000, in Finnland etwa 5700 und in Russland ca. 2000. Nur etwa 7 % leben derzeit noch von der traditionellen Rentierzucht, Nomaden sind sie nicht mehr. 1989 wurde von König Olav V. von Norwegen das Sameting eröffnet. Dieses Parlament aus samischen Abgeordneten befasst sich mit allen für die samische Bevölkerung in Norwegen wichtigen Fragen.*

Karte 1/5
1 cm = 8,75 km
0
20 km
© Reise Know-How 2016
72
Åsvær
Søråsværfjorden
Rølvåg
Dønnes
Stifjorden
Forsland
Handnes
Alsøya
Vikholmen
Longset
Nesna
Rana
Bardal
Hemnesberget
Ranafjorden
Bustnes
Mo i Ra
Andfiskå
Dalselv
Vandved
Glein
Løkta
Koppardal
808
Lévong
Leirvika
Finneid-fjord
Storakers-vatnet
Bjurbekkdalen
Nordvik
Skaga
Gåsvær
Dønna
828
Bjørn
Angersnes
Fagervika
Hestad
17
Leira
Sørfjorden
Mula
Elsfjord
Bjerka
Korgen
Seløy
Engan
Leland
Drevvatn
Silvalen
Sandnessjøen
Villtoven
909
Tverrå
Grasva
Øksningen
Alstfjorden
Sundøy
Alsten
Remnes
Drevje
E6
Røssåga
806
Tennvalen
Lund
Vestvågan
78
Okstindan
Bleikvassli gruver
12°
Alstahoug
Blomsøya
Offersøya
Vefsnfjorden
Hundåla
Søfting
Straum
Bleikvasslia
Røssvassbukt
Bessedør
Hestøya
Sandvika
E
Vikdalen
Ånes
14°
Tjøtta
Rødøya
Husvika
Mosjøen
Tustervatnet
Tortenlia
Bakk
Mindtangen
Mindlandet
Tro
Finnkneet
1458
Lavasshytta
Herringbotn
Varntresk
Vega
Vågsodden
Stokka
Lagvatnet
Kjerringneset
Røss-vatnet
Gladstad
Igerøy
Ham-nøya
Vevelstad
Kvalfors
Nordnes
Rørøya
Hamn
Visten
Vesterbukta
Krutåga
Ylvingen
3 1/2 h
ROUTE 1
73
Vegafjorden
Skjåvika
Horn
Anddalsvågen
Laksfors
Haustreisa
Bjørkåsen
Seltra
Holmen
Svartvatnet
Hattfjelldal
Stortorgnes
Sauren
Tilrem
Velfjorden
Grane
Storvoll
Bratteng
Hattli
Brønnøysund
Engelsneset
Trofors
804
Unkervatn
Tofte
Skomovik
Kvitfjellet
1245
Kløvim
Velsna
Kvalps-kartinden
Torghatten
Torget
Storbørja
Nordland
1337
Unker-vatnet
Inntorget
Kråknes
Mikkeljord
Torgfjorden
Hommelstø
Breivasstinden
Svenningdal
1220
Fipling-kroken
Ivarrud
Reinskareng
Berg
Håkaunet
Hombornes et
Hongset
Tosbotn
Holmvassdalen
Sørgård
Kroken
Skålvik
Vik
Børgefjellet
Susna
Bjørkåsen
Skog
Borgefjellskolen
76
Båtneset
Holmvassås
Endress-plass
svika
Hjelmset
Ursfjorden
Tosaunet
Kvannlitinden
Harvasstua
Bindalfjorden
1096
Sefrivatnet
Jensneset
Holm
Store Majavatnet
Øvre Fiplingvatnet
Åkvika
Tosenfjorden
Majaklumpen
1021
Majavatn
Børgefjell
nasjonalpark
Lysfjord
Vassås
Bangstad
302
Terråk
Sandvik
Smalåsen
Årsand
Mellingsmoen
Stek
Fuglstad
Gisen
Bjørnstad
1169
770
Abjørvatnet
Store Namsvatnet
Foldereid
Inde-Folda
Nonsfjellet
927
Namsvassgardan
Bjøråa
Namsen
Bjørhusdalen
Namsskogan
Vektarlia
Kongsmoen
Vallervatnet
Leipik-vattnet
Mjøsund-vatnet
773
Gjersvika
Røyrvik
Rosendal
Brekkvasselv
Stromp-dalen
Tunnsjø-røyrvika
Limingen
Ornes
Ankarvattnet
Skrøvstad
842
Kjølstadfjellet
E6
1150
Snuhkle
St. Blåsjön
Hognes
alen
E
1056
Store
Ankarede kapell
62

WEITER AM RANFJORD ENTLANG

Bis **Mo i Rana** sind es nun noch 275 km und man merkt deutlich, dass der Polarkreis nicht mehr fern ist, denn die Landschaft wird karger. Vor Korgen steigt die Straße langsam an. Vom 550 m hohen Korgfjell hat man eine tolle Aussicht auf die Gletscher des Okstindan-Gebietes und den berühmten Svartisen. Auf einer Halbinsel in der Ortschaft Korgen befindet sich ein einfacher Campingplatz.

23 Korgen Camping

GPS 66.074462, 13.83863

Korgauren 5, an der E6 ist ein Schild, Tel. 75191136. www.korgen-camping.no, 30 Stellplätze jeweils 150 nkr, Strom 50 nkr, keine Kartenzahlung, geöffnet: ganzjährig. Der Platz liegt sehr schön am Ende einer Halbinsel im Røssåga, Angelkartenverkauf.

Kurze Zeit später trifft die E6 hinter Bjerka auf den **Finneidfjord** und verschwindet in einem Tunnel. Hinter dem Dorf Finneidfjord erreicht man den **Ranfjord,** dem die Straße bis Mo i Rana folgt. Man kommt nun in das Land der Samen. Erst kommt aber noch ein kurzer Tunnel. Bei GPS 66.208564 13.802383 gibt es den ersten Halteplatz mit einer guten Aussicht auf den Fjord. Nun führt die E6 am Ufer des Ranfjords entlang. Zwischen der Straße und dem Ufer verläuft nur noch die Eisenbahnlinie von Oslo nach Mo.

MO I RANA (MÅAHVIE)

(88 km - 487 km)

Mo i Rana ist ein alter **Marktort** und **Handelsplatz** mit heute 18.500 Einwohnern. Er wurde 1839 gegründet und Mo i Rana genannt, um ihn von anderen Orten namens Mo zu unterscheiden. Im 17. Jh. wurden Ort und Handel von der Familie Meyer beherrscht, die auch das Hotel Meyergården baute. Im **Rana Museum** gibt es eine umfangreiche Meyer-Sammlung. Seit 1724 gibt es hier eine Kirche und seit 1730 wird jährlich ein samischer Viehmarkt veranstaltet.

1860 war ein wichtiges Jahr für den Ort. Damals rief **Lars A. Meyer** eine Handelsstation ins Leben, die sich bis heute zu einer der größten Handelsgesellschaften Nordnorwegens entwickelt hat (Samfunnet Meyer). Dazu kam das **Hotel Meyergården** und außerdem wurde die heute noch betriebene **Mofjell-Mine** gegründet.

1946 entstand das Stahlwerk **A. S. Norsk Jernverket,** und so hat sich Mo i Rana von einer Handelsstation zu einer modernen Industriestadt entwickelt, die mehr Strom verbraucht als Oslo. Seit dem Zweiten Weltkrieg hat sich die Einwohnerzahl vervierfacht. Der eisfreie Hafen, ein Eisenbahnanschluss und die E6 haben diese Entwicklung noch gefördert.

Information

› **Mo i Rana Turistkontor,** Ole Tobias Olsens gate 3, Box 1325, 8601 Mo i Rana, Tel. 75139200, www.arctic-circle.no

Es gibt etwa 15 **Campingplätze** in Mo und Umgebung, der bekannteste ist Krokstrand. Die günstigsten sind in **Storforshei,** etwa 12 km nördlich von Røssvoll in den Ausläufern des Dunderlandsdal. Konsumfreunde finden in Mo i Rana zwei **Einkaufscenter** vor: Meyersenteret, Ole Tobias Olsens gate, und Bunnpris in derselben Straße.

Dem Reisenden bietet Mo i Rana neben guten **Angelmöglichkeiten** im Sommer und **Skifahrmöglichkeiten** um den Berg Mofjell im Winter (der Skilift befindet sich am Ende des Finsetveien, GPS: 66.30098, 14.12812) ganzjährig herrliche **Wanderwege** und Naturwunder wie den **Svartisen-Gletscher** (s. S. 74) und die **Grønligrotte,** die größte von etwa 100 Kalksteingrotten der Umgebung. Wer eine geführte Tour zum Gletscher oder zur Grotte möchte, kann diese nur von Mo aus organisieren, beispielsweise über das Turistkontor, da es vor Ort keine Möglichkeiten dafür gibt. Bergsteiger wenden sich an Rana Special Sports (s. S. 76).

Der **Havmann** ist eine im Wasser des Hafens stehende, überlebensgroße Granitskulptur des englischen Bildhauers Antony Gormley. Er wurde aus sieben Granitblöcken zusammengefügt und schaut auf das Fjordende. Die **Kirche** von Mo i Rana hat einen Zwiebelturm und wurde 1801 erbaut. Im Inneren beherbergt sie ein wertvolles Altarbild aus dem frühen 18. Jahrhundert. Mit dem Stadtwappen gab

Einkaufen

In Mo gibt es ein Überangebot an Warenhäusern, die größten sind:

- **Einkaufszentrum Bunnpris,** Ole Tobias Olsens gate 1. Dinge des täglichen Bedarfs
- **Warenhaus Domus,** Fridtjof Nansens gate 19. Dinge des täglichen Bedarfs
- **Amfi Meyer,** Ole Tobias Olsens gate 22, das größte Shoppingcenter im Norden
- **Fjordsenteret,** Midtre gate 1, mit dem größten Parkplatz

man sich weniger Mühe: Es ist ein Quadrat, das diagonal in eine grüne und eine gelbe Hälfte geteilt ist. Das **Stenneset** Freilichtmuseum mit 20 alten Häusern befindet sich auf der anderen Seite der Bucht.

Sehenswertes

- **Helgeland Museum Stenneset,** ein Freilichtmuseum mit 20 Häusern aus dem 17. bis 19. Jh. der Region. 8 km nördlich an der Straße 12 auf der anderen Seite der Bucht, GPS 66.32934, 14.093471, Eintritt frei.
- **Kirche,** Per Hellerviks gate 8, GPS 66.309897, 14.143792, vom Bahnhof die Kirkegata nach Osten, geöffnet: 20.6.-20.8. Di.-Fr. 9-14 Uhr
- **Rana Museum,** Fridtjof Nansens gt. 22, drei Min. Fußweg vom Bahnhof, Info über http://helgelandmuseum.no, geöffnet: Mo.-Fr. 10-15, Sa. 11-15 Uhr. Hier befinden sich eine geschichtliche Sammlung, Kunst (Munch), Mineralien und eine Samen-Abteilung. Zudem sind hier 80.000 Fotos und ein Volksmusikarchiv untergebracht, 30 nkr.

Essen und Trinken

- **Bakeribygget,** Moholmen 16, ist eine nette Bäckerei im Ortsteil Moholmen in einem alten Holzhaus am Hafen.
- **Neptun Bar,** Nesnaveien 63, Tel. 75133260, die Straße 12 bis zum Ende der Bucht, einfache Gerichte, aber lange geöffnet: 12-24 Uhr
- **No 3,** Lars Meyers gate 3, Restaurant und Weinbar, geöffnet: täglich 15-21 Uhr, Lunch 11-15 Uhr, Gerichte um 150 nkr
- **Onkel Oscar,** Ole Tobias Olsens gate 28, Pub und Nachtbar
- **Ramona,** im Meyergården Hotell, Fridtjof Nansens gata 28, eine riesige Diskothek in einem hässlichen Gebäude, geöffnet: Di.-Sa. 22-3 Uhr, Eintritt 85 nkr
- **Søilen,** im Meyergården Hotell, Fridtjof Nansens gata 28, Tel. 75 134000, Tagesgerichte um 150 nkr

24 Storli Camping

GPS 66.40225, 14.426002

Saltfjellveien 632, 8630 Storforshei, Tel. 90618921, 15 Hütten und ein paar Stellplätze mit Strom, Womo 160 nkr, Strom plus 50 nkr, geöffnet 1.6.-15.9. Ein kleinerer Platz zwischen der E6 und dem Fluss an der Bucht Storlijaur.

25 Skogly Camping

GPS 66.380906, 14.601209

Saltfjellveien 931, 8630 Storforshei, Tel. 7667468, www.skoglyovernatting.com. Womo 160 nkr plus 20 nkr pro Person, Strom plus 40 nkr. Wiesenplatz mit Bäumen nördlich von Storforshei. 12 Hütten und Womoplätze.

26 NAF Krokstrand Camping

GPS 66.462626, 15.093642

Saltfjellveien 1573, 8630 Storforshei, www.nafcamp.no/campingplasser/3129-Krokstrand-Camping, Stellplatz 220 nkr, Tel. 775166074, geöffnet: 1.6.-20.9. Vor der Brücke über den Rangelva gelegen, mit gemütlichem Motel und Restaurant, DZ 800 nkr.

Karte 1/6
1 cm = 8,75 km
0
20 km
© Reise Know-How 2016
86
169
68
Laukvika
Hjartøya
Folda
Rørstad
Eidet
Tårnvika
Sørfolda
Bonåsjøen
Elvekroken
Langvatnet
Styrkesnes
930
107
Kalvik-tunnel
Rago nasjonal-park
Gyltvika
Megården
Øyjord
1135
Sørfold
826
Kjerringøy
Sjunkhatten
Sjunkhatten nasjonalpark
Misten
Djupvika
1156
Festvåg
Jordbru
Straumen
Selnes
Sisovatnet
Blåmanns-isen
Skau
Nordvika
30
E6
Grønnås
1571
Kvalvika
Helligvær
Sørvær
Landegode
Landegodefjorden
38
834
43
80
Valnesfjord
Fauske
20
Løding
Mjønes
Øynes
29
28
Sølvik
Skjerstadfjorden
39
830
Hellarmo
Aviation museum
Bodø
80
Kvalnes
Skjer-stad
Breivik
Saltdalsfjorden
36
Setså
Bliksvær
18
30
Sand
Skipmannvik
Jakobsbakken
Straumøya
20
Kvarv
Misvær-fjorden
27
Saltdal
Evjen
Børelva
Saltfjorden
Skanland
Oldereid
812
Misvær
Rognan
1138
200
Alsvik
27
Medby
Nordland
Tjorvihy
Arnøy
Mårnes
17
Lurfjelltinden
Vesterli
27
812
36
Sørarnøy
51
1286
Sørdal
Fleina
Eggesvika
72
Balvatnet
Horsdal
Saura
Svartnes
Vensmoen
Sund
Skjellvika
Kjelling
161
35
813
Storengstua
Junkerdal nasj. park
Fugløya
Inndyr
1329
Beiarn
Storjorda
1625
13
Satertid
Valle
Skaugvoll
Rusåga
Rusånes
Sundsfjord
E6
Skolneset
Hurtigruten
Storvika
Oppsal
Junkerdal
Skaiti
Habrestinden
Bergholnes
Gråtanes
Storjord
80
77
ROUTE 2a
Mevik
1354
24
Kunna
59
Marka
Kyksmoen
Nordre Bjøllvatnet
Lønsdal
79
Graddis
Fore
17
Ørnes
Beiarelva
1754
Ølfjellet
Midfistua
Lønselva
Neverdalen
Glomfjord
Meløya
Storglomvass-brakka
Saltfjellet-Svartisen nasjonalpark
ROUTE 1
1640
Semska
Meløy
Glomfjorden
Vassdalsvik
Staupåmoen
ROUTE 1
Straitastjåkkå
Vallsjøen
Skjelåtinden
Krukkistua
Bjærangen
Storjorda
Åmnøya
Halsa
1569
33
Bolna
Skardsfjorden
Holand
Storglomvatnet
1506
Stødi
Smuolekåtan
831
Tjong
Glacier tongue
Snøtinden
1599
Polar circle centre
17
Reppen
Steinfjella
Nasafjellet
Nordværnes
Blakkådalshytta
113
1214
Blakkådalen
Hjartåsen
24
Jektvika
Nordfjorden
Krokstrand
Melfjorden
Glacier tongue
Messingslett
26
Andfjell
Svartisdalen
Vesterdalen
Glomdalen
Renga
Langnes
Ørtfjellet
Almia
Steinsland
Oldervika
Melfjorden
Sakrihei
Grønligrotta
24
25
Storforshei
Virvasshytta
Sørfjorden
Høgtuvbreen
Bjørnåga
E6
Ranelva
Langfjellseter
Øresvika
1291
Ravnå
Gullvik
Rundhaugen
Varfjellkåta
Snøfjellåga
Rossvoll
Toftlia
43
Aldra
25
Nordsfjorden
Båsmoen
Mo i Rana
Rauvatn
Kvinstein-daltunen
Øvre Alsvatnet
17
Haugland
35
12
Andfiska
Kallvatnet
Utskarpen
35
Venes
Bustnes
Ranafjorden
Dalselv
Røytvik
E12
Sjona
Longset
Hemnesberget
27
Storakersvatnet
Umbukta-fjellstue
Gabbi
Vind

ALTERNATIVROUTE ENTLANG DER KÜSTE

(Mo i Rana – Bodø: 320 km)

Im Ort gibt es einen Kreisverkehr, an dem man sich für die **Alternativroute** an der Küste entlang nach Norden entscheiden kann. Die Küstenstraße **Rv17,** auf Norwegisch Kystveien, ist für ihre Schönheit bekannt. Von Mo i Rana bis Bodø sind es auf dem Rv17 etwa **320 km.** Die Strecke verläuft von Steinkjer nach Bodø. Sie ist recht gut ausgebaut und beschildert. Wer diesen Weg wählt, muss aber viel Zeit mitbringen, da er erheblich länger ist (Info: www.kystriksveien.no). Man verlässt hierzu das Zentrum von Mo i Rana mit der Rv12 nach Norden und umrundet entlang der Küste den Ranfjord. Nach etwa 35 km erreicht man den Abzweig links ab nach Norden auf den Rv17. Auf diesem bleibt man und kann unterwegs die herrliche Aussicht genießen. Dabei muss man zwei Fähren benutzen. Von Kilboghamn nach Jektvik ist man eine halbe Stunde unterwegs:

› Mo.–Fr. 8.30, 14, 16.40, 19.10, 21.30 Uhr, Sa. 8.30, 14, 16.40, 19.10 Uhr, So. 14, 16.40, 19.40, 20.30 Uhr, Womo bis 7 m inkl. Fahrer 383 nkr, Beifahrer 50 nkr, http://ruteinfo.thn.no

Die Fahrt von Ågskardet nach Forøy dauert 10 Minuten.

› Abstand der Überfahrten etwa eine Stunde, Betriebsschluß 24 Uhr, Womo bis 7 m inkl. Fahrer 152 nkr, Beifahrer 25 nkr

Bei der Weiterfahrt unterquert man den Gletscher Svartisen durch einen 7,5 km langen Tunnel. Mit dem Boot kann man zum Infozentrum des Gletschers fahren. Einige **Rastplätze** machen die Fahrt angenehm, z. B. kurz nach der Gemeindegrenze zwischen Meløy und Gildeskål bei GPS 66.949261 13.674383.

Verschiedene Querverbindungen zur E6 machen es möglich, auch Teilstrecken des Kystveien als Alternative zur E6 zu befahren. Der Storvikskartunnel, den man auf der Rv17 passiert, ist 3 km lang und verläuft sogar unter dem gleichnamigen See hindurch.

WEITERFAHRT DURCH DIE BERGE AUF DER E6

(Mo i Rana – Bodø: 230 km)

Auf der **Hauptroute,** der E6, geht es von Mo i Rana am Ufer des Ranelva entlang in Richtung Røssvoll. (Die E12, die aus den Bergen von Umeå in Schweden kommt, kreuzt in Mo i Rana die E6.) Auf der E6 folgt man dem Fluss Ranelva nach Norden. Wer Interesse an **Stromschnellen** hat, biegt einen Kilometer vor Røssvoll vor dem Schild „Røssvoll Svartisen Grotter 1 km“ bei GPS 66.350949, 14.324745 nach rechts auf den Sandweg und parkt dort das Auto. Zu Fuß geht es 500 m zur Staustufe Reinforsen und dann rechts ab 500 m zur Schnelle Meforsen.

RØSSVOLL

(13 km – 500 km)

In Røssvoll an der E6, 13 km nördlich von Mo i Rana, liegt linker Hand der Flughafen MQN. Außerdem zweigt der Fv353 nach links zur berühmten **Grønligrotte** und zum Svartisen-Gletscher hier ab, der Weg ist ausgeschildert.

Die holprige Straße führt hinter Seteråsen noch 16 km zum Svartisvatnet. Hier kann man einen Ausflug zum **Svartisen-Gletscher** unternehmen. Die E6 macht 20 km hinter Mo i Rana einen Bogen ins Landesinnere um das Gletschergebiet herum und führt aus dem Dunderlandsdal in Serpentinen auf die Hochebene Saltfjellet.

DER GLETSCHER SVARTISEN

Der **Svartisen** ist mit ca. 370 km^2 **Norwegens zweitgrößter Gletscher.** Dieses letzte Relikt aus der Eiszeit im Tal Glåmdalen wird von eisfreien Gipfeln (ca. 1600 m ü. d. M.) überragt und besitzt etwa 60 Gletscherzungen, an deren Füßen sich Seen aus Schmelzwasser gebildet haben, z. B. der **Svartisvatnet** am Westende und ein See gleichen Namens im Nordwesten. Der Gletscher taut langsam ab. Die Gletscherzunge Østerdalsisen reichte vor 50 Jahren noch bis an den See, heute endet sie 2 km davor. Dass der Gletscher in letzter Zeit schneller schmilzt, liegt daran, dass das einfallende Sonnenlicht nicht mehr voll reflektiert werden kann, da Stürme in der Stratosphäre Schmutzpartikel aus den Industriegebieten Europas als „Schwarzmacher“ herantragen. Diese Art der **Umweltverschmutzung** macht den Bewohnern der Umgebung besonders Sorgen, da das entstehende Schmelzwasser für jährliche Überschwemmungen verantwortlich ist. Man hat einen 2,5 km langen Tunnel gesprengt, damit das Schmelzwasser nun kontrolliert ablaufen kann. Der Svartisen hat 4 Gipfel, die zwischen 1577 m und 1640 m hoch sind und gilt als der schönste norwegische Gletscher. Insgesamt bedeckt der Svartisen eine Fläche von 370 km^2. Der Vestisengipfel kann auch vom Glomfjord aus bestiegen werden. Dazu muss man in Mo auf die 12 und bei GPS 66.296099, 13.548889 auf die Küstenstraße Nr. 17 rechts nach Norden abbiegen.

› Die Reederei Engen Skyssbåt, Tel. 94865516, betreibt zwei Fähren über den Holandsfjord: eine, wenn man von Norden kommt, von Brasetvik, GPS 66.713572, 13.659493, und eine, wenn man von Süden kommt, von Holand, GPS 66.722694, 13.692087. Die Überfahrt dauert 15 Min. und kostet 50 nkr pro Strecke. Von Juni bis August laufen die Fähren 12-mal tägl. Mo.–Fr. 7.30–20 Uhr und 10-mal Sa. und So. 10–20 Uhr. Infos auch bei der Touristeninformation am Meløy, Tel. 75754888 oder unter www.rv17.no/engen-skyssbaat. Am anderen Ufer angekommen ist die Gletscherzunge in den Svartisvatnet schon zu sehen. Der See auf der anderen Seite heißt übrigens auch Svartisvatnet.

Gletscher

In bestimmten Berggegenden fällt im Winter mehr Schnee, als im Sommer abtauen kann. In geschützten Lagen bilden sich Schneemulden. Scheint tagsüber die Sonne darauf, schmilzt die oberste Lage, die dann nachts wieder gefriert. Durch diesen ständigen Wechsel wird der Schnee hart und grobkörnig – es entsteht sogenannter Firn. Wird dieser noch durch neue Schneemassen von oben unter Druck gesetzt, verwandelt sich der Firn in milchiges, bläuliches Gletschereis. Wenn oben ständig neues Eis nachproduziert wird, drängen sich die Eismassen bald ins Tal, und zwar genau bis an die Stelle, wo mehr Eis durch die Sonne schmilzt, als von oben nachgeschoben wird. Diese Gegend nennt man das Zehrgebiet des Gletschers. Taut in heißen Sommern mehr Eis ab, als im Nährgebiet produziert wird, geht der Gletscher zurück. In Kälteperioden ist es umgekehrt.

Die norwegischen Gletscher tauen seit Anfang des 20. Jh. ab. Schuld daran ist hauptsächlich die Industrie. Feine Rußpartikel aus den Schloten des Ruhrgebiets und Mittelenglands fliegen bis Norwegen, legen sich unter anderem auch auf das Gletschereis und vermindern dessen Reflektionsvermögen. Das Eis taut dadurch schneller ab. Als schönster Gletscher Skandinaviens gilt der Svartisen in Norwegen. Weitere Gletscher in und um Lappland findet man in den teilweise vergletscherten Lyngenalpen am gleichnamigen Fjord sowie am Kebnekaise und im Sarek in Schweden.

034wn Abb.: fo©izzog

- **Gletscherwanderungen** werden vom Touristbüro in Mo i Rana organisiert (s. S. 69). Bergsteiger wenden sich an **Rana Special Sports,** Tel. 75127088, die Touren für 180 nkr anbieten.
- **Selbstfahrer** nehmen die E6 bis **Røssvoll.** Ab dort ist der Weg zum Gletscher ausgeschildert. Er endet am Svartisvatnet. Die Schotterpiste ist allerdings nur im Sommer geöffnet und die Absperrung befindet sich erst vor dem See Svartisvatnet und nicht an der E6. Man muss sich also vorher in Mo i Rana erkundigen, ob der Weg offen ist. Man kann sich vom 1. Juni bis zum 1. September mit einem Motorboot in 20 Min. für 150 nkr zum Ausläufer des Gletschers hinüberfahren lassen: 10–16 Uhr, letzte Rückfahrt 16.30 Uhr. Man kann auch um den See herumlaufen. Danach sind noch 3 km markierter Wanderweg mit starker Steigung zu bewältigen. Man passiert die Stromschnellen des Gletscherflusses Austerdalsisen, bis man die Gletscherzunge sieht. Man braucht gutes Schuhwerk und läuft am besten bei gutem Wetter. Im Winter kann man den See zu Fuß überqueren. Aus Umweltschutzgründen ist das Paddeln verboten.

GROTTENBESICHTIGUNGEN

Um zur **Grønligrotte** zu kommen, fährt man den Røvassdalvei am Ufer des Langvassåga 10 km bis Seteråsen entlang. Vor der Ansiedlung führt rechts eine ausgeschilderte Piste zur Grotte (GPS 66.414911, 14.267371). Warme Kleidung und Gummistiefel sind für eine Besichtigung notwendig. Im Grønligrotta Café kann man Führungen buchen.

- **Grønligrotte,** Tel. 075132586, 20.6.–15.8., stündlich von 10–18 Uhr, 130 nkr

Die Grønligrotte: nichts für Klaustrophobiker

011wn Abb.: fh

Wesentlich anstrengender ist eine Führung durch die **Setergrotte** (GPS 66.414911, 14.248316), die man über den Weg erreicht, der vor der Grønligrotte rechts abzweigt (ausgeschildert). Die Führung dauert etwa 2 Stunden. Vom Parkplatz geht man mit Helm, Stirnlampe, Handschuhen und Overall ausgerüstet 500 m durch den Wald zu dem hohen Eingang. Drinnen erwarten einen riesige Hallen und schmale Passagen, Gletschermühlen und ein unterirdischer Fluss.

› **Setergrotte,** 22.6.–11.8., täglich um18 Uhr, im Juli auch um 11.30 Uhr, 310 nkr (keine Kreditkarten). Mindestalter für die Tour ist 8 Jahre.

SALTFJELLET

(69 km – 569 km)

Weiter auf der E6 steigt die Straße nun an. Der höchste Punkt der **Hochebene** liegt 707 m hoch mit Blick auf den Gletscher Svartisen. Parallel zur relativ schmalen Straße verläuft die Eisenbahnstrecke von Mo i Rana. Das ist die Nordlandsbanen, die wie auch die E6 ihren **höchsten Punkt am Polarkreis** erreicht: die Bahn sogar bei 750 m.

Hier oben weht auch im Sommer ein lausiger Wind. Bei GPS 66.550851, 15.320195 gibt es einen Großparkplatz und die Menschen strömen mit Kameras zu den „Pflichtmotiven“. Im **Polarkreis-Zentrum** gibt es für viel Geld Souvenirs, eine Multimediashow, Essen und eine Poststation. Man kann einen Kaffee trinken und einen Blick auf den im Westen liegenden Svartisen-Gletscher werfen. Die Einrichtung steht einsam auf der kahlen Hochebene herum und wird nur von Touristen mit Autos und Bussen bevölkert. Die Reisenden schichten allerlei Figuren aus den herumliegenden Steinen auf. Das steht in der Tradition der Samen, die früher ihre Routen mit solchen „Steinmännchen“ markierten. Hier stehen Hunderte dieser Männchen – der Wegsuchende würde immer im Kreis gehen.

Bei **Stødi** stehen bei GPS 66.568322, 15.337429 drei mächtige Felsblöcke. Es ist eine samische Opferstätte, die man nach dem Polarkreis über den ersten Schotterweg links, der an einem Parkplatz beginnt, erreicht (bis zur Bahnlinie fahren).

Nach diesem Highlight führt die E6 hinunter ins **Saltdal.** Es erstreckt sich vom Polarkreis auf dem Berg Saltfjellet bis zum Fjord bei Rognan.

Zur Weiterfahrt folgt man der E6 nach Fauske. Saltdal war früher das Zentrum des Bootbaus und auch heute noch werden in der Region die Nordlandsboote nach altem Muster aus Holz gebaut.

Etwa auf halber Strecke zwischen Polarkreis und Fauske, in **Storjord** (GPS 66.807599, 15.424004), liegt das **Naturschutzgebiet Junkerdalsura** mit dem steil aufragenden Solvågtind, Gletschermühlen und einem Wasserfall. Es gehört zum Saltfjellet-Svartisen nasjonalpark. Hier zweigt die **Passstraße 77**, eine Strecke mit toller Aussicht, nach Arvidsjaur in Schweden ab, wo sie 95 heißt (siehe

Polarkreis

Wer denkt, am nördlichen Polarkreis etwas Besonderes zu sehen, der hat sich geirrt. Die Landschaft ändert sich durch das Überschreiten in keiner Weise – und plötzlich kälter wird es auch nicht. Dieser Polarkreis ist nur eine gedachte Linie, die im Abstand von ca. 23° 26,5′ vom Nordpol den Globus umspannt. Die genaue Lage des Polarkreises ändert sich übrigens ständig, was durch eine Störung (Nutation) des „Taumelns" (Präzession) der Erdachse hervorgerufen wird.

Der Polarkreis markiert die südlichste Breite, auf der die Sonne am 21. Juni (Mittsommernacht) nicht untergeht. Dafür geht sie hier am 21. Dezember auch nicht auf. Der Polarkreis ist auf der nördlichen Halbkugel nicht fest fixiert (der südliche Polarkreis ebenfalls nicht), sondern verschiebt sich innerhalb einer 180 Kilometer breiten Zone jährlich um etwa 14,5 Kilometer. Er wird seine nördlichste Position im Jahre 12.000 erreichen und kommt im Jahre 22.000 an den jetzigen Standort zurück. Seine südlichste Position erreicht er im Jahre 32.000.

Für die Souvenirindustrie ist der Polarkreis sehr wichtig. So gibt es kaum eine den Kreis überschreitende Straße, an der nicht ein Andenkenladen und eine Cafeteria stehen. Oft gibt es große Hinweisschilder und mitunter eine Linie quer über die Straße. Man kann eine Urkunde kaufen, auf der die Überquerung bescheinigt wird. Post, die dort eingeworfen wird, bekommt einen Sonderstempel. Dass der Polarkreis seine Lage ständig verändert, ist der Tourismusindustrie egal – und so bleiben die Schilder, wo sie seit 30 Jahren stehen.

In Norwegen passiert man den Polarkreis bei Mo i Rana, in Schweden bei Vuoggatjålme vor Jokkmokk und bei Juokengi und in Finnland bei Juoksenki und Rovaniemi.

012wn Abb.: fh

⊡ *Ein beliebtes Spiel der Besucher: Steinfiguren aufschichten*

Route 2a: Verbindung durch Schweden zur Route 1, S. 163). Die Gegend heißt Junkerdal und ist nach Preben von Ahnen benannt, dem sogenannten „Junker“. Er stammt aus einer adligen Familie aus Pommern und kam 1630 nach Norwegen. Im Jahre 1641 wurde er Hauptmann und Kriegskommissar, 1658 führte er eine Armee an, die in Schweden die Silberbergwerke von Nasafjäll zerstörte.

DER SALTFJELLET-SVARTISEN NATIONALPARK

Der **Saltfjellet-Svartisen nasjonalpark** ist der viertgrößte Nationalpark in Norwegen und wurde 1989 gegründet.

Vom Nordfjord im Westen erstreckt sich der Park bis zu fruchtbaren, von Flüssen durchzogenen Tälern und Hochebenen zwischen dem Saltfjelletmassiv im Osten. Das Besondere des Parks ist der **Polarkreis,** der mitten hindurch führt. Er bildet auch für viele Pflanzen eine nördliche Grenze. Durch die kalkhaltigen Böden sind mehrere **Grotten** ausgewaschen worden und eine Menge kalkliebender Pflanzen wurden heimisch, darunter auch so seltene wie der Alaska-Rhododendron (Rhododendron lapponicum). Er blüht rosa und ist mit 45 cm natürlich kleiner als unsere überzüchteten Gartenhybriden, dafür machen ihm −25 °C nichts aus. Der Name wurde übrigens vom Schweden Carl von Linné vergeben. Natürlich gehört der namensgebende Svartisen-Gletscher zum Park dazu und einige hohe Berge wie der Ørfjellet, der 1750 m hoch ist.

› In Storjord kann man zum **Nordland nasjonalparksenter** an der E6 fahren (GPS 66.81429, 15.40098). Es informiert über alle Nationalparks in der Provinz Nordland. Hier sind auch ein größerer Parkplatz, eine Raststätte, eine Tankstelle und eine Übernachtungsmöglichkeit zu finden.

27 Stellplatz Saltdalsfjord

GPS 67.133, 15.4463

Parkplatz mit Stellplatz auf einer kleinen Halbinsel neben der E6 am Saltdalsfjord.

Bei der Weiterfahrt erreicht man kurz vor Fauske den **Skjerstadfjord,** an dessen Öffnung zum Meer sich Bodø, die Hauptstadt der Provinz Nordland (s. S. 83), befindet.

BESUCH DER BERGWERKE VOR FAUSKE

Noch vor Fauske geht es bei Finneid rechts ab auf den Rv830 und dann etwa 48 km zu den **Bergwerken nach Sulitjelma.** Der Ort ist von den Nationalparks Padjelanta, Sarek, Stora Sjöfallet, Saltfjell und Rago umgeben und war früher durch weite Geröllhalden nahezu unpassierbar. Von 1887 bis 1991 wurde hier Kupfer und Schwefelkies abgebaut.

Es gibt zwei- bis vierstündige Führungen durch die Bergwerke selbst und ein **Grubenmuseum.** In den Schmelzöfen von Sulitjelma wurde Ende des 19. Jh. auch das Erz aus Kåfjord geschmolzen, da die Anlage wirtschaftlicher als die von Kåfjord arbeitete. Östlich vom Ort Sulitjelma liegt an der Grenze zu Schweden der Berg Sulitjelma oder Suliskongen mit einer Höhe von 1907 m. Von hier aus kann man bis zu den Lofoten sehen (GPS 67.148365, 16.375751, nur zu Fuß erreichbar).

› **Nordlandsmuseet, Sulitjelma Gruvenmuseum,** GPS 67.12451, 16.09518. Zu sehen sind allerlei Gerät und Reste der Verhüttungsanlage. Geöffnet: 20.6.–16.8. täglich 11–17 Uhr, Eintritt 60 nkr.

FAUSKE (FUOSSKO)

(96 km – 665 km)

Fauske, eine Stadt mit 5900 Einwohnern, liegt am wichtigen Knotenpunkt der E6, der Rv80 und der Eisenbahn Nordlandsbanen am Ende

des Skjerstadfjords. Viele Reisende steigen hier vom Zug in Busse um und fahren nach Narvik, von wo aus man wieder mit der Bahn weiterfahren kann.

Bekannt ist Fauske für seine **Marmorbrüche** in der Umgebung (Steinfjell), auch der Hafenkai der Stadt ist ganz aus weißem Marmor. 1979 wurden Teile des Stadtzentrums bei einem Brand zerstört. Beim Wiederaufbau wurden die alten Kaihäuser teilweise kopiert. Besichtigt werden kann das **Heimatmuseum,** das unweit vom Zentrum direkt am Fjord in einem Birkenwäldchen gelegen ist. Außerdem ist die weiße hölzerne **Kirche** von 1867 sehenswert.

Am Ufer des Fjords steht eine **Skulptur** des Künstlers Per Barclay bei GPS 67.25563, 15.38046. Sie erinnert an zwei stählerne Gewächshäuser, die Marmorbrocken tragen. Bei Flut stehen sie halb unter Wasser. Parken kann man am Heimatmuseum am Ende der Sjøgata. Der Platz bietet Toiletten und Meerblick.

Information

- **Salten Turistkontor,** Sjøgata 46, im Heimatmuseum, 8201 Fauske, Tel. 7564330, 15.6.-18.8, Mo.-Fr. 10-16 Uhr, Sa.-So. 11-16 Uhr

Sehenswertes

- **Fauske bygdetun,** Salten Museum, Sjøgata 46, GPS 67.25738, 15.38276, direkt am Fjordufer, hat eine Sammlung Alltagsgegenstände aus der Region, geöffnet: 22.6.-14.8, Mo.-Fr. 10-16 Uhr, Sa.-So. 11-15 Uhr, 60 nkr.
- **Fauske Kirke,** Storgaten 7, GPS 67.257953, 15.3728, die weiße Holzkirche wurde 1867 gezimmert, ihr Altarbild gilt als sehenswert.

AUSFLUG ZUM MARMORSTEINBRUCH

Wer sich für Marmor interessiert, besucht den Steinbruch bei Lauvgavlen (GPS 67.288419, 15.373893). Dazu fährt man 1 km auf der E6 nach Norden und dann links ab Richtung Bygger'n. Die Straße führt direkt in die Marmorbrüche. Sie werden von „De Ankerske Marmorbrudd" betrieben, die hier einen roséfarbenen bis weißen Stein brechen, der an vielen Gebäuden im In- und Ausland verbaut wurde. Man kann mit dem Wohnmobil bis ins Zentrum des Geschehens fahren, die Wege sind für tonnenschwere Lastwagen ausgebaut worden.

Direkt weiter nach Norden auf der E6 geht es auf Seite 85.

28 NAF Fauske Camping & Motell

GPS 67.239631, 15.420213

8210 Fauske, Tel. 75648401, südlich an der E6 auf einer Wiese, es gibt eine Reihe von Häuschen, Womo 200 nkr, Person 15 nkr, Strom 50 nkr, ganzjährig geöffnet.

29 Campotel Fauske

GPS 67.245420, 15.336100

Früher hieß der Campingplatz NAF Lundhogda. Erikstadveien 240, links von der Straße 80 nach Bodø auf einer Halbinsel, 2 km außerhalb von Fauske mit Fjordblick, Tel. 75643966, www.campotel.no, Womo 160 nkr, Strom 50 nkr, geöffnet: ganzjährig, voller Service 1.5.-31.8. Rasenplatz mit 9 Häuschen.

ABSTECHER ZUM SALTSTRAUMEN

(55 km pro Weg auf der Rv80)

Die Attraktion der Region liegt 15 km abseits der Rv80 an der Straße 17, 33 km vor Bodø. Es ist der **Saltstraumen** (GPS 67.223047, 14.612024), wo die Gezeitenströmungen viermal täglich **Wasserstrudel** entstehen lassen. Er gilt als der stärkste Gezeitenstrom der Welt. Vor Ort befindet sich ein Campingplatz, der hauptsächlich von Anglern genutzt wird.

Um den Mahlstrom zu erreichen, fährt man in Fauske am Kreisverkehr mitten im Ort geradeaus auf den Rv80. In der Mitte des Kreisverkehrs steht ein Marmormonolith. Vor dem Ort Lødinge biegt man dann wieder an einem Kreisverkehr nach rechts auf den Rv17 in Richtung Sandnessjøn ab.

Von Weitem sieht es am Saltstraumen eher langweilig aus: Die Gegend ist flach und karg, es gibt ein paar Häuser, eine moderne Betonbrücke überspannt die Enge und in der Mitte befindet sich eine kleine Insel. Und auch der stärkste Gezeitenstrom der Welt sieht eigentlich zunächst einmal ganz harmlos aus. Es handelt sich beim Saltstraumen um einen 3 Kilometer langen, 150 Meter breiten und 50 Meter tiefen Sund, der den Skjerstadfjord mit dem Saltfjord verbindet. Beim Gezeitenwechsel wandelt sich das Bild: 400 Millionen Kubikmeter Wasser strömen dann durch den Engpass zwischen den Inseln Straumen und Straumøy und bilden dort bis zu 4 Meter tiefe Strudel. Am stärksten sind sie bei Neumond und Vollmond.

Der Höhenunterschied beider Wasserspiegel beträgt bis zu einem Meter und die Strömung erreicht Geschwindigkeiten von bis zu 30 km/h. Der Saltstraumen ist bei Anglern für seinen Fischreichtum berühmt, u. a. sind hier Kablejau, Köhler, Steinbeißer und Heilbutt beheimatet. Im Saltstraumen wurde mit 2,7 Kilogramm der schwerste je geangelte Köhler bzw. Kohlfisch aus dem Wasser geholt. Bei Flut werden große **Fischschwärme** mitgetrieben. Diesen Fischquirl nutzen viele Angler aus, aber auch Möwen werden durch die Aussicht auf leichte Beute angelockt. Dem Besucher bietet sich ein gewaltiges Naturschauspiel.

› Auf der Nordseite der Brücke steht das Erlebniszentrum mit Information, Multimediashow und wechselnden Ausstellungen, Eintritt 60 nkr, geöffnet ist immer. Hier ist auch die Gezeitentabelle erhältlich, www.magicnorth.no

› Von der Autobuszentrale von Bodø aus gibt es auch eine Linienbusverbindung zum Saltstraumen.

30 PlusCamp Saltstraumen

GPS 67.235969, 14.621243

Riksveg 17, an der Saltstraumen-Brücke, Tel. 75587560, www.saltstraumen-camping.no, Womo-Stellplatz 220 nkr, Strom dazu 40 nkr. Für Angler gibt es Möglichkeiten, den Fang einzufrieren. Dazu Hotel, Café, Kneipe, ein Laden mit erweiterten Öffnungszeiten und eine Poststelle.

WEITER NACH BODØ (BUDEJJU, BÅDÅDDJO, BUVDDA)

Zurück auf dem Rv80 erreicht man wenige Kilometer weiter die Hafenstadt **Bodø.** Die Stadt mit rund 50.000 Einwohnern ist die Hauptstadt des Bezirks Nordland und wurde nach ihrer Zerstörung 1940 als moderner Verkehrsknotenpunkt wiederaufgebaut. Die Stadt liegt malerisch zwischen schneebedeckten Bergen am äußeren Ende des **Saltfjords,** wo er auf den Skjerstadfjord trifft. Wenn keine Wolken am Himmel sind, hat man einen guten Blick nach Norden, wo man vom 22. Juni bis 10. Juli die Mitternachtssonne beobachten kann. Die Hügelkette **Løpsfjellet** bietet ein großartiges Panorama.

› Mitternachtssonne: 3.6.–10.7.

Der Saltfjord ist das ganze Jahr über eisfrei und der Haupterwerbszweig der Gegend ist die Fischindustrie. Bodø ist aber weiterhin **Bischofssitz** und die Stadt wird vom Turm der modernen Kathedrale überragt. Bei Musikliebhabern ist die Stadt auch für das **Nordland-Musikfestival** im Juli/August bekannt.

In einem der ältesten Häuser der Stadt befindet sich das **Nordlandmuseum.** Ein weiteres interessantes Museum ist das große **Luftfahrtmuseum** mit über 30 Flugzeugen, u. a. einer U2, die den Kalten Krieg etwas anheizte. Bodøs **Flugplatz** ist ein wichtiger Verkehrsknotenpunkt im Norden.

Reisende finden in der Stadt die größte Auswahl an **Restaurants** und **Einkaufsmöglichkeiten** von Nordnorwegen. Beim **Glashuset** wurde der Traum vieler deutscher Kaufwütiger wahr: Man hat die Fußgängerzone Storgata komplett überdacht und schützt so die Besucher der über 40 Läden vor Sturm, Schnee und Regen.

Sehenswertes

› **Norsk Luftfartsmuseum,** Olav V gate, Tel. 75507850, mit über 30 Flugzeugen, darunter eine U2, die 1960 hier landen sollte, aber über der Sowjetunion abgeschossen wurde, was zu einer Krise mit den USA führte. Geöffnet: 15.6.-15.8. Mo.-Fr. 10-16 Uhr, Sa.-So. 11-17 Uhr, Eintirtt: 120 nkr

› **Nordlandsmuseet,** Prinsensgate 116, Tel. 75503500, 1903 erbaut, zeigt das Museum Gegenstände der Wikingerzeit, der Sami, von den Lofoten und ein Aquarium im Keller. Das Museum ist Mitglied des Salten Museum Verbandes, 1.6.-31.8. täglich 11-16 Uhr, sonst Mo.-Fr. 9-15 Uhr, 50 nkr.

Der Rago-Nationalpark

Der Park besteht aus einer wilden, eiszeitlichen Landschaft mit tiefen Schluchten und Bergen. Zwischendrin sind große Felsbrocken „verstreut". Der ***Ragotjahkka*** *ist mit 1312 Meter der größte Berg im Park. Die größten* ***Seen*** *sind der Litlerivatnet und der Storskogvatnet.*

Im Parkgebiet gibt es die höchste Ansammlung von ***Wasserfällen*** *in Norwegen. Der größte von ihnen ist der* ***Værivassfossen,*** *der vom Litleverivatnet 223 Meter tief in das Storskogdalen stürzt. Nördlich des kahlen Hügels Lappfjellet gibt es im Storskogselva einen über hundert Meter hohen Wasserfall. Die dominierenden Bäume der Pflanzenwelt des Parks sind Fichten, Zwerg-Birken und Kiefern. Das Klima im Park ist ein Seeklima mit milden Wintern, das sich jedoch nach Schweden hin zu Kontinentalklima wandelt.*

µ Am einfachsten ist der Zugang zum Park über Lappelva (hinter der Brücke bei GPS 67.403637, 15.665903 nach Lappelva abbiegen). Man kann aber auch auf der E6 durch den Tennfloget-Tunnel und direkt dahinter rechts abfahren. Nach 300 m kommt ein weiterer Tunnel und nach 10 Kilometern kommt man dann zur Siedlung Nordfjord, von wo der Berg Skorkog zu erwandern ist.

Essen und Trinken

- **Farmors Stue,** Kongens gate 27, kleine Kaffebar, wie Norwegers Wohnzimmer eingerichtet, hausgemachte Kleinigkeiten, werktags 9–18 Uhr, Sa. 10–16 Uhr.
- **Mon Ami,** im Glashuset, Storgata 12, Tel. 45231100, französisch angehauchte Schnellküche, bezahlbar, Mo.–Fr. 10–20 Uhr, Sa. 10–18 Uhr.
- **Smak,** Dronningens gate 26, Tel. 45231100, handwerklich gute Küche, bezahlbar, Di.–Sa. ab 17 Uhr.
- **SydØst Restaurant & Bar,** Torvgata 2, in dem Glaspalast am Ufer gibt es Kleinigkeiten von Di.–Do. 11–24 Uhr, Fr.–Sa. 11–3 Uhr.
- **Bryggerikaia,** Sjøgaten 1, Tel 75525808, Hafenrestaurant im Zentrum, Mittagsgerichte, Snacks und eine Auswahl À-la-carte-Gerichte. Mit Terrasse und zugehöriger Bar, Mo.–Fr. ab 11, Sa. ab 12 Uhr.

Einkaufen

- **Glashuset, Koch kjøpesenter,** Storgata 5, mit ICA-Supermarkt, KappAhl und H&M, Narvesen Kiosk, Bäckerei, Café, Kosmetikläden, Aurora-Restaurant und einem Dutzend mehr. Geöffnet: Mo.–Fr. 10–20 Uhr, Sa. 10–18 Uhr.
- **Bertnes Geo-Senter,** Fenesveien 4, Bertnes, www.bertnesgeosenter.no, 9 km vor Bodø an der Rv80, verkauft Mineralien aller Art, auch Kaffee- und Kuchenangebot.

WEITER AUF DER E6 AB FAUSKE

Wer nicht dem Abstecher nach Bodø gefolgt ist, kommt von Fauske aus auf der E6 zwischen den Bergen hindurch nach Straumen. Naturfreunde besuchen in dieser Gegend den **Rago-Nationalpark** (s. S. 84), der zur Gemeinde Sørfold gehört. Sein samischer Name bedeutet in etwa „Schlittengletscher". Der Park wurde 1971 gegründet und umfasst eine Fläche von 171 km². Er grenzt an die schwedischen **Nationalparks Padjelanta, Sarek** und **Stora Sjöfallet.** Gemeinsam bilden die vier Nationalparks das **größte Naturschutzgebiet Europas.**

Wer nicht von der E6 abgebogen ist, umrundet den Nordfjord. Man fährt über eine Brücke am Fjordende und „um die Ecke" erwartet einen der Daumanntunnel, danach folgen der Løkthaugen- und der Gyltvikvatnettunnel sowie der Aspfjord- und der Kålviktunnel. Dann geht es wieder herrlich am Fjord entlang bis zum Berflågtunnel und dem Kannflåtunnel.

Ab da führt der Weg etwas ins Landesinnere, wo man durch den Gleflågtunnel muss und auch dieser ist noch nicht der letzte Tunnel. Man durchfährt anschließend den Rauhammarentunnel, um dann eine Bucht zu erreichen, an der das Gehöft Kobbelv mit einem großen Rasthaus liegt. Als Nächstes kommt der Kobbhammartunnel. Wenn man ihn durchquert hat, befindet sich rechts eine Tankstelle (die Gegend heißt Leirfjorden).

Auf der Weiterfahrt kommt man wieder über den Fluss Kobbelv, um danach den 2 km langen Middagsfjellettunnel zu durchfahren.

Karte 1/7

0 1 cm = 8,75 km 20 km
© Reise Know-How 2016
104
202
72
ROUTE 1
ROUTE 2
Harstad
Narvik
Hinnøya
Tjeldøya
Hamarøya
Grytøya
Andørja
Rolla
Dverberg
Myre
Andøy
Åse
Risøyhamn
Dragnes
Kinn
Buksnes
Finnseter
Fornes
Roksøy
890
Maurnes
Eidbukta
Bjørnrå
Holand
Strand
Sigerfjord
Langvassbukt
Gullesfjordbotn
Gullholmen
Kongsvika
Fiskøy
1081
Kanstad
1266
Kongselva
Raften
Øksneshamn
Vestbygda
Offersøya
Dalheim
Rinøya
Lødingen
Barøya
Tysnes
Bognes
Skarberget
Kaldvika
Tranøya
Buvåg
Ulsvåg
Hamsund
Hammarøy
Finnøya
Klingenberg
Skutvika
Lundøya
Mjelde
Steigen
Alstad
Bogøy
Kvalnes
Nordskot
Myklebostad
Botnen
Nordfold
Flekkas
Hjartøya
Slåttvik
Sandbakk
Hopen
Alvnes
1213
Mørsvikfjorden
Mørsvik
Storeidet
Elvekroken
Gaskacokka
1512
Kråkmo
Fjelltun
Tømmerneset
Josommerset
1227
Sagfjorden
Straumfjorden
Hellemofjorden
Hellemobotn
1061
Råna
Helland
Kjerr
Drag
Hulløya
Tørrnes
Kjøpsvik
1113
Hundholmen
Tysfjorden
Sørfjorden
Mannfjorden
Bjørntoppen
Ulvika
Hauköya
Stefjordotn
Sætra
Forså
Melkedalen
Børsvatnet
Bjørkåsen
Ballangen
Kjeldebotn
Baltsnes
Skardstad
Valle
Russhaugen
Ramnes
Kjerstad
Tjeldsund
Tjeldsundet
Ramsund
Evenes
Fjelldal
Evenskjer
Gausvik
Revsnes
Sandvik
Storjorda
Straumen
Kilbotn
Kasfjord
Borkenes
Rokenes
Bremnes
Elgsnes
Grøtavær
Dele
Vadskin
Stornes
Fenes
Bjarkøya
Sandsøy
Hurtigruten
Toppsundet
Vågsfjorden
Fugleberg
Ibestad
Sørrollnes
Forneset
Astafjord
Tovik
Skittendalstinden
1306
Skoddebergvatnet
Bogen
Liland
Østervika
Forra
Ofotfjorden
Ankenes
Skjomnes
Håkvik
Eiterelvmoen
1744
Frostisen
Skjomen
Sjursheim
Beisfjord
Straumsnes
Øyjord
Nygård
Bjørnfjell
Riksgrensen
Katterat
Herjangen
Bjerkvik
Annamo
Laberg
1270
Gratangen
Rivtind
1458
Fossbakken
Hesjeberg
Myrlandshaug
Selnes
Sørvik
Fornes
Årbostad
Løksa
Vinje
Stangnes
Dalen
Sjøvegan
Salangen
Reite
Lavangen
Tennevoll
Lund
Prestbakken
Fagertun
Bardu bygdetun
Setermoen
Østhag
Bones
1901
Lossivatnet
Elvegårdselva
Norddalen
Bokholm
Sørskjomen
Geitvatnet
Langvatnet
Sitasjaure
Gåbdojaávri
1312
Alitáive
1584
Kåtsak
Sitasjaure
Sårkåjaure
Upmasjaure
Seukojaure
Rautåive
1578
Ritsem
Akkajaure
Kalpejaure
Vaisaluoktastugan
Akkastugorna
Akka
2016
Slappejaure
Reinoksvatnet
Kisurisstugan
Sallohaure
Vuojatätno
925
Vastenjaure
Låddejåkkåstugan
Langvatnet
Vadvetjåkka nationalpark
E6
E10
825
824
819
827
829
848
851
847
837
835
83
81
82

Der folgende Kobbskarettunnel ist noch länger. So kurvt man über eine Hochebene, an Seen und Fjorden vorbei und erreicht schließlich Tømmernes bzw. Tømmerneset.

TØMMERNES (TØMMERNESET)

(107 km – 772 km)

Hier gibt es an der E6 eine Raststätte, einen Supermarkt, der bis 22 Uhr geöffnet ist, eine Tankstelle und außerdem kann man sich die **Sagelva-Felswand** mit zwei steinzeitlichen Zeichnungen ansehen (Helleristninger). Wer in Not ist, klammert sich an alles, so auch ein Holzarbeiter im Jahr 1906: Als er an der Felswand abrutschte, klammerte er sich am Moos fest und riss die Moosschicht dabei herunter, woraufhin eine Rentierzeichnung zum Vorschein kam.

› **Sagelva-Felswand,** zur Felswand biegt man links auf den Rv835 in Richtung Steigen ab und fährt kurz nach der Brücke über den Sagelva direkt rechts auf den Parkplatz.

31 Tømmerneset Camping

GPS 67.906238, 15.873549

8260 Innhavet, an der E6 ausgeschildert, Tel. 75772955, 8 Hütten, 50 Stellplätze, jeweils 230 nkr, einfache Anlage mit Entsorgungsmöglichkeit, geöffnet: 1.6.–31.8.

Die E6 verschwindet bald im 700 m langen Tømmernesettunnel. In **Innhavet,** 5 km weiter nördlich erreicht man wieder einen Laden, ein Hotel mit Restaurant und eine Tankstelle mit **Entsorgungsmöglichkeit** für Womos. Wenn man 5 km weiterfährt, kommt ein Abzweig zum Notvatn Campingplatz an den Vassaga-Stromschnellen, wo man ebenfalls eine Pause einlegen kann.

32 Notvatn Camping

GPS 67.978677, 15.980149

Tel. 91684487. Ein paar Hütten auf einer Wiese links der E6, dem gleichnamigen See gegenüber, Stellplatz ab 200 nkr, nur im Sommer geöffnet.

3,5 km nach Innhavet gibt es an der E6 auf der rechten Seite einen Parkplatz. Inzwischen verläuft der Weg durch hügeliges Gelände.

ABSTECHER NACH STEIGEN

(hin und zurück ca. 100 km)

Ein landschaftlich reizvoller Abstecher führt in Tømmernes links ab, den Riksveg 835 entlang. Weite Fjorde, schroffe Berge und sanfte Wiesen bestimmen den Weg. Gleich hinter dem Abzweig gibt es einen gut ausgebauten Parkplatz mit Infotafeln. Die Straße führt anschlie-

Batterie Dietl und die Adolfkanonen

1942 begann die deutsche Wehrmacht den Bau der Batterie Dietl auf Engeløya am nordwestlichen Ende des Westfjords. Sie sollte den Zugang zur Hafenstadt Narvik verteidigen. Eine baugleiche Batterie auf der Halbinsel Trondenes sollte die nördliche Zufahrt des kriegswichtigen Hafens sichern. Gebaut wurden die Batterien von der halbmilitärischen Organisation Todt mithilfe von 2000 russischen Kriegsgefangenen. Im August 1943 waren zwar die Kanonen schussbereit, aber die Bauarbeiten an den Batterien wurden während der restlichen Kriegszeit fortgesetzt. Schätzungsweise 500 russische Kriegsgefangene starben aufgrund der schweren Arbeitsbedingungen auf den Baustellen. In Trondenes steht heute ein Denkmal für die Opfer.

Die Küstenbatterien waren mit den sogenannten Adolfkanonen (Adolfkanon) bestückt. Mit einem Kaliber von 40,6 cm ist die Schnellladekanone C/34 die weltweit größte ihrer Art. Das Gewicht der Geschosse betrug 1000 kg oder 600 kg, je nach verwendeter Granate. Damit konnte man bis zu 42,8 km bzw. 56 km weit schießen. Das 20 m lange Kanonenrohr musste nach spätestens 300 Schuss ausgewechselt werden. 1934 hatte Krupp die 40,6 cm-Kanonen als Schiffsgeschütze hergestellt, aber Riesenschlachtschiffe bewährten sich nicht, die Tirpitz, die Scharnhorst, die Gneisenau und die Bismarck wurden versenkt. Die Kanonen wurden deshalb 1940 an Land aufgebaut. Insgesamt wurden 11 der Schnellladekanonen C/34 produziert, drei wurden auf Engeløya errichtet, vier weitere in der Batterie Theo in Trondenes. Man musste zuerst Verladehäfen für die schweren Geräte bauen.

Die Kanonen befanden sich in einem gepanzerten Geschützturm, der über 158 Tonnen wog und auf einem Betonring geschwenkt werden konnte. Zur Feuerleitung waren auf umliegenden Bergen und Inseln Beobachtungsposten eingerichtet. Nach dem Krieg wurden die Dietl-Kanonen auf Engeløya verschrottet und den Rest ließ man vergammeln. Heute ist ein ***Kanonenbunker-Museum*** *mit restaurierten Munitions- und Maschinenräumen zu besichtigen. Die Ausstellung zeigt die Lebensbedingungen der Menschen, die in den Kriegsjahren hier zusammentrafen: deutsche Soldaten, Bauleute, russische Kriegsgefangene und Zwangsarbeiter aus ganz Europa.*

013wn Abb.: fn

› ***Kanonenbunker-Museum,*** *Rv835 bis Bø auf Engeløya, dort zweigt ein ausgeschilderter, unbefestigter Weg zur Batterie ab, GPS 67.97160, 14.97409, 15. Juni–15. August täglich 11–18 Uhr, Führung auf Deutsch 50 nkr.*

Die letzte der Adolfkanonen, Barbara, ist in sehr gutem Zustand und kann in ***Trondenes*** *besichtigt werden. Das Fort liegt in der Nähe von Harstad, 119 km nordwestlich von Narvik* *(s. S. 99)**. Die „Barbara" kam während des Krieges nicht zum Einsatz. 1957 ballerte die Nato damit zum letzten Mal, wobei in Harstad durch die Druckwelle des Abschusses Fensterscheiben zu Bruch gingen. 1958 kam es in einem Munitionslager zu einer Explosion, fünf Menschen starben. Heute gehört das Fort zu den nationalen Festungsanlagen in Norwegen. Führungen werden von „Adolfkanonens Venner" (Freunde der Adolfkanone) veranstaltet, ehemalige Soldaten, die freiwillig die Kanone instandhalten und restaurieren.*

› *Auf der 83 durch Harstad und in den Trondenesveien in Richtung „Trondenes kirke" abbiegen, an der Kirche vorbeifahren auf die Halbinsel Trondenes. Dort ist der Abzweig ausgeschildert, GPS 68.828733, 16.565738.*

ßend durch den 8 km langen **Steigentunnel.** Wenn man das Tageslicht wieder sieht, kommt bald der schöne Rastplatz Forsan mit toller Aussicht. Von hier kann man an den Fjorden entlang zur 3000-Einwohnerstadt Steigen fahren. Wer unbedingt vor Steigen tanken will, kann nach **Leirvikbogen** fahren, das am Abzweig der 835 in Richtung Bogøy liegt. An der Tankstelle vorbei gelangt man über einen **Damm** mit einer Brücke auf die Insel Engeløya, wo sich alte Gerichtsstätten, Gräber aus der Wikingerzeit und Nordnorwegens höchster Bautastein, ein samischer Gedächtnisstein, befinden. Außerdem gibt es hier die deutsche **Batterie Dietl,** eine der größten Küstenfestungen Europas.

In Steigen selbst gibt es außer einer Tankstelle und einem Rasthaus nur das **Bergpanorama** zu bewundern. Um wieder zur E6 zu kommen, muss man den gleichen Weg zurückfahren.

ALTERNATIVROUTE AB TYSFJORD AUF DER 827

(52 km, auf der E6 sind es 58 km zur Brücke)

Nach der Gemeindegrenze von **Tysfjord** zweigt bei GPS 68.031216, 16.000128 die 827 nach rechts von der E6 ab. Auf ihr kann man ebenfalls nach Narvik gelangen. Wer weiter auf der Route 1 (E6) fahren möchte, findet die Routenbeschreibung ab Seite 90. Wer sich für die Alternativroute entscheidet, kommt nach vier Kilometern zum kleinen Örtchen **Drag,** von wo aus eine Fähre alle zwei Stunden in 45 Minuten nach Kjøpsvik durch den Tysfjord fährt.

› Womo und Fahrer 216 nkr, pro Person 30 nkr.

In Drag wartet das Museum **Árran Lule Sami Centre** auf Besucher. Unterkommen kann man im Gjestegård, einem Gasthaus (Tel. 75773520).

› **Árran Lule Sami Centre,** am Fähranleger 8270 Ájluokta/Drag, Tel. 7577500, www.arran.no, Mo.-Fr. 8-15.30 Uhr, Eintritt 80 nkr. Es gibt eine Ausstellung zur Kultur der Lulesamen und einen Shop mit samischen Handarbeiten.

Wenn man mit der Fähre übergesetzt hat, fährt man auf der 827 weiter. Im Hafenstädtchen **Kjøpsvik** kann man aber erst noch im Stetind Hotell etwas essen. Wer nicht in den Ort mit seinen engen Straßen will, kann auch gleich am Kreisverkehr in den 830 m langen **Tunnel** fahren und kommt hinter der Ortsgrenze wieder zum Vorschein. Allerdings folgt ein paar Kilometer weiter noch der dreieinhalb Kilometer lange Brattlitunnel. Nach dem Nipviktunnel und dem Tammeråstunnel ist die Tømmeråsen-Landzunge überquert und auf der anderen Seite geht es am Ufer zurück.

Als Nächstes ist der Berg Stetind im Weg, der auf 2,7 km ebenfalls untertunnelt wurde. Danach kann man an der Bucht Stefjordbotn kurz Luft holen und den Parkplatz ansteuern, danach verschwindet man wieder im 1,5 km langen Efjordtunnelen. Der nächste Tunnel ist keine 50 m lang, er führt nur unter dem Flussbett des Keipelvas hindurch, das hauptsächlich bei der Schneeschmelze Wasser führt. Die Kulisse nach den Tunneln ist grandios und bald kommt die Efjordbrücke in Sicht. Rechts ab geht es in Richtung Norden und über besagte Brücke, die schon zur E6 gehört.

WEITER AB TYSFJORD AUF DER E6

Wer statt der Alternativroute über die 827 **auf der E6** weiterfährt, dem bietet sich noch eine Pause im Wald an. Ca. 1,2 km nordwestlich von der Abzweigung der 827 liegt rechts das **Kvannskogen Naturreservat,** das sich zwischen dem Kvannvatnet im Norden und dem Varpvatnet-See im Süden ausbreitet. Durchflossen wird es vom Kvannelva und es wächst dort hauptsächlich Espenwald. Die Espe, Aspe oder Zitterpappel gehört zur Gattung der Pappeln. Ihre Rinde hat einen hohen pH-Wert, was den Bewuchs mit Flechten begünstigt. Dadurch sieht der Wald etwas verwunschen aus. Bei der Weiterfahrt muss noch der See Skilvatnet umrundet werden, danach wird es gebirgiger, mehrere Bergkuppen werden umfahren und man erreicht Ulsvåg.

ULSVÅG (ULSVÁHKE)

(35 km – 807 km)

Der Ort besteht im Wesentlichen aus der Kreuzung der E6 mit dem Rv81. Gegenüber der Einmündung gibt es ein *Gjestgiveri* (Gasthaus) mit Hüttenvermietung, Tel. 75771573. Hier kann man auch Speisen zum Mitnehmen bekommen. Auch eine kleine Tankstelle und ein Lebensmittelladen liegen am Abzweig (Weiterreise auf der E6 nach Norden s. S. 95).

ABSTECHER NACH HAMMARØY

(72 km bis Skutvig und zurück)

Ein weiterer Abstecher von der Nordkaproute führt in Ulsvåg links ab auf die 81, die über die Halbinsel Hammarøy führt und auf der man die Wirkungsstätten des großen norwegischen Dichters und Literaturnobelpreisträgers **Knut Hamsun** besichtigen kann. An der Kreuzung befindet sich ein kleiner Campingplatz mit Lokal und Bushaltestelle. Auf der Halbinsel verläuft die Straße malerisch an der Küste entlang bis Presteid, wo Hamsun auf dem Pfarrhof arbeitete. Dort kommt man über eine Brücke, hinter der sich eine Tankstelle befindet, nach der man wiederum zum **Hamsun-Zentrum** abfahren kann, das umfassend über den Literaten informiert, der aufgrund seiner Nähe zum deutschen Nationalsozialismus umstritten ist. Das Gebäude ist ein merkwürdiger grauer Würfel mit schiefen Wänden, einem Lattenzaun auf dem Dach und einer Reihe von ungewohnt angeordneten Balkonen, die für die ungewöhnlichen Gedanken des Dichters stehen. Das Literaturhaus und Dokumentationszentrum wurde von dem amerikanischen Architekten Steven Holl entworfen und 2010 für das Publikum geöffnet.

Als der norwegische König 1923 von seinen Untertanen Familiennamen verlangte, gaben die Bauern sich keine große Mühe und nannten sich in der Regel nach ihrem Heimatdorf. Auch Knut Hamsund machte es so. Der berühmte Sohn des Ortes ließ das „d" in seinem Namen später weg, nachdem ein Verlag diesen Druckfehler produziert hatte. In Oppeid, dem nächsten Dorf nach Presteid, liegt der **Hof Skogheim,** auf dem Hamsun ab 1911 sechs Jahre lang lebte. Das Hauptgebäude wurde später erweitert und aufgestockt. Es enthält heute ein Hamsun-Gedenkzimmer (hinter dem Gemeindezentrum, ausgeschildert, GPS 68.083751, 15.615685).

Sehenswertes

› **Hamsunsenteret,** Tel. 75503450, http://hamsunsenteret.no, geöffnet: Di.–Fr. 10–15.30, Sa., So. 11–17 Uhr, 1.6.–20.8. täglich 11–18 Uhr, Eintritt 100 nkr.

Die Architektur des Hamsun-Zentrums ist so ungewöhnlich wie der namensgebende Dichter

014wn Abb.: fh

ABSTECHER ZUM LEUCHTTURM VON TRANØY

Ein Abstecher zur Küste führt bei GPS 68.085265, 15.609405 von der 81 rechts auf die 665 und 13 km durch landwirtschaftlich genutzte Flächen zum **Leuchtturm von Tranøy** (GPS 68.183671, 15.604523) im Nordwesten der Insel, wo sich ein Café befindet.

Um zum Leuchtturm zu kommen, verlässt man die Straße nach Tranøy an dem beschilderten Abzweig (GPS 68.180099, 15.643789) und kurvt dann noch zwei Kilometer über eine schmale, unbefestigte Straße. Der Untergrund kann unter Umständen für Womos ab 3,5 Tonnen im Sommer **schwierig zu befahren** sein, man sollte zumindest nicht anhalten oder versuchen, von der Mitte des Weges abzukommen. Fahrzeuge, die leichter sind, können auch anhalten, jedoch ist es nur für geübte Fahrer empfehlenswert, an einem anderen Fahrzeug vorbeizufahren. Bei Nässe sollte man den Weg nur mit Fahrzeugen mit steilem Böschungswinkel von 45° bzw. nicht mit Überhang von mehr als 60 cm befahren und auf eine gleichmäßige Lastverteilung achten. Da rund 80 % des Weges von Büschen gesäumt ist und man nur an zwei Stellen ausweichen kann, sollten man sich den Weg nur zutrauen, wenn man einen Kilometer auch im Rückwärtsgang bewältigen kann. Die letzten 200 m geht man zu Fuß über einen schmalen Brettersteg.

Im Nordosten, am Ende der Straße 665, liegt der Ort **Tranøy.** Hier werden sowohl Salz- als auch Süßwasserfische aus den umliegenden Bächen gefangen. Vor Ort befinden sich ein Laden und ein Gästehaus. Illustrationen zu Hamsun und der Gegend zeigt eine Galerie, bei der die Bilder auf den Klippen befestigt sind.

015wn Abb.: fh

Wer in Presteid die 81 weitergefahren ist, erreicht nun bald **Hamsund,** wo alles irgendwie „Hamsun“ ist: Café, Schule, Museum und auch eine Statue gibt es. „Mein Zuhause war arm, aber unendlich kostbar“, sagte Hamsun über seine Kindheit. Der elterliche Hof Hamsuns beherbergt heute eine Zweigstelle des alten Museums und enthält Artefakte des Schriftstellers und seiner Familie.

› **Salten museum – Knut Hamsuns Barndomshjem,** Fylkeveg in Oppeid, der unter Denkmalschutz gestellte Hof der Eltern Hamsuns, GPS 68.103725, 15.516504, www.hamsuns-rike.no, geöffnet: 15.6.–18.8. 11–18 Uhr, Eintritt 60 nkr.

Wer die 81 weiterfährt, erkundet auf kurvenreicher Strecke Hamsuns Kindheitsgegend. Auf manchen Karten sind die Namen der Einödhöfe verzeichnet, die seit Jahrhunderten in der Gegend verstreut liegen. Die Straßenverbindung war zu Hamsuns Zeiten natürlich längst noch nicht so gut befestigt. Am Lanstøvatnet ist ein kleiner Parkplatz mit Bank. Danach taucht plötzlich ein Radweg an der Straße auf und dann ist **Skutvik** erreicht. Hier endet die Straße 81 am Fähranleger der **Hurtigrute nach Svolvær.** Die Fähre tuckert achtmal täglich zu den **Lofoten** hinüber, die Überfahrt dauert zweieinhalb Stunden. Wer also nicht die 81 zur E6 zurückfahren möchte, kann auch zu den Lofoten übersetzen und von dort aus über die Lofastbrücke nach Narvik (s. S. 99) fahren. Die Entscheidung kann man im Café noch einmal überdenken oder im Gjestegård überschlafen. Einen Laden, eine Tankstelle und einen Campingplatz gibt es auch.

33 Ness Camping

GPS 68.007792, 15.411885

8290 Skutvik, vom Ortsausgang anderthalb Kilometer auf der 81 zurück, dann rechts ab, dann zwei Kilometer auf dem Fv 661 bis nach Ness, Tel. 75771388, www.ness-camping.no, Womo ab 175 nkr, Strom plus 40 nkr. Schöner Platz direkt am Fjord mit Sandstrand und Bootsverleih.

Der spitze Berg **Hamarøyskaftet** ist die 612 m hohe Sehenswürdigkeit der Gegend, ebenso der **Nesstraumen** (GPS 67.99278, 15.41382), ein Gezeitenstrudel vor der Küste mit einer Geschwindigkeit von bis zu 22 Knoten ähnlich dem Saltstraumen bei Bodø (s. S. 83). Um nach Ness zu kommen, muss man von Skutvik zwei Kilometer die Straße 81 zum Abzweig der Fv 661 zurückfahren.

Außerdem gibt es noch die **Skulpturlandschaft Nordland** (GPS 68.016991, 15.312796) mit der Skulptur Stella Maris („Meersterne“) von Steinar Christensen aus dem Jahr 1994 zu entdecken. Ein überdimensionaler Violinenhals aus Stein, ein Trinkbecher und zwei Sterne aus Metall liegen am Ufer.

Ein großer Leuchter: der Tranøy fyr

Knut Hamsun – Nationalismus und einfaches Leben

*Knut Hamsun ist einer der wichtigsten norwegischen Schriftsteller des 20. Jahrhunderts. Für seinen Roman **„Segen der Erde“** („Markens grøde“) erhielt er 1920 den Literaturnobelpreis. In ihm schildert er die Geschichte eines tugendhaften Bauern, der nur von seiner Arbeit lebt. Hamsun erblickte 1859 das Licht der Welt und war das vierte von sieben Kindern des Bauern Peder Pedersen. Vier Jahre später zog die Familie nach Hammarøy und kaufte dort den kleinen Hof Hamsund. Der neunjährige Knut musste für mehrere Jahre für einen Onkel in Presteid Hilfsdienste im Pfarrhof leisten, da die Eltern verschuldet waren. Danach war er bei dem Kaufmann Walsøe in Tranøy als Ladengehilfe beschäftigt, wo er zu schreiben begann. Ab 1875 arbeitete er als Hafenarbeiter, Händler und Gemeindeschreiber. Er reiste zweimal nach Amerika.*

*Sein literarischer Durchbruch war der 1890 veröffentlichte Roman **„Hunger“** („Sult“). Nachdem er, der Mode entsprechend, seinen Namen auf Hamsund geändert hatte, fiel irgendwann der letzte Buchstabe weg, angeblich durch einen Druckfehler. Der Schriftsteller zog nach Paris und reiste nach Russland, in die Türkei und nach Persien. In dem Roman **„Mysterien“** („Mysterier“) von 1892 beschreibt er sich selbst und seine innere Zerrissenheit anhand eines Gegenspielers mit einem gelben Anzug. Einzig die Freundschaft zu einem Dorftrottel kann seinen Selbstmord eine Zeit verhindern. 1898 erschien der heitere Liebesroman **„Victoria“**. Die Ehe mit Bergljot Bech, die im gleichen Jahr begann, währte aber nur acht Jahre. Hamsun heiratete wieder, diesmal die 22 Jahre jüngere Schauspielerin und Kinderbuchautorin Marie Andersen. Die Werke nach dieser Hochzeit zeichnen sich besonders durch eine Vielzahl von Figuren aus, die auf jeweils besondere Art und Weise mit mit ihrem gesellschaftlichen Umfeld verbunden sind.*

*1911 kauft Hamsun einen Hof in Hammarøy und beschrieb in **„Kinder der Zeit“** und 1915 in der Fortsetzung **„Die Stadt Segelfoß“** den Niedergang des traditionellen Gutsbesitzermilieus. Nachdem er 1920 den Nobelpreis verliehen bekommen hatte, zog Hamsun nach Südnorwegen. Er schrieb 1927 bis 1933 mit den August-Romanen „Landstreicher“, „August Weltumsegler“ und **„Nach Jahr und Tag“** („Men Livet lever“) eine weitere Trilogie.*

In seinen Romanen preiste Hamsun mehr oder weniger direkt das einfache Leben. Die Nähe zur Natur und die antiamerikanische sowie antizivilisatorische Haltung der Helden seiner Romane führten auch in Deutschland zu einer großen Popularität wdes Schriftstellers bei vielen Jugendlichen und im völkischem Lager.

Hamsun wurde zum Bewunderer Deutschlands und zum entschiedenen Gegner des Kommunismus. Weiterhin sah er im Nationalsozialismus einen Gegenpool zu einem angelsächsichen Materialismus. Während der Nazizeit bezog er in Zeitungsartikeln für Hitler Stellung, z. B. rief er zur Wahl des Führers der norwegischen Nasjonal Samling, Vidkun Quisling, zum Premierminister auf. Als die Gräueltaten der Nationalsozialisten in Norwegen bekannt wurden, reiste Hamsun zu Hitler, um die Ablösung der brutalen Nazis in Norwegen zu fordern, was aber völlig misslang.

*Nach Kriegsende zog man Hamsun für seine Nazi-Sympathie zur Rechenschaft, wobei ihn Psychiater ihn aber als unzurechnungsfähig beurteilten. Wegen seines Alters von 86 Jahren wurde er nicht eingesperrt, sondern in ein Altersheim gesteckt und die Anklage fallengelassen. Jedoch verurteilte ihn ein Gericht zu einer Strafe von 425.000 Kronen wegen „Schadens gegenüber dem norwegischen Staat“, was Hamsuns Ruin bedeutete. In seinem letzten Buch **„Auf überwachsenen Pfaden“** bewies Hamsun, dass er noch schreiben konnte und nicht unzurechnungsfähig war. Mit 92 Jahren starb er, seine Bücher wurden lange Zeit nicht mehr in Norwegen gedruckt. In einem Roman von Lars Saabye Christensen (*1953) benutzen Menschen Hamsuns Bücher zum Anfeuern ihrer Öfen.*

WEITER AUF DER E6 HINTER ULSVÅG

Zurück auf der E6 geht es ab Ulsvåg in Richtung Bognes. Zuerst verläuft die Straße oberhalb des Fjords, man sieht das Wasser durch die Bäume glitzern, der Wald reicht bis an die Straße. Wenn man den Ort **Sørkil** erreicht, gibt es rechts gleich einen kleinen Parkplatz, auf dem eine Zapfsäule mit dem Esso-Signet steht. Das kleine Häuschen dahinter begann seine Karriere als Kiosk: Hier wurden Schriften zur religiösen Erbauung verkauft. Später kam – bis in die 1960er-Jahre – der Benzinverkauf hinzu. Der **Campingplatz** Sørkil Fjordcamping kümmert sich heute um die Erhaltung und versucht, die Zapfsäule unter Denkmalschutz stellen zu lassen, wie es bei der Shellstation in Mosjøn geschehen ist.

34 Sørkil Fjordcamping

GPS 68.133, 15.897

8276 Ulsvåg, Tel. 75771660, Womo-Stellplatz 200 nkr. Der kleine Platz liegt 5 km hinter Ulsvåg zwischen Fjord und E6 und hat auch zwei nette Rorbuer-Hütten zu vermieten.

Hinter dem Ende des Fjords in Nordkilpollen kommt gleich eine Haarnadelkurve, in der zu allem Ungemach auch noch eine Stichstraße nach Nordkil abzweigt. Danach wendet sich die Straße erst einmal vom Meer ab und führt auf die **Heia-Hochebene.** Hier breitet sich eine hochalpine Landschaft aus. Nach etwa 7 km senkt sich die E6 talwärts und der **Tysfjord** kommt in Sicht, diesmal liegt das Wasser rechts der Straße. Nachdem man eine Bucht umrundet hat, kommt die Ansiedlung **Skogvoll.** Hier gibt es einen Laden und das Tysfjord Turistsenter mit einem an Walzähne erinnernden Eingang, die aber aus Holz sind. Hier wurden früher Wale gefangen, heute begnügt man sich mit Walbeobachtung für Touristen. Das Tysford Turistsenter ist die letzte legale Möglichkeit zum Abstellen seines Wohnmobils vor dem Überqueren des Tysfjords.

Nun geht es erst einmal wieder ein Stück über die Hochebene. Am Ende zweigt die 681 nach Korsnes ab, die nach etwa 5 km schmalen Weges dort endet.

ZWISCHENSTOPP BEI FELSZEICHNUNGEN

Nach drei Kilometern gibt es in **Leiknes** aber noch **Felszeichnungen** (Helleristninger, GPS 68.240267, 16.063274) an der Straße zu sehen. Ein schmaler Haltestreifen für maximal drei Autos ersetzt den Parkplatz. Auf der linken Seite gibt es eine Tafel, auf der die Zeichnungen erklärt werden. Es handelt sich um eine der größten und spektakulärsten Ansammlungen an Felszeichnungen aus der Steinzeit. Sie sind vor etwa 9000 Jahren entstanden. Die Stelle muss schon lange bekannt gewesen sein, und sie hieß schon immer „Dyreberget“, was Tierberg bedeutet. Trotzdem dauerte es bis 1915, bis Archäologen die Zeichnungen entdeckten. Auf 500 m^2 gibt es 33 mehr oder weniger vollständige Tierfiguren, die alle als Kontur dargestellt sind. Da schleichen Bären und Elche, Wale schwimmen und es gibt einen über 7 m langen Schwertwal. Die berühmteste Figur sind zwei zusammengezogene Schwäne. Das besondere ist, dass die Figuren nicht gemeißelt wurden, sondern in den Fels geätzt worden sind.

Nach diesem kurzen Abstecher fährt man zurück und folgt nun der E6 für 3 km bis nach Bognes.

BEI BOGNES ÜBER DEN TYSFJORD

(20 km – 827 km)

Information

› **Tysfjord Turistsenter,** Storjord i Tysfjord, Tel. 75775370. Hier gibt es Essen, Zimmer und Hütten, Sauna und Bootstouren. Killerwalsafari 1.6.–31.8., 1.11.–31.1., ab 1000 nkr.

Bei Bognes gibt es die einzige **Fährstrecke** der E6. Sie führt über den Tysfjord nach **Skarberget.** Die Straße endet am Fähranleger. **Achtung:** Es gibt zwei Anlegestellen hintereinander, die erste ist für die Fähre nach Lødingen auf den Lofoten. Wer sich aus Versehen hier einschifft, muss dann über die E10 nach Narvik fahren. Der zweite Anleger führt zur E6 nach Skarberget. Beide Strecken werden von Torghatten Nord AS bedient.

› ab 110 nkr, Überfahrt 25 Min., 8,3 km, tägl. 5–1 Uhr, etwa jede Stunde

Wer übernachten will, muss 5 km bis Storjord zum Tysfjord Turistsenter zurückfahren, es gibt sonst keine legale Möglichkeit, sein Wohnmobil abzustellen.

WEITER AUF DER E6 HINTER DEM TYSFJORD

Nach der Fährfahrt geht es erst einmal wieder am Fjord entlang, der meist den Eindruck macht, als wäre er ein Bergsee. Danach erreicht man die **spektakulärste Bergregion** der Strecke. Drohende Felsen türmen sich am Horizont auf, eiszeitlich abgerundete Kuppen wirken wie gemalt. Der Eidtinden und der Stortinden sind **Nunatakker,** deren Spitzen bei der Eiszeit nicht von den Eismassen abgeschliffen wurden, sondern auch heute noch schroff und spitz emporragen und so anders als die restlichen Berge Norwegens aussehen.

Dann ist die 300 m lange **Efjordbrückenanlage** erreicht. Zuerst geht es über den Sørstraumen. Man kommt auf die Felseninsel Hallvardøya, von der es mit einer zweiten Brücke über den Mellastraumen auf die Insel **Størøya** geht. Hier gibt es einen herrlichen Parkplatz mit Toilette und Bänken (GPS 68.293676, 16.49889). Trampelpfade führen zum Wasser. Nun fährt man auf der längsten Brücke der Strecke über den Kjerringvikstraumen. Danach geht es am Fjord

016wn Abb.: fh

Der Stortind bei Nebel

entlang, wo man noch einen letzten Blick auf die Nunatakker werfen kann, bevor mal wieder ein Tunnel kommt. Danach ist es nicht mehr das Meer, sondern der **Forsavatnet,** an dem man noch ein Weilchen entlangfährt, bevor es in die **Berge** geht. Einzelne Gehöfte stehen am Straßenrand, sonst gibt es kaum etwas zu sehen.

UMWEG ÜBER KJELDEBOTN

(35 km)

Wer einsame Straßen liebt und gerne ein Stück schöne Küste entlangfährt, der biegt bei GPS 68.317956, 16.628637 auf den Fv723 von der E6 ab. Gut ausgebaut windet sich die Straße zwischen sanften Hügeln zum Meer, das bei Kjeldebotn erreicht ist. Die Straße nennt sich dann Rv819. Nach gut 38 km ab dem Abzweig trifft sie wieder auf die E6. Der Weg über die E6 ist nur 11 km lang.

WEITERFAHRT AB BALLANGEN

In **Ballangen** (Bállák) erreicht man wieder das Meer bzw., wer den Umweg über Kjelbotn gefahren ist, wieder die E6. Im Ort gibt es die üblichen Serviceangebote: Tankstelle, Restaurant, Laden und Bushaltestelle. Die Tankstelle liegt am nördlichen Ortsausgang, etwa 1000 m vom Zentrum entfernt. Noch weiter in Richtung Narvik gibt es einen Campingplatz.

35 Ballangen Camping

GPS 68.339525, 16.857569

4 km nördlich von Ballangen, Tel. 76927690, www.ballangen-camping.no, Stellplatz 215 nkr, Strom plus 50 nkr, 150 Caravan- und Zeltplätze, Boots- und Fahrradverleih, beheizter Pool, Lebensmittelladen, Souvenirshop und großes Café/Restaurant. Eine lange Strandpromenade führt als Abkürzung an den Feldern und dem Meer entlang zum Ort.

Dieser Teil der Küste ist wesentlich dichter besiedelt als die vorangegangene. Kleine Inseln schälen sich malerisch aus dem Meer. In einer Biegung liegt Råna, dahinter verläuft die Straße in höheren Regionen. 500 m hinter dem Friedhof (Gravlund) von Virek gibt es links einen kleinen **Parkplatz.** 10 km weiter kommt ein Parkplatz mit Toiletten, der schön an der Skjombrücke liegt. Die Brücke mit 100 m hohen Pfeilern führt über den **Grindfjord.**

ABSTECHER INS SKJOMDAL

Gleich nach der Brücke folgt ein Abzweig ins Skomdjal. Hier kann man einen Abstecher nach **Elvegård** machen und dort das Kraftwerk besuchen, genauer gesagt das Norddalen-Kraftverk der Statkraft in Fjellbu. Die Anlage erhält Wasser aus einem umfangreichen Tunnelsystem an der Grenze zu Schweden. Dies ermöglicht, auch bei Frost Wasser ins Kraftwerk zu bekommen. Die drei Turbinen leisten 313 Megawatt.

› **Stadtkraft Skjomen,** das Büro liegt im Sandmoveien 2, 8523 Elvegård, am Golfklub, an dem FV761 steht ein Hinweisschild

Der Skjomen- und der Sandvik-Gipfel, beide über 1500 m hoch, ragen an der Ostseite der Bucht auf und schirmen das Tal ab, was manchmal zu einem föhnartigen Wetter führt. Der gut ausgebaute Weg endet nach 31 km auf dem Parkplatz des Båtsvatn-Kraftwerks in Skjomen. Auf der Hälfte des Weges gibt es eine kleine Tankstelle mit Laden.

WEITER AUF DER E6

Zurück auf der E6 geht es weiter Richtung Narvik. Die Aussicht ist immer wieder grandios. Um die nächste Bucht herumgefahren, tauchen die Häuser von **Håkvik** auf, wo man der E6 eine Straßenbeleuchtung spendiert hat. Der Ort zieht sich über 3 km weit an der Straße entlang, um dann in einen ähnlichen Ort namens Emmenes überzugehen. Im darauf folgenden **Ankenes** gibt es eine tolle Aussicht über Berge und den Hafen von Narvik, mit dem dahinter aufragenden Hausberg Fagernesfjell. Am Ortsausgang kann man beim Rimi-Supermarkt tanken. Einen Kilometer weiter kommen noch zwei reguläre **Tankstellen.** Es folgt eine Brücke über den Beisfjord und dann ist die wichtigste Hafenstadt des Nordens, **Narvik,** erreicht. Gleich an der Brücke ist ein Kreisverkehr, die E6 führt über einen Tunnel zur Innenstadt. Man kann aber auch im Kreisverkehr Richtung Fagernesterminalen abfahren und umrundet den Berg auf der linken Seite. Dabei kommt man am Kai der Hurtigrute vorbei. Dieser Weg ist nicht länger, die Straße ist aber nicht ganz so breit wie die im Tunnel.

NARVIK
(86 km – 913 km)

Information

- **Tourist-Office,** Stasjonsveien 1, im Bahnhof, Tel. 76965600, 22.6.–20.8. tägl. 9–14 Uhr, in der übrigen Zeit ist an den Wochenenden geschlossen.

Narvik, früher Viktoriahavn genannt und auf einer Halbinsel zwischen dem Rombaksfjord angelegt, verdankt seine Bedeutung seinem **eisfreien Hafen.**

Wegen ihm wurde 1902 die Ofotbahn gebaut, damit man vom schwedischen Kiruna auch im Winter das begehrte Eisenerz in alle Welt verschiffen konnte. Ohne diese Bahn wäre Narvik heute ein unbedeutender Fischerort wie viele andere, wäre aber im Zweiten Weltkrieg auch besser davongekommen. Einige im viktorianischen Stil erbaute Holzhäuser haben die Angriffe während des Krieges überstanden. So präsentiert sich der Ort mit seinen 18.500 Einwohnern heute nicht ausschließlich modern, sondern bietet ein Durcheinander an

- Mitternachtssonne: 10.6.–8.7.

sachlich-moderner Betonbauweise und verspielten älteren Holzhäusern. Dadurch wirkt die Stadt gemütlich. Von den harten Kämpfen zeugt die Sammlung im **„Kriegsmuseum".**

Die Verladeanlagen im Erzhafen dominieren das Stadtbild. Bis zu 30 Züge aus Schweden löschen hier wöchentlich ihre Ladung. In der Kongensgate kann man in der **Skybar** eine Kleinigkeit essen und dabei die Stadt von oben betrachten.

Der Ort ist von hohen Bergen umgeben, die sich hervorragend als Aussichtspunkt zum Beobachten der Mitternachtssonne eignen. Die Fernsehstation **Fagernesfjell** befindet sich 656 m ü. d. M. Im Sommer ist der Berg in 15 Min. mit einer Seilbahn (norwegisch „Fjellheis") zu „erklimmen". Vom dortigen Restaurant mit Aussichtsterrasse in über 600 m Höhe hat man einen grandiosen Blick. Von hier kann man in 45 bis 60 Minuten weiter bis zum Fernsehturm in Höhe von 1007 m ü. d. M. wandern oder mit dem Mountainbike ins Tal brettern. Weitere 270 m von der Fernsehstation auf den Stortoppen, dem Gipfel des Fagernesfjellet, schafft man in 30 Minuten.

Im Sommer ist Narvik voller Rucksackreisender, die vom nördlichsten norwegischen Bahnhof durch die Berge nach Schweden fahren. Auf einem Parkplatz in der Nähe des Rathauses (Kongensgate 44) befindet sich ein Wegweiser, der Richtungen und Entfernungen zu 22 Orten in ganz Europa anzeigt, z. B. Hamburg 2386 km, Nordpol 2420 km, Nordkap 672 km.

Sehenswertes

› **Ofoten Museum,** Administrasjonsveien 3, geöffnet: Anfang Juli–Mitte August Mo.–Fr. 10–16, Sa./So. 12–15 Uhr, sonst wochentags bis 15 Uhr, 60 nkr.
Das Museum zeigt hauptsächlich Fischereizubehör und Exponate zur Erzbahngeschichte.

› **Narvik Peace Centre (früher: Widerstandsmuseum),** Torvsvingen 15, http://narviksenteret.no, geöffnet: 1.6.–19.8. Mo.–Sa. 12–18 Uhr, Eintritt 40 nkr.
Es werden Gegenstände und Unterlagen aus der Zeit der deutschen Besatzung gezeigt. Kürzlich fand man im Ofotfjord in 305 m Tiefe den britischen Zerstörer HMS Hunter, der 1940 versenkt wurde. Eventuell werden demnächst Teile davon ausgestellt. 2016 eröffnet die Ausstellung in einem neuen Gebäude, das sich nun Narvik Peace Centre nennt. Es befindet sich gegenüber dem alten Museum zwischen der Bahnbrücke und dem Obelisk.

› **Fjellheis,** die Talstation der Seilbahn ist gegenüber dem Best Western Narvik Hotel, Mårveien, GPS 68.437647, 17.449336, Parken erlaubt, je nach Wetterlage Juni–Aug. 13 bis mindestens 21 Uhr, 120 nkr, Tageskarte zur Skisaison 360 nkr.
In der Bergstation befindet sich auch eine Cafeteria.

Essen und Trinken

› **Fiskehallen,** in den Torghallen, Kongensgate 42, Fischgerichte täglich wechselnd, wochentags 9.30–16.30, Sa. 10–14 Uhr.

› **Fjelleisrestauranten,** auf dem Fagernesfjell, GPS 68.437647, 17.449336, Tel. 48287728/41632654, wochentags 12–21, Wochenende 10–17 Uhr

- **Linken Skybar,** Kongensgate 64, im 5. Stock des Qualityhotels, auch mit Aussicht, aber wesentlich abgewohnter, geöffnet: Di.-Do. 18-1 Uhr, Fr./Sa. bis 3 Uhr
- **Peppes Pizza,** Kongensgate 66, eine Filiale der norwegischen Kette im Einkaufszentrum am Bahnhof, gemütlich eingerichtet und preiswerte Schnellgerichte, 10-24, So. 13-24 Uhr.
- **Rallar'n Pub,** Kongensgate 64, täglich 11-1 Uhr.
- **Skybar,** Kongensgate 33, im 16. Stock des Scandichotels kann man ab 11 Uhr die Aussicht genießen und Kleinigkeiten essen.
- **Viktoria Café,** Dronningens gate 58, Mo.-Fr. 11-17 Uhr, Mittagsbuffet für 25 nkr

Bootsfahrt zu den Lofoten

Vom Bootshafen ganz im Süden des Ortes kann man einen Ausflug nach **Svolvær** auf den **Lofoten** unternehmen (die Anfahrtsbeschreibung mit dem Womo zu den Lofoten s. S. 103).

- **Schnellbootkai,** Abfahrt ist um 15 Uhr bzw. sonntags um 12 Uhr und kostet pro Fahrt 350 nkr. Das Expressboot braucht etwa 5 Std.

AUSFLUG ZU FELSZEICHNUNGEN

Wenn man dem Schild **„Helleristinger"** in Richtung Bootshafen/Vassvik folgt, kann man 3000 bis 4000 Jahre alte **Felszeichnungen** ansehen. Auf der Halbinsel Brennholtet mitten in Narvik sind vor 5000 Jahren die Umrisse eines Elchs in den Felsen geritzt worden. Damals war das Meer weit weg und die Gegend bewaldet, heute sind die Felsen von Häusern eingekreist. Sie sind daher nicht so leicht zu finden.

Am besten fährt man auf der E6 nordwärts und dann direkt hinter dem Bahnübergang links in die Frydenlundgata, wo man parkt. Dann läuft man an der dritten Straße nach rechts in den Fritjof Nansens vei und zwei Straßen weiter wieder nach rechts in den Bjerkveien. Die nächste Straße nach links ist der Einerveien, an dessen Ende links ein Fußweg ins Grüne zu den Felsen führt (GPS 68.445413, 17.429084).

WEITER AUF DER E6

18 km hinter Narvik gibt es eine Möglichkeit, auf die E10 und die Route 2 nach Schweden zu fahren (siehe Ende der Route 2 auf S. 219). Hinter der Brücke über den Rombak-Fjord kommt von Kiruna in Schweden die E10, die erst am Ende des 20. Jahrhunderts fertiggestellt wurde. Man kann auch mit der weltberühmten **Erzbahn** fahren, das ist allerdings nicht billig. 20 m hinter der Einmündung in die E10 liegt der Herslætta Camping.

36 Herslætta Camping

GPS 68.472195, 17.657175

Trældal, Rute 7050, nördlich von Narvik an der Kreuzung E6/E10, Tel. 76955595, www.narvikherslettacamping.no, Womo 250 nkr, geöffnet mindestens 20.5.-20.9. Einfache Anlage, aber der Blick über den Robak-Fjord ist schön.

Hinter Narvik führt die E6/E10 am Fjord entlang nach **Bjerkvik.** Hier an einem Kreisverkehr führt die E6 nach Norden wieder durchs Landesinnere, die Berge auf der rechten Seite erreichen bis zu 1500 m Höhe. Am Kreisverkehr gibt es das Norlandia Bjerkvik Hotel (Tel. 76958300) mit Blick aufs Wasser, hier kann man gut essen. Folgt man der E6, zweigt am zweiten Kreisverkehr von Bjerkvik die Straße nach Vassdal rechts ab. Die führt zum **Hartvikvatnet-See (Árajávri),** aus dem man in einer spektakulären Aktion **sechs Junkers Ju 52** geborgen hat, die 40 Jahre lang auf dem Grund des Sees gelegen haben.

Wem gehört eigentlich ein abgestürztes Flugzeug?

1940 besetzten deutsche Truppen den wichtigen Hafen Narvik. Der gesamte Nachschub wurde von den Alliierten abgefangen und versenkt. Für die in Narvik eingeschlossenen Truppen blieb nur die Möglichkeit, auf dem Luftweg versorgt zu werden. Es gab allerdings weder einen Flughafen in Narvik, noch besaß die Luftwaffe Flugzeuge mit einer Reichweite von Oslo nach Narvik und zurück. Der 15 km nordwestlich von Narvik gelegene, von hohen Bergen umgebene und zu dieser Zeit noch zugefrorene Hartvikvatnet-See bot zumindest eine Landemöglichkeit.

Am 13. April flogen 13 dreimotorige ***Junkers*** *Ju 52 Waffen, Munition und Soldaten nach Norden, 11 erreichten nach über fünf Stunden Flugzeit den See. Die beiden ersten Flugzeuge machten im Tiefschnee einen Kopfstand, die nächsten konnten dann aber ausrollen. Zwei Tage später wurden die auf dem Eis stehenden Maschinen beschossen. Eine Junkers wurde daraufhin mit dem Resttreibstoff der 10 anderen betankt und schaffte es, vom See aus wieder zu starten. Sie verflog sich aber und landete in Schweden. Die restlichen 10 Flugzeuge blieben stehen, die Norweger versuchten, sie zu retten, die Engländer beschossen sie, im Frühling schmolz das Eis und alle versanken.*

1983 *bargen norwegische Enthusiasten eine Ju 52 aus dem See aus ca. 50 m Tiefe, sie war erstaunlich gut erhalten. Das rief deutsche Flugzeugbegeisterte auf den Plan, die Geld sammelten und Ausrüstung nach Norwegen schafften. Es gelang 1986, sechs gut erhaltene Exemplare zu bergen. Vier davon wurden zerlegt und nach Deutschland geschickt, zwei behielten die Norweger. Eine Maschine liegt heute noch in 7 m Tiefe und ist ziemlich ausgeplündert, von zwei weiteren fehlt jede Spur. Die Aufmerksamkeit der Presse war gewaltig, vor allem wegen des Rechtsstreits: Wem gehören die Flugzeuge eigentlich heute? Der Bundeswehr als Rechtsnachfolger der deutschen Luftwaffe? Den Findern, die die Maschinen aus dem See fischten? Den Norwegern, auf deren Territorium sie lagen? Eine Maschine steht nun im Luftwaffenmuseum in Bückeburg, eine weitere ging ans Junkers-Museum in Dessau, die zwei anderen wurden als Ersatzteilträger verwendet. Die Norweger bekamen auch zwei, sodass sie nun drei und das Wrack im See besitzen.*

ABSTECHER ZU DEN LOFOTEN

Wer die Inselgruppe der **Lofoten** besuchen will, fährt von Narvik erst einmal auf der E6 nordwärts um den Fjord bis Bjerkvik und dort auf der E10 in Richtung Harstad. An der Brücke über den Tjeldsund steht ein Rasthaus mit toller Aussicht. Hinter der Brücke teilt sich die Straße. Die E10 führt auf die Lofoten. Kurz nach dem Abzweig kann man in Sandtorg in einem 250 Jahre alten Häuserensemble am Wasser wohnen – das Schild verweist links der Straße auf „Sandtorgholmen", eine baumlose kleine Halbinsel, die sich in den Fjord schiebt.

Die Straße 83 führt nach der Brücke rechts auf die Vesterålen und nach **Harstad,** wo man unter anderem eine sehr alte Kapelle und einen einmaligen, 12 km langen Spazierweg am Meer besuchen kann. Am Ende des Ortes gibt es noch die Adolfkanone zu besichtigen (S. 88).

Die E10 führt indes dramatisch zwischen Bergen und durch mehrere Tunnel zur Insel Austvågøya, auf der die größte Stadt Svolvær liegt. Von Bjerkvik nach Svolvær sind es 205 km.

WEITER NACH SETERMOEN

Wieder auf der **ursprünglichen Route** steigt die E6 nach Norden nun stetig bis maximal 400 m an. Einige Plätze an Seen und Wasserfällen eignen sich zum Übernachten, Läden etc. gibt es erst wieder im Bardutal.

Spektakulär: die Lofoten

Karte 1/8
1 cm = 8,75 km
0
20 km
© Reise Know-How 2016
116
291
86
Arnøy
Vannøya
Helgøya
Nordkvaløy
Rebbensøy
Ringvassøy
Reinøya
Kvaløya
Tromsø
Tromsøya
Arctic cathedral
Tromsdalstind
Lyngsalpen
Langdalstindan
Ullsfjorden
Lyngen
Balsfjorden
Malangen
Grøttsundet
Kvalsundet
Vannsundet
Fugløysveet
Kågsundet
Kjosen
Reisafjorden
Skjervøy
Storslett/Nordreisa
Olderdalen
Kåfjordbotn
Skibotn
Nordkjosbotn
Storsteinnes
Finnsnes
Setermoen
Rostadalen
Signaldalen
Dividalen
Kirkestinden
Njunjes
Øvre Dividal nasjonalpark
Hurtigruten
ROUTE 1
ROUTE 3
E6
E8
Troms

SETERMOEN, BARDU, BARDUFOSS, ANDSELV, MÅLSELV, MÁLATVUOMI

(91 km – 1004 km)

Als erstes erreicht man den Ort Setermoen, den Verwaltungssitz dieser vielnamigen Gemeinde. Der Ort ist ein bedeutender Militärstützpunkt, mehr als 1000 Menschen gehören zum Militär. **Angler** können am Kreisverkehr Setermoen rechts die 897 in Richtung Innset zu den Seen Altevatn und Leinavatn fahren. Sie sind für ihren Fischreichtum bekannt. Bardu Camping an der E6 bietet sich zum Übernachten an.

37 Bardu Camping

GPS 68.876744, 18.361537

Idrettsveien 2, 9360 Bardu, Am Ortsende von Setermoen, am Ufer des Barduflusses, Tel. 77612300, www.barducamping.no, 60 Womo-Stellplätze, jeweils ab 250 nkr, einfacher Platz unter Bäumen, schönes Panorama, ganzjährig geöffnet.

Wer sich nicht für Fische interessiert, fährt weiter 25 km nach Norden. Die Gemeinde heißt **Bardu** (im Bardutal). Sie besitzt den Flughafen BDU und einen **Polarzoo,** in dem tierische Vertreter aus der nördlichen Region zu sehen sind: Luchse, Bären, Vielfraße und Polarfüchse. Die Bardu-Kirche allerdings steht in Setermoen. Das Wappen der Kommune Bardu ziert ein schlecht gelaunter Vielfraß.

Die E6 folgt nun dem Fluss Geađggeseatnu. Der Målselv-Wasserfall (GPS 69.03577, 18.65097) liegt 10 km östlich und ist sehenswert. Um ihn zu besuchen, biegt man bei am Hinweisschild „Målselvfossen" rechts von der E6 auf die 87 ab. Die 175 zweigt dann nach 8 km links zu den Wasserfällen ab, wo auch ein Hinweisschild steht.

Auf der E6 ist bald der Ort **Bardufoss** erreicht (eine Touristeninfo befindet sich am Ringveien in Finsnes). Er wird mit dem 800 Seelen zählenden Ort Andselv oft zu Målselv zusammengefasst, was zu einiger Verwirrung führt – **besonders bei Navigationsgeräten.**

Bis **Nordkjosbotn** kurvt man ein Stück durchs Inland, es gibt schöne Ausblicke, hohe Berge und kleine Seen. Die letzten 15 km fährt man am linken Ufer des **Balsfjords** entlang, dem größten Fjord der Provinz Troms. Hier soll Norwegen nur 6 km breit sein, was man aber nicht nachmessen kann, da die Berge unzugänglich sind.

In einem der Nationalparks Nordnorwegens: Diese Wölfe wollen nicht nur spielen.

037wn Abb.: fo©lanau

NORDKJOSBOTN (VOLLAN, GÅRGÅN)

(88 km – 1092 km)

Der kleine Ort Nordkjosbotn liegt an der Abzweigung nach Tromsø am Balsfjord. Was das Dorf so gemütlich macht, sind die es umgebenden **hohen Berge.** Man kann hier einen Tag zum Ausspannen verbringen. Es gibt zwei Tankstellen, einen Supermarkt, einen Souvenirshop und den Campingplatz Bjørnebo.

38 NAF Bjørnebo

GPS 69.216268, 19.556747

Sentrumsveien 10, zwischen der Shell-Tankstelle und dem Rema-Supermarkt am Südende des Ortes, Tel. 77728161, 15.6.–5.8., Stellplatz ab 250 nkr. Einfacher Platz mit Rasen unweit der E6/E8.

Hinter Nordkjosbotn muss man sich entscheiden, ob man einen Abstecher 73 km nach **Tromsø** machen will oder ob es weiter Richtung Nordkap gehen soll. (Von **Tromsø** kann man entweder die gleiche Strecke zurückfahren oder über zwei Fjorde per Fähre wieder die Route 1 erreichen.) 5 km Richtung Alta auf der linken Seite bei GPS 69.199501, 19.663856 befindet sich der **Piggestein,** auf dem sich Reisende seit Jahrzehnten verewigen. 19 km hinter Nordkjosbotn trifft die E6 in Oteren auf das Ende des Lyngenfjords. Die 868 führt auf dem linken Fjordufer nach Norden und man muss bei **Lyngseidet** die Fähre nach Olderdalen nehmen (ca. 40 Minuten, elf Mal pro Tag, Womos bis 6 m Länge 133 nkr, je Person 44 nkr). Die Strecke ist 42 km lang. Lyngseidet hat nur ca. 800 Einwohner.

Die andere Möglichkeit ist, einfach auf der E6 zu bleiben, auf der man über Skibotn ebenfalls nach **Olderdalen** kommt. Man muss dabei zwei Fjorde umrunden und ist mit rund 95 km Strecke etwas länger unterwegs. Zwischen Nordkjosbotn und bis kurz vor Skibotn verlaufen E6 und E8 auf einer Straße. Vor Skibotn trifft die aus Schweden kommende E8 auf die E6. Hier endet die Route 3 (s. S. 297).

Man kann sich bei der Abzweigung hinter Nordkjosbotn ins Lokal Lyngskroa setzen und dort die Entscheidung fällen.

ABSTECHER NACH TROMSØ (ROMSA, TROMSSA)

(73 km je Strecke)

Tromsø, das Paris des Nordens, war ursprünglich nur ein Anlegeplatz für Schiffe, die die Fahrrinne zwischen dem Festland und den vorgelagerten Inseln nahmen (wie die Schiffe der Hurtigrute). Heute hat es sich zur größten Stadt der Welt nördlich des Polarkreises entwickelt (Stadtrecht seit 1794). Früher war sie auch für Polarexpeditionen und für den Walfang wichtig. Im 19. Jh. profitierte die Stadt vom Robbenfang und dem Verkauf der Felle. Die Käufer waren nicht zuletzt Pelzhändler aus Frankreich. 1928 bestieg der berühmte Polarforscher Roald Amundsen hier das Wasserflugzeug Latham, um sich an der Suchaktion nach dem verunglückten Luftschiff Italia zu beteiligen. Von dem Flug über der Barentssee kehrte er nicht zurück. Er und die zehn anderen Besatzungsmitglieder blieben verschollen. Man fand nur einen Benzintank des Flugzeugs (Polarmuseet mit Amundsen-Denkmal und Nansen-Platz, s. S. 109, in der Nähe des Hafens).

Heute hat Tromsø etwa 65.000 Einwohner und besonders Museumsfreunden einiges zu bieten: Hier kann man in der **Universität** das Nordlichtobservatorium, die nordnorwegische Wetterwarte, ein Museum mit meeresbiologischer Abteilung und eine Erdbebenforschungsstelle besuchen. Das **Polarmuseum** im alten Zollhaus erläutert frühere Arktisexpeditionen. Weiter eintauchen zum Thema Arktis kann man in dem Info- und Erlebniscenter **Polaria.** Zu sehen sind u. a. der alter Kutter Polstjerna und ein Aquarium, das in einem gläsernen Tunnel durchquert wird. Das Stadtmusuem in der mittelalterlichen Festungsanlage **Skansen** veranschaulicht die Stadtgeschichte. Das kleine Fotografiemuseum, das Perspektivet Museum, befindet sich in einem alten, liebenswerten Haus. Architektonisch sehenswert ist die Tromsdalen Kirche bzw. Eismeerkathedrale oder **Ishavskatedralen.** Aluminium und Beton zeigen einen eisschollenartigen Bau mit einem berühmten 140 m² großen Fenster im Ostgiebel aus farbigem Gussglas von Victor Sparre.

Information

- **Tourist-Info,** Kirkegata 2, 9253 Tromsø, Tel. 77610000, www.visittromso.no, 18.5.-31.8. Mo.-Fr. 9-19 Uhr, Sa. 9-18 Uhr, So. 10-18 Uhr
- Mitternachtssonne: 21.5.-23.7.
- Polarnacht: 25.11.-21.1.

0 19wn Abb.: fo©trysil

⌃ *Tromsø, die größte Stadt jenseits des Polarkreises*

Dank des Golfstroms ist der **Hafen** das ganze Jahr über eisfrei und das Klima relativ mild. Seit 1960 ist Tromsø durch eine Brücke (1036 m lang) mit dem Festland und seit 1974 durch eine zweite (1235 m lang) mit der Insel Kvaløya verbunden. Der Zweite Weltkrieg brachte für Tromsø keine Zerstörung, obwohl das deutsche Schlachtschiff Tirpitz von den Alliierten in der Nähe der Insel Håkøya, 16 km vor Tromsø, versenkt wurde. Im Ort stehen noch alte Häuser, etwas Besonderes auf der Nordkalotte, und auch das Stadtbild am Hafen hat sich kaum verändert. Im Sommer kann man sich mit einer „Eisenbahn“ auf einem Autofahrgestell durch die City kurven lassen.

Sehenswertes

- **Ishavskatedralen,** Eismeerkathedrale, Hans Nilsens veg 41. Auf dem Festland an der Brücke zur City-Insel. 1965 eingeweiht, Europas größtes Glasmosaik, 23 m hoch und entworfen von Victor Sparre, ziert den Giebel, es wurde später erst hinzugefügt. Die Lamellen des Daches werden nachts indirekt beleuchtet. Über die Entstehung der ungewöhnlichen Form hat der Architekt Jan Inge Hovig jedesmal eine andere Geschichte erzählt. Ursprünglich hieß sie Tromsdalen-Kirche, aber Eismeerkathedrale hat sich eingebürgert. Geöffnet: täglich 15–18 Uhr, www.ishavskatedralen.no (Eintritt 40 nkr, Konzerte ab 70 nkr).
- **Norsk Polarinstitutt,** Framsenteret, Hjalmar Johansensgate 14, mit meeresbiologischer Abteilung, Buch- und Kartenverkauf, geöffnet: Fr. 9–15 Uhr.
- **Perspektivet Museum,** Storgata 95, www.perspektivet.no, Di.–Fr. 10–16, Sa./So. 11–17 Uhr, Eintritt frei. In dem kleinen Holzhaus werden hauptsächlich Bilder zur Geschichte Tromsøs ausgestellt.
- **Polaria,** Hjalmar Johansensgate 12, www.polaria.no, geöffnet: Mitte Mai bis Mitte Aug. 10–19 Uhr, Mitte Aug. bis Mitte Mai 10–17 Uhr, Eintritt 120 nkr. Polarmuseum, das von außen wie ein Stapel Packeis aussieht. Zu sehen sind u. a.

ein alter Kutter und ein Aquarium, das in einem gläsernen Tunnel durchquert wird. Die Besichtigung der MS Polstjerna kostet 40 nkr extra.

› **Polarmuseet,** Søndre Tollbodgate 11, mit Amundsen-Denkmal und Nansen-Platz, präsentiert werden hauptsächlich Gegenstände verschiedener Polarexpeditionen, geöffnet: 15.6–14.8 9–18 Uhr, sonst 11–17 Uhr, 60 nkr
› **Skansen,** Stadtmuseum, Skansegata, ehemalige Festung aus dem Mittelalter, die C14-Methode datierte sie sogar ins 11. Jh. Mit einem Festungswall, dem ältesten Haus der Stadt und einem Café zum Ausruhen.
› **Universität mit Museum,** Lars Tørings veg, Nordlichtobservatorium, naturwissenschaftliche Sammlug der Uni, Erdbebenforschungsstelle, Wetterwarte, Kirchenkunst und Café Rotunden, geöffnet: 1.6.–31.8. täglich 9–18 Uhr, sonst 10–16.30, Sa. 12–15, So. 12–16 Uhr, 60 nkr

Essen und Trinken

Ein Abstecher nach Tromsø lohnt sich besonders auch für Vergnügungssüchtige. Es gibt vor Ort nicht weniger als fünfzig(!) Restaurants und Diskotheken – für jeden Geschmack etwas.

› **Aurora,** Sjøgata 7–11, vor 19 Uhr kann man ein Menü für 200 nkr essen.
› **Café Circa** und **Precis** im ersten Stock, Storgata 36, Tel. 77681020, Cooljazz und Elektro, Sandwiches und diverse Biersorten.
› **Driv,** in einem alten Hafenspeicher, über mehrere Stockwerke und auf dem Kai, Café, Pub und Restaurant, z. B. Rentierpizza.
› **Emma's Drommekjokken,** Kirkegata 8, Tel. 77637730, geöffnet: wochentags ab 18 Uhr. Das kleine Restaurant befindet sich in der 2. Etage eines alten Gebäudes, angeboten wird internationale Küche. Das Restaurant ist so beliebt, dass die Osloer zuerst hier reservieren, bevor sie sich um ein Flugticket kümmern.
› **Fiskekompaniet,** Killengrens gate, in der Fischkompanie kann man endlich mal ausgefallene Fischgerichte essen, täglich 16–23 Uhr.
› **Jernbanestasjon,** Strandgata 33, Tel. 77612348, in der Bahnhofskneipe geht es lustig zu, aber trotz Lautsprecherdurchsagen fährt hier weit und breit kein Zug. Geöffnet: So.–Do. 12–2, Fr., Sa. 12–3.30 Uhr.
› **Knott og Tott,** Storgata 62, Tel. 77666880, an der Domkirche, gutes Essen und Preis-Leistungs-Verhältnis, geöffnet: 8–18 Uhr.
› **Lotus,** Sjøgata 39, Tel. 77665555, ein Asiate in Norwegen, perfekte Gerichte zum günstigen Preis und die schöne Aussicht gibt's dazu, täglich 14–23 Uhr.
› **Markens Grøde,** Storgata 30, kleines Restaurant mit guter Küche, Tel. 77682550
› **Ølhallen,** Storgata 4, Bier der Brauerei Mack im Ausschank, Mo.–Sa. 10–18 Uhr.
› **Strut,** Grønnegata 8, coole Bar im 1970er-Jahre-Look, Funkmusik und Cocktails.
› **Verstshuset Skarven,** Strandtorget 1 auf der Skansen Brygge, Tel. 77600720, rustikal-romantisch am Hafen, mit guter Auswahl, täglich ab 11 Uhr.

39 Ramfjord Camping

GPS 69.516587, 19.247335

Ekornvegen 14, Sørbotn in 9027 Ramfjordbotn, Botn heißt Fjordende, dort links von der E8 ab, Tel. 77692260, www.ramfjordcamp.no, 30 km südöstlich von Tromsø an der E8, Womo 170 nkr, Strom plus 50 nkr, 1.6.–1.9. Der Platz (mit Sauna und Grill) liegt auf einer bewaldeten Ebene am Ende des Ramfjords.

40 Skittenelv Camping

GPS 69.777298, 19.382111

9022 Krokelvdalen, 25 km nördlich von Tromsø auf dem Festland, Tel. 77690027, www.skittenelvcamping.no, 20 Hütten, Womo 230 nkr, Strom 50 nkr, ganzjährig geöffnet, Minigolfbahn, Schwimmbecken. Der Campingplatz ist eine riesige baumlose Wiese am Grøtsundet. Stellplätze mit fantastischem Blick auf den Sund.

An- und Abreise

Von Nordkjosbotn sind es bis Tromsø ca. 73 km auf einer ausgesprochen schönen Strecke. Die E8 führt meist am Balsfjord entlang. Wer von Tromsø weiter nach Norden will, kann, wenn er nicht zweimal dieselbe Strecke fahren möchte, **auf der 91 nach Breivik** fahren. Von hier setzt man mit einer Fähre über den Ullsfjord nach Svensby über:

› Womo bis 7 m mit Fahrer, 241 nkr, pro Person 36 nkr

Von dort fährt man weiter nach **Lyngseidet** (Cafeteria, Parkplatz) und von hier mit einer weiteren Fähre nach Olderdalen:

› Womo bis 7 m mit Fahrer für 345 nkr, pro Person 48 nkr

Jetzt ist man wieder auf der eigentlichen Route 1. Von Tromsø nach Olderdalen sind es über Breivik nur knapp 70 km. Die Alternative über Nordkjosbotn ist 60 km länger, aber besser ausgebaut, und man zahlt eine Fähre weniger.

SKIBOTN (MARKKINA, YYKEÄNPERÄ)

(47 km – 1139 km)

Der kleine Ort an der Mündung des Skibotnelva liegt zwischen Narvik und Alta am Abzweig der E8 nach Kaaresuvanto in Finnland (dem Ende der Route 3 s. S. 297). Die Ansiedlung existierte schon im 16. Jh. Hier wurden die bei den Samen geschätzten kleinen Kaffeemühlen aus Messing hergestellt. Es gibt eine **Schwimmhalle** beim Hotel und zwei Campingplätze. Mit dem Womo kann man am kleinen Hafen am nördlichen Ende des Orts parken und dort ins **Troll-Kafé** gehen, wo es traditionelle Fischgerichte gibt. Es liegt am Fuß der Lyngsalpen mit Blick auf den Vestbreengletscher, tägl. 10–20 Uhr.

41 NAF Skibotn

GPS 69.393111, 20.268

nördlich des Orts am Fjord, Tel. 77715277, geöffnet: 1.6.–31.8., Womoplatz 200 nkr, Strom 25 nkr. Kleiner Platz an der E6, schöner Blick auf Berge und Fjord.

42 Brennfjell Camping

GPS 69.322571, 20.360709

8 km nach Skibotndalen an der E8, Tel. 77715258, geöffnet: 1.6.–31.8., Stellplatz 175 nkr, der kleine Platz mit vier Hütten liegt zwischen E8 und Skibotnelva.

Mit Fritjof Nansen und der Fram zum Nordpol

Der Name Nansen steht für eine der ungewöhnlichsten ***Entdeckungsreisen*** *in der Geschichte der Seefahrt. Mit reichlicher Unterstützung von Regierung und privaten Sponsoren ließ Nansen sich die Fram (deutsch: Vorwärts) bauen. Sie wurde von dem genialen Konstrukteur Colin Archer entworfen und war eines der seetüchtigsten Schiffe seiner Zeit, 39 Meter lang und 11 Meter breit. Zusätzlich wurde der Rumpf verstärkt und so gestaltet, dass er beim Einfrieren nicht vom Eis zerquetscht, sondern aus dem Eis nach oben gedrückt wurde.*

Nansens Ziel war der ***Nordpol.*** *1893 brach er mit Kapitän Sverdrup und elf weiteren Begleitern von Tromsø zur Insel Nowaja Semlja auf. Die Idee war, sich mit dem Schiff im Packeis einfrieren zu lassen und mit den wandernden Eismassen zum Nordpol zu gelangen. Im Polarmeer angekommen, ließ Nansen die Fram tatsächlich mit der Eisdrift nach Norden schieben. Die Zeit wurde für Messungen der Meeres- und Eisverhältnisse genutzt. Nach anderthalb Jahren wurde klar, dass die Drift weit südlich vom Pol vorbeiführte. Daraufhin stiegen Nansen und Johansen am 14. März 1895 aus und machten sich per Hundeschlitten und auf Skiern auf den Weg zum Pol. Sie erreichten allerdings „nur" 86°14' nördliche Breite und schlugen sich zur Forschungsstation Franz-Josef-Land durch, wo sie überwinterten. Am 17. Juni 1896 fand sie zufällig eine britische Expedition, die sie nach Tromsø brachte, wo Nansen erst den örtlichen Telegrafen aus dem Bett klingeln musste, um der Welt sein Überleben mitzuteilen. Eine Woche später traf dort auch die Fram ein, die kurz zuvor nordwestlich von Spitzbergen aus dem Eis gebrochen war. Sie hatte als verschollen gegolten. Als Nansen mit seinen Mitstreitern und der Fram nach Oslo zurückkehrte, wurden sie von* ***40.000 Schaulustigen*** *begrüßt.*

Die Fram begleitete Nansen später noch auf der Suche nach der ***Nordwest-Passage.*** *1889 heiratete er überraschend eine Sopranistin, danach wurde er Diplomat und Hochkommissar für Flüchtlingsfragen im Völkerbund. Diese Tätigkeit brachte ihm 1922 den* ***Friedensnobelpreis*** *ein. Er starb 1930 bei Oslo. Roald Amundsen fuhr mit der Fram noch auf eine Expedition zum Südpol. Dann standen 150.000 Kronen Reparaturkosten an, die keiner zahlen wollte. Amundsen holte sich die Erlaubnis zur Plünderung der Fram und nahm inklusive der riesigen Masten alles Brauchbare für ein anderes Schiff mit, den Rest ließ man liegen. Nachdem der alte Kapitän Sverdrup das Schiff stark vandalisiert in Sandefjord entdeckt hatte, gründete er ein erfolgreiches Rettungskomitee, dem sogar neue Masten aus Amerika geschenkt wurden.*

Seit 1936 kann man die restaurierte Fram als Nationalheiligtum im Museum in Oslo bestaunen.

WEITER AUF DER E6

Für die Liebhaber wilder Landschaften offenbart sich weiterhin eine herrliche Küstenstrecke, die nach Olderdalen führt (E6). Am anderen Ufer des **Lyngenfjords** (auf Norwegisch Lyngsfjorden, auf Samisch Ivgovuotna) sieht man die schneebedeckten **Lyngsalpen,** dieser Blick ist einem auf der anderen Seite versagt.

Hinter Skibotn schwingt sich ein Seitenarm des Lyngenfjords rund 25 km ins Landesinnere. Da es keine Brücke gibt, muss man diese Strecke erst auf der einen, dann auf der anderen Seite abfahren. Auf dem Hinweg muss man erst durch den 2,3 km langen **Skårdalstunnelen.** Die alte Straße geht direkt am Wasser entlang und ist heute für Autos gesperrt. Auf der anderen Seite des Tunnels befindet sich links am Fjord ein Rastplatz mit Bänken und schönem Blick (GPS 69.512899, 20.701332). Als Nächstes geht es durch den **Isfjelltunnel,** der 3,2 km lang ist. Am Fjordende bei **Birtavarre** gibt es für die E6 eine Flussbrücke. Eine schmalere alte Straße mit Stahlbrücke gibt es auch noch. Wer dort abseits der vollen E6 rasten will, muss dem Schild zum Campingplatz Birtavarre folgen und dann weiter zurückfahren.

Bei **Storslett,** 65 km später, befindet sich die baumlose Hügelkette **Kvængsfjell,** die eine Pause wert ist. Die Straße führt auf dem Gipfel an einem Restaurant vorbei, von dem man einen grandiosen Fjordblick hat. Eine Information gibt es dort auch. An der E6 liegt das Reisafjord Hotel mit 95 Zimmern, dessen Restaurant von 14 bis 21 Uhr geöffnet hat.

Die meisten Fjordbewohner leben bis heute von der Landwirtschaft

020wn Abb.: fh

Es geht nun auch weiterhin immer an der Küste entlang. Bis Alta (ca. 260 km, s. S. 115) handelt es sich um eine der landschaftlich schönsten Strecken Norwegens.

43 Stellplatz Okfjordhamn

GPS 69.9083, 21.3268

Bei Okfjordhamn gibt es einen Stellplatz für ca. 10 Womos. Nach der Brücke über den Fiskeelva nach Storeng auf die 359 abbiegen, gleich links befindet sich ein Sandplatz. Ver- und Entsorgung kostenlos, Womo 15 €.

Langfjordbotn ist bis auf eine Quelle eher unauffällig. **Bubbelen** (samisch: Langguvuonbatta) ist ein passender Name für die **unterirdische Quelle,** wo der Bognelv an die Oberfläche tritt und unablässig zu Tal „blubbert". Sie liegt auf einem mit Birken bestandenen Berg und ist nur zu Fuß zu erreichen, teilweise geht es steil hinauf. Oben empfängt den Besucher ein Ort mystischer Ruhe mit leise gurgelndem Wasser.

› In Langfjordbotn fährt man hinter dem Altafjord Camping rechts den Weg ins Bognelvdalen. Es sind 4 km bis zum Parkplatz an der Brücke (GPS 69.99516, 22.334064) und dann 500 m zu Fuß den Berg hinauf.

44 Altafjord Camping

GPS 70.027676, 22.284629

9545 Langfjordbotn Alta, an der E6, 80 km von Alta, 4 km von der Provinzgrenze Troms in Langfjordbotn, Tel. 78438000, www.altafjord-camping.no, Stellplatz 250 nkr mit Strom, geöffnet: 15.5.–30.9. Mit angeschlossener Galerie.

Eine grandiose Aussicht bietet sich z. B., wenn man in Djupvik auf die **Landspitze nach Spåknes** abbiegt (GPS 70.139431, 22.970352, Rastplatz). Der letzte Fjordarm vor Alta ist der einen Kilometer breite **Kåfjord.** An ihm liegt ein gleichnamiges Dorf.

KÅFJORD (NJOAMMELGOHPPI, KAIVUONON)

(268 km – 1407 km)

Kåfjord lag günstig, die Bucht war das ganze Jahr eisfrei und sogar große Schiffe konnten bis auf 100 m an den Verladeort fahren. Rund um den Bergbau wuchs die Gemeinde mit Geschäften, Schulen, Gesundheitswesen, Kirche und Unterhaltung und so wurde Kåfjord der größte Ort in der Finnmark.

1835 hatte es 655 Einwohner, doppelt so viele wie Hammerfest und dreimal so viel wie die Verwaltungshauptstadt Vardø. Um Konflikte zwischen Norwegern und den zugereisten Kvenen zu vermeiden, baute man den Kvenen Häuser weit weg auf der anderen Seite der Bucht bei Mathiselvas, heute führt die Straße 18 von der E6 dorthin. Damit die Kvenen nicht auf ein Boot angewiesen waren, baute man 1836 eine Brücke über den Innerstrømmen. Auch Kåfjord wur-

Kupfer am Kåfjord

Am Fjord wurde lange Zeit durch eine englische Gesellschaft Kupfererz abgebaut. Es war eines der ersten Großunternehmen im norwegischen Norden, das etwa Tausend Menschen Arbeit brachte. Die Abschaffung des Handelsmonopols der Krone im 18. Jh. und die neu entstandenen Städte Tromsø, Hammerfest und Vardø lockten wohlhabende Händler nach Nordnorwegen. 1824 bekam der Engländer John Rice Crowe in Norwegen einen Klumpen Erz aus Alta und ließ ihn in der Heimat analysieren. Er erwies sich Kupfer. 1825 kam er zurück und gründete die Copper Works, die den Berg bei Kåfjord 52 Jahre lang ausbeutete.
1846 bis 1850 fiel der Preis für Kupfer wegen der Konkurrenz aus Kuba und Australien und die Engländer zogen ab. Der schwedische Konsul Persson, der Anteile an der Mine in Sulitjelma hatte, kaufte das Gelände und startete 1897 den Betrieb „Alten Copper Mines" mit neuer Technik. Beim Abriss der alten Schmelze fand man unter einem Ofen einen riesigen Kupferblock, dessen Erlös größer war als der Kaufpreis des gesamten Geländes. 1903 wurde der Ort elektrisch beleuchtet, da man durch den Bau eines neuartigen Wasserkraftwerks Strom im Überfluss hatte. 1909 war die Mine erschöpft, wurde geschlossen und verfiel. Heute ist hier ein Lehrpfad angelegt (GPS 69.942064, 23.044885), auf dem man sich auf Norwegisch über das wichtige Metall informieren und dabei die Reste der alten Stätten ansehen kann. Er gehört zum Projekt „Fotefar mot nord" (Fußspuren des Nordens), durch das man ein Bewusstsein für die norwegische Vergangenheit zu wecken sucht. An der E6 weist ein Schild nach links zum Kobberverk.

Die Tirpitz

Die Tirpitz war mit 251 m das größte deutsche Kriegsschiff. Mit ihren drei Dampfturbinen war sie bis zu 30 Knoten schnell. An Bord waren sogar vier Arado-Flugzeuge, die von einem Katapult gestartet wurden. Landen mussten sie im Meer und wurden dann von einem Kran wieder an Bord gehievt. Das Schiff wirkte allerdings nur abschreckend und war nie in Kampfhandlungen verwickelt. 1943 brachten britische Kleinst-U-Boote zwei Zeitzünderminen unter dem Rumpf an. Das Schiff konnte so schnell nicht wegfahren und die Detonationen beschädigten es schwer. Danach griffen die Alliierten die Tirpitz mit Lancaster-Flugzeugen an, die Bomben abwarfen, die eigentlich Staudämme zerstören sollten. Von 24 traf allerdings nur eine, da sich das Schiff einnebelte. Am 12. November 1944 griffen noch einmal 32 Lancasters die Tirpitz an. 29 Bomben wurden abgeworfen und die Tirpitz kenterte. 1204 Mann kamen dabei ums Leben, 890 konnten gerettet werden. Das Wrack wurde nach dem Krieg von einem norwegischen Schrotthändler zerlegt, der Teile an die Solinger Messerschmiede Böker verkauft, die daraus Messerklingen machte. Die Stadt Honningsvåg auf der Insel Magerøy bekam einen Hilfsdieselmotor zur Stromerzeugung.

de im Zweiten Weltkrieg von deutschen Truppen zerstört. Während des Zweiten Weltkriegs lag das deutsche Schlachtschiff Tirpitz hier vor Anker, heute kann man das **Tirpitz-Museum** besuchen, in dem Gegenstände aus dem Schiff und das größte Modell des Schiffs ausgestellt sind.

› **Tirpitz-Museum,** E6, GPS 69.93569, 23.024933, 200 m vor der Kirche rechts, Parken an der E6, Tel. 92092370, Öffnungszeiten unregelmäßig, Eintritt 60 nkr.

Die **Kirche** an der E6, bei GPS 69.934129, 23.026142, wurde im Jahre 1837 im englischen Landhausstil erbaut und ist eines der wenigen Gebäude der Gemeinde Alta, die während des Zweiten Weltkriegs abbrannten und wiedererrichtet wurden. Vor ihrem Bau fand der Sonntagsgottesdienst in „The House" statt, der Villa des Copper-Works-Direktors. Der König bezuschusste den Bau der Kirche unter der Bedingung, dass sie allen Menschen offenstehen sollte. Sie wurde vor einer Schreinerei gebaut, zerlegt und in Kåfjord mit dem Altar nach Osten montiert.

Ausflug zum Nordlicht-Observatorium

Von Kåfjord führt ein 9 km langer Pfad auf den 904 m hohen Berg Halde zu den Überresten des Observatoriums Haldetoppen von **Kristian Birkeland,** der die Nordlichtforschung begründete. Es wurde 1910 gebaut, nachdem der Forscher bei –25 °C fast erfroren war.

Das erste erhaltene Foto des Nordlichts wurde von Martin Brendel am 5. Januar 1892 in Bossekop, einem Ortsteil von Alta, gemacht, Belichtung: 7 Sekunden. Ab 1926 verfiel das Gebäude, heute ist es zum Teil wiederhergestellt worden.

› Bei GPS 69.937103, 23.026571 ist rechts ein Parkplatz, wo der Weg beginnt. Geführte Touren zum Observatorium können im Sommer für ca. 1000 nkr über die Touristinfo in Alta gebucht werden. 300 m nach dem Parkplatz befindet sich am nächsten Weg rechts das Tirpitz-Museum.

ALTA (ÁLTTÁ, ALATTIO, ÁLAHEADJU)

(18 km – 1425 km)

In Alta, am gleichnamigen Fjord gelegen, stößt die Rv93 (s. Ende der Route 4, s. S. 313) von Kautokeino kommend im Ortsteil Bossekop auf die E6.

Die Ortschaft mit ihren 12.000 Einwohnern besteht aus mehreren Teilen, die sich die E6 entlangziehen. In der Nähe von Alta wurden die **ältesten Besiedelungsspuren Norwegens** gefunden: Schon vor 10.000 Jahren haben hier die Menschen der Komsa-Kultur gelebt. In der letzten Zeit hat man auch **Felszeichnungen** entdeckt, die zwischen 2000 und 6000 Jahre alt sein sollen. Sie können im Alta Museum besichtigt werden. Durch das günstige Klima ist die Gegend um Alta heute die nördlichste Region, in der Ackerbau betrieben wird.

Information

› **Alta Turistinformasjon,** Parksenteret, Tel. 78445050, www.visitalta.no, geöffnet: 15.6.–15.8. Mo.–Sa. 9–20 Uhr, sonst wochentags bis 16 Uhr

Karte 1/9
1 cm = 8,75 km
0
20 km
© Reise Know-How 2016
354
Ingøya
Havøya
Havøysund
Mafjordhamn
334
Tufjord
Sørkjosen
Rolvsøya
Gåsvika
Rolvsøysundet
Snefjorden
Burstad
Relnøya
Strømmen
889
Porsanger-
halvøya
Kjerringvik
493
Mann
174
173
510
70
ROUTE 5
E69
Skavik
Slåtten
Lillefjord
ROUTE 5
Revsbotn
Hammerfest-Kirkenes 26 h
Revneshamn
54
Russelv
Nordmannset
Kjøtvika
Mefjorden
Gamvik
Akkarfjord
Kamøya
470
Forsol
Storvik
Hammerfest
Kvaløya
50
49
Langstrand
Russenes
Kistr
172
Kokelv
Brennsvik
671
Sammelsundet
Skarvfjord
Hellefjord
Sandøyfjord
Langstrand
578
Sørøya
Donnesfjord
Storelv
Sletnes
Rypefjord
ROUTE 1
24
Grøtnes
Ikarnes
Repparfj.
Oldernes
Skáidi
E6
23
Olderfjord
Ytre Billefjord
Ytre V
Store Vinna
Kjerringholmen
Straumen
60
Kvalsund
94
Afjorden
Dønnesfjord
Borfjord
Sørøysundet
Hønsebybot
Neverfjord
Indre Billefjord
Russelva
653
Breivik
Breivikbotn
Hamnebukt
Vatnhamn
Seiland
Ikkaldas
64
1075
Seilandsjøkelen
Saraby
Skáiddejávri
Vargsund
Nordmannsfjordjøkelen
Seiland nasjonalpark
Gjerdebakken
Klakkegga
698
58
Hasfjord
18
882
Hasvik
3h
Altnes
24
Vieluft
Duoddarsion
Læktoaivi
171
168
E6
354
Rognsundet
Hakkstabben
87
1 1/2 h
Stjernvåg
Stjernøya
Korsfjorden
Nyvoll
Stabbursdalen nasjonalpark
936
Simavik
3 1/2 h
36
Storekorsnes
Stjernsundet
Årøya
883
Leirbotn
Samuelsnes
Øksfjord
Bergsfj.
Sarves
1139
Altafjorden
Bergsfjord
Sirineset
964
Isnestoften
Storvik
Livillcvaggevarre
882
Laukvik
E6
Russeluft
Rafsbotn
Sør-Tverrfjord
Oksfjordjøkelen
1204
Arnes
Riverbukt
38
48
Tappeluft
82
Talvik
Alta
47
Elvebakken
Bjørnstad
Finnmark
Langfjordjøkelen
Langfjord
Herranes
Flintnes
45
46
Rock Drawings
Stilla
Øvre Stilla
Stabbursdalen
Reinfjord
Bognelv
44
Øvre
Holmbukt
Alteidet
Kåfjord
Tangen
Gargia fjellstue
Joatkajávri
Stuorajávri
Ravelsnes
Spildra
Laukeng
E6
Skogstue
Burfjord
Nordhus
93
Sávet
Bergheim
Kviteberg
Didnojokstua
Avzejohka
Moldvik
Middavarre
915
Mattiselva
Skorpa
Nøklan
ROUTE 1
Kvænangstua
70
ROUTE 4
104
43
Gildetun
93
Sørstraumen
Kjækan
Nuppevarre
841
Suolovuobmi
131
656
Vaddas gruver
Kvænangsbotn
Sørfjord
300

1566 erwähnte man die Bewohner der Ortschaft am Altafluss zum ersten Mal in den Steuerbüchern der Festung Vardøhus. 1610 baute man auf der **Insel År** im Auftrag des Königs Christian IV. eine **Festung,** die allerdings nie angegriffen wurde, sodass die 42 Mann starke Garnison ihre Ruhe hatte. Bis zum 18. Jh. lebten hier vornehmlich Samen, die besonders im Herbst einen großen Markt abhielten. Später wuchs Alta durch finnische Wirtschaftsflüchtlinge. Ein wichtiger Erwerbszweig der Stadt war der **Schieferabbau** und dessen Verarbeitung. Er führte zu einer weiteren Expansion. Viele Hauseigentümer ließen sich ihre Dächer mit Schieferplatten belegen, da das Material feuerfest war. Es hatte auch in Norwegen verheerende Brände gegeben, die sich über geteerte Dächer gut ausbreiten konnten. Auch heute noch wird Schiefer aus Alta nach ganz Europa exportiert. In der Innenstadt steht ein Klotz von sieben Tonnen Gewicht als Monument.

Rund um Alta wird außer Schiefer auch noch **Syenit** abgebaut. Dies ist ein Tiefengestein, das dem Granit in Härte und Aussehen ähnelt. Durch Minerale ist es grau bis schwarz gefärbt und kann gut poliert werden. Man benutzt es als Baumaterial und in der Bildhauerei. Im Altertum wurden viele Skulpturen daraus hergestellt, der Name deutet auf die Stadt Syrene in Ägypten hin. Was in Küchenmöbelläden als Arbeitsplatte aus „Labrador" oder „Blue Pearl" angeboten wird, ist Syenit.

Gegen Ende des Zweiten Weltkriegs wurden fast alle Häuser und ein Großteil der ehemals riesigen Kiefernwälder zerstört. Darum bietet Alta heute das übliche Bild einer modernen Siedlung und **moderne Zweckbauten** bestimmen das Stadtbild. Allerdings wurde der **Hof Altagård** (GPS 69.974787, 23.353917) auf Elvebakken im alten Stil wiederaufgebaut. Um 1740 diente er dem „Amtmann" als Wohnung, später befand sich hier eine Missionsschule, bis er 1897 zum Hauptquartier des „Altabataillons" wurde. Heute kann man das Haus nur von außen umrunden. Von der E6 führt unmittelbar nach dem Kreisverkehr, an dem man zum Flughafen abbiegt, ein Fußweg zum Gelände.

Sehenswert sind die **Felsbilder** am Ortsausgang im Stadtteil Hjemmeluft (Jiepmaluokta). Sie wurden 1973 durch Zufall entdeckt, danach fand man rund um Alta weitere 3000 Felszeichnungen, die bis zu 6200 Jahre alt sind. Die Felszeichnungen, die 1985 von der UNESCO in die „World Heritage List" aufgenommen wurden, können nur im Rahmen eines Besuchs des **Alta Museums** besichtigt werden.

Wer sich sportlich betätigen möchte, dem bietet sich der Aufstieg zum **Komsatoppen** an. Die Belohnung ist eine schöne Aussicht aus 212 m Höhe.

Sehenswertes

› **World Heritage Rock Art Centre – Alta Museum,** Altaveien 19, 1.5.–12.6. täglich 8–17 Uhr, 13.6.–31.8. täglich 8–20 Uhr, 95 nkr, www.alta.museum.no. Die Felszeichnungen befinden sich auf dem Gelände des Alta Museums und sind nur

⌃ *Beeindruckende Felszeichnungen im Alta-Museum*

mit der Museumseintrittskarte zu besuchen. Die Anlage hat einen europäischen Museumspreis bekommen. Die Felsritzungen wurden mit Ocker ausgemalt, manche Forscher meinen, die Künstler hätten dies auch schon getan, der Beweis fehlt allerdings. Aus Marketinggründen wurden Felszeichnungen aus einer unzugänglichen Region abgebaut und hierher transportiert. Das Museum dokumentiert und erläutert sie und zeigt zudem Exponate aus dem Leben um Alta sowie samische Gegenstände.

› **Aufstieg zum Komsatoppen,** Komsahøyden bis zum Kindergarten fahren bei GPS 69.978968, 23.290844, oder vom Fv27 in den Tollevikveien und dort parken, GPS 69.977697, 23.26561.

Essen und Trinken

› **Alfa Omega,** Markedsgata 14, in der kleinen Fußgängerzone, Tel. 78445400, Hauptgerichte ab 300 nkr, die Flasche Riesling kostet 440 nkr, geöffnet von 11 Uhr bis mindestens 24 Uhr.

› **Restaurant Altafjord,** Bossekoppveien 19, Tel. 78431960, eher eine Bar, aber mit schönem Ausblick.

› **Boazo Sami Siida,** Alta River Camping, Steinfossveien 5, geöffnet: 15.6.–15.8. täglich, hier wird samische Küche serviert, www.sami-siida.no.

› **Museumscafé** im Alta Museum, bietet außer Waffeln und Kuchen ein kleines Mittagsgericht für 100 nkr, dazu gibt's einen tollen Fjordblick, ab 8 Uhr geöffnet.

› **Scandic Hotel,** Løkkeveien 61, Tel. 78482700, moderner Bau mit Restaurant, ab 12 Uhr geöffnet, Bar ab 18 Uhr, und einer Pizzeria, ab 12 Uhr geöffnet.

› **Sorrisniva** in Storelvdalen Tel. 78433378, bei GPS 69.864914, 23.31772 etwa 17 km südlich von Alta, ein Lokal am Fluss. Im Winter kann man dort im Igloo Hotel, das ganz aus Eis besteht, übernachten, bis es im Frühling wegtaut.

Einkaufen

Es gibt gegenüber dem Scandic Hotel ein Einkaufszentrum mit Café, einen Weinladen und den Flughafen.

AUSFLUG ZU SCHIEFERBRÜCHEN

In der Umgebung von Alta befinden sich **Schieferbrüche,** in denen auch heute noch abgebaut wird. Etwa 300 Menschen arbeiten heute in der Schieferproduktion. 1935 waren es noch über 1000. Schieferbrüche befinden sich bei Raipas (Bezirksstraße Y 26), Langvann (Rv9) und bei Pæska (an der FV30, 16 km südlich). Dort kann man sich bei einer Führung selbst im Schieferbrechen üben.

› Führungen nur in Gruppen, Kontakt: Pæskatun (GPS 69.848376, 23.295736), http://altaskifer.no, Tel. 78433345, 97060489, rund ums Jahr werden verschiedene Events angeboten, man kann sich auch im Scandic Hotel oder im Camp Alta erkundigen. Zur Info: Schiefer heißt auf Norwegisch „skifer" und auf Englisch „slate".

AUSFLUG AUF DEN ALTAELV

Der **Altaelv** (auf Samisch Álttáeatnu, auf Kvenisch Alattionjoki) ist immer noch einer der lachsreichsten Flüsse der Welt. Die Angellizenzen sind oft schon Monate vor der Saison vergeben, die beste Fangzeit ist von Mitte Juni bis Mitte Juli. Aufgrund des Lachsreichtums kam es in der Vergangenheit oft zu Streitigkeiten zwischen den Anrainergemeinden und anreisenden Fischern, sodass der Fluss 1611 in den Aufgabenbereich des Amtmanns von Vardø gestellt wurde. Zwei Veranstalter führen heute Flussfahrten mit Kaffee und Kuchen durch.

› Pro Boot zwischen 15 und 25 Personen, Alta Friluftspark, Tel. 78433378, oder
› Masi Čávžo Tours in Masi (Máze), Tel. 95973963, www.cavzo.no, www.sautso.no. Man kann diese Touren auch im Scandic Hotel in Alta oder im Thon Hotel in Kautokeino buchen.

AUSFLUG ZUM SAUTSO-CANYON

Wer noch einen Abstecher machen möchte, biegt auf den Rv93 nach Storeelvdalen und Gargia und dann auf den Fv30 ab. Man kommt zuerst am Abzweig nach Sorrisniva und dann am **Gargiafossen** vorbei, einem Wasserfall, der links der Straße liegt. Der Gargiaelva ergießt sich hier in den See Gargiavatnet. Danach kommt die unten beschriebene Berghütte Gargia Fjellstue und dann endet der befahrbare Teil des Weges. Man hat den **Sautso-Canyon** (Čávžo) erreicht. Er ist der größte in Europa und ein wahrhaft beeindruckender Anblick. Der Canyonzugang ist für den Autoverkehr gesperrt, man kann vom Gargiaveien (etwa bei GPS 69.773967, 23.561211) die viereinhalb Kilometer hinüberlaufen. Wer eine Wandertour machen will, fährt auf einer sehr schlechten, mit schweren Wohnmobilen nicht befahrbaren Schotterpiste an Gargia vorbei bis Bæskades. Ein grandioses Endzeitgefühl stellt sich ein. Von hier gibt es einen markierten Weg zum Canyon. Man muss allerdings mit 2 Std. pro Weg rechnen.

022wn Abb.: fh

Stark umstritten: der Alta-Staudamm

Eine bessere Möglichkeit, um in das Tal zu gelangen, ist der asphaltierte Weg zum Kraftwerk (s. unten) über das Tverrelvdalen. Dazu biegt man von der E6 beim Schild Tverrelvdalen rechts ab und fährt dann nach Stilla. Am Ende heißt der Weg Stillaveien, auf ihm wurden 1979 gegen den Staudamm protestierende Menschen von der Armee abtransportiert (siehe Exkurs Route 4, S. 312). Wer Spaß an Geröllpisten hat, kommt auf dieser Strecke auf seine Kosten, obwohl der Weg streckenweise auch gut zu befahren ist. Falls noch jemand eine Schieferplatte für seinen Billardtisch braucht, gibt es hier genügend Material. Hinter Stilla ist für Autos bei den Koordinaten GPS 69.872195, 23.64893 Schluss, ein Schild verbietet die Weiterfahrt.

Der berühmte **Alta-Staudamm,** der den Canyon verschließt, befindet sich bei GPS 69.705428, 23.818188. Der Energiekonzern Statkraft betreibt in der Felswand am Kraftwerk des 110 m hohen Staudamms einen Showroom. Er hat ein Panoramafenster zum Damm und zum Stausee, außerdem wird eine Multivisionsshow zum Kraftwerk gezeigt. Es gibt im Sommer eine Busverbindung von Alta über die gesperrte Straße dorthin (Abfahrtszeiten über die Touristeninformation erfragen).

› **Übernachten:** Gargia Fjellstue, 25 km in Richtung Kautokeino, davon 16 km auf dem Fv 30 ab dem Abzweig von der 93, GPS 69.806257, 23.49005, Tel. 78433351, 1.6.–15.9. (ab 900 nkr). Es werden auch Touren zu einem Aussichtspunkt am Rand des Canyons angeboten, der mehr als 100 m oberhalb des Flusses liegt. Von dort hat man eine atemberaubende Aussicht. Es gibt unterschiedliche Touranbieter, die man über die Touristinfo in Alta kontaktieren kann.

45 Alta River Camping

GPS 69.930006, 23.260453

Steinfossveien 5, ca. 5 km auf der 93 nach Kautokeino, in Øvre-Alta, Tel. 78434353, www.altarivercamping.com, Womo ab 160 nkr, Strom 50 nkr, geöffnet: ganzjährig. Mit Sauna am Fluss.

46 Camp Alta

GPS 69.927487, 23.270195

Steinfossveien 25–29. Der große Platz liegt genau wie Alta River Camping am Ufer des Flusses, ca. 5 km auf der 93 nach Kautokeino in Øvre-Alta, Tel. 40077399, http://campalta.no, Womoplatz 250 nkr, Strom 50 nkr, geöffnet: 1.6.–31.8.

47 Kronstadt

GPS 69.962608, 23.397335

Altaveien 375, in Elvebakken am östlichen Ortsausgang links der E6, Tel. 78430360, Womoplatz 250 nkr, Strom plus 40 nkr, geöffnet: 1.6.–31.8. Kleiner Platz am Ufer des Altaelv.

48 Solvang Camping & Ungdomssenter

GPS 69.979357, 23.467698

Transfarelvmoen 13, 11 km nordöstlich von Alta an der Transfarelva-Mündung, Tel. 78430477, Womoplatz 250 nkr, plus 40 nkr Strom, geöffnet: 20.5.–31.8., kirchliche Eigentümer.

Abfahrt

In Alta zweigt die Straße nach **Kautokeino** ab (s. Route 4, S. 305). Auf der E6 trifft man nun auf Leute, die es von Finnland zum Nordkap zieht. Von Alta aus fährt man zuerst am Flughafen vorbei, danach noch ein Stück am Altafjord entlang. Einige Kiefern säumen den Weg, bis es bei **Rafsbotn** quer über die Hochebene nach Skaidi geht. Es ist leicht gebirgig und der Bewuchs besteht nur noch aus Fjällbirken. Der Zustand der Straße ist gut.

Nach ca. 8 km taucht links der Teich **Nipijärvi** auf, danach glänzt der von baumlosen Hügeln umgebene See **Leirbotnvannet** rechts neben der Straße. Bei GPS 70.182659, 23.850975 künden zwei simple Blechschilder den Übergang vom Bezirk Alta nach Kvalsund an, aber die Straße bleibt gleich.

Die letzten 30 km vor Skaidi verläuft die Straße parallel zum Bach Goahtemuorjohka, der außerhalb der Schneeschmelze meist nur eine Aneinanderreihung von Kieshalden ohne Wasser ist. Ab und zu gibt es Haltestellen, die an Kiesgruben erinnern, aber zum Ausruhen gut geeignet sind. Hinter dem Ortsschild von Skaidi kann man zum Touristenzentrum fahren und erstmal Pause machen.

SKAIDI (SKÁIDI, SKÁIDDE)

(86 km – 1511 km)

Information

- **Turistkontor,** 9620 Kvalsund, Tel. 78416012, in der Statoil-Tankstelle, das ganze nennt sich „Skaidicenteret“ und bietet außerdem Motel, Hütte, Shop, Café und Pub.
- Mitternachtssonne: 17.5.–28.7.

Skaidi ist samisch und bedeutet „wo sich die Flüsse treffen“. Die kleine Ansiedlung liegt am Zusammenfluss des Skaidielva (Skáiddejohka) mit dem Repparfjordelva (Riehpovuonjohka). Letzterer gehört zu den lachsreichsten Flüssen Norwegens. Die überwiegend baumlose Gegend besteht nur aus einigen Samenhäusern. Die Touristenanlage **Turisthotell Repparfjord** an der E6 ist erwähnenswert, da sie mit Hütten und Zeltplätzen aufwartet. Fährt man gegenüber der Tankstelle von der E6 links den Hügel hinauf, kommt man zur schön gestalteten Anlage des **Skaidi Hotel,** das mit einem guten Restaurant aufwartet.

- **Skaidi Hotel,** Gjestebakken 1, Tel. 78415500, www.skaidihotel.no, mit Schwimmbad und Sauna, Restaurant mit samischen Spezialitäten, durchgehend geöffnet.

Vom Flugzeug sieht der Hügel aus wie pockennarbig – alle 20 m steht eine Ferienhütte. Das **Skaidi Skiresort** wartet mit zig Kilometern an präparierten Loipen und Hunderten von Kilometern an Schneemobilpfaden auf – und entsprechend viele Unterkünfte gibt es.

Hinter der Brücke über den Skaidielv (Skáiddejohka) biegt die E6 rechts ab. Im ganzjährig geöffneten Turisthotell Repparfjord kann man etwas essen (600 m nach der Kreuzung links die Straße den Hügel hinauf). Fährt man hinter der Brücke links ab, kommt man auf die Straße 94, die nach **Hammerfest,** zur „nördlichsten Stadt der Welt“, führt. Fährt man stattdessen auf der E6 weiter, geht es nach **Olderfjord/Russenes** (s. S. 357) zum Nordkap.

ABSTECHER NACH HAMMERFEST (HÁMMÁRFEASTT)

(112 km hin und zurück)

Auf der 94 sind es von Skaidi noch rund 56 km bis Hammerfest. Die Straße führt am Repparfluss und -fjord entlang, an der Straße gibt es Birkenwäldchen. Unterwegs passiert man die wiedereröffnete Repparfjord-Kupfermine (GPS 70.456562, 24.279785). Nach 26 km erreicht man **Kvalsund.** Hier führt eine gewaltige **Hängebrücke** (740 m) zur Insel Kvaløy, auf der Hammerfest liegt. Sie ist natürlich die nördlichste Hängebrücke der Welt. Sie ist eine Kopie der etwas kürzeren Skjomen brua 20 km südlich von Narvik.

Der Ort **Kvalsund (Fálesnuori, Valasnuorann)** hat 1300 Einwohner. Die Kirche war das einzige Gebäude, das nach dem Zweiten Weltkrieg noch stand. Im Ort stehen drei Steine mit etwa 2500 Jahre alten Felszeichnungen. Man erreicht sie, indem man im Ort links der 94 zur Kirche abbiegt. Nach 50 m geht es links auf den Parkplatz, der

023wn Abb.: fo©rogeluft

Hammerfest war einst die nördlichste Stadt der Welt

sich auch zum Übernachten eignet. In Kvalsund gibt es außerdem einen Gedenkstein für die Opfer des Krieges.

Weiter Richtung Hammerfest fährt man hinter der Brücke auf der 94 durch einen Tunnel. Man kann aber auch den schmalen Weg links am Ufer fahren, dann erreicht man etwa 1 km nach der Brücke links neben der Straße eine hohe Felszacke. Dies soll ein **Stallo** sein – ein samischer Riese, der zu Stein und von den Samen verehrt wurde. Auf der 94 führt der Weg an der kahlen Süd- und Westküste entlang. Man sieht von hier die Gletscher auf der Insel Seiland aufragen. Kurz vor Hammerfest steht der nördlichste Birkenwald am See Lansvannet. Danach wird die Vegetation spärlicher.

HAMMERFEST

Hammerfest hat 9200 Einwohner. Am 17. Juli des Jahres 1789 erhielt der Ort das Stadtrecht und nennt sich seitdem „Nördlichste Stadt der Welt“ (70° 39' 48''). Dass mittlerweile auch eine Stadt in Alaska dieses Prädikat für sich beansprucht, stört weder die Einwohner noch Tausende von Touristen, die jährlich Station machen, nur um einmal hier gewesen zu sein.

Die Stadt zieht sich um eine Bucht und präsentiert sich geschäftig und modern. In den Außenbezirken haben sich einige Industriebetriebe angesiedelt.

Während der Napoleonischen Kriege wurde Hammerfest 1809 von zwei Kriegsschiffen der Engländer angegriffen und anschließend ge-

plündert. 1890 brannte die Stadt von selbst ab. Nachdem die Deutschen Hammerfest während des Zweiten Weltkrieges besetzt und als Versorgungshafen genutzt hatten, zerstörte die Wehrmacht vor ihrem Rückzug im Winter 1944/1945 so gut wie alle Gebäude. Eine interessante Ausstellung des **Wiederaufbaumuseums** oder des Gjenreisningsmuseet informiert über die Zwangsevakuierung, das Niederbrennen und vor allem den Wiederaufbau der Gegend nach dem Zweiten Weltkrieg.

Der königliche Eisbärenclub buhlt um Spenden zur Verschönerung des Ortes. Die **Fontäne** vor dem Rathaus wurde von einem US-Botschafter gespendet, dessen Mutter aus Hammerfest kam. Architektonisch interessant ist die 1961 erbaute Kirche in der Nähe des Wiederaufbaumuseums. Ihre Dachkonstruktion soll an ein Stockfischgestell erinnern.

Es gibt zwei Hallenbäder im Ort und es ist noch ein echter Superlativ zu vermerken: Um 1891 erhielt Hammerfest als erste Stadt Europas eine elektrische Straßenbeleuchtung. Verständlich, wenn man bedenkt, dass hier die Sonne in der Zeit vom 21. November bis zum 23. Januar überhaupt nicht aufgeht. Für die Beleuchtung hatten die Stadtväter Thomas Edison in Paris seinen dritten Generator abgekauft. Ein Monument der Naturwissenschaft ist die Meridiansäule. An unbeschwerte Zeiten erinnert der Musikpavillon in der Strandgata und für einen Spaziergang bietet sich der Zickzack-Weg zum Aussichtsturm **Varden** an.

Die Vermessung der Welt: der Struve-Bogen

Zwischen 1816 und 1855 hatten ***Wilhelm von Struve,*** *der Russe Carl Tenner und sein Team geodätische Messpunkte vom Schwarzen Meer 3.000 km bis Hammerfest auf Bergspitzen verteilt, um Größe, Form, Abplattung der Erdoberfläche zu messen. Heute sind diese Messpunkte Teil des Weltkulturerbes, vier davon liegen in der Finnmark. Diese Struve-Bogen genannte Strecke besteht aus 265 Messpunkten, meist Obelisken und Steinhügeln. Nur einer der in Skandinavien liegenden Punkte befindet sich in einem Gebäude, nämlich in der Kirche von Alatornio in Finnland. Die Strecke zählt zu den genauesten und größten Projekten der damaligen Erdmessung. Er reicht von Hammerfest, also der* ***Meridiansäule*** *im Ortsteil Fuglenes (GPS 70.670032, 23.66336), über Schweden, Finnland, Estland, Lettland, Litauen, Weißrussland, Ukraine und Moldawien bis Staro-Nekrassowka bei Ismajil (GPS 45.346814, 28.929951) am Schwarzen Meer.*

024wn Abb.: fh

Sehenswertes

- **Arktisk Kultursenter:** Veranstaltungsort in der Strandgata 30, GPS 70.664063, 23.689983, abends blau leuchtend, mit dem schönsten Café der Stadt.
- **Gjenreisningsmuseet (Wiederaufbaumuseum),** Kirkegata 21, www.gjenreisningsmuseet.no, geöffnet: Mo.–Fr. 9–15, Sa./So. 11–14, 1.6.–16.8. täglich 10–16 Uhr
- **Isbjørnklubben,** Havnegata 3. Mitgliedschaft: ca. 160 nkr, Eintritt: 40 nkr, geöffnet im Sommer 10–15 Uhr, sonst bis 14 Uhr. Die Klubräume bei der Info am Hafen präsentieren eine Ausstellung alter Eismeer-Fischfanggeräte.
- **Kirke,** Kirkegata 21, GPS 70.661667, 23.675, geöffnet: Mo.–Fr. 8–15 Uhr, Juni bis August auch samstags, Eintritt 3 nkr
- **Meridiansäule:** Sie erinnert an die internationale Zusammenarbeit während der topografischen Vermessung des Erdballs von 1819 bis 1852. Initiatoren waren der schwedische König und der russische Zar. Die Säule steht auf der Halbinsel Fuglenes gegenüber der weiterführenden Schule, GPS 70.670032, 23.66336. Man folgt einfach in der Meridiangata dem Schild Meridianstatten. Das andere Ende dazu befindet sich in Ismajil am Schwarzen Meer.
- **Pavillon,** an der Strandgata, GPS 70.662218, 23.684517. Er gehört zu den schönsten Bauten in Hammerfest und wurde von Eva und Knut Arnesen für das Stadtjubiläum geschaffen.
- **Skansen:** Die alte Festung wurde auf der Halbinsel Fuglenes am Ende der Meridiangata, GPS 70.667756, 23.657073, während der napoleonischen Kriege gebaut. 1989 wurde sie etwas rekonstruiert.
- **Varden:** Der ursprüngliche Aussichtsturm aus dem Jahre 1883 auf dem Byfjellet (GPS 70.662168, 23.692809) wurde von den Nazis abgerissen und 1983 auf dem 80 m hohen Hügel Salen wieder errichtet. Man erreicht ihn über den Zickzack-Weg, den Kaplan Simonsen 1893 mithilfe der örtlichen Schnapshändler anlegte (vermutlich nach einem Warentest). Er beginnt bei GPS 70.662252, 23.685794. Man braucht etwa 15 Minuten und hat dann einen herrlichen Blick über die Stadt. Es gibt auch eine Straße, die zum Café und zur Hütte neben dem Turm hinaufführt. Dazu fährt man rechts des Gávpodjávrisees den Idrettsveien, den Skaidiveien zum Turistveien. Die Berghütte Turiststua ist leider momentan geschlossen.

Essen

- **Arctic Café,** im Arktisk Kultursenter, Strandgata 30, tägl. 10–22, So. ab 12 Uhr.
- **Kaikanten,** Sjøgata 19, populärer Pub mit alten Sofas, leiser Musik und akzeptablen Pizzen, ab 18 Uhr geöffnet.
- **Mikkelgammen,** auch Turiststua genannt, Turistveien, GPS 70.662118, 23.692794. Tel. 78429600, samische Küche, etwas außerhalb am Seeufer, Buchung in der Turistinfo.
- **Odds Mat & Vinhus,** Strandgatan 24. Die Einrichtung ist ziemlich verkitscht, aber die Speisen sind die besten der Stadt, Hauptgerichte ab 240 nkr, sonntags geschlossen.
- **Qa Spiseri,** Sjøgata 8. Modernes Restaurant mit moderner Küche und akzeptablen Preisen, Mo.–Sa. 10–17 Uhr.
- **Ellen's Café,** Sjøgata 6–9. Täglich ein hausgemachtes Mittagessen und unschlagbar gute Kuchen, Mo.–Fr. 10–18, Sa. 10–16 Uhr.

(49) Hammerfest Turistsenter

GPS 70.65261, 23.66096

Storsvingen 5, 9610 Rypefjord, 1 km vor dem Zentrum in Storsvingen, Tel. 78411126, geöffnet 1.6.-15.9. Campingplatz mit 42 Motelzimmern. Traumhafte Aussicht aufs Meer, liegt hinter einer nicht mehr benutzten Tankstelle, in der sich die Rezeption befindet. Die Stellplätze sind auf einem asphaltierten Parkplatz.

(50) NAF Storsvannet

GPS 70.659741, 23.713081

Storvannsveien 103, am oberen Ende des Stadtsees, ab Hammerfest beschildert, Tel. 78411010, Womoplatz 200 nkr, Strom plus 40 nkr, geöffnet: 20.5.-30.9.

OLDERFJORD/RUSSENES (LEAIBEVUOTNA, LEIPOVUONO)

(23 km – 1534 km)

Von Skaidi zum **Porsangerfjord** sind es knapp 25 km über eine ziemlich öde Hochebene. Die E6 verläuft meist auf einem Damm. Man kann theoretisch überall halten, muss aber aufpassen, dass das Gefährt nicht Schlagseite bekommt, wenn man versucht, im schrägen Winkel von der Fahrbahn auf den Seitenstreifen zu fahren. Man muss also entweder befestigte Haltebuchten suchen oder im rechten Winkel von der Straße fahren, was ziemlich schwierig ist. Bald ist **Olderfjord** bzw. **Leaibevuotna** oder **Leipovuono** – je nach Sprache – erreicht. Da hier eine Finnisch sprechende Minderheit lebt, ist der Ortsname nicht nur auf **Norwegisch** und **Samisch,** sondern auch auf **Kvenisch** geschrieben. Hier endet die Route 1. Nach rechts geht es über Lakselv in Richtung Karasjok und links nach Norden (nähere Beschreibung von Olderfjord/Russenes auf Route 5 s. S. 357).

Eine Flüssiggasanlage außerhalb von Hammerfest

025wn Abb.: fo©rogeluft

AM BOTTNISCHEN MEERBUSEN ENTLANG DURCH ENDLOSE WÄLDER

Die Strecke durch Schweden zum Nordkap ist zum Reisen mit dem Wohnmobil vermutlich die bequemste. Die Straßen sind, zumindest an der Küste, gut ausgebaut und geradlinig geht es nach Norden. Auf dem ersten Viertel des Weges hat man die Möglichkeit, die schwedische Hauptstadt Stockholm zu besuchen und sich dort einige weltberühmte Sehenswürdigkeiten anzusehen, wie etwa das Freilichtmuseum Skansen oder das berühmte Kriegsschiff Vasa aus dem 17. Jh., das nach 1,3 km Fahrstrecke unterging und 330 Jahre später aus dem Hafenbecken geborgen wurde. Danach kann man ein wenig durch das quirlige Viertel Södermalm schlendern mit seinen unzähligen Secondhand-Läden.

Die Route verläuft über die alte Universitätsstadt Uppsala zur Ostseeküste, an der es noch eine ganze Zeit entlanggeht, bevor man bei Luleå in die endlosen Wälder abtaucht. Die Strecke führt jetzt langsam bergauf, kurz vor Jokkmokk überquert man den Polarkreis.

Weiter fährt man meist entlang der berühmten Malmbanan, der Erzbahn, durch öde Hochebenen und tiefe Täler. Ab der norwegischen Grenze geht es wieder bergab und kurz vor Narvik erreicht man die Route 1.

› Die Höga-Kusten-Brücke

ROUTE 2

DURCH SCHWEDEN NACH NORDNORWEGEN

Literaturtipp
„Die schönsten Routen durch Südschweden" von Michael Moll, Reise Know-How Verlag. Dieser Wohnmobil-Tourguide präsentiert die schönsten Landschaften und Orte Südschwedens mit detaillierten Routenplänen, GPS-Koordinaten von allen Camping- und Stellplätzen und vielen idyllischen Picknick- und Parkplätzen.

VERLAUF ROUTE 2

Trelleborg – Gävle (850 km)
Gävle – Luleå (52 km)
Boden – Nygård, E6 (27,5 km)

ANREISE VON TRELLEBORG NACH GÄVLE

Der Weg bis Gävle ist im Wohnmobil-Tourguide Südschweden vom Reise Know-How Verlag ausführlich beschrieben. Dieser Anreiseabschnitt der Strecke ist deshalb hier nur kurz zusammengefasst.

STRECKENVERLAUF

Trelleborg – Värnamo (263 km) – Jönköping (71 km) – Gränna (39 km) – Linköping (96 km) – Norrköping (43 km) – Stockholm (162 km) – Uppsala (70 km) – Gävle (106 km)
Streckenlänge: 850 km

TRELLEBORG

Von Deutschland erreicht man Schweden über die Fährverbindungen von Travemünde, Rostock und Sassnitz nach **Trelleborg,** wo die Europastraße 6 beginnt. Über sie gelangt man nach 32 km in das dänisch anmutende Malmö. (Die Stadt am Öresund kann man ebenfalls über Kopenhagen erreichen, indem man die Öresundbrücke der E20 von Kopenhagen nach Malmö nimmt.) Auf jeden Fall fährt man in Schwe-

151wn Abb.: fo©coco194

Der Hafen von Trelleborg

den auf die E6, der man nun 65 km nach Norden bis Helsingborg folgt. (Wer über Dänemark anreist, für den kommen zusätzlich die Strecken Travemünde – Gedser oder die Vogelfluglinie über Puttgarden – Rødby und anschließend Helsingør – Helsingborg in Frage, wo er am Ortsausgang auf die E6 trifft.) Beim Autobahnkreuz nordöstlich von Helsingborg biegt man auf die E4 ab, die 1600 km weit über **Stockholm** bis nach Haparanda am Polarkreis führt.

94 km sind es von Trelleborg bis Traryd, ein hübscher Ort, dessen Umgebung zum Wandern einlädt. Von dort sind es noch 72 km in nördlicher Richtung bis Värnamo.

VÄRNAMO

(263 km – 263 km)

Die 19.000 Einwohner zählende Kleinstadt liegt westlich der E4 inmitten von Laub- und Nadelwäldern, die von Weiden- und Sumpfland unterbrochen werden. Durch den Ort fließt der Lagan, wodurch Värnamo früher als Handelsplatz interessant war. Es lohnt sich ein Blick in den Park, der unter Naturschutz steht. Vom 300 m hohen Isaberg hat man einen guten Rundblick. Wer sich für Design interessiert, kann sich das Wohnhaus des Designers Bruno Mathsson anschauen. Er erfand einen berühmten Sessel mit Sattelgurten und ganz nebenbei die Isolierglasfenster für sein Sommerhaus.

› **Bruno Mathsson Center,** mit Museum, Tånnögatan 17, werktags 13–16.30 Uhr, www.mathsson.se. Hier werden seine Möbel ausgestellt und Sonderausstellungen präsentiert, Eintritt frei.

Nach weiteren 70 km erreicht man die Südspitze des Vättern-Sees, an dem man in Jönköping eine Rast einlegen kann.

JÖNKÖPING

(71 km – 334 km)

Jönköping ist die Hauptstadt von Nordsmåland. Die Stadt mit 90.000 Einwohnern wurde im 19. Jh. durch ihre Streichholzindustrie reich. Nachvollziehen kann man die Entwicklung im **Tändsticksmuseet.** Quasi mit Jönköping verwachsen ist Huskvarna. Dort befindet sich nicht nur die Waffenfabrik *Husqvarna,* sondern es werden auch Motorsägen, Nähmaschinen und Öfen hergestellt.

Sehenswertes

› **Tändsticksmuseet,** Tändsticksgränd 27, www.matchmuseum.se, Tel. 36 105543, 1.6.–31.8. Mo.–Fr. 10–17, Sa.–So. 10–15 Uhr, 1.9.–31.5. Di.–So. 11–15 Uhr. Nov.–Feb. Eintritt Mai–Oktober 50 skr. Im Komplex der alten Streichholzfabrik befinden sich kleine Läden, eine Radioausstellung und ein Theater.

Literaturtipp

„Schwedisch – Wort für Wort“ von Karl-Axel Daude, Reise Know-How Verlag. Auch wenn man in Schweden recht gut mit Englisch durchkommt. Die manchmal als etwas verschlossen geltenden Einwohner des Landes freuen sich natürlich besonders, wenn man einige Brocken in der Landessprache anbringt. Der Kauderwelsch-Sprachführer zum einfachen Lernen bietet dafür die wichtigsten Regeln, Redewendungen und Vokabeln zur stressfreien Kommunikation unterwegs.

⊡ *Auch schmale Wege führen zum Ziel*

041wn Abb.: fh

Die E4 folgt nun dem rechten Ufer des Vättern-Sees, mit 1886 km^2 der zweitgrößte See Schwedens. Nach 32 km führt eine Abfahrt zu dem kleinen beschaulichen Örtchen Gränna am Ufer.

GRÄNNA

(39 km – 373 km)

Der hübsche Ort besitzt einige alte Holzhäuser und ist bekannt für seine rotweißen Zuckerstangen, Polkagrisar genannt, die hier hergestellt werden. Außerdem kann man zur Insel Visingsö übersetzen, auf der es kleine Dörfer und Schlossruinen zu besichtigen gibt.

Zurück auf der E4 erreicht man nach 96 km Linköping. Am Hafen gibt es etwa 30 Stellplätze, 160 skr.

LINKÖPING

(96 km – 469 km)

Diese südschwedische Stadt mit 105.000 Einwohnern ist Bischofssitz, Garnisons- und Universitätsstadt sowie ein bedeutender Industriestandort. Die Gegend ist seit der Bronzezeit besiedelt. Im Nordischen Krieg wurde die Siedlung im Jahr 1700 in Brand gesteckt und später ziemlich rechtwinklig neu errichtet. Mehrere Freizeitparks ziehen die Bevölkerung vor Ort an. Besichtigt werden können u. a. das alte Schloss und ein großes Freilichtmuseum. Dort, südwestlich vom Zentrum, hat man alte Häuser aus Südschweden zu einer Art Dorf arrangiert und lässt die alte Zeit in Läden und Lokalen wieder lebendig werden.

Gut 50 km weiter liegt der kleine Ort **Norsholm.** Dort überquert die E4 den Göta-Kanal, eine künstliche Wasserstraße zwischen der Ost- und Nordsee. Bis Stockholm sind es jetzt noch ca. 200 km.

Karte 2/1
142
1 cm = 8,75 km
0
20 km
© Reise Know-How 2016
Hedesunda
Söderfors
Hedesundafjärdarna
Lövstabruk
Forsmark
Gräsö
Öregrund
Tierp
Snesslingeberg
Gryttjom
Andersbo
Tobo
Börstil
Östhammar
Mankarbo
Örbyhus
Östervåla
Örbyhus
Dannemora
Österbybruk
Harg
Gimo
Tämnaren
Vendel
Hargshamn
Svartklubben
Morkarla
Singö
ROUTE 2
Herräng
Harbo
Grisslehamn
Läby
Viksta
Skyttorp
Alunda
Ekeby
Väddö
Björklinge
Uppsala län
Hallstavik
Tuna
Vallen
Väddö
Östfora
Bälinge
Storvreta
Skebobruk
Ålmsta
Ullbolsta
Gininge
Vittinge
Gamla Uppsala
Ununge
Järlåsa
Knutby
Söderby-Karl
Vänge
Uppsala
Edsbro
Björkö
Almunge
Läby
Domkyrka
Länna
Erken
Svanberga
Vätö
Österunda
Sävja
Rånäs
Lohärad
Gräddö
Vik slott
Alsike
Husby-Långhundra
Norrtälje
Rådmansö
Örsundsbro
Ekoln
Sjö
Knivsta
Rimbo
Frötuna
Kapellskär
Skokloster
Spillersboda
Enköping
Penningby
Ekolsund slott
Lunda
Kårsta
Venngarn slott
Märsta
Arlanda flygplats
Riala
Bergshamra
Furusund
Sigtuna
Blidö
Angsö nat. park
Gamla Sigtuna
Stockholms län
Haga
Lillkyrka
Bålsta
Upplands-Väsby
Vallentuna
Brottby
Roslags-Kulla
Svartlöga
Ljusterö
Veckholm
Bro
Sollentuna
Gälnan
Kungsängen
Åkersberga
Ingmarsö
Täby
Selaön
Mälsåker slott
N. Björkfj.
Jakobsberg
Resarö
Tynnelsö
Munsö
Kungsberga
Möja
Ängnäs
Adelsö
Munsö
Djursholm
Vaxholm
Prästfj.
Brevik
Värmdö
Stallarholmen
Birka and Hovgården
Stenhamra
Sundbyberg
Boo
Gustavsberg
Drottningholm
Lidingö
Hemmesta
Björkö
Ekerö
Royal Domain of Drottningholm
Fisksätra
S. Björkfj.
Stavsnäs
Gripsholm slott
Älta
Rünmarö
STOCKHOLM
Saltsjöbaden
Mariefred
Skogskyrkogården
Revengegrund
Södertälje
Huddinge
Tyresö
Breviks-halvön
Tyresta nat. park
Tumba
Handen
Nämdö
Nykvarn
Nämdofj.
Heby
Vårsta
Yngern
Pershagen
Jordbro
Dalarö
Klemmingen
ROUTE 2
Västerhaninge
Sandemar
Himmerfjärd
Fjärdlång
Gnesta
Ornö
Muskö
Ösmo
Mörkö
Mysingen
Huvudskär
Likstammen
Vagnhärad
St.Vika
Rånö
Trosa
Nynäshamn
Tureholm
Nättarö

NORRKÖPING
(43 km – 512 km)

Die Industriestadt mit 87.000 Einwohnern liegt an einem schmalen Arm der Ostsee. Im 17. Jh. siedelte sich hier die Textilindustrie an, wodurch über hundert Fabriken entstanden. Besucher können Reste alter Industriearchitektur, ein Stück der ehemaligen Wallanlage mit Turm und den Freihafen besichtigen. Links der E4 im Stadtteil Himmelstalund sind gut erhaltene Felszeichnungen aus der Bronzezeit zu besichtigen.

Auf der E4 gelangt man aus den waldreichen Gegenden ab **Södertälje** in den Stockholmer Bereich, was man vor allem durch das erhöhte Verkehrsaufkommen bemerkt.

STOCKHOLM
(162 km – 674 km)

Information

- **Touristinfo,** Sergels Torg 5, Tel. 08 50828508, www.visitstockholm.com, Norrmalm, U-Bahn T-Centralen, Mai–Mitte Sep. Mo.–Fr. 9–19, Sa. 10–17, So. 10–16 Uhr, sonst Mo.–Fr. 9–18, Sa. 10–17, So. 10–16 Uhr.
- **Svenska Turistföreningen (STF),** Box 17251, S-10462 Stockholm, Tel. 08 4632100, www.svenskaturistforeningen.se. Alle Infos für Wanderer und Naturliebhaber Schwedens bietet die Internetseite des schwedischen Touristenverbandes.

Wer über die E4 gekommen ist, kann schnell einen Abstecher zum Venedig des Nordens machen. Die Hauptstadt Schwedens hat knapp 870.000, mit den ganzen Vorstädten fast 1,7 Mio. Einwohner. Entstanden ist die Stadt etwa im Jahre 800. Sie wurde um die von dem damaligen Regenten Birger Jarl errichtete Festungsanlage angelegt, die auf der Insel Björkö im Mälar-See stand. Die Festung zog Kaufleute an, die sich dort niederließen, sodass sich die Ansiedlung vergrößerte. Gegen Ende des 16. Jh. betrieben dort etwa 6000 Kaufleute ihr Handwerk, von denen ein Drittel Deutsche waren. Zu dieser Zeit expandierte die Stadt auf das Festland und wurde Sitz des Königs. Daraufhin wurde Stockholm das politische Zentrum Schwedens und entwickelte sich ab dem 19. Jh. auch zu einem wirtschaftlich wichtigen Dienstleistungs- und Handelszentrum. Heute hat sich der Stadtkern Stockholms auf 14 Inseln ausgedehnt.

Nach endlosen Vorstädten erreicht man den Verteiler vor Liljeholmen. Geradeaus geht es über Södermalm zum Slussen, dem Verteilerring für die Innenstadt.

Von Slussen kommt man auf die Insel Stadsholmen, wo sich die äußerst charmante historische Altstadt **Gamla Stan** befindet, die zu den großen Sehenswürdigkeiten der Hauptstadt gehört. In den engen, gewundenen Gassen befinden sich allerlei Modeläden, Kneipen und Restaurants.

Direkt daneben erhebt sich das **königliche Schloss,** ein schmuckloses Viereck. Es wurde Mitte des 18. Jahrhunderts für Karl XII. errichtet.

Stockholm hat Museumsfreunden einiges zu bieten. Das **Vasamuseum** in Djurgården stellt sehr eindrücklich das untergegangene Flaggschiff der schwedischen Kriegsflotte von 1628 aus. Dummerweise hatte man sich mit der Berechnung der Breite vertan, sodass die Vasa noch auf ihrer Jungfernfahrt im Stockholmer Hafen kenterte und versank. 1961 wurde das Wrack mit großem Aufwand gehoben und 30 Jahre lang restauriert. Im **Nationalmuseum** können Werke der staatlichen Kunstsammlung aus dem 17. bis 19. Jahrhundert besichtigt werden: neben Gemälden von Degas, Goya, Rembrandt, Renoir und Rubens auch Bilder der schwedischen Maler Carl Larsson und Anders Zorn. Im **Freilichtmuseum und Zoo Skansen** können sich Besucher schwedische Häuser und Höfe aus verschiedenen Jahrhunderten ansehen. Das Atelier mit der Kunstsammlung des Bildhauers Carl Milles und seiner Frau liegt in dem terrassenförmig angelegten Skulpturenpark **Millesgården** mit tollem Blick auf Stockholm.

Sehenswertes

- **Freilichtmuseum und Zoo Skansen** im Djurgården-Park. Im Winter sind einige Gebäude des Museums geschlossen. Man erreicht das Gelände z. B. über eine Schrägseilbahn vom Hazelius-Eingang aus. Der Zoo zeigt nordische und andere Tiere. Der Park und der Zoo sind geöffnet: April 10–16 Uhr, Mai–23.Juni bis 18 Uhr, 24. Juni–31. Aug bis 20 Uhr, Sept bis 18 Uhr, Oktober–März bis 15 Uhr. Eintritt Skansen bis 180 skr, Seilbahn 20 skr, www.skansen.se.
- **Kaknästurm,** Anfahrt mit Bus 69 oder mit Womo über Djurgårdsbrunnsvägen, geöffnet: Mai–Aug. 9–22 Uhr, sonst 10–18 Uhr. Liftpreis: 55 skr. Mit 155 m eines der höchste Gebäude Skandinaviens. Man kann hochfahren und hat dann aus 128 m Höhe einen Blick über die Stadt.
- **Kungliga Slottet, Königliches Stadtschloss,** Slottsbacken, U-Bahn Gamla Stan, www.kungahuset.se, Kombiticket für Repräsentationsräume, Museum und Schatzkammer 150 Skr, geöffnet: Mitte Mai bis Mitte Sept. 10–17 Uhr, Mitte Sept.-Mitte Mai Di.-So. 10–16 Uhr.
- **Millesgården Museum,** Lidingö, Herserudsvägen 32, wechselnde Ausstellungen, geöffnet Mai–Ende Sept. 11–17 Uhr, übrige Zeit montags geschlossen, 150 skr, www.millesgarden.se.
- **Nationalmuseum,** Strömkai, Eintritt 100 skr, Mo. geschlossen.
- **Vasamuseum,** Skansen, Galärvarvsvägen 14, die Vasa sollte 1628 das Flaggschiff der schwedischen Kriegsflotte werden, tägl. 10–17, Sommer 8.30–18 Uhr.

Literaturtipp

„CityTrip Stockholm" von Stefan Krull und Lars Dörenmeier, Reise Know-How Verlag. Der praktische Begleiter für einen Kurztrip durch die Hauptstadt. Mit separatem Faltplan und GPS-Daten aller Points of Interest.

Der Knotenpunkt Slussen verteilt den Verkehr zur Altstadt

042wn Abb.: ld

Routenkarte S. 133

Stockholm

53 Ängby Camping
55 Bredäng Camping
Hälsobrunnsgatan
Klarastrandsleden
Karlsbergssjön
Bamhusbron
Torsgatan
Kammakargatan
Dansens Hus
Wallin-gatan
Drottning-gatan
Adolf Fredriks Kyrko-gatan
Olofs-gatan
Lundmakargatan
Malmskillnadsgatan
Bamhusgatan
Conference Center
Olof-Palme-Gedenkplatte
HÖTORGET
Olof Palmes-gatan
Norra Bantorget
P O Hallmans gata
Grubbensringen
Sankt Eriks Hospital
St Eriks kapell
Vasa-teatern
Östra
Vasa-gatan
Klara
Apelbergs-gatan
Mälargatan
Hötorget
Konsert-huset
Oxtorgsgatan
Kungs-gatan
Norra
Brog
Sjöldgatan
Sergelgatan
Wargentins-gatan
Hjärnegatan
Fleminggatan
Oscarsteatern
Gamla
Kungs-bron
Scheele-gatan
Pipersgatan
Järnvägsgatan
Terminalslingan
Bryggar-gatan
Kyrkogata
Samuels-gatan
Kungsholms-gatan
Norra Agnegatan
Västra
Blekholms-gatan
Blekholmsterrassen
Vasa-plan
Mäster
Sergels Torg
Polishuset
Rådhuset
Kungsgatan
Kungsholmsgatan
Kungsbro
Strand
Cityterminalen
T-CENTRALEN
Klarabergs-gatan
Klara Östra Kyrkogata
Kultur-huset
Stads-teatern
Malmtorgsgatan
RÅDHUSET
KUNGSHOLMEN
Kungsklippan
Klara Västra Kyrkogata
Klara-kyrka
Klarabergsviadukt
Nils Ericsons Plan
Stockholm Central
Vattugatan
Klaratunneln
Hantverkar-gatan
Södra Agneg.
Bergs-gatan
Parmmätargatan
Kaplansbacken
Herkules-gatan
Kardjansmakargatan
Drottninggatan
Jakobs-gatan
Freds-gatan
Hantverkar-gatan
Kungsholms kyrka
Garvar-gata
Rödbod-gatan
Tegelbacken
Ström-gatan
Stadhusbron
Skilinggränd
Samuel Owens Gata
Garvar Lundins Gränd
Jakob Westinsgatan
Stadshuset
Central-bron
Vasabron
Riddar-huset
Norstedts-huset
Riddarholmen
Wrangelska-platsen
Wrangelska backen
Riddarfjärden
Evert Taube Terrasse
Riddarholms-kyrkan
Munkbroleden
GAMLA STAN
Gastro- und Nightlife-Areale
Shoppingareale
Söder Mälarstrand
Mariaberget
Pustegränd
Pyrsgränd
Skinnarviks-parken
Monteliusvägen
Heleneborgsgatan
Högalids-gatan
Kristinehovsgatan
Skinnarviksringen
Yttersta Tvärgränd
Ludvigsbergs-gatan
Gamla Lundagatan
Torkel Knutssonsgatan
Bastu-gatan
Timmermansgatan
Blecktornsgränd
Bellmansgatan
Tavast-gatan
Tavastgatan
Brännkyrka-gatan
Horns-gatan
Lunda-gatan
Ringvägen
Maria-torget
Maria Magdalena kyrkan
ZINKENSDAMM
SÖDERMALM
Sankt Paulsgatan
MARIATORGET
Krukmakar-gatan
50 Husbilcamping Långholm

0
250 m
©Reise Know-How 2016
52 Rösjöbadens Camping
Millesgården Museum
Kaknästurm
Skansen
Fähranleger Silija, Fähranleger Viking
NORRMALM
ÖSTERMALM
KARLAPLAN
Karlaplan
ÖSTERMALMSTORG
Östermalms-torg
KUNGSTRÄDGÅRDEN
Kungsträdgården
GAMLA STAN
SLUSSEN
Djurgården
Galärparken
Ladugårdslandsviken
Norrström
Strömmen
Saltsjön
Skeppsholmen
Kastellholmen
Helgeandsholmen
Königliches Stadtschloss
Stureplan
Hedvig Eleonorakyrka
Armémuseum
Historiska museet
Oscarskyrka
Dramatiska teatern
Musikmuseet
Berzelii park
Nybroplan
Jakobs kyrka
Kungliga Operan
Medeltidsmuseet
Riksdågshuset
Nationalmuseum
Obelisk
Slottskyrkan
Slottsbacken
Kungliga myntkabinettet
Storkyrkan
Nobelmuseet
Finska kyrka
Stortorget
Tyska kyrkan
Järntorget
Östasiatiska Museet
Moderna Museet
Skeppsholmskyrka
Arkitekturmuseet
Kastellet
Junibacken
Nordiska Museet
Vasamuseet
Aquaria Vattenmuseum
Gröna Lund
Stockholms Stadsmuseum
Katarinahissen
Katarina-Viertel
Katarina Kyrkan
Djurgårdsfärjan
Djurgårdsfärjan
Djurgårdsbron
Strandvägen
Jarlsgatan
Birger Jarlsgatan
Sturegatan
Humlegårdsgatan
Kungsgatan
Hamngatan
Strömgatan
Skeppsbron
Strömbron
Stallgatan
Nybrokajen
Skeppsholmsbron
Munkbroleden
Stadgårdsleden
Katarinavägen
Götgatan
Mäster Samuelsgatan
Riddargatan
Storgatan
Linnégatan
Karlavägen
Narvavägen
Valhallavägen
Strömkajen
Slottskajen
Stallkanalen
Västerlånggatan
Österlånggatan
Köpmangatan
Kindstugatan
Stora Nygatan
Munkbron
Guldgränd
Peter Myndes Backe
Mosebacke Torg
Stadsgården
Stadsgårdshamnen

043wn Abb.: fh

Parken

Am besten parkt man außerhalb des Zentrums, auf den Park&Ride-Parkplätzen in der Nähe der Pendelzughaltestellen und U-Bahn-Stationen, die 12 skr pro Tag kosten. Oft ist das Parken an der Straße nur zu bestimmten Zeiten erlaubt.

Die „Stockholm Card" bietet kostenloses Parken an den Parkuhren der Stockholmer Innenstadt. Dazu steckt man den Zusatzausweis hinter die Windschutzscheibe. Zu beachten sind die beschilderten Einsatzzeiten der städtischen Straßenreinigung sowie die Gültigkeitsdauer des jeweiligen Parkplatzes. Die Ausweiskarte gilt nicht auf privaten Parkplätzen.

51 Husbilcamping Tantolunden

GPS 59.312372, 18.053766

Ringvägen 24, auf der Insel Södermalm, direkt am Park vor der Eisenbahnbrücke, Tel. 760 506608, www.husbilstockholm.se. Ganzjährig geöffnet. Da der Platz nur 17 Stellplätze hat, sollte man vorbuchen. 9.5.–28.8. 270 skr, mit Strom 300 skr, in der Vor- und Nachsaison etwas billiger. Duschen und Entsorgung.

Weltkulturerbe Gamla Stan: In den kleinen Gassen bieten sich dem Besucher immer neue Überraschungen.

52 Husbilcamping Långholm

GPS 59.320062, 18.03138

Skutskepparvägen 1, auf der Insel Långholm im Zentrum, nur für Womos, www.husbilstockholm.se. Auf der E4 Richtung Södermalm, Liljeholmsbron Richtung Zentrum. An der Västerbron rechts ab, unter der Brücke, 9.5.–28.8. Stellplatz 270 skr, mit Strom 300 skr, 29.8.–19.9. 20 skr billiger, Wasser und Toilettenleerung möglich.

53 Ängby Camping

GPS 59.337501, 17.90121

Blackebergsvägen 25, etwa 10 km westlich der City auf der 275 bis zur Abfahrt Ängby. Tel. 08 370420, www.angbycamping.se, geöffnet: 15.6.–31.8, danach eingeschränkter Service. Stellplatz 270 skr, Strom 45 skr, eine Tunnelbanan-Station Ängbyplan ist 400 m entfernt.

54 Rösjöbadens Camping

GPS 59.438431, 17.992126

Rösjö Torp 1, Sollentuna. Auf der E4 nach Norden, Richtung Norriken abbiegen, dann Richtung Edsberg, Schilder ab Verkehrskreisel beim Rösjö-Freizeitgebiet. Tel. 096 2184, www.rosjobaden.se, geöffnet: 1.5.–15.9., Stellplatz 270 skr, Strom 45 skr, mit Badegelegenheit.

55 Bredäng Camping

GPS 59.295662, 17.922925

Stora Sällskapets Väg, Skärholmen, 10 km südwestlich des Zentrums. Von Süden an der Einmündung E3/E4 links und 20 Kilometer weiter fahren, kurz vor der Tankstelle abbiegen, dann beschildert. Tel. 097 7071, www.bredangcamping.se, 2.4.–7.10. Stellplatz ab 295 skr, Bäume, Hügel und Seeblick, 5 Min. zu Fuß bis zur Tunnelbanan-Station Bredäng.

Fähren nach Finnland

Wer will, kann von Stockholm aus nach Finnland übersetzen und die Reise dort fortführen. Günstiger ist es, vom etwas nördlicher gelegenen Kapellskär aus überzusetzen. Dazu verlässt man Stockholm-City und folgt den Schildern E4/E20, um bei Djursholm auf die E18 nach Norrtälje zu wechseln. Von dort führt die Straße noch 20 km weiter, bis das Ende am Fähranleger Kapellskär erreicht ist. Die Fähren von dort nach Turku legen ein- bis dreimal pro Tag ab und sind billiger als die von Stockholm. Informationen stellen die Büros der Fährlinien zur Verfügung:

- **Tallink-Silja Line,** Kungsgatan 2, Tel. 08222140, www.silja.se
- **Viking Line,** Stadsgården, Tel. 08 4524200, www.vikingline.se
- **Finnlines,** Kapellskär, Tel. 017 620621, www.finnlines.com

Wer an der Küste nach Norden will, bleibt auf der E4, vorbei am Abzweig Arlanda-Airport und erreicht nach 25 km Fahrt die alte Universitätsstadt **Uppsala.**

UPPSALA

(70 km – 744 km)

Der Fluss Fyrisån plätschert gemütlich mitten durch den Ort, an zwei Stellen ergießen sich kleine Wasserfälle. Die viertgrößte Stadt Schwedens war ehemals Königs- und Bischofssitz. Viele Menschen schauen sich den großen roten Dom an.

Der Dom zu Uppsala wurde zwischen 1289 und 1435 im französischen Stil erbaut, die Türme wurden aber erst 1480 fertig. 1702 brannte er aus, worauf er mit Barockelementen wieder errichtet wurde. Er gilt als größte Kirche Skandinaviens. Nach der Restaurierung 1885–93 war das Erscheinungsbild des Doms so umstritten, dass man es 1970 schließlich wieder änderte. Hinter der Zweiturmfassade erstreckt sich eine dreischiffige Halle mit Seitenkapellen und Chorgang. Der Architekturstil ist eine Mischung aus baltischer und französischer Gotik. Die Türme sind so hoch wie das Kirchenschiff lang ist: 118 m. In den zahlreichen Seitenkapellen liege viele Adelige begraben. Das Südportal weist reich verzierte Figuren aus Speckstein auf.

Die **Universität** der Stadt wurde 1477 gestiftet. Ebenso wichtig für Forscher ist die **berühmte Universitätsbibliothek Carolina Rediviva.**

Information

- **Fremdenverkehrsbüro Uppsala,** Fyristorg 8, Tel. 018 7274800

Blick auf das Meer von einem Ferienhäuschen bei Uppsala

Hier lagerten einst die größten Schätze der Bücherwelt. Die Bibliothek beherbergt heute eine faszinierende Auswahl an antiken Stadtplänen, Büchern und Gemälden, der größte Schatz ist die **Silberbibel:** Sie besteht aus lila Papier und ist mit silberner Tinte beschriftet.

Essen

- **Peppar Peppar,** Suttungs gränd 3, Tel. 018 131360, geöffnet: Mo.-Mi., Fr. ab 17, Sa.-So. ab 16 Uhr, mitten in Uppsala in Bahnhofsnähe, in den Räumen einer alten Zeitungsredaktion kann man sehr gut heimische Spezialitäten essen.

Sehenswertes

- **Carolina Rediviva,** Drottninggatan, Ecke Dag Hammarskjölds väg, geöffnet: Di.-Fr. 8.30-21, Sa. 9-18 Uhr, Eintritt 25 skr.
- **Dom zu Uppsala,** Domkyrkoplan, geöffnet: täglich 8-18 Uhr, Infos über andere Öffnungszeiten an Feiertagen und bei Konzerten über den Shop: Tel. 018 4303630, Eintritt frei

Parken

Es gibt in Uppsala Straßen, die nur von Taxen und Radfahrern benutzt werden dürfen, und Sackgassen. Die wenigen Innenstadtparkplätze sind privat bewirtschaftet, etwa Svartbäcksg. 10 von Qpark und entsprechend teuer. Unter www.uppsala.se gibt es eine Parkeringskarta, die die ganzen Plätze auflistet. Parkautomaten wollen Münzen und die hat niemand in Schweden, ein Ausweg ist der Kauf der Uppsala-Karte für 195 skr pro Tag, die auch freies Parken verspricht, aber Achtung, sie gilt nicht für alle Plätze. Die Uppsala Card wird im Fremdenverkehrsbüro Uppsala, in Kiosken und in Museen verkauft.

Weiter Richtung Norden geht es wieder auf der E4, die hier mehr oder weniger breit ausgebaut ist, nach Gävle.

GÄVLE

(107 km - 850 km)

Wo der schwedische Fluss Gavleån in den Bottnischen Meerbusen fließt, liegt die alte Stadt Gävle. Die E4 läuft mitten durch den Ort, wo noch die E16 aus Falun und die Rv56 und 76 aus dem Süden dazu kommen. Hinter der Gemeindegrenze trifft man wieder auf die Ostsee. (Beschreibungen zu Gävle s. S. 141).

DURCH SCHWEDEN AM BOTTNISCHEN MEERBUSEN ENTLANG

STRECKENVERLAUF

Gävle – Sundsvall (210 km) – Örnsköldsvik (152 km) – Umeå (110 km) – Skellefteå (137 km) – Piteå (80 km) – Luleå (52 km)
Streckenlänge: 741 km

Über die gut ausgebaute E4 fährt man von Gävle Richtung Norden durch Wälder, vorbei an Seen und entlang der Ostseeküste mit Inseln und Schären. Je weiter man nach Norden vorstößt, desto länger werden im Sommer die Tage, die Landschaft karger und die Straßen einsamer. In Luleå erreicht man schließlich das Ende der Ostsee.

GÄVLE (GEFLE)

Man erreicht die Stadt Gävle über das große Autobahnkreuz auf der E6, wo weiterhin die Straßen 56, 68 und 80 abgehen. Geradeaus steht ein riesiger Fabrikschornstein und schon hat man die Innenstadt erreicht.

Eine Zeit lang besaß sie ein Fischereimonopol und ein Handelsrecht. Nachdem die Stadt wegen ihrer vielen Holzhäuser in der Vergangenheit zum größten Teil abgebrannt war, ist sie mit einem schachbrettartigen Straßennetz aus Einbahnstraßen wieder aufgebaut worden. Ein Teil der Altstadt, **Gamla Gefle,** ist noch erhalten und lädt zu einem Spaziergang ein. Man erreicht ihn über die Brücke Södra Kungsgatan auf der rechten Flussseite. Am Hafen stehen einige alte Speicherhäuser, die aus Stein gebaut wurden. Außerdem kann ein **Eisenbahnmuseum** besucht werden.

Wichtigstes Ereignis in der Stadt ist das **Aufstellen des Julbok** im Zentrum in der Adventszeit, einem Ziegenbock aus Stroh. Das Besondere an ihm ist einmal die Größe von bis zu 13 m und dann die Tatsache, dass Vandalen jedes Jahr versuchen, ihn abzufackeln. Mittlerweile hat sich daraus ein Wettbewerb ergeben, der alljährlich von den Medien im ganzen Land verfolgt wird: Brennt er oder brennt er nicht? Auch Feuerschutzimprägnierung half nicht, sodass die Verwaltung überlegt, den Brauch abzuschaffen.

Sehenswertes

› **Sveriges Järnvägsmuseum,** Rälsgatan 1, in Bahnhofsnähe, Tel.026 144615, www.trafikverket.se/jarnvagsmuseum, Eintritt 60 skr. Di.–So. 10–16 Uhr, Café und Museumsshop. In diesem Museum fährt man quasi mit der Eisenbahn durch Schwedens Geschichte und bekommt die ältesten, stärksten, schnellsten und schönsten Lokomotiven präsentiert.

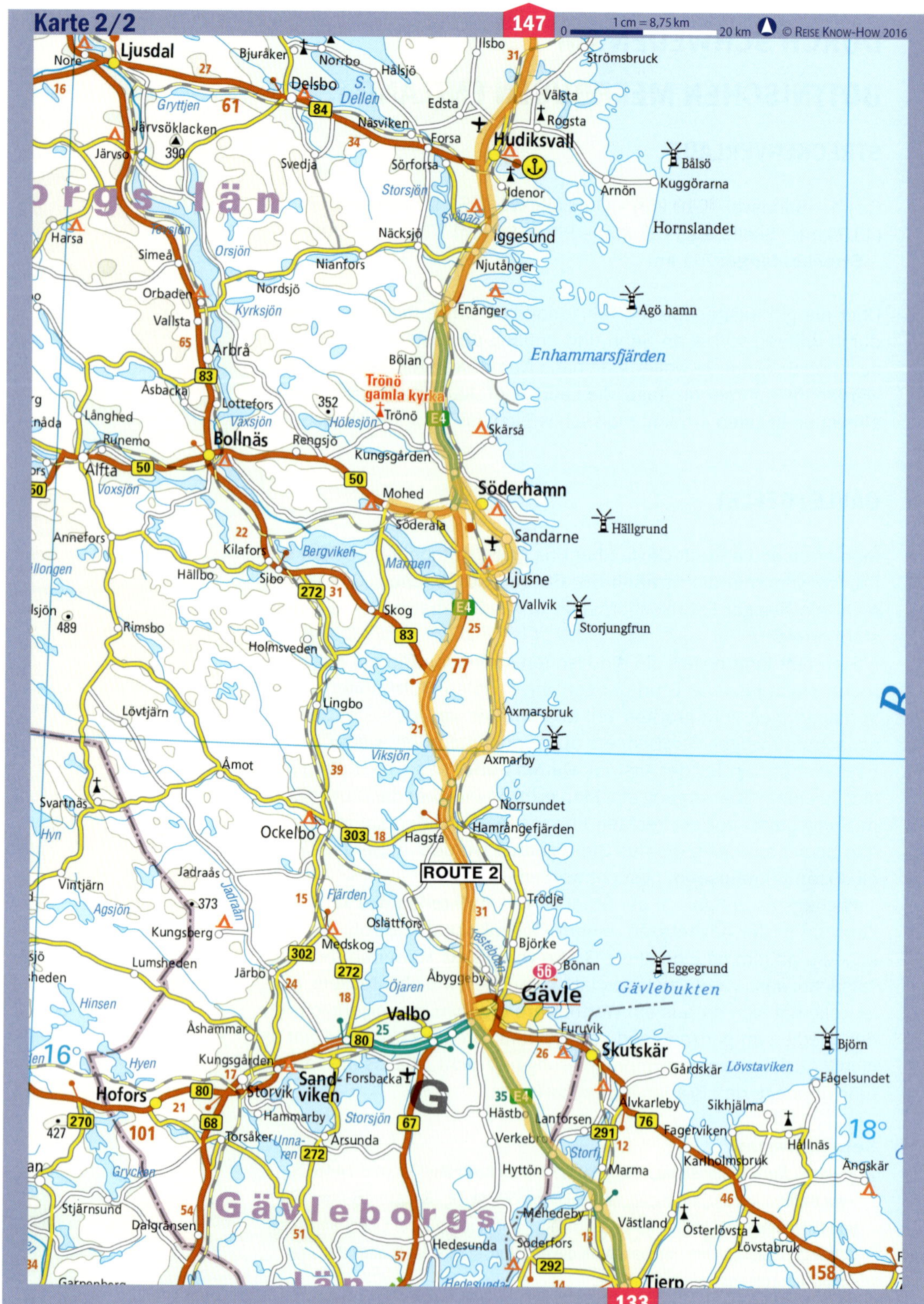
Karte 2/2
147
1 cm = 8,75 km
0
20 km
© Reise Know-How 2016
Ljusdal
Nore
Bjuråker
Norrbo
Hålsjö
Delsbo
S. Dellen
Edsta
Ilsbo
Strömsbruck
Välsta
Rogsta
Gryttjen
Järvsöklacken
Järvsö
390
Näsviken
Forsa
Hudiksvall
Bålsö
Kuggörarna
Svedja
Sörforsa
Idenor
Arnön
Storsjön
Svågan
Hornslandet
Harsa
Voxsjön
Simeå
Orsjön
Näcksjö
Iggesund
Nianfors
Njutånger
Orbaden
Nordsjö
Vallsta
Kyrksjön
Enånger
Agö hamn
Arbrå
Bölan
Enhammarsfjärden
Åsbacka
Trönö gamla kyrka
Lottefors
352
Trönö
Långhed
Vaxsjön
Hölesjön
Runemo
Bollnäs
Rengsjö
Skärså
Alfta
Kungsgården
Voxsjön
Mohed
Söderhamn
Söderala
Hällgrund
Annefors
Sandarne
Kilafors
Bergviken
Marmen
Hällbo
Sibo
Ljusne
Vallvik
Skog
Storjungfrun
489
Rimsbo
Holmsveden
Lingbo
Axmarsbruk
Lövtjärn
Viksjön
Axmarby
Åmot
Svartnäs
Norrsundet
Hyn
Ockelbo
Hagsta
Hamrångefjärden
ROUTE 2
Jadraås
Vintjärn
373
Jadraån
Agsjön
Fjärden
Trödje
Kungsberg
Oslättfors
Medskog
Björke
Lumsheden
Testeboån
Bönan
Eggegrund
Järbo
Åbyggeby
Gävle
Gävlebukten
Hinsen
Öjaren
Valbo
Furuvik
Åshammar
Skutskär
Björn
Hyen
Kungsgården
Gårdskär
Lövstaviken
Fågelsundet
Hofors
Storvik
Sandviken
Forsbacka
Hästbo
Lanforsen
Älvkarleby
Sikhjälma
Hammarby
Storsjön
Fagerviken
Hållnäs
427
Torsåker
Unnaren
Årsunda
Verkebro
Storfj.
Karlholmsbruk
Gryckan
Hyttön
Marma
Ängskär
Stjärnsund
Mehedeby
Västland
Österlövsta
Dalgränsen
Gävleborgs län
Söderfors
Lövstabruk
Hedesunda
Hedesundafj.
Tierp
Garpenberg
133
16°
18°
E4

Parken

Zum Übernachten kann man nach Engeltofta an den Strand fahren, dazu Gävle ostwärts auf dem Bönavägen verlassen, der Strand ist ausgeschildert, GPS 60.705249, 17.236905

Essen

- **Matildas,** Timmermansgatan 23, Tel. 026 625349, www.matildas.nu, Hauptgerichte ab 160 skr, geöffnet: Di.–Sa. ab 17 Uhr, in der Nähe vom Slottstorget. In modernem Ambiente exquisit essen: Was will man mehr?

56 Engesbergs Camping

GPS 60.727888, 17.28958

auf der E4 Richtung Gävle, Ausfahrt Gävle Nord auf die Straße 509 bis zur Ausfahrt Hafen (Fredrikskans), nach ca. 1 km links nach Bonan abbiegen. Der Platz liegt nach 8 km auf der rechten Seite, Tel. 026 99025, www.campinggavle.se. Der Campingplatz liegt in einer kleinen, geschützten Bucht 12 km vom Zentrum Gävles entfernt, Stellplatz 210 skr, Strom 40 skr. 83 Stellplätze mit Strom, 15 ohne, 24 Zeltplätze und 12 Hütten.

Die nächsten 200 km Richtung Norden fährt man parallel zur Küste, wobei das Meer jedoch außer Sichtweite ist. 30 km nördlich von Gävle, zwischen Bergby und Söderhamn, befindet sich noch ein altes Teilstück der E4, das **näher am Meer** entlangführt. Es ist gut befahrbar, aber kurviger und schmaler.

Diese Hütte ist nur mit dem Boot zu erreichen

045wn Abb.: fh

ALTERNATIVROUTE: ÜBER DIE ALTE E4 BIS SÖDERHAMN

(54 km, auf der neuen E4 sind es 50 km)

Für diese Alternative biegt man hinter Bergby nach Axmarby bzw. **Axmar bruk** ab. Die zweispurige Straße ist ganz gut zu befahren. In Axmarby kann man zum Meer abbiegen und im Havskrog einkehren, der Weg ist ausgeschildert. Sporttaucher können vor dem Anleger von Axmarby an einem Schiffswrack tauchen, das dort seit 100 Jahren liegt. Infos dazu erhält man im Havskrog.

Essen

› **Axmarbrygga Havskrog,** ein Backsteinbau am Wasser, GPS 61.050974, 17.157898, Tel. 0297 32000, www.axmarbrygga.se, Hauptgerichte ab 125 skr, geöffnet: 6.4–16.5. Sa./So. 12–19 Uhr, 17.5–26.8. täglich 12–19 Uhr, 27.8–28.10, Sa./So. 12–19 Uhr. Ein Restaurant für gehobene Ansprüche in einem alten Gebäude.

An derselben Stichstraße zum Meer liegt auch das Gelände einer historischen **Eisengießerei** aus dem 17. Jahrhundert. Das Gelände von Axmar bruk (GPS 61.046383, 17.144716) wurde im 19. Jahrhundert in einen **englischen Park** mit romantischen Spazierwegen und Teichen verwandelt. In der Mitte stand ein stattliches, „Burg" genanntes Herrenhaus, das allerdings zerstört wurde.

› Der Park ist das ganze Jahr geöffnet. Die Gießerei mit Hochofen ist im Sommer Sa./So. 13–17 Uhr zu besichtigen, www.axmarbruk.se.

Wenn man die Straße namens Axmarstig 25 km weiter nach Norden fährt, kann man vor Ljusne wieder auf die E4 abbiegen oder weiter auf der Nebenstraße den Ljusnan überqueren und zum kleinen Hafenort **Ljusne** fahren. Sehenswürdigkeit und beliebtes Fotomotiv ist das alte Feuerwehrhaus an der Industrigatan, Ecke Vårdbergsvägen.

◁ Der Aussichtsturm Oskarsborg bei Söderhamn wurde als Übungsort des Gesangsvereins gebaut

SÖDERHAMN

Wer in Ljusne auf die E4 aufgefahren ist, erreicht nach etwa 12 km den Autobahnverteiler Söderhamn. Auch wer auf der zweispurigen Nebenstraße, der alten E4 von Ljusnan weiter gekurvt ist, kommt nach rund 15 km waldreicher Strecke in **Söderhamn** an.

Anfang des 17. Jahrhunderts gab es hier eine wichtige Schusswaffenfabrik, die der Grund dafür war, dass Söderhamn die Stadtrechte verliehen wurden. Auf dem kleinen Flugplatz im Südwesten der Stadt befindet sich ein sehenswertes **Flugzeugmuseum** (Flygmuseum).

Sehenswertes

› **Söderhamn/F15 Flygmuseum,** www.soderhamnflygmuseum.se, geöffnet: im Sommer 10–16 Uhr, Eintritt 50 skr. Die Fliegerstaffel F 15 stellt hier aus. Zu sehen sind Kontrolleinrichtungen, eine große Modellflugausstellung und die ganze Palette der SAAB-Flugzeuge. Auch von der sonderbaren F21 aus dem Jahr 1946, bei der der Propeller hinten ist, steht hier ein Exemplar.

ABSTECHER NACH BERGVIK

(25 km pro Strecke)

Der neuere Teil der E4 ist gut ausgebaut. Bei Söderhamn können Technikinteressierte von der E4 nach Westen auf die 50 abbiegen. Nach 25 km erreicht man den Abzweig nach Süden zur alten Industriestadt Bergvik und den gleichnamigen See, der nach weiteren 5 km erreicht ist. Das **Industriemuseum** liegt an der schmalen Flussbrücke vor der Staustufe mitten im Ort. 1790 wurde dort eine mit Wasserkraft betriebene Sägemühle gebaut, die später zu einer Papierfabrik umgebaut wurde. 1870 entwickelte man daraus die weltweit erste **Sulfitfabrik.** Die Gebäude sind erhalten und beherbergen heute ein Industriemuseum. Mit der 1874 von dem schwedischen Chemiker Carl Daniel Ekman (1845–1904) entwickelten Sulfitcellulose-Methode produzierte man aus Holz unter Verwendung von Schwefel Cellulose für die Papierherstellung. Für eine Tonne Cellulose brauchte man 5 Festmeter Holz (7 Ster).

› **Bergviks Industrimuseum,** GPS 61.25968, 16.83352, unregelmäßig geöffnet, Info unter Tel. 0270 424465 oder 070 6012791, www.hembygd.se/bergvik.

WEITER AUF DER ROUTE 2

Zurück auf der E4 sieht man die Ostsee 123 km nördlich von Gävle kurz vor **Hudiksvall** wieder. (Wer die Route 2 rückwärts von Norden nach Süden abfährt findet am Stor-Yan-See auf der westlichen Seite der Straße bei GPS 61.682667, 17.039144 einen netten Rastplatz. Wer die Route 2 wie hier beschrieben in Süd-Nord-Richtung fährt, muss dafür 4 km nördlich des Sees die E4 am Kreuz verlassen und wieder Richtung Süden fahren.) In Hudiksvall kann in der Storgatan ein **Kunstmuseum** besichtigt werden.

› **Hälsinglands Museum,** Storgatan 31, Mo. 12–16 Uhr, Di.–Fr. 10–16 Uhr, Sa. 12–16 Uhr. Gezeigt werden wechselnde Ausstellungen zu Kunst und Kultur und eine ständige Sammlung mit Gegenständen aus der Gegend.

ABSTECHER NACH JÄTTENDAL

Nach weiteren 34 km auf der E4 Richtung Norden kann man zu einer Pause rechts nach Jättendal abbiegen und erreicht nach 7 km einen Jachthafen, Handwerksbetriebe, ein Fischgeschäft und ein erstklassiges Restaurant. Der Ort ist ein beliebtes Ausflugsziel.

Essen

› **Jättendal Restaurang,** Sjömärket 7, Hamnvägen, Mellanfjärden, Tel. 0652 16115, Hauptgerichte ab 150 skr, geöffnet: 11.5.–1.9. täglich 12–21 Uhr. Das Restaurant ist stilvoll eingerichtet und serviert hauptsächlich gehobene Fischküche. Etwas schwer zu finden, hinter dem Ort rechts, GPS 61.956851 17.360212.

WEITER AUF DER E4

Wer nicht auf Gourmetküche steht und auf der E4 geblieben ist, passiert 30 km vor Sundsvall die Grenze zur Provinz Västernorrland. Bei **Njurunda** gibt es Übernachtungsplätze. Direkt am Meer liegt der große Campingplatz Fläsian.

Luftbild von Sundsvall *(s. S. 149)*

047wn Abb.: fo©Johannes Burges

Karte 2/3
1 cm = 8,75 km
0
20 km
© Reise Know-How 2016
154
Västernorrlands län
Resele
Selsjön
Skorped
Bärm-sjön
Djupsjö
348
Västerhus
Arnäs
Tätteå
Billsta
Sidensjö
Husum
Banafjäl
Bonäset
Örnsköldsvik
335
Överhörnäs
Forsmo
Ed
Björksjön
Hinnsjön
Sunnansjö
Bjästa
Skagsudde
Långsele
Sollefteå
331
Sånga
Gålsjöbruk
Multrå
Övelännäs
St. Degersjön
Skule
Köpmanholmen
Österforse
Helgum
87
45
85
90
Boteå
82
Skuleskogens nationalpark
Viksmon
Torsåker
334
Skuleberget
295
Dal
Docksta
Sund
Nyland
Sandslån
Ullånger
Malmån
Östergraninge
Graninge-sjön
Ullangersf.
Mjällom
Ulvöarna
E4
Bollstabruk
Bjärtrå
Salsåker
Norrfällsviken
High Coast / Kvarken Archipe
Ångerman-älv
ROUTE 2
Lugnvik
60
Nordingrå
Kramfors
Visäsen
Herrskog
Lunde
Klockestrand
Bönhamn
Högbonden
Berghamn
Skälgården
Gåltjärn
Ramvik
St. Laxsjön
Viksjö
Löwik
Storfjärden
Slättmon
Furuhult
Utansjö
Aspnäs
Nordanå
Bötsle
Hemsö
Höga Kusten
Hemsön
Mjällån
Lagfors
Ålandsbro
Norrstig
Sunnås
Ljustorp
Säbrå
Härnösand
Stigsjö
331
Antjärn
Härnön
Indal
330
Stavreviken
59
34
320
Bergeforsen
Häggdånger
Timrå
19
Söråker
Barsviken
Vänta Litets grund
Kovland
Hovid
Laggarberg
Sundsbruk
Tynderö
Tunadal
Vi
Sundsvall
Alnön
58
Ankarskvik
Allsta
Stockvik
Vikarn
Lucksta
Juniskär
Kvissleby
57
Njurunda
Öjen
ROUTE 2
Lörudden
Brämön
Västana
53
Galtström
84
Svartvik
Norrfjärden
Gnarp
Älgered
Gran
Hårte
Bergsjö
Jättendal
Storsjön
Harmånger
Stocka
Ilsbo
31
Strömsbruck
142
Bottnischer Meerbusen
200

048wn Abb.: ta

Malerische Schmiede: Gränsfors Bruk

57 Bergafjärdens Camping

GPS 62.268202, 17.452161

Njurunda, Tel. 060 345 98, www.bergafjarden.nu, Stellplatz 240 skr, Strom 40 skr. Mit kleinem Markt und Badestrand, Jenny's Café verpflegt die Besucher, eine Runde auf der großen Kleingolfanlage kostet 70 skr

58 Fläsians Camping & Stugor AB

GPS 62.359307, 17.369678

Norrstigen 15, 85468 Sundsvall, 4 km südlich von Sundsvall, rechts der E4 am Meer, Tel. 060 554475, Womo 240 skr, ganzjährig geöffnet, 15.6.–15.8. voller Service. 10 Stellplätze, 10 Hütten am Meer gelegen, kleiner Strand, Café, Laden.

59 Bergeforsparken

GPS 62.517081, 17.384888

Forsvägen 20, Sörberge, am Fluss gelegen, von der E4 auf die 331 abbiegen, der Platz ist ausgeschildert, Tel. 060 515090, www.bergeforsparken.se, 96 Stellplätze mit Strom, 20 ohne Strom, Womo 240 skr mit Strom, geöffnet: 15.3.–15.8.

AUSFLÜGE IN DIE INDUSTRIEGESCHICHTE

Liebhaber der Schmiedekunst können bei Gnarp die E4 verlassen und zum **Gränsfors Bruk** (GPS 62.045518, 17.088833) fahren, wo die gleichnamige Firma zum Besuch einer alten Schmiede einlädt.

› **Gränsfors Bruk,** 82070 Bergsjö, Tel. 0652 71090, www.gransforsbruk.com, seit 1868 werden hier Äxte geschmiedet, 2000 davon kann man sich im „Yxmuseum" ansehen, geöffnet: Mo.–Fr. 9–15 Uhr.

Wer vom „alten Eisen" noch nicht genug hat, kann 22 km hinter Gnarp die E4 am Abzweig Galtström/Skartan (GPS 62.230355, 17.373075) verlassen und dem Schild zur Galtström-Eisenhütte folgen. Vom Abzweig fährt man dann noch etwa 14 km in Richtung Küste.

Die Eisenhütte liegt ähnlich wie die von Axmar bruk (s. S. 144) ganz idyllisch in einem Park mit Pavillon und Herrenhaus, wurde 1673 gegründet und war das erste und auch das größte Eisenwerk in der Region Medelpad. 1916 wurde die Hütte nach Arbeiteraufständen geschlossen. Besuchern bieten sich hier einige Möglichkeiten: eine Dampfeisenbahn, ein Forstmuseum, ein Café, ein Restaurant, Wanderwege und eine Kirche aus dem Jahr 1680. Außerdem hat man die Lok Loke renoviert und auf einen Rundkurs geschickt. Auch das Flussboot Ophelia von 1887 steht funktionsfähig bereit.

› **Galtströms Bruk,** Galtström 160, GPS 62.162747, 17.500083, www.galtstromsbruk.se

An der gleichen Kreuzung der E4, wo es zur Galtström Eisenhütte geht, kommt nach 9 km an Sundsvalls Schärenküste der idyllische Ort **Skatan** mit dem Skatans Café & Krog. Die warme, gemütliche Atmosphäre des Rasthauses und die gute Küche laden auch zum Übernachten ein. Allerdings ist das Abstellen größerer Wohnmobile an der schmalen Dorfstraße schlecht möglich. Am besten, man fährt zurück auf die E4 und Richtung Sundsvall oder macht sich auf den Weg zum Campingplatz des Nachbarortes Njurunda.

› **Skatans Café & Krog,** Skatan 192, GPS 62.195619 17.503409.

SUNDSVALL

(210 km – 210 km)

Die 50.000 Einwohner zählende Hafenstadt liegt zwischen den Bergen mit Blick aufs Meer und ist von der Holzindustrie geprägt. Hier wurden gewaltige Mengen Baumstämme zum Meer hinabgeflößt und zu den Sägewerken gebracht. Wegen der vielen Brände entstand Ende des 19. Jh. die aus Stein gebaute Stadt. Entlang der Storgatan liegen viele Handwerkerpaläste, die großen Villen ähneln. Dazu muss man von der E4 links Richtung Västermalm abbiegen und sich am Zentrum vorbei am Flussufer entlang westlich halten. **Stenstan,** die Steinstadt, nennt sich das Ensemble aus Häusern vom Ende des 18. Jh. Die Parkplätze sind in verschiedene Zonen eingeteilt, blau ist am teuersten. Für den Feinschmecker ist gesorgt. Wenn man es brandeilig hat, etwas Gutes zu essen zu bekommen, dann empfiehlt sich die ehemalige Feuerwache.

Information

› **Stenstan Visitor Center,** Stora Torget, Tel. 060 6585800, Mo.–Fr. 11–18 Uhr, Sa. 10–16 Uhr

Essen

- **Brandstation Bar & Matsalar,** Köpmangatan 29, Tel. 060 123936, http://brandstation.grankotten.com, alte Feuerwache, Hauptgericht etwa 100 skr, Mo.-Fr. 8-19 Uhr, Sa. 12-22 Uhr. Die Stange als Treppenersatz ist auch noch vorhanden.
- **Restaurang Mezoyo,** Nybrogatan 16, Tel. 060 151554, www.mezoyo.se, Hauptgerichte ab 250 skr, geöffnet: Di.-Sa. ab 17 Uhr, in der Nähe der Köpmangatan. Das Mezoyo bietet gute mediterrane und schwedische Küche und ist in kargem Ambiente gestaltet.
- **Oscar Matsal & Bar,** Bankgatan 11, Tel. 060 129811, www.oscarmatsal.se, Hauptgerichte ab 130 skr, Mo.-Do. 11-14 und ab 17 Uhr, Fr. 11-14, 17-3 Uhr; Sa. 17-3 Uhr. Im Zentrum Nähe Esplanaden und Stadshuset, gutes Restaurant, seit vielen Jahren auch Nachtklub.
- **Casiopeija,** Casinoparken 1 (im Spielkasino), www.casinocosmopol.se, Tel. 060 141150, Hauptgerichte ab 235 skr, Mo.-Sa. 18-23.30 Uhr, zentral am Hafen, gute Küche mit Blick auf die neue Brücke.

Abfahrt

Die E4 schwingt sich seit 2015 über eine neue Brückenverbindung, die Sundsvallbron, östlich an der Innenstadt vorbei. Die Brücke ist über 2 km lang und das Befahren kostet eine Gebühr von 9 skr.

Über eine gewaltige Betonbrücke im Norden der Stadt kommt man auf die **Insel Alnön.** Auf der „Elvira Madigan" kann man dieses beliebte Ausflugsziel umschiffen (Infos über Sundsvalls Rederi Ab, Köpmangaten 20, oder über die Touristeninformation).

ZWISCHENSTOPP IN HÄRNÖSAND

Information

- **Härnösands Turistbyrå,** Stora Torget 2, Tel. 0611 20450, Mo.-Fr. 9.30-16.30 Uhr

50 km weiter nördlich, wo der Ångermanälven ins Meer mündet, liegt auf der Insel Härnön das Städtchen **Härnösand.**

Um hineinzukommen, biegt man von der E4 kommend rechts zum Bahnhof ab und parkt dort, denn die Altstadt ist eng, hügelig sowie teilweise für den Verkehr gesperrt.

Härnösand wurde Mitte des 16. Jahrhunderts gegründet und verfügt als Bischofssitz über einen Dom. Die Viertel Norrstaden und Östanbäcken sind überwiegend von den bunt gestrichenen Holzhäusern geprägt, die zu den ältesten der Stadt gehören. Schöne Plätze am Wasser laden zum Verweilen ein.

Weiter entlang der Route (von der E4 beschildert) trifft man auf das Heimatmuseum Länsmuseet Västernorrland, Murberget. In einem modernen Bau werden Stücke zur Geschichte und wechselnde Ausstellungen gezeigt, außerdem gehört noch ein kleines Freilichtmuseum dazu (Juni-August täglich 11-16 Uhr, sonst Di.-So.).

ABSTECHER AUF DIE INSEL HEMSÖN

Wer auf der E4 weiter nach Norden fährt, erreicht den Abzweig Älandsbro, wo rechts die Straße 198 beginnt, die an einem kleinen Fähranleger bei GPS 62.69116, 17.98552 endet. Von hier kann man auf die Insel **Hemsön** übersetzen. Dort ist es ruhig, dicht bewaldet und wenig bevölkert. Ein paar Straßen, meist einspurig mit festem Schotterbelag, durchziehen die Insel, flankiert werden sie von ein paar Feldern mit den dazugehörigen Höfen.

WEITER AUF DER E4

Auf der E4, die parallel zur Küste am Bottnischen Meerbusen verläuft, überquert man breite Flüsse und passiert riesige Sägewerke. Danach bildet die Ostsee eine große Bucht, die tief ins Land hineinreicht. Hier fließt der Ångermanelv ins Meer und gab der Gegend den Namen Ångermanland. Man überquert den Fluss auf der E4 vor Ramvik und Lunde über die 1994 eröffnete, 1,8 km lange und 186 m hohe **Höga-Kusten-Brücke** (Högakustenbron), die kurz hinter Utansjö über eine schmale Stelle führt. Hinter der Brücke sind es noch 22 km bis **Skog.** Hier befindet sich am Storsjö der kleine Campingplatz Storsjö Stugby.

60 Storsjö Camping & Trädgård

GPS 62.922980, 18.070100

Ås 301, Abfahrt Gallsäter, Tel. 0613 32088, www.storsjocamping.se, Womoplatz 170 skr, mit Strom 200 skr, geöffnet 12.5.–30.9. Der kleine Laden verkauft das Gemüse eines angeschlossenen Kräutergartens, dazu gehören ein Minigolfplatz und ein Strandbad.

ENTLANG DER HOHEN KÜSTE AUF DER E4

Die Gegend zwischen Sundsvall und Örnsköldsvik wird wegen ihrer steilen Granitklippen „Hohe Küste“ *(höga kusten)* genannt. Seit der Eiszeit sind die Klippen auf eine Höhe von bis zu 290 m angestiegen. Der 100 Kilometer lange Streifen in der Provinz Ångermanland gehört zum UNESCO-Weltnaturerbe und ist wegen der einzigartigen Meereslandschaft, den vorgelagerten und felsigen Inseln und den Klippen aus rötlichem Nordinggrågranit geschützt.

Bis Umeå sind es von hier noch 200 km. Hinter **Sundbron,** ungefähr 27 km nach der Höga-Kusten-Brücke, liegt rechts an der Straße eine **Aussichtsstelle** mit Blick über den Ullångerfjord (GPS 63.009232, 18.224359). 200 m weiter befindet sich ein Parkplatz mit steiler Zufahrt. Die Straße verläuft zwischen Felsen und Fjord nach Norden und es folgen weitere Stellen, an denen man mit leichten Wohnmobilen von der Straße zum Fjordufer abbiegen kann. Mit dickeren Wo-

049wn Abb.: fh

⊡ *Typische Idylle im Bereich der Hohen Küste*

mos gelingt dies noch bei **Sjöland** (GPS 63.007126, 18.284158). Hier gibt es einen Rastplatz mit Infotafel zum Schärengarten und Blick aufs Meer. Bei der Weiterfahrt ergeben sich nun immer wieder Ausblicke aufs Wasser.

Kurze Zeit später geht es ein Stück landeinwärts, erst bei Docksta sieht man die See wieder. Hier liegt auf einer Halbinsel der **Nationalpark Skuleskogen** und rechts parallel der Straße der Rastplatz Skuleberget (GPS 63.068724, 18.357282). Hier kann man parken und im Besucherzentrum Höga Kusten einen Kaffee trinken. Das Zentrum informiert über die Landhebung nach der Eiszeit und den Naturschutz in dieser Region

› **Naturum Höga Kusten,** an der E4 vor Örnsköldsvik, geöffnet: 22.6.–16.8. täglich 9–19 Uhr, wechselnde Öffnungszeiten in der Nebensaison, siehe www.naturum hogakusten.se unter Menüpunkt „Besök os" („besuchen Sie uns").

Essen

› **Näske Krog,** Norum 303, gut ausgeschildert, Tel. 0660 228238, www.naskekrog.se, Hauptgerichte ab 125 skr, April bis Dezember täglich, die gediegene Küche lohnt den Stopp.

Zurück auf der E4 geht es landeinwärts auf dem kürzesten Weg nach Örnsköldsvik. Ab und zu bietet sich ein Wendeplatz an, der es größeren Lastern ermöglicht, die Richtung zu wechseln. In **Bjästa,** 22 Kilometer vor Örnsköldsvik, sollten Hungrige das Tempo drosseln. Hier steht der Näske Krog.

AUSFLUG IN DIE EISZEIT

Weiter auf der E4 liegt 5 km vor Örnsköldsvik **Genesmon.** Hier befindet sich ein Open-Air-Museum, in dem die Besucher in die Eisenzeit zurückversetzt werden. Weiterhin locken zudem allerlei Freizeitangebote wie ein Grillplatz, eine Schlittschuhbahn und Wanderwege. Die Hauptattraktion ist aber vor allem das **Gene fornby.** Hierbei handelt es sich um ein rekonstruiertes Wohnhaus eines früheren Dorfältesten sowie eine Schmiede aus der Eisenzeit. Ursprünglich am Meer gelegen, befinden sich die Häuserreste durch die Landhebung nach der Eiszeit nun etwa 400 m landeinwärts. An dieser Stelle wurden sie bei Straßenbauarbeiten 1976 entdeckt. Kurze Zeit später erreicht man Örnsköldsvik.

› **Genesmons friluftsmuseum,** Järnkrogen, Genesmon, Parken bei GPS 63.252412, 18.700233, www.destinationhogakusten.com/genefornby/ (schwedisch), Tageskarte um 850 skr, diverse Sonderveranstaltungen mit Schauspielern.

ÖRNSKÖLDSVIK

(152 km - 362 km)

Örnsköldsvik hat zwar immerhin 29.000 Einwohner, ist allerdings nur als Industriestandort wichtig. Neben der Holz- und Papierindustrie hat hier unter anderem der nicht nur bei Wanderern bekannte Outdoor-Ausrüstungskonzern Fjällräven seinen Firmensitz. Benannt ist Örnsköldsvik nach Per Abraham Örnsköld (1720–1791), der Mitte des 18. Jahrhunderts den Kartoffelanbau in Ångermanland einführte. Durch die Stadt fließt der Fluss Moälven, den man auf der E4 vor dem Ortseingang überquert. Wer die Stadt besuchen möchte, biegt am Kreisverkehr von der E4 ab.

Beim Essen muss man hier im Spätsommer aufpassen, da man sich in der Gegend des **Surströmming** befindet. Bei der Spezialität dieser Region handelt es sich um vergorenen Hering. Wenn hier Ende August die *surströmmingspremiär* gefeiert wird, meiden viele Schweden die Gegend und die Feste. Das Problem ist der Gestank beim Öffnen der Dosen, die meistens schon durch den Druck der Gärgase ausgebeult sind.

Wer nicht in die Stadt gefahren ist, fährt **auf der E4 weiter.** Sie ist hier vierspurig ausgebaut, verläuft aber über Land und nicht am Meer entlang. Mehrmals verweisen Schilder auf Zeltplätze in Richtung Ostsee. Es geht am Flughafen von Husum vorbei, von dem aus Inlandsflüge nach Stockholm möglich sind. Bald ist dann die Verwaltungsgrenze zwischen Västernorrlands und Västerbottens Län überschritten. Hinter der Grenze liegt am Meeresarm der Campingplatz Ava Havsbad.

61 Ava Havsbad

GPS 63.47944, 19.295897

Södra Hemörssundet 11, 91492 Lögdeå, Tel. 0930 32070, http://avahavsbad.se, Womo-Stellplatz 240 skr. mit Strom, geöffnet: 22.5.-31.8. Der einfache Platz liegt rechts der E4 an einer Bucht.

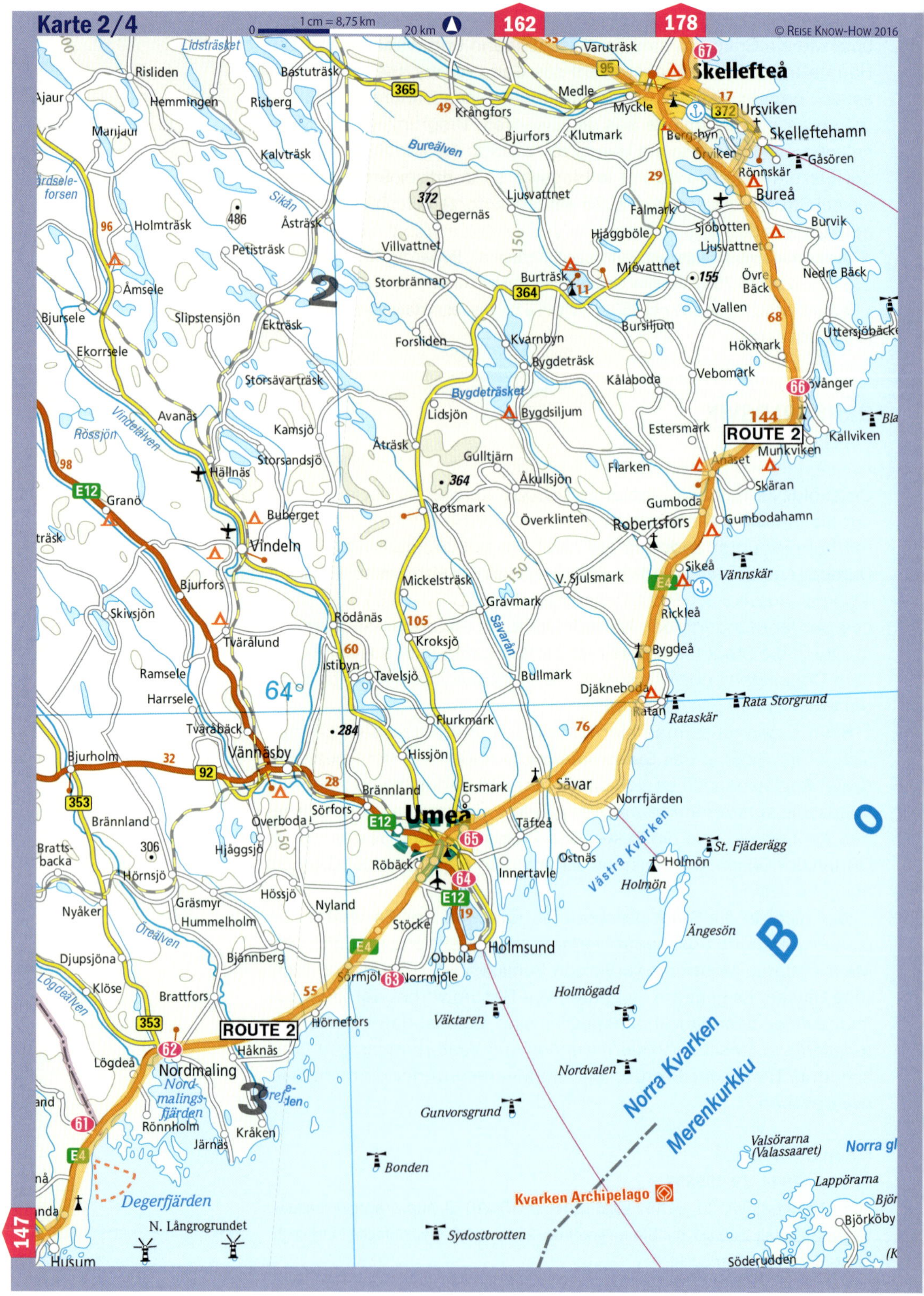
Karte 2/4
1 cm = 8,75 km
0
20 km
162
178
© Reise Know-How 2016
Lidsträsket
Risliden
Bastuträsk
Varuträsk
Skellefteå
Ajaur
Hemmingen
Risberg
365
49
Krångfors
Medle
Myckle
Ursviken
Skelleftehamn
Manjaur
Bjurfors
Klutmark
Bergsbyn
Örviken
Gåsören
Kalvträsk
Bureälven
Rönnskär
Bureå
372
Ljusvattnet
Falmark
Sikån
486
Åsträsk
Degernäs
Holmträsk
Hjäggböle
Sjöbotten
Burvik
Petisträsk
Ljusvattnet
Villvattnet
Mjövattnet
Burträsk
155
Övre Bäck
Nedre Bäck
Åmsele
Storbrännan
364
Vallen
Bjursele
Slipstensjön
Ekträsk
Forsliden
Kvarnbyn
Bursiljum
68
Uttersjöbäcken
Ekorrsele
Bygdeträsk
Hökmark
Storsävarträsk
Kålaboda
Vebomark
Bygdeträsket
Lövånger
Avanäs
Lidsjön
Bygdsiljum
144
Rössjön
Vindelälven
Kamsjö
Estersmark
ROUTE 2
Kallviken
Åträsk
Gulltjärn
Munkviken
98
Storsandsjö
Flarken
Hällnäs
Åkullsjön
Skäran
E12
Granö
364
Gumboda
Botsmark
Överklinten
Buberget
Robertsfors
Gumbodahamn
Vindeln
Bjurfors
Sikeå
Vännskär
V. Sjulsmark
Mickelsträsk
E4
Skivsjön
Gravmark
Rickleå
Rödånäs
105
Tväralund
Sävarån
Kroksjö
Bygdeå
60
Ramsele
Bullmark
Tavelsjö
Harrsele
Djäkneboda
Rata Storgrund
Ratan
Rataskär
Flurkmark
Tvärabäck
76
284
Vännäsby
Hissjön
Bjurholm
32
92
28
Brännland
Ersmark
Sävar
353
Norrfjärden
Brännland
Sörfors
Umeå
Överboda
Täftea
E12
65
Hjäggsjö
306
Östnäs
Västra Kvarken
St. Fjäderägg
Röbäck
Holmön
Hörnsjö
Innertavle
64
Holmön
Gräsmyr
Hössjö
Nyland
Nyåker
E12
Hummelholm
19
Ångesön
Öreälven
Stöcke
E4
Holmsund
Djupsjöna
Bjännberg
Obbola
Lögdeälven
Sörmjöle
63
Norrmjöle
Holmögadd
Klöse
Brattfors
55
Väktaren
353
ROUTE 2
Hörnefors
Håknäs
62
Lögdeå
Nordmaling
Nordvalen
Nordmalingsfjärden
Norra Kvarken
Merenkurkku
Gunvorsgrund
Rönnholm
61
Kråken
Järnäs
Valsörarna (Valassaaret)
E4
Bonden
Lappörarna
Degerfjärden
Kvarken Archipelago
Björköby
147
N. Långrogrundet
Sydostbrotten
Husum
Söderudden
Bottnischer Meerbusen (B O)
2
3

ZWISCHENSTOPP EISENHÜTTE IN NORDMALING

60 Kilometer hinter Örnsköldsvik hat man in **Nordmaling** die Möglichkeit, die **Eisenhütte Olofsfors Bruk** zu besuchen, die ab der Abfahrt Nordmaling Süd ausgeschildert ist.

Nach der Erfindung des Hochofens im 14. Jahrhundert erlebte die Eisenindustrie einen gewaltigen Aufschwung. Da die Öfen sehr viel Holz benötigten, begann man, die Eisenhütten in den Wald zu bauen. 1762 wurde die Eisenhütte Olofsfors Bruk an der Mündung des Flusses Leduån gegründet. Die Wasserkraft des Flusses wurde benötigt, um die Maschinen anzutreiben. Das Erz kam von der Insel Utö im Stockholmer Schärengarten. Zu dem Betrieb gehörten ein Sägewerk, eine Schmiede und der Hafen. Mit dem Aufkommen der Großbetriebe 1894 kam das Aus für die kleine Hütte, die heute ein Museum mit Shop und Restaurant ist.

› **Olofsfors Bruksmuseum,** Olofsfors 18, Nordmaling, Tel. 0930 10196, 22.6.–31.8. 11–16 Uhr, an den Wochenenden 11–16 Uhr, im Juli täglich geöffnet, sonst Do. geschlossen, mit Café. Eintritt freiwillig, Führung 60 skr

62 Nordmalings Camping

GPS 63.575426, 19.458203

Skatenvägen, 290582 Umeå, rechts zwischen dem ersten Autobahnkreuz und der Bucht, Tel. 0930 31250, www.nordmalingscamping.se, 150 Stellplätze ab 160 skr, geöffnet: 9.6.–10.8. Die Anlage zieht sich auf einer Wiese bis an den kleinen Strand, wo man bei Lenas Imbiss etwas essen kann.

WEITER AUF DER E4 NACH UMEÅ

Ein Stück hinter Nordmaling erreicht man auf der E4 einen **Parkplatz** (GPS 63.59928 19.745264), auf dem man zur Not auch stehen kann. Als Nächstes kommt **Hörnefors,** ein kleiner zersiedelter Ort. Wer hier abfährt, kommt wieder ans Wasser. Die ganze Zeit läuft die Bahnlinie parallel zur Straße, meist in Sichtweite.

Wer vor Umeå noch übernachten will, biegt in **Sörmjöle,** 85 km hinter Örnsköldsvik und 15 km vor Umeå, rechts zum Meer ab und gelangt bald zum Bettnesand Bade- und Campingplatz am Strand.

63 Norrmjöle Camping

GPS 63.672642, 20.115772

Skatenvägen, 290582 Umeå, Tel. 0722 255400, www.norrmjolebygdegard.se, Stellplatz ab 180 skr, 43 Stellplätze auf der Wiese, geöffnet: 1.4.–30.9. In der Nähe einer beliebten Badebucht mit Felsen und langen Sandstränden.

Bald wird der Verkehr dichter und man nähert sich der Industriestadt Umeå. Die E4 führt über den Umeälven und dabei sieht man die alten Häuser an der Strandgatan stehen.

⊡ *Der Leuchtturm von Bergudden auf der östlich von Umeå gelegenen Insel Holmön*

050wn Abb.: ibs © Jorgen Wiklund

UMEÅ
(110 km – 472 km)

Information

› **Visit Umeå,** Renmarkstorget 15, am Ende des Platzes, Tel. 090 161616, Mo.-Fr. 10-18 Uhr, Sa. 11-15 Uhr

Umeå entstand um 1640, nahe der Kirche, die schon länger an diesem Handelsplatz stand. 1888 wurde die ganze Stadt durch ein Feuer vernichtet. Anschließend baute man sie mit breiteren Straßen wieder auf, die an den Seiten mit rund 3000 Birken bepflanzt wurden. Deshalb nennen manche Schweden sie auch die „Stadt der Birken". Heute ist Umeå die Hauptstadt der Provinz Västerbotten und die am dichtesten besiedelte Stadt Nordschwedens mit ca. 80.000 Einwohnern. Die 36.000 Universitätsstudenten bringen Leben in die Stadt am Umeälven.

2014 war Umeå gemeinsam mit Riga **Kulturhauptstadt Europas** und rückte mit verschiedenen Veranstaltungen in den europäischen Fokus.

Eine Sehenswürdigkeit von Umeå, die Kapelle Helen Elisabeth auf Holmön, wurde aus dem Holz gestrandeter Schiffe erbaut. Manche Exponate der jährlichen Bildhauerausstellung stehen im **Skulpturenpark Umedalen.** Weitere Attraktionen sind das **Freilichtmuseum Gammlia** mit alten Häusern aus der Gegend sowie die Inselgruppe **Norrbyskär.** Auch lohnenswert sind die Stromschnellen des Vindelälven bei **Vindelforsarna.** Eine Fähre (s. S. 17) verbindet Umeå mit der finnischen Stadt Vaasa der Route 3 (s. S. 228). Als Übernachtung bietet sich der Umeå Camping im Süden der Stadt an.

Sehenswertes

› **Freilichtmuseum Gammlia,** GPS 63.829381, 20.288946, Helena Elisabeths väg 3, Haus und Hof aus der Gegend, diverse Veranstaltungen, geöffnet: Di.-So. 10-17 Uhr, Mi. bis 21 Uhr.

› **Norrbyskär,** Inselgruppe südlich der Stadt mit herrlicher Landschaft vor der Küste bei GPS 63.558338, 19.872208, man folgt den Schildern an der E4 nach Norrbyn, nach 11 km kommt der Fähranleger nach Norrbyskär.

- **Skulpturenpark Umedalen,** Aktisgrand 34, Umedalen, GPS 63.847933, 20.168753, Eintritt frei, durchgehend geöffnet. Jeden Sommer findet in Umedalen eine internationale Bildhauerausstellung statt. Am Ende kauft die Stadt einzelne Werke auf, die dann im Park aufgestellt werden. Zurzeit gibt es u. a. Werke von Bård Breivik, Tony Cragg, Antony Gormley und Charlotte Gyllenhammar. Sie sind über ein großes Gelände verstreut und man muss teilweise richtig suchen. Am Südende befindet sich das Café Legarage. Eine Bushaltestelle ist in der Nähe, die Fahrt in die Stadt dauert 15 Minuten.
- **Vindelforsarna,** Solviksvägen 10, sehenswerte Stromschnellen und Mühle Degerfors Qvarn in Vindeln, GPS 64.211316, 19.706469, etwa 25 km nordwestlich an der Straße 363.

Parken

Parkmöglichkeiten gibt es in Umeå überall, geeignet sind z. B.

- Östra Strandgatan am Döbelnspark, GPS 63.82248, 20.269432
- Västra Strandgatan am Rådhuspark, GPS 63.823787, 20.262988
- am Flughafen, GPS 63.792893, 20.291533

64 Umeå Camping

GPS 63.791637, 20.307389

Tegelbruksvägen 24, Tel. 090 190425, www.umeacamping.se, ganzjährig geöffnet, Womo ab 200 skr. Eine einfache Wiese zwischen Industrieansiedlungen am Ufer des Flusses bietet Stellplätze und ein paar Hütten.

Auch in Umeå gibt es schöne Holzvillen

65 First Camp Umeå

GPS 63.844414, 20.34479

Nydalasjön 2, 90652 Umeå, Tel. 090 702600, ganzjährig geöffnet, Stellplatz ab 200 skr. Liegt schön am Nydala-Erholungsgebiet in Umeå. Der Platz befindet sich nicht direkt am Wasser, hat aber einen Badesee.

Abreise

Man verlässt die Stadt wieder auf der nun vierspurigen E4. Dabei sind mehrere Kreisverkehre zu durchfahren. Inseln, Wälder, Flüsse und bergiges Hinterland bestimmen die insgesamt 135 km lange Etappe bis Skellefteå. 20 km hinter Umeå kann man die E4 in **Sävar** an der Ausfahrt Skeppsvik/Norum verlassen und ca. 25 km auf einer schmalen Landstraße parallel zum Meer fahren. Das dauert zwar länger, aber auf der waldigen Strecke kann man überall anhalten und Pause machen. Die Nebenstraße trifft immer wieder auf die E4, sodass man auch nur einzelne Abschnitte fahren kann, z. B. bei Djärkneboda, Dalkarlså oder Sikeå. In **Lövånger** kann man eine Kirche aus dem Mittelalter mit freistehendem Turm besichtigen.

66 Norets Camping

GPS 64.370600, 21.320100

Kungsvägen 31, 93010 Lövånger, Tel. 070 3856490, Stellplatz 120 skr, Strom 30 skr, geöffnet: 15.5.–15.9. Schöner Platz in der Nähe der Kirche mit angeschlossener Herberge in historischen Kirchhäuschen.

Fährt man die E4 weiter, erscheint bei GPS 64.442253, 21.283329 ein Rastplatz mit ein paar Bänken. Am See **Degerträsket** (5 km weiter auf der linken Seite, GPS 64.457625, 21.288242) kann man abbiegen und kurz danach auf einer kleinen Straße zum Ufer hinuntergehen.

Weiter auf der E4 fährt man 20 km vor der City von Skellefteå durch die Siedlung **Bureå.** Hier mündet der Fluss Bureälven in den Burefjärden. 1796 entstanden hier die ersten wasserbetriebenen Holzsägewerke.

ABSTECHER ZUM MEER

Biegt man kurz vor Skellefteå rechts ab, führt die Straße nach 5 km ans Meer. Wer sich nun für eine Stadtrundfahrt durch **Skellefteå** entscheidet, sollte bei Skelleftehamn auf die 827 abbiegen. Nach 6 km durch den Wald führt die Straße auf einer Brücke über einen Fjordarm. Danach kommen bei Degerön ein kurzer Damm und anschließend die Brücke über den Skellefteälven. Dahinter fädelt man sich auf die 372 ein und kann auf der linken Flussseite in die City fahren. Kurz vor dem Zentrum trifft die Straße wieder auf die E4, zur Weiterfahrt geht es darauf rechts ab.

SKELLEFTEÅ (SKILLEHTE, SYÖLDETE, SYÖLDATE)

(137 km – 609 km)

Information

› **Skellefteå Turistbyrå,** Trädgårdsgatan 7, Tel. 0910 452500, geöffnet Mo.–Fr. 10–17, Sa. bis 14 Uhr

Obwohl der Ort schon im 14. Jh. erstmals urkundlich in Kirchenbüchern erwähnt wurde, bekam er erst 1845 seine Stadtrechte verliehen. Die Stadt am mächtigen und großen Fluss Skellefteälven wurde seit dem Mittelalter von Handwerkern und Kaufleuten bewohnt und vergrößerte sich dadurch immer weiter.

Die **Holzbrücke Lejonströmsbron** errichteten Bauern 1737 und sie steht noch bis heute. Die über 300 m lange Brücke kostete den Fußgänger nach der Einweihung 1 Öre, Reiter zahlten 3 Öre und Einspänner 6 Öre. Seit 1994 gehört die Brücke zum nationalen Kulturerbe Schwedens. Sie liegt zwischen Skråmträskvägen und Kyrkvägen im Westen der Innenstadt.

Um die Kirche aus dem 15. Jh. stehen viele kleine Häuschen, in denen reisende Gläubige bei Kirchenfeiern untergebracht wurden. Von der modernen Flussbrücke der E4 kann man links eine große **Wasserfontäne** sehen, die von den Stadtvätern mitten auf dem Skellefteälven installiert wurde. Wer sie aus der Nähe betrachten will, kann auf die Uferstraße fahren und direkt am Wasser parken.

Wenn man die Straße weiterfährt, kommt man zum **Park Nordanå.** Im Park befinden sich das **Skellefteå Museum,** das nach archäologischen Ausgrabungen im Ort gegründet wurde, die Kunsthalle und das Theater.

Nordanå ist auch die Heimat des **Trästockfestivalen.** *Trä* heißt auf Schwedisch Holz, der Festivalname bezieht sich also auf Woodstock. Das dreitägige Rock-, Pop- und Jazz-Festival zieht alljährlich über 30.000 Menschen an. Es findet am letzten Juliwochenende statt, der Eintritt ist frei.

Sehenswertes

› **Skellefteå museum,** Nordanå kulturområde, Ernst Westerlunds Alle, Di.–Fr. 10–19 Uhr, Sa.–So. 10–16 Uhr, Eintritt frei. Ständige Ausstellungen zeigen die Stadt aus der Sicht von Frauen und Flößern, die Region zur Urzeit sowie wechselnde Aktionen und Veranstaltungen.

Abreise Richtung Nordland

Wer von Skellefteå durch die Mitte Schwedens nach Norwegen fahren möchte, wechselt in Skellefteå von der E4 auf die Straße 95. Ein Schild mit der Aufschrift **„Bodö“** verweist nach Bodø. Die Strecke ist als Route 2a auf Seite 163 beschrieben. Wer sich für Erzabbau, Bergbau und Wasserkraftwerke interessiert, findet drei entsprechende Museen auf den ersten 75 km dieser Strecke.

WEITERREISE ENTLANG DER KÜSTE

Folgt man weiter der E4, geht es vierspurig und gut ausgebaut nordwärts in Richtung **Piteå** innerhalb der Provinz Norrbotten. Diesen Küstenabschnitt bis Piteå bezeichnen Schweden auch als die **„Riviera des Nordens“**, denn hier findet man lange Sandstrände und zauberhafte Buchten.

Als Erstes kommt **Bovikens Havsbad,** nach der gleichnamigen Abfahrt von der E4 auf einer Halbinsel, die von Feldern bestimmt ist. Wenn man dorthin fährt, endet die Fahrt in Sågudden zwischen Wochenendhäuschen und dem sanft ins Meer abfallenden Ufer, wo das Ferienzentrum ist. Im Dorf kann das kleine Boots- und Fischereimuseum Hembygdsgård besucht werden, das bei Interesse seine Tür öffnet.

› **Hembygdsgård,** Boviken 285, Tel. 0910 54321

67 Bovikens Havsbad

GPS 64.777564, 21.119671

Boviksbadet 401, Tel. 0910 54000, www.bovikenshavsbad.se, 15.5.-6.9. 80 Stellplätze ab 330 skr, am Wasser 360 skr, Rasenplatz mit einigen großen Kiefern, mit Laden, Minigolf und Badestelle.

Zurück auf der vierspurigen E4 geht es nordwärts. Wenn einem die Strecke zu voll ist, fährt man parallel zur E4 auf einer alten Straße, die oft nur wenige Meter neben der Europastraße verläuft. Nach 13 km kommt man bei **Kåge** wieder auf die E4. Wer Hunger bekommt, fährt an der Ausfahrt Kåge Süd ab und in die Stadt hinein. Gegenüber dem ICA-Supermarkt liegt ein Schnellrestaurant. Die E4 führt auf einer Brücke über den Fluss Kåge Älv und an der Ausfahrt Nord vorbei verlässt man das Stadtgebiet. Die Landschaft wird nun lichter.

ABSTECHER NACH BYSKE HAVSBAD

Verlässt man die E4 an der Ausfahrt Byske/Lundbäck, erreicht man ca. 19 km hinter Kåge das auf einer Halbinsel gelegene und von Feldern umgebene **Byske Havsbad.** Hier gibt es einen Badestrand, eine Herberge, ein Hafenrestaurant und einen Freizeitpark. Für Angelfreunde ist das **Fischereimuseum** interessant, Heimwerker gehen ins **Handwerksmuseum** und in der Storgatan befinden sich allerlei Läden sowie eine Karamellfabrik, die ihre Produkte auch direkt an die Besucher verkauft.

68 Byske Havsbad

GPS 64.947745, 21.234886

Bäckgatan 40, Byske, Tel. 0912 61290, www.skelleftea.se/byskehavsbad. Stellplätze ab 350 skr, mit Strom 400 skr, ganzjährig geöffnet. Große Anlage mit allen Einrichtungen, das Restaurant Lanternan serviert Hausmannskost, Strandcafé.

052wn Abb.: fh

[<] *Skags Fyr, ein Geschenk der Seeverwaltung Schwedens an die Stadt Jävre*

Wer die Storgatan weiter fährt und den Ort verlässt, kann nach 5 Kilometern über die Nebenstraße bei **Tåme** wieder auf die E4 auffahren.

WEITER AUF DER E4

Bei **Åbyn** überquert man wieder einen Fluss, der die Grenze zwischen den Provinzen Västerbotten und Norrbotten markiert. Nach ca. 18 km sieht man rechts einen kleinen Jachthafen mit einem weißen Leuchtturm. Hier befindet sich auch der wunderschön gelegene **Rastplatz Jävre,** der sich gut für eine Pause eignet. Dazu einfach an der Ausfahrt Jävre ab- und parallel zur E4 zurückfahren. Gleich hat man den herrlichen Rastplatz erreicht, der direkt am Wasser liegt und einen Steg, Sitzbänke und Toiletten bietet (GPS 65.143562, 21.508441). Der daneben liegende Leuchtturm **Skags fyr** ist einer von Schwedens ältesten Leuchttürmen. Er war von 1871 bis 1957 vor Örnsköldsvik in Betrieb. Die Seeverwaltung schenkte ihn dann der Gemeinde Jävre, da hier mal eine wichtige Leuchtturmfabrik stand.

Information

› **Jävre Tourist Centre,** Jävrevägen 186 an der E4, Jävrebyn. In dem futuristisch anmutenden Gebäude bekommt man vom 15.6. bis 31.8. Informationen über Freizeitangebote der Gegend.

Zurück auf der E4 geht es durch einen Wald mit dürren Birken und Fichten. Nach 20 km ist Piteå erreicht (s. S. 179).

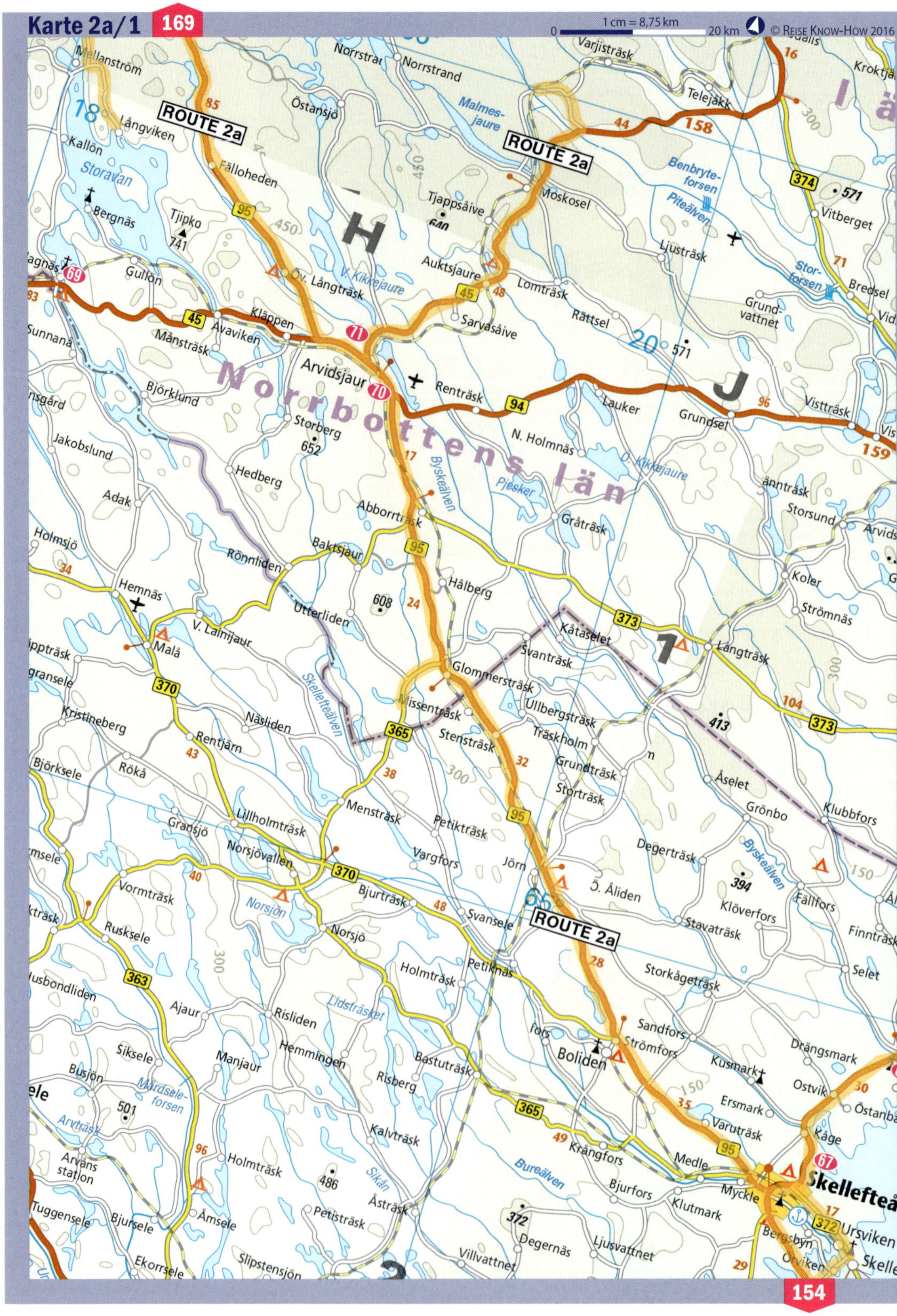
Karte 2a/1
169
1 cm = 8,75 km
0
20 km
© Reise Know-How 2016
ROUTE 2a
ROUTE 2a
ROUTE 2a
Norrbottens län
Mellanström
Långviken
Kallön
Storavan
Bergnäs
Tjipko
741
Gullön
Fälloheden
Norrstrand
Östansjö
Malmesjaure
Varjisträsk
Telejåkk
Kroktjärn
Moskosel
Tjappsåive
Auktsjaure
BenbrytefORSEN
Piteälven
Ljusträsk
Vitberget
571
Storforsen
Bredsel
Grundvattnet
Lomträsk
Rättsel
Sarvasåive
Öv. Långträsk
V. Kikkejaure
Kläppen
Avaviken
Månsträsk
Sunnanå
Arvidsjaur
Renträsk
Lauker
Grundsel
Visträsk
Björklund
Storberg
652
Jakobslund
Hedberg
N. Holmnäs
Ö. Kikkejaure
Pjesker
Byskeälven
Adak
Abborrträsk
Gråträsk
Storsund
Holmsjö
Baktsjaur
Rönnliden
Hålberg
Koler
Strömnäs
Hemnäs
608
Utterliden
V. Lainijaur
Kåtaselet
Långträsk
Malå
Svanträsk
Glommersträsk
Missenträsk
Ullbergsträsk
Träskholm
Kristineberg
Näsliden
Skellefteälven
Stensträsk
Grundträsk
Storträsk
413
Åselet
Grönbo
Klubbfors
Björksele
Rökå
Rentjärn
Mensträsk
Petikträsk
Gransjö
Lillholmträsk
Norsjövallen
Vargfors
Jörn
Ö. Åliden
Degerträsk
394
Fällfors
Kloverfors
Stavaträsk
Finnträsk
Vormträsk
Norsjön
Bjurträsk
Svansele
Rusksele
Norsjö
Petiknäs
Holmträsk
Storkågeträsk
Selet
Husbondliden
Ajaur
Risliden
Lidsträsket
Sandfors
Strömfors
Boliden
Drängsmark
Kusmark
Ostvik
Östanbäck
Siksele
Manjaur
Hemmingen
Bastuträsk
Risberg
Ersmark
Varuträsk
Kåge
Busjön
Mårdselefosren
501
Arvträsk
Arvåns station
Kalvträsk
Krångfors
Medle
Myckle
Skellefteå
Bureälven
Bjurfors
Klutmark
Holmträsk
486
Sikån
Åmsele
Åsträsk
Petisträsk
372
Degernäs
Ljusvattnet
Bergsbyn
Ursviken
Örviken
Tuggensele
Bjursele
Ekorrsele
Slipstensjön
Villvattnet
178
154

ROUTE 2A: VERBINDUNG DURCH SCHWEDEN ZUR ROUTE 1

STRECKENVERLAUF

Skellefteå – Arvidsjaur (133 km) – Arjeplog (149 km) – Jäkkvik (61 km) – Norwegische Grenze (76 km) – Junkerdal, E6 (24 km)
Streckenlänge: 443 km

Sanft steigt die Straße nach Norwegen an und man kann erkennen, wie die Landschaft immer urwüchsiger wird. Die Fahrt führt an unzähligen Seen vorbei und durch kahle Täler. Nach der schwedisch-norwegischen Grenze fährt man dann abwärts in eine waldreiche Gegend.

SKELLEFTEÅ

Alles zur Geschichte der Stadt Skellefteå einschließlich ihrer Einrichtungen für Touristen wird auf Seite 159 beschrieben.

WEITER RICHTUNG ARVIDSJAUR

Man verlässt Skellefteå in Richtung Westen auf dem **Riksväg 95 (Rv95),** der im Ort noch Norra Järnvägsgatan heißt. Bald lässt der Verkehr nach und es geht durch niederen Wald 30 km weit bis zur Kreuzung vor dem Ort Boliden. Zum Parken stehen nur schmale Streifen zur Verfügung. Deshalb sollte, wer rasten will, besser nach **Boliden** in den Ort fahren. Ein Supermarkt liegt an der Finnforsgatan, auf der man in den Ort gekommen ist.

1924 fand man Gold, daraufhin wurde eine Mine eröffnet und bei Bjurliden eine Siedlung gebaut. Leider hatte die Landkarte einen Schreibfehler und danach hieß die Siedlung nun für immer Boliden. 1928 entstand eine Bahntrasse, über die das Erz nach Skelleftehamn zur Verhüttung transportiert wurde. 1943 nahm die mit 96 km längste Seilbahn der Welt ihren Betrieb auf, mit der das Erz der Grube Kristineberg nach Boliden zur Bahn transportiert wurde. 1967 wurde die Grube geschlossen, nachdem man insgesamt 120 Tonnen Gold, 400 Tonnen Silber, 560.000 Tonnen Arsen und 120.000 Tonnen Kupfer herausgeholt hatte. Im alten Bergwerksbüro befindet sich heute das Museum Bergrum Boliden, das über Geologie und Bergbau informiert. Auch ein Abstecher zum 8,5 km südlich von Boliden gelegenen Museum des mehr als 100 Jahre alten **Wasserkraftwerks** lohnt sich.

Parken

- Am Bergrum, bei GPS 64.874278, 20.382643
- am Kraftwerksmuseum, bei GPS 64.791303, 20.337042

Achtung: Wer auf der Rv95 weiter will, sollte die Kreuzung nicht verpassen, denn dort biegt sie rechts ab. (Wer aus Versehen geradeaus weiterfährt, landet weit abgeschlagen südlich von Arvidsjaur auf der E45.)

Sehenswertes

- **Bergrum Boliden,** im alten Grubenkontor, 30 km entlang der Straße 95 in Richtung Boliden, dann links ab am Schild „Mining and Mineral Museum". Von Anfang Juni bis Mitte August täglich von 10–16 Uhr geöffnet, Eintritt frei.
- **Finnfors kraftverksmuseum,** von Boliden aus 8,8 km nach Süden über den Finnforsvägen oder von Skellefteå-Zentrum über den Bolidenvägen 25 km nach Westen bis Finnfors fahren, GPS 64.793542, 20.337753, www.skekraft.se, geöffnet: 1.6.–11.8. tägl.12–16 Uhr, Führungen 12.15 und 14.15 Uhr, Eintritt frei. Einst war hier Nordschwedens größtes Kraftwerk. Trotz Schließung in den 1950er-Jahren ist die Anlage mit ihren blank geputzten Generatoren und Turbinen immer noch intakt.

ZWISCHENSTOPP BERGWERKSEILBAHN

75 km nordwestlich von Skellefteå, ein Stück über Boliden hinaus, kann man zwischen Örträsk und Mensträsk mit einer alten Seilbahn des Erzbergwerkes fahren. Die Erzseilbahn von Kristineberg wurde nach Einstellung ihres Betriebes 1987 für den Personentransport zur Touristenattraktion umgebaut: Sie verkehrt heute auf einer 13 Kilometer langen Strecke. Die Erzkübel konnten eine Nutzlast von 1000 kg schleppen.

- **Linbanan Boliden,** www.linbanan.com. Es gibt je ein Tragseil und ein Zugseil mit 30 ankuppelbaren Kabinen mit je 4 Plätzen. Die Seilbahn fährt vom 23.6. bis 5.8. um 13 Uhr, Dauer: 1¾ Stunde, Preis: 310 skr, Verpflegung ab 55 skr. In Örträsk geht es an der rekonstruierten Eisensortieranlage los, in Mensträsk an einem ebenfalls rekonstruierten Schachtgebäude, wo ein Restaurant mit Saal gebaut wurde. Man fährt eine Strecke und wird danach mit dem Bus zum Startort zurückgefahren (im Preis enthalten). Von Skellefteå die Straße 95 und dann 370, Station Örträsk bei GPS 65.007632, 19.612266, Mensträsk, Bäckerudden 10, GPS 65.072946, 19.366358.

WEITER AUF DER RV95

Die Rv95 erstreckt sich weiter durch waldreiche Gegenden, der nächste Ort nach 27 km ist Jörn. In einer ehemaligen Tankstelle an der Storgatan 52 (GPS 65.054447, 20.053834) liegt **Annes Raststätte,** wo man einen Kaffee trinken kann. Ansonsten lässt die Strecke an Einsamkeit nichts zu wünschen übrig. Sie bietet kilometerlangen Holzeinschlag und mit Nadelholz dicht bewachsene Gegenden. Auf der linken Seite taucht 17 km hinter Jörn der Stensträsket-See

053wn Abb.: fh

auf, doch leider entpuppt sich der Parkplatz auch nur als befestigter Randstreifen. 8 km weiter ist die Grenze zwischen Västerbotten und Norrbotten überschritten: Man erreicht die Siedlung **Glommerträsk.** Hier findet man endlich eine kleine Tankstelle. Der Bahnhof ist nur noch ein Haltepunkt und den ehemaligen Bahnhofskiosk gibt es auch nicht mehr – da hilft es nur, auf dem Riksväg 95 weiter zu fahren.

⊼ *Wer einsame Seen sucht, ist in Schweden richtig*

ABSTECHER ZUR JÄRVTRÄSK-MÜHLE

Oder man besucht die **Järvträsk Wassermühle,** die sich an der Rv95 befindet. Die Järvträsk-Mühle ist seit 1786 im Betrieb und war eines der ersten vor Ort errichteten Gebäude. 1828 wurde sie an ihren heutigen Standort von Karl Fredrik Persson, dem Sohn des Müllers, verschoben. Zum Besuch biegt man hinter der Bahnbrücke auf die 365 in Richtung Norsjö ab und fährt etwa 10 km, dann kommt ein beschilderter Abzweig auf einen schmalen Weg nach rechts zum Dorf und der Mühle (GPS 65.21220 19.38572).

WEITER RICHTUNG ARVIDSJAUR

Weiter geht es auf der Rv95. 40 km hinter Glommerträsk kommt der Abzweig des Riksväg 94, der rechts nach Osten zum Flughafen von Arvidsjaur führt. Dieses kleine Flugfeld wird reichlich angeflogen. Denn in der Gegend befindet sich eine von Europas größten Autoteststrecken, die besonders im Winter genutzt wird. Um alle wichtigen Menschen wie Techniker und Journalisten in diese Einöde zu bekommen, hat man den Flughafen ausgebaut. Er sieht aus wie eine Mischung aus Skihütte und Feuerwehr-Spritzenhaus. Wer einen **schöneren Parkplatz** sucht, fährt von der Rv95 rechts in Richtung Testgelände und Flughafen ab und erreicht nach 3,5 km bei GPS 65.564141 19.291434 einen Parkplatz am Seeufer mit Sitzbänken und einem schönen Blick.

ARVIDSJAUR (ÁRVIESJÁVRRIE)

(133 km – 133 km)

Information

› **Tourist Office,** Östra Skolgatan 18, Tel. 0960 17500, www.polcirkeln.nu, Juli–Aug. 9.30–18 Uhr, Sa./So. 12–16 Uhr

Die Gemeinde Arvidsjaur wurde 1605 als Außenposten des Christentums in Lappland gegründet. Früher war es allerdings nur ein Marktflecken für die Waldsamen aus der Umgebung. Dann wurde eine Kirche erbaut und der Ort entwickelte sich zu einem **samischen Kirchdorf.** Dies ist immer noch erhalten, liegt heute mitten im Ort und ist die Hauptattraktion.

Hier in **Lappstaden** stehen etwa 70 Samenhütten (Kåtor, Härben). Sie wurden von den Gemeindemitgliedern der Gegend benutzt, wenn sie zur Kirche wollten. Durch die weiten Anreisewege waren sie gezwungen, im Ort zu übernachten. Arvidsjaur ist auch heute noch ein wichtiger Ort für die Samen. Alljährlich findet hier im Juni/Juli eine große Rentierscheide statt. Dabei werden hauptsächlich Jungtiere markiert. Mittlerweile leben in der Kleinstadt, die 363 m hoch liegt, etwa 4600 Menschen.

Im Hotel Laponia in der Storgatan 45 ist das preiswerte **Restaurant Taverna** angesiedelt (Tel. 0960 55500). In der Nähe befindet sich die wichtigste **Autoteststrecke** des Landes, wenn nicht von ganz Europa. Deshalb ist hier im Winter ein internationales Publikum unterwegs und der Flughafen (Arvidsjaur Airport – AJR) bietet Direktflüge zu den Autostädten Deutschlands. Privat Interessierte können im Winter auf der Teststrecke ein Sicherheitstraining absolvieren. Auch für Bahnreisende ist der Ort interessant: Hier kreuzen sich die Inlandsbanan und die alte Strecke der Stammbanan. Letztere wurde inzwischen allerdings abgebaut. Auf der Inlandsbanan nach Süden kommt man mindestens bis Östersund.

Eine Tankstelle liegt an der Rv95 gegenüber der Kirche. Die Rv95 wird von der Tourismusindustrie Silvervägen genannt, da hier vor langer Zeit das Edelmetall abgebaut und zur Ostsee oder nach Norwegen transportiert wurde. Außerdem trifft hier der Inlandsvägen E45 von Süden ein. Am Ortsrand fließt der große Fluss Skellefteälven vorbei. Er ist für Bootsfahrten interessant, hat allerdings einige Stromschnellen. Mit seinem Womo kann man auf zwei Campingplätzen übernachten.

69 Campingplatz Slagnäsforsen

GPS 65.589126, 18.173904

Campingvägen 5, 50 km westlich von Arvidsjaur, das Gelände liegt auf einer Wiese am Fluss Skellefteälven, die gleichnamigen Stromschnellen sind direkt nebenan. Tel. 0960 650093, www.slagnascamping.com, Stellplatz 190 skr, mit Strom 220 skr, geöffnet: 1.6.–16.9., mit beheiztem Freibad und Restaurant.

70 Camp Gielas

GPS 65.581675, 19.190526

Järnvägsgatan 111, am Südwestende des Ortes in einem Wäldchen, 18 km südlich, Tel. 0960 55600, www.arvidsjaur.se, Stellplätze 220 skr, mit Strom 250 skr, DZ ab 560 skr, ganzjährig geöffnet. Die Anlage ist durch die E45 von einem See getrennt, die Häuser stehen unter lichten Tannen.

71 Renvallens Stugby

GPS 65.611428, 19.092693

Renvallen 108, 93391 Arvidsjaur, Tel. 0960 21360, in einem alten Bauernhaus aus dem 18. Jh., schön an einem kleinen See und Fluss gelegen. 15 Stellplätze je 160 skr, Strom 40 skr, geöffnet: 1.6.–15.9.

ABSTECHER ZU DEN TROLLFORS STROMSCHNELLEN

Die Stromschnellen gehören zu den größten Europas. Auf einer Strecke von 800 m fließt der Piteälven zwischen Felsen hindurch und überwindet dabei einen beträchtlichen Höhenunterschied.

Die Stelle ist von Wald, kleineren Seen und Sümpfen umgeben. 55 km nördlich von Arvidsjaur (GPS 66.036152, 19.242439), 12 km hinter Moskosel von der 45 am Hinweisschild nach Westen abbiegen und noch 16 km weiterfahren. Wer gerne einmal in einer Samenhütte übernachten möchte, fährt zum **Samizentrum Båtsuoj.**

› Übernachtung sind in der Kota möglich, Infos im Büro in der Hedgatan 40, Tel. 0960 13014.

ABSTECHER ZUR HAUPTROUTE 2 NACH JOKKMOKK

Um zur Hauptroute 2 zu gelangen, fährt man beim Kreisverkehr am Ortsausgang von Arvidsjaur die erste Straße rechts raus auf die E45. Nach 150 km Fahrt ist man in Jokkmokk (s. S. 189) auf der Route 2.

WEITERFAHRT QUER DURCH SCHWEDEN ZUR E6

Zur Weiterfahrt quer durch Schweden zur E6 umrundet man den Kreisverkehr am Ortsende von Arvidsjaur um Dreiviertel und fährt in Richtung Arjeplog. Bald wird man wieder von der Einsamkeit umfangen. Die nächste Übernachtungsmöglichkeit befindet sich 2,5 km nach dem Kreisel beim Campingplatz Renvallen (s.o.).

Bleibt man auf dem Riksväg 95 wird die Landschaft allmählich berggiger. Die Straße gewinnt allmählich an Höhe und verläuft längere Zeit neben der Bahnlinie. Es ist zwar überall möglich zu halten, allerdings sind diese Stellen nirgends befestigt. 10 km nach Arvidsjaur zweigt die E45 von der Rv95 ab. Wer auf dieser Route zur E6 weiter

⊡ *Immer wieder ein schöner Anblick: Stromschnellen*

054wn Abb.: fh

nach Norden fährt, erreicht ein paar hundert Meter später die Brücke über den Svärdälven (GPS 65.61366 18.974762), wo man direkt hinter der Brücke rechts ab halten und zu den kleineren Stromschnellen hinunterlaufen kann. Etwas größer ist knapp 8 km weiter der Parkplatz am Lågträskälven, der den See Njallejaure und den Bijejaure verbindet (GPS 65.665278 18.87022). Ein paar Bänke mit Blick auf kleine Stromschnellen laden zu einer kleinen Pause ein. Zwischen den spärlichen, dünnen Birken sieht man mehrere Bergrücken, der Boden ist zunehmend sumpfiger und die Straße hat weiter an Höhe gewonnen. Selten erscheinen an der Rv95 ein paar Gehöfte am Wegesrand, dafür aber einige kleine Seen. Plötzlich tauchen Schilder auf und man erreicht einen richtigen Ort mit Häusern, Läden und gleich mehreren Tankstellen. Man ist in Arjeplog.

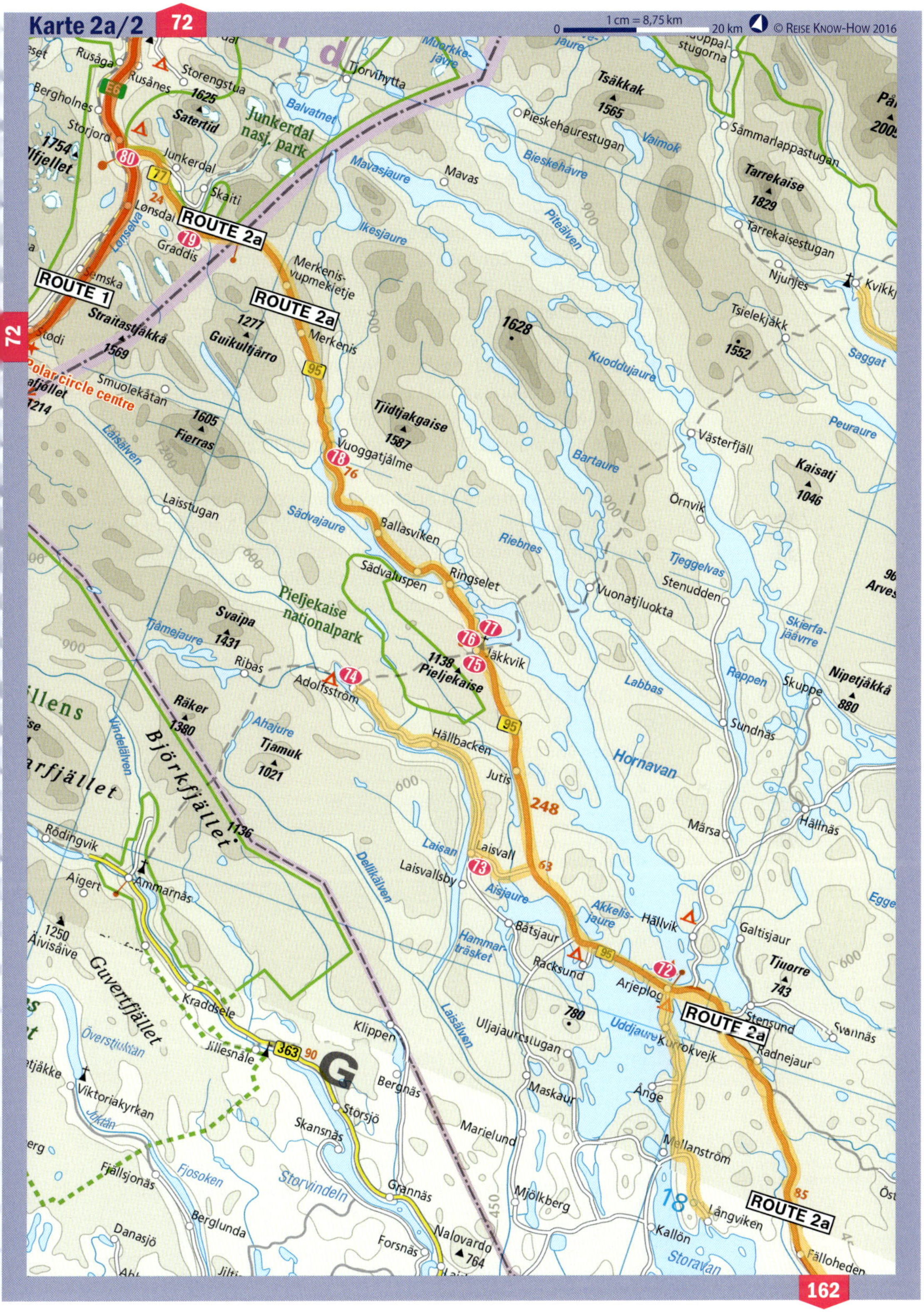
Karte 2a/2
72
1 cm = 8,75 km
0
20 km
© Reise Know-How 2016
Rusåga
Rusånes
Storengstua
Bergholnes
1625
Satertid
Junkerdal nasj. park
Storjord
1754
80
Junkerdal
77
Skaiti
24
Lønsdal
ROUTE 2a
79
Graddis
ROUTE 1
Semska
Straitastjåkkå
1569
Stødi
72
Polarcircle centre
1214
Tjorvihytta
Balvatnet
Muorkkejávre
Pieskehaurestugan
Tsäkkak
1565
Valmok
Sämmarlappastugan
Tarrekaise
1829
Mavasjaure
Mavas
Bieskehávre
Piteälven
Ilkesjaure
900
Tarrekaisestugan
Njunjes
Kvikkj
Merkenisvupmekietje
ROUTE 2a
1277
Guikultjårro
Merkenis
95
Smuolekåtan
1605
Fierras
Laisälven
1628
Kuoddujaure
Tsielekjåkk
1552
Saggat
Tjidtjakgaise
1587
Vuoggatjålme
78
76
Västerfjäll
Peuraure
Bartaure
Kaisatj
1046
Laisstugan
Sädvajaure
Ballasviken
Riebnes
Örnvik
Sädvaluspen
Ringselet
Tjeggelvas
Stenudden
Vuonatjluokta
Pieljekaise nationalpark
Svaipa
1431
Tjåmejaure
900
77
76
Jäkkvik
1138
75
Pieljekaise
Skierfajäävrre
Ribas
74
Adolfsström
Labbas
Rappen
Skuppe
Nipetjåkkå
880
Räker
1380
Ahajure
Tjamuk
1021
Hällbacken
95
Sundnäs
Hornavan
Jutis
Björkfjället
Vindelälven
248
600
1136
Mårsa
Hällnäs
Rödingvik
Laisan
Laisvall
63
Laisvallsby
73
Aisjaure
Dellikälven
Aigert
Ammarnäs
Akkelisjaure
Hällvik
Galtisjaur
Bätsjaur
1250
Åivisåive
Hammarträsket
Racksund
95
72
Tjuorre
743
Guvertfjället
Arjeplog
Kraddsele
780
ROUTE 2a
Stensund
Svannäs
Överstjuktan
Uljajaurestugan
Klippen
Uddjaure
Kurrokvejk
Radnejaur
Laisälven
Jillesnåle
363
90
Viktoriakyrkan
Bergnäs
Maskaur
Ånge
Juktån
Storsjö
Skansnäs
Marielund
Mellanström
Fjällsjonäs
Fjosoken
Storvindeln
Grannäs
450
Mjölkberg
18
Långviken
ROUTE 2a
85
Berglunda
Danasjö
Forsnäs
Nalovardo
764
Kallön
Storavan
Fälloheden
162

ARJEPLOG (AARJEPLUEVIE, ÁRJEPLUOVVE)

(149 km – 282 km)

Information

- **Tourist Office,** Torget 1, Tel. 0961 14520, www.polcirkeln.nu.

Arjeplog befindet sich zwischen den Seen Uddjaure und Hornavan. Letzterer ist mit 221 m Wassertiefe der tiefste Binnensee Schwedens. Arjeplog liegt an der sogenannten Silberstraße, die die Orte Luleå und Bodø in Norwegen miteinander verbindet. Seitdem in der Umgebung im 16. Jh. dieses Metall gefunden wurde, war Silber hier das Zauberwort. Zahllose Glücksritter versammelten sich an diesem Ort und verhalfen ihm während des Dreißigjährigen Krieges zu einem gewissen Wohlstand. 1770 wurde in der Nähe, in Adolfström, ein Schmelzofen errichtet; Samen brachten seinerzeit mit Rentieren das Erz dorthin. Noch heute kann man den Majorshof mit seinen alten Wandbemalungen und einem Kaufmannsladen besuchen. Die **Laisvall-Mine,** in der allerdings Blei und kein Silber gefördert wurde, war von 1943 bis 2001 in Betrieb und steht zur Besichtigung offen (s. S. 173).

Das Interessanteste in Arjeplog ist wohl das **Silbermuseum.** Es ist in der ehemaligen, 1854 errichteten „Schule für Nomadenkinder" untergebracht, und zeigt wirklich alles, was in Arjeplog außergewöhnlich war und ist. Vom „Bärengrab" aus der Steinzeit bis zum Volksempfänger, von der reichhaltigsten „Samen-Silber-Sammlung" bis zum

selbstgebastelten Schneemobil. Das alles wurde von einem einzigen Mann zusammengetragen: Einar Wallquist, dem „Doktor der Lappen“. Der Arzt, Schriftsteller und Künstler kam 1922 nach Arjeplog, eröffnete hier 1964 das Museum und starb 1985.

Auf **der Halbinsel Skeppsholmen** im Hornavan-See am Museum, gibt es noch eine Reihe samischer Gebäude. Die Arjeplog-Kirche erstrahlt ganz in Rosa. In der Storgatan 19 bietet Gk's Fiske & Café das, was der Name verspricht. Das Restaurant im Hotel Hornavan, Västra Skeppsholmen 3, ist eine gute Alternative für Hungrige. Im Vilt & Kafé (Torget 1, Tel. 0961 10001) gibt es selbstgemachte Marmelade, Elch- und Rentiergerichte, was will man mehr? Auf dem Torget kann man auch das Wohnmobil parken.

Wichtigstes Ereignis des Ortes war lange Zeit der Markt, der erstmals 1640 erwähnt, aber vermutlich schon früher hier abgehalten wurde. Er fand jährlich im Februar statt, wenn schlechtes Wetter herrschte - eben bei Marktwetter. Man teilte das Jahr in die Zeit „vor dem Markt“ und „nach dem Markt“ ein. Weiterhin findet heutzutage Ende Februar der Winterjahrmarkt mit vielen Ständen und Vorführungen statt, im Juli das **Silver Festival** und Ende September ein Samenfest mit Lassowerfen und anderen Wettkämpfen. Daran schließt sich Anfang Oktober ein Samenmarkt an. Daher ist es für die 2000 Einwohner inzwischen immer die Zeit „vor dem Markt“.

Sehenswertes

- **Arjeplog-Kirche,** hatte Königin Kristina 1641 errichten lassen. Ungewöhnlich ist die Lage des Kirchengrundrisses, der sich anders an den Himmelsrichtungen ausrichtet, als es bei Kirchen dieser Epoche sonst üblich ist. Die Kirche wurde mehrfach wieder aufgebaut. Hinter dem Silbermuseum, GPS 66.052, 17.885549
- **Silvermuseet,** Torget, Mo.-Fr. 10-13, 14-16 Uhr, Sa. 10-14 Uhr, Tel. 96114500, www.silvermuseet.se, Eintritt 60 skr, sehenswerte Anhäufung gesammelter Gegenstände aus Arjeplog

72 Kraja Camping

GPS 66.050894, 17.863584

Krajaudden an der Südseite des Hornavan-Sees, 1½ km vom Zentrum, rechts der Rv95, auf einer Halbinsel am Wasser, Tel. 0961 31500, www.silverhatten.se, Stellplatz 220 skr, schwimmende Campingflöße mit Motor 1000 skr pro Tag. Man kann das Womo mit auf das Floß nehmen. Mit Restaurant und beheiztem Schwimmbecken, ganzjährig geöffnet.

Ausflüge

- **Stromschnellen Vaukaströmmarna:** Ein Freizeitgebiet, 2 km südlich vom Zentrum. Man fährt die Straße Slagnäsvägen entlang, bei GPS 66.02768 17.889905 ist ein Parkplatz mit Infotafel. Ein Naturpfad bietet gute Angelmöglichkeiten und Picknickplätze. Angelscheine sind in der Turistinfo zu erhalten.
- **Storavan See:** Das **Båtsuoj Sami Centre** in Slagnäs bringt Gästen die Lebensweise der Sami nahe (www.batsuoj.se). Es liegt am Ufer des Gasa-Sees. Man

biegt in Arjeplog an den aufgeschütteten Dämmen mitten im Ort Richtung Slagnäs ab und fährt 42 km nach Süden. Bei GPS 65.697479, 18.07045 ist das Zentrum an der 45 ausgeschildert.

- **Quadfahren:** Wer Krach machen will, mietet sich ein Quad und brettert damit durch die Gegend, Anfragen bei der Turistinfo. Skeppsholmen ist eine winzige Insel im Hornavan mit samischen Hütten.
- **Galtispuoda** heißt ein 800 m hoher Berg mit Kirche, 15 km vom Zentrum. Von der Rv95 geht östlich des Zentrums eine Straße ab. Von dort sind es noch 9 km. Der Gipfel bietet eine herrliche Aussicht bis nach Norwegen und zum Nationalpark Sarek im Norden. Er ist auch mit dem Auto befahrbar.

WEITER AUF DEM SILBERWEG

Weiter auf der Rv95 verlässt man das freundliche Arjeplog und kommt zuerst parallel mit der Bahn über den Fluss Skellefteälven, der bei Skellefteå in die Ostsee fließt. An der Abzweigung nach Racksund kann man mit einem kleinen Auto abfahren und biegt sofort wieder links ab, um dort zu parken und **am Seeufer zu sitzen** (GPS 66.069318 17.614946). Schwerere oder längere Wohnwagen nehmen den Parkplatz vor der Abzweigung rechts ohne Seeufer. Ansonsten gibt es auf dieser Strecke nur befestigte Randstreifen als Parkmöglichkeiten. **Ein schöner Rastplatz** liegt bei GPS 66.104736 17.480092. Das Rastplatzschild (Tanne mit Tisch und Stuhl) verweist auf den schmalen Weg, der sich zu einem Platz mit Sitzgelegenheiten und Toilette weitet. Der See ist in der Nähe, der Parkplatz ist sehr groß und weit genug von der Straße entfernt, sodass einen der Straßenlärm nicht stört.

ABSTECHER NACH LAISVALL

Die Gegend danach wird ziemlich sumpfig und 27 km nach Arjeplog geht links eine Straße nach Laisvall und Adolfström ab. Von dieser Abbiegung sind es bis Laisvall 11 km und bis Adolfström 47 km.

In Laisvall wurde 1943 Blei gefunden, worauf Europas größter Abbau begann. Da die Mine unter dem See Stor-Laisan liegt, musste man ständig größere Mengen Wasser abpumpen. 2001 legte man sie still, nachdem 63 Mio. Tonnen Blei, 13.000 Tonnen Zink und diverse Unzen Silber abgebaut waren. Die Bleiminen können besichtigt werden (Juli–Aug., täglich 9–20 Uhr, Führungen um 12 Uhr, Laisvallgruvan, Tel. 0960 10410). Zum Essen geht man am besten ins Laisdalen Hotel, einem 5-stöckigen Zweckbau am Gruvvägen 4. Es ist in dem kleinen Ort nicht zu übersehen.

In Adolfström kann man noch die Reste der ehemaligen Schmelzöfen und den Hof Majorsgården besichtigen, GPS 66.276285, 16.663567, sowie im Märkforsen Nature Reserve einen Wasserfall anschauen. 1634 fand der Same Peder Olofsson Silber im baumlosen Nasafjäll, das 60 km nördlich von Adolfström lag.

Nachdem die Norweger die Grube und die dazugehörige Verhüttungsanlage zerstörten, wurde gegen 1770 die Förderung wieder aufgenommen und in Adolfström eine Schmelzanlage gebaut. Der Deutsche **Georg Borgislaus Stael von Holstein (1685–1763)** übernahm einen Anteil der Grube, aber der Gewinn war zu gering und er selbst hatte wenig Interesse an der Grubengesellschaft. Wichtiger war ihm die Landwirtschaft. Er blieb aber wirtschaftlich erfolglos und kehrte verarmt nach Stockholm zurück. Die Anlage verfiel und wurde erst Mitte des 19. Jahrhunderts wieder von einer Familie bewohnt.

Um zum Majorsgården zu gelangen, muss man am Ortseingang dem Schild „Hyttruin“ folgen. Nicht weit entfernt ist das bei Anglern beliebte Miekak-Fischercamp (Tel. 0961 10440), das allerdings nur mit einem Flugtaxi erreicht werden kann.

Sehenswertes

- **Laisvall-Mine,** GPS 66.149615, 17.166653, Teile liegen unter dem See Stor-Laisan
- **Majorsgården,** in Adolfström, GPS 66.276803, 16.661689. 1802 zog Major Georg Stael von Holstein hier ein, später benutzte die Boliden Mineral AB das Gebäude als Ferienhaus, danach wurde es von den Dorfbewohnern als Museum eingerichtet. Im Sommer täglich geöffnet, außer montags.

73 Laisvall Fjällcamp

GPS 66.132033, 17.168216

Gruvvägen 14, Tel. 0961 20000, einfache Anlage mit 40 Stellplätzen, 220 skr mit Strom, geöffnet: 1.6.–31.8.

74 Adolfströms Camping

GPS 66.277364, 16.666063

Adolfström 110, Tel. 0961 23016, www.adolfstromscamping.se, Rolf Sundqvist vermietet seine Wiese, den Stellplatz für 220 skr. Mit Bootsverleih am Lavejauresee. Geöffnet: 1.1.–30.9.

Die einzig vernünftige Möglichkeit, Adolfström zu verlassen, ist die Rückfahrt auf dem gleichen Weg.

WEITERFAHRT NACH JÄKKVIK

Auf der Rv95 fährt man weiter in Richtung Nordwest nach Jäkkvik. Für kurze Zeit wird die Gegend nun etwas lieblicher: Ein paar vereinzelte Höfe stehen am Wegesrand zwischen bescheiden landwirtschaftlich genutzten Flächen. Schließlich kommt links die Abzweigung, die nach einem halben Kilometer zum Fjällcenter von Jäkkvik führt. Nach 2 km erreicht man den kleinen Ort am oberen Ende des Hornavan-Sees.

Pieljekaise-Nationalpark

Um den 1133 Meter hohen ***Berg Pieljekaise,*** *auf Samisch etwa „Ohrenberg", erstreckt sich der 153 km² große, gleichnamige Park. Er wurde 1909 gegründet, um die dort auf den Heideböden wachsenden Fjällbirken zu schützen.*

Das Gebiet ist von Wanderwegen durchzogen und erstreckt sich bis zu den ***Seen Tjalasjaure und Luotaure.*** *Da das Naturschutzgebiet von vergleichsweise wenig Wanderern genutzt wird, gilt er auch als der „vergessene Nationalpark".*

Der berühmte ***Kungsleden*** *durchquert den Park, bis nach Kvikkjokk sind es rund 100 km Fußmarsch. Man erreicht den Nationalpark außer von Jäkkvik auch von Adolfström und Hällbakken aus. Es gibt eine Übernachtungshütte.*

JÄKKVIK (JÄGGELUOKTTA)

(61 km – 343 km)

Jäkkvik dient insbesondere als die Ausgangsbasis für Wanderungen durch den Pieljekaise-Nationalpark. Die Stadt liegt dicht unterhalb der Grenze nach Norwegen. Der Wanderweg Kungsleden kreuzt hier die Rv95.

In Jäkkvik wurde der Prediger Lars Levi Læstadius, der „Apostel der Samen", geboren (1800–1861). Am Sonntag vor Mittsommer findet hier das Kirchenfest „Die Frühlingspredigt" statt. Die Kapelle wurde 1777 in Lövmokk gebaut und erst 1885 hierhin transportiert. Von innen kann sie nur mit Führer besucht werden (Tel. 0961 21041).

75 Jäkkviks Fjällcenter

GPS 66.367835, 16.994734

2 km südlich vor Jäkkvik Rv95 nach links abfahren, Tel. 0961 21140, www.jackvikfjallcenter.com, Apartments, Camping, Restaurant. Womoplatz 190 skr, mit Strom 235 skr, ganzjährig geöffnet. Viele Dauergäste haben ein Hüttendorf in der Senke entstehen lassen.

76 Jäkkviks Stugby

GPS 66.382634, 16.969972

Fridhemsvägen 3, Tel. 0961 21122, Womoplatz 220 skr. Einfache Anlage mitten im Ort auf der rechten Seite auf einer Halbinsel am See.

77 Kyrkans Fjällgård

GPS 66.387027, 16.964819

Byavägen 4, Tel. 0961 21039, www.kyrkansfjallgardjakkvik.com, vor der Tankstelle auf der rechten Seite, Stellplatz 220 skr mit Strom und Dusche, Zimmer ab 400 skr. Hübsch am Seeufer gelegener kleiner Platz.

Jäkkvik – ein unwirtlicher Ort

„Drohend erhob sich der himmelhohe Pieljekaise. Zumeist versteckt er sein schneegekröntes Haupt in Nebel und Wolken. Nass glitschten die Regenwolken an seinen breiten Granitschultern entlang ... Rings um die Wohnstätte, die sicher schon mehrere heilfroh verlassen hatten, lagen kalte, saure Sümpfe mit einer Fülle von wertlosem Wollgras. Selbst im hohen Sommer entstiegen diesem kalte Nebel. Für gewisses Getier, das der Mensch nicht schätzt, war die Heimstätte ein Paradies ..."
„Lars Levi Læstadius", v. Alfred Otto Schwede,
Ev. Verlagsanstalt, Berlin 1959

WEITERFAHRT AUF DER RV95

Achtung: Vor der Weiterfahrt ist zu beachten, dass in Jäkkvik **die letzte Tankstelle** der Strecke ist! Nach Verlassen des Ortes windet sich die Rv95 schön durch die Landschaft: Etliche Seen liegen an der Straße und der Blick streift bis zu den Bergen am Horizont. Wenn man nicht vor 200 Jahren als Pfarrer hierhin geschickt wurde, kann man der Landschaft durchaus eine karge Schönheit bescheinigen. Mittlerweile befindet man sich auf einer Höhe von 500 m. Am See Sädvajaure fährt man oberhalb des Ufers entlang, umrundet die Ballastbucht (Bállasluoktta) und fährt zwischen zwei 600 m hohen Hügeln hindurch, bis man wieder ans Ufer gelangt. Die Bergrücken auf der anderen Seeseite sind kahl. Die Berge am Horizont gehören schon zum Saltfjellet-Massiv in Norwegen. Nun ist man 100 km von Arjeplog weg und erreicht am Ende des Sädvajaure-Sees den **Polarkreis** (s. S. 78) bei GPS 66.548101 16.334288, der ohne den sonst üblichen Zirkus überschritten wird. Dort liegen ein Wintersportzentrum, eine Campingmöglichkeit und ein Restaurant.

Gleich danach kommt für einen Abstecher rechts die Abzweigung nach **Vuoggatjålme.** Nach 3 km ist die recht einsame Ansammlung von Privathäusern und Miethütten am Seeufer erreicht. Der Weg dorthin windet sich landschaftlich schön an verschiedenen Ufern entlang. Halten ist an den immer wieder auftauchenden befestigten Stellen kein Problem. **Zur Weiterfahrt muss man zur Rv95 zurück.**

78 Camp Polcircelen

GPS 66.575388, 16.347349

Vuoggatjålme, Tel. 0961 10715, helamb@vuoggatjolme.se, Stellplatz 220 skr mit Strom 1,50 skr/kWh und Restaurant.

Weiter geht es zurück auf der Rv95. Man folgt der Straße recht malerisch dem Seeufer mit seinen Buchten und Halbinseln entlang Richtung Norden. Am Ende des Sees geht es auf eine kahle Hochebene,

Vuoggatjålme – ein Versorgungslager

Am 2. Februar 1966 fiel das Quecksilber hier auf rekordverdächtige –52,6 °C. Allerdings wurden im Winter 1999 in Lappland Temperaturen von bis zu –57 °C gemessen. 1870 errichtete der schwedische Staat etwa alle 20 km Berghütten an dem damaligen Wildnispfad nach Norwegen. Eines dieser Versorgungslager war Vuoggatjålme. Sie sollten Reisenden und ihren Pferden eine sichere Unterkunft gewährleisten. Norwegens eisfreie Häfen waren damals interessant für Schweden, da Mehl und Zucker dort besser erhältlich waren. Im Stall von Vuoggatjålme gab es Platz für 17 Pferde. Jede Hütte musste für die Begehbarkeit eines Stück des Pfades sorgen und Markierungen anbringen. Warentransporte wurden im Sommer per Boot und im Winter mit dem schlittenähnlichen „Snövessel" auf dem See bewältigt. 1974 wurde schließlich die Silberstraße gebaut und die Hütten aus ihrer Pflicht entlassen.

von der man deutlich sehen kann, wie die Eismassen einst das Tal ausgehobelt haben. Die Berge links und rechts erreichen die 1100 Meter-Grenze. „Bodö 157" verkündet plötzlich ein Schild und dann weitet sich die Straße mit Parkmöglichkeiten für ganze Armeen. Die schwedisch-norwegische Grenze ist bei GPS 66.755027 15.834721 erreicht.

Blick auf die Bergkämme kurz vor der norwegischen Grenze

055wn Abb.: fh

GRENZE ZU NORWEGEN

(76 km - 419 km)

Links steht ein Grenzstein an der Straße, sonst gibt es hier nichts. Ab hier hat die Straße nun die **Nummer 77** und es geht auch nicht mehr nach Bodö, sondern 155 km nach Bodø. Die erste Möglichkeit zur Übernachtung in Norwegen ist die Berghütte Graddis Fjellstue.

79 Graddis Fjellstue

GPS 66.742291, 15.738405

8255 Røkland, sie liegt 430 m hoch, vom ausgeschilderten Abzweig an der Straße 77, bei GPS 66.75061 15.713782, fährt man noch zwei Kilometer weit ins Tal, Tel. 075 694341 oder 94852520, Campen ist nur begrenzt möglich, da der größte Teil des Platzes unbefestigt ist, aber für 5 bis 6 Wohnmobile ist Platz vorhanden, geöffnet: 15.6.-1.9. Hier steht auch eine angeblich tausend Jahre alte Kiefer.

Die Straße 77 führt nun langsam, aber stetig bergab. Der nächste Ort ist Junkerdal, hier stehen plötzlich Schilder mit der Aufschrift „Toll", was den Touristen aber nicht weiter kümmern sollte. Interessanter ist da schon das große Rasthaus mit dem ebenso großen Parkplatz davor und einem kleinen Laden (GPS 66.772902 15.631163).

JUNKERDAL

(24 km - 443 km)

Die Gegend heißt Junkerdal, benannt nach dem norwegischen Junker, der 1657 die schwedischen Silberminen im Nasafjäll zerstörte. Im Turistsenter kann man auch übernachten. Die Bäume an der Straße sind schon wesentlich größer als 100 km zuvor und die Gegend wirkt etwas alpin. Die Straße folgt nun dem Tal, der Junkerdalelva mäandert dahin, links ragen mitunter die Felswände bis an den Randstreifen der Fahrbahn. Leider ist das Anhalten unmöglich, da auf der anderen Seite der Randstreifen abschüssig oder durch Leitplanken verstellt ist. Nach einer letzten großen Kurve stößt man plötzlich auf die **E6** und somit auf die Route 1 (s. S. 77). Nach links bzw. nach Süden sind es 112 km nach Mo i Rana, und rechts ab nach Norden sind es 65 km bis Fauske. Fährt man in diese Richtung, erwartet einen nach gut 2 km das Saltdal Turistsenter, der Polar Camping (Storjord, Tel. 075 694103) und vor allen Dingen **eine Tankstelle.** Auch in Røkland, 24 km nach Norden auf der E6, befinden sich eine Tankstelle und Einkaufsmöglichkeiten.

Information

› **Junkerdal Turistsenter,** bei GPS 66.772861 15.630806, 8255 Røkland, Tel. 075 694040. Am Ende des Geländes führt ein Weg zu den Stromschnellen Gamsforsen und der Gamsfossbrua.

80 Stellplatz Saltdal Turistsenter

GPS 66.813114, 15.4033

Das Saltdal Turistsenter hat einen befestigten Parkplatz, auf dem man für 140 nkr stehen kann.

Karte 2/5
190
238
162
154
1 cm = 8,75 km
0
20 km
© Reise Know-How 2016
Edefors
Gullträsk
Forsnäs
Valvträsk
Långsund
Sandträsk
Gunnarsdjupträsk
Kypasjärv
Övermorjärv
Harads
Gransjö
Gunnarsbyn
V. Flakaträsk
Morjärv
Vitvattnet
Bodträsk
Degerselet
Niemisel
Bjurå
Avafors
Kamlunge
Korpikå
Svartlå
ROUTE 2
Ljuså
Hundsjön
Årbyn
162
Vitåfors
Vitå
Töre
Bondersbyn
Börjelsbyn
Kälsjärv
Gammelgården
E10
S. Bredåker
N. Bredåker
Buddbyn
Vittjärv
Gemträsk
Råneå
Sören
Kalix
Bredviken
Åkerholmen
Boden
Smedsbyn
Jämtön
Siknäs
Pålang
Rörbäck
Nyborg
Isträsk
Överluleå
Sundom
Ryssbält
Brännberg
Sävast
Ängesbyn
Persön
Tistersö-fjärden
Bergön
Storön
Stockfors
Vändträsk
Rånön
Altrask
Unbyn
Gammelstad church village
Brändön
Älvsbyn
Södra Sunderbyn
Rutvik
Bensbyn
Gunnarsfjärden
Haruffjärden
Korsträsk
Klöverträsk
151
Gammelstaden
Luleå
Hindersön
Bergnäset
Gräsön
Hertsön
Arvidsträsk
Tvärån
Altergård
Alvik
Antnäs
Måttsund
329
Sikfors
Sjulsmark
Kallax
Sandön
Storbrändön
Granträsk
Ersnäs
Arnemark
Hälleström
Piteälven
Junkön
Germandön
Åträsk
Norrfjärden
Rosvik
Alhamn
Kallfjärden
Sandgrönnorna
Böle
Trundön
Mannön
Lillpite
Farstugrunden
Rödkallen
Piteå
Baggen
Svensbyn
Pitholmen
Bergsviken
Munksund
Vargön
Blåsmark
Hortlax
Pitsund
Mellerstön
Klubbfors
Hemmingsmark
Bondön
Holmfors
Ålund
Jävre
Norströmsgrund
Fällfors
Finnträsk
Selet
Rönnskär
Nygrån
Åbyn
Renholmen
Byske
Drängsmark
Furuögrund
Kusmark
Ostvik
Östanbäck
Kåge
Ersmark
Varuträsk
Skellefteå
Medle
Myckle
Ursviken
Skelleftehamn
Klutmark
Bergsbyn
E4
97
356
383
94
374
373
95
372

WEITERFAHRT AUF DER ROUTE 2

PITEÅ (BIŦON, PIITIME, PIITIN)

(80 km – 689 km)

Die idyllische Kleinstadt liegt an der Mündung des Flusses Piteälven und ist umgeben von Fjorden, Inseln und Seitenarmen des Piteälven. Vor der Stadt liegt ein Schärengarten mit über 500 Inseln. Von Juni bis August ist die Stadt alljährlich beliebtes Ziel tausender Urlaubsgäste aus Norrbotten und Nordnorwegen, wodurch die Bevölkerung dann kräftig ansteigt.

1621 lag die Stadt ca. 6 km weiter nordwestlich. Hier befindet sich heute der Ort Öjebyn. 45 Jahre nach der Stadtgründung war der Hafen versandet und nach einem Brand wurde kurzerhand der ganze Ort verlegt. Trotz zweier Angriffe durch russische Truppen prosperierte der Ort und wurde Anfang des 19. Jh. Bezirkshauptstadt von Norrbotten. Als 1911 die Eisenbahn kam, brachte dies auch Industrie in die Stadt. Piteå hat heute mit seinen Vorstädten 20.000 Einwohner und ist das Zentrum der Holzindustrie.

Die achteckige Kirche mit dem hölzernen Turm wurde Ende des 19. Jh. erbaut und diente den Seeleuten als Orientierungspunkt. Im Pite Havsbad werden im Sommer oft die höchsten Wassertemperaturen in ganz Schweden gemessen. Der zentrale Platz der Stadt ist der **Byxtorget.** Hier trifft man sich rund um eine Pappel. Der Rådhustorget in der Storgatan wurde im russischen Holzbaustil errichtet. Im ehemaligen Rathaus residiert heute **das Piteå Museum,** das die Geschichte der Gegend zeigt. Um zum Bootsmuseum zu gelangen, folgt man den Schildern zum Västra Kajen. Am Kanal bei der Tages bro (Tagesbrücke) wurde ein Holzdeck errichtet, das besonders am Feierabend gut besucht ist.

Information

- **Piteå Turistbyrå,** Bryggargatan 14, in der Brauerei neben dem Busbahnhof, Tel. 0911 93390, www.pitea.se, im Sommer Mo.–Sa. 9–19, So. 10–16 Uhr

Parken

- von der 373 auf den Hämelundsvegen abbiegen, am Ende des Weges bei GPS 65.332184, 21.364975
- am Hafen bei GPS 65.241614, 21.632767

Sehenswertes

- **Båtmuseum,** Västra Kajen, Sjöbodegränd 32, www.piteabatmuseum.se. Das Bootsmuseum zeigt Motoren, ganze Boote und Ausrüstungen. Im Sommer Mo.–Fr. 10–14 Uhr, Sa./So. 11–15 Uhr.
- **Piteå Museum,** Storgatan 40, im alten Rathaus am Rådhustorget, geöffnet: Di.–Do. 9–16 Uhr, Sa. 11–15 Uhr, Eintritt frei.
- **Piteå Sparkmuseum,** Furunäsvägen 106, neben dem Restaurant Doktorsvillan. Das Haus stellt eine Sammlung der in Skandinavien weit verbreiteten Tretschlitten mit Sitz aus, die laut Infotext „in vielen Fällen formschön" sind. Sie sollen in Piteå erfunden worden sein. Geöffnet wird bei Anfrage im Restaurant.

Essen und Trinken

- **2KöK Acusticum,** am Ende der Bagargatan, wochentags 9–15 Uhr. Hier kann man günstig zu Mittag essen.
- **Badhusparken bistro och café,** Storgatan 3. Das Sommercafé liegt in der Innenstadt im gleichnamigen Park.

- **Café Röda Lyktan,** Galleria Småstaden, Storgatan 41. Café im Herzen der Stadt.
- **Doktorsvillan,** Furunäsvägen 106, Tel. 0911 10750, www.doktorsvillan.se, Di.-Do. ab 18, Fr. ab 17 Uhr. Die Villa wurde 1893 vom bekannten Architekten Axel Kumlien erbaut. Heute serviert man hier schwedische und internationale Küche.
- **Elof Strand Café,** Hotellvägen 50, www.pite-havsbad.se, von besagtem Elof 1943 als Bretterbude begonnen. Am Strand von Pite Havsbad kann man einen Sommertag ausklingen lassen oder bei Regen durch die großen Scheiben aufs Wasser schauen.
- **Järnspisen Piteå,** Bryggargatan 14, Di.-Do. 17-21 Uhr, Fr./Sa. 17-22 Uhr. Gute Küche im renovierten historischen Umfeld, zwischen Sundsgatan und Storgatan in der Innenstadt.
- **Sommercafé Selma,** Lillpitevägen, Lillpite, Spezialität ist geräuchertes Schweinefleisch, Mo.-Fr. 11-16 Uhr.

81 Västra Kajen Camping

GPS 65.314231, 21.469409

Sjöbodegränd 19, zentral in Södra Hamn, Tel. 0911 12030, www.vastrakajen.se, 80 Stellplätze ab 250 skr pro Tag mit Strom, ganzjährig geöffnet. Im Hafen mit Wasserblick und Fußweg in die Stadt.

82 Pite Havsbad Camping

GPS 65.234064, 21.533239

Hotellvägen 50, Abfahrt Munksund, ausgeschildert, Tel. 0911 32700, www.pite-havsbad.se, 150 Stellplätze ab 280 skr pro Tag, Wasser und Stromanschluss möglich, geöffnet: 21.5.-8.9. Strandbad mit Verkaufsbuden auf dem Gelände.

83 Borgaruddens Camping & Havsbad

GPS 65.355163, 21.584312

Bredskärsvägen 98, in Norrfjärden, Tel. 0911 203518, http://borgaruddens camping.se, Stellplätze mit Strom ab 210 skr, geöffnet: 31.6.-31.8. Schöner Platz nördlich von Piteå bei Norrfjärden auf einer Halbinsel. Mit Seebad und Minigolf.

AUSFLUG ZUM LILLPITE KRAFTWERK

Etwa 1918 wurde 24 km nordwestlich von Piteå das **Lillpite Kraftwerk** in die Stromschnellen gebaut. Mit zwei Turbinen à 300 PS versorgte es das Umland mit Strom. Die Gebäude liegen verstreut entlang des Flusses und können nach Vereinbarung besichtigt werden. **Straßenbeleuchtung** galt bis ins späte 19. Jh. in Schweden als „Eingriff in die Ordnung Gottes" und als Wegbereiter für Unmoral und Alkoholismus. Das Umdenken begann 1883, als der königliche Palast in Stockholm beleuchtet wurde. In Piteå wurde elektrische Beleuchtung erst spät installiert. 1895 kaufte man eine Dampfmaschine, zwei 120-Volt-Generatoren und 22 Bogenlampen, aber es wurden erstmal neue Gaslaternen an die Straßen montiert. Als man jedoch das Stadshotel durch einen eigenen Generator beleuchtete, wurde auch die Stadt elektrisch illuminiert. Nach einigen Komplikationen lief die Stromversorgung ab 1915 halbwegs reibungslos. 1919 musste die Stadtverwaltung allerdings den Kerzenvorrat der Kirche beschlagnahmen ...

› **Lillpite Kraftwerk,** Lillpitevägen, Termine zur Besichtigung nach Vereinbarung, Tel. 0705492524, www.lillpite.nu

AUSFLUG ZUR STEINKIRCHE IN ÖJEBYN

Eine Sehenswürdigkeit nördlich der City ist die **Steinkirche in Öjebyn,** deren älteste Teile im 14. Jahrhundert errichtet wurden. Das Kirchendorf Öjebyn besteht aus etwa 175 Hütten, die von den angereisten Gemeindemitgliedern benutzt wurden, wenn sie die Kirche und den Markt besuchten (siehe Exkurs S. 183). Während des Sommers gibt es täglich geführte Ausflüge von Piteå aus. Im Juni und Juli wird jedes Jahr ein Kirchenmarkt abgehalten.

› **Kirchendorf Öjebyn,** Affärsgatan 17, Öjebyn, GPS 65.345829, 21.395223.

WEITERFAHRT AUF DER E4

Fährt man auf der E4 weiter, können Freunde süßer Dinge in Rosvik abfahren und eine Pause im Café machen.

› **Café Rosenboden,** Lånegränd 3, Di.–Fr. 10–17 Uhr, Sa. 9.30–15 Uhr. Hier werden selbstgemachte Kuchen verkauft.

Auf der Weiterfahrt bietet sich der 20 km südlich von Luleå gelegene **Ralph Lundstengården** für eine Pause an. Auf dem Hof aus dem 17. Jahrhundert wurde 1936 Ralph Lundsten, ein Pionier der elektronischen Musik, geboren. Kristina Holmberg, ein Fan des Musikers, betreibt den Hof heute und bietet eine sehr gute Küche.

› Ersnäsvägen 83, Tel. 0920 31054, www.ralph-lundstengarden.com, 26.6.–18.8. Mi.–Fr. 11–16, Sa. 11–21 Uhr

Rastplätze gibt es erst wieder 15 km vor Luleå hinter **Ersnäs** bei GPS 65.53709 21.80829. Wer es eilig hat, fährt auf der E4 direkt nach Norden und erreicht bald das Stadtgebiet von Luleå. Kurz vor der Stadt, an der Abfahrt zum Flughafen, wird die E4 zur Autobahn. An einem Autobahnkreuz führt die E4 geradewegs nach Finnland. **Zur City** biegt man auf die 94 nach Osten ab. Außerdem kann der Nordlandfahrer auf die Straße 97 in Richtung Boden abbiegen. Nachdem man den Fluss Luleälven passiert hat, kann man zum Campingplatz Arcus abfahren.

In Schweden ist immer Zeit für Törtchen

84 First Camp Arcus

GPS 65.593763, 22.073053

Arcusvägen 110, Tel. 0920 60300, Stellplatz ab 230 skr, ganzjährig geöffnet. Am Fluss beim Arcusbad in der Nähe der Messehalle, zehn Autominuten von Luleå. Schwimmen kann man im beheizten Becken des Arcusbades.

LULEÅ (LULEJU, JULEV, LUULAJA)

(52 km – 741 km)

1323, nach dem Frieden von Nöteborg, wurde zwischen Schweden und Russland ein Grenzvertrag mit allerdings ungenauem Grenzverlauf geschlossen. Der Schwedenkönig wollte die Gegend um den Luleälven an sein Reich binden und entsandte Priester in den Norden. So entstanden erste christliche Holzkirchen im Grenzgebiet. 1339 wurde hier der erste Gottesdienst abgehalten, später baute man eine imposante Steinkirche. Die Gegend um das heutige Gammelstad war als Handelsplatz für Fisch und Fell bekannt und hier wurde 1621 die Stadt Luleå gegründet. Doch bereits 30 Jahre später versandete durch Landhebung der Hafen und man verlegte die Stadt etwa 11 km weiter nach Südosten. Heute leben hier rund 47.000 Menschen und das Erz aus Gällivare und Kiruna wird im Hafen verschifft.

Wer über die E4 aus Südschweden anreist, kommt zwangsläufig durch diese **Hafen- und Universitätsstadt** an der Mündung des Luleälven. Der Küste vorgelagert liegen viele kleine Inseln und in der Stadt herrscht quirliges Leben. Das Norrbotten-Museum nimmt sich der Vergangenheit der Gegend an.

Einkaufen kann man im modernen Smedjan Center in der Storgatan, wo es auch einen großen Outdoorladen gibt. Facebook betreibt am Datavägen auf 84.000 m² sein erstes europäisches Rechenzentrum, 300 Menschen arbeiten hier.

Ca. 11 km nordwestlich des heutigen Stadtzentrums findet man in **Gammelstad** noch das alte Luleå (GPS 65.645833, 22.029167). Das ursprünglich um eine Kirche im Landesinneren gebaute **Kirchendorf** mit 424 Holzhäuschen ist heute auf der UNESCO-Weltkulturerbe-Liste vertreten und ein beliebtes Ausflugsziel.

Information

- **Kulturens Hus,** Skeppsbrogatan 17, Tel. 0920 457000, www.visitlulea.se, geöffnet: Mo.–Fr. 10–17 Uhr, außerhalb der Saison freitags geschlossen

Sehenswertes

- **Norrbotten Museum,** Storgatan 2, Tel. 0920 243502, Di.–Fr.10–16 Uhr, Sa./So. 11–16 Uhr, Eintritt frei. Sammlung von Fotografien und Gegenständen zur Stadtgeschichte, oft mit aktuellem Bezug, außerdem finden Veranstaltungen zu Politik, Kunst und Kultur statt.
- **Nederluleå kyrka,** Församlingsvägen 12, 95433 Gammelstad. In der 1492 erbauten Kirche kann man einen Altar aus Antwerpen von 1520 bewundern. In den Kirchmauern sind 90 verschiedene Steinarten verbaut. Die viermanualige Orgel wurde 1971 von Grönlund Orgelbau installiert. Sie besitzt 4200 Pfeifen – die größte ist sechs Meter lang. Der einst hölzerne Glockenturm wurde 1842

Parken

- am Airport LLA bei GPS 65.549722, 22.124913
- am Kyrktorget in Gammelstad bei GPS 65.645833, 22.029167
- am Südhafen ab 18 Uhr bei GPS 65.580735, 22.153777

Kirchendorf (schwed. „kyrkstad“)

In Schweden war das Einzugsgebiet der einzelnen Kirchengemeinden, das sogenannte Kirchspiel, sehr groß. Das von Luleå umfasste eine Fläche größer als Irland! Für die Gläubigen war es daher unmöglich, am Sonntag zum Gottesdienst in die Kirche und wieder zurück nach Hause zu kommen. Deshalb ging man nur an hohen Feiertagen in die Kirche und blieb länger dort. Zum Übernachten gab es für die Bauern kein Hotel, sondern eine Reihe von Hütten mit Ställen und Lagerhäusern. Außer dem Gottesdienst fand an diesen Tagen meist ein Markt statt und die Menschen erledigten allerlei Dinge, die in ihren Dörfern nicht möglich waren. Solche Kirchendörfer gab es in fast allen nordschwedischen Kirchspielen, nur wenige sind heute noch erhalten (z. B. Öjebyn in Piteå, s. S. 179). Als der Handel in den Kirchendörfern unkontrollierbar wurde, erlaubte ihn der König nur noch in Städten. Luleås Kirchendorf dehnte sich gegen Mitte des 12. Jh. entlang der Flüsse Råne, Lule und Kalix bis zu den Bergen aus. Heute stehen die 424 übriggebliebenen Hütten unter dem Schutz der UNESCO.

057wn Abb.: ta

durch einen gemauerten am Westende ersetzt. Die größte Glocke darin wiegt fast 2 Tonnen. Geöffnet 9–16 Uhr.

Essen und Trinken

Gourmets finden mit dem Cook’s Krog ein sehr gutes Restaurant, aber auch sonst bietet der Ort eine große Anzahl an Möglichkeiten, sich zu verköstigen.

› **Bistro Bar Brygga,** auf einem alten Kahn im Nordhafen, Tel. 0920 220000, Mo.–Sa. 17–22 Uhr.

› **The Bishop’s Arms,** Storgatan 15. Der traditionelle Pub der bekannten Kette hat 25 Biersorten im Angebot, täglich ab mittags geöffnet.

› **Cook’s Krog,** Storgatan 17, in der Nähe des Stadsparken, Tel. 0920 201025, www.cookskrog.se, Mo.–Fr. ab 18 Uhr. Cook’s ist eines der ältesten und traditionsreichsten Restaurants in Luleå. Geboten werden ausgezeichnete Steaks zu einer guten Auswahl an Weinen, die auch glasweise serviert werden, auch ein vegetarisches Gericht ist im Angebot.

› **Gäddviksgården,** Älvbrovägen, täglich 11–16 Uhr. Das Café verköstigt seine Gäste im Sommer im historischen Pavillon.

› **Kaptensgården,** Häradsvägen 9, erste Ausfahrt der 97 hinter dem Autobahnkreuz, Tel. 0920 257017, www.restaurangkaptensgarden.se, 28.6.–12.8. So.–Mi. 12–19 Uhr, Do.–Sa. 12–21 Uhr. Nach einem Spaziergang durch Gammelstad kann man hier gut einkehren.

- **Café Mat & Prat,** Storgatan 51, Mo.–Fr. 10–18 Uhr, Sa. bis 16 Uhr
- **Gammelstads Värdshus,** Lulevägen 2, in Gammelstad, http://gammelstad.nu/gammelstads-wardshus, täglich geöffnet, Tel. 072 5786735.
- **MusikoMat, Prästgatan,** im Bahnhof, Mo.–Do. 11–22, Fr. 11–0 Uhr, Sa. 12–24, So. 12–22 Uhr. Hochpreisig, verspricht am Wochenende Livemusik.

Weiterfahrt

Wer weiter quer durch Schweden nach Nordnorwegen fahren will, verlässt bei Luleå die Küste (siehe weitere Wegbeschreibung S. 186). Wer weiter an der schwedisch-finnischen Grenze Richtung Nordkap entlang fahren möchte, nimmt die Route 3.

VERBINDUNG ZUR ROUTE 3

Streckenlänge: 130 km

Wenn man zu der im Buch als Route 3 beschriebenen Strecke nach Haparanda bzw. Tornio (s. S. 265) an der finnischen Grenze will, muss man die E4 weiterfahren. Zunächst kommt man nach **Raneå,** das sich in die Reihe ähnlich klingender Städtenamen einreiht. Danach gibt es einen Rastplatz bei **Töre.**

Auf der linken Seite der E4 liegt der Ort Töre, wo man sich die Kirche ansehen kann.

- **Töre kyrka,** Ekmarksplan, die weiße Backsteinkirche von 1936 wurde von Evert Milles entworfen und mit modernen Bleiglasfenstern von Jean Carlbrand versehen.

Zum Übernachten fährt man von der E4 links ab, in Richtung Töre Hamn, wo man auch „Bottenvikens nordligaste punkt“ erreicht.

85 Töre Camping

GPS 65.901681, 22.656601

Törehamn 77, Tel. 070 65317, www.torecamping.se. Ein schmaler Streifen am Wasser, von Kiefern umstanden. Ganzjährig geöffnet, Stellplätze mit oder ohne Strom, Hütten, Restaurant, Minigolf, Sauna.

Der Fluss Kalixälv wird kurz vor seiner Mündung bei **Kalix** überquert.

NÖRDLICHSTER PUNKT DES BOTTNISCHEN MEERBUSENS

Er befindet sich am Hafen von Töre hinter dem Campingplatz. Es gibt einen **Briefkasten an einer Boje** mit Formularen, um den eigenen Besuch zu vermerken. In der Nähe stehen eine Reihe von Kirchen. Die Nederkalix-Kirche und die Nederluleå-Kirche stammen aus dem 15. Jh. Busse verbinden den Ort über die E4 mit Finnland.

Einen Ausflug zu den Tieren des Landes kann man machen, wenn man von der E4 in Richtung Övertorneå abbiegt. Die „Wildfarm“ bietet Lehrreiches über die Jagd in Schweden, Rentiere und Wildscheine zur Ansicht sowie Fahrten im Geländewagen mit einem Führer.

- **Bottenvikens nordligaste punkt,** Töre Hamn, GPS 65.90097, 22.651749, N 65° 54' 07" E 22° 39' 00". Abfahrt von der E4 bei Ausfahrt Töre Hamn, dem Rastplatzschild folgen, bis zum Wegende im alten Hafen, reichlich Parkflächen.

KALIX (GÁLÁSEATNU, KAINUU, KAINUS)

Information

- **Kalix Turistbyrå,** Strandgatan (Rantakatu) 10, links der E4 im Zentrum, geöffnet: Juni–Aug. Mo.–Fr. 8–16 Uhr, Tel. 0923 12979, www.kalix.se

Die Gemeinde hat 18.000 Einwohner, wovon aber nur etwas weniger als die Hälfte im gleichnamigen Ort an der Mündung des Kalixälven lebt. Auf der anderen Seite des Flusses begrüßt den Reisenden als erstes die **rote Holzkirche,** die 1472 zum ersten Mal in Schriftstücken erwähnt wurde. Der Ort machte 1809 im russisch-schwedischen Krieg von sich reden, als sich die finnisch-schwedische Armee der kaiserlich-russischen Streitmacht bei Månsbyn (Nederkalix) ergeben musste. Der Legende nach soll eine Kriegsbeute in Form von russischem Gold in den Wäldern nördlich von Palange begraben sein, was bis heute Schatzsucher anzieht.

Im Ort gibt es eine ganze Reihe von alten **Herrenhäusern,** z. B. Björknäs, wo schon der Naturforscher Carl von Linné kurz wohnte. Wer in Kalix übernachten will, fährt zum Campingplatz mitten im Ort.

Im **Fischereimuseum** in einem der roten Häuschen am Kai ist allerlei zum Thema Küstenfischerei zu sehen, häufig finden in den Räumen Kunstausstellungen statt. Etwa 18 km außerhalb von Kalix liegt **Marienbergs Wildfarm** mit Armeemuseum und Restaurant.

Es werden verschiedene **Bootstouren durch die Schärenwelt** angeboten, z. B. durch die Reederei Laponia, www.laponia.se.

Sehenswertes

- **Fiskemuseet,** am Kai in einem roten Häuschen, geöffnet: im Juli täglich 11–17 Uhr, Eintritt 25 skr, wechselnde Musikveranstaltungen, www.animedia.se/kalixfiskemuseum
- **Björknäs Herrgård,** Björknäs 59, 0923 25060, GPS 65.879425207, 23.072662353, liegt 5 km nördlich von Kalix am östlichen Ufer des Kalixälven. Der Hof wurde 1543 erbaut und hat eine wechselhafte Geschichte hinter sich. Heute wird er privat genutzt ist und zum Teil an Pferdezüchter vermietet.
- **Marienbergs Viltfarm,** Marieberg 25, am Kalixälven bei GPS 65.958329, 22.879272 ca. 18 km nordöstlich von Kalix, 3 km hinter Töre links nach Bondersbyn, nach der Flussbrücke links, Tel. 0923 27066, www.viltfarmen.se, ganzjährig geöffnet, Wildfarm mit Restaurant und Laden. Auf dem Gelände ist ein Armeemuseum, das sich mit dem schwedischen Militär im Zweiten Weltkrieg befasst. Eintritt 60 skr.

Essen

› **Seskarö Wärdshus,** Industrivägen 1, 18 km südlich von der E4 am Schild Seskarö links ab, Tel. 0922 20244, www.seskarowardshus.se, Hauptgericht ab 140 skr, geöffnet: Juni–Aug. 15–21 Uhr. In der gepflegten Pension kann man draußen sitzen und die Spezialität, den Kaviar der kleinen Maräne aus Kalix, Kalix löjrom, essen. Dieser Kaviar ist das einzige schwedische Produkt, das von der EU den Status „geschützte Herkunftsbezeichnung" bekommen hat. Man kann auch von der E4 rechts nach Nikkala abbiegen und bis zum Ende der Straße durchfahren.

86 Kalix Camping

GPS 65.852965, 23.140125

Brogatan 7, im Kreisverkehr nach der Brücke rechts, Tel. 0923 155 10, kalixcamping.com, Stellplatz 285 skr. Der Platz liegt in Sichtweite der Brücke am Ufer des Flusses. Nebenan befindet sich das Fischereimuseum.

Vor **Nikkala** gibt es einen Rastplatz und den Campingplatz Seskarö am Wasser. Letzterer befindet sich 12 km von der E4 entfernt auf einer der äußeren Inseln und ist über mehrere Dämme erreichbar – ein Umweg, der sich lohnt, schon allein wegen des Restaurants Wärdshus.

87 Seskarö Havsbad

GPS 65.713546, 23.756297

Tromsöviken, 18 km südlich von der E4 am Schild Seskarö links ab, am Seskarö Wärdshus links Richtung Tromsöviken bis zum Ende fahren, Tel. 0922 20150, www.seskarohavsbad.se. Stellplätze mit Strom 300 skr, geöffnet: 25.4.–30.9. Die Anlage liegt auf der äußersten Insel, ist aber durch Brücken zu erreichen.

88 Stellplatz Aavajoki

GPS 65.817445, 23.830199

an der E4, gepflegter Rastplatz mit Picknickplätzen und WCs, 17 km vor Haparanda

HAPARANDA (HAAPARANTA)

Nach 13 km Fahrt durch Birkenwälder ist Haparanda an der **schwedisch-finnischen Staatsgrenze** erreicht (siehe Route 3, S. 265).

AUF DER ROUTE 2 VON LULEÅ NACH NARVIK

STRECKENVERLAUF

Boden (37 km) – Vuoellerim (92 km) – Jokkmokk (43 km) – Porjus (45 km) – Gällivare (50 km) – Svappavaara (77 km) – Kiruna (47 km) – Torneträsk (52 km) – Abisko (44 km) – Björkliden (9 km) – Tornehamn (9 km) – Kopparåsen (5 km) – Låktatjåkka (10 km) – Vassijaure (4,5 km) – Katterjåkk (7 km) – Riksgränsen (2,5 km) – Bjørnfjell (3 km) – Katterat (2,5 km) – Nygard (27,5 km)

Streckenlänge: 567 km

ABFAHRT IN LULEÅ

Vom nördlichen Ausgang **Luleås** (s. S. 182) fährt man 30 km landeinwärts auf der **Straße 97** am Luleälven entlang. Nach 37 km kommt die Kleinstadt Boden.

geboten, z. B. kann man Bausätze für samische Messer kaufen und sein Messer an langen Winterabenden zu Hause selbst fertig bauen.

An der 343, hinter dem Ortsausgang rechter Hand in Richtung Porjus, liegt ein Kunsthandwerksladen, in dem man auch Renfleisch kaufen kann. Die Stiftung Sameslöjdstiftelsen in Jokkmokk will das samische Kunsthandwerk weiterentwickeln – nicht zuletzt durch Verkaufsförderung. Gutes samisches Kunsthandwerk wird mit dem Zeichen Sami duodji versehen.

Eine Spezialität der Gegend ist das Chokoladdoppat tunnbröd, das einem Knäckebrot mit Schokoladenüberzug ähnelt. Es kommt aus der Manufaktur Alter Hedens Rabarberi, die auch Rhabarberprodukte anbietet (www.alterhedens.se). Das **Ájtte** präsentiert sehr ansprechend Gegenstände der samischen Kultur und stellt eine Mischung aus Museum und Laden dar.

Anfang Februar findet **Jokkmokks Marknad** statt, der größte Samenmarkt im Norden seit 400 Jahren (www.jokkmokksmarknad.se). Es gibt vermutlich keinen besseren Ort, um samische Kultur zu erleben und samisches Kunsthandwerk direkt von einem samischen Kunsthandwerker zu kaufen. Hier finden auch Schlittenhundrennen statt.

Sehenswertes

› **Ájtte,** Kyrkogatan, Juni–Aug., Tel. 0971 17070, geöffnet: Mitte Juni bis Mitte August täglich 9–18 Uhr, Sept.–Mai Di.–Fr. 10–16, Sa./So. 10–14 Uhr, www.ajtte.com, Eintritt 70 skr. Ausstellung und Laden sowie Informationsveranstaltungen über samische Kultur.

Einkaufen

› **Jokkmokk Tenn,** Fabrikverkauf der Zinnfabrik, Järnvägsgatan 19, www.jokkmokkstenn.se, Mo.–Do. 6.30–16, Fr. bis 13 Uhr. Die Zinn-Fertigung hat ihre Wurzeln in der samischen Tradition.

Essen

› **Thai Muang Isaan,** Porjusvägen 4, geöffnet tagsüber, preiswertes asiatisches Essen in schwedischem Blockhaus.

› **Opera,** Storgatan 36, Mo.–Do. 10.30–14, Fr. bis 1, Sa./So. 10.30–23 Uhr, Kleinigkeiten.

› **Buffe Trädet,** Västra Torggatan 12, Mittagessen Mo.–Fr. 11–14 Uhr, Abendessen Mi. und Fr. 17–20 Uhr, lokal erzeugte Lebensmittel.

Wer die samische Küche probieren will, hat mehrere Möglichkeiten:

› **Viddernas Café,** Föreningsgatan 2B, www.viddernashus.se, Mo.–Mi. 8–16, Do./Fr. 8–17 Uhr, auch Verkauf samischer Lebensmittel.

› **Café Gasskas,** Porjusvägen 7, Tel. 703659748, nett gelegen an einem kleinen Platz, das Essen ist perfekt.

› **Ájtte,** im gleichnamigen Museum, Kyrkokatu 3, bietet mehrfach ausgezeichnete samische Küche.

90 Skabram Turism och Gårdsmejeri

GPS 66.606214, 19.762552

Skabram 206, mitten im Dorf Skabram, 3 km westlich von Jokkmokk an der 747 in Richtung Karat. Tel. 0971 10752, www.skabram.se, Stellplatz 150 skr, Strom 50 skr, geöffnet: 26.4.–30.9. Der Platz liegt etwas außerhalb auf einem Bauernhof, mit einer schwimmenden Sauna auf dem Skabramsee.

91 Arctic Camp Jokkmokk

GPS 66.59568, 19.89366

am Flussufer des Lilla Luleälven auf der Halbinsel Notudden, Tel. 0971 12370, http://arcticcampjokkmokk.se, 170 Stellplätze für je 265 skr mit Strom, geöffnet: 1.6.–10.9., 3 km bis zum Zentrum, **mit Schwimmbad** und Riesenspielplatz.

WEITER AUF DER E45

Man verlässt Jokkmokk auf der E45 in Richtung Porjus nach Norden. Nach 4 km entlang des Ufers des Vakijaure-Sees kommt auf der rechten Seite ein Rasthaus. Gegenüber am Seeufer liegt ein schöner befestigter Rastplatz mit Toiletten, Bänken und Infotafeln, Restaurant im Hotel (GPS 66.6426, 19.825172).

Wer keinen Abstecher in die Natur machen will, fährt an der Abzweigung nach Kvikkjokk vorbei weiter geradeaus nach Messaure und der Bahnstation Vaikijaur. Die Beschreibung der Route 2 geht weiter auf Seite 194.

Samisches Kunsthandwerk (Sami slöjd)

Fellarbeiten, Rentiergeweih-Schnitzereien und Holzarbeiten machen den größten Teil des samischen Kunsthandwerks aus.

***Felltaschen** und -mützen sind meist aus kleinen Fellresten in dekorativen Mustern zusammengefügt und mit Bändern und Zinndrahtstickereien verziert. Diese Bänder werden ohne Webstuhl gefertigt. Die Kettfäden werden durch einen Kamm aus Rentierhorn gefädelt und auf einer Seite an einem Baum oder Fensterkreuz befestigt. Das andere Ende knotet man sich an den Gürtel. Die Schussfäden sind auf ein langes, nadelförmiges Schiffchen gewickelt. Dies wird mit der einen Hand bewegt, während der Kamm in der anderen gehalten wird. Die größte Gerberei für Rentierfell in Schweden ist die Firma Kero, die auch im Internet vertreten ist. Die samische Firma Denim Demon brachte eine zeitgemäße Kollektion samischer Kleidungsstücke heraus.*

***Zinndrahtsticken** ist eine ganz alte Technik. Das Zinn wird in Streifen geschnitten, gerollt und dann durch immer kleinere Öffnungen in ein Eisenstück gezwängt, bis ein Draht daraus wird. Dieser wird dann in den Bändern zu Mustern gestickt oder mit eingewebt.*

***Holzarbeiten** kommen oft aus Finnland. Hierzu werden bestimmte Holzknubbel verwendet, die wie ein „Geschwür" an manchen Bäumen wachsen. Diese Kugelformen werden dicht am Stamm angesägt und anschließend mit ein oder zwei Keilen vom Baum abgespalten.*

***Geweihschnitzereien** aus verziertem Rentierhorn an Messergriffen- und Scheiden bekommt man am besten in Schweden, weil die schwedischen Samen überwiegend Geweiharbeiten machen. So ein Messer, das mitunter sogar vom Künstler signiert ist, ist nicht unter 150 € zu haben. Ursprünglich wurden viele Gebrauchsgegenstände wie Löffel, kleine Behälter und Schmuck aus Rentiergeweihen geschnitzt, die dann von Metall- und Plastikgegenständen verdrängt wurden. Bei Messersammlern sind die samischen Messer sehr beliebt. Ein **Puukko,** das berühmte Finnenmesser mit Birkenholzgriff, ist je nach Ausführung ab etwa 50 € zu erwerben. Bei den samischen Messern unterscheidet man zwischen zwei Sorten von Klingen: Zum einen die handgeschmiedeten aus rostempfindlichem Kohlenstoffstahl (Kolstål), die etwas gröber ausfallen, aber unvergleichlich scharf sind. Und zum anderen die rostfreien Fabrikklingen aus Sandvikstahl, die man an der eingestanzten Aufschrift des Herstellers erkennen kann. Die Angel der Klinge wird im Holz- oder Geweihgriff verleimt oder durch den Griff gesteckt und das Ende vernietet. Die größten Messerfabriken sind Marttiinin Puukkotehdas OY in Rovaniemi, die seit 1928 etwa 40 verschiedene Modelle herstellt (www.marttiini.fi). Iisakki Järvenpää OY, der ehemalige Hoflieferant des Zaren Nikolaus II., ist der zweite große Hersteller.*

***Silberschmuck** wird auch auch heute noch getragen. Er wurde nicht von den Samen hergestellt, sondern ist durch Händler aus dem Süden über die Samenmärkte in ihre Hände geraten. Da die Samen das glänzende Silber liebten und gerne zu ihren Festen trugen, konnten die Silberhändler große Mengen absetzen und richteten sich nach den Wünschen ihrer Kunden. Ursprünglich wurde das lappländische Zinn zu Schmuck verarbeitet. Sehr verbreitet sind Broschen mit befestigten kleinen, laubartigen Klunkern. Manche samischen Mädchen tragen ganze Batterien davon an ihren Gewändern. Diese Sachen waren bei den Nomaden an einen Ring gebunden, der an den Gürtel genäht wurde. Im samischen Schmuck findet man auch römisch-katholische Symbole, wie Kreuze und den Buchstaben „A" (für Ave Maria), obwohl die Samen, wie schon erwähnt, evangelisch waren. Anscheinend haben Händler aus den südlichen Ländern wohl ihren katholischen Schmuck mit Kreuzen und Ave-Maria-Zeichen auch den Samen angedreht. Diese fanden die schimmernden und klimpernden Teile schön und kauften sie, ohne von ihrer Bedeutung zu wissen.*

ABSTECHER NACH KVIKKJOKK (SILPATJÅKKÅ)

(Von Jokkmokk 114 km)

Information

› **Kvikkjokks Fjällstation,** 96045 Kvikkjokk, Tel. 0971 21022 (im Sommer) www.kvikkjokkfjallstation.se. Die 1928 gebaute Fjällstation, die vor den Stromschnellen des Kvikkjokks liegt, ist vor Ort im Sommer das Highlight. Entworfen hatte sie John Åkerlund, der Hausarchitekt des STF (Schwedischer Touristenverband).

Kvikkjokk liegt am Endpunkt des sich von Jokkmokk in nordwestlicher Richtung schlängelnden Weges. Um nach Kvikkjokk zu kommen, fährt man von Jokkmokk 5 km auf der E45 nach Norden und folgt dem Schild links ab, wo man noch 114 km nach Nordwesten durch waldreiche Gegend vor sich hat.

Bei Kvikkjokk vereinigen sich die beiden Flüsse Tarraälv und Kamajokk und fließen in den Saggat-See. Die entstehenden Stromschnellen sind ein **Paradies für Wildwasserfahrer.** Im 17. Jh. war Kvikkjokk das Zentrum der Silbererzverarbeitung und damals mit seinem Hüttenwerk und Schmelzofen größer als Jokkmokk.

Heute wird das Geschäft mit Tourismus gemacht, allerdings nur im Sommer. **Im Winter** ist der Ort verlassen: Der kleine Laden, die Post und die Kioske sind geschlossen und nur wenige der knapp zwei Dutzend Einheimischen harren hier aus. Der Gottesdienst in der schönen, 1906 erbauten Kirche findet nur im Sommer statt.

Zur Erinnerung an Carl von Linné (s. S. 196) und dessen lappländische Reise finden jedes Jahr die „Linnétage" mit Vorträgen und Exkursionen statt.

Wandern

Im Sommer kommen Scharen von Naturbegeisterten angereist, um in der herrlichen Gegend zu wandern. Der Wanderweg Kungsleden führt nach Vietas und Abisko (260 km). Der Wanderweg Padjelantaleden geht zur Ansiedlung Staloluokta und von dort weiter bis zur Siedlung Ritsem (Rv. 827).

Stellplatz

GPS 66.8139, 19.8908. An der 45 hinter dem Damm bei der ersten Möglichkeit nach links abbiegen Richtung Muddus. Am Flussufer, kostenfrei.

Man kann vom Ort auch mit dem Hubschrauber bis **Staloluokta** fliegen und von dort zurückwandern (81 km, 5 Hütten in Abständen von 8 bis 19 km). Staloluokta ist ein Samensommerlager mit etwa 20 Erdhütten (kotas). Man kann dort handwerkliche Erzeugnisse kaufen. In Kvikkjokk beginnt außerdem der berühmte Sarek Nationalpark mit vielfältigen Wandermöglichkeiten. Die Straße endet an einem **Wohnmobilparkplatz mit Café.**

WEITER AUF DER ROUTE 2 HINTER JOKKMOKK

Zurück auf der 45, erreicht man nach 20 km Straße eine Kurve, in der die Gegenspur hinter einem Wäldchen verschwindet. Darauf verläuft die Straße am Ligga-Kraftwerk über den gewaltigen Fluss Lule Älv. Dies sieht wenig dramatisch aus: Der Damm führt über ein Geröllfeld. Weitaus beeindruckender präsentiert sich die Wasserkraftnutzung 18 km weiter in Porjus.

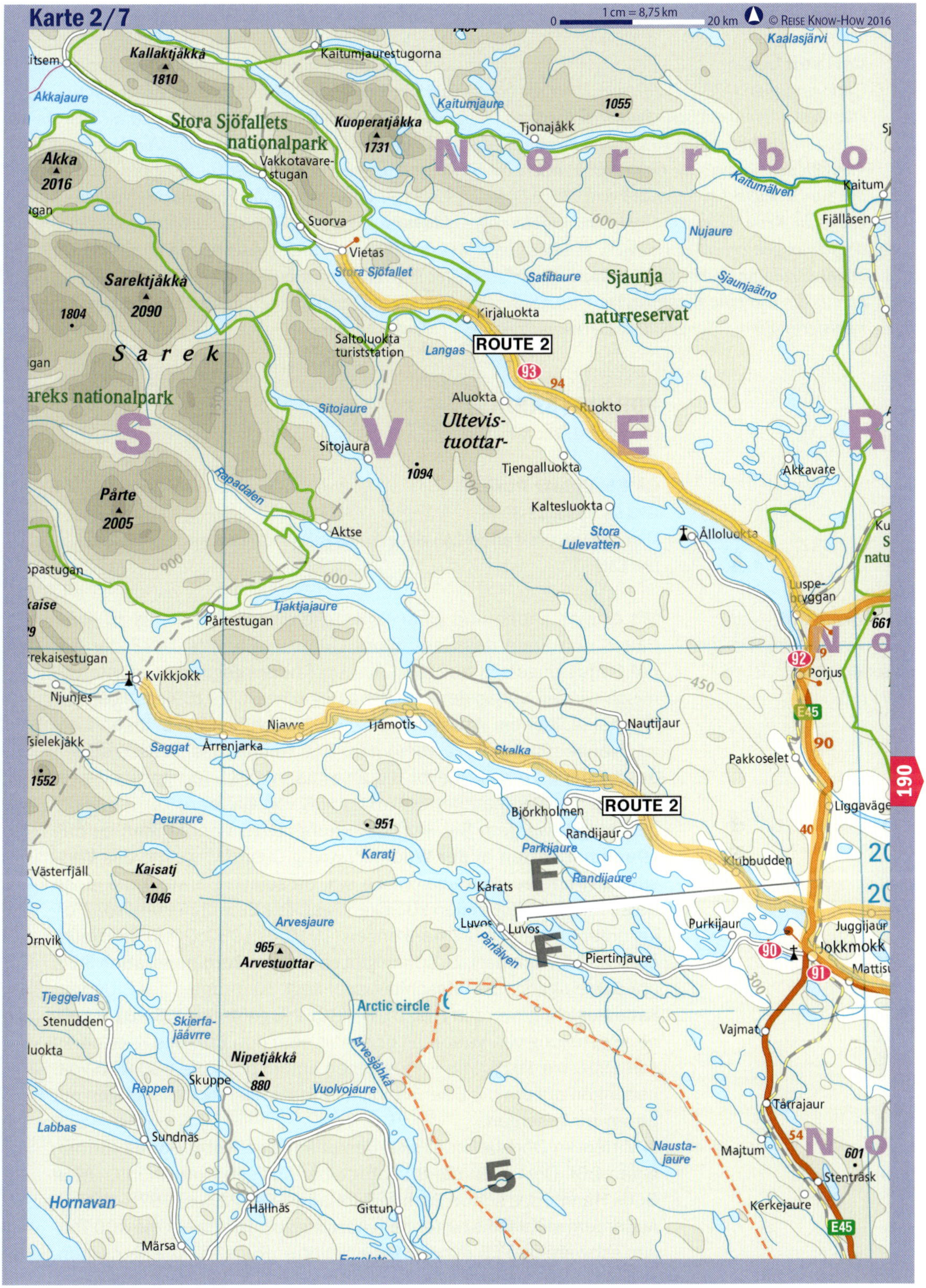

Karte 2/7
0
1 cm = 8,75 km
20 km
© Reise Know-How 2016
Kaalasjärvi
Kallaktjåkkå
1810
Kaitumjaurestugorna
Akkajaure
Kaitumjaure
1055
Stora Sjöfallets nationalpark
Kuoperatjåkka
1731
Tjonajåkk
N o r r b o
Akka
2016
Vakkotavare-stugan
Kaitumälven
Kaitum
Fjällåsen
Suorva
600
Nujaure
Vietas
Stora Sjöfallet
Satihaure
Sjaunja naturreservat
Sjaunjaätno
Sarektjåkkå
2090
1804
Kirjaluokta
Saltoluokta turiststation
Langas
ROUTE 2
93
94
Sarek
Sareks nationalpark
Aluokta
Ruokto
Sitojaure
Ultevis-tuottar-
S
V
E
R
Sitojaura
1094
Tjengalluokta
Akkavare
Rapadalen
Kalltesluokta
Pårte
2005
Stora Lulevatten
Ålloluokta
Aktse
900
Luspe-bryggan
Tjaktjajaure
Pårtestugan
661
92
Porjus
Kvikkjokk
450
Njunjes
E45
Njavve
Tjåmotis
Nautijaur
Årrenjarka
Saggat
90
Skalka
Pakkoselet
1552
190
Björkholmen
ROUTE 2
Liggaväge
Peuraure
951
Randijaur
40
Parkijaure
Klubbudden
Karatj
Västerfjäll
Kaisatj
1046
Randijaure
Karats
F
Luvos
Purkijaur
Jokkmokk
Juggijaur
Arvesjaure
Pärlälven
Örnvik
965
Arvestuottar
Piertinjaure
90
91
Mattisu
Tjeggelvas
Arctic circle
300
Stenudden
Skierfa-jäävrre
Vajmat
Nipetjåkkå
Skuppe
880
Rappen
Vuolvojaure
Arvesjåkkå
Tårrajaur
Labbas
54
Sundnäs
Nausta-jaure
Majtum
601
5
Stenträsk
Hornavan
Hällnäs
Gittun
Kerkejaure
E45
Märsa

Carl von Linné

Carl von Linné (1707–1778), war einer der berühmtesten Naturwissenschaftler Schwedens. 1732 unternahm er eine Reise nach Lappland, die ihm von der Universität finanziert wurde. Heraus kam das leicht zu lesende Werk „Eine lappländische Reise". Es ist eine genaue Schilderung des damaligen Lebens der Samen. 1748 brachte er das berühmte Werk „Curiositate naturali" heraus. Es war eine Klassifizierung und Systematisierung von Pflanzen und Tieren nach Art, Geschlecht und anderen Merkmalen. Bis dahin hatte jeder Forscher seine neu entdeckten Pflanzen nach Belieben „getauft", wodurch dieselbe Pflanze von verschiedenen Wissenschaftlern jeweils anders benannt wurde.
Carl von Linné erfand die ***botanische Nomenklatur*** *und ist somit für das System der lateinischen Pflanzen- und Tiernamen verantwortlich. Im Jahr 1758 erwarb er ein Landgut, wurde geadelt und widmete sich dann bis zu seinem Tode der Forschung.*

PORJUS (BÅRJÅS)

(45 km – 217 km)

92 Stellplatz Porjus

GPS 66.9568, 19.8086

Mitten im Ort, direkt an der E45 gibt es einen Rast- und Picknickplatz mit Toiletten und Café.

Information

Am Kraftwerk von Mitte Juni bis Mitte August, Tel. 0973 77720.

Mit einigen Läden und einer Tankstelle eignet sich Porjus zu einer Pause. Am Ende des Sees Stora Lulevatten wurde 1833 der Ödhof Porjus angelegt, aus dem das Dorf hervorgegangen ist. Auf Samisch wird er Bårjås genannt, was Segel heißt. 1910 beschloss der Reichstag, hier ein Wasserkraftwerk zu bauen, um die Erzbahn Kiruna–Narvik mit Strom zu versorgen. Das Gefälle des Flusses schien ausreichend zu sein. Bevor die Eisenbahn 1911 fertiggestellt war, musste das Baumaterial 60 km zu Fuß von Gällivare zur Baustelle geschleppt werden. Bei der Einweihung 1915 nannte man es das **„Denkmal mitten in der Wildnis".** König Gustaf V. weihte das Wasserkraftwerk lediglich telefonisch ein, da seinen Beratern die lange Reise in den Kriegszeiten zu riskant war. Die Einwohnerzahl von Porjus unterlag starken Schwankungen (1910: 7, 1950: 2000 und heute etwa 330 Einwohner). Zu sehen gibt es **die alte Turbinenstation** links am Ortseingang. Der Maschinensaal liegt 50 m unter der Erde und kann besichtigt werden (Tel. 010 4730629, geöffnet: 1.6.–31.8.). Eine Ausstellung von Vattenfall berichtet über den Bau des Kraftwerks von 1910 bis 1915. Von Porjus gehen immer noch die 400.000-Volt-Leitungen ab, um die Eisenbahnlinie Kiruna–Narvik in Norwegen mit Strom zu versorgen.

Mitten im Dorf befindet sich das ehemalige **Hotel Porjus** (Strömgatan 26). Dort steht die Skulptur einer riesigen Gotteshand, **„Man Guds Hand",** des schwedischen Bildhauers Carl Milles (1875–1955). Außerdem steht links hinter dem Abzweig zum Kraftwerk die 400 Tonnen schwere und 15 m hohe Steinskulptur „Ruhe" für die Menschen, die das Kraftwerk bauten (GPS 66.955516, 19.802874). Daneben befinden sich ein modernes Café und Picknickplätze.

Ein Schild mit der Aufschrift Flyghamn (Flughafen) weist zum See, auf dem Wasserflugzeuge starten und landen. Der nächste Abzweig links führt zum Bahnhof, der sich zwischen der Hauptstraße und dem See befindet. Die Firma „Fischflug" lässt keine Fische fliegen, sondern fliegt Angler zu entlegenen Fanggründen. Das **Linascafé** liegt im alten Stellwerk. Im Bahnhofshäuschen präsentiert die britische Fotografin Patricia Cowern in ihrer Galerie Arctic Colors Fotos vom Nordlicht (geöffnet: Juli–Aug., www.arctic-color.com). Übernachten kann man in den Northern Lights Apartments, Stationshuset, die ebenfalls von Cowern betrieben werden. Viele Gäste kommen dort im Winter hin, um in der Stille das Nordlicht zu sehen (Buchung über www.porjus.eu: accommodations).

058wn Abb.: fh

Reine Allegorie: „Die Hand Gottes" von Carl Milles

Wer keinen Abstecher zum Stora Sjöfallet Nationalpark machen will, für den geht die Route 2 weiter auf Seite 198.

ABSTECHER NACH VIETAS UND ZUM STORA SJÖFALLET NATIONALPARK

93 Stellplatz Lulevatten

GPS 67.3095, 18.9748

Direkt am Stora Lulevatten gibt es einen Parkplatz, der allerdings auch von Anglern benutzt wird und daher manchmal voll ist.

Von Porjus aus kann man nach **Vietas** zu einem ähnlichen Kraftwerk fahren, das aber in 120 km Entfernung Richtung Nordwest in den Bergen liegt. Der Abzweig befindet sich kurz hinter dem nördlichen Ortsausgang von Porjus. Wer sich für einen Abstecher am See **Stora Lulevatten** entlang (am oberen Ende heißt er Akkajaure) entscheidet, erreicht nach rund 150 km Ritsem und den **Stora Sjöfallet Nationalpark.** Der 1910 gegründete Nationalpark ist 1500 km² groß und erstreckt sich rund um die Quellseen des Flusses Stora Luleälv mit dem mächtigen Wasserfall Stora Sjöfallet. Um 1920 wurde das Kernstück von 120 km² mit dem zentralen Seen-System vom Park als Wasserreservoir für das Kraftwerk Porjus abgetrennt. Der Ausbau des Wassersystems wird u. a. bei Vietas fortgesetzt. Durch den Park verläuft ein Teil der berühmten Wanderstrecke Kungsleden, der Königsweg. Von Vietas und der Akka-Hütte aus kann man Tagesausflüge unternehmen. Für längere Wanderungen braucht man gute Bergausrüstung, Proviant und möglichst auch ein Zelt.

Der Wasserfall Stora Sjöfallet ist die größte Sehenswürdigkeit des Parks. Allerdings fällt Wasser nur noch in die Tiefe, wenn das Kraftwerk seine Wehre öffnet. (Die Zeiten stehen in einem Prospekt, den man bei der Touristeninformation bekommt.) Weithin sichtbar ist der Berg Akka, der aus der Erzählung „Nils Holgerssons Reise" bekannt wurde. Nach Gällivare fahren mehrmals täglich Busse.

WEITER AUF DER ROUTE 2 AB PORJUS

Zurück in Porjus geht es auf der E75 weiter durch leicht hügelige Gegenden mit lichtem Wald. Man umrundet den Berg Dundret, ein großartiges Wintersportgebiet, und den Muddus-Nationalpark. Bald ist eine „richtige" Stadt erreicht: Gällivare.

GÄLLIVARE (JIELLEVÁRRI, JÄLLIVAARA, VÁHČIR)

(50 km – 267 km)

Die Schwesterstädte Gällivare (8500 Einwohner) und Malmberget liegen 6 km voneinander entfernt. Malmberget heißt „der Erzberg". Das Eisen verhalf dieser Stadt zum Wohlstand. Reisende halten sich gewöhnlich in Gällivare auf, da das Leben hier ruhiger verläuft. Weil es

Easy Elise und der Weltkrieg in Norwegen

Eine weitere Sehenswürdigkeit von Porjus ist ***Easy Elise:*** *Die Reste eines viermotorigen schweren britischen* ***Lancaster-Bombers,*** *der am 29. Oktober 1944 im Moor 7 km von Porjus notgelandet war. Das Flugzeug beteiligte sich an dem Angriff auf das deutsche Kriegsschiff Tirpitz, das vor Tromsø in Norwegen versenkt wurde. Nach zwei deutschen Flaktreffern liefen nur noch 2 Motoren und das Funkgerät war ausgefallen. Außerdem hatte die beschädigte Hydraulikanlage das Fahrwerk ausgefahren. Da es unmöglich schien, sich über die Nordsee zurück nach England zu retten, entschloss sich die Besatzung, in das neutrale Schweden abzudrehen. Da auch das Navigationsgerät ausgefallen war, flog man auf Verdacht und erreichte Porjus, wo schlicht der Treibstoff ausging. Nachdem man alles Schwere wie Waffen und Munition über Bord geworfen hatte, blieben die Motoren ohne Sprit stehen und die Maschine schwebte auf eine vermeintliche Wiese zu. Tatsächlich war es aber ein Sumpf, sodass der Vogel mit einem gewaltigen Ruck im Morast stecken blieb, zerbrach und der Pilot verletzt wurde. Schwedische Soldaten hatten die Landung beobachtet und brachten die sechs Briten zuerst nach Jokkmokk und später dann nach Stockholm, von wo aus sie die Heimreise antraten. Die meisten von ihnen haben nach dem Krieg das alte Wrack ihres Flugzeugs noch einmal besucht.*

Die Überbleibsel des Lancaster-Bombers können inzwischen über einen Bretterweg erreicht werden. Vom Staudamm den Ålloluoktavägen 7 km am Ufer entlang, bis links ein Schild zur Sehenswürdigkeit „Lancasteren" weist. Von hier sind es zu Fuß etwa 2 km zum Flugzeugwrack, GPS 67.00861 19.729192. Man kann hier an einer Quelle Picknick machen. Am Ende des Weges liegt Ålloluokta, wo man den hölzernen Glockenturm der Kapelle anschauen kann.

in Malmberget früher keine Häuser gab, wurde 1888 die Hüttenstadt **Kåkstan** errichtet. Sie wurde zwar abgerissen, aber der Architekt Jan Wikström baute das Viertel im alten Stil wieder auf, mit Wohnungen, Kino, Geschäften und dem „Café nur für Nüchterne" (Spezialität: amerikanisches Schweinefleisch). Früher zogen die Händler von weit her, um den gut bezahlten Bergleuten ihr Geld aus der Tasche zu luchsen. Durch den massiven Eisenerzabbau mussten Teile Malmbergets umgesiedelt werden, sodass das neue Gällivare entstand.

Als Eisen noch nicht so wichtig war, gehörte Gällivare den Samen. *Vare* bzw. *vaara*, je nach Dialekt, heißt auf Samisch Berg mit Baumbestand. Es war einer ihrer wichtigsten Treffpunkte für Märkte. Hier wurden Hochzeiten gefeiert und Tote begraben. Das waren Anlässe zu Festen, die sichweit im Land herumsprachen.

1739 rief König Frederik I. seine Untertanen zum Bau einer Kirche auf, nicht zuletzt um das Feiern dieser heidnischen Feste einzudämmen. Jede der Tischgemeinschaften sollte eine Öre für den Bau spenden, denn Geld war seinerzeit knapp. Daher wird die 1751 eingeweihte Kirche **Ettöreskyrka** (Ein-Öre-Kirche) genannt. Sie steht am Bahnhof auf der anderen Seite der Schienen. Die „neue Kirche" von 1882 ist außen schöner als von innen. Auch heute noch ist Gällivare ein Samentreffpunkt, insbesondere im Frühling beim großen Samenmarkt. Das schlichte und ergreifende Denkmal für die Samen zeigt einen meditierenden Samen. Die dazugehörige Inschrift lautet: „Mein war das Land in alten Zeiten, beschütze mein Volk in der Zukunft".

Aufgrund der kontinuierlich steigenden Eisenerzpreise lohnt sich der Abbau wieder; aus der 3 km^2 großen **Aitik-Grube** werden im Tagebau jährlich etwa 68.000 Tonnen kupferhaltiges Gestein abgebaut (Sakajärvi 1, dreistündige Führung ab 425 skr, Karten im Turistbyrå). Die Verquickung von Alt und Neu wird im Wappen der Stadt deutlich: zwei Felder mit Rentieren und zwei mit dem Alchemistenzeichen für Eisen. Sie bietet interessante Geschäfte, ein schönes, altes Bahnhofsgebäude und ein Hallenbad. Der Ort ist Ausgangspunkt für Besuche der schwedischen Nationalparks Muddus, Sarek, Padjelanta und Stora Sjöfallet. Weiterhin hält hier die Inlandsbahn, von der man in die Erzbahn von Luleå nach Narvik umsteigen kann.

Sehenswert ist das **Grubenmuseum:** Upplandslaven, Malmberget, in dem die Geschichte des Bergbaus erläutert wird. Dann kann man noch das kleine **Hembygdmuseum** besuchen, mit Nils-Nilsson-Skums-Atelier in einem Samenzelt. Für speziell Interessierte stehen schließlich das **Mückenmuseum** bei Sjaunamyren an der Inlandsbahn und das **Sportfischermuseum** offen (Eintritt 35 skr). Die Mitternachtssonne kann man in Malmberget vom 518 m hohen Kungsryggen sehen oder in Gällivare vom 823 m hohen Berg Dundret.

Zum **Essen** kann man das Allemans Restaurang in der Västra Kyrkallén 11 besuchen (Mo.–Fr. 10–21, Sa./So. 11–20 Uhr). Preiswerter ist das Husmans im Malmbergsvägen 1 (Mo.–Fr. 9.30–20, Sa./So. 11–20 Uhr), das Hausmannskost serviert.

Information

- **Turistbyrå,** Storgatan 16, am Bahnhof, Tel. 0970 16660, www.gellivarelapland.se, u. a. Tickets für Führungen in der Aitik-Tagebau-Grube ab 220 skr
- Mitternachtssonne: 2.6.–12.7.

Sehenswertes

- **Grubenmuseum (Gruvmuseet):** Upplandslaven, Malmberget, Eintritt 60 skr
- **Hembygdmuseum,** Heimatmuseum, Storgatan 16, geöffnet: 20.6.-5.8., Mo.-Fr. 11-15.30, Sa. 12-14 Uhr, Eintritt 50 skr

94 Gällivare Camping

GPS 67.127407, 20.674803

Carvaregatan, am Fluss Vassara mit Blick auf den Berg Dundret, Tel. 070 3133010, www.gellivarecamping.com, Stellplätze 170 skr, mit Strom 220 skr, geöffnet: 13.5.-20.9. Die Anlage liegt östlich der Brücke an der E45 auf einer Halbinsel.

Ausflüge

- **Dundret** (5 km): Von diesem 823 m hohen Gipfel kann man bei gutem Wetter 10 % Schwedens überblicken. Auf dem Gipfel stehen das Restaurant Björnfällan (Bärenfalle) mit Sauna und Swimmingpool sowie das hölzerne Hotel Dundret, das aus 200 bis 300 Jahre altem Kiefernholz besteht (Tel. 0970 97014560, www.dundret.se). An der Infotafel zu Gällivare führt eine Straße hoch (Achtung: nicht der Beschilderung „Dundret“ folgen). Die Gegend bietet gute Wintersportmöglichkeiten, ist dafür aber auch sehr überlaufen. Es werden auch Hunde- und Motorschlittentouren veranstaltet.
- **Stora Sjöfallet:** (ca. 100 km), Wasserfall und Nationalpark: Man kann bis Ritsem durchfahren und dort an der Fjällhütte parken. Die Straße läuft an der Westgrenze des Parks vorbei. Dort ist ein günstiger Ausgangspunkt, um die Gegend zu erkunden. Das in Vietas errichtete Wasserkraftwerk ist dem Wasserfall Gamla Sjöfallet nicht besonders gut bekommen. Der einst gewaltige Wasserfall ist heute ausgebaut und wurde ergänzt durch den Suorva-Damm und das Kraftwerk. Trotzdem ist es eine schöne Gegend, die ab Ritsem bis Staloluokta und weiter bis Kvikkjokk gute Wanderwege aufzubieten hat.
- **Suorva-Damm:** Ein Kurztrip bietet sich über den Suorva-Damm in den Nationalpark Sarek oder ab der Siedlung Vakkotavare gen Norden auf dem Kungsleden an. Übernachten: Oberhalb des Alesjaure-Sees liegen die gleichnamigen Berghütten (Alesjaurestugorna). Vier Gästehütten, Lokal und Miniladen, Tel. 0980 40200, geöffnet: 17.2.-1.5. und 15.6.-23.9.
- **Muddus-Nationalpark:** 510 km² großes Wald- und Sumpfland. Einige Wanderwege starten in Skaite und führen durch den Südteil des Parks. Geführte Touren werden ab Hof Solberget angeboten.
- **Kaitum-Kapelle:** Sie wurde zum Andenken an den ehemaligen Generalsekretär der UNO, Dag Hammarskjöld, errichtet und 1964 eingeweiht. Sie liegt ca. 3 km nördlich von der Bahnstation Fjällåsen, in der Nähe der Eisenbahnlinie nach Kiruna. Samische Handwerker haben den Schmuck für die Kirche gemacht.

WEITER AUF DER 45

Weiter auf der Route von Gällivare geht es 12 km auf der E45 in Richtung Osten, um den Flugplatz zu umrunden. Dann vereint sich die E45 mit der E10, die von Süden, aus Luleå kommt. Man biegt links nach Norden in Richtung Kiruna und Svappavaara ab. Letzteres ist nach einer Weile Waldfahrt erreicht. Der Weg dorthin verläuft recht eintönig. Die des Öfteren befestigten Randstreifen sind als Parkplätze ausgewiesen. Etwas breiter ist der Parkplatz vor der Kirche in Soutojärvi.

95 Stellplatz Kalixälven bro

GPS 67.4902, 21.1202

Nach der Brücke über den Kalixälven gibt es am Traffikplatz Lappeasuando einen befestigten Platz (mit Wasserversorgung, Toilette und Entsorgung). Ein Restaurant befindet sich dort ebenfalls.

Links der Straße läuft nun ein Radweg, der aber im Sommer eher von Skatern und im Winter von Skiläufern benutzt wird. Als Erstes tauchen die Hinweisschilder zu Kiruna und Vittangi auf, die E45 biegt rechts ab. Hier muss man sich entscheiden, ob man über Kiruna und Narvik weiterfahren möchte, oder mit der E45 über **Vittangi** auf der 396 gen Nordkap, zur Route 3 (s. S. 202). Das Dorf Svappavaara kommt erst hinter dem Abzweig. Auf Route 2 Richtung Kiruna geht es auf Seite 207.

SVAPPAVAARA (VASKIVUORI, VEAIKEVÁRRI)

(77 km – 344 km)

In Svappavaara begann man ab dem 17. Jh. mit dem Kupferbergbau. Hier wurde das Erz gleich geschmolzen und auf Rentieren nach Gällivare geschafft, wo man Münzen daraus prägte. Svappavaara ist eine der wenigen Städte mit eigener Münze. In der Svappavaaragruvan betrieb die Grubengesellschaft LKAB (*Luossavaara-Kiirunavaara Aktiebolag*) von 1964 bis 1983 den Tagebau und flutete das Gelände nach der Schließung. Allerdings blieb die Infrastruktur mit Schwimm- und Sporthalle, Fußballplatz und Loipen erhalten. Trotz Steuervergünstigungen zogen danach viele Einwohner wieder weg. 2007 pumpte man das Wasser wieder aus der Grube und begann erneut mit der Ausbeutung. Heute beschäftigt die Mine wieder 120 Mitarbeiter. Es besteht eine Anlage zur Erzverhüttung und weitere Tagebau-Gebiete sind in Planung.

Für Architekturfans ist das **Wohnhaus Ormen Långe** ein Ziel, da es von dem renommierten Architekten Ralph Erskine (1914–2005) entworfen wurde. Aber wie so oft, wurde eine geniale Idee schlecht umgesetzt: Der Zufahrtstunnel für das wellenförmige Gebäude wurde nicht gebaut, der Kältepuffer aus Pflanzen fiel dem Rotstift zum Opfer, die Gesamtlänge wurde verkürzt und die Idee, dass Angestellte und Arbeiter unter einem einzigen langen Dach wohnen sollten, wurde auch nicht verwirklicht. Übrig blieb nur noch die Ausrichtung nach Süden mit den großen Balkonen. Heute ist lediglich ein kümmerlicher Rest des Gebäudes übrig. Links der E10 sieht man ein umzäuntes Gelände mit dem Symbol der LKAB.

Wer auf direkterem Weg Richtung Nordkap fahren möchte, kann die hier folgende Verbindungsroute zur finnischen Grenze von Svappavaara zur Route 3 (s. S. 202) nehmen. Weiter auf der Route 2 zur nordnorwegischen Küste der Route 1 geht es auf Seite 206.

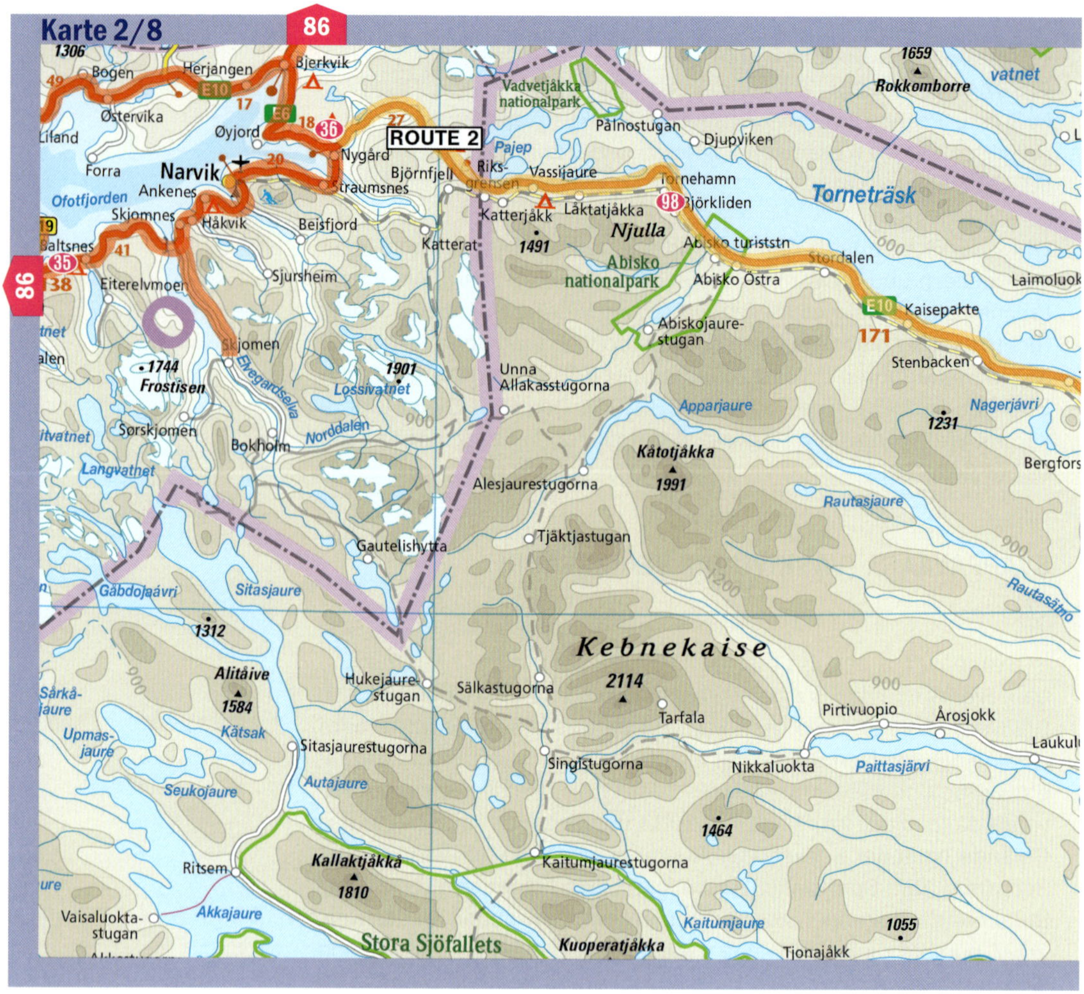

ROUTE 2B: VON SVAPPAVAARA ZUR ROUTE 3

STRECKENVERLAUF

Svappavaara – Vittangi (29 km) – Övre Soppero (52 km) – Karesuando (53 km)

Streckenlänge: 134 km

ABFAHRT SVAPPAVAARA

Von dem Bergbaudorf Svappavaara (Erläuterungen s. S. 201) biegt man am südlichen Ortseingang von der E10 in östlicher Richtung auf die E45 ab. Von hier bis zur Grenze zu Finnland im Ort Karesuando/

Kaaresuvanto (s. S. 288) sind es rund 130 km. Svappavaara liegt abseits der Straße und bietet in der Ortsmitte einen Supermarkt, auf dessen **Parkplatz** mit einer Wiese kann man das Wohnmobil parken (GPS 67.64883, 21.045556). Eine **Star-Tankstelle** liegt am Kirunavägen, wenn man kurz hinter dem Beginn der E45 links in den Ort fährt.

Die Landschaft ändert sich auch auf den letzten 100 km bis Karesuando nicht mehr. Es bleibt beim „echten Lappland“: kurze Birken, schwarze Fichten, flache Hügel und hier und da ein Gehöft. Die Straße ist gut ausgebaut, aber sie verfügt kaum über Einmündungen und auch die Halteplätze sind rar. So erreicht man nach unveränderter Landschaft endlich ein Ortsschild: Vittangi.

VITTANGI (VITTANKI, VAZÁ)

(29 km – 29 km)

In Vittangi findet der Reisende Post und Bank, Grill und Pizza, den obligatorischen ICA und Konsum, Museum und Folket-Haus. Kunsthandwerk verkauft das THL Slöjd (Parakkagatan 23). Außerdem findet man eine der obligatorischen Q8-Tankstellen vor. Die Häuser stehen verstreut auf ebenem Grund. Es folgt ein Sportplatz, das Gemeindezentrum und dann trifft man auf die Kreuzung, an der man die E45 links abbiegt.

Rechts geht es nach Pajala, das durch den Roman „Populärmusik aus Vittula" berühmt geworden ist. Vittangi wurde 1674 von einem Pfarrer namens Henrik Mickelsson Kyrö gegründet, an den vor der Kirche eine Büste erinnert. Einige Bewohner des Ortes leiden an einer seltenen Genmutation: sie sind schmerzunempfindlich. In Stieg Larssons Millennium-Trilogie wurde ein solcher Fall beschrieben.

WEITER AUF DER E45

Als Nächstes geht es über den schon mächtigen Fluss Torne älv, oder auf Samisch den Duortnoseatnu. Schaut man von der Brücke aus über das Wasser, hat man den Eindruck, auf eine Seenlandschaft zu blicken. Allerdings kann man auf der Brücke nicht anhalten, lediglich dahinter, wo die Straße auf einer schmalen Landzunge verläuft, geht links ein schmaler Weg parallel zur Straße entlang, der einen guten Halteplatz bietet (GPS 67.688609 21.630503). Danach zweigt links ein Weg ab zu einem Campingplatz.

96 Trollsparvens Camping

GPS 67.694204, 21.624935

Via Lappia 1, Vittangi. Direkt hinter der Brücke über den Torne älv links zum Flussufer, Tel. 0981 10701, www.vittangiturism.se, Stellplatz 140 skr, mit Strom 180 skr, geöffnet 1.6.–31.10. Rund dreißig Stellplätze und ein Dutzend Hütten, alles in allem ziemlich einfache Infrastruktur.

Die Strecke bietet wenig Neues, eine dünne Krume bedeckt den Boden zwischen den spärlich stehenden Birken. Die Straße verläuft gerade und eben. Wenige Abzweige führen in den Wald. Da die Fahrbahn etwas höher als der Waldboden liegt, ist es schwierig anzuhalten. Alle paar Kilometer sind kleine Haltebuchten angelegt.

Das nächste Highlight ist der **Kokajärvi-See,** an dem man zumindest rasten kann (GPS 67.806943 21.620064). Am nördlichen Ufer liegt links der Straße ein befestigter Rastplatz mit Seeblick. Die nächste Ansiedlung ist Nedere Soppero am Ufer des Laino älv (Lávnjiteatnu). Hier befindet sich bei GPS 68.048677 21.755676 ein Gehöft mit ein paar Stellplätzen und Hütten.

ABSTECHER ZUM GOLDWÄSCHERDORF LANNAVAARA

Nach der Brücke über den Fluss Laino älv geht es zum Goldsuchen sowie zur Steinschleiferei rechts ab nach Lannavaara (Hinweisschild „Guldvaskning/Stensliperi"). Nach 10 km kommt die Anlage. Sie wurde 1982 gegründet, um hier Minerale zu verarbeiten und Touristen anzulocken. Man kann sich selbst als Goldwäscher versuchen.

› Guldvaskarvägen 4, Info: www.kristallen.com, 1 Tag waschen: 180 skr. Mineralienausstellung und Steinschleiferei können besichtigt werden.

Auf der Weiterfahrt auf der E45 steigt der Weg die nächsten 10 km sanft an und man erreicht Övre Soppero.

ÖVRE SOPPERO

(52 km – 81 km)

Das Dorf besitzt eine Tankstelle, kurz danach folgt der **Sopperogården,** wo es endlich etwas zu essen gibt. Das Haus beinhaltet gleichzeitig Hotel, Laden, Jugendherberge und Rastplatz.

› **Sopperogården,** Övre Soppero, GPS 68.091382 21.699876, Tel. 0981 30153, www.sopperogarden.com, in der Regel ist das ganze Jahr über immer geöffnet, es sei denn, es stehen Hochzeiten, Taufen oder Familienfeiern an.

WEITER AN SEEN ENTLANG

Danach stellt sich auf der Weiterfahrt wieder die gleiche ruhige Landschaft ein. **Achtung:** Auf der E45 kann man an diesem Abschnitt schlecht halten. Bei GPS 68.153051, 21.783465 geht links ein Weg zu einem Parkplatz mit Toilette ab.

Einen Kilometer danach führt ein unbefestigter Weg zum Tulusjärvi-See hinunter. Der rund 2 km lange See liegt meist wie ein Spiegel in der flachen Landschaft und hat keinerlei Infrastruktur an seinen Ufern. Der nächste See mit einem unbefestigten Parkplatz liegt bei GPS 68.284889, 22.081146 und heißt Ruoksojärvi. Am folgenden See, dem Kättkojärvi, stehen ein paar Gehöfte, jedoch keine öffentlichen Einrichtungen.

Ab und zu ermöglichen Abzweigungen einen Halteplatz. Die nächste schwedische Ansiedlung heißt Karesuando.

KARESUANDO (GÁRASAVVON, KAARESUVANTU)

(53 km – 134 km)

Karesuando ist die bedeutendere Ortshälfte der manchmal auch Eurosuando genannten schwedisch-finnischen Grenzstadt. Karesuando/Kaaresuvanto ist eine Etappe der Route 3 und wird dort genauer beschrieben (s. S. 288).

Geradeaus geht es die Straße 99 im Bogen zurück nach Pajala im Süden. Nach links führt die Straße auf die Brücke, die Grenze verläuft in der Mitte des Flusses. **Hinter der Grenze** trifft die E45 auf die finnische 21/E8. Hier gibt es nun zwei Möglichkeiten, das Nordkap zu erreichen.

Die kürzere Strecke führt paradoxerweise nach Süden Richtung Muonio, aber nur für ca. 30 km, dann links ab auf der Route 4 (s. S. 301) nach Enontekiö/Hetta, und dort scharf links wieder Richtung Norden (E6).

Die andere Strecke auf der Route 3 (s. S. 290) führt entlang der schwedisch-finnischen Grenze 100 km hinter Kilpisjärvi und dann nach Norwegen, wo diese in Skibotn auf die E6 und den letzten nördlichen Teil der Route 1 trifft.

WEITER AUF ROUTE 2 NACH NORWEGEN

AB SVAPPAVAARA AUF DER E10

Bei der Weiterfahrt von Svappavaara auf der E10 in Richtung Kiruna öffnet sich nach 10 km die Landschaft. Man erblickt die ersten Abraumhalden und die Gipfel der runden Berge um Kiruna. Im Winter

Icehotel in Jukkasjärvi

ist die größte Sehenswürdigkeit **das Icehotel in Jukkasjärvi,** in dem man auch essen gehen kann.

› **Icehotel Jukkasjärvi,** Marknadsvägen 63, GPS 67.851066, 20.595230, 15 km vor Kiruna, Tel. 0980 66800, www.icehotel.com, geöffnet von Dez. bis April. Hier lässt es sich auch gut essen, das Restaurant ist auch im Sommer am Platz und bietet hochwertige Regionalküche, geöffnet: 11–22 Uhr.

KIRUNA (KIIRUNA, GIRON)

(47 km - 391 km)

Information

› **Kiruna Turistbyrå,** noch im Folkets Hus, Lars Janssonsgatan 17, Tel. 0980 18880, www.kiruna.se.

› Mitternachtssonne: 28.5.–14.7.

Die moderne Stadt mit derzeit 18.000 Einwohnern wurde 1900 gegründet, als man begann, große Mengen Erz abzubauen. Nach der Fertigstellung der Eisenbahnlinie Kiruna–Narvik begann der Ort explosionsartig zu wachsen. 1938 wohnten im Zentrum bereits 11.000 Menschen und Kiruna bekam das Stadtrecht. Für die Grubenarbeiter wurden die modernsten Wohnungen und eine kostenlose Straßenbahn gebaut. Die Straßen wurden nach den Windrichtungen angelegt und Kiruna wurde zu einem **großen sozialen Experiment.** Mit einer Fördermenge von 20 Mio. t pro Jahr war es eine der größten Erzgruben der Welt. Die Gesellschaft LKAB beschäftigte in Kirunavaara 1000 Mitarbeiter. In den 1980er-Jahren stagnierte die Produktion. In den letzten Jahren lohnte sich der Erzabbau wieder und es gab einen Aufschwung.

Leider ist dem extensiven Abbau unter Tage mittlerweile die Stadt im Wege und sie droht im Boden zu versinken. Auf dem Grubengelände klaffen trotz des Verfüllens mit Abraum tiefe Risse. Darum hat der Stadtrat entschieden, dass die Stadt in den kommenden Jahrzehnten etwa 5 km nach Osten ziehen soll. Dies regt die Leute nicht auf, da der Reichtum der Stadt durch die Gruben begründet ist. Als erstes verlegte man die Bahnlinie und den Bahnhof, der sich nun auf der westlichen Seite des Sees befindet. Das Gebiet westlich der Bahnlinie wurde unter dem Namen Gruvstadsparken schon mit Ersatzhäusern bebaut. Das Stadtviertel Ullspiran wurde abgerissen, man will keine Geisterstadt haben. Hier enstand der Iggesundpark. Zwischen den Abbau- und den Wohngebieten entsteht dadurch eine unbebaute Pufferzone für Freizeitaktivitäten. Dieser erste Teil wird später im großen Gruvstadspark aufgehen, dem dann wichtige Gebäude wie die Kirche, das Rathaus, Hjalmar Lundblomsgården und die schicke Feuerwache zum Opfer fallen werden. Sie werden versetzt. Mittlerweile gibt es ein Recyclingwerk, in dem Teile der alten Stadt gerettet oder aufbereitet werden. Das neue Zentrum entsteht um den Malmvägen. Die neue Straße 870 nach Nikaluokta ist 2015 eröffnet worden (Karte auf www.kiruna.se). Die neue E10 soll 2016 fertig werden.

Das Wappen der Stadt zeigt neben dem Alchemiezeichen für Eisen ein Schneehuhn, was auf Samisch Keron heißt. Daraus entstand der Name Kiruna. Lange Zeit stand in allen Geografiebüchern, dass Kiruna die flächenmäßig größte Stadt der Welt sei (diesen Platz hat eine australische Kommune eingenommen). 80 % der Gemeinde wohnen im Zentralort Kiruna, der trotzdem ein wenig ausgestorben wirkt. Erreicht man die Stadt von Süden aus, erblickt man die riesigen Tagebauberge, aber im Ort selbst ist davon nichts zu sehen.

Sehr aufregend ist die dreistündige **Grubenbesichtigung** inklusive Erzproben, die an der Turistinfo beginnt. Eine **Mitternachtssonnen-Tour zum Kirunavaara-Gipfel** (700 m) wird täglich zwischen 14.6. und 14.7. ab der Turistinfo angeboten. **Kunsthandwerksläden** gibt es in der Lars Janssonsgatan 17 und 21 (Stand Anfang 2016). **Essen** kann man am besten in den Hotels oder im Ripan. Sehenswert im alten Teil der Stadt ist das **Rathaus,** das mal zum schönsten öffentlichen Gebäude gekürt wurde. Die hübsche rote Holzkirche **Kiruna Kyrka** wurde 1912 von der Grubengesellschaft gestiftet. Das große Altarbild ist vom adeligen Stockholmer Maler Prins Eugen (1865–1947). Auf dem Dach stellen zehn vergoldete Holzfiguren die verschiedenen Gemütsregungen dar. Beide Gebäude, Rathhaus und Kirche, sollen einige Kilometer weiter östlich wieder aufgebaut werden. Es gibt einige Einkaufsmöglichkeiten für Kunsthandwek und den täglichen Bedarf. Ansonsten warten die Einwohner der Stadt auf den Umzug.

Die Kirche von Kiruna wird bald versetzt

161wn Abb.: fh

Sehenswertes

- **Grubenbesichtigung,** Start an der Turistinfo, geöffnet: 5.6.-17.8. täglich, kein Zutritt für Kinder unter 10 Jahren, Eintritt 295 skr. Das Besucherzentrum liegt 540 m tief unter der Erde.
- **Kiruna Kyrka,** Kyrkogatan, geöffnet 18.6.-19.8., 13-18 Uhr, sonst den Pastor bitten aufzuschließen. Das große Altarbild wurde von Prinz Eugen (1865-1947) gemalt.
- **Hjalmar Lundbloms Gården,** Ingenjörsgatan 2, GPS 67.848226, 20.22347, war Anfang 2016 noch geöffnet: 10-20 Uhr. Hier wohnte einst der Gründer der LKAB.
- **Samegården, samisches Kulturzentrum,** Brytaregatan 14, Laden und ein Museum mit Ausstellungen (Stand: Anfang 2016).

Essen und Trinken

- **Café Safari,** Geologgatan 4, Tel. 098017460, www.cafesafari.se, nettes Café in einem gelben Häuschen mit Plätzen draußen, das noch geöffnet ist: Mo.-Fr. 8-18 Uhr, Sa. 10-16 Uhr.
- **Hotel Bishop's Arms,** Föreningsgatan 6, im Erdgeschoss eines heruntergekommenen Ziegelbaus, geöffnet ab 16 Uhr, Sa. ab 12 Uhr.
- **Landströms Kök & Bar,** noch Föreningsgatan 11, Tel. 0980 13355, zu essen gibt es z. B. geräucherte Schneehuhnbrust für 210 skr, geöffnet: täglich außer So. ab 18 Uhr.
- **Mommas Steakhouse** im Scandic Ferrum, Lars Janssonsgatan 15, Tel. 0980 398600, geöffnet: 18-22 Uhr, an Wochenenden bis 2 Uhr. In dem merkwürdigen braunen Turm unweit des Bahnhofs wird zwar etwas hochpreisige, aber dafür auch gute Kost serviert.
- **Restaurant Ripan,** Campingvägen 5, zentral in Kiruna an der Volkshochschule gelegen, Richtung Campingplatz, Tel. 0980 63000, www.ripan.se, Mittagstisch Mo.-Fr. 11-14 Uhr , Sa./So. 12-14 Uhr, à la carte täglich 17-22.30 Uhr, das beste Restaurant im Ort bietet lappländische Spezialitäten an, Mittagsmenü ab 100 skr.

Einkaufen

- **Einkaufszentrum** am Meschplan 7, bietet noch verschiedene Läden für Bekleidung und einen ICA-Supermarkt unter einem Dach sowie den örtlichen Schnapsladen gegenüber (Stand: Anfang 2016).
- **Kunsthandwerksladen,** Lars Janssonsgatan 17, im Folkets Hus
- **Lars Ateljénord,** Kunstgewerbesachen, Lars Janssonsgatan 23, am ehemaligen Marktplatz
- **Carl Wennbergs Sameslöjd,** Bergmästaregatan 2, samische Arbeiten
- **Sibyla,** Lars Janssonsgatan 2, Kunsthandwerk und Ähnliches

97 Ripan Camping

GPS 67.860861, 20.240657

Campingvägen 5, Tel. 0980 63000, www.ripan.se, Stellplatz 225 skr, mit Strom 325 skr, ganzjährig, der größte Vermieter im Norden der Stadt, nette Gebäude, auch hotelähnliche Zimmer.

Kiruna-Narvik-Bahn (Malmbanan/Ofotbanen)

Das im schwedischen Kiruna gewonnene Erz musste, um Geld zu bringen, exportiert werden. Dazu wurde es ursprünglich mit der Bahn zu den schwedischen Ostseehäfen transportiert und von dort nach Deutschland oder England verschifft. Dies war allerdings im Winter nicht möglich, da die Ostsee fast ganz zufror. Der clevere Fischhändler Anton Mosling gründete daraufhin am Rombaksfjord in Norwegen eine Gesellschaft mit dem Ziel, von Narvik aus eine Eisenbahn über die Berge 474 km weit bis nach Kiruna zu bauen. Durch den Golfstrom sind Norwegens Häfen nämlich eisfrei. Der Plan wurde trotz der immensen technischen Schwierigkeiten in die Tat umgesetzt: Sämtliches Material musste per Bahn und Schiff herangeholt werden. Die Schienen lieferte die 2500 km entfernte Firma Krupp in Essen. Die Legemannschaften arbeiteten sogar durch den Winter, wobei sie die Schienenstränge durch den Frost warfen und im Frühjahr die ersten Schwellen zu faulen begannen. Am 12.3.1888 steuerte der Engländer Robertson einen Zug mit Erz nach Luleå und am 15.11.1902 fuhr der erste Zug von Kiruna nach Narvik. Der Strom für die E-Loks kommt seit 1921 vom Porjus-Kraftwerk in Schweden. Der Bau verschlang 39,7 Mio. Kronen.

Kurze Zeit nach der Eröffnung ging die Betriebsgesellschaft jedoch pleite und der englische Teilhaber forderte 18 hochmoderne Lokomotiven zurück. Die Waggons ließ er gnädig zurück. Heute rollen hier die modernsten und stärksten (9700 PS) Loks Europas, denn für Schweden ist dies die Teststrecke für Eisenbahnen. Die deutsche Firma Adtranz baute für die Erzbahn eine der größten Lokomotiven: 45,8 m lang, 360 t schwer mit zwölf Achsen, jeweils zwei davon treiben einen Zug an, der über 8000 Tonnen wiegen kann. Die Höchstgeschwindigkeit des Zuges ist 80 km/h. Die Strecke ist größtenteils eingleisig, Stellwerke dirigieren die Züge bei Gegenverkehr auf Ausweichgleise, die an manchen Stellen eingebaut sind. 435 km von Luleå bis Riksgränsen sind schwedisch, die in diesem Teil Malmbanan heißt. Die norwegische Strecke, Ofotbanen genannt, ist nur 39 km lang, die hat es aber in sich: Teilweise klebt die Strecke an der steilen Wand. Viele Stellen sind überdacht, damit Schnee und Geröll nicht auf die Gleise fallen. Auf den letzten Kilometern vor Narvik liegt das Gefälle bei 19 %, die über 500 m bei Riksgränsen bis zur Höhe von 0 m in Narvik müssen heruntergefahren werden, das passiert durch über 20 Tunnel. Die spektakuläre 40 m hohe Norddalen-Brücke aus Stein hinter Haugfjell wird allerdings nicht mehr befahren. Die Strecke wurde umgelegt, dadurch kann man vom Zug aus einen Blick auf sie werfen (GPS 68.42758, 18.00076, auf der linken Seite, wenn man abwärts fährt).

Im Anfangsstadium (mit Dampf) beförderte ein Zug 28 Wagen à 35 Tonnen Erz, zusammen also 980 Tonnen. Heute zieht man 8000 Tonnen auf 68 Waggons über den Berg. Bei der Talfahrt wird die Bremsenergie ins Netz eingespeist.

061wn Abb.: fh

WEITER ENTLANG DER ERZBAHN

Die Weiterfahrt ab Kiruna Richtung Norwegen erfolgt auf Schwedens jüngster Straße, dieses Stück der E10 wurde erst in den 1980er-Jahren fertig. Die Straße folgt weitestgehend der Malmbanan/Ofotbanen, der berühmten Bahnlinie nach Norwegen, weshalb diese Strecke anhand der Bahnstationen dieser ansonsten völlig einsamen Gegend hier beschrieben wird. An den Haltestellen, die man fast alle mit dem Womo anfahren kann, bekommt man meist Informationen in Form von Plakaten oder Werbezetteln und kann sein Gefährt dort gefahrlos abstellen. Auch trifft man an diesen einsamen Bahnhöfen auf Wanderer aus aller Welt. Die gut gebaute Straße führt zuerst in Richtung Torneträsk. Die folgenden Orte sind allesamt Bahnstationen der Erzbahn. Auf der schmalen Straße ist wenig Verkehr. Leider bietet die Straße später auf der norwegischen Seite nur wenige Haltestellen. An der Felswand ist kaum Platz für die Straße. Der erste Teil führt durch eine flache Tundrenlandschaft über die winzigen Ansiedlungen Krokvik, Rautas, Rensjön und Bergfors, danach wird es hügeliger und man erreicht das Ufer des großen Torneträsk Sees. Am Ortsschild ist rechts ein kleiner Rastplatz (GPS 68.221606 19.70973). Zur Bahnstation geht es links ab.

Immer noch beeindruckend: eine Fahrt mit der Ofotbanen

TORNETRÄSK (DUORTNOSJÁVRI)

(52 km – 443 km)

Torneträsk besteht nur aus einer Bahnstation und ein paar Häusern. Am ersten Maiwochenende werden jährlich die Lapplandmeisterschaften im Eisfischen ausgetragen – die größte Veranstaltung dieser Art mit rund 2000 Teilnehmern. Der Torneträsk See ist dann noch dick zugefroren.

Bis **Stenbacken** gibt es keine Halteprobleme, da alle 15 km ein Parkplatz eingerichtet ist (z. B. bei GPS 68.258397 19.488115, mit Toilette, Bänken und Seeblick). Der Seitenstreifen ist oft befahrbar und es bieten sich Abzweige zum See an. 70 km nach Kiruna, bei **Kaisepakte** (auf Samisch Gáisebákti), liegt eine Haltestelle der Erzbahn links der Straße. Man kann den Berg gleichen Namens aus der Nähe betrachten. Auf Samisch bedeutet das Wort Abhang. Von diesem soll sich der Legende nach eine unglücklich verliebte Samin gestürzt haben. Heute stürzen sich dort im Winter Skifahrer zu Tal. Interessant wird es dann wieder bei Abisko – fast schon ein Ort.

ABISKO (ÁBESKOVVU)

(44 km – 487 km)

Information

› **STF-Turiststation,** Info und Übernachtung, Tel. 0980 40200, GPS 68.358066, 18.786879, www.svenskaturistforeningen.se und www.abisko.nu, geöffnet: ganzjährig, DZ ab 1590 skr. Großer Laden für Proviant und Sportartikel.

› Mitternachtssonne: 12.6.–5.7.

Die **einzige Tankstelle** unterwegs findet man in Abisko Östra. Für Komfortsuchende bietet sich links der Straße die Abisko Mountain Lodge an.

› Lapportsvägen 30, ganzjährig geöffnet, Tel. 0980 40100, www.abiskomountainlodge.se, DZ ab 700 skr, Hütte ab 925 skr, GPS 68.346762, 18.831067. Da es eine Haltestelle der Bahn ist, kommen auch Menschen von außerhalb zum Wandern hierher.

Nun ist es nicht mehr weit bis zum größten Ort dieser Strecke, die nächste Ansiedlung heißt Abisko Turiststation. Hier steht auch das ganzjährig geöffnete Hotel, die namensgebende Turiststation. Sie ist die größte und älteste Station des Schwedischen Touristenverbandes STF und eine typische Berghütte, die Anfang des 20. Jh. geöffnet wurde. Außerdem kann man sich im Laden mit Proviant eindecken und trifft das ganze Jahr hindurch Reisende, die sich auf den Weg zu Schwedens berühmtem Wanderweg, dem **Kungsleden**, machen. Zum Essen kann man ins Restaurant Abisko Turiststation einkehren.

› geöffnet: 1.12.–30.9, günstiges und gutes Drei-Gänge-Menü mit Büffet oder Suppe

062wn Abb.: ibs©Lola Akinmade

⊡ *Im Winter nicht selten: Nordlicht über Abisko*

Wandern

Der **Abisko Nationalpark** ist 77 km² groß und besitzt außergewöhnlich viele Wanderwege. Der Abisko-Canyon hat sich 20 m tief in den Fels gegraben und ist einer der Endpunkte des Kungsleden. Dieser fast 500 km lange Wanderweg geht von dem Ort Abisko bis nach Hemavan. Man kann mit einem Sessellift (Juni–Sep. 9.30–16 Uhr, 195 skr/Person mit Retour) auf den Nuolja fahren, wo die Bergstation in 900 m Höhe mit Mitternachtssonnen-Aussichtsplatz liegt. Weiterhin gehört Abisko zu den regenärmsten Orten Schwedens.

WEITER AUF DER E10

Der nächste Rastplatz an der E10 erwartet einen am Nordwestende des Torneträsk Sees bei **Rakasjåkka** (Rákkasjohka), was eigentlich nur die Brücke über den gleichnamigen Bergbach ist (GPS 68.403666, 18.695426). Kurz danach künden die Schilder von Björkliden.

BJÖRKLIDEN

(9 km – 496 km)

Dieser Ort lebt durch den **Wintersport.** Hier befindet sich auch eine Tourist-Info, ein Laden und man kann Hütten mieten, von denen man tolle Aussichten über Lapporten hat (Davvi Dállu Vandrarhem, Tel. 0980 41084, 15.2.–30.9.).

Das zwei Kilometer breite Tal, das die Samen Cuonavaggi nennen, ist ein oft fotografiertes Motiv. Mit der Eisenbahnstrecke 1902 kamen die Touristen, die mit der 1929 eröffneten Låktatjåkko-Berghütte dann noch einmal zunahmen. Heute gibt es hier einen Golfplatz und eine Hubschrauberstation. **Wanderwege** führen nach Abisko (8 km) sowie zum Låktatjåkko-Pass (9 km). Vom **Hotel** Fjället hat man einen herrlichen Ausblick über Lapporten – dem runden Tal zwischen Tjuonatjåkka und Nissuntjårro (46 Zimmer, Tel. 0980 64100). Eine weitere Übernachtungsmöglichkeit im Winter sind die Hütten von 1920 in der Gammelgården Skilodge (ab 990 skr, Tel. 0980 64100). Eine Campingmöglichkeit gibt es gegenüber dem Skilift.

98 Björkliden Fjällby Camping

GPS 68.40812, 18.677952

Björklidenvägen 70, 18 km südlich, Tel. 0980 64100, www.bjorkliden.com, etwa 100 Stellplätze, mit Strom 270 skr pro Tag, DZ ab 720 skr, geöffnet: 1.6.–16.9. (im Winter nur Zimmervermietung)

Die **Kåppasjåkk-Höhlen** beeindrucken mit ihren engen Passagen, mächtigen Hallen und unterirdischen Wasserfällen. Der Berg Kåppasjåkko (Rákkasjohka) selbst hat steile Eisnadeln. Er liegt 2 Kilometer von der Bahnstation entfernt.

Einen Kilometer vor der Ortseinfahrt rechts an der E10 liegt der sehenswerte kleine **Wasserfall Silverfallet** (GPS 68.402423 18.695167). Vom Parkstreifen direkt hinter der Brücke über den Rákkasjohka führt ein Fußweg hin.

Geführte Touren zum Gerölltal Kärkevagge (7 Std.) und dem See Rissajaur veranstaltet die Fjällbystation; Wanderschuhe muss man dabei aber selbst besitzen.

› Touren werden zwischen 22.6. und 13.9. angeboten, etwa 500–600 skr inkl. Ausrüstung, geöffnet Mi.–Fr. 9–13 Uhr.

WEITER AUF DER E10

Zur Weiterfahrt verlässt man 5 km hinter Björkliden den See Torneträsk und begibt sich, immer noch in der Nähe der Bahn, weiter ins Landesinnere. Es geht über Hochebenen, die mit Geröll übersät sind, ab und zu glitzert ein kleiner See und niedrige Vegetation lugt zwischen den Steinen hervor.

TORNEHAMN

(9 km – 508 km)

Drei Kilometer nördlich von Björkliden durchfährt man die alte Hauptstadt der Rallare, der Arbeiter, die die Bahnlinie bauten. Sehenswert ist der Friedhof der Rallare mit den Gräbern von 57 Eisenbahnern, die beim Bau ihr Leben verloren. Auf dem Grab der legendären einzigen Frau auf der Baustelle Anna Rebecka Hofstad „Svarta Björn“, steht lediglich: „Anna/Norwegen“ (GPS 68.432033, 18.670996).

Die Weiterfahrt erfolgt durch ein Tal, auf der linken Seite ist die Hügelkette über 1000 m hoch. **Achtung:** Nur ab und zu gibt es ein Stück befestigen Randstreifen, auf dem man halten kann. Die nächste Bahnstation liegt wieder unweit der Straße in einem unwirtlichen Gebiet.

KOPPARÅSEN

(5 km – 513 km)

Wegen seiner Lage vor den Bergen ist hier das Schnee- und Regenloch Schwedens. Ein Rekord wurde 1926 mit 3,27 m Schneehöhe aufgestellt. Von der E10 führt bei GPS 68.43058 18.50457 ein einspuriger Weg zur **Bahnstation** in 450 m Höhe, an der man parken kann. Die Straße endet auf einem kleinen befestigten Platz. Züge halten hier seit Jahren nicht mehr.

Der nächste Halt ist ebenfalls eine kleine Bahnstation, die aber mit dem Auto nicht direkt ansteuerbar ist. Ihr Name taucht oft in Wanderführern auf.

LÅKTATJÅKKO

(10 km – 523 km)

Interessant ist die Stelle durch ihre **Angelmöglichkeiten** und einen **Wanderweg** zu Schwedens höchster Hütte mit 18 Betten am Låktatjåkko-Pass (1228 m ü.d.M). Der Bau dieser Station gelang 1929 aufgrund der unberechenbaren Natur nur mit großen Schwierigkeiten. Nach einem Brand durch einen Kurzschluss 1967 entstand die heutige Station im Jahr 1974 (Übernachtung ab 300 skr, über das Hotel Fjället in Björkliden zu buchen; www.bjorkliden.com). **Achtung:** Man braucht für die 7 km ungefähr 3 Stunden! Auf dem Gipfel liegt ein Buch, in das man sich eintragen kann. Von hier aus führt der Wanderweg nach Björkliden (Kiosk). Wer sich an der Haltestelle die Beine vertreten will, kann sein Womo auf dem Randstreifen bei GPS 68.4276 18.325152 abstellen und die 500 m links den markierten Pfad entlanglaufen.

Auf der Weiterfahrt schäumt kurz vor Vassijaure ein Wildbach ein Stück des Weges entlang und winzige Birken säumen den Weg. Aus den kahlen Geröllhalden ragen Berggipfel empor. Bald sieht man links die ersten roten Häuser und das Dach des nächsten Bahnhofs aus der Ebene ragen, das ist Vassijaure.

VASSIJAURE (VASSIJÅKKA, VÁSSEJOHKA, VÁSSIJÁVRI)

(4,5 km – 527,5 km)

Dies ist zumindest ein richtiger Ort mit ein paar Holzhäusern auf einem Hügel, dazwischen ein paar Teiche mit bleigrauem Wasser. Ursprünglich war es nur **Schwedens nördlichste Bahnstation.** Eine Gedenktafel erinnert noch an den Tod eines Schweden. Im Zweiten Weltkrieg kam es hier zu Gefechten mit deutschen Truppen. Ein guter Parkplatz bietet eine schöne Aussicht auf den See. Ein **Laden** ist vorhanden, die Turiststation bietet Wanderern eine Unterkunft. Da sich früher die schwedischen und norwegischen Beamten auf der Bahnstation abwechselten, standen ihnen schon damals Unterkünfte zur Verfügung. Direkt am Bahnhof befindet sich der Rastplatz. In der Nähe kann man angeln und ein Wanderweg führt bis Njuorajaure oder zur Palnovik-Hütte (Samenlager).

WEITER AUF DER E10

Zur Weiterfahrt bahnt sich die E10 ihren Weg weiter durch hügeliges Gelände. Rechts bleibt der Vassijaure-See in Sichtweite. Anderthalb Kilometer nach der Einmündung liegt ein **einfacher Rastplatz** an der Straße, der Bänke und einen Seeblick bietet (GPS 68.432459 18.231211). Weiter über die bemooste Ebene führt die E10, mit stählernen Schneezäunen gesichert, ein wenig bergauf. Die Berge drohen am Horizont und der Vassijåkka schäumt unter der Straße hindurch.

KATTERJÅKKA (GATTERJOHKA)

(7 km – 534,5 km)

Die hellen Häuser links oberhalb der Straße sind schon eine Weile zu sehen, am Abzweig weisen allerlei Werbeschilder den Weg. Ein Laden ist vorhanden, der Bahnhof liegt in der Nähe eines alten Kraftwerks. Das **Hotell Frys Ihjäl** („Hotel erfrieren") erinnert an die Strapazen der Bahnarbeiter beim Bau der Strecke. 1898 als Speisesaal für Bahningenieure errichtet, wurde es vom STF 1902 gekauft und nach unterschiedlichen Nutzungen verfällt es nun langsam.

Einkehren kann man in der Katterjåkk Fjällstation, die nicht verfehlt werden kann (Tel. 0980 43108). Rechts der Straße erstreckt sich das Ufer des Vassijauresees, dessen Westende bald erreicht ist.

Auf der weiteren Strecke ist der nächste Halteplatz nur mit Schotter befestigt, aber nach der Straßenbiegung glaubt man eine Stadt zu sehen. Zahlreiche Häuser stehen am Seeufer des Vassijaures, gekrönt von einem mächtigen roten Hotelgebäude; Fahnen und Schilder trotzen der Witterung. Das ist Riksgränsen: Wie der Name schon sagt, ist die Reichsgrenze zu Norwegen nun nicht mehr fern.

RIKSGRÄNSEN

(2,5 km – 537 km)

Beim Näherkommen stellt man fest, dass der Ort anscheinend nur aus Sommerhäuschen und Wohnwagen besteht. Auch diese Stelle ist ein beliebtes Ziel für Wintertouristen. Wenn man die Siedlung hinter sich gelassen hat, geht es bergauf und die Grenze nach Norwegen ist erreicht. Die Station besteht aus drei Häusern und einer Ampel, die allein auf weiter Flur angesiedelt sind. Danach liegen auf der 520 m hohen kahlen Ebene nur ein größerer Parkplatz und der höchstgelegene Bahnhof der Strecke. **Der nächste Bahnhof** auf norwegischer Seite ist **Bjørnfjell,** gesäumt von ein paar Hütten (etwa anderthalb Kilometer links von der Straße). Man kann dorthin wandern. Ein markierter, 2,5 km langer Weg verläuft parallel zur Bahnlinie vorbei an merkwürdigen Ruinen aus der Zeit der Dampfloks. Am Ziel fährt man mit dem Zug die eine Station nach Riksgränsen zurück. Es fahren täglich mindestens zwei Züge und ein Bus, nachmittags gegen 18.30 Uhr.

› Die Zeiten der Linie 91 sind am Bahnhof angeschlagen, ansonsten www.sj.se oder die PDF-Datei abrufen: www.ltnbd.se, im Menü via „Tidtabeller“, zu „Linje 91“ scrollen und auf „Tidtabell“ klicken.

Bei der Weiterfahrt in Norwegen entfernt sich die Straße von der Bahnstrecke mit einem Bogen nach Norden. Der Norweger scheint eine Vorliebe zu haben: ein Holzhäuschen einfach irgendwo abzustellen. Hier stehen die Sommerhäuser der Narviker weit verstreut wie **Bauklötze auf einem Teppich.** Zur Übernachtung bietet sich der befestigte Parkplatz beiderseits der Straße kurz nach der Grenze bei GPS 68.438769 18.095598 an. In welche Richtung man auch schaut: Kahle Berggipfel recken sich rundherum aus der Hochebene und verschwinden teils in den Wolken.

BJØRNFJELL (BONJOVÁRRI)

(3 km – 540 km)

Bjørnfjell ist **ein Stück Niemandsland.** Von der Straße fährt man links noch anderthalb Kilometer zur Bahnstation. Ursprünglich lag die Bahnstation 4 km nördlich, wurde aber in den 1950er-Jahren

Früher der Zugang zur Welt: der Bahnhof Björnfjell

063wn Abb.: fh

in das Bürogebäude verlegt. Skilaufen ist bis in den Juni möglich. Wanderwege führen zum Katterat-See und für Trainierte sogar bis zum Torneträsk See. Die Ödnis ist auf diesem Teil der Strecke am stärksten ausgeprägt, die Hochebene beeindruckt durch ihre Ruhe und Weite. Die nächste menschliche Ansiedlung ist **die kleine Bahnstation Katterat** und geht wiederum 2 km von der Straße ab in die Einöde. Die Abzweigung von der E10 befindet sich 500 m nach dem Ortsschild Bjørnfjell.

Nun trennen sich die Wege von E10 und Erzbahn. Während die Bahn in weiten Bögen über Haugfjell, der Haltestelle Søsterbekk nach Katterat kurvt, um dann die Ebene bis Rombak und Straumsnes zu befahren, windet sich die Straße nördlicher durch andere Täler und trifft erst bei Straumsnes kurz vor Narvik wieder auf die Bahnlinie.

KATTERAT (BAHNSTATION)

(2,5 km – 542,5 km)

„Norwegens bester Wanderweg" führt auf der ehemaligen Baustraße der Bahn über Rombak hinunter zum Rombakfjord. Zusätzlich führen Wanderwege zum Katterat-See und zur Hochebene Storsteinfjellet.

Am Geitvatnetsee (Gåicajåvrrit) GPS 68.456079 18.034744 liegt rechter Hand ein **kleiner Parkplatz mit Seeblick.** Die meiste Zeit folgt die E10 nun Bachläufen und verläuft zwischen den Hügelkämmen und den Sommerhäuschen entlang. Ab und zu liegen Tümpel verstreut in der kargen Landschaft und allmählich finden sich die ersten Birken ein: Die Baumgrenze ist überwunden. Weitere Rastplätze gibt es auch, z. B. bei GPS 68.498683 17.975006, wo man dem Murmeln des Baches lauschen kann. Unaufhaltsam schlängelt sich die Straße nun talwärts, denn der **Rombakfjord** liegt auf Meereshöhe. Die Raststätte in Skogvann ist mittlerweile geschlossen und ob sie wieder öffnet, ist unklar. Ab einer Höhe von 300 m wird die Landschaft lieblicher und es sind wieder höhere Bäume zu bemerken. In der Ferne sieht man drei riesige Windmühlen sich drehen – auch Norwegen versucht sich in alternativen Techniken. Sie stehen am Ufer des kleinen Sees Skritdalsvatnet.

Bei GPS 68.470258 17.705498 ist ein **Rastplatz** gebaut, der einen Panoramablick über den Rombakfjord bietet. Eine **Infotafel** erklärt die Berge. Mit Blick über den Fjord werden die letzten Kilometer der Passstraße bewältigt und die schneebedeckten Gipfel grüßen von der Ferne.

NYGÅRD

(27,5 km – 570 km)

Bei Nygård (nicht bei der gleichnamigen Stadt südlich von Oslo) am Ufer des Rombakfjords erreicht die E10 den Anschluss an die E6, die **Route 1** (s. S. 101). Der Ort selbst besteht lediglich aus wenigen Privathäusern und dem Campingplatz Hærsletta (s. S. 102).

Wer gleich zum Nordkap weiter will, biegt rechts auf die E6 in Richtung Alta, wer eine Pause in **Narvik** (s. S. 99) machen möchte, muss links abbiegen. Nach 14,5 km am Fjordufer entlang ist man dort. Bei der Hängebrücke über den Rombak-Fjord kommt ein bisschen ein San-Francisco-Gefühl auf. Vor der Brücke kann man zum Parken links den schmalen Weg zum Ufer hinunterfahren. Mit großen Wohnmobilen ist dies aber schwierig, da der Weg nur mit Schotter befestigt ist. Wenden ist aber möglich. Auf der anderen Seite der Brücke liegt links ein ebenfalls unbefestigter Parkplatz. Kurze Zeit später ist man in Narvik auf der Route 1 und 570 km durch die einsame Fjälllandschaft Skandinaviens liegen hinter einem.

In Norwegen angekommen, wird die Landschaft wieder grüner

064wn Abb.: fh

DAS LAND DER TAUSEND SEEN

Den Reisenden erwartet eine erholsame Fahrt. Wer sich für diese Route entscheidet, fährt durch eine Landschaft, die vom abschmelzenden Eis der letzten Eiszeit geprägt ist. Zurück sind unzählige Seen geblieben, endlos erscheinende Wälder und flaches Land.Der Naturliebhaber kommt voll auf seine Kosten, doch auch der Kulturinteressierte kann einiges finden. Helsinki ist eine moderne Großstadt, die sich einen Teil ihres Charmes vom Beginn des 20. Jh. in unsere Zeit hinüberretten konnte. So gibt es eine Reihe nationalromantischer Bauten aus der Zeit des Aufbruchs der jungen Republik, bedeutende Museen und Kirchen unterschiedlicher Konfessionen zu besuchen.

Auch die Heime und Ateliers bedeutender finnischer Künstler liegen am Wegesrand, bevor man in die ruhige Seenlandschaft eintaucht.

An der Ostseeküste liegen viele Badeorte. Und nach dem Polarkreis bekommt auch der Finnlandfahrer die typisch lappländische Flora zu sehen.

150wn Abb.: kw

▷ *Imposante Fähren verbinden Helsinki u. a. mit Travemünde (s. S. 16)*

ROUTE 3

DURCH FINNLAND NACH NORDNORWEGEN

0 1 cm = 8,75 km 20 km © Reise Know-How 2016

VERLAUF ROUTE 3

Naantali/Turku - Kemi (778 km)
Haparanda/Tornio - Skibotn (562 km)

ANREISE VON NAANTALI UND TURKU

STRECKENVERLAUF

Naantali /Turku – Rauma (89 km) – Pori (52 km) – Vaasa (191 km) – Pietarsaari (98 km) – Kokkola (39 km) – Raahe (127 km) – Oulu (75 km) – Kemi (107 km)

Streckenlänge: 778 km

Wenn der Reisende finnischen Boden erreicht hat, kann er **auf der E8** bequem nach Norden fahren. Im großen Seengebiet muss man allerdings einige Umwege in Kauf nehmen. Die Straßen verlaufen teilweise über endlos aneinandergereihte Brücken und Dämme sowie kleine Inseln. Manchmal weiß man gar nicht, ob man sich überhaupt noch auf dem Festland befindet. So ist dieses Naturparadies zum Anziehungspunkt für Tausende Touristen geworden: faszinierende Ausblicke durch Wälder, sich zwischen den Stämmen immer widerspiegelnde Wasserflächen, ruhige Seen und verschwiegene Stege. In Finnland herrscht **osteuropäische Zeit:** Wenn es in Schweden 12 Uhr ist, haben es die Finnen 13 Uhr. Auch die Sommerzeit ändert nichts an diesem Zeitunterschied. Die Region Westfinnland gehörte lange zu Schweden, deshalb wurden viele Orte mit schwedischen „Ersatznamen" versehen und man findet in westlichen Landesteilen oft **zwei Ortsnamen** auf den Schildern. Sie stehen bei den Ortsbeschreibungen in Klammern.

Literaturtipp
„Finnisch – Wort für Wort", von Hillevi Low, Reise Know-How Verlag. Wer entlegene Plätze Finnlands aufsucht, tut gut daran, sich einige Grundkenntnisse der finnischen Sprache anzueignen. Dieser Kauderwelsch-Sprachführer bietet einen ersten Einstieg in eine Sprache, deren Wörter durch diverse Endungen und Wechsel der Fälle schnell ihre Ähnlichkeit mit der Grundform verlieren. Der Sprachführer zum einfachen Lernen bietet die wichtigsten Regeln, Redewendungen und Vokabeln zur stressfreien Kommunikation unterwegs.

NAANTALI (NÅDENDAL)/TURKU (ÅBO)

Naantali erhielt 1438 seinen Namen nach dem dortigen Brigittenkloster. Sehenswert ist der Garten von Kultaranta, der Sommerresidenz des Staatspräsidenten. Allerdings ist er immer nur kurzzeitig zugänglich, wenn der Präsident nicht dort weilt (Info über das Touristbüro). Zum Bummeln bietet sich die Altstadt mit ihren bunten Holzhäuschen an. Mit 180.000 Einwohnern ist Turku heute die drittgrößte Stadt Finnlands. In alten Zeiten hieß sie auf Schwedisch „Åbo". Bis 1809 war sie die wichtigste Stadt des Landes, dann orientierte man sich mehr nach Russland und verlegte die Aktivitäten nach Helsinki.

Erreicht man Finnland über den Anleger **Naantali,** kann man auf dem dortigen Campingplatz am Strand gleich übernachten.

152wn Abb.: kw

An den Ufern des Aurajoki in Turku gibt es viel zu entdecken

99 Naantali Camping

GPS 60.461651, 22.029301

Kopenkatu 20, vom Fähranleger links ab, die nächste Einfahrt führt dorthin. Tel. 02 4350855, http://naantalinmatkailu.fi/camping, Stellplatz 15 € plus 6 € pro Person, Café und Laden. Der Platz liegt direkt am Meer. 30.4.–30.8.

Von dort sind es nur wenige Kilometer auf der **E18** bis zum Autobahnring, der um Turku führt. Hier folgt man, wenn man die Hauptstadt besuchen will, den Schildern Helsinki/Helsingfors, oder man macht sich auf in den Norden, indem man der Beschilderung nach Rauma auf der Autobahn E8/Finn8 folgt.

Ankunft in Turku

Der Fähranleger von **Turku** liegt im Turkuer Hafen, südöstlich von Naantali. Wer Finnland hier erreicht, fährt mitten im Ort mit der ersten Ausfahrt auf die E8/Finn8 nach Norden (oder nach Osten Richtung Helsinki auf der E18/Finn1). Nach 90 km trifft die Straße bei Rauma auf die Ostsee.

100 Camping Ruissalo

GPS 60.424445, 22.091249

Saarontie 25, am Ende der Halbinsel Ruissalo, 12 km westlich des Hafens, Tel. 02 2625100, Stellplatz 18 € plus 6 € pro Person, Café und Laden. Der Platz liegt am Meer und ist mit 800 Stellplätzen recht groß, neben Einkaufs- und Entsorgungsmöglichkeiten bietet er auch eine Badestelle. Die Buslinie 8 fährt in die Innenstadt von Turku.

RAUMA (RAUMO)

(89 km – 89 km)

Der historische Stadtkern mit den Häusern aus verschiedenen Epochen gehört zum UNESCO-Weltkulturerbe. Rauma war in früheren Jahrhunderten eine wichtige Seefahrerstadt, wodurch die Fertigkeit des Spitzenklöppelns hierher gebracht wurde. Zeitweise gab es hier sogar eine eigene Sprache.

Es gibt um das Zentrum herum einige für Wohnmobile geeignete Parkplätze, auf denen man jedoch nur 24 Stunden parken darf. Eine Alternative bietet der im Wald an der Ostsee gelegene Campingplatz Poroholma:

101 Poroholma Camping

GPS 61.135623, 21.470246

Poroholmantie 8, bei Rauma an der E8, die 12 nach Westen am Zentrum vorbei fahren, dann ausgeschildert, Tel. 02 5335522, geöffnet: ganzjährig, 10 Womoplätze auf abfallendem Gelände mit und ohne Schatten, für 15 € plus 5 € pro Person, mit Imbiss, Laden und Strand in der Nähe.

Die nächsten 50 km laufen parallel zur Küste durch dicht besiedeltes Gebiet auf der E8 nach Norden bis Pori.

Rauma ist bekannt für die Holzarchitektur seiner Villen

068wn Abb.: fn

⊡ *Beim Jazzfest in Pori weicht man auch aufs Wasser aus*

PORI (BJÖRNEBORG)

(52 km – 141 km)

Die Hafenstadt mit 83.000 Einwohnern ist Musikfreunden durch ihr Jazzfestival bekannt. Die Stadt wurde öfters verlegt, da die Landhebung nach der Eiszeit nicht abgeschlossen war und dadurch das Meer sich immer weiter entfernte. Im Sommer ist hier viel los: Der weiße Strand und die vielfältigen Freizeitangebote locken nicht nur Finnen hierher. Übernachten kann man auf der 30 km nordwestlich von Pori gelegenen Insel Peposaari.

102 Camping Siikaranta

GPS 61.617547 21.422864

auf der Insel Peposaari, über eine Brücke, Tel. 02 6384120, www.siikarantacamping.fi. Ganzjährig geöffnet, im Sommer sollte man reservieren. Stellplatz 20 € inkl. 4 Pers., während des Jazzfestes teurer. 18 km nordwestlich von Pori in Mäntyluoto.

103 Leirintä Yyteri

GPS 61.569897, 21.527367

Yyterinsantojentie, Tel. 026 345700, www.suomicamping.fi/en/yyteri, 10 km nordwestlich des Zentrums auf der Halbinsel, Stellplatz mit Strom 18 € plus 5 € pro Person, Strom 6–8 €, ganzjährig geöffnet. Der Campingplatz auf der nördlich von Rauma gelegenen Landzunge ist im Sommer gut besucht.

WEITER AUF DER E8

Achtung: Beim Verlassen von Pori muss man **auf die Schilder E8 achten,** da es diverse Schnellstraßenkreuzungen gibt. Rund 100 km zieht sich nun die küstennahe E8 noch bis Kaskinen. Unterwegs kann man in Tuorila nach Merikarvia zum Meer abbiegen. Nach 8 km kommt ein Campingplatz.

104 Camping Merikarvia

GPS 61.850116 21.470532

Palosaarentie 67, Tel. 400719589, www.mericamping.fi, Stellplatz 14 € plus 5 € pro Person plus 5 € Strom, ganzjährig geöffnet, 70 Stellplätze, 22 Hütten. Am Ende der Halbinsel Brändöö.

Fährt man weiter, gibt es eine Abzweigung nach Kristinestad (5 km) und 12 km weiter einen nach Kaskinen (12 km). In beiden Orten befinden sich Campingplätze am Meer. Nun folgen noch einmal 100 km durch flache, bäuerlich geprägte Landschaften bis Vaasa.

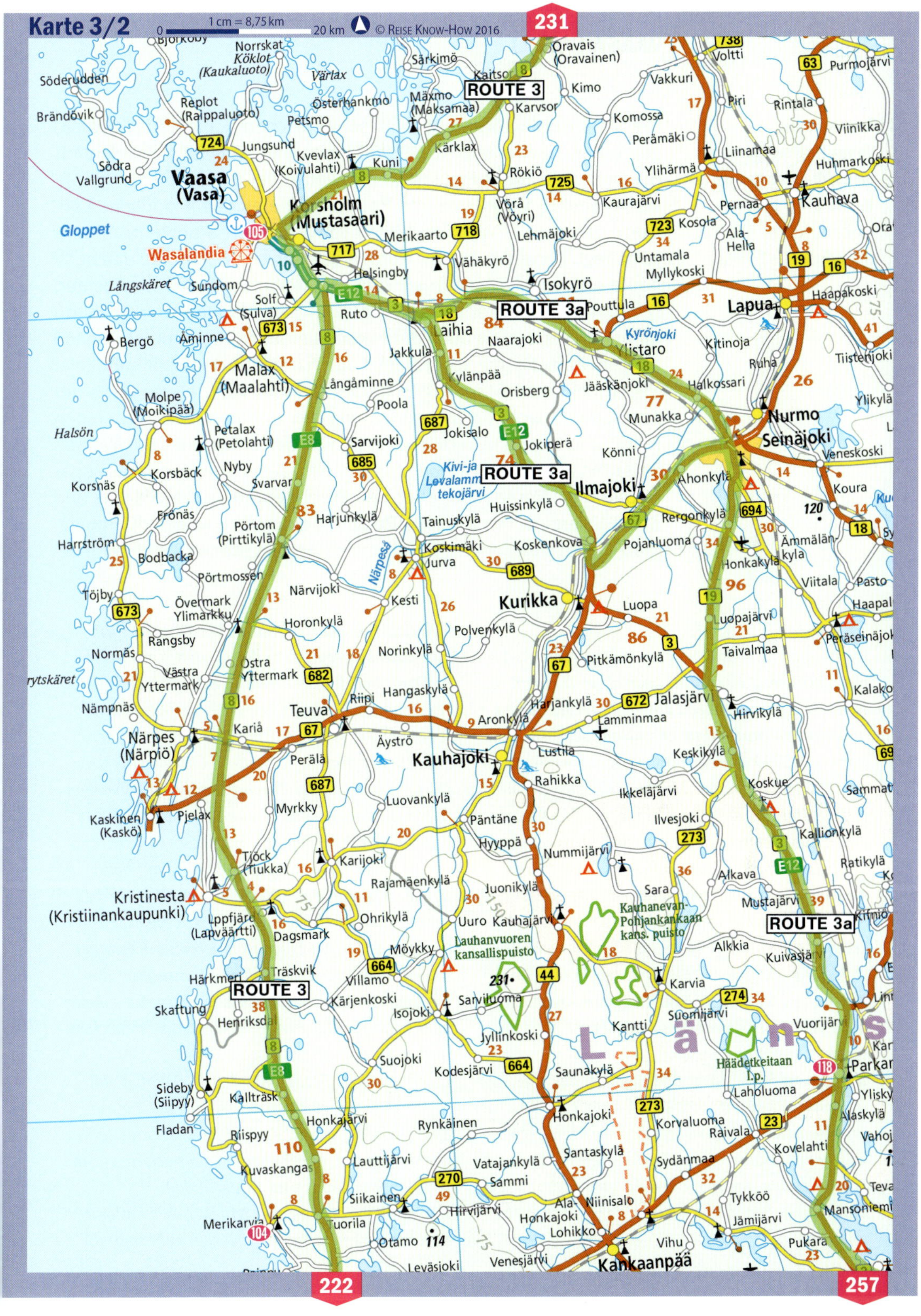

Karte 3/2
1 cm = 8,75 km
0
20 km
© Reise Know-How 2016
231
222
257
ROUTE 3
ROUTE 3a
Vaasa
(Vasa)
Korsholm
(Mustasaari)
Wasalandia
Gloppet
Långskäret
Söderudden
Brändövik
Södra Vallgrund
Norrskat
Köklot
(Kaukaluoto)
Replot
(Raippaluoto)
Värlax
Österhankmo
Petsmo
Jungsund
Kvevlax
(Koivulahti)
Kuni
Särkimö
Kaitsor
Maxmo
(Maksamaa)
Karvsor
Kärklax
Oravais
(Oravainen)
Kimo
Vakkuri
Voltti
Purmojärvi
Piri
Rintala
Viinikka
Komossa
Peråmäki
Liinamaa
Huhmarkoski
Rökiö
Ylihärmä
Kaurajärvi
Pernaa
Kauhava
Vörå
(Vöyri)
Lehmäjoki
Kosola
Ala-Hella
Merikaarto
Vähäkyrö
Untamala
Myllykoski
Helsingby
Isokyrö
Pouttula
Lapua
Haapakoski
Sundom
Solf
(Sulva)
Ruto
Laihia
Naarajoki
Kyrönjoki
Ylistaro
Kitinoja
Ruha
Tiistenjoki
Bergö
Åminne
Malax
(Maalahti)
Jakkula
Kylänpää
Orisberg
Jääskänjoki
Halkossari
Nurmo
Seinäjoki
Ylikylä
Molpe
(Moikipää)
Långåminne
Poola
Munakka
Halsön
Petalax
(Petolahti)
Sarvijoki
Jokisalo
Jokiperä
Könni
Veneskoski
Korsbäck
Nyby
Kivi- ja Levalammen tekojärvi
Ilmajoki
Ahonkylä
Koura
Korsnäs
Svarvar
Harjunkylä
Huissinkylä
Rergonkylä
Frönäs
Pörtom
(Pirttikylä)
Tainuskylä
Koskimäki
Koskenkova
Pojanluoma
Ämmälänkylä
Harrström
Bodbacka
Jurva
Honkakylä
Närpesa
Pörtmossen
Kesti
Kurikka
Luopa
Viitala
Pasto
Töjby
Övermark
Ylimarkku
Närvijoki
Horonkylä
Polvenkylä
Luopajärvi
Haapala
Rangsby
Pitkämönkylä
Taivalmaa
Peräseinäjoki
Normås
Östra Yttermark
Norinkylä
Västra Yttermark
Rytskäret
Hangaskylä
Jalasjärvi
Kalakoski
Nämpnäs
Teuva
Riipi
Harjankylä
Hirvikylä
Närpes
(Närpiö)
Kariå
Aronkylä
Lamminmaa
Äyströ
Kauhajoki
Lustila
Keskikylä
Perälä
Rahikka
Ikkelänjärvi
Sammatti
Kaskinen
(Kaskö)
Pjelax
Myrkky
Luovankylä
Koskue
Ilvesjoki
Päntäne
Hyyppä
Kallionkylä
Tjöck
(Tiukka)
Karijoki
Nummijärvi
Ratikylä
Rajamäenkylä
Juonikylä
Sara
Alkava
Kristinestad
(Kristiinankaupunki)
Lappfjärd
(Lapväärtti)
Ohrikylä
Uuro
Kauhajärvi
Kauhanevan-Pohjankankaan kans. puisto
Mustajärvi
Dagsmark
Lauhanvuoren kansallispuisto
Alkkia
Kuivasjärvi
Träskvik
Möykky
Härkmeri
Villamo
Karvia
Skaftung
Henriksdal
Kärjenkoski
Isojoki
Sarviluoma
Suomijärvi
Vuorijärvi
Kantti
Jyllinkoski
Suojoki
Kodesjärvi
Saunakylä
Häädetkeitaan l.p.
Parkano
Sideby
(Siipyy)
Kallträsk
Laholuoma
Ylisk
Fladan
Honkajärvi
Honkajoki
Korvaluoma
Alaskylä
Riispyy
Rynkäinen
Raivala
Kovelahti
Lauttijärvi
Santaskylä
Sydänmaa
Kuvaskangas
Vatajankylä
Sammi
Tykköö
Mansoniemi
Siikainen
Hirvijärvi
Ala-Honkajoki
Niinisalo
Jämijärvi
Merikarvia
Lohikko
Tuorila
Otamo
Vihu
Pukara
Kankaanpää
Leväsjoki
Venesjärvi

VAASA (VASA)

(191 km – 332 km)

Die Stadt wurde 1606 durch den schwedischen König Karl IX. (Wasa) gegründet, hat heute etwa 66.000 Einwohner und hält sich selbst für die sonnigste Stadt Finnlands. Ein Viertel der Stadt spricht Schwedisch. Kirche, Marktplatz und Rathaus bildeten das historische Zentrum, das etwa 7 km südwestlich vom heutigen Stadtzentrum entfernt liegt. Mitte des 14. Jh. wurden das Schloss Korsholm, das noch heute als Ruine zu sehen ist, und die Kirche Santa Maria errichtet. Die ganze Stadt brannte 1852 bis auf zwei Häuser ab und wurde daraufhin verlegt, da auch der Hafen allmählich versandete. Danach kam ein Aufschwung, nicht zuletzt durch den Bau der Eisenbahnlinie. 1918 rückte die Stadt ins Licht der Öffentlichkeit, als es nach der finnischen Unabhängigkeitserklärung hier zu Kämpfen zwischen den Roten und Weißen Garden kam. Es war der Stützpunkt der Weißen Brigaden unter General von Mannerheim. Zehn Wochen war es sogar Hauptstadt. Heute lockt eher das Freizeitparadies Wasalandia und der Wasserpark Tropiclandia. Beide Attraktionen sowie der Campingplatz liegen westlich des Zentrums – über die Brücke – auf der Insel

Information

› **Vaasa Region Tourism office,** Raastuvankatu 30, Tel. 06 3251145, www.vaasa.fi, Juli Mo.–Fr. 9–17 Uhr, sonst 10–16 Uhr.

Sauna

Wenn man in Finnland eine Hütte mietet, ist oft ein Saunahäuschen dabei oder es wird einem die Benutzung einer Sauna angeboten. Die Sauna entstand vermutlich im skandinavischen Raum vor etwa 2000 Jahren. Ursprünglich saß man in einer Grube um einen Haufen erhitzter Steine. Erst später wurde daraus ein festes Blockhaus. Auch aus anderen Völkern und Kulturen, sind ähnliche Schwitzhäuser bekannt. Dort waren sie jedoch nur für die höheren Stände gedacht, während die finnische Sauna von allen Bevölkerungsschichten genutzt wurde. Man erholte sich darin nach der Feldarbeit, trocknete Hanf, räucherte Fleisch und brachte darin sogar Kinder zur Welt. Die (Rauch-)Sauna galt als der sauberste Raum des Hauses.

Jede Sauna hatte ihren Schutzgeist, der eine eigene Benutzungszeit nach den Gängen für Männer und Frauen zugeschrieben wurde. Menschen durften ihm dabei keine Gesellschaft leisten. Auch fluchen, weinen oder sich auf andere Weise daneben zu benehmen, war in der Sauna nicht erlaubt.

Offiziell soll es in Finnland etwa zwei Millionen Saunas geben, von denen sich ein Viertel in Form von Blockhütten an Seeufern befindet (wobei die Schwitzhütten in Ferienhäuschen nicht erfasst sind). Auch heute besteht in der öffentlichen finnischen Sauna Geschlechtertrennung, zum Beispiel durch verschiedene Wochentage für Männer und Frauen. Die Temperatur wird durch das Gießen von Wasser auf erhitzte Steine erhöht. Der aufsteigende Dampf heißt ***löyly.*** *Manche Benutzer schlagen sich zur besseren Durchblutung mit Birkenzweigen. Gegen brennende Ohren tragen manche Saunagänger Baumwollmützen. Traditionell saunieren die Finnen vor dem Weihnachtsabend, sodass mehr oder weniger gleichzeitig fast 5 Mio. Menschen in den Saunas sitzen.*

Der ehemalige Staatspräsident Kekkonen soll sogar Verträge mit den Russen in der Sauna ausgehandelt haben. Radio Helsinki sendete live aus der Sauna, es gibt heute sogar schon saunaresistente Handys und Bildschirme.

Für die Behandlung von Mückenstichen lohnt sich ein Saunabesuch: Dazu schrubbt man die

Vaskiluoto. Replot, die nächste Insel, wird ebenfalls von Erholungssuchenden frequentiert. Die elegante Replotbrücke ist die längste des Landes. Direkt am Ende der Brücke, jedoch noch auf dem Damm, liegt rechts ein Bootsanleger. Im dazugehörigen Restaurant Benny's kann man gut speisen. Darüber hinaus ist Vaasa eine Industriestadt, in der auch die finnische Werft Wärtsilä vertreten ist.

Das alte **öffentliche Frauenbad** liegt in Kustaanlinna, 2008 wurde es nach einer Brandstiftung wieder rekonstruiert. Hier konnten die Frauen ungestört baden und in der Sonne liegen. Nebenan liegt ein öffentlicher Strand.

› von der E12 zum Vaasa-Krankenhaus abbiegen, GPS 63.082992, 21.613015.

Stellplätze

Übernachten kann man auf mehreren Plätzen in Vaasa. So bietet sich etwa an der Brücke der Vaasanpuistikko (Vasaesplanaden) ein **Parkplatz** neben der Strandgatan an. In der Västervikintie 469 befindet sich am Sportboothafen nördlich der City ein Parkplatz für 3 bis 4 Womos, der im Sommer beleuchtet und bewacht wird. Im Stadtteil Isolahti fährt man auf der 724 und biegt links in die Hyttystie ab. Bei GPS 63.121012 21.596289 kann man einen unbefestigten,

befallenen Stellen mit einer Bürste, um das Gift auszutreiben. Weiterhin wird nach einem Brauch am Dreikönigstag kein Wort in der Sauna gesprochen, um daraufhin im Sommer von Mücken verschont zu werden. Bei einem anderen Brauch bindet man zu Mittsommernacht die ersten Birkenbüschel des Jahres und wirft diese beim Verlassen der Sauna – ohne hinzusehen – hinter sich auf das Dach der Sauna. Je nachdem wie es liegen bleibt, soll es einem dann die Zukunft voraussagen.

Im Jahre 1804 schrieb der auf Rügen geborene Ernst Moritz Arndt in seinem Buch „Reise durch Schweden" über die finnischen Frauen: „Ihre Mädchen haben den Ruhm bis gegen das 20ste Lebensjahr vorzüglich schön zu seyn; die vielen finnischen Stubenmädchen widersprechen dem nicht. Aber, wenn sie älter werden, wirkt doch der Rauch ihrer Pörten oder Dampfstuben, bei welchen sie eigensinnig bleiben, sie werden so lange eingeschmaucht, bis der Glanz der Farbe fast vergeht ..."

Heutzutage wird ein elektrischer Saunaofen genutzt, der einfach zu bedienen und zu warten ist: Nur in abgelegenen Gegenden trifft man noch auf den holzgefeuerten Saunaofen.

***Etikette:** Vor dem Saunagang duscht man sich ab. In der privaten Sauna mit der Familie oder guten Freunden sowie in einer öffentlichen Sauna mit getrennten Geschlechtern geht man nackt saunen. In der öffentlichen gemischten Sauna und auf Saunapartys wird zumindest am Anfang Badekleidung getragen. Ein Kompromiss ist das umgewickelte Badetuch. Bei Unklarheiten beginnt man angezogen und legt die Badekleidung später ab.*

Wenn man selbst heizt, ist folgende Regel hilfreich: Die Luft ist trocken genug, wenn man sich auf die Haut pustet und diese dabei nicht brennt. Da die Hitze im Raum nach oben steigt, ist es auf den oberen Bänken heißer als weiter unten, so dass man je nach Bedarf die Bank wechseln kann. Nach einer Viertelstunde springt man in den nächsten See oder wälzt sich im Winter im Schnee. Die Abkühlzeit bis zum nächsten Saunagang sollte dabei länger sein als der Aufenthalt darin. Nach dem Saunagang trinkt man am besten ein kühles Bier.

Vaasa/Vasa/Wasa

Was hat die Stadt mit Knäckebrot zu tun? Wasa war der Name des schwedischen Königshauses von 1532 bis 1656. Deshalb wurde Wasa später in Schweden ein weit verbreiteter Name. Auch die Dauerbrothersteller hießen so. Die Region Westfinnland gehörte lange zur schwedischen Krone, so wurde auch dieser Name verwendet und erst zu Vasa und dann zu Vaasa mit langem „a" dem Finnischen angepasst. Deswegen findet man nun alle Schreibweisen einträchtig nebeneinander.

aber ruhig und am Meer gelegenen Parkplatz an einem Sportboothafen nutzen. Ein anderer toller Parkplatz liegt auf der kleinen Badeinsel Hietasaari. Sie erreicht man von der E12 über eine Brücke bei GPS 63.093787 21.595205.

105 Top Camping Vaasa

GPS 63.100205 21.57663

Niemeläntie, wenn man von der City kommt, vor dem Vergnügungspark Wasalandia rechts ab, 2 km vom Zentrum auf der Insel Vaskiluoto, Tel. 020 7961255, www.wasalandia.fi, Womo 13,50 € plus 8 € pro Person, Strom plus 7 €, geöffnet: 23.5.-30.8., eine dieser Eisenbahn-Attrappen hält im Sommer auf ihrer Fahrt durch Vaasa auch am Campingplatz.

WEITERFAHRT AB VAASA

Südöstlich von Vaasa vereinigt sich die E8 mit den Straßen 3, 18 und E12, die aus Richtung Helsinki dazustoßen. Auch wer die **Anreiseroute über Helsinki** genommen hat, trifft an dieser Stelle kurz vor Vaasa auf die Anreiseroute entlang der Küste. Die autobahnbreite E8 führt an der Ostseeküste entlang nach Norden. Man folgt den Schildern Richtung Kokkola/Karleby. Die E12 führt durch die Innenstadt und über zwei Brücken auf die vorgelagerte Insel Vaskiluoto. Hier sind nicht nur Freizeitangebote, sondern auch der Fähranleger nach Umeå in Schweden (s. Route 2 Seite 156).

15 km auf der E8 nach Norden kommen die ersten Ausläufer der Ostsee, die weit ins Landesinnere reichen. In Oravainen, 40 km nach Vaasa, gibt es links den **Rastplatz Kivipuisto mit Kiosk am Meer** (GPS 63.291049, 22.369795). In einem kleinen Park sind alle Gesteinsarten aufgestellt, die in Finnland zu finden sind: hauptsächlich Granit, Gneis aber auch den in Deutschland Speckstein genannten Steatit. In Finnland werden aus dem wärmespeichernden Stein gerne Öfen gebaut. Auf der kleinen Rastanlage kann man gegen Gebühr mit dem Wohnmobil übernachten. Ein paar Kilometer weiter gibt es eine Tankstelle mit Restaurant. Wer **Jakobstad** einen Besuch abstatten will, biegt beim Schild Jakobstad/Pietarsaari links auf die 741 ab.

Karte 3/3
1 cm = 8,75 km
0
20 km
© Reise Know-How 2016
238
227
ROUTE 3
Ulkokalla
Fishing village
Maakalla
Hiekkasärkät
Tankar
Djupörama
Ohtakari
Kokkola (Karleby)
Jakobstad (Pietarsaari)
Pedersöre (Pedersören kunta)
Nykarleby (Uusikaarlepyy)
Kronoby (Kruunupyy)
Larsmo (Luoto)
Eugmo
Oja
Lepplax
Pörkenäs
Torsön
Kovjoki
Munsala
Monäs
Laggars
Monå
Österö
Skatan
Pensala
Oravais (Oravainen)
Ytterjeppo
Jeppo (Jepua)
Markby
Marken
Åvist
Vilobacka
Purmo
Lappfors
Lillby
Sääksjärvi
Esse (Ähtävä)
Ytteresse
Jöusen
Snåre
Nedervetil
Alaveteli
Lahnakoski
Rimmi
Kälviä
Ruotsalo
Marinkainen
Karhi
Lohtaja
Ala-Viirre
Himanka
Rautila
Himankakylä
Roukala
Kalajoki
Pyhäjoki
Viirre
Yppäri
Vasankari
Piehinki
Parhalahti
Lukkaroistenperä
Keskikylä
Kopisto
Pirttikoski
Pyhänkoski
Ylipää
Merijärvi
Oulainen
Mehtäkylä
Pitkäsenkylä
Ala-Kääntä
Täluskylä
Someronkylä
Alavieska
Kangas
Ylivieska
Vähäkangas
Tynkä
Kärkinen
Typpö
Kähtävä
Rautio
Pahkala
Ainali
Korvenkylä
Sievin as. Korhoskylä
Markkula
Jyrinki
Järvikylä
Sievi
Eskola
Vesimäki
Karjulanmäki
Riutta
Jämsä
Kannus
Kungas
Vuolle
Märsylä
Väli-Kannus
Hillilä
Lestijoki
Krekilä
Toholampi
Kleemola
Riippa
Hilli
Välikylä
Alikylä
Ullava
Norppa
Määttälä
Purontaka
Härkäneva
Ullavanjärvi
Sykäräinen
Syri
Korpi
Emmes
Jylhä
Vintturi
Köyhäjoki
Venetjoen tekojärvi
Museum village
Halsua
Ylikylä
Kaustinein
Tunkkari
Viiperi
Terjärv (Teerijärvi)
Högnabba
Kronobyå
Ähtävänjoki
Perhonjoki
Ina
Småbönders
Sillanpää
Räyrinki
Pulkkinen
Kivikangas
Patana
Särkikylä
Kalliojärvi
Evijärvi
Kerttuankylä
Lepistönmäki
Kivitippu Crater lake
Itäkylä
Sääksjärvi
Hallapuro
Kortesjärvi
Purmojärvi
Kivipuro
Lappajärvi
Tarvola
Kärnä
Karvala
Lakaniemi
Vimpeli
Koskela
Luoma-aho
Pelkkala
Voltti
Ekola
Vakkuri
Piri
Rintala
Viinikka
Lapuanjoki
Mehtäkylä
Vihanti
Rukkisperä
Myllyperä
Lampinsaari
Poluspera
Ahonperä
Piipsjärvi
Möykky
Kilpua
Mäyränperä

PIETARSAARI (JAKOBSTAD)

(98 km – 430 km)

Information

› **Jakobstad Tourist Office,** Salutorget, Tel. 06 7231796, 067863893, www.jakobstad.fi.

Die Stadt wurde 1652 von der schwedischen Adeligen Ebba Brahe als Jakobstad gegründet. Sie benannte den Ort nach ihrem verstorbenen Gatten, Jakob de la Gardie, der ein wichtiger Politiker seiner Zeit war. Bis heute spricht die Mehrheit der 20.000 Einwohner Schwedisch. Deshalb ist in den meisten Karten auch nicht Pietarsaari sondern Jakobstad verzeichnet. Die Stadt wurde 1721 im Krieg mit Russland niedergebrannt und ging 1835 von selbst in Flammen auf. Den größten Reichtum erlangte Jakobstad durch seine Werften. 1886 kam die Eisenbahn und mit ihr eine Straßenbeleuchtung vom Bahnhof ins Zentrum.

Jakobstad bzw. Pietarsaari selbst lockt mit einigen Museen und mit dem Holzhausviertel Skata. Von der Stadt aus erreicht man dieses Viertel durch das Tor der ehemaligen Tabakfabrik Strengberg. Die große Uhr auf dem kugelförmigen Dach ist das Wahrzeichen.

Zwischen 1762 und 1998 war die Tabakfabrik in der Storgatan 2–4 der wichtigste Arbeitgeber im Ort. Heute ist es das **Tabak-Museum.** Das **Arktik Museum Nanoq** entstand auf Initiative des Nordpolforschers Pentti Kronqvist. Es befindet sich in einem besonderen Gebäude und besitzt eine umfangreiche Sammlung an Ausrüstungsgegenständen und sehenswerten Specksteinfiguren der Eskimos. Das **Zichorien-Museum** informiert über den Zusatzstoff für Kaffee.

Am Alten Hafen befinden sich ein Badestrand mit Sprungturm, Cafés und das Sommerrestaurant Pavis. Im Hafen liegt die Galeasse „Jacobstads Wapen", ein Zweimaster mit hohem Vormast, der leider nur nach Absprache besucht werden kann, sowie der **Dreimastschoner Vega.**

Ein Zeitzeuge: die Uhr der Tabakfabrik in Jakobstad

069wn Abb.: fh

Sehenswertes

› **Arktik Museum Nanoq,** Pörkenäsintie 60, Tel. 06 7293679, 1.6.–31. 8. täglich 11–18 Uhr, sonst Di.–Fr. 12–16 Uhr, 10 €.

› **Chicory-Musem, Zichorien-Museum,** Alholmintie 71, Tel. 040 5852152, www.sikurimuseo.fi, 11.6.–2.8. Di.–Fr. 12–16 Uhr, Eintritt frei. Wilhelm Schaumann gründete die Fabrik 1883. Die Gemeine Wegwarte, Zichorie genannt, wächst in Mitteleuropa an Wegrändern. (Von ihr stammt vermutlich das Chicoree-Gemüse ab.) Die geröstete, geschliffene und dampfgehärtete Wurzelzichorie wurde zunächst dem Bohnenkaffee als Farb- und Geschmacksverstärker beigemischt und später im 18. Jh. als billiger Kaffeeersatz benutzt – sogenannter Muckefuck oder Zichorienwasser. In den 1960er-Jahren schloss die Fabrik und wurde zum Museum umgebaut.

- **Museum Jakobstad/Pietarsaari** im Tabakmagazin, Storgatan 2–4, Tel. 06 7863371, täglich 9–16 Uhr. In den Räumen der alten, 1706 gegründeten Tabakmanufaktur bzw. Tabaksfabrik wird die Geschichte des Tabaks in Finnland unter anderem anhand von Maschinen, Tabakprodukten und Werbeplakaten präsentiert.
- **Museum Vega,** Gamla Hamnvägen, die Restaurierung kann besichtigt werden, 5 €, Infos über das Tourist-Office. Das als Dreimastschoner aufgetakelte Schiff kam aus Estland nach Pietarsaari. Gebaut wurde die Vega 1952 auf der Werft Oy Laivateollisuus Ab in Turku und ging dann mit 534 anderen Schiffen als Reparationszahlung an die Sowjetunion. Die Vega hat eine Länge von 45 m und ist 8 m breit. Für die Mischbauweise aus Holz und Eisen wurden auch moderne Materialien wie 4 cm dickes Sperrholz verwendet. Der alte Rohöl-Motor leistet 225 PS. Eingesetzt wurde sie als Schulschiff in Tallinn in Estland. Die Vega hatte die Jahre einigermaßen überstanden und wurde von den Esten als Freundschaftsgeste 1997 zurückgegeben. Seitdem versucht man, sie zu erhalten.

Parken

- Von der 68 bei GPS 63.657802, 22.775173 auf die Vanha Pirilöntie abbiegen und am Ufer parken.
- etwas weiter erreicht man den Parkplatz von Pietensaaren Golf bei GPS 63.677295, 22.7847
- Wer von der E8 in die Stadt gefahren ist, findet einige schöne Parkplätze am Meer.
- Man kann auf der Straße 741 nordwestlich der City zum Fäboda-Strand fahren. Man folgt den Hinweisschildern von der City aus und biegt von der Fäbolantie rechts ab, nach 3 km ist man am Meer, GPS 63.670786, 22.561111. Hier kann man im Wald parken und baden. Es ist ein Gewirr aus Buchten, Inseln, weiten Sandstränden, glatten Felsen und Kiefernwald. Im Sommerrestaurant kann man eine Pause einlegen.
- Nördlich des Ortskerns gibt es einen Campingplatz.

106 Svanen Camping

GPS 63.70476, 22.728971

Luodontie 50, die Pohjantie nach Norden fahren, Tel. 06 7230660, 27 Stellplätze à 15 €, Person 5 €, Strom 5 €. Der Platz liegt nördlich von Pietarsaari in Nissasörn, geöffnet 8.6.–11.8.

Abfahrt mit Umweg

Wer nicht auf die E8 zurückfahren will, nimmt die Straße 749. Die windet sich ganz ruhig von Insel zu Insel und ist weniger befahren. Die Inseln sind bewaldet und die zweispurige Straße ist gut ausgebaut. Bei GPS 63.817879, 22.978935 gibt es vor der Brücke zum Festland links einen kleinen Rastplatz. Nach der Brücke kann man in einer Herberge mit Blick auf das Wasser etwas essen. Kurz danach ist man in Kokkola.

Auch über die E8 kommt man nach 36 km dort an, über die Inseln ist es genau so weit.

KOKKOLA (KARLEBY)

(39 km – 469 km)

Information

› **Kokkolan Matkailu Oy,** Kauppatori 3, am Marktplatz. Tel. 40 8065075, www.kokkola.fi, 1.6.–31.8. Mo.–Fr. 8–17, Sa. 9–13 Uhr.

Die Stadt Kokkola hat etwa 47.000 Einwohner und wurde 1620 nahe der Ostsee vom Schwedenkönig Gustav II. Adolf gegründet. Ein Pfarrer namens Chydenius erstritt das Handelsrecht für die Stadt. Seine Skulptur steht im gleichnamigen Park Länsipuisto. Er wurde nach dem Großbrand 1860 angelegt, nachdem das Grundstück der Stadt vermacht wurde. Die Besitzerin ließ ihr vom Brand verschontes Häuschen dort abbauen und in dem Küstendorf Ykspihlaja am Meer wieder errichten.

Im 18. Jh. erlangte die Stadt durch den Teerhandel einigen Reichtum. Im 19. Jh. siedelten sich dann Industriebetriebe an. Durch den Großbrand brannte das Rathaus zu Asche, der Neubau wurde alsbald von den Russen geplündert. Die traurige Ruine konnte danach nur noch abgerissen werden. Der dritte Versuch in Sachen Rathaus gelang schließlich: Carl Ludwig Engels Entwurf steht heute noch. In der alten Schule von 1692 ist heute das **Museum** untergebracht, das zu den ältesten Holzhäusern Skandinaviens gehört. Das daneben liegende kleine Haus der Bäckersfamilie Ahla und John Lassander wurde 1748 erbaut, 1973 hierhin verschoben. Es gehört ebenfalls zum Museum. Weiterhin gibt es einen englischen Park am Sunti-Fluss in der Nähe der Chydeniuksenkatu, in dem die Reste einer englischen Barkasse aus dem Krimkrieg ausgestellt sind. Das Ensemble wird durch **Renlunds Kunsthalle** vervollständigt, in der es Bilder der Nationalromantik zu sehen gibt. Das Boot auf dem Marktplatz ist nur ein Café.

Von Montag bis Samstag herrscht zwischen 7 und 14 Uhr auf dem Markt ein fast südländisches Treiben. Auf dem **Katarinaplatz** stehen ein erhabenes Gebäude, das Stadttheater, ein hohes Gebäude, nämlich der Wasserturm und etwas Technisches: die Tankstelle von 1931. Am letzten Augustwochenende werden hier die Kokkolan Venetsialaiset, die Venezianischen Nächte, mit Feuerwerk und Lichterglanz veranstaltet. Zum Ende der unbeschwerten Sommermonate wird quasi ein letztes Mal gefeiert.

Sehenswertes

› **R.K. Renlund Museum,** von 1818, Pitkänsillankatu 26-39, GPS 63.837329, 23.130169, Tel. 06 8289474, Di.–Fr. 12–15 Uhr, Sa., So. 12–17 Uhr, Eintritt für ein Museum 2 €, zusammen mit anderen Museen 4 €

› **Englischer Park** am Sunti-Fluss in der Nähe der Chydeniuksenkatu, mit den Resten einer englischen Barkasse aus dem Krimkrieg hinter Glas, GPS 63.843160, 23.129507, Parken gegenüber in der Straße.

Parkplatz

› Der **Sandskata Strand** bietet einen Parkplatz zum Übernachten. Man folgt 5 km der Beschilderung zum Badeplatz.

› Am Marktplatz kann man eine Stunde mit Parkscheibe stehen.

› Um die Ecke in der Vaaturinkatu ist ein freier Parkplatz von gigantischen Ausmaßen, der sich bis zum Fluss die Virkakuja/Ämbetsgränd entlang zieht.
› Weitere Plätze sind südlich der Bahn am Ende der Latojankatu/Sättargatan am Bahngelände, GPS 63.833894, 23.131617.

107 Camping Hiekkasärkät Oy

GPS 64.233553, 23.801873

Tuomipakkaintie, Kalajoki, Tel. 08 4695200, www.kalajokicamping.fi, Stellplatz am Wasser Minimum 2 Tage für 75 €, normaler Stellplatz 15 €, Person 6 €, Strom 5 €, geöffnet: 7.6.-1.9. Mitten im Trubel, gut ausgestattet, aber ziemlich groß.

108 Kokkola Camping

GPS 63.855195, 23.113246

Meritie 10, direkt am Meer, Tel. 06 8314006, www.kokkola-camping.fi, 50 Stellplätze je 20 € plus 4 € pro Person inkl. Strom, 1.6.-30.8. mit Café, Laden, außerdem werden Fahrten zur Leuchtturminsel angeboten.

AUSFLUG ZUR INSEL TANKAR

(eine Strecke 7 km)

Der Küste von Kokkola ist ein reich gegliedertes **Schärengebiet** vorgelagert. 7 km weit draußen liegt die Leuchtturminsel Tankar, die einen Naturlehrpfad, jede Menge Sommerhäuser und ein Café bietet. Ihr Leuchtturm stammt aus dem Jahr 1889. Wer sich beim Wandern in der Zeit verschätzt, kann in der **Herberge Tankar Inn** übernachten. In den historischen Leuchtturmwärterhäusern ist Platz für 40 Gäste (geöffnet: 1.6.-31.8.). Vom Kokkola Camping aus gibt es täglich zwei bis drei **Bootsverbindungen** mit der MS Jenny und der MS Jaana, die jeweils anderthalb Stunden lang dauert. Überfahrten und Unterkunft können bei der Touristinfo **Kokkolan Matkailu Oy** (s. S. 234) gebucht werden.

Der Leuchtturm auf der Insel Tankar

◘ *Immer wieder malerisch: eine der vielen Seenplatten Südfinnlands*

071wn Abb.: ibv©VS

WEITERFAHRT AUF DER E8

Die Weiterfahrt verläuft wieder auf der E8 in Meeresnähe nach Norden. Auf den Schildern ist schon Oulu angezeigt. Hier werden Getreide und Kartoffeln angebaut. Auf diesem Teil der Strecke ist die Ostsee leicht zu erreichen: Man fährt einfach eine der vielen Straßen links nach Westen ab und nach ein paar Kilometern ist man am Wasser. Etwa 8 km nach dem Abzweig der Straße 28 liegt rechts ein netter Parkplatz mit überdachten Sitzplätzen (GPS 63.921964, 23.415084). Ein Spaziergang vom Ende des Parkplatzes führt über einen Weg rechts 300 m zur Insel Luodonsaari im Keiskinjärvi-See. Weiter auf der E8 befindet sich vor dem Ort Himanka links das **Hiekkasärkät-Gebiet.** In dieser stark von Finnen frequentierten Urlaubshochburg befindet sich jede Art von Freizeitbelustigung: Badestrände, zwei Campingplätze und allerhand touristische Einrichtungen. Auslöser ist die stattliche Ansammlung von Sanddünen des Ostseestrands, die sogenannten *Kalajoen Hiekkasärkät.*

Im Ort **Himanka** nach der Flussbrücke liegt links ein Restaurant an der Straße. (Von hier sind es auf der E8 noch120 km bis nach Raahe.) Etwa 20 km nach Himanka befindet sich rechts hinter Bäumen bei GPS 64.218476, 23.794603 ein guter **Parkplatz zum Übernachten.** Rund 10 km danach kommt **Kalajoki.** Der Ort selbst ist eher uninteressant, man kann einen Ausflug zur Insel Maakalla unternehmen oder einen Wasserpark besuchen.

› **Wasserpark Vesipuisto Jukupark,** Jukupolku 3–5, etwa 8 km südwestlich von Kalajoki bei GPS 64.234523, 23.814898, www.jukupark.fi, geöffnet: im Sommer 11–19 Uhr, Eintritt 22 €.

UMWEG ÜBER TYNKÄ

Wer vor Kalajoki auf die Straße 27 nach rechts in südöstlicher Richtung abbiegt, erreicht nach 7 km Tynkä. Dort kann man die **Wassermühle Tyngän Mylly** besichtigen, seine Mehlbox auffüllen oder ins Café gehen (GPS 64.201447, 24.057999, Mo.–Fr. 11–15 Uhr, 8 €

pro Person, www.tynganmylly.fi). Gezeigt wird die Mühlengeschichte rund ums Mehl. Um zur Mühle zu kommen, fährt man auf der 27 durch das Dorf Tynkä und biegt nach dem Ortsende links in Richtung Pikäsenkylä ab. Um zur Mühle zu gelangen, geht es entsprechend der Beschilderung nach knapp 300 m und kurz vor der Brücke links ab in die Straße Myllyntie. Nach der Besichtigung kann man über die Brücke die Flussseite wechseln und auf der Straße 7780 die 7 km zurück nach **Kalajoki** fahren. In verhältnismäßiger Ruhe kann man beim **Vogelparadies Holma** übernachten: vor der Flussbrücke rechts in die Holmantie abbiegen. Die Straße führt bis zum Ufer der Ostsee. Die gut ausgebaute öffentliche Straße endet anderthalb Kilometer vor dem Wasser, danach ist der Belag älter und der Weg wird schmaler, man kann jedoch an den zahlreich folgenden Stichwegen immer wenden.

Ob mit oder ohne den Ausflug nach Tynkä, **die nächste Etappe Pyhäjoki** liegt mitten in einer Flussmündung des Tiiron. Danach wird es ein wenig einsam und nach einem Dutzend weiterer Kilometer trifft man auf die ersten Gebäude des Ortes **Raahe.** In der Lohivalkamantie 35 liegt **ein netter Parkplatz am Meer.** Dazu verlässt man die E8 in Arkkukari am Abzweig nach Siniluotu. Am Ende des Weges führt ein Weg vor der Wendeschleife links in die Dünen zum Badestrand, wo der Parkplatz liegt (GPS 64.611097, 24.382855).

RAAHE (BRAHESTAD)

(127 km - 596 km)

Eine frühe Siedlung, ein Hafen am Bottnischen Meerbusen und ein Handelsplatz sind die Ursprünge dieser Kleinstadt mit 25.000 Einwohnern. Per Brahe der Jüngere gründete Raahe 1649 südlich der Mündung des Flusses Etelähaara, weshalb sie auf Schwedisch auch Brahestad genannt wird. Zu Ehren des Grafen steht im Zentrum das Denkmal vom berühmten Bildhauer Walter Magnus Runeberg (1838–1920). Auch diese Stadt wurde bei einem Großbrand fast vollständig zerstört und 1810 im Renaissancestil wieder errichtet. Die Altstadt besteht aus über 150 alten Holzhäusern und ist eines der ältesten Holzviertel Finnlands, das dennoch von modernem Leben erfüllt ist. Der zentrale Platz **Härkätori** ist von neoklassizistischen Häusern umgeben.

Raahe verfügt über eine Reihe von Museen in verschiedenen Gebäuden aus dem 17. bis 19. Jh. Das **Pakkahuoneen museo** im blauen Haus präsentiert Gegenstände aus der Zeit der Segelschiffe, einen der ältesten Taucheranzüge aus dem 18. Jh. sowie einige alte religiöse Schnitzereien. Im gegenüberliegenden **Sovelius-Haus** betritt man die Welt eines Reeders aus dem 19. Jh. mit vielen Schmuckgegenständen und Jugendstil-Tapeten. Die **alte Apotheke** stellt wertvolle finnische Gläser aus. Der alte Bahnhof am Ende der Asemakatu ähnelt ein bisschen einer hölzernen Villa.

Information

› **Raahe Tourist Info,** Kirkkokatu 28, Tel. 044 4393240, www.raahe.fi, geöffnet im Sommer Di.–Fr. 10–12, 12.30–17, Sa. 9.30–15 Uhr, So. und Mo. geschlossen.

Karte 3/4
270
316
178
231
1 cm = 8,75 km
0
20 km
© Reise Know-How 2016
ROUTE 3
ROUTE 5
Lappträsk
Karungi
Kattila-saari
Aavajärvi
Kukkola
Björkfors
Keräsjoki
Marielund
Haparanda
Sangis
Säivis
Nikkala
Karlsborg
Båtskärsnäs
Haparanda hamn
Seskarö
Aapajoki
Arpela
Könölä
Kantojärvi
Kukkolankoski
Viitakoski
Yli-Liakka
Kalkkimaa
Tornio
Ruottala
Laivaniemi
Röyttä
Laurila
Yli-Paakkola
Paakkola
Itäkoski
Törmä
Maula
Ilmola
Keminmaa
Lautiosaari
Kemi
Hepola
Ajos
Maksniemi
Karsikko
Simonkylä
Viantie
Jokipää
Juokuanvaara
Pömiö
Härkönen
Puukkokumpu
Sompujärvi
Pahtaoja
Tainijoki
Puutteen-perä
Simo
Simojoki
Matala
Alaniemi
Soikko
Saarikoski
Yli-Kärppä
Jääkärikämppä day trip hut
Hamari
Luujoki
Kuivajoki
Hyry
Harjula
Ruohola
Heinikoski
Kuivaniemen
Hiilikumpu
Suomela
Pohjoisranta
Halttula
Yli-Olhava
Väli-Olhava
Taipale
Olhava
Maunula
Haparanda skärgårds nationalpark
Enskärsfjärden
Sandskär
Perämeren kansallispuisto
Malören
Bottenviken
Maakrunni
Ulkokrunni
Tyykiluoto
Keskiky
Asenman-kylä
Pohjois-Ii
Ii
Jakkukylä
Ojakylä
Halosenniemi
Onkamo
Martinniemi
Jokikylä
Haukipudas
Takkuranta
Alakylä
Kello
Hailuoto
Marjaniemi
Ojakylä
Luodonselkä
Pajuniemi
Oulu
Oulunsalo
Kempele
Varjakka
Karinkanta
WWF Information centre
Lumijoki
Siikajoen
Keskikylä
Ylipää
Liminka
Tauvo
Ukuranperä
Ala-Temmes
Merikylä
Olkijoki
Revonlahti
Heinijärvi
Raahe
Pattijoki
Ruukki
Lapaluoto
Relletti
Ylipää
Saarikoski
Saloinen
Paavola
Kopsa
Mankila
Piehinki
Möykkypera
Luohua
Lukkaroistenperä
Vihanti
Rukkisperä
Rankinen

1912 entwarf der Architekt Josef Stenbäck (1854–1929) zwei Kirchen. Die Granitkirche besitzt ein Altarbild von Eero Järnefelt aus dem Jahre 1926. In der Kirche des Vororts Pattijoki nordöstlich des Zentrums befindet sich ein vergoldetes Altarbild der Kreuzigung Christi. Das alte Packhaus ist eines der ältesten finnischen Museen (gegr. 1862).

Sehenswertes

- **Pakkahuoneen museo (Packhaus),** Rantakatu 33, Tel. 040 1356850, täglich 13–17 Uhr, Eintritt 3 €, geöffnet: Di.–Fr. 12–18, Sa., So. 12–16 Uhr.
- **Sovelius-Haus,** Rantakatu 36, gegenüber dem Pakkahuoneen museo, 27.6.–01.7, täglich 12–18 Uhr, sonst Mo.–Do. 9–15 Uhr, Eintritt frei
- **Wanha apteekki,** alte Apotheke, Kauppakatu 31, zwischen Pekkatori-Platz und Pakkahuoneen museo, geöffnet: im Sommer Di.–Fr. 12–18, Sa., So. 12–16 Uhr, Eintritt frei

In **Pattijoki** gibt es neben der o.g. Kirche zwei Sehenswürdigkeiten. Im Kettukankaan konemuseo werden Kraftfahrzeuge sowie alte Motoren ausgestellt (Tuomiojantie 123, geöffnet nach Vereinbarung, Eintritt 5 €). Die Brücke von Pattijoki an der Koulutie wurde 1896–1897 gebaut und 1984 unter Denkmalschutz gestellt. Vor der Steinbrücke gab es zahlreiche Holzkonstruktionen an der Stelle. Sie verbanden im 14. Jh. die damalige Festung Korsholma mit der Straße nach Oulu (GPS 64.692868, 24.571623, für Autos gesperrt).

Parken

Trotz schmaler S ßen gibt es überall Pa möglichkeiten, z. B.

- am Ufer bei GPS 64.682988, 24.467787 oder bei GPS 64.68186, 24.464407
- auf der nördlichen Halbinsel hinter dem Krankenhaus, am Ende der Hakotauri GPS 64.699215, 24.469128

WEITERFAHRT AUF DER E8

Hinter Raahe biegt die Straße E8/Finn8 ein wenig ins Landesinnere ab. (Von hier sind es noch 55 km bis Oulu.) Die Fahrt geht durch Wälder, deren zahnstocherartig gewachsene Birken und Nadelgehölze schon die feindlichen Bedingungen des Nordens erahnen lassen.

Der nächste interessante Ort ist **Liminka** und liegt am Fluss Limingan.

Hier lebte und arbeitete in den 1930er-Jahren **der Maler Vilho Lampi** (1898–1936). Zu seinen Werken gehören ein bekanntes Selbstporträt, der Fluss seines Ortes und ein blauer Eimer, der in ganz Finnland berühmt wurde. Ein Lampi ist übrigens in Finnland keine Leuchte, sondern ein Teich. In der Rantatie liegt ein Museum, in dem man sich selbst ein Bild von seinen Werken machen kann.

- **Vilho Lampi Museo,** Rantatie, Tel. 050 3182043, geöffnet: 2.6.–9.8., Di.–So. 12–18 Uhr, 10.8.–5.9. Mi.–Sa. 12–18 Uhr, Eintritt 2 €.

Hinter Liminka, 20 km vor dem Zentrum von Oulu, trifft die E8 auf die E75/Finn4, die nach Kemi und Jyväskylä führt. Es ist ein Kreisverkehr, der gleichzeitig den Beginn der beleuchteten Autobahn bildet. Von weiten Feldern rechts und links begleitet geht es in die Außenbezirke von Oulu. Als Erstes kommt der Ortsteil Kempele, der mit einem **Einkaufszentrum** lockt. Wer dafür Bedarf hat, fährt nach der Abfahrt rechts ab und an der nächsten Ecke warten der Konsumtempel sowie eine Tankstelle. Zwei schöne **Rastplätze liegen direkt am Bottnischen Meerbusen.** Man fährt die Ausfahrt 6 auf der 815 bis zum Abzweig Vihiluoto, von dort bis zum kleinen Sportboothafen bei GPS 64.948158, 25.437899. Der zweite auf der anderen Seite der Bucht ist noch schöner, er wird über die Ausfahrt 7/Äimärautio erreicht, wenn man danach links fährt. Nach dreieinhalb Kilometern ist man direkt am Meer und sieht den Parkplatz auf der linken Seite bei GPS 64.986219, 25.437287.

An der nächsten Kreuzung fährt man rechts ab und kommt danach wieder auf die E8. Wer den Schildern „Keskusta" folgt, kommt in die Innenstadt.

OULU (ULEÅBORG)

(75 km – 671 km)

Information

› **Oulu10 Service Point,** Torikatu 10, Tel. 08 55855800, www.ouka.fi, Mo.-Do. 8-17 Uhr, Fr. 8-16 Uhr.

Der Name Oulu stammt aus dem Samischen und bedeutet Hochwasser. Seit 1776 ist Oulu die Provinzhauptstadt und außerdem mit 200.000 Einwohnern **die nördlichste Großstadt der EU.**

Die Stadt Oulu wurde im Jahr 1605 von König Karl IX. auf der dem Festland gegenüberliegenden Insel Linnansaari bzw. der damals dort stehenden Festung gegründet. 1793 schlug dort ein Blitz in den hölzernen Magazinkeller ein und setzte ihn in Brand, wo sich leider auch das Lager für das Schwarzpulver befand. Die folgende Detonation nahm die gesamte Festung mit. Erst 1830 wagte es eine Handelsgesellschaft, die verbliebenen Kellerreste zu restaurieren und lagerte dort ihre Pulvervorräte. Die Marineschule setzte dann darauf den Aussichtturm, in dem heute ein Café mit großartigem Blick auf die Flussmündung untergebracht ist.

› **Tähtitornin Kahvila,** Merikosken Sillat, GPS 65.017159, 25.465189.

Im 19. Jahrhundert wurde Oulu zu einem der größten **Teerexporthäfen.** Teer war für die Seefahrt wichtig, um damit die Holzrümpfe der Schiffe abzudichten. Man stopfte dazu teergetränkte Schnüre in die Ritze zwischen den Holzplanken. So blieb der Rumpf dicht, auch wenn sich das Holz ausdehnte oder zusammenzog. Die Stadt der Teer-Exporteure wurde reich, bis im 20. Jahrhundert die Ära der Stahlschiffe dem Boom ein Ende bereitete. Der im Hinterland produzierte Teer wurde in Fässern über den Fluss Oulujoki nach Oulu transportiert.

Sehenswertes

› **Turkansaari Ulkomuseot** (Freiluft- und Teermuseum), Turkansaarentie 165, GPS 64.948948, 25.705472, 14 km südöstlich von Oulu auf einer Insel im

072wn Abb.: ibv ©VS

Marktplatz in Oulu

Oulujoki an der Straße 22. Gezeigt werden Exponate rund um den Handelsposten und den Teer. Es gibt die alte Kirche, Lager- und Kontorhäuser, Tel. 08 55847154, 447037191. Geöffnet im Sommer Di.–So. 10–15 Uhr, 3 €.

Nachdem ein Großbrand die Innenstadt 1822 dahingerafft hatte, wurde Oulu unter der Leitung von dem Politiker **Johan Albrecht Ehrenström** (1762–1847) und Carl Ludwig Engel (s. S. 249) wieder auf Vordermann gebracht. Die Domkirche Sofia Magdalena wurde 1777 erneuert und nach dem nächsten Brand 1832 wieder vollständig aufgebaut. In der Sakristei hängt ein Porträt des schwedischen Schriftstellers und Historikers Johannes Messenius, das angeblich das älteste Ölbild des Landes sein soll. Südwestlich vom Dom steht das Rathaus, das 1886 im Neorenaissance-Stil erbaut wurde. Im großen Saal hängen böhmische Kristallleuchter. Der Bahnhof liegt an der Strecke Helsinki–Rovaniemi. In der großen Anlage mussten früher die Loks gewechselt werden, da es im Norden keine Oberleitungen für Elektroloks gab. Weiterhin kann man die Speicherhäuser besichtigen oder in der Markthalle einkaufen gehen. Einige IT-Unternehmen haben sich in der Stadt angesiedelt. Außerdem gibt es holz- und papierverarbeitende Betriebe, die machmal ziemlich stinken. 1958 wurde die Universität mit heute 17.000 Studenten gegründet. Die Gebäude liegen fünf Kilometer nördlich des Zentrums im Stadtteil Linnanmaa.

Mitte Juni feiert man das Teerfest. Jüngere Menschen gehen seit 1996 zur Luftgitarren-Weltmeisterschaft. Hier führen keine Virtuosität am Instrument, sondern die gute Show und Pantomime zum Sieg. Sportbegeisterte sehen sich Ende Mai den Terwahölkkä-Marathon mit mehr als 1000 Teilnehmern an. Wer übernachten will, kann die vorgelagerte Halbinsel Hietasaari mit dem **Campingplatz Nallikari** im Nordwesten anfahren.

109 Camping Nallikari

GPS 65.029861, 25.416734

Leiritie 10, am Badestrand, Tel. 044 7031353, www.nallikari.fi, Stellplatz 24 € plus 5 € pro Person inkl. Strom, ganzjährig. Der Platz liegt in einem Wäldchen in Strandnähe und ist sehr gut ausgestattet. Für das Kunstwerk Pallautuneet (Die Heimgekehrten) am Eingang wurden alte Verkehrsschilder benutzt.

Abfahrt

Der Ortsausgang mündet anfangs in eine Autobahn, danach verlaufen die E8/Finn4 und die E75 gut ausgebaut durch den Wald. An der Straße liegen diverse Rastplätze mit Toiletten und Kiosken, danach geht es bei Li über den Li-Fluss. Immer wieder befinden sich Campingplätze links der Straße am Meer, die meistens nicht mehr als 15 km voneinander entfernt liegen. Man sollte bei Bedarf einfach den Schildern folgen. Nach gut 100 km erreicht man die Hafenstadt Kemi.

KEMI (GIEPMA)

(107 km – 778 km)

Information

› **Matkailuneuvonta (Turist info),** in der Lobby des Rathauses, einem Hochhaus, Valtakatu 26, Tel. 040 6803120, Mo.–Fr. 8–15 Uhr

Die 22.000 Einwohner zählende Hafenstadt an der Kemijoki-Mündung liegt auf einer Halbinsel. Im Mittelalter war Kemi ein wichtiger Handelsplatz für Lachs und Felle. Der Zar verlieh ihr 1869 die Stadtrechte, sodass ihr Hafen an Bedeutung gewann. Seit 1903 hat sie einen Eisenbahnanschluss. Heute lebt man vor allem durch die holzverarbeitenden Betriebe. Die Stadt wurde durch das Schneeschloss bekannt, das erstmals beim Winterkarneval 1997 erbaut wurde (nur im Winter, Tel. 016 259502, www.visitkemi.fi/en/snowcastle). Dieses Schneeschloss wird mittlerweile jedes Jahr recht aufwendig als Hotel mit einem Restaurant und einer Kapelle für Trauungen gebaut. Wohnen kann man dort von Januar bis April. Weiterhin sind die Ausflüge mit dem **Eisbrecher Sampo** eine Attraktion. Vom Bahnhof führt eine Straße geradewegs zum Hafen hinunter, links davon liegt am Ufer eine Badestelle.

Den besten Überblick über die Stadt hat man von der Terrasse des **Rathausturmes** mit dem Panorama-Café (Valtakatu 26). Das Stadthaus wurde 1940 fertiggestellt, wobei die oberen Stockwerke des 51 m hohen Gebäudes als Wasserturm dienten. Vier Jahre später versuchten deutsche Truppen, es in die Luft zu sprengen, was jedoch scheiterte. 1967 wurde der Turm um ein Stockwerk erweitert, wo heute eine Aussichtsplattform und ein Café untergebracht sind (Mo.–Fr. 9–15.30 Uhr).

Einen Ausflug in die Welt der Preziosen bietet die **Edelsteingalerie** im früheren Zollamt von Kemi am alten Binnenhafen. Einkaufen kann man im **Shoppingcenter** CK Kauppakatu/Ecke Valtakatu und wer auch mal im Winter draußen baden möchte, geht ins **Freibad** (Raantie 22). Immerhin führen beheizte Stufen ins Wasser.

Am Ende der Straße Myllyniementie liegt bei GPS 65.774643, 24.50425 am Ufer, dort wo der Kemijoki-Fluss in die Ostsee mündet, das **Denkmal für das Ende der Flößerei,** ein monumentaler Steinblock auf zwei Betonstützen. Man kann mit dem Womo bis davor fahren und anschließend am Ufer auf Bänken ausruhen und den Schiffen zuschauen.

Sehenswertes

› **Taidemuseo/Aluetaidemuseo,** Kunstmuseum und Kulturhistorisches Museum, beide in der Marina Takalon katu 3, Tel. 016 25847, http://merilapinmuseot.fi/en/contact, Mo.-Do. 10-18, Fr. bis 19 Uhr, Sa./So. 11-15 Uhr, Eintritt 3 €.

Eisbrecher Sampo

Der Eisbrecher Sampo wurde 1960 in der berühmten Wärtsilä-Werft in Helsinki gebaut. Der Name geht auf das finnische Nationalepos Kalevala zurück, in dem der Sampo eine sagenhafte Maschine „mit bunten Deckeln" ist, die ihrer Besitzerin unermesslichen Reichtum ermöglichte. Allerdings versank sie im Meer. Der Eisbrecher gleichen Namens ist bisher allerdings nicht gesunken. Nachdem er 1987 außer Dienst gestellt und umgebaut wurde, unternimmt eine private Firma von Dezember bis April kurze Eisfahrten vor der lappländischen Küste mit bis zu 150 Passagieren. Insgesamt 9 Dieselmotoren an Bord leisten etwa 8000 PS – genug um das stählerne Ungetüm durch Eis zu treiben, das bis zu einen Meter dick sein kann. Teilnehmer einer 4-Stunden-Fahrt haben die Möglichkeit, in einem frei gebrochenen Eismeer mit Neoprenanzug zu schwimmen. Im Sommer liegt das Schiff an der Mole vertäut. Dann kann man das Schiff besichtigen und im Bordrestaurant speisen.

› *Abfahrt zur Vier-Stunden-Fahrt ist um 12 Uhr im Hafen Ajos, etwa 11 km südwestlich des Zentrums von Kemi. Kosten 300 € pro Person. Tel. 016 258878, www.visitkemi.fi/en/sampo-icebreaker. Der 75 m lange Eisbrecher liegt im Sommer im Hafen Ajos, 11 km südwestlich des Zentrums von Kemi, Ajoksentie 748, GPS 65.665632, 24.522085.*

073wn Abb.: ibv ©VS

Parken

- Parkplatz auf der Halbinsel Housukari, rechts der Straße 920 bei GPS 65.674331, 24.536419
- am Flugplatz KEM, GPS 65.783279, 24.574013.

- **Aine Taidemuseo** (Aine Kunstsammlung), Torikatu 2. Präsentiert werden Werke junger skandinavischer Künstler. Mo.–Do. 11–18, Fr.–So. 11–15 Uhr, Eintritt 4 €.
- **Edelsteingalerie,** Kauppakatu 29, 94100 Kemi, Tel. 040 5682069, www.kemi.fi/jalokivigalleria/, Eintritt 8 €, ganzjährig geöffnet: Mo.–Fr. 9–17, Sa. 11–15 Uhr. Der Goldschmied Teuvo Ypyä, der seit seiner Kindheit Edelsteine gesammelt hatte, mietete das leer stehende Jugendstilgebäude, um diese dort zu auszustellen. 1994 erwarb die Stadt seine Sammlung und betreibt seitdem die Galerie. Außer der Königskrone von Väinö, des Königs von Finnland, enthält die Sammlung u. a. eine Kopie der Krone der Königin von England und den Halsschmuck von Marie Antoinette aus 600 Diamanten. Man kann verschiedene Steine kaufen.

Essen und Trinken

- **Cafe Dolce Vita,** Valtakatu 11–13, Tel. 405780222, Kaffee und Kuchen
- **Restaurant Kukko,** Valtakatu 12, Tel. 016 257117, einfache Küche, schönes Gebäude, täglich ab 10 Uhr
- **Kemi,** Brauerei & Pub, Keskuspuistokatu 1, hier gibt's hauptsächlich Bier.
- **Melissa,** Koulukatu 17, Tel. 010 3834609, preiswertes Studentenrestaurant
- **Panorama Cafe,** Valtakatu 26, im 13. Stock auf dem Rathaus, skandinavische Bistroküche. Täglich 10–15 Uhr.
- **Restaurant Puistopaviljonki,** Urheilukatu 1, Tel. 016 23110, www.puistopaviljonki.fi, in einer weißen Holzvilla, mittleres Preisniveau, Mo.–Do. 10.30–20, Fr. 10.30–22, Sa. 12–22, So. 12–21 Uhr

110 Törmä Camping

GPS 65.895642, 24.63619

Rovaniementie 1298, 95315 Törmä, der Campingplatz Törmä liegt in Richtung Rovaniemi, von der 4 rechts ab am Flussufer, Tel. 041 4353882, www1.keminmaa.fi/tormacamping/, Womoplätze auf sehr gepflegtem Rasen direkt am Ufer. Stellplatz 18 € plus 5 € pro Person inkl. Strom.

Sibirische Hunde im Schnee

074wn Abb.: fo©Andrew Bayda

WEITERFAHRT NACH HAPARANDA/TORNIO

Auf der Autobahn E8/E75/Finn4 geht es von Kemi nach Tornio über den Fluss Muoniojoki. Rechts sieht man ein Kraftwerk mit einer kleineren Tankstelle und einem Einkaufszentrum daneben. Kurz darauf geht die E75/Finn4 rechts nach Norden ab (wo auch die Route 5 beginnt, s. S. 317). Richtung Schweden heißt die Autobahn jetzt Finn29/E8, auf der man geradeaus 20 km bis Tornio fährt. Zur Beschreibung der Stadt und der Weiterreise entlang der schwedisch-finnischen Grenze geht es weiter auf Seite 265.

ROUTE 3A: DURCH SÜDFINNLAND ÜBER HELSINKI

STRECKENVERLAUF

Hanko – Helsinki (126 km) – Hämeenlinna (102 km) – Iittala (24 km) – Tampere (60 km) – Seinäjoki (180 km) – Koskenkorva (26 km) – Vaasa (68 km)
Streckenlänge: 586 km

HANKO (HANGÖ)

Erreicht man im äußersten Südwesten Hanko, sieht man die Wichtigkeit dieses Ortes bis heute schon im Hafen. Er war lange Zeit im Winter Finnlands einziger Zugang zur Ostsee, der 1940 heftig umkämpft war. Ende des 19. Jh. war der Ort auch die Sommerfrische der Reichen aus der Hauptstadt. Einige alte Holzvillen aus dieser Zeit schmücken noch die Straßen der Stadt.

Wer nicht mehr weiterfahren will, kann direkt am Freihafen (Yttre Hamn) sein Fahrzeug am dortigen Badestrand abstellen. Unter den Bäumen finden allerdings höchstens sechs Autos Platz. Alternativ gibt es den Campingplatz Silversand. Dorthin gelangt man, wenn man am Ortsausgang Richtung Helsinki fährt.

111 Camping Silversand
GPS 59.850678, 23.002127
Lähteentie 27/Källvägen 27, Hanko, von der Straße 25 ist der Campingplatz ausgeschildert, Tel. 019 2485500. Womoplatz ab 19 € mit Strom, Person 5,80 €, der Platz ist in lichtem Wald am Wasser gelegen, es gibt verschiedene Preiszonen, je näher am Wasser, desto teurer. Die Zufahrt ist hinter der Esso-Tankstelle rechts ab.

Literaturtipp
„KulturSchock Finnland" von Ildiko Hámos und Ilari Sohlo, Reise Know-How Verlag. Das Buch erklärt die Hintergründe all der kleinen Begebenheiten, über die sich viele Reisende wundern und nicht zuletzt, was für Menschen hinter der manchmal etwas kühlen und einsilbigen Fassade stecken.

WEITER RICHTUNG HELSINKI

Weiter fährt man auf der Uferstraße 25 zumindest bis nach **Tammisaari** (wo die 52 nach Nordwesten abzweigt). Reisende nach Helsinki bleiben vorerst auf der 25. Kurz nach der schmalen Landzunge erreicht man das Festland. Hier befindet sich bei Tammisaari-Ekenäs der Campingplatz Ormnäs. Die Bewohner des Ortes sprechen Schwedisch, deswegen nannten sie die mit Eichen bewachsene Landzunge Ekenäs (Eichennase, finnische Ortsbezeichnung: Tammisaari). Ursprünglich sollte dies eine wichtige Stadt des Königs werden, heute sind die Badegäste die Könige. Wer essen will, kann ins Knipan an der Strandallén gehen, ein historisches Restaurant, das als Pfahlbau aus dem Wasser ragt. Allerdings ist es relativ teuer.

Karte 3a/1

1 cm = 8,75 km
0
20 km
© Reise Know-How 2016
257
Visavuori
Vanajavesi
Hattula
Hämeenlinna
Aulanko park
Glass museum
Turenki
Riihimäki
ROUTE 3a
Railway museum
Puuhamaa
Forssa
Tammela
Marskin maja (Mannerheim museum)
Loppi
Hyvinkää
Torronsuon kansallispuisto
Liesjärven kans. puisto
Järvenpää
Ainola (Sibelius' house)
Tuusula
Kerava
Mäntsälä
Orimattila
Sibbo (Sipoo)
Vantaa (Vanda)
Heureka Science Center
Nuuksion k. puisto
Espoo (Esbo)
Linnanmäki
HELSINKI (HELSINGFORS)
Seurasaari open-air museum
Suomenlinna Sveaborg
Hvitträsk museum
Kirkkonummi (Kyrkslätt)
Vihti
Nummela
Lohja (Lojo)
Lohjanj.
Karjalohja
Siuntio (Sjundeå)
Inkoo (Ingå)
Industry museum
Fiskari (Fiskars)
Pohja (Pojo)
Karis (Karjaa)
Ekenäs (Tammisaari)
Tammisaaren saariston kansallispuisto
Jussarö
Lappohja (Lappvik)
Tvärminne
Hanko (Hangö)
Taktom
Porkkala (Porkkala)
Stockholm 14 h, Mariehamn 10 h, Rostock 24-38 h
Lübeck 36 h, Travemünde 32-36 h
Tallinn 1 1/2 h
Suome
24°
E12
E18
E75

(112) Ormnäs Camping

GPS 59.968566, 23.443104

Ormnäsvägen 1, neben dem Park „Hagen", vom Bahnhof die Flemingsgatan nach Süden, rechts in die Cederblomsgatan, am Ende wieder rechts, Tel. 019 2414434, www.ek-camping.com, Stellplatz 19 €, mit Strom plus 4 € pro Person, ganzjährig geöffnet. Der Platz ist nicht allzu komfortabel ausgestattet, dafür liegen einige Stellplätze unter den besagten Eichen und zum Baden bietet sich die Ostsee an, mit Sauna und Bootsverleih.

Nach dem Ort fährt man noch 20 km auf der 25 und kann dann bei Karjaa rechts auf die 51 abbiegen, die etwas ruhiger ist und teilweise recht schön an der Ostsee entlangführt. In Espoo steht das ehemalige Atelier des größten finnischen Malers Akseli Gallén-Kalella. Von der Straße 51 aus Hanko kommend biegt man nach Norden auf den Ring I ein und findet nach 3,7 km die Beschilderung an der Abfahrt Ruukinranta.

› **Gallén-Kallela Museum,** Gallen-Kallelantie 27, 02600 Espoo, GPS 60.206371, 24.839226, Tel. 09 8492340, www.gallen-kallela.fi, geöffnet: 15.5.- 31.8. 11-18 Uhr, sonst Di.-Sa. 11-16, So. 11-17 Uhr, Eintritt 8 €. Das Museum in seinem Atelier zeigt seine Werke, mit wechselnden Ausstellungen, Café und Shop.

HELSINKI (HELSINGFORS)

(126 km - 126 km)

Anreise per Fähre von Schweden

Wer einen Kulturstopp in Helsinki einlegen will, der kann auch von Schweden mit der Fähre direkt in die Metropole gelangen. Allein die Fahrt ist ein Erlebnis. Zuerst arbeitet sich das große Schiff durch den Stockholmer Schärengürtel. Nach der 6-stündigen Fahrt tritt man in die finnische Schärenlandschaft ein und fragt sich, wie die Kapitäne die riesigen Schiffe zwischen den Inseln hindurchmanövieren.

Anfahrt von Turku

Wer von Turku kommt, der fährt Richtung Osten die Straße E18/ Finn1. Bei Karis (Karjaa) gabelt sich die Straße, die E18 führt nach Helsinki (die 25 trifft weiter nördlich der Hauptstadt auf die Autobahn E12). Nun sind es auf der E18 noch 52 km zur Stadtgrenze. Dort kreuzt sie die 50, den äußeren Stadtring. Architektur-Fans können hier nach Süden abbiegen und das Hvitträsk-Haus in **Kirkkonummi** besuchen. Dazu biegt man vom Ring III (Straße 50) rechts nach Espoonlahti ab, dann zwei Mal links bis das Schild Hvitträsk kommt. Wer von Hanko über die 51 kommt, biegt von Süden auf den Ring III und fährt dann links nach Espoonlahti.

› **Hvitträsk-Haus,** Hvitträskintie 166, Kirkkonummi, GPS 60.182181, 24.522042, Tel. 09 40509630, www.nba.fi/en/museums/hvittrask, geöffnet: 1.5.-30.9. täglich, sonst nur Mi-So, jeweils 11-17 Uhr, Eintritt 7 €. Das heutige Museum bzw. ehemalige Atelier und Heim der drei Jugendstil-Architekten **Armas Lindgren, Eliel Saarinen und Hermann Gesellias** in Luoma Kirkkonummi wurden zwischen 1901 und 1903 im Stil der finnischen Nationalromantik gebaut. Saarinen schuf unter anderem den Hauptbahnhof von Helsinki im Art-déco-Stil, sein Sohn Ero wurde ebenfalls ein berühmter Architekt.

Wer auf der E18 geblieben ist, kann dem Atelier Akseli Gallén-Kallelas einen Besuch abstatten (s. S. 247). Dazu muss man auf den Ring I (Straße 101) nach Süden abbiegen und dann direkt die erste Kreuzung links abfahren, von dort ist es beschildert.

Die weiße Stadt des Nordens

Helsinki ist mit 600.000 Einwohnern das Zentrum der finnischen Kultur, außerdem der Sitz der größten Universität des Landes und vieler anderer Institutionen. Der Hafen ist Hauptumschlagplatz für Importgüter und wird das ganze Jahr hindurch von Eisbrechern freigehalten. Die über 400 Jahre alte Stadt wurde erst 1812 Hauptstadt Finnlands. Sie wurde von König Gustav Wasa gegründet, da Schweden (Finnland war seinerzeit schwedisch) einen Hafen am Finnischen Meerbusen brauchte. Die Konkurrenz von Reval (heute Tallinn) in Estland war zu groß. Am 12.6.1550, der als Gründungstag der Stadt gilt, ließ der König verfügen, dass alle Bürger höheren Standes aus den umliegenden Städten nach Helsinki ziehen mussten. Mehrere Generationen lang entwickelte sich Helsinki nur langsam, Tammisaari war gemütlicher, der Fluss Vantaa war eher ein Flüsschen und Reval war sowieso von Schweden erobert und weltstädtischer. 1808 zerstörte eine Feuersbrunst fast die ganze Stadt, da die meisten Gebäude aus Holz gebaut waren. Die Zerstörung bot die Chance, die Stadt neu zu planen und wieder aufzubauen (gerade als die Verbindung zu Schweden abgerissen und Finnland ein autonomes Großfürstentum unter dem russischen Zaren geworden war). Der berühmte deutsch-finnische Architekt und Maler **Carl Ludwig Engel** (1778–1840), der aus

Information

› **Fremdenverkehrsamt,** Pohjoisesplanadi 19, Ecke Uninkatu, Tel. 09 31013300, www.visithelsinki.fi, 15.5.–14.9. Mo.–Sa. 9–18 Uhr, So. 9–16 Uhr, sonst Mo.–Fr. 9–18 Uhr, Sa./So. 10–16 Uhr. Hier bekommt man allgemeine Infos zur Stadt. Im Sommer patrouillieren in der Innenstadt Helfer der Touristinfo in grünen Westen.

Weiße Pracht: der Dom von Helsinki

076wn Abb.: kw

Literaturtipp

„CityTrip Helsinki" von Lars Dörenmeier, Reise Know-How Verlag. Mit viel Liebe zum Detail beschreibt der Kaurusmäki-Fan die Stadt der Inseln und des Designs. Der praktische Begleiter für den kurzen Aufenthalt enthält eine Menge Points of Interest, einen Faltplan und die wichtigsten Sehenswürdigkeiten.

Geldnot in die Dienste des Zaren getreten war, hatte großen Anteil an dem Neuerstehen der Stadt. Von ihm wurde unter anderem das Zentrum um den Senatsplatz geplant, das bis heute nahezu komplett erhalten ist. 1840 war der Wiederaufbau vollendet. Die klassizistischen Gebäude gaben der Stadt den Beinamen „Weiße Stadt des Nordens". Nun wuchs die Stadt ständig und bedeckte nach und nach die ganze zerklüftete Halbinsel, um sich dann weiter nach Norden auszubreiten. Die enge Bindung zum russischen Zarenhaus kann man bei einem Spaziergang über die Halbinsel Katajanokka feststellen, wo vieles auf russische Wurzeln hinweist.

Nationalromantische Bauten in Finnland

- Der Hauptbahnhof in Helsinki von Eliel Saarinen mit den Leuchtenmännern von Wikström. Saarinen versuchte hier eine nüchterne Variante, die der Modernität der Eisenbahn gerecht wurde. So entstand ein eher kubistisch wirkendes Gebäude.
- Akseli Gallén-Kallelas Atelier in Ruovesi bei Helsinki
- Börsenhaus von Lars Sonck, Fabianinkatu
- Kallio-Kirche von Lars Sonck, Itäinen Papinkatu 2
- Haus der Telefongesellschaft in der Korkeavuorenkatu
- Markthalle von Lindqvist in Hietalahti
- Kirche in Tampere
- Hvitträsk in Kirkkonummi, Wohnhaus und heute Museum von Eliel Saarinen.
- Halosenniemi in Tuusula, Wohnhaus und Atelier des Malers Pekka Halonen.

Das alte Zentrum um den Senatsplatz entstand mit seinem größten Gebäude, dem Dom, in der ersten Hälfte des 19. Jh. Egal aus welcher Richtung man sich Helsinki nähert, **der weiße Dom von Helsinki** ist immer zu sehen: Er thront erhaben über dem Senatsplatz und ist ein Meisterwerk Carl Ludwig Engels (s. S. 249). Immer wieder stand er im Konflikt mit den Beamten des Zaren, denen der Bau zu westlich war. Er musste sich einige Veränderungen gefallen lassen, die größte jedoch erst nach seinem Tod 1840: Man setzte an jede Ecke schnell noch ein Türmchen und aufs Dach wurden Apostelfiguren gestellt.

1917 kam für Finnland die Unabhängigkeit und da hatten die Nationalromantik oder der finnische Jugendstil sich schon überlebt. Es hielt ein eher nüchterner Stil Einzug, der, ähnlich dem Hauptbahnhof von Helsinki, an das technische Zeitalter anschloss. Viele Häuser der nationalromantischen Zeit sind jedoch bis heute erhalten und lassen sich bei Stadtspaziergängen erlaufen. Weiterhin ist die **Temppeliaukio-Kirche** ein einmaliges, sehenswertes Gotteshaus, das 1969 in den Felsen hineingesprengt und mit einer kupfernen Kuppel versehen wurde. Architekten waren die Gebrüder Timo und Tuomo Suomalainen. Wegen der guten Akustik werden in der Kirche häufig Konzerte gegeben. Die bedeutendste russisch-orthodoxe Kirche Finnlands und ganz Nordwesteuropas ist die **Uspenski-Kathedrale** mit ihren vergoldeten Zwiebelkuppeln. Eine der originellsten Arten, Helsinki kennenzulernen, ist der rote Straßenbahnpub **Sparokoff.** In

Nationalromantik in Finnland – ein eigener Stil?

Finnland gehörte lange Zeit zu Schweden. Wer etwas werden wollte oder sich zur gebildeten Schicht rechnete, sprach Schwedisch. Für die Verlage beispielsweise lohnte es sich gar nicht, Bücher auf Finnisch herauszugeben. Danach gehörte Finnland zum Zarenreich. Nach der Oktoberrevolution wurde Finnland unabhängig und ***Republik*** *(siehe Exkurs Finnischer Bürgerkrieg Seite 261). Unter Künstlern und Intellektuellen begann schon vor der Unabhängigkeit die Forschung nach den Wurzeln ihrer Kultur. 1835 publizierte der karelische Landarzt Elias Lönrot seine Sammlung mündlich überlieferter Sagen unter dem Namen Kalevala und wurde damit zum Schöpfer des Nationalepos. Fortan suchte man stärker nach finnischen Wurzeln. Der Maler* ***Akseli Gallén-Kallela (s. S. 247)*** *schuf Bilder des Landlebens und illustrierte die Kalevala. Jean Sibelius versuchte diese romantische und melancholische Stimmung einzufangen und wurde der berühmteste Komponist des neuen Finnlands. Auch in den Gebäuden suchten die Architekten eine finnische Identität und entdeckten das Ursprüngliche und die Ornamentik der ländlichen Bauten. Für den finnischen Pavillon zur Weltausstellung 1898 in Paris wurde ein Architekturwettbewerb ausgeschrieben. Die Architekten Lindgren, Gisellius und Saarinen s. S. 248 gewannen mit ihrem Entwurf, der nicht europäische Stile kopierte, sondern zum ersten Mal etwas Eigenständiges darstellte. Der finnische Stil wurde so dem übrigen Europa präsentiert.*

Für den Neubau des Nationalmuseums in Helsinki musste nach Protesten der Bevölkerung ebenfalls ein Wettbewerb ausgeschrieben werden, den wieder Lindgren, Gisellius und Saarinen mit ihrem asymmetrischen Entwurf gewannen. Plötzlich war finnisches Bauen modern und ihr Stil, aus jedem Blickwinkel ein anderes Bild zu erhalten, die neue Mode. Sie setzte sich von der strengen Symmetrie der Gebäude im restlichen Europa ab, konnte jedoch nur bei freistehenden Häusern voll zur Geltung kommen. In den Städten wurde dies mit dem Einsatz von allerlei Erkern, Türmchen und Balkonen erreicht, die sich sehr gut asymmetrisch in die Fassade einbeziehen ließen. Stein war der Baustoff und burgähnlich sollte es aussehen. Finnischer Granit kam in Mode und zur Dekoration wurden heimische Tiere und Pflanzen herangezogen.

Die Hauptstadt Helsinki wuchs Anfang des 20. Jh. rasant. So konnte man ganze Stadtviertel neu gestalten. Berühmt sind die Halbinsel Katajanokka östlich des Hafens und Eira im Süden. Die hier entstandenen Gebäude, die zum großen Teil heute noch dort stehen, waren aus Stein errichtet, obgleich der nationalromantische Stil auch Holzbauten in Anlehnung an die Bauernhäuser beinhaltete. Für die Steinhäuser mussten mittelalterliche Befestigungen als Vorbilder herhalten und so wundert es nicht, dass die meisten Gebäude dieser Stilepoche gewisse Ähnlichkeiten mit mittelalterlichen Burgen haben.

077wn Abb.: ld

⌃ Emil Wikströms Armleuchter erhellen den Hauptbahnhof

einer umgebauten Tram von 1959 geht es ab Mikonkatu, neben dem Hauptbahnhof, 40 Minuten lang quer durch die City, vorbei an fast allen wichtigen Sehenswürdigkeiten. Dazu wird Bier der Koff-Brauerei ausgeschenkt.

Im Stadtviertel Eira sind die Gebäude im Jugendstil ausgesprochen gut erhalten – es ist eines der begehrtesten Wohnviertel der Stadt. Auf einem Bahngelände im Norden entsteht der neue Stadtteil **Pasila,** östlich der City wird mit Kalasatama an der Zukunft der Stadt gebaut. An der Hauptpost, direkt hinter dem Mannerheimdenkmal, steht das **Kiasma,** ein architektonisch auffälliges Museum für zeitgenössische Kunst. Am Westrand des Zentrums liegt das Kulturzentrum **Kaapeli,** u. a. mit 13 Galerien und einem Theatermuseum. In der alten Kabelfabrik von Nokia finden oft große Kulturveranstaltungen statt.

Eine Ruheoase mitten in der Stadt bietet der **See Töölönlahti** hinter dem Hauptbahnhof. Ein Spazierweg führt ganz herum, parken kann man an der Finlandia-Halle, Karamzininranta. Am Ende der Straße gibt es einen Kiosk mit Bootsverleih. Der **Sibelius-Park** liegt zwischen der Mechelininkatu und der Uferstraße Merikannontie. Die beliebte Grünanlage glänzt mit geschwungenen Wegen, Felsen und Birken wie in Lappland. Sie umrahmen das orgelförmige Denkmal des großen Komponisten Jean Sibelius.

Die **Seefestung Suomenlinna,** 1748 auf den Inseln vor Helsinki gegründet (ursprünglich hieß sie Viaborg) und unter der Leitung von Augustin Ehrensvärd gebaut, gehört zu den weltweit größten erhaltenen Seefestungen und seit 1991 zum UNESCO-Weltkulturerbe. Sie verfügt über eine Vielzahl interessanter Museen. Da häufig, auch im Sommer, ein starker Wind über die Festungsanlage weht, sollte man sich passende windfeste Kleidung anziehen. In einer ehemaligen Inventarkammer der Marine befinden sich die Touristeninformation und das Besucherzentrum.

Sehenswertes

› **Dom von Helsinki,** Unioninkatu 29, www.helsinkicathedral.fi, geöffnet: tägl. 9–18 Uhr, Juni–Aug. 9–24 Uhr, Eintritt frei. Am Senatsplatz steht weithin sichtbar das Wahrzeichen von Helsinki. Geplant wurde der kreuzförmige Bau von Carl Ludwig Engel und Johan Albrecht Ehrenström. Die Kuppel erhebt sich 80 m ü. d. M. Die zwölf Apostel auf dem Dach gehören zu den größten Zink-Skulpturen weltweit. Sie wurden von den Berlinern Hermann Schievelbein und August Wredow geschaffen. Die Kanzel von Engel ist in Marmorimitat gestrichen und teilweise vergoldet. Die barocke Orgel von Schnitger ist einen halben Ton höher gestimmt als üblich.

› **Kabelfabrik Kaapeli,** Tallberginkatu 1 G, mit Metro nach Westen bis Ende Ruoholahti. Die Veranstaltungen der alten Kabelfabrik von Nokia ziehen jährlich rund 500.000 Besucher an. Es gibt u. a. ein Theatermuseum und 13 Galerien, mehrere Theater, eine Tanzschule, Sport und Musik sowie ein beliebtes Café-Restaurant. Veranstaltungskalender unter www.kaapelitehdas.fi.

› **Kiasma,** Mannerheimplatsen 2. Der Entwurf des Kiasma (was so viel wie Elemente/Überschneidung bedeutet) stammt von dem Amerikaner Steven Holl. Das wellenförmige Gebäude wird von einem weiteren, keilförmigen durchdrungen. Die Fassade ist mit Titanzink und oxidierten Messingelementen belegt. Sandbestrahlte Glasblöcke lassen das Licht diffus eintreten. Ein Wasserbecken wird von einem Zufluss versorgt, der durch das Gebäude verläuft. Gezeigt werden Kunst nach 1960 sowie wechselnde Ausstellungen, www.kiasma.fi, Di. 10–17, Mi.–Fr. 10–20.30, Sa. 10–18, So. 10–17 Uhr, Eintritt 12 €

› **Sparokoff-Trambahn,** Abfahrt Mikonkatu, neben dem Hauptbahnhof, 40 Min., Abfahrt täglich außer So. zur vollen Stunde von 11–15 Uhr, Sa. bis 17 Uhr, Ticket: 12 € inkl. einem Bier.

› **Suomenlinna Festung und Museum,** geöffnet: 2.5.–30.9. täglich 10–18 Uhr, im Winter täglich 10.30–16.30 Uhr, Tel. 029 5338410, www.suomenlinna.fi, die Fähren starten alle 20–30 Min. am Marktplatz am Südhafen, Überfahrt 15 Minuten, bezahlt wird mit einem Nahverkehrsticket. Auch im Sommer windfeste Kleidung anziehen. Sechs Cafés und Restaurants.

› **Temppeliaukio-Kirche,** Lutherinkatu 3, in den Felsen geschlagene, halb unterirdische Kirche, GPS 60.17326, 24.925185, Juni–Aug. Mo.–Sa. 10–17.45, So. 11.45–17.45 Uhr, sonst Mo.–Sa. 10–17 Uhr, So. 11.45–17 Uhr.

› **Uspenski-Kathedrale,** Kanavakatu 1, Juni–Aug. Di.–Fr. 10–19, Sa. 10–15, So. 12–15 Uhr, sonst Di.–Fr. 9.30–16, Sa. 10–15, So. 12-15 Uhr, Eintritt frei.

Einkaufen

› **Vanha Kauppahalli,** Markthalle, Eteläranta, GPS 60.166034, 24.952673, wurde 1888 von dem Architekten Nyström als wetterfeste Erweiterung des Wochenmarktes gebaut. In den Backsteinhallen wird noch heute der Markt abgehalten. Geöffnet Mo.–Sa. 8–18 Uhr.

› **Hietalahti Flohmarkt,** mit Designersachen bis Nippes, liegt am Ende des Bulevardi, geöffnet Mo.–Fr. 8–14 Uhr, Sa. 8–15 Uhr. Daneben befindet sich auch ein

078wn Abb.: ld

Die Alte Markthalle, Wanha Kaupahalli, bietet viele kulinarische Köstlichkeiten

normaler Markt, Hietalahti Markthalle, www.hietalahdenkauppahalli.fi, geöffnet: Mo./Di. 8–18 Uhr, Mi.–Sa. 8–22 Uhr.

- **Marktplatz Kauppatori,** am Südhafen oberhalb der Vanha Kauppahalli. Unter den orange-knalligen Markisen der Marktstände finden nicht nur Touristen u. a. frischen Fisch, Gemüse, Kunsthandwerk und Finnmesser. Geöffnet: Mo.–Fr. 6.30–18, Sa. 6.30–16, So. 10–17 Uhr.

113 Camping Rastila

GPS 60.20683, 25.121044

Vuosaari, Karavaanikatu 4, Rastila liegt etwa 13 km vom Zentrum Helsinkis nach Osten, über die E18 bis zum Ring 1 in Richtung östliches Zentrum (östra Centrum oder Itäkeskus) nach Vuosaari, hinter der Brücke links, Tel. 09 31078517, www.rastilacamping.fi, ganzjährig geöffnet, Stellplatz ab 17 €, Person 6 €, plus 6 € Strom. Mit Sauna, Badestrand und naher Metrostation (18 Min. in die City), über 200 Plätze auf teilweise bewaldeter Wiese, allerdings stehen dahinter Wohnhäuser.

114 Parkplatz am Zoo Korkeasaari

GPS 60.180002, 24.982476

Parken mit Blick auf die Kruunuvuorenselkä, mit Kiosk und Badestelle. Der Zoo liegt auf einer kleinen Insel nördlich der City, die über zwei Brücken mit dem Festland verbunden ist. Man erreicht sie über die Straße 170. Der Bus 11 fährt zur Metrostation Herttoniemi.

115 Parkplätze am Olympiastadion

GPS 60.183398, 24.927828

Mäntymäentie, Tallbackavägen, kostenlos aber ohne Infrastruktur.

Essen und Trinken

- **Iguana,** geöffnet 11–15 Uhr, z. B. mit Terrasse und Keller in der Mannerheimintie 12, oder in der Keskuskatu 4. Die Selbstbedienungskette hat sich auf bezahlbare mediterrane und mexikanische Speisen spezialisiert.
- **Lasipalatsi,** Mannerheimintie 22, Mo.–Fr. 11–24, Sa. ab 14 Uhr, im Glaspalast von 1936 gibt es vor allem die Klassiker der finnischen Küche.
- **VPK,** Albertinkatu 29, werktags 11–15 Uhr. Das Restaurant wird von der freiwilligen Feuerwehr betrieben. Das erste finnische Parlament traf sich hier in den alten Räumen. Täglich wechselndes Angebot an finnischer Kost, etwa 10 € pro Person.
- **Zetor,** Mannerheimintie 3–5, das nach einer Traktorfirma benannte und skurrile Nachtlokal ist mittlerweile eine ziemlich touristische Angelegenheit, Tischreservierungen unter 010 7664450, Mo. 12–24, Mi.–Sa. 12–3 Uhr.

Verkehr

Helsinki hat ein gut ausgebautes Bus-, Straßenbahn- und Fährsystem. Fahrscheine gelten auf allen Strecken. Es sind Plastikkarten mit Mikrochips, die man beim Einsteigen am Lesegerät vorbeiziehen muss. Abgelaufene Karten können an den Verkaufsstellen wieder aufgeladen werden. Wer sich länger in der Stadt aufhält, kann sich eine Rabattkarte kaufen. Die **Helsinki Card** erhält man bei der Touristeninformation oder im Hotel für einen Tag (44 €), zwei Tage (54 €) oder drei Tage (64 €). Mit ihr hat man in 48 Museen freien Eintritt und Ermäßigung bei Bus/Bahn.

Straßenbahn: Ein preisgünstiger Weg, zahlreiche Sehenswürdigkeiten Helsinkis zu sehen, ist eine Fahrt mit den Straßenbahnlinien 2 bzw. 3. Sie führen vorbei an Objekten wie Finlandia-Halle, Parlament, Nationaloper und Senatsplatz. Man kann an jeder beliebigen Haltestelle, z. B. Marktplatz, Stockmann oder Hauptbahnhof, zusteigen. Die komplette Rundtour dauert ca. 1 Stunde. Bei den Verkaufsstellen gibt es einen eigenen Prospekt auf Englisch für diese Strecke, die früher 3T hieß. Ein Ticket für Erwachsene kostet am Automaten 2,40 € pro Stunde, beim Fahrer oder Schaffner zahlt man einen Aufpreis.

Metro: Die Metro hat 18 Stationen, an weiteren Richtung Espoo wird gebaut. Karten kauft man in der Simonkatu 1 direkt am Busbahnhof, zu erreichen vom Hauptbahnhof über die Mannerheimintie, oder an den Bahnhöfen Rautatietori und Hakaniemi (für zwei Stunden 2,20 €). Die Travel Card für Touristen (matkakortti), erhältlich in allen Kiosks, kostet für 24 Std. 12 € und jeder weitere Tag 4,20 €.

S-Bahn: Das Netz ist in 8 Zonen eingeteilt, pro Zone zahlt man 2,40 €. Die Züge fahren vom Hauptbahnhof z. B. nach Espoo, Kirkkonummi, Riihimäki, Lahti und Tampere.

Parken

Die Innenstadt ist voll und **Parkplatzsuchen** ist eine echte Herausforderung. Es gibt Automaten, die das Parken – je nach Farbe – zwischen 1 und 4 Stunden erlauben (Innenstadtzone siehe Stadtplan).

In der Zone 1 kostet es 6 € pro Stunde (Zone 2: 3€ und Zone 3: 2 €). Kioske verkaufen Rubbelscheine, die für alle gebührenpflichtigen Parkflächen gelten. Hat man tatsächlich einen freien Parkplatz unter die Räder bekommen, rubbelt man auf dem Schein Monat, Tag, Stunde und Minute ab und klemmt ihn hinter die Frontscheibe. Üblich sind auch Parkscheiben und das Handyparking, bei dem man beim Abstellen und Losfahren eine spezielle Nummer des Gebührenrechners anrufen muss. Die Gebühr wird dann minutengenau abgebucht. Wer selbst einen Parkplatz suchen will, kann sich den Parkplatzführer (deutsch/englisch) bei der Touristeninformation besorgen. Man kann auch tagsüber am Olympiastadion parken. Am Mannerheim-Museum gibt es ebenfalls einen kleinen Parkplatz.

› **Parkplatz am Fähranleger nach Suomenlinna,** GPS 60.167403, 24.954645. Am Kauppatori (Fischmarkt) kann man von 18–9 Uhr an der Ablegestelle der Fähre nach Suomenlinna kostenfrei parken, tagsüber kostet es 4 € pro Stunde.

Abreise

Es gibt mehrere Autobahnen, die von Helsinki wegführen: die E18/1 kommt von Turku, die 2 führt von der E18 über Forssa nach Pori im Nordwesten (23 km) und die E12/3 nach Tampere im Norden. Die E18 bildet den äußeren Stadtring. Wer in Helsinki ankommt und gleich direkt nach Norden will, folgt der E12, die zuerst an **Riihimäki** vorbei führt.

Der Ort wurde im Mittelalter gegründet, Funde belegen jedoch, dass schon vor 9000 Jahren Menschen hier gelebt haben. Den richtigen Aufschwung brachte die Inbetriebnahme der Bahnstrecke Helsinki–Sankt Petersburg im Jahre 1870. Es entstanden ein Sägewerk, eine Waffen- und eine Glasfabrik. Bis heute stellen kleine Betriebe mundgeblasene Gläser her. Das Finnische Glasmuseum erzählt von der 4000 Jahre alte Geschichte dieses Gewerbes.

› **Suomen Lasimuseo,** Tehtaankatu 23, gezeigt wird die Geschichte des Glases und wechselnde Ausstellungen von Glaskunst aus der ganzen Welt, 6 €, 10–18 Uhr, Mo. geschlossen.

15 Kilometer hinter Riihimäki überspannt der Rasthof Uunauuli bei GPS 60.85485, 24.596887 die Autobahn. Auf der E12/3 erreicht man als Nächstes das Kreuz mit der E10, die von Turku kommt. Danach gelangt man direkt ins Zentrum von Hämeenlinna.

HÄMEENLINNA (TAVASTEHUS)

(102 km – 228 km)

Information

› **Hämeenlinna Tourist Information,** Raatihuoneenkatu 11, Tel. 036 213373, http://visithameenlinna.fi, Mo.–Fr. 9–16 Uhr

Hämeenlinna am Ufer des **Vanajavesi-Sees** war im 13. Jh. der Endpunkt eines Ochsenweges von Turku. Der Bau der Burg aus Backsteinen begann im 13. Jh. und wurde 1639 unter dem Schweden Per Brahe fertiggestellt. Gustav III. ließ die Stadt an die heutige Stelle verlegen. Nach einem Brand 1831 entstand der Ortskern neu. Mitten im Ort kann das Geburtshaus des nationalromantischen Komponisten **Jean Sibelius** (1865–1957) besichtigt werden. Der bedeutendste Komponist Finnlands borgte sich den Vornamen Jean von seinem Onkel, nach dessen Tod der Student Sibelius dessen Visitenkarten benutzte. Internationaler Bekanntheit erfreut sich Valse triste, die Tondichtung Finlandia und die Musik zum Epos Kalevala.

Übernachten kann man auf dem kleinen Parkplatz am rückwärtigen Burgeingang. Dazu biegt man vom Besucherparkplatz aus rechts ab und folgt dem Straßenverlauf.

› **Burg Häme,** Kustaa Ilin katu 8, im Sommer von 10–18 Uhr, Eintritt 8 €. Die Anlage ist gut erhalten, die Räume jedoch größtenteils leer, bis auf den Trakt, der das Gefängnismuseum beinhaltet.

› **Sibelius museo,** Hallituskatu 11, Di.–So. 11–16, Mi. auch 18–20 Uhr, Eintritt 4 €.

116 Camping Aulangonjärvi

GPS 61.033853, 24.473391

Heikkiläntie 168,13900 Pekola, am Aulanko Naturpark, am gleichnamigen See, Tel. 03 6759772, www.aulangonlomakyla.fi, man fährt von der E12 auf die 10 und dann auf die 3056 nach Perkola. 50 Stellplätze, 29 mit Strom, Stellplatz 20 €, Strom plus 5 €. Der Platz liegt am Seeufer und verfügt über einen kleinen Laden.

Karte 3a/2

1 cm = 8,75 km
0 20 km

227

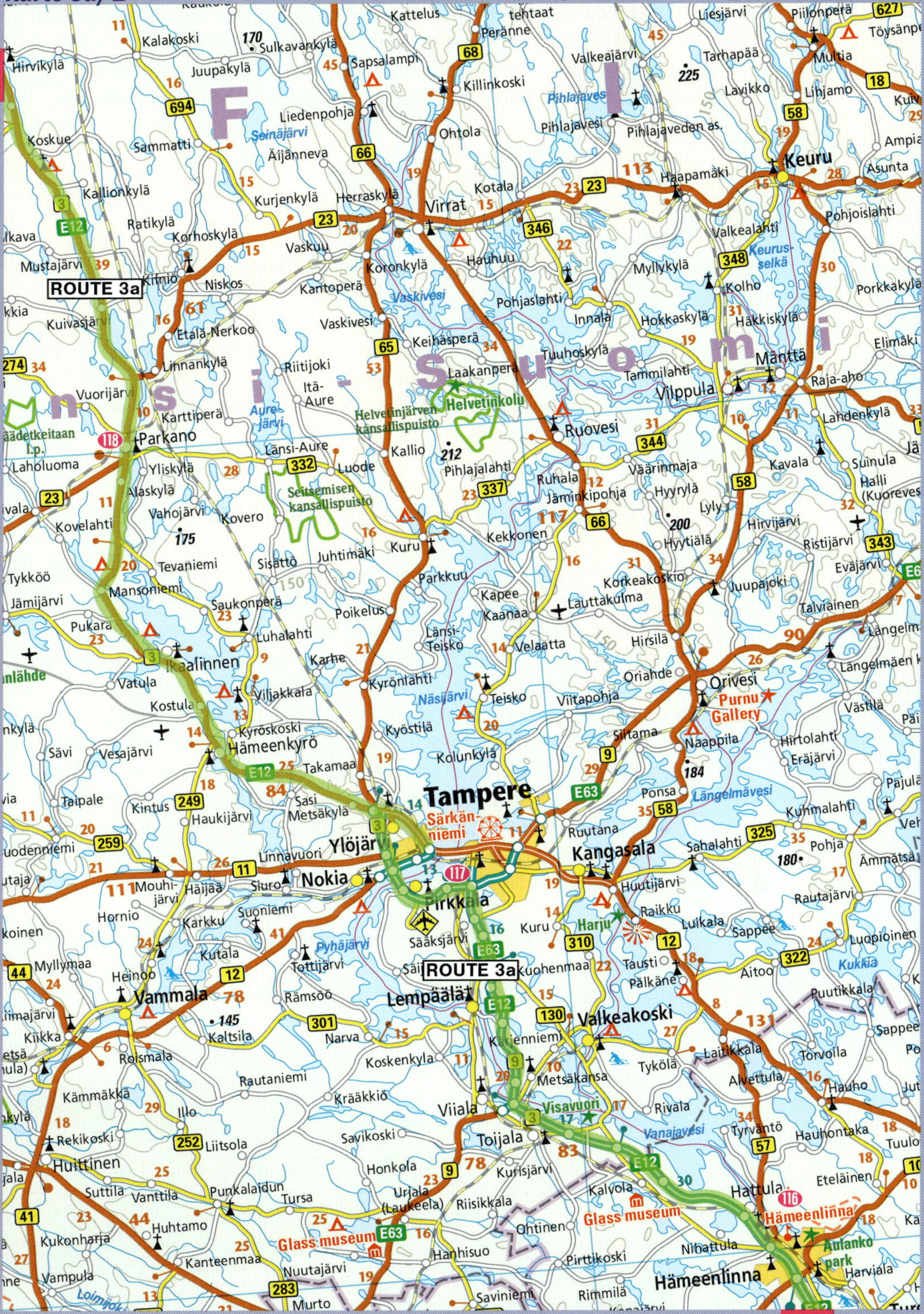

246

Über die E12 zwischen der Paasikiventie und der Turuntie baute man eine 230 m lange Abdeckung, dadurch ist die Stadt nicht mehr von der Autobahn zerschnitten. Kaum ist man wieder auf offener Strecke, weist ein Schild auf das Glaszentrum, das „Lasikeskus Iittala" hin.

IITTALA (KALVOLA)
(24 km – 252 km)

Das nächste wichtige finnische Kulturgut liegt 20 km weiter in Iittala. Der Ort ist das Zentrum der früheren Gemeinde Kalvola. Die Attraktion dieses Ortes ist natürlich die weltbekannte gleichnamige finnische Glashütte. Den Besucher erwarten Besichtigungen und Fabrikverkauf inklusive allerhand Souvenirs.

› **Iittalan Lasimuseo,** Könnölänmäentie 2 C, Tel. 0204 396230, Mai–Aug., täglich 11–17 Uhr, Eintritt 4 €.

ZWISCHENSTOPP IM ATELIER WIKSTRÖM

Einige Kilometer danach, bei **Valkeakoski,** kann man das sehenswerte Atelier des wichtigen finnischen Bildhauers Emil Wikström besichtigen. Er schuf beispielsweise die Leuchten-Skulpturen an der Fassade des Helsinkier Bahnhofs. Das sehenswerte Ensemble mit Blick aufs Wasser wurde im nationalromantischen Stil errichtet.

› **Visavuori,** Visavuorentie 80, GPS 61.175322, 24.021306. Von der E12 bei der Ausfahrt 29 nach Valkeakoski abbiegen (man kann auch Iittala Richtung Nordwest auf der 130 verlassen und die E12 per Brücke überqueren), nach 4 km links in die 303 nach Toijala und 300 m weiter rechts am Museumsschild abbiegen. Tel. 03 5436528, www.visavuori.com, geöffnet: 1.6.–31.8. täglich 11–18 Uhr, im Winter montags geschlossen, Eintritt 8 €. Zu sehen sind außer dem Haus viele originelle Entwürfe und Zeichnungen.

Auf der E12/3 geht es zunächst in nordöstlicher Richtung weiter und nachdem die E63/9 auf die Straße trifft, in nördlicher Richtung. Fünf Kilometer vor Tampere kann man übernachten.

079wn Abb.: fh

Morgenlicht bei Iittala

(117) Tampere Camping

GPS 61.471855, 23.739864

Härmälä & Kesähotelli Härmälä, Leirintäkatu 8, Tel. 020 7199777, www.suomicamping.fi, geöffnet 6.5.–27.9. Womoplatz 22,50 € plus 5 € pro Person, der weitläufige Platz liegt am Pyhäjärvi.

TAMPERE (TAMMERFORS)

(60 km – 312 km)

Tampere ist mit 217.000 die drittgrößte Stadt des Landes mit der stärksten Industriezusammenballung. Im Pyynikki-Park des gleichnamigen Stadtteils steht der 30 m hohe **Pyynikki-Aussichtsturm.** Allerdings ist der Näsinneula-Turm mit 173 m wesentlich höher. Tampere liegt zwischen dem Näsijärvi und dem Pyhäjärvi. Diese beiden Seen haben einen Höhenunterschied von 18 m, der verbindende Fluss stürzt sich über die fast einen Kilometer langen **Tammerkoski-Stromschnellen** hinab. Die Ufer dienen im Sommer als Naherholungsgebiet der Städter. Im Hintergrund ragt der alte Schornstein der früheren Papierfabrik Frenckell in den Himmel. Hier wird heute der Strom aus Wasserkraft erzeugt. Bereits im 15. Jh. gab es Mühlen an den Stromschnellen, woraus sich ein blühender Marktort entwickelte. 1779 gründete der Schwedenkönig Gustav III. dann die Stadt, mit der es schnell bergauf ging. Kurz darauf wurde die erste Papierfabrik aufgebaut und der Schotte James Finlayson gründete eine Baumwollfabrik, in der sich heute ein Museum befindet. Auch andere Industriezweige zogen nach. So verließ die erste finnische Glühlampe die Werkshallen von Finlayson, um dem Land die Erleuchtung zu bringen. Ende des 19. Jh. kam die Eisenbahn als weiterer Anschub der Wirtschaft und die Innenstadt wurde vom deutsch-finnischen Architekten Carl Ludwig Engel (s. S. 249) schachbrettartig gestaltet. Die Esplanade Hämeenpuisto war dabei als Feuerschneise gedacht und dient heute als schattige Allee. Dort beginnt die **zentrale Straße Hämeenkatu,** die am Bahnhof endet. An der Hämeenkatu 13 steht die denkmalgeschützte Markthalle Kauppahalli. Die Hämeensilta-Brücke über den Tammerkoski hat vier Statuen von Wäinö Aaltonen, den Jäger, den Händler, den Steuereintreiber und, als Gegenpart, die finnische Jungfrau.

Die gelbe Holzkirche, **Vanha Kirkko,** entstand 1824 im Empirestil am Keskustori. Vier Jahre später baute man nach Engels Plänen den Glockenturm, dessen Uhr nur einen Zeiger hat. Außerdem stehen an diesem ehemaligen Marktplatz das Stadttheater und das Rathaus.

Die Heere der Arbeiter führten zu einer breiten Arbeiterbewegung, auch **Lenin** besuchte die Veranstaltungen der **finnischen Bolschewiki.** Nachdem er drei Jahre lang im Exil in Finnland gelebt hatte, war er von Tampere aus als Heizer auf der Lok 293 aufgebrochen, um das russische Reich zu erobern (übrigens mit finanzieller Unterstützung aus Deutschland). Der finnische Bürgerkrieg wütete 1918 besonders

Information

› **Tampere Tourist Information,** Rautatienkatu 25a, im Bahnhof, Parkplatz davor, Tel. 0356 566800, www.visittampere.fi, Mo.–Fr. 9–18 Uhr, Sa./So. 10–15 Uhr

Mitten im Ort: das alte Kraftwerk von Tampere

stark in Tampere. In den 1960er-Jahren begann auch in Finnland der Niedergang der Textilindustrie, was zur Stilllegung der Fabriken führte. Heute verfügt Tampere über drei Universitäten und Hochschulen. Im Südwesten liegt der **Flughafen Tampere-Pirkkala,** zu dem Ryanair Verbindungen von Frankfurt-Hahn und Bremen herstellt, außerdem fliegen Blue 1 und Air Baltic den Airport an.

Parken

- Parkplatz an der Jalkasaarentie bei GPS 61.493072, 23.732765
- Parkstreifen am Pyynikin Näkötornin bei GPS 61.495903, 23.733698
- am Ufer des Porrassalmisees, von der Finn 12/65 in die Tampellan espalanadie abbiegen, danach die nächste rechts und am Ende links, dann wieder unter der 12 hindurch zum Platz GPS 61.507498, 23.759844
- ein Stück weiter, an der Simppoonkatu 1 bei GPS 61.504232, 23.72519

Sehenswertes

- **Muumilaakso-Museo,** Puutarhakatu 34, Di.–Fr. 9–17 Uhr, Sa./So. 10–18 Uhr, 7 €. Im Muumilaakso-Museum erfährt man etwas über die Mummins, die Flusspferde, die die Künstlerin Tove Jansson als Kindergeschichten erfand und die international bekannt wurden. 2017 eröffnet das Museum am neuen Standort in der Tampere-Halle Yliopistonkatu.
- **Leninmuseo,** Hämeenpuisto 28/Ecke Hämeenkatu, Tel. 03 2768100, www.lenin.fi. Wladimir Iljitsch Uljanow, genannt Lenin hat in den beiden Räumen des heutigen Museums gelebt, die ansprechend aufgemachte Ausstellung berichtet über sein Leben und seine Zeit in Finnland. Mo.–Fr. 9–18, Sa./So. 11–16 Uhr, 6 €.
- **Pyynikin näkötornin,** Aussichtsturm in der Näkötornintie 20, Parkstreifen vorhanden bei GPS 61.496297, 23.732421, 1.6.–31.8. 9–21 Uhr, sonst bis 20 Uhr. 26 m hoch, Fahrstuhl vorhanden, 2 €. Mit Café und eigener Kaffeerösterei.

WEITER AB VERKEHRSKNOTENPUNKT TAMPERE

Die E12 biegt vor dem Zentrum in nordwestlicher Richtung nach **Vaasa** ab, wo sie auf die Ostsee trifft. Um hierhin zu gelangen, sollte man den Schildern E12/3 folgen.

Nach etwa 5 km passiert man die Hinweisschilder nach **Nokia,** dem Ort, dessen wichtigster Arbeitgeber eine Gummistiefelfabrik war. Als man später in dieser Firma mit der Produktion von Mobilfunkgeräten anfing, wurde der Firmen- und Ortsname weltberühmt.

Der Finnische Bürgerkrieg

Finnland gehörte Anfang des 20. Jh. zum Russischen Reich. Nach der Oktoberrevolution erklärte der Senat Finnland am 6. Dezember 1917 für unabhängig, was von auch Lenin akzeptiert wurde.

Leider brach die öffentliche Ordnung dadurch zusammen. Sozialistische Kräfte versuchten, die staatliche Macht zu erringen, was zu einem dreimonatigen Bürgerkrieg führte: Die ***Weiße Armee*** *der Bürgerlichen und die Rotgardisten standen sich bewaffnet gegenüber. Letztere zogen ihre Stärke aus der Arbeiterbewegung, die durch die Bolschewiki aus Russland unterstützt wurde. Am Ende entstand in Südfinnland ein Arbeiterstaat, im Norden siegten die Bürgerlichen. Unter General Gustaf Mannerheim zogen sie mit der Weißen Armee zum Kampf und nahmen Mitte März die Stadt Tampere ein, die dabei weitgehend in Trümmer ging. Die Weißen wurden dabei von deutschen Soldaten des Kaisers unterstützt. Die Roten ergaben sich im Mai 1918. 10.000 Rotgardisten wurden gefangengenommen, von denen viele an Hunger oder Seuchen in der Gefangenschaft starben.*

Nach dem Ende des Bürgerkriegs formulierten die Bürgerlichen aus der alten Verfassung und dem schwedischen Recht eine Interimsverfassung. Allerdiings stieß die neue monarchistische Ordnung auf Widerstand. Trotzdem wurde 1918 ein König gewählt, nämlich der mit der deutschen Kaiserfamilie verschwägerte Prinz Friedrich Karl von Hessen. Nach der Abdankung Kaisers Wilhelms II. war die deutsche Staatsidee für Finnland aber plötzlich nicht mehr brauchbar und auch Friedrich Karl dankte im Dezember ab. ***Gustaf Mannerheim*** *übernahm die Regierungsgeschäfte und im März 1919 gab es Wahlen, bei denen die Republikaner siegten, sodass Finnland eine Republik wurde.*

Ein langer Damm führt durch den Ausläufer des Sees Pyhäjärvi. Dann muss man aufpassen, dass man nicht den roten Schildern 12 folgt, sonst landet man doch in Nokia bei den Gummistiefeln. Die E12 hat grüne Hinweisschilder. Auf ihnen ist auch schon das nächste große Etappenziel, Vaasa, angezeigt. Die Straße bahnt sich den Weg durch ein Wald- und Seengebiet. In **Ylöjärvi** treffen auch die Autofahrer wieder auf die E12, die Tampere einen Besuch abgestattet haben. Leider ist die Autobahn kurz hinter der Stadtgrenze zu Ende, dafür locken unzählige Seen zur Rast.

Bei GPS 61.580101, 23.469887 kommt gleich ein befestigter Rastplatz, wo man mit größeren Mobilen stehen kann. Schöner ist es allerdings, 12 km bis **Hämeenkyrö** durchzufahren. Im Ort kann man z. B. hinter der zweiten Brücke links abfahren, wo sich auch ein Restaurant befindet. Gleich links kommt das Frantsila, ein ganz nettes Café in einem gelben Holzhaus (bei GPS 61.63479, 23.198876). Nach einem Kreisverkehr ist der Ort zu Ende und der Wald umfängt einen wieder bis Ikaalinen. Wer beim Schild Ikaalinen rechts abfährt, kommt kurz darauf zu einer Tankstelle mit Schnellrestaurant. Der kleine Ort eignet sich gut für eine Pause am See. Ein schöner Rastplatz ist die nächste Tankstelle auf der E12, die gleich hinter der kleinen Brücke liegt, die über die Enge zwischen dem **See Kyrosjärvi** und der Bucht Kelminselkä führt. Das Restaurant ist großzügig verglast, mit Blick auf den See und die Insel Pikku Pärkkö. Nach etwa 10 km weiter auf der E12 weiter trifft man das Ende des Kyrosjärvi. Nach einem kurzen Waldstück muss man ein wenig auf den Weg achten, es laufen zwei Straßen parallel: Einfach den Schildern der E12/3 folgen, auf der es 4-spurig nach Norden geht. Das Nadelgehölz steht längs der Straße Spalier, wobei die Bäume wie Zahnstocher aussehen. Immer wieder wechselt die Breite der Fahrbahn auf zweispurig. Hier bestimmt die Landwirtschaft mit weiten Feldern das Bild. Schließlich erreicht man Parkano.

Der 7000-Einwohner Ort wird häufig von Wanderern besucht, die in den **Nationalpark Seitseminen** *(Seitseminen kansallispuisto)* wollen. Dazu fährt man auf der Straße 332 in Richtung Kuru zum Besucherzentrum in Kulomäki (Seitsemisentie 110). Ein Netz aus Wanderwegen namens Pirkan Taival durchzieht das Gebiet mit einigen Unterkünften.

118 Pahkalanniemi Camping

GPS 62.009849, 23.008654

Urheilukatu 30, 39700 Parkano, Tel. 034 482038, Stellplatz 22 €. Ein kleiner Platz am See Kirkkojärvi, der nur im Sommer geöffnet ist.

Finnischer Tango

Der finnische Tango ist dem alten argentinischen Tango zwar ähnlich, allerdings wird die finnische Version meist in Moll gespielt und die Texte sind natürlich auf Finnisch. Der größte Unterschied für „südliche" Tänzer ist jedoch das Fehlen komplizierter, verschachtelter Figuren, wie das Fußhakeln, das Wegschieben, die doppelten Achten und die Hebefiguren. Man tanzt auch nicht ruhig dahin wie in Argentinien und probiert seine ganzen eingeübten Figuren aus. In Finnland tanzt man den Grundschritt und diesen auch noch mit Vergnügen. ***„Bis vor die Wand und dann nach links"*** *beschrieb eine Tänzerin den finnischen Stil. Das Instrument des Tangos ist nicht das Bandoneon, sondern das verwandte Akkordeon.*

Die traurigen Melodien voll tiefer Poesie erinnern an russische Tangos, wie sie etwa ***Pjotr Letschenko*** *auch im Westen bekannt gemacht hat. Im Zweiten Weltkrieg wurde die melancholische Musik wieder durch Toivo Kärkis „Darum bin ich traurig" (Siks' oon mä suruinen) zur Volksmusik der Finnen. So hat sich der Tango bis heute gehalten. Bekannteste Interpreten sind der Komiker M. A. Numminen und Timo Valtonen mit seiner Band Tangon Taikaa.*

Der nächste Ort folgt nach einer Fahrt von 60 km: **Jalasjärvi** liegt am gleichnamigen kleinen See, der nur tangiert wird. Wer einkaufen will, muss im Zentrum am Hinweisschild zum Krankenhaus abbiegen. Von Jalasjärvi geht es nach Norden über die Straße 19 zu der Stadt Seinäjoki, die für ihren Tango und die Gebäude des berühmten finnischen Architekten Alvar Aalto bekannt ist.

SEINÄJOKI
(180 km - 492 km)

Dieser von Kurikka 27 Fahrkilometer entfernte Ort ist für Architekturliebhaber interessant. Der berühmte Architekt Alvar Aalto entwarf hier das Verwaltungsgebäude, die Bücherei und die Kirche. Allen voran aber ist die Stadt die Hochburg des finnischen Tangos. Jedes Jahr im Juli findet ein großes, einwöchiges Tangofestival statt, bei dem die Innenstadt abgesperrt wird und Tausende auf der Straße tanzen. Zum Schluss wird ein Tangokönig oder eine Tangokönigin gewählt (www.tangomarkkinat.fi).

Wem der Sinn nicht nach Tanz steht, fährt die E12 einfach weiter und erreicht Ilmajoki und den Ortsteil Koskenkorva, Seinäjoki-Besucher erreichen Koskenkorva, indem sie 25 km in südwestlicher Richtung auf der Straße 67 fahren. (Der direkte Weg nach Vaasa führt nordwestlich über die Straße 18 nach Laihia und Vaasa).

KOSKENKORVA (ILMAJOKI)
(26 km - 518 km)

Mancher glaubt, das Wort schon mal irgendwo gelesen zu haben. In der Tat ist der Name durch ein Produkt europaweit bekannt geworden, nämlich den Wodka gleichen Namens. Die Firma Altia betreibt hier eine Destille, die im Dreieck zwischen der E12 und der Straße 67 liegt (einfach den Schildern Altia Oy rechts ab folgen). Eine spritseelige Romantik kommt dabei jedoch nicht auf, das Werk erweckt eher den Eindruck einer Ölraffinerie.

ZWISCHENSTOPP IM GEIZ-MUSEUM IN LAIHIA

Laihia (Laihela) ist der letzte größere Ort vor der Küste. Auf der E12 kommt man relativ einfach durch die Stadt, in der es nichts Besonderes gibt. Eine Ausnahme ist das Museum des Geizes, man sagt den Bewohnern der Ortschaft nämlich einen überdurchschnittlichen Hang zum Geiz nach.

› **Nuukuuren museo,** Rudontie 234, GPS 62.985891, 21.968039, geöffnet: 15.6.-15.8. 11-17 Uhr, Eintritt 5 €.

Wodka und Verbote

Der von den Finnen Kossu genannte Wodka hat 38 % vol. Alkohol und wird in einer typografisch schön gestalteten Flasche verkauft. Es ist ein Getreideschnaps, der früher, wie viele Wodkas, aus Kartoffeln gebrannt wurde. Heute nimmt man die preiswertere Gerste. Bei der Destillation und anschließender „Rektifikation" werden die meisten Fuselstoffe entfernt und zurück bleibt 96-prozentiger Alkohol. Dieser wird mit Wasser und Zucker auf Trinkstärke herabgesetzt. Außer verschiedenen Alkoholstärken vertreibt die Firma auch den Salmiakki Koskenkorva. Wie man vermuten kann, handelt es sich um ein mit Salmiak, also Ammoniumchlorid, aromatisiertes Getränk. Dies verleiht dem Gebräu eine tiefschwarze Farbe und den intensiven Lakritzgeschmack. Das wäre beinahe das Aus für dieses Produkt geworden, denn der staatliche Alkoholvertrieb Alko klassifizierte es als Likör. Dadurch wurde er bei der finnischen Jugend zum durchschlagenden Erfolg. Um dem alsbald folgenden Verbot seines Rauschmittels zu begegnen, setzte Altia daraufhin den Alkoholgehalt herunter und den Preis hoch. Dann durfte er wieder verkauft werden. Altia produziert auch noch den zuckerfreien Finlandia Vodka, der meist in den Export geht. Wer sich für die Wodkaherstellung interessiert, der kann ein kleines Museum besuchen.

081wn Abb.: fh

› Koskenkorvan Tehdasmuseo, Koskitie 2, Mo.–Fr. 15–20 Uhr, Sa./So. 12–20 Uhr. Viel zu sehen gibt es allerdings dort nicht, es ist mehr eine Bar. In der gleichen Straße gibt es ein paar Läden, in denen man sich verproviantieren kann.

Finnischer Trinkerstolz: Koskenkrva Wodka kann überall erworben werden.

Die Gegend wird weitgehend von der Landwirtschaft dominiert. Nach dem üblichen Tankstellenensemble bestimmen wieder Felder die restlichen 25 km bis zur Küste. Nach 10 km folgt ein Parkplatz mit einer Infotafel. Danach kommt bald der Beginn der Autobahn und rechts liegt der Flughafen. Beim ersten Autobahnkreuz stößt die E8 von Südwesten dazu. Auch die Anreise durch **Finnland entlang der Küste** und nicht über Helsinki geht hier weiter.

VAASA (VASA) (68 km – 586 km)

Nun sind die Finn8, die E8, die Finn3, die Finn18 und die E12 auf dem gleichen Asphalt unterwegs – allerdings nur ein paar Kilometer. Bald lichtet sich das Durcheinander und man entrinnt dem Wirrwarr auf der E8 nach Norden. Vaasa wird auf Seite 228 vorgestellt.

ENTLANG DER SCHWEDISCH-FINNISCHEN GRENZE NACH NORDEN

Einen großen Teil legt man auf der Staatsstraße 21 zurück, die gleichzeitig die E8 ist. Sie beginnt in der Hafenstadt Tornio im Süden der Provinz Lappland und führt in nördlicher Richtung entlang der schwedischen Grenze, die von den Flüssen Tornionjoki und Muonionjoki (bzw. Torneälven und Muonioälven) gebildet wird. Die 21 endet nach 458 km beim Grenzübergang 8 km hinter Kilpisjärvi in der Gemeinde Enontekiö. Auf norwegischer Seite heißt sie nur E8 und trifft in dem winzigen Ort Skibotn zwischen hohen Bergen auf die E6 und auf die Route 1. Die E8 folgt in Finnland dem Verlauf der Staatsstraße 21. Die ganze Strecke ist nur zweispurig und vor allem im nördlichen Teil in mäßigem Zustand.

Achtung: Fahrer von größeren Wohnmobilen müssen beim Verlassen dieser Straße aufpassen, dass das Womo nicht aufsetzt. Alternativ verläuft auf der schwedischen Seite die Reichsstraße 99 ebenfalls parallel zum Fluss nach Norden. Sie trifft in Karesuando auf die Brücke, über die man die E8/21 erreichen kann. Teilweise ist die schwedische Alternative allerdings in einem noch übleren Zustand.

STRECKENVERLAUF

Haparanda/Tornio – Kukkolaforsen (16 km) – Ylitornio (65 km) –
Övertorneå (9 km) – Juoksengi (28 km) – Pello (29 km) –
Pajala (87 km) – Kolari (27 km) – Muonio (78 km) –
Palojoensuu (50 km) – Kaaresuvanto (38 km) –
Kilpisjärvi (109 km) – Skibotn (48 km)

Streckenlänge: 562 km

HAPARANDA/TORNIO (DUORTNUS)

Die finnische Stadt Tornio und ihr schwedisches Gegenüber Haparanda sind durch einen Fluss geteilt, der auf Finnisch Tornionjoki und auf Schwedisch Torneälven heißt. Seit dem EU-Beitritt Finnlands und Schwedens im Jahre 1995 wird aus den beiden Städten wieder eine. Die Behörden und die Feuerwehr arbeiten inzwischen zusammen und auch die beiden Touristeninformationen werben gemeinsam. Haparanda und das finnische Tornio bilden sozusagen ein eigenes Staatenbündnis.

Haparanda ist die einzige Stadt in Schweden, in der mit Euro bezahlt werden kann. Sie erhielt 1842 die Stadtrechte verliehen. Mit heute etwa 5000 Einwohnern ist sie zwar kleiner, aber mit einer Hafen- und Industrieanlage dafür deutlich geschäftiger als ihre finni-

Information

- **Green Line Welcome Center,** beim Zoll an der E4, Tel. 050 5900562, www.haparandatornio.com.
- Im Sommer: **Haparanda Stadshotell,** Torget 7, Tel. 0922 12010, www.haparandatornio.com.

Tornio/Haparanda

sche Nachbarstadt. Früher befand sich hier ein wichtiger Bahnhof, der dem Gefangenenaustausch zwischen Schweden und den Ländern des ehemaligen Ostblocks diente. Daher gibt es auch zwei Arten von Schienen mit verschiedenen Spurweiten. Die Spurweite vieler europäischer Eisenbahnen von 143,5 cm richtete sich nach der Norm der damals führenden Eisenbahnnation England. Russland dagegen hatte eine breitere Spur von 152,4 cm. Da Finnland zum Zarenreich gehörte, gab es hier breitere Strecken. In Haparanda wurden grenzüberschreitend Schienen der beiden unterschiedlichen Spurweiten verlegt. So konnten die Züge ein kurzes Stück in das jeweils andere Land fahren. Der einst berühmte Bahnhof von Haparanda wird heute nur noch privat genutzt.

Weiterhin gibt es an der Flussmündung einen einmaligen **Golfplatz** mit 18 Löchern, der sich auf dem Territorium beider Länder befindet. Da zwischen Finnland und Schweden eine Stunde Zeitunterschied herrscht, sind die Bälle im ungünstigsten Fall über eine Stunde unterwegs. Sie können aber auch schon im Loch sein, bevor sie überhaupt abgeschlagen wurden ...

Das **Invalidenmonument** erinnert an einen großen Gefangenenaustausch. Freunde der expressionistischen Malerei können in das Museum **Aine** gehen und Fans der Struve-Messpunkte zur **Kirche von Alatornio.** 2008 wurde in Haparanda das erste IKEA-Haus in Lappland eröffnet. Die Filiale löste einen einzigartigen Boom aus, währenddessen sich eine Menge neuer Geschäfte gründete.

Aufgrund günstigerer Produkte kamen viele Finnen über die Grenze, um hier einzukaufen. Durch den Wirtschaftsaufschwung sank schließlich die Arbeitslosigkeit und stiegen die Grundstückspreise.

Haparanda ist durch einen toten Flussarm von Tornio getrennt, lediglich im Süden besteht eine kurze Landverbindung durch die Straße 29. Südlich von Haparanda befindet sich seit 1995 der **Nationalpark Haparanda skärgård.** Er beinhaltet Inseln mit Sanddünen, Kiefernwald, Heidelandschaft und vorgeschichtlichen Stätten.

Tornio, die finnische Stadt, wurde im 17. Jahrhundert gegründet, ältestes Überbleibsel ist die 1684 erbaute Holzkirche. Heute leben ca. 23.000 Einwohner in der Grenzstadt, also wesentlich mehr als in Haparanda. Die Stadt liegt zu beiden Seiten des Flusses Tornionjoki und beide Teile verbindet eine 500 m lange Brücke über den Torneälven/Tornionjoki. Eine gute Aussicht über die Stadt bietet das **Wasserturm-Café.** Die bekannte finnische Firma **Pentik-Keramik** betreibt einen Laden in der Hallituskatu. 1959 wurde zwischen Tornio und der finnischen Hafenstadt Kemi Chromeisenerz gefunden. Inzwischen wurden davon 5 Mio. Tonnen im Tagebau gefördert. Da die Erzblase bis zu 1000 m tief ist, hat man die Ausbeutung aber inzwischen auf den Untertage-Abbau umgestellt. Auf einer Insel in der Mündung des Tornionjoki werden eine Stahlschmelze und ein Walzwerk für Edelstahlbleche der Firma Avesta Polarit betrieben, die ein wichtiger Arbeitgeber der Region ist. Für Komsumwillige gibt es das **Einkaufs-**

082wn Abb.: fh

⊡ *Wirtschaftsmotor in Blau-Gelb: Ikea in Haparanda mit der Flagge der Sami am Eingang*

zentrum Rajalla (Länsiranta 10), das größte Shoppingcenter der Stadt. Allerdings fahren viele Finnen wegen des Wechselkurses nach Haparanda.

Ende Juni feiert man in Tornio und Haparanda das **International Kalottjazz & Blues Festival** (Eintritt ab 10 €). Mitte August findet der Handwerker-Markt um Årströmkartano, Rajakartano und die Uferstraße Rantakatu statt. In den vielen kleinen Gassen wimmelt es von Kauflustigen und Kaufleuten, die ihre Waren feilbieten.

Sehenswertes

- **Invalidenmonument,** Köpmansgatan, GPS 65.833615, 24.123724, auf dem Friedhof an der Haparanda-Kirche, die von Bengt Larsson 1967 entworfen wurde, erinnert an 75.000 Gefangene verschiedener Nationen, die während des Ersten Weltkriegs hier ausgetauscht wurden. 216 kamen dabei ums Leben.
- **Aineen Taidemuseo,** Kunstmuseum Aine, Torikatu 2, geöffnet: Di.–Do. 11–18 Uhr, Fr.–So. 11–15 Uhr, Tel. 016 432438. Gezeigt werden Bilder von den finnischen Expressionisten bis zur heutigen Prisma-Gruppe.
- **Alanen Perävaara,** die Kirche von Alatornio steht am Ufer des Tornionjoki südlich der 29 auf einer Halbinsel. Die Holzkirche von 1797 hat einen sechseckigen Turm und schöne Schnitzereien. In dem Turm liegt exakt bei GPS 65.829927, 24.157141 ein Struve-Messpunkt, der zur Vermessung der Erdkugel genutzt wurde (siehe Exkurs S. 125).

Parken

- am Friedhof bei GPS 65.834314, 24.12267 ist meist etwas frei
- ebenso an der Alatornio-Kirche, GPS 65.82892, 24.155846
- weniger geschichtsträchtig ist der winzige Parkplatz am Ufer der Kaupounginlahti bei GPS 65.84948, 24.133852, von der E4 den letzten Abzweig vor der Grenze rechts in die Länsiranta.

Essen und Trinken

- **Gulasch Baronen,** Torget 7, Tel. 0922 61490, www.haparandastadshotell.se. Das Restaurant im Haparanda Stadshotell ist die beste Anlaufstelle für Hungrige. À la carte 17–22 Uhr, auch Café und Imbiss in gemütlichen Räumen.
- **Hevi's Deli & Café,** Tornio, Hallituskatu 10, geöffnet: 11–17 Uhr, Tel. 045 2663559. Der kleine Eckladen serviert u. a. Pizza, vegetarische und internationale Gerichte neben der Handelsbank.
- **Pieni Lohikäärme,** Laivurinkatu 5, Mo.–Fr. 10.30–17 Uhr, Sa. 12–17 Uhr, ist ein chinesisches Restaurant in Tornio, wo man preiswert und gut speisen kann, Tel. 016 282511.
- **Tornion näkötorni,** Wasserturm-Café, Seminaarinkatu, Tornio, GPS 65.853474, 24.142649, Tel. 0400 698206, täglich im Sommer 12–20 Uhr, parken in der Vapaudenkatu.

Einkaufen

- **Pentik-Keramik,** im Rajalla-På Gränsen, Länsiranta 10, Tornio, www.pentik.fi, verkauft die bekannten Produkte des finnischen Keramikherstellers.
- **Rajalla-På Gränsen,** Einkaufszentrum, Länsiranta 10, Tornio, hier steht alles, was man so brauchen kann, 7 Cafés und Schnellrestaurants sowie der örtliche Schnapsladen befinden sich hier. Bis 20 Uhr geöffnet, Tiefgarage bis 2,20 m Höhe, Parkplätze nebenan.
- **Ikea,** Norrskensvägen 2, So.-Fr. 10-19, Sa. 9-19 Uhr, Haparanda, GPS 65.843202, 24.131942. Hier nahm der Boom mit Ikea seinen Anfang. Für alle, die auf ihre wöchentliche Portion Köttbullar nicht verzichten können oder noch ein Billyregal in ihr Wohnmobil bauen möchten.

119 Haparandahamn

GPS 65.772120, 23.904501

Båtklubben Bothnia, Hamnvägen 496; 11 km südlich von Haparanda von der E4 nach Nikkala abbiegen und die Straße bis zum Ende durchfahren. Im Gästehafen gibt es die Möglichkeit, das Womo abzustellen. Tel. 0706247697, www.bkbothnia.se, baumloses Areal am Wasser, Stellplatz 100 skr, Strom 40 skr.

120 Huvilompolo

GPS 66.034366, 24.015555

Raittitie 238 in Karunki, 25 km die 21 nach Norden, Tel. 040 5319353, http://sauna-tornio.com, vermietet ein paar Hütten am Fluss.

121 Camping Tornio

GPS 65.83181, 24.203417

Matkailijantie 9, im Osten des Ortes, Tel. 016 445945, www.campingtornio.com, 60 Stellplätze, Stellplatz 15 €, Person 4 €, Strom 5 €, geöffnet: 1.5.-30.9., der Platz liegt auf der Insel Pihlajasaari in einem Seitenarm des Tornionjokis, 2,5 km vom Zentrum.

WEITERFAHRT ZUR ROUTE 2 NACH LULEÅ

Wer nicht an der schwedisch-finnischen Grenze entlang möchte, kann von Luleå aus auch auf der Route 2 weiterfahren: entweder in nordöstlicher Richtung nach Nordnorwegen (570 km ab Luleå) oder in südlicher Richtung entlang der Küste nach Gävle (741 km ab Luleå). Die 130 km lange Verbindungsroute von Luleå nach Tornio über Kalix wird auf Seite 184 beschrieben.

WEITERFAHRT ENTLANG DER GRENZE

Die Weiterfahrt geht am Grenzfluss entlang. In Haparanda heißt er Tornioälven, in Tornio nennt man ihn Tornionjoki. Wer sich von hier nach Norden aufmacht, wird ihm eine ganze Zeit folgen.

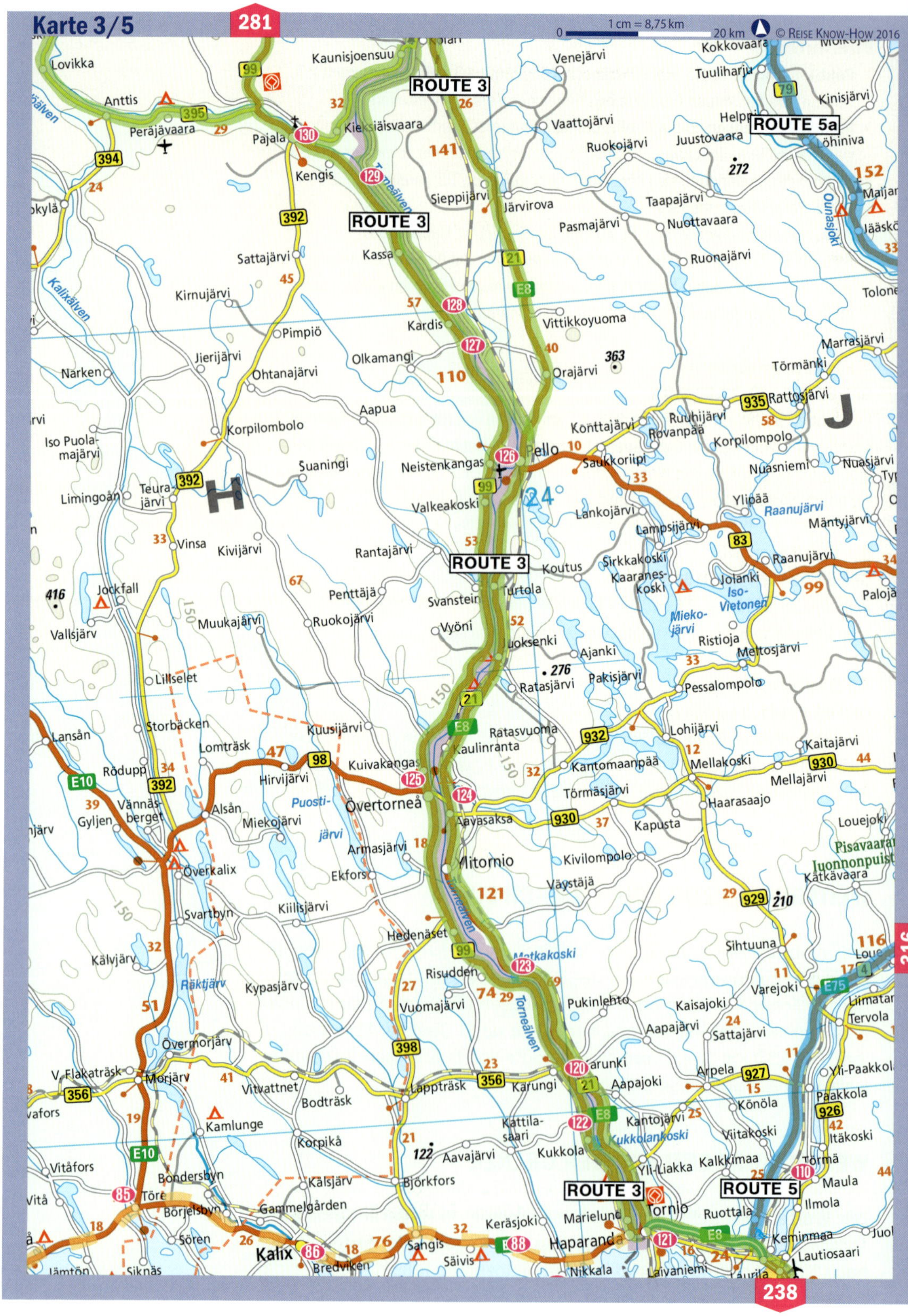
Karte 3/5
281
1 cm = 8,75 km
0
20 km
© Reise Know-How 2016
ROUTE 3
ROUTE 3
ROUTE 3
ROUTE 3
ROUTE 5a
ROUTE 5
238
316
H
J
Lovikka
Kaunisjoensuu
Anttis
Peräjävaara
Pajala
Kieksiäisvaara
Kengis
Tornealven
Sattajärvi
Kirnujärvi
Kalixälven
Pimpiö
Jierijärvi
Narken
Ohtanajärvi
Olkamangi
Kardis
Kassa
Sieppijärvi
Järvirova
Venejärvi
Vaattojärvi
Ruokojärvi
Juustovaara
Kokkovaara
Tuuliharju
Helppi
Kinisjärvi
Löhiniva
Ounasjoki
Taapajärvi
Nuottavaara
Pasmajärvi
Ruonajärvi
Vittikkoyuoma
Orajärvi
363
272
Aapua
Korpilombolo
Iso Puolamajärvi
Suaningi
Neistenkangas
Pello
Saukkoriipi
Konttajärvi
Rovanpää
Ruuhijärvi
Rattosjärvi
Marrasjärvi
Törmänki
Korpilompolo
Nuasniemi
Nuasjärvi
Teurajärvi
Limingoån
Valkeakoski
Lankojärvi
Lampsijärvi
Ylipää
Raanujärvi
Mäntyjärvi
Vinsa
Kivijärvi
Rantajärvi
Koutus
Sirkkakoski
Kaaraneskoski
Jolanki
Iso-Vietonen
Mieko-järvi
Paloja
416
Jockfall
Vallsjärv
Muukajärvi
Penttäjä
Ruokojärvi
Svanstein
Turtola
Vyöni
Juoksenki
Ajanki
Ristioja
Meltosjärvi
276
Ratasjärvi
Pakisjärvi
Pessalompolo
Lillselet
Storbäcken
Lansån
Lomträsk
Kuusijärvi
Ratasvuoma
Kaulinranta
Lohijärvi
Kaitajärvi
Rödupp
Hirvijärvi
Kuivakangas
Kantomaanpää
Mellakoski
Mellajärvi
Vännäsberget
Gyljen
Alsån
Puostijärvi
Övertorneå
Törmäsjärvi
Haarasaajo
Miekojärvi
Aavasaksa
Kapusta
Louejoki
Armasjärvi
Ylitornio
Kivilompolo
Pisavaaran luonnonpuisto
Överkalix
Ekfors
Väystäjä
Kätkävaara
Svartbyn
Kiilisjärvi
210
Kälvjärv
Hedenäset
Sihtuuna
Råktjärv
Kypasjärv
Risudden
Matkakoski
Varejoki
Vuomajärvi
Pukinlehto
Kaisajoki
Tervola
Aapajärvi
Sattajärvi
Övermorjärv
Karunki
Arpela
Yli-Paakkola
V. Flakaträsk
Morjärv
Vitvattnet
Lappträsk
Karungi
Aapajoki
Paakkola
Vafors
Bodträsk
Könölä
Kamlunge
Kattilasaari
Kantojärvi
Viitakoski
Korpikå
Kukkolankoski
Itäkoski
Vitåfors
122
Aavajärvi
Kukkola
Yli-Liakka
Kalkkimaa
Törmä
Bondersbyn
Kälsjärv
Björkfors
Maula
Vitå
Töre
Börjelsbyn
Gammelgården
Marielund
Tornio
Ruottala
Ilmola
Keräsjoki
Sören
Kalix
Sangis
Haparanda
Keminmaa
Jämtön
Siknäs
Bredviken
Säivis
Nikkala
Laivaniemi
Lautiosaari
Laurila
E10
E8
E75
Tornealven

Auf der **schwedischen Seite** benutzt man die Straße 99 bis Muodoslompolo. Der Start der Reise entlang der Grenze ist die Brücke der E4 über dem Fluss. Die nächste Sensation am Wegesrand sind die Stromschnellen von Kukkola. Den besseren Blick auf die Schnellen hat man von der schwedischen Seite. Dazu fährt man von der Brücke der E4 durch Haparanda und biegt am Kreisverkehr hinter Ikea auf die Straße 99 in Richtung Övertorneå ab. Später kann man in Övertorneå bei Bedarf wieder auf die E8 und die finnische Seite wechseln (71 km).

Auf finnischer Seite geht es links ab nach Norden auf die Straße 21/E8. 10 km verläuft sie durch eine ländliche Gegend, ab und zu sieht man den Tornionjoki durch die Bäume, bis links die Stromschnellen von Kukkola erreicht sind.

KUKKOLAFORSEN

(16 km - 16 km)

Auf schwedischer Seite gibt es an den Kukkolaforsen eine Ferienanlage. Die Stromschnellen bei GPS 65.964622, 24.041262 überwinden auf einer Länge von dreieinhalb Kilometern einen Höhenunterschied von 14 Metern. Jährlich am letzten Sonntag im Juli wird mit Wettkämpfen zu Wasser und zu Land das „Felchen-Festival" gefeiert. Felchen sind eine lachsähnliche Fischart. Von abenteuerlichen Stegen und Bretterkonstruktionen wird hier ausgiebig mit Angeln und Keschern gefischt.

Das angeschlossene Touristenzentrum mit Campingplatz, Restaurant und Museum bietet verschiedene Aktivitäten wie Angeln, Rafting oder im Winter Snowmobil-Safari an. In der Nähe gibt es auch eine sogenannte Bifurkation (s. S. 280), eine natürliche Verbindung zwischen zwei Flüssen.

Auf finnischer Seite liegt links bei GPS 65.959308, 24.052995 der Rastplatz mit einem Kiosk am Wasser mit Blick auf die Schnellen. Dorthin gelangt man, indem man den Weg zur Raststelle weiterfährt.

Essen

› **Kukkolaforsen,** Kukkolaforsen 184, auf schwedischer Seite im Fischmuseum, Tel. 0922 31000, www.kukkolaforsen.se, warme Speisen ab 150 skr, 1.6.–15.8. tägl. bis 21 Uhr. Nirgendwo sonst in der Welt werden mehr Felchen gefangen als am Kukkolaforsen. Sie sind natürlich die wichtigste Position auf der Speisekarte.

122 Kukkolaforsen

GPS 65.962778, 24.038919

Kukkolaforsen 184, beliebter Campingplatz auf der schwedischen Seite, Tel. 0922 31000, www.kukkolaforsen.se, auf der Straße 400, ganzjährig geöffnet, Womo mit Strom 290 skr, mit Museum, Restaurant und Sauna. Bei Regen kann man ins Fischereimuseum gehen, um sich die historischen Fischfanggeräte anzuschauen, oder im Restaurant Felchen essen.

WEITER AM GRENZFLUSS ENTLANG

In Finnland fährt man auf der E8/21 immer in Richtung Kilpisjärvi. **In Schweden** an der 99 lohnt im Ort Korpikylä ein Stopp zum Essen.

Das Flusstal ist äußerst fruchtbar und wird besonders dort, wo es die Grenze zwischen Schweden und Finnland bildet, landwirtschaftlich stark genutzt. Unter anderem wachsen hier im Sommer viele Erdbeeren. Früher gab es im Fluss Lachse, aber seitdem man in den 1960er-Jahren Staudämme zur Stromerzeugung gebaut hat, fehlt den Fischen die Möglichkeit, den Fluss aufwärts zu wandern. So sind sie verschwunden, genau wie die Holzflößer, die 1971 ihr Handwerk einstellen mussten. Neuerdings wird auch die zunehmende industrielle Verschmutzung des Flusses beklagt. Allerdings ist sie noch nicht mit Zuständen in Mitteleuropa zu vergleichen und der Fischreichtum ist immer noch sehr groß.

26 km vor Ylitornio, bei GPS 66.172493, 23.856382, gibt es links zum Fluss einen schönen **Parkplatz** mit einem Weg zum Ufer. 20 km vor Ylitornio weist auf **finnischer Seite** bei GPS 66.174184, 23.837864 ein Schild nach Vuennonkoski. Das sind die vier Kilometer langen gleichnamigen Stromschnellen. Sie werden immer wieder mit Booten durchquert, wobei durchaus Menschen zu Tode kommen.

083wn Abb.: fo©PeJo

◁ *Holzkirche in Ylitornio*

Essen

› **Hulkoff's,** Korpikylä 197, Karungi, Tel. 0922 32015, www.hulkoff.se, GPS 66.133229, 23.904104, Gerichte ab 125 skr, ganzjährig ab 12 Uhr geöffnet, Gerichte auf Basis lokaler Produkte.

123 Vuennonkosken Leirintäalue

GPS 66.171366, 23.837839

Vuennonkoski 30, 95615 Pekanpää, Tel. 0400 699454. Ein kleiner Campingplatz an den Stromschnellen, etwa 25 Stellplätze für 12 Euro die Nacht. Das Schild an der Straße verweist nur auf die Stromschnellen, nicht auf den Campingplatz.

YLITORNIO (BADJE-DUORTNUS)
(65 km – 81 km)

Ylitornio hat etwas über 5000 Einwohner und liegt an der „ruhigsten Grenze der Welt", dem Tornionjoki-Flusstal. Vom Ortsteil Aavasaksa gibt es eine Brücke nach Övertorneå. Auf dem Marktplatz gegenüber der Bücherei steht das Denkmal des Schriftstellers Väinö Kataja. Es gibt ein **Katajan pirtti-museo.** Der Bauer und Schriftsteller verfasste in den 1900er-Jahren verschiedene Romane, die zum Teil auch verfilmt wurden. Interessenten müssen sich vorher beim Gemeindeamt anmelden.

Der Ort hat auch einen Bahnhof. Wer die 932 in Richtung Rovaniemi nach Osten fährt, kann das Landgut **Kristineström** mit Sägewerk am südlichen Portimojärvi von 1767 besichtigen.

Wer nach Schweden über den Fluss will, hat die Möglichkeit, die Övertorneå-Kirche sowie das Kunst- und Kulturzentrum Dränglängan zu besichtigen.

› Svanstein 29 a, GPS 66.644889, 23.861786, www.dranglangan.com, tägl. 10–18 Uhr. Man kann sich Werke heimischer Holzbildhauer ansehen und Kunsthandwerk kaufen.

Der Mittelpunkt Ylitornios ist die Kreuzung, an der es nach Rovaniemi und Schweden geht. Eine Tankstelle komplettiert das dörfliche Ensemble.

Information

› **Gemeindeamt,** Touristenberatung von Ylitornio-Övertorneå, Tel. 016 5104651, Tullitie 1, 95620 Aavasaksa, durchgehend geöffnet

› **Sommerinfo:** Im Souvenirladen Niuro, geöffnet: 1.6.–24.8.

124 Aavasaksa Aurinkomajat

GPS 66.390155, 23.73054

Aavasaksa, Aavasaksanvaarantie 180, auf die 932 und nach der Bahnlinie links rein, Tel. 016 578150, www.aurinkomajat.fi, Stellplatz 20 € mit Strom, ganzjährig, Café auf dem Gelände, eine schmale Straße führt auf den Berg.

Sehenswertes

› **Katajan pirtti-museo,** in der Hütte Iikan tupa am alten Mühlenplatz beim Nuotioranta, 10 km südlich ist das Museum eingerichtet. Geöffnet nach Voranmeldung beim Gemeindeamt, Tel. 044 2987645.

› **Kristineströmin Kartano,** Landgut mit Sägewerk, Matkailu Pajuniemi, Lukkarinkaarre 2, bei GPS 66.306583, 23.664948 von der Hauptstraße rechts rein, Tel. 016 571729, Führung mit Kaffee und Kuchen 10 €.

Ausflüge

Im Hinterland befinden sich auch einige Seen, das Ylitornio-Seengebiet umfasst die Seen Miekojärvi, Iso-Vietonen, Raanujärvi und Lohijärvi. Besuchern bieten sich Kreuzfahrten auf dem Fluss, Saunafährausflüge oder Kanufahrten:

› **Loma-Vietonen,** Kuusinranntie 59, Meltosjärvi, Tel. 040 7286751, das sind aber noch 50 km auf der 932 nach Osten. Hier werden romantische Hütten am See vermietet.

MITTERNACHTSSONNE IN AAVASAKSA

Im Juni sollte man auf der finnischen Seite gen Norden reisen, da man hier die Mittsommernachtssonne im finnischen Aavasaksa am besten sehen kann. Dazu treffen sich Einheimische und Touristen zu einem Fest auf dem 222 m hohen Hügel. Er liegt direkt hinter dem Dorf Ylitornio und wird von dem Fluss Tengeliönjoki umrundet. (Auf der schwedischen Seite des Torneälv liegt das Dorf Övertorneå.) Mit dem Womo kann man links am Fuß des Gipfels parken. Der Platz verfügt über keine Toiletten, ist aber gut für eine Wanderung oder Rast.

Von Schweden aus erreicht man den Berg auch, denn in Övertorneå führt eine Brücke über den Fluss. Auf ihr kommt man nach Ylitornio auf der finnischen Seite. Am Berg liegen zwei Dörfer, ein Abfahrtshang und mehrere Loipen. Auf dem Hügel stehen der Aussichtsturm und ein Aussichtscafé, im 19. Jh. wurde er als Vermessungspunkt des Struve-Bogens benutzt (s. S. 125). Der Punkt liegt unter dem Aussichtsturm.

Als der Ort noch zu Russland gehörte, wurde für den Zar 1882 extra eine Jagdhütte mit Aussichtsturm errichtet. Der neoklassizistische Pavillon Aavasaksan Paviljonki wurde 1927 für Wanderer errichtet. Im Sommer ist hier ein Café, in dem auch einfache Speisen serviert werden. Den 13 m hohen Aussichtsturm erbaute die Gemeinde in den 1960er-Jahren im Modernismus. Von oben hat man eine weite Panoramasicht über den Tornionjoki. Der Turm ist ganzjährig zugänglich. Auf dem Gipfel nahe der Hütte steht das Denkmal für den französischen Wissenschaftler Pierre Louis Moreau de Maupertuis (1698–1759), der die Abplattung der Pole vermaß und hier Station machte.

Rund um die Hütte stehen behauene Steine. Steinmetze haben darauf, gegen ein entsprechendes Entgeld, die Namen und das Datum von Reisenden verewigt. Um den Berg herum führt ein Lehrpfad mit Tafeln zu Pflanzen- und Gesteinsarten.

› Die **Übernachtung mit Womos** ist auf dem Parkplatz möglich, Aavasaksanvaarantie 189, bei GPS 66.389895, 23.730458.

ÖVERTORNEÅ
(9 km – 90 km)

Dieser 2000 Einwohner zählende Ort hieß eigentlich Matarengi; nach dem Bau der Bahnlinie wurde er umgetauft. Wegen seiner geschützten Lage in einem flachen Tal wachsen hier sogar Tomaten und Blumenkohl. Über zwei Brücken kann man nach Ylitornio in Finnland fahren. Es gibt ein Hallenbad (im Sockenvägen 1) und das übliche klotzige Dorfhotel namens Tornedalia, in dem man gut etwas essen kann. Im Matarengivägen, der Einkaufsstraße, liegen diverse Cafés und alle notwendigen Geschäfte.

Zu Marketingzwecken wurde die Gemeinde zum „Land am Polarkreis“ mit eigener Regierung ausgerufen. Laut Statistik ist es die gesündeste Gemeinde des Landes, was einige Ökoprojekte angezogen und Övertorneå das Attribut „Ökogemeinde“ beschert hat. **Die Holzkirche** wurde aus Teilen einer vom Fluss angeschwemmten Kapelle gebaut: quasi Kirchenrecycling aus dem 17. Jh. Die barocke Orgel wurde 1608 in Spandau bei Berlin hergestellt. Die heute älteste spielbare Orgel in Schweden wurde für 250 Kronen gekauft und von einem Orgelbauer aus Stockholm aufgestellt. Das Veranstaltungshaus **Röda Kvarn,** die Rote Mühle, besteht praktisch nur aus dem Dach. Sie wurde 1916 aus überschüssigem Material der Bahnstrecke errichtet und diente seitdem als Theater, Kino und Tanzsaal.

Information

› **Övertorneå-Ylitornio turism,** Finlandsvägen 1, Tel. 0927 79651, www.heartoflapland.com.

Sehenswertes

› **Övertorneå Kyrka,** Matarengivägen 30, geöffnet bei Veranstaltungen, den Schlüssel beim Pfarrer erfragen oder dem Büro des Gemeindehauses, das wochentags 9–12 Uhr geöffnet ist.

› **Röda Kvarn,** Matarengivägen16, diverse Veranstaltungen, hauptsächlich an den Wochenenden.

Essen

› **Hotel Tornedalia,** Sockenvägen 1, Tel. 0927 77550, www.tornedalia.se

125 Övertorneå Camping

GPS 66.395431, 23.645239

Matarengivägen 56, Tel. 0927 10035, www.holidayvillage.se, im Ort am Torneälven gelegen, ganzjährig, Womoplatz 190 skr, mit Strom 250 skr, mit dem Hotel Prästgården verbunden, mit Laden, Restaurant und Sauna.

Ausflug zum Berg Luppio

Der Berg Luppio ist eine eigenartig geformte Granitformation. Er liegt 10 km nördlich vom Ort, an der Straße steht „Luppioberget“. Treppen und Wege führen auf den Berg (GPS 66.312155726, 23.610713481). Unten ist eine Cafeteria, in der heute noch Kobolde arbeiten sollen.

WEITERFAHRT RICHTUNG PELLO

Obwohl die Landschaft auf beiden Seiten des Flusses gleich schön ist, stört **auf der finnischen Seite** die Eisenbahnlinie, die bis Pello teilweise zwischen Straße und Fluss angelegt wurde. Wer mit dem Tanken nicht bis Pello warten kann, findet östlich des Flusses am Polarkreis eine Tankstelle und erhält seinen obligatorischen Stempel.

Auf der schwedischen Seite auf der Straße 99 ist es schöner. Auf jeden Fall überschreitet man den Polarkreis, wobei dort etwas mehr Trubel herrscht als östlich des Flusses.

JUOKSENKI (JUOKSENGI)

(28 km – 118 km)

In Finnland überschreitet man an diesem unscheinbaren Ort den Polarkreis (s. S. 78) bei GPS 66.553438, 23.864082. Es gibt das obligatorische Rasthaus mit Urkunde und Sonderstempel (geöffnet: 9–18 Uhr). Außerdem befindet sich hier ein sehr guter **Parkplatz** für Wohnmobile mit Cafeteria, Kinderspielplatz und Tankstelle. Dennoch ist es weitaus ruhiger als in Schweden. Auf der E8 geht es weiter nach Turtola. Dabei liegen auf der linken Seite zwischen Fluss und Straße die Kirche und der Friedhof. Gegenüber in einem Kiefernwäldchen ist ein Parkplatz angelegt. Wenn man weiterfährt gelangt man nach Pello.

Auf der schwedischen Seite ist bei GPS 66.560225, 23.836062 ein Parkplatz mit Tischen und Bänken, hier jedoch sieht es eher aus wie auf einem Markt, fliegende Händler bieten ihre Waren feil. Auch auf der schwedischen Seite ist eine Rast mit Kirchenbesuch möglich. Bei Svanstein, GPS 66.654508, 23.858871, gibt es einen Rastplatz unter Bäumen am Fluss, ein Schild animiert zum Baden. Um nach Pello zu gelangen, biegt man auf der 99 bei GPS 66.8156, 23.920004 rechts ab auf den Ragnar Lassinanttis väg bzw. die Nebenstraße 402, überquert nach 3 km die Brücke und hat dann das nördliche Ortsende von Pello erreicht. Zum Ortskern fährt man also auf der E8 rechts ab kurz nach Süden.

Dunkler wird's nicht: Mitternachtssonne bei Pello

084wn Abb.: fh

PELLO (FRÜHER TURTOLA)

(29 km – 147 km)

Pello ist eine nach dem Krieg entstandene Stadt mit etwa 3800 Einwohnern. Kittisvaara heißt das Denkmal für die französische Gradmessungs-Expedition von **Pierre Louis Moreau de Maupertuis,** der hier Station machte.

› Hinweisschild an der E8, GPS 66.80672, 24.002638

Information

› **Pellon Tourist Info,** Kolarintie 9, Tel. 040 8014366.

Einkaufen kann man bei Eräväärtit in der Hellandintie. Am Ufer des Flusses mit Blick auf die schwedische Seite liegen Blockhütten, der Lassila-Hof und der Campingplatz (an der Esso-Tankstelle links von der 21 auf die Nivanpääntie abbiegen). Links neben der Brücke, gegenüber der Tankstelle ist ein Parkplatz mit Flussblick, GPS 66.80672, 24.002638. Es gibt ein Heimatmuseum zu besichtigen, das nur nach Vereinbarung geöffnet ist, und die Kirche, die mit Hilfe amerikanischer Christen 1953 gebaut wurde. Keramik der Firma Pentik kann man in der Kolarintie 19 erstehen, gegenüber dem Abzweig zum Gradmesser-Denkmal.

1974 wurde eine Brücke über den Tornionjoki gebaut. Man kann seitdem nach Ruotsi (Schweden) hinüber in den gleichnamigen Ort fahren. Von Pello sind es 65 km bis zum nächsten größeren Ort, in dem es wieder eine Möglichkeit zum Überqueren des Flusses gibt.

126 Camping Pello

GPS 66.785212, 23.94453

Nivanpääntie 56, von der 21 nach der Shell-Tankstelle in Richtung Nivanpää abbiegen, noch 1,5 km, Tel. 040 8773081, www.camping-pello.fi, Stellplätze mit und ohne Schatten 15 € plus 3 € pro Person, Strom 6 €, 1.6.–25.9. Der Platz liegt am Ufer des Muoniojoki.

127 Myllyn Pirtti

GPS 66.937862, 23.887711

Orankitie 14, 95710 Naamijoki, www.myllynpirtti.fi, Tel. 040 7290543. Das Rasthaus unweit der Wasserfälle auf der finnischen Seite, Straße 9381, vermietet ein paar Stellplätze und eine Hütte, deren Preis man aushandeln muss.

IN SCHWEDEN AUF DER 99 NACH PAJALA

Auf schwedischer Seite verläuft die 99 bis Pajala parallel zum Torneälven, hier dominiert eher die Forstwirtschaft. Vereinzelte Parkbuchten liegen an der Fahrbahn. 3 km vor Pajala liegen die **Stromschnellen von Kengis** am Zusammenfluss von Muonio- und Tornionjoki. Der Abzweig zu den Schnellen bei GPS 67.188107, 23.479443 ist ausgeschildert. Teile der folgenden Strecke der 99 bestehen noch aus einer Schotterpiste, der aber bald mal eine geschlossene Stra-

› *Immer wieder ergeben sich ruhige Rastplätze*

ßendecke folgen wird. Einmal tangiert die Straße das Flussufer bei GPS 66.960714, 23.826599. Hier ist ein Rastplatz, der allerdings mit größeren Wohnmobilen schlecht zu befahren ist (Sehenswertes und Campingplätze in Pajala s. S. 279).

IN FINNLAND AUF DER 9381 NACH KOLARI

Wer auf der finnischen Seite des Grenzflusses fährt und etwas Zeit hat, sollte hinter Pello bei Havelanpäa die Hauptstraße verlassen und der landschaftlich sehr schönen Uferstraße 9381 links in Richtung Väylänpää weiter flussaufwärts folgen. Auf ihr kommt man auch nach Kolari. Eine gute Straßendecke macht das Fahren auf ihr zum Vergnügen, der Umweg lohnt sich.

Nach 43 km auf der 9381 erscheint links am Flussufer der einfache Stellplatz **Lappean Loma** an einer ehemaligen Schule, Lappeantie 251, GPS 67.155897, 23.57867 (Tel. 0416-563155). Weitere 12 km später kommt bei GPS 67.249549, 23.565159 ein **Parkplatz direkt am Ufer** zum Erholen. Ein Radweg flankiert die Straße, durch die Birken schimmert das glitzernde Band des Muoniojoki, rechts erscheint ab und zu die Eisenbahn. Die Gegend ist landwirtschaftlich geprägt und es geht flott voran. 4 km vor dem Ziel stößt links die 403 hinzu, das Schild weist durch die Aufschrift „Ruotsi“ (Schweden) auf die grenzüberschreitende Straße hin. Ab hier heißt die Straße nun 843 und der Verkehr nimmt zu. Am Ortseingang von Kolari trifft man auf die E8.

(129) Lappean Loma

GPS 67.155518, 23.578042

Lappeantie 251, Tel. 016 563155, ein simpler Platz, auf einem alten Schulgelände, keine hohen Fahrzeuge möglich, Stellplatz 30 €, Strom 5 €, Ruderbootverleih, kein Restaurant.

IN FINNLAND AUF DER E8 NACH KOLARI

Wer **auf der E8 durch Finnland** weitergerauscht ist, findet bei GPS 66.905243, 24.096258 eine schmale Haltestelle mit Blick über den Orajärvi-See, 300 m weiter führt rechts ein Weg zum Wasser. Wer müde wird, kann bei Talarinkangas den Jouttensuvanno Camping ansteuern und dort eine Pause einlegen. Die Besitzer betreiben eine Milchwirtschaft.

(128) Jouttensuvannon Loma

GPS 67.002692, 23.776857

Tel. 0400 216264, www.koivusaajonlomamajat.com. Stellplatz 30 €, Strom 5 €, Sauna frei. Zugang zum Wasser.

PAJALA

(87 km – 234 km)

Im 17. Jh. erlangte die Stadt am Torneälven lokale Wichtigkeit, weil in der Nähe, im damals finnischen Kengis, Eisenerz gefunden wurde. Es entstanden kleine Metallbetriebe, die ihre Erzeugnisse auf dem alljährlichen Markt den Samen aus Norwegen, Finnland und Russland verkauften. Seit 1909 ist daraus nur noch ein Erinnerungsmarkt am Sonntag nach der Sonnenwende geworden. 1861 starb hier der Prediger Læstadius (s. S. 289). Er liegt bei der Kirche begraben. Im Pfarrhof ist ein kleines **Museum.**

› **Laestadius Museum,** hier lebte Lars Levi Læstadius in seinen letzten Jahren. Das Museum zeigt Gegenstände aus seinem Leben. Geöffnet: 16.6.–9.8. Mo.–Sa. 11–16 Uhr.

Außerdem gibt es ein beheiztes Freibad beim Campingplatz und eine Badeinsel im Torneälv. Auch heute noch wird hier Tornedalfinnisch (Meänkieli) gesprochen, das seit 1999 als Minderheitensprache anerkannt ist. Nördlich der Kleinstadt liegt an der 395 ein kleiner Flughafen mit Flügen nach Stockholm. Der Schriftsteller Mikael Niemi, der 1959 hier geboren wurde, machte die Gegend, „in der es absolut nichts zu sehen gibt“, in seinem Roman „Populärmusik aus Vittula“ sehr berühmt, sodass man heute sogar Führungen auf den Spuren des Romans im Touristbüro buchen kann. Außerdem wird im Winter ein Wettbewerb im Eisfischen abgehalten, das Pimpeltävling.

Information

› **Turistbyrå,** Kirunavägen 3, Tel. 0978 10015.

130 Pajala Camping

GPS 67.204365, 23.408854

Tannaniemi 65, Tel. 0978 74180, am Südende des Ortes von der 403 abbiegen, 1,5 km außerhalb am Torneälven gelegen, 50 Stellplätze jeweils ab 145 skr und Jugendherbergszimmer, ganzjährig geöffnet, auf einem bewaldeten Grundstück.

131 Logen Camping

GPS 67.419392, 22.55329

Kirunavägen 4, in Junosuando die Straße 395, etwa 55 km von Pajala, Tel. 097 830160, 15 Stellplätze jeweils ab 100 skr plus Strom 50 skr, im Wald gelegen.

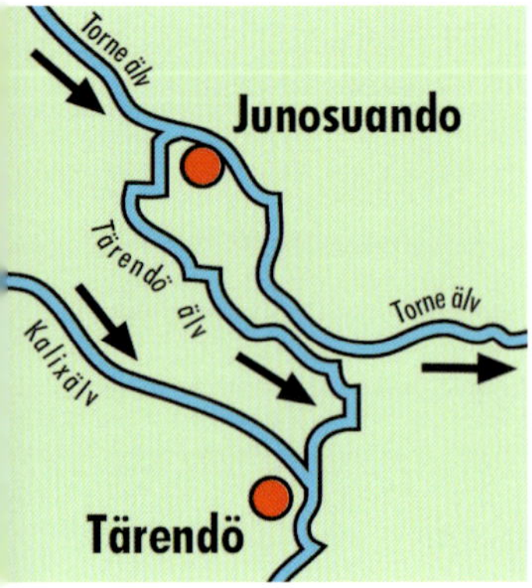

086wn

AUSFLUG ZUR BIFURKATION VON TÄRENDÖ

(von Pajala 42 km pro Strecke)

Zwischen Tärendö und Junosuando gibt es eine Bifurkation dreier Flüsse zu sehen. Ab Pajala fährt man dazu 30 km nach Nordwesten auf der 395 bis Anttis, dort rechts ab auf die 394 nach Tärendö. Die Bifurkation liegt vor dem Ort links – es ist die zweitgrößte der Welt.

Eine **Bifurkation** ist eine sehr seltene natürliche Verbindung zwischen zwei Flüssen. Die Wasser des Torneälven fließen zur Hälfte über den Tärendöälven in den Kalixälven ab. Dieses Naturphänomen gibt es auch noch einmal in Deutschland (Niedersachsen bei Melle-Gesmold), allerdings völlig unspektakulär auf einer Wiese.

VON SCHWEDEN NACH KOLARI

Wer wieder nach Finnland auf die E8 fahren will, überquert den Torneälven auf der Straße 403 über eine flotte weiße Hängebrücke bei GPS 67.207491, 23.396759.

Die Nebenstraße 403 ist schmal und erreicht Kolari nach 25 Kilometern. Ein unscheinbarer Abzweig weist nach Finnland über die Brücke des Muonioälven. Drüben angekommen stößt man bei GPS 67.311472, 23.741941 gleich auf die 943, der man nach der Brücke links ab nach Kolari folgt.

AUF DER 99 NACH KARESUANDO

Westlich von Pajala führt die **Straße 99** auf die andere Seite des Torneälven Richtung Norden. Sie ist befestigt und hat bessere Parkplätze als das Straßenstück vor Pajala. Auf beiden Seiten des Torneälven/Tornionjoki hat die Straße unbemerkt an Höhe gewonnen und man kann dann und wann zwischen den Bäumen auf den trägen Fluss hinunterschauen. Auf der 99 fährt man, ohne durch igendwelche Orte zu kommen, in Richtung Karesuando.

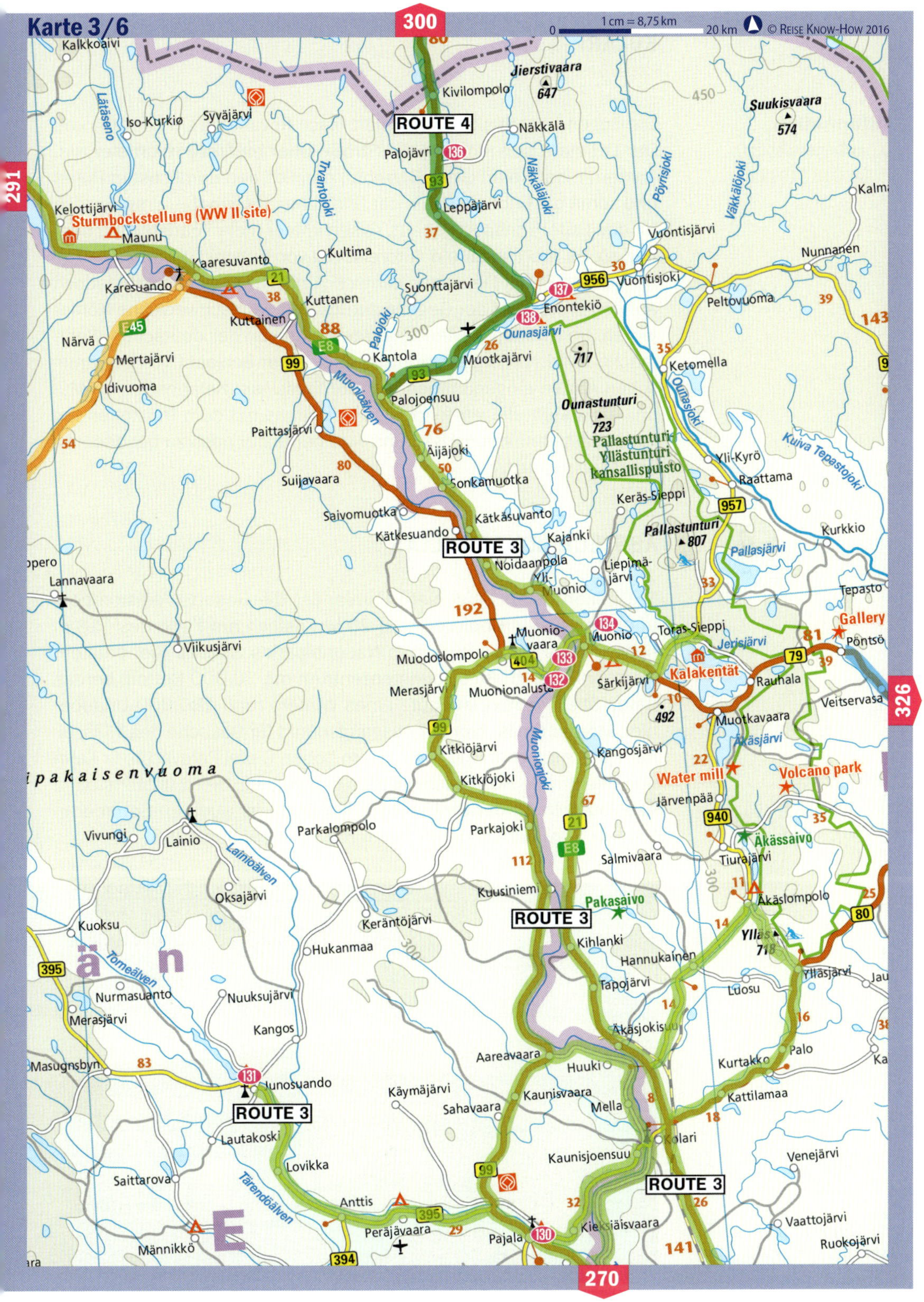
Karte 3/6
300
1 cm = 8,75 km
0
20 km
© Reise Know-How 2016
291
326
270
Kalkkoaivi
Lätäseno
Iso-Kurkiø
Syväjärvi
Kivilompolo
Jierstivaara
647
ROUTE 4
Näkkälä
450
Suukisvaara
574
Palojärvi
136
93
Tirvantojoki
Näkkäläjoki
Pöyrisjoki
Vakkäjöjoki
Kalma
Leppäjärvi
Kelottijärvi
Sturmbockstellung (WW II site)
Maunu
37
Kultima
Vuontisjärvi
Nunnanen
Kaaresuvanto
21
Karesuando
Suonttajärvi
137
956
30
Vuontisjoki
Peltovuoma
39
143
38
Kuttanen
Enontekiö
Kuttainen
88
138
Ounasjärvi
E45
Närvä
E8
Palojoki
300
Kantola
26
Muotkajärvi
717
35
Ketomella
Mertajärvi
99
93
Idivuoma
Palojoensuu
Muonioälven
Ounastunturi
723
Ounasjoki
Pallastunturi-Yllästunturi kansallispuisto
Kuiva Tepastojoki
54
Paittasjärvi
76
Äijäjoki
Yli-Kyrö
80
50
Raattama
Suijavaara
Sonkamuotka
Keräs-Sieppi
957
Saivomuotka
Kätkäsuvanto
Kätkesuando
Kajanki
Pallastunturi
807
Kurkkio
ROUTE 3
Pallasjärvi
Noidaanpola
Liepimäjärvi
Yli-Muonio
33
Tepasto
Lannavaara
192
Gallery
134
Muonio
Toras-Sieppi
81
Pöntsö
Muoniovaara
Jerisjärvi
Viikusjärvi
79
Muodoslompolo
404
133
12
Kalakentät
39
Rauhala
14
132
Särkijärvi
Merasjärvi
Muonionalusta
10
Veitservasa
492
Muotkavaara
Äkäsjärvi
99
Kitkiöjärvi
Kangosjärvi
Muonionjoki
22
Water mill
Volcano park
Kitkiöjoki
Järvenpää
67
940
35
Parkalompolo
21
Vivungi
Lainio
Parkajoki
E8
Äkässaivo
Lainioälven
Salmivaara
Tiurajärvi
112
300
Oksajärvi
11
Kuusiniemi
Äkäslompolo
25
Pakasaivo
ROUTE 3
80
Kuoksu
Keräntöjärvi
14
Ylläs
718
Kihlanki
Hukanmaa
300
Hannukainen
395
Yllasjärvi
Tornealven
Tapojärvi
Luosu
Nurmasuanto
Nuuksujärvi
14
16
Merasjärvi
Kangos
Äkäsjokisuu
Palo
Aareavaara
Huuki
Kurtakko
Masugnsbyn
83
131
Junosuando
Käymäjärvi
Kaunisvaara
Kattilamaa
8
Sahavaara
Mella
18
ROUTE 3
Kolari
Lautakoski
Venejärvi
Kaunisjoensuu
Lovikka
99
ROUTE 3
Saittarova
Tärendöälven
26
Anttis
32
395
Vaattojärvi
Peräjävaara
29
Pajala
130
Kieksiäisvaara
Männikkö
394
141
Ruokojärvi

KOLARI

(27 km – 261 km)

Information

› im Gemeindebüro, Tel. 016 519111.

Die Gegend nennt sich Tornedalen. Nach Rovaniemi sind es 164 km. Der Ort zieht sich entlang der Straße über mehrere Kilometer hin. Immerhin hat Kolari einen Bahnhof, nämlich den nördlichsten Punkt und somit die Endhaltestelle der finnischen Eisenbahn. Ursprünglich für den Gütertransport gebaut, reisen immer mehr Touristen mit dem Zug an: Es fährt sogar ein Autoreisezug von Helsinki dorthin.

Kolari heißt auf Deutsch eigentlich „Unfall". Der Name geht jedoch auf den ersten Hof der Gegend zurück, auf dem schwedische Köhler lebten. Im Zweiten Weltkrieg wurde Kolari von der deutschen Wehrmacht 1944 niedergebrannt und nach einer Schlacht von der finnischen Armee eingenommen. Auf der Flussinsel Kolarinsaari im Muonionjoki steht die würfelförmige Holzkirche mit dem freistehenden Turm. Sie stammt von 1818 und wird heute nur noch zu besonderen Anlässen genutzt.

ABSTECHER NACH YLLÄS

Die beliebtesten Skigebiete Finnlands, die Resorts Äkäslompolo und Ylläsjärvi, gruppieren sich 20 km östlich am Fuße des 718 m hohe Berges Yllästunturi (zum Nationalpark s. S. 331). Hier entsteht Nordfinnlands größtes Touristenzentrum mit 30.000 Betten, bereits heute übernachten im Laufe eines Winters rund 180.000 Urlauber hier. Momentan ist hier der Ausgangspunkt für Besuche des Ylläs, einer Fjell-Landschaft mit dem 718 m hohen Gipfel Palovartio. Er kann über die Straße 80 erreicht werden und liegt bei der Touristenstation Äkäslompolo an der Straße 940. Ein Skilift ist auch im Sommer in Betrieb. Sommerwanderer finden Hinweise auf Seite 286.

162wn Abb.: fh

Still ruht der See: der Ylläsjärvi im Spätherbst

Den See Ylläsjärvi in etwa 20 km Entfernung erreicht man über die 80 in Richtung Kaukonen und fährt in Kurtakko links ab. Er ist ein guter Angelsee und das umliegende Gebiet ist ein Naturpark. Informationen gibt es an der Inarintie im Yllä-Lappi-Naturzentrum. Unterkunft mit Seeblick wird im Ylläsjärven Tunturihotelli angeboten (Tel. 040 5724328, www.yllasjarventunturihotelli.com). Der Ort **Ylläs** ist für seine interessanten Musikfeste bekannt. Im Sommer und im Herbst werden hier samische Opern aufgeführt. Auch lockt das winterliche Jazzfestival Tausende ins Fjellgebiet. Sehenswert ist weiterhin die Saunagondelbahn. Eine Fahrt dauert 20 Minuten, die Gondel wird zum Heizen abgenommen.

Die Brücke vor Kolari ist die letzte Möglichkeit zur Flussüberquerung vor Muonio.

WEITERFAHRT NACH MUONIO AUF SCHWEDISCHER SEITE

Wer von Kolari aus auf der schwedischen Seite weiterfahren will, muß die Flussbrücke zur 403 am Südende des Ortes nehmen, die Nebenstraße folgt den Windungen des Muoniojoki flussaufwärts. Wie vorher, ab und zu ein Abzweig, dazwischen ist der Seitenstreifen nicht befahrbar. Die Böden sind mager und mit niederem Gras bedeckt. Nach gut 30 km trifft man auf die Straße 99 von Pajala nach Muodoslompolo, der man dann rechts nach Norden folgt. Sporadisch liegen **Rastplätze** am Wegesrand. Etwa ein traumhaft schöner am Flussufer, bei GPS 67.485968, 23.394012, allerdings ist das Abbiegen und Wenden schwierig für große Womos. Die 99 mäandert inzwischen durch den Wald und man kann sich am kleinen Kitkiöjärvi erfreuen, wo es einen Parkplatz und einen **Badestrand** gibt (GPS 67.824152, 23.157291). Im gleichnamigen Ort, auf der linken Seite, findet man noch einen Laden und eine Tankstelle. 5 km weiter liegt der nächste schöne Parkplatz in Fällträsk am Ruokujärvi. Der See Merasjärvi, 3 km später, hat keinen Parkplatz, auch der folgende Tanojärvi liegt glatt und parkplatzlos hinter den Büschen.

In Muodoslompolo kann man baden und einkaufen, rechts geht es ab nach Muonio. Diese Straße hat die Nummer 404. (Oder man bleibt in Schweden und fährt auf der 99 in nördlicher Richtung nach Kaaresuvanto.) Wer auf dem Weg nach Muonio das Kurven satt hat, dem bietet sich kurz vor dem Fluss bei Muonionalusta eine Bleibe beim Campingplatz **Rajamaa.**

132 Rajamaa AB

GPS 67.898457, 23.563185

Muonionalusta 25, Muodoslompolo, Tel. 0978 43040, www.rajamaa.com.
5 Hütten ab 45 €, ganzjährig geöffnet.

Nach 13 km auf der Nebenstraße 404 steht man plötzlich vor der Brücke über den Muonioälven. Im Norden ragt der Kirchturm von Muonio im Hintergrund in den Himmel und geradeaus steht die Zollstation, da der Fluss immer noch die Grenze zwischen Finnland und Schweden bildet.

WEITERFAHRT NACH MUONIO AUF FINNISCHER SEITE

Die finnische E8 schneidet einen Bogen des Grenzflusses ab und trifft erst 25 km später, bei Kutusuvanto wieder am Ufer ein. Man erreicht von hier ostwärts das Wintersport- und Wandergebiet **Äkäslompolo.** Der Finnlandfahrer hügelt sich langsam aufwärts durch waldreiche Gegenden, deren sandige Böden mager mit niederem Gras und Blaubeergestrüpp bedeckt sind. Die Straße verlässt nun die Ufer des Muoniojoki und verläuft im Abstand von etwa 15 km komplett durch den Wald. Vorbei an Ansiedlungen wie Nykänen, Eskelinen, Vitsikkopalo und Viekopalo gelangt man in den Großraum Muonio wo man hinter Sivula auch wieder zum Fluss kommt. 5 km vor Muonio, weist ein Schild links zum Fluss und den Stromschnellen Äijäkoski, sie fließen schnell und sind etwa 600 m lang, eine echte Herausforderung für geübte Paddler. Vom Parkplatz auf der rechten Straßenseite bei GPS 67.904467, 23.608911 führt ein Weg ans Ufer. Ein Stück weiter, in Pahtonen, hat die Gemeinde Muonio einen schönen Rastplatz am See gebaut, wo man sich hinsetzen und die Infotafeln studieren kann (GPS 67.911282, 23.633072).

Inzwischen hat man nun 75 km seit Kolari zurückgelegt. Das erste von Muonio ist der Campingplatz Harriniva.

133 Harrinivan Lomakeskus

GPS 67.933469, 23.656586

Harrinivantie 35, Tel. 016 532750, www.harriniva.fi, Stellplätze 22 €, Strom 5 €, voller Service von 1.6.–1.10, mit Restaurant und Badestelle am Fluss.

Vorbei an der Flussbrücke nach Schweden ist bald Muonio erreicht. Kurz vor dem Zentrum des weitläufig angelegten Ortes trifft die E8/21 auf die 79, die von Rovaniemi (Route 5) kommt.

MUONIO (MUONÁ)

(78 km – 339 km)

Der Ort ist weitläufig angelegt, bietet aber bis auf die Stromschnellen des Flusses nichts Aufregendes. Er ist allerdings ein wichtiger Verkehrsknotenpunkt. An der Kreuzung liegt ein Selbstbedienungsrestaurant, dass durch seine Skulptur auf dem Dach auffällt. **Achtung: Die Tankstelle** ist im weiten Umkreis die einzige.

Auf dem Muoniojoki werden jedes Jahr große Kanu-Wettbewerbe veranstaltet, die über die Stromschnellen führen. Die **Äijäkoski** genannten Schnellen sollen die schwierigsten des ganzen Flusses sein. Kanus kann man z. B. bei den Campingplätzen leihen. Die **Kunstgalerie** Veli Koljonen am Särkijärvi bietet Souvenirs örtlicher Künstler. Kotikäsityö Tiuhta ist auf Handarbeiten spezialisiert (Torassiepintie 255). Ansonsten gibt es hier alles, was der Reisende zum täglichen Bedarf braucht.

Information

› **Kunnantoimisto** (Gemeindeamt), Puthaanrannantie 15, Tel. 016 534311, www.muonio.fi. **Touristeninformation** auch im **Kiela Naturium,** Kilpisjärventie 15, 99301 Muonio, Tel. 016 532280.

134 Lomamaja Pekonen

GPS 67.954862, 23.673477

Lahenrannantie 10, der Campingplatz Pekonen erstreckt sich an einem Hügel. Tel. 040 5508436, www.lomamajapekonen.fi, Womoplatz 22 €, mit Strom 26 €, auch Appartments, ganzjähig geöffnet.

ABSTECHER ZUM YLLÄSTUNTURI-NATIONALPARK

Wer von Muonio die Straße 79 in Richtung Rovaniemi nimmt, kann nach 20 km die Keimiöniemi besuchen. Sie sind als angeblich **älteste Fischerhütten** der Gegend eines der „Sieben Wunder" Lapplands. Immerhin liegen sie landschaftlich reizvoll auf einer schmalen Halbinsel im See Jerisjärvi (GPS 67.92685, 24.057226). Man biegt bei Särkijärvi auf die 957 Richtung Hotel Pallastunturi ab und dann am Schild nach Kittilä. Der Stichweg ist ausgeschildert und unbefestigt.

Zwischen den Orten Muonio im Westen und Hetta 60 km nördlich ersteckt sich der **Pallas-Yllästunturi-Nationalpark** (s. S. 331). Die Zufahrt ist ebenfalls von der 79 aus möglich, vom Abzweig sind es noch 32 km auf der 940 nach Süden.

Im Pallas-Yllästunturi-Nationalpark wurden manche Wege mit Brettern ausgelegt

088wn Abb.: fh

Ausgangspunkte für eine Tour sind das Pallas-Hotel an der Pallastunturintie, die von der Straße 957 links abzweigt, die Siedlung Raattama östlich des Gebietes ebenfalls an der Straße 957 oder der Ort Enontekiö/Hetta am nördlichen Ende. Es gibt ausreichend Schilder an der Strecke.

Parken

› Vor dem Pallas-Hotel ist ein großer Parkplatz bei GPS 68.04152, 24.06847, der sich zum Übernachten eignet.

WANDERN UM ÄKÄSLOMPOLO

Für das Wintersportgebiet Äkäslompolo gibt es ein Informationscenter und zwar das **Naturzentrum Kellokas.** Dieses stellt Informationen zur Natur und den Wanderwegen zur Verfügung – z. B. startet von hier die etwa 64 km lange Route Pallas–Hetta. Entlang dieser Route liegen Zelt-Areale mit Feuerstellen sowie einige unverschlossene Hütten.

Die 70 km lange südliche Tour bis Ylläs startet hier ebenfalls. Private Unterkünfte kann man in einigen Häusern der umliegenden Siedlungen finden. Weiterhin befinden sich Zeltplätze, Feriensiedlungen, Jugendherbergen und Hotels in diesem Gebiet.

› **Informationscenter Naturzentrum Kellokas,** Tunturintie 54, in Äkäslompolo, meist von 9–16 Uhr geöffnet, Tel. 040 5502424

AUSFLUG ZUM YLLÄS

Der Berg Ylläs selbst ist ein guter Mitternachtssonnen-Aussichtsplatz. Der Park gehört im Sommer wie im Winter zu den schönsten Naturparks Finnlands.

Wer keine Lust zum Wandern hat, kann auf einer Straße durch den Park fahren. Das Ylläsgebiet erreicht man von Muonio 12 km auf der Rv79 bis Muotkavaara, dort rechts ab auf die Rv940 Richtung Äkäslompolo. Dies ist eine landschaftlich herrliche Strecke, auf der aber Camping und Feuermachen verboten sind, da es sich um ein Naturschutzgebiet handelt.

Eine Sehenswürdigkeit dieser Gegend ist die alte **Wassermühle Äkäslinkka** am Tjuramatala-Fluss.

› 15 km nach dem Abzweig an der 940 gelegen. Dazu gehört ein Café. Sie liegt nördlich von der Siedlung Äkäslompolo, GPS 67.741345, 24.093053, geöffnet: 10–15 Uhr.

Danach kann man einen der Rundwanderwege ausprobieren. In der Nähe, an einem See gelegen, ist ein alter samischer Opferplatz, der Äkässaivo heißt.

WEITER AUF SCHWEDISCHER SEITE AB MUONIO

Wer auf schwedischer Seite von Muonio aus weiter möchte, muss nach Muodoslompolo zurück und dann die Straße 99 befahren. Sie geht auf schwedischer Seite noch bis Karesuando und biegt wieder nach Süden zur Verbindung nach Svappavaara und Gällivare ab (siehe Route 2b Verbindung von Svappavaara zur Route 3 auf Seite 202). **Achtung:** Die Straße ist teilweise in so einem schlechten Zustand, dass man hinter jeder Kurve erwartet, dass sie vor einer Absperrung endet. In Saivomuotka tangiert sie den Muoniojoki. Dort ist auch ein Halteplatz. Danach gibt es wieder einen besseren Straßenbelag.

WEITERFAHRT NACH PALOJOENSUU

Zur Weiterfahrt von Muonio nach Palojoensuu sollten Nordlandfahrer die E8 auf finnischer Seite wählen. In Muonio besteht noch die Möglichkeit, ein Stück am Muoniojärvi entlang zu fahren: Von der Hauptkreuzung fährt man 200 m in Richtung Camping Pekonen und biegt dann rechts über die Brücke nach Puutaranta ab. Nach der Stadtgrenze wird die Straße allerdings recht schmal, bevor sie nach 5 km wieder auf die E8/21 trifft. Als Nächstes muss der See Utkujärvi umrundet werden, bevor man an der schmalsten Stelle des Sees über einen Damm auf dessen andere Seite gelangen kann. Davor liegt auf der rechten Seite eine **Parkmöglichkeit:** Eine langgestreckte „Parkstraße", die gut und gerne 20 Womos aufnehmen kann (GPS 68.031424, 23.558711).

Seit Tornio/Haparanda hat die Straße jetzt 230 m an Höhe gewonnen. Der Bewuchs wird spärlicher, aber man sieht immer noch Wälder mit Blaubeerfeldern. Dass man sich mittlerweile tief in Lappland befindet, ist auch daran zu bemerken, dass häufiger Menschen mit Trachten auftauchen. Besonders in Enontekiö bzw. Hetta (s. S. 302) kann man sonntags viele beim Kirchgang sehen. Die E8/21 ist perfekt ausgebaut, sodass man gut nach Palojoensuu gelangt.

Hütten wie diese sind im Winter meist nur auf Skiern erreichbar

PALOJOENSUU (BÁLOJOTNJÁLBMI)
(50 km – 389 km)

Dies ist eigentlich kein Ort, es ist nur die Straßenkreuzung, wo die 93 nach Kautokeino und Enontekiö abzweigt. Es liegen ein paar Gehöfte längs der Straße, sonst gibt es nichts.

WEITERFAHRT AUF FINNISCHER SEITE

Wer weiter der E8/21 folgt, die jetzt nach Nordwesten abbiegt, gelangt als Nächstes nach Kaaresuvanto. In Finnland fährt man ein Stück weiter durch Kutainen.

WEITERFAHRT AUF SCHWEDISCHER SEITE

In Schweden gibt es auch ein Hinweisschild zu diesem Ort. Beide haben jedoch nichts miteinander zu tun, eine Brücke gibt es nicht. Allerdings gibt es einen schönen **Parkplatz** am See, wenn man am Abzweig Kutainen von der 99 abbiegt und einen Kilometer fährt, bei GPS 668.360685, 22.760539. In Schweden steigt die Straße hinter der Ortschaft weiter an, man kommt durch eine Dünenlandschaft und es tut sich die Ebene auf.

WEITER AUF DER ROUTE 4 NACH ALTA

Wer auf dem schnellsten Wege zum Nordkap will, kann in Palojoensuu die E8 in Richtung Enontekiö/Hetta verlassen und die Route 4 auf Seite 301 nehmen. Man fährt dann auf der 93 ziemlich genau nach Norden auf die Stadt Alta in Nordnorwegen zu (246 km).

KAARESUVANTO (KARESUANDO, GÁRASAVVON)
(38 km – 427 km)

Der Ort heißt auf schwedischer Seite Karesuando, auf der finnischen Seite Kaaresuvanto. Eine Brücke verbindet die binationale Ortschaft, die Grenze verläuft in der Mitte des Flusses. Bis der Muonioälven bzw. Mounionjoki zur Grenze zwischen Schweden und Finnland wurde, war dies ein Ort. An der neumodischen Grenze stört man sich aber an beiden Ufern wenig. Die Brücke ermöglicht Einheimischen wie Touristen den Grenzübergang. Gegründet wurde der Marktflecken 1673 von den Siedlern Matti Martinpoika und Niilo Niilonpoika Niva. Der Ort wurde 1945 von den Deutschen niedergebrannt und später schnell wieder aufgebaut.

Stellplatz
GPS 68.4492, 22.4835
In Karesuvanto gegenüber der Tankstelle liegt ein unbefestigter Parkplatz, Imbissbude mit Toilette neben der Tankstelle.

Lars Levi Læstadius, „Apostel der Samen“

090wn Abb.: fn

*Der 1800 im nordschwedischen Jäkkvik geborene Læstadius studierte in Uppsala **Theologie** und Botanik. 1825 wurde er Pfarrer in Karesuando, vertiefte seine botanischen Studien und galt schnell als Experte der arktischen Flora.*
*Als Pfarrer und später als Propst wetterte er vor allem gegen den Alkoholmissbrauch und lose Sitten in der samischen Bevölkerung. Durch die Begegnung mit der Samin Milla Clementsdotter 1844 beschloß er, den Samen das Christentum zu bringen. Er stieß eine **Erweckungsbewegung** an, die das religiöse Leben Lapplands für lange Zeit prägte. Da Laestadius auch auf Samisch predigte, waren viele Anhänger der læstadianischen Bewegung Samen. Seine gefühlsbetonten Predigten waren äußerst beliebt und versetzten die Gemeindemitglieder, die sich gegenseitig die Sünden vergaben, in Ekstasen. Dies passte auch in die animistische samische Religion. Und selbst nach 200 Jahren als Christen waren noch viele der Samen der animistischen Tradition treu geblieben. Allerdings versuchte Læstadius auch, den Samen die höchste Moral zu predigen, was teilweise den alten Bräuchen widersprach. Aus seiner Anhängerschaft entstand der noch heute weit verbreitete Læstadianismus. 1852 kam es in Kautokeino zu blutigen Ausschreitungen von Læstadianern, die angeblich Læstadius auslöste. Die Macht des Probstes kam auch dem Bischof von Uppsala zu Ohren und er sandte seine Diener aus, um dem Treiben ein Ende zu setzen. Monate später kehrten sie zurück und berichteten dem Bischof, dass keine Möglichkeit bestände, auf Læstadius mäßigend einzuwirken. Erst im Alter wurde er milder, heiratete Milla und übergab die Aufgabe des Predigens seinem Schüler Raattama.*
*In der Kirche von Karesuando erinnern die Hütte (pörte) im Pfarrhof, in der der Pfarrer zuerst wohnte und das **Altarbild** mit Læstadius, seinem Schüler Raattama und der Mutter Gottes am Fuße des Kreuzes an den Gründer der samischen Erweckungsbewegung.*

Das finnische **Kaaresuvanto** hat rund 150 Einwohner und erstreckt sich die Straße entlang.

Das schwedische **Karesuando** ist ein Dorf mit etwa 300 Einwohnern. Es verfügt über mehrere Läden, eine Tankstelle und Schwedens nördlichste Kirche. Erbaut wurde sie zuerst 1816. Ein halbes Jahrhundert später stürzte sie völlig ein und wurde daraufhin wiedererrichtet. 1826 begann hier Lars Levi Læstadius mit seiner „Erweckungsbewegung“. Auf der schwedischen Seite gibt es ein Informationszentrum. Die Arctic Lodge veranstaltet allerlei Aktivitäten und betreibt ein Restaurant.

Essen

› **Davvi Arctic Lodge,** Vartiotie 10, GPS 68.451398, 22.485448, Tel. 016 522101, www.davvihotel.com, schöner Aufenthaltsraum, Zimmer ab 110 €.

⌃ *Geschnitzter Altar in Karesuandon*

VERBINDUNG ZUR ROUTE 2

Wenn man über die Brücke auf die schwedische Seite und daraufhin nach rechts in südwestlicher Richtung auf die E45 fährt, kann man auf der Route 2b nach Svappavaara fahren (s. S. 202). Von dort aus aus geht die Route 2 weiter über die Berge bis zur norwegischen Küste zur Route 1. Oder man fährt von Svappavaara nach Süden zur Ostseeküste den Bottnischen Meerbusen entlang.

ÜBER DAS SKANDINAVISCHE GEBIRGE NACH NORWEGEN

WEITER AB KAARESUVANTO

Die Brücke bietet die letzte Möglichkeit auf der Route, die Flussseite zu wechseln.

Auf schwedischer Seite geht es nun nicht mehr weiter. Deshalb fahren alle Reisenden mit dem Ziel Norden von nun ab auf der E8/21. Nach 3 Kilometern hinter dem Ort überquert man den Hietajoki-Fluss. Davor befindet sich links ein kleiner befestigter **Parkplatz** mit einem Ausblick auf den Fluss und einer Toilette (GPS 68.468557, 22.421894).

Die Landschaft wird mit jedem Kilometer tundraartiger und die Birken wachsen kaum höher als anderthalb Meter. Das Land ist entsprechend eintönig und wellig. Dieser faszinierenden Landschaft ist nicht zu entkommen – so sieht es überall aus. **Im Herbst** ist die Fahrt ein einziger Farbrausch. Die Blätter der Büsche haben Farben von leuchtendem Grün über Goldgelb, Grellorange bis Knallrot. Die Weite lässt sich am ehesten mit den Prärien Nordamerikas vergleichen. Ab und zu tauchen Seitenarme des Muonioälven auf. Bald erreicht man **Markkina** oder auf Samisch Márkan.

ZWISCHENSTOPP IN MARKKINA

Bei Lätäsenon majat können ein paar Hütten gemietet werden und ein nettes Café gehört auch dazu. Gegenüber liegt der alte Kirchhof, dessen Gotteshaus 1826 zerlegt und auf dem Fluss nach Palojoensuu gebracht wurde. Dort soll es dann angeblich verloren gegangen sein – vielleicht war der kalte Winter schuld und das Holz diente als Heizmaterial. In Markkina gibt es jedenfalls einen Gedenkstein, der sozusagen an den „Tod“ dieser Kirche erinnert.

Einen schönen Parkplatz findet man ein paar Kilometer weiter bei der Siedlung Lätäseno vor. Hier führt die Straße wieder über einen Seitenarm des Muonio.

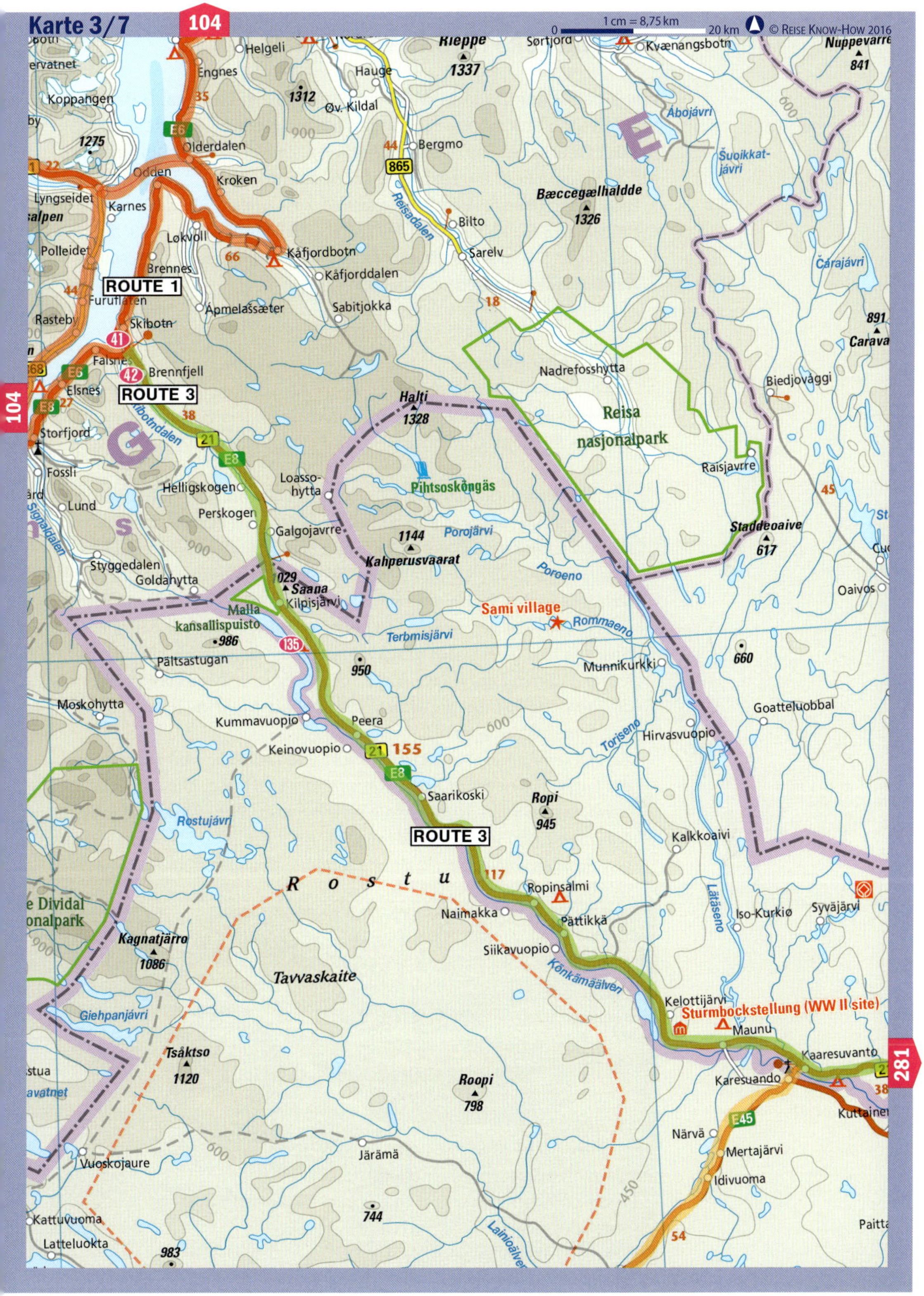
Karte 3/7
104
1 cm = 8,75 km
0
20 km
© Reise Know-How 2016
Helgeli
Engnes
Koppangen
1275
1312
Øv. Kildal
Hauge
Rieppe
1337
Sørfjord
Kvænangsbotn
Nuppevarre
841
Abojávri
Šuoikkat-jávri
Olderdalen
Bergmo
865
Odden
Kroken
Lyngseidet
Karnes
Bæccegælhaldde
1326
Bilto
Reisadalen
Lokvoll
Polleidet
Kåfjordbotn
Sarelv
Čarajávri
Brennes
Kåfjorddalen
ROUTE 1
Furuflaten
Apmelassæter
Sabitjokka
Rasteby
Skibotn
891
Carava
41
Falsnes
Brennfjell
Nadrefosshytta
Biedjovággi
42
Elsnes
ROUTE 3
104
Halti
1328
Reisa nasjonalpark
Storfjord
Skibotndalen
Raisjavrre
Fossli
Loasso-hytta
Pihtsoskongäs
Helligskogen
Lund
Perskogen
Galgojavrre
1144
Porojärvi
Staddeoaive
617
Signaldalen
Kahperusvaarat
Poroeno
Styggedalen
Goldahytta
1029
Saana
Kilpisjärvi
Oaivos
Malla kansallispuisto
Sami village
Rommaeno
986
135
Terbmisjärvi
660
Pältsastugan
950
Munnikurkki
Moskohytta
Goatteluobbal
Kummavuopio
Peera
Hirvasvuopio
Keinovuopio
155
Torisseno
E8
Saarikoski
Ropi
945
Rostujávri
ROUTE 3
Kalkkoaivi
R o s t u
117
Ropinsalmi
Lätäseno
Iso-Kurkiø
Syväjärvi
Dividal nasjonalpark
Naimakka
Pättikkä
Kagnatjärro
1086
Siikavuopio
Tavvaskaite
Könkämäälven
Kelottijärvi
Sturmbockstellung (WW II site)
Giehpanjávri
Maunu
Kaaresuvanto
281
Tsåktso
1120
Karesuando
Roopi
798
Kuttainen
E45
Närvä
Mertajärvi
Vuoskojaure
Järämä
Idivuoma
744
Kattuvuoma
Latteluokta
Lainioälven
54
Paitta
983

AUSFLUG ZUR FESTUNG VON JÄRÄMÄ

Wer sich für den Zweiten Weltkrieg interessiert, kann ca. 6,5 km hinter Lätäseno Sturmbock-Stellungen besichtigen, eine Verteidigungslinie der Deutschen im Zweiten Weltkrieg. Zwischen den Dörfern Maunu und Luspa liegt ein restaurierter Abschnitt.

› **Festung von Järämä,** Järämän linnoitusalue, Käsivarrentie 5465, 99470 Karesuvanto, GPS 68.484687, 22.107775, Tel. 016 524605, 25.6.–16.9. täglich 11–18 Uhr, 5 €, zu sehen gibt es mehrere restaurierte Unterstände, Schützengräben, ein Museumsgebäude sowie ein Café.

Der Lapplandkrieg

1941–1944 kämpfte Deutschland in der damals sogenannten Waffenbrüderschaft mit Finnland gegen die Sowjetunion. Der Begriff zielte darauf ab, dass Finnland kein offizielles Bündnis mit Deutschland eingehen wollte.

1942 begannen die Deutschen in Enontekiö die Sturmbock-Stellung zu errichten. Allerdings schloss Finnland 1944 einen Waffenstillstand mit der Sowjetunion und verpflichtete sich, die Deutschen aus dem Land zu jagen. Es folgte der Lapplandkrieg. Die Zivilbevölkerung wurde evakuiert, teils in den Süden, teils nach Schweden. Eine 12.000 Mann starke Gebirgsdivision der Wehrmacht besetzte Ende Oktober die Sturmbock-Stellung und lieferte sich mit den Finnen, die in Markkina lagen, Gefechte. Während des Rückzugs der Deutschen aus Nordnorwegen wurde die finnische Stellung im Januar 1945 geräumt und die Reste der Armee zogen nach Norwegen ab.

Zu starken Kämpfen zwischen Finnen und Deutschen kam es während des Lapplandkrieges in Kemi, Rovaniemi und Tornio. Die Deutschen wendeten bei ihrem Rückzug die völkerrechtswidrige Taktik der „verbrannten Erde“ an und zerstörten 700 Brücken, 7000 Häuser, Dutzende von Schiffen sowie u. a. die Städte Muonio, Rovaniemi und Sodankylä.

091wn Abb.: fh

WEITER AUF DER E8

Als nächster Stopp bietet sich wieder ein kleiner **Rastplatz** an: Er liegt an einem Seitenarm des Muoniojoki bei GPS 68.566908 21.958237 und hat sandigen Untergrund, eine Bademöglichkeit und ein Toilettenhäuschen. Die E8 folgt weiterhin dem Fluss, der langsam schmaler wird. Rechts in der Ferne sieht man die Bergkette des Ropitunturi, deren höchster Gipfel 945 m hoch ist. Da will Schweden nicht zurückstehen und schickt links den Roopi ins Rennen, der immerhin 798 m misst. Dazwischen liegt der Muoniojoki, auf dessen Mitte immer noch die Grenze zwischen Schweden und Finnland verläuft. Damit sich die Rentiere nicht verlaufen, tauchen oft kilometerlange Zäune auf.

Saarikoski (Sáreguoika) ist nur eine Ansammlung von Privathütten. Interessanter sind schon die Berge, die z. B. neben der Straße 500 m aufragen. Haltemöglichkeiten gibt es überall, solange es nicht gerade in Strömen gießt und der Boden völlig durchweicht ist. Teilweise verläuft die Straße auf einem Damm – wobei es schwer zu unterscheiden ist, ob es sich bei den Gewässern um einen Flussarm oder einen See mit Zu- und Abfluss handelt. 20 km sind es noch bis zum **Dreiländereck.** Die majestätische Kette des Saanatunturi taucht auch schon am Horizont auf. Bis in den Juni hinein sind die Gipfel der Berge schneebedeckt. Rechts ragen sie bis zu 950 m in die Höhe. Der kleine **Rastplatz Muotkatakka** liegt nun selbst schon auf 565 m Höhe. Er ist asphaltiert und hat ein Toilettenhäuschen (GPS 68.924709 20.935425). Es soll Finnlands höchster Parkplatz

Der höchste Rastplatz Finnlands, kurz vor dem Kilpis-Seee

sein. Der Fluss, der sich nun breitgefächert durch das Tal ergießt, heißt im Oberlauf Könkämäälven und nicht mehr Muoniojoki. Bald darauf weitet sich das Gewässer zu einem großen See und man erreicht im wahrsten Sinne des Wortes den Höhepunkt der Strecke: Mit 565,6 m ist es der höchste Straßenabschnitt in Finnland. Der touristische Höhepunkt ist jedoch der Saanatunturi am Dreiländereck bei Kilpisjärvi.

KILPISJÄRVI (GILBBESJÄVRI)

(109 km – 536 km)

Information

- **Kilpisjärven Lomakeskus,** im Freizeitzentrum, Tel. 016 537771, www.kilpisjarvi.org.
- Mitternachtssonne: 22.5.–22.7.

Kilpisjärvi ist eine Siedlung am Ufer des Kilpis-Sees zu Füßen des Saanatunturi, dem heiligen Berg der Samen. Kilpisjärvi ist eigentlich kein Dorf, denn es besteht nur aus einigen Häusern. Am Fuße des Berges befindet sich ein Campingplatz mit Restaurant. In der Tuulan Kahvila, im Feriendorf, wird einheimische Küche serviert. Von hier kann man außer dem 1029 m hohen Saana, den Malla (906 m), hinter dem See den Paras (1419 m) in Norwegen und den 1444 m hohen Pältsa in Schweden sehen. Der Grenzübergang ist 2 km weiter (bei der Endstation der Busse), die eigentliche Grenze verläuft jedoch 5 km dahinter. Bei schönem Wetter ist es hier angenehm, bei schlechtem hängen die Wolken oft so tief, dass die Berge dahinter verschwinden. Der See ist sehr lange zugefroren. An der Tankstelle des Ortes hat man einen guten Blick auf den Saana.

135 Kilpisjärven Lomakeskus Oy

GPS 69.013965 20.878615

Käsivarrentie 14188, links der Straße, Tel. 016 537801, mobil (GSM): 400 396684, http://personal.inet.fi/yritys/kilpisjarven.lomakyla, an der 21 bei km 196, Caravanplatz 20 €, ganzjährig geöffnet. Der Platz hat eine gute Ausstattung mit Laden, Café und Ausrüstungsverleih.

Information

- **Peeran Maja,** Wanderheim etwas nördlich auf der 21, Peeran Retkeilykeskus, Kilpisjärventie 1241, GPS 69.046966 20.798811, Tel. 040 009497, www.peera.fi, geöffnet: 17.2.–30.9. Womo-Fahrer können sich hier mit Wasser, Essen, Internetzugang, Prospekten etc. eindecken.

Zum Dreiländereck wandern

Es gibt zwei Möglichkeiten zum Dreiländereck, auf Schwedisch Treriksröset, zu kommen: Im Sommer macht man am besten eine **Bootstour auf dem See.** Dazu dem Schild „Elaiturit Treriksröset“ zum Anleger folgen, an der E8 bei GPS 69.047457, 20.794759. Das Boot verkehrt im Sommer um 10, 14 und 18 Uhr. Am Nordwestufer kann man aussteigen und von hier den markierten Wanderweg nehmen. Er ist drei Kilometer lang, für die man etwa 45 Minuten braucht. Das

Besteigung des Saana

1029 Meter hoch ist der Berg, der See Kilpisjärvi liegt auf einer Höhe von 472 Metern: Es bleiben also noch gute 557 Meter zum Besteigen übrig. Es gibt mehrere Wege zum Gipfel, von denen einige über die lange, flache Seite gehen. Man sollte nicht versuchen, außerhalb der markierten Wege zu laufen, da es gefährlich ist.

Für den Rückweg empfiehlt der Fußweg, der genau hinter dem Restaurant des Campingplatzes endet.

Vom Gipfel hat man bei klarem Wetter einen Ausblick über Norwegen, Schweden und Finnland, der sich besonders als Mitternachtssonnen-Aussichtsplatz anbietet. Achtung: Auch im Sommer bläst hier oben oft ein kalter Wind.

093wn Abb.: fo©Kinkku

Ziel ist ein überdimensionaler gelber Betonklops, der wie ein umgestülpter Blumentopf im Wasser steht. Um ihn zu berühren, führt ein Bretterweg dorthin. Alternativ kann man natürlich auch den 11 km langen, gut markierten Wanderweg **durch das Malla-Naturschutzgebiet** um den See laufen. Der Anfang geht anderthalb Kilometer hinter der Siedlung Kilpisjärvi links ab. **Achtung:** Für beide Alternativen sind Gummistiefel und Mückenmittel dringend empfohlen. Wenn man den Weg durch Malla nimmt, sollte man vorher das Kilpisjärvi Erholungscenter oder das Touristen-Hotel informieren, da sich schon Menschen in der sumpfigen Ebene verlaufen haben.

Am Ortsausgang gibt es bei GPS 69.061019 20.772314 einen befestigten Parkplatz mit Toilette. Hier ist der beste Startpunkt für die Wanderung zum Dreiländereck und ins Naturschutzgebiet.

WEITER AUF DER E8 ZUM GRENZÜBERGANG

Nach dem Parkplatz am Naturschutzgebiet passiert die E8 als nächste Sehenswürdigkeit für Eingeweihte die **Ahdaskurun Silta.** Es ist eine unscheinbare, kleine Steinbrücke. Sie wurde von den deutschen Besatzern 1943 über die Schlucht Holvisilta errichtet, die Bogenkonstruktion ist nur zehn Meter lang, war aber für Panzer geeignet und überstand den Krieg. Vor der Brücke gibt es einen Parkplatz und eine Hinweistafel (GPS 69.078056 20.761389).

Zurück auf der E8 überquert man bald hinter Kilpisjärvi die Grenze nach Norwegen. Ein gelbes Zollhaus, das von der Grenze kündet, befindet sich rund 5 km davor. An der eigentlichen Grenze markiert ein Steinhaufen die Stelle, an der die Straße nach Norwegen überleitet. Es wird felsig, windig, öde und oft nass. Nahezu die gesamte Strecke folgt nun dem Flusstal des Skibotnelv hinunter bis ans Meer. Am Seeufer des Gálggojávris wächst auch im Sommer wenig. Am Ufer des Sees befindet sich ein Rastplatz mit einer Infotafel. Die Straße windet sich nun in Norwegen sanft abwärts.

Von beeindruckender Mächtigkeit: der Rovijokfossen

WEITERFAHRT NACH SKIBOTN

Am Lovolanjärvi ragen 100 m hohe Felsen neben der Straße auf. Nach etwa 10 km kann man bei **Helligskogen** übernachten. Zu Zeiten des Kalten Krieges befand sich hier eine Verteidigungsanlage der norwegischen Armee. Links der Straße E8/21 geht ein Fahrweg ab, der 300 m weiter an einer Herberge endet (GPS 69.19980 20.70908, Tel. 077 714610, DZ 350 nkr, geöffnet: 15.6.–30.8.) Ab und zu gibt es einen Parkplatz oder eine Stichstraße, das ist alles. Mittlerweile bewegt man sich durch ein weites Tal. Nach weiteren 10 km erscheint hinter einer Brücke links ein Parkplatz, der von Feldsteinen gesäumt ist. Das ist **Rovijokfossen** mit seinem tollen Wasserfall. Der Weg dorthin ist beschildert. Man parkt an der Straße und läuft an einem Bach entlang. Nach etwa 10 Minuten Fußweg erreicht man den Aussichtspunkt. Das Wasser stürzt sich 25 m hinab, Menschen sollen das dort auch schon getan haben. Die Straße verläuft immer noch weiter bergab. Der **Brenfjell Camping** wird bei Skibotn beschrieben (s. S. 110). Im Winter ist auf der Strecke bemerkbar, wie es zum Meer hin wärmer wird. Im Sommer wird es auch feuchter, die Bäume sind größer geworden und die Fjällvegetation ist saftigen Moosen gewichen. Nach weiteren 10 km kommt ein großer befestigter Platz mit einer Infotafel. Die Kiefern säumen weiterhin den Weg und nach rund 500 km Strecke von Haparanda aus, ist man an der simplen Kreuzung zur E6 angelangt, wo man auf die Route 1 trifft.

SKIBOTN (IVGOBAHTA, YYKEÄNPERÄ)

(48 km – 584 km)

Rechts geht es nun weiter zum Nordkap, links nach Narvik. Skibotn wird genauer als Etappe der Route 1 beschrieben (s. S. 110).

DIREKT ZUM NORDKAP

Wer auf schnellstem Wege zum Nordkap will, muss die E8/21 etwa 63 km hinter Muonio in Richtung Enontekiö/Hetta verlassen und fährt dann auf der 93 nach Norden auf Alta zu. Man kann die gut 240 km, wenn man es eilig hat, in einem Tag schaffen.

Wer aber unterwegs etwas sehen will, sollte sich ein wenig mehr Zeit nehmen und die typisch lappländische Hochebene auf sich wirken lassen. Die Straße ist breit genug und meist schnurgerade. Links und rechts breitet sich karge Vegetation der Viddas, der baumlosen Gebirgsregionen aus.

Die Grenze nach Norwegen wird ebenso unspektakulär überschritten, lediglich die Schilder verkünden das andere Land. Überall gibt es sumpfige Tümpel und in der Ferne glänzen, wenn man Glück hat, schon die Berge an der norwegischen Küste.

Auf den nächsten 40 km gibt es keine Ansiedlung. Erst in Kautokeino, dem wichtigen Treffpunkt der Samen, findet der Reisende wieder alles: Restaurants, eine Tankstelle, Läden und Übernachtungsstellen.

Der weitere Weg verläuft gerade durch die Einsamkeit. Erst kurz vor Alta wird der Weg steiler und es gibt wieder Bäume zu sehen.

101wn Abb.: fo©karenm9071

☒ *Die Nordlichtkathedrale in Alta*

ROUTE 4

VON PALOJOENSUU NACH ALTA

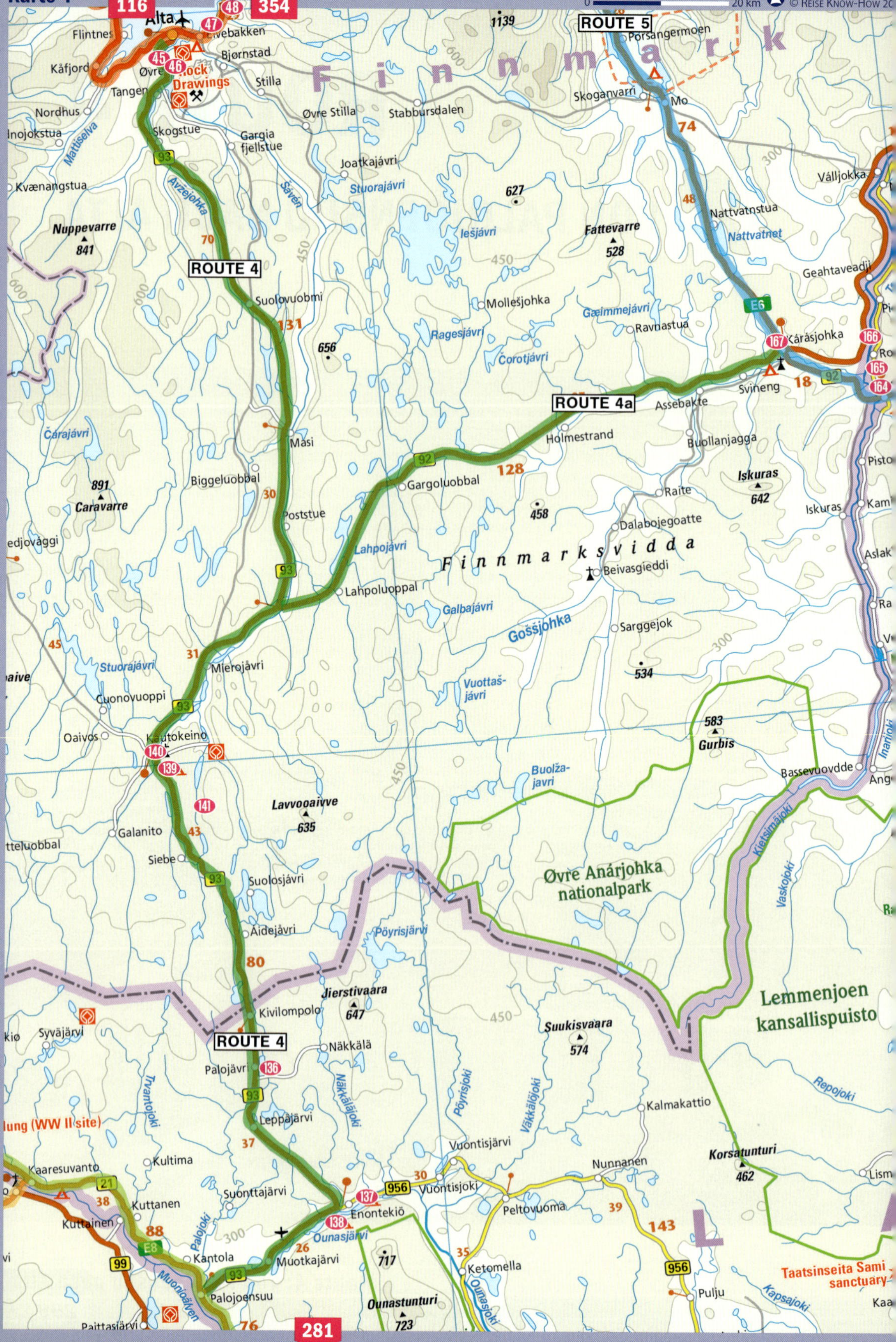

116
354
281
0
1 cm = 8,75 km
20 km
© Reise Know-How
Finnmark
Finnmarksvidda
ROUTE 4
ROUTE 4a
ROUTE 5
Alta
Elvebakken
Bjørnstad
Øvre
Rock Drawings
Tangen
Flintnes
Kåfjord
Nordhus
Stilla
Øvre Stilla
Stabbursdalen
Porsangermoen
Skoganvarri
Mo
Skogstue
Gargia fjellstue
Joatkajávri
Stuorajávri
Kvænangstua
Mattiselva
Avzejohka
Šavėn
Nuppevarre
841
627
1139
Iešjávri
Fattevarre
528
Nattvatnstua
Nattvatnet
Válljokka
Geahtaveadji
Suolovuobmi
Mollešjohka
Gæimmejávri
Ravnastua
Kárásjohka
E6
656
Ragesjávri
Corotjávri
Assebakte
Svineng
Masi
Holmestrand
Buollanjagga
Čarajávri
Gargoluobbal
Iskuras
642
Biggeluobbal
Raite
891
Caravarre
458
Poststue
Dalabojegoatte
Lahpojávri
Beivasgieddi
Lahpoluoppal
Galbajávri
Gossjohka
Sarggejok
Stuorajávri
Mierojávri
Vuottaš-javri
534
Cuonovuoppi
Oaivos
Kautokeino
583
Gurbis
Basseviovdde
Buolža-javri
Lavvooaivve
635
Galanito
Siebe
Suolosjávri
Øvre Anárjohka nationalpark
Kietsimäjoki
Vaskojoki
Áidejávri
Pöyrisjärvi
Jierstivaara
647
Kivilompolo
Lemmenjoen kansallispuisto
Syväjärvi
Suukisvaara
574
Näkkälä
Palojärvi
Tirvantojoki
Näkkäläjoki
Pöyrisjoki
Väkkäläjoki
Kalmakattio
Repojoki
Leppäjärvi
Vuontisjärvi
Korsatunturi
462
Kultima
Kaaresuvanto
Nunnanen
Suonttajärvi
Vuontisjoki
Kuttanen
Peltovuoma
Kuttainen
Enontekiö
Paljoki
Ounasjärvi
Kantola
Muotkajärvi
717
Ketomella
Ounasjoki
Muonioälven
Palojoensuu
Pulju
Kapsajoki
Taatsinseita Sami sanctuary
Ounastunturi
723
Paittasjärvi
E8
Iskuras
Inarijoki

STRECKENVERLAUF

Palojoensuu – Enontekiö (28 km) – Kautokeino (81 km) – Alta (132 km)

Streckenlänge: 241 km

VON PALOJOENSUU ZUR RV92

PALOJOENSUU (BÁLOJOTNJÁLBMI)

In der Ansiedlung Palojoensuu, 50 km nördlich von Muonio, zweigt rechts die Straße 93 von der E8/21 ab. **Guovdageaitnu** oder **Kautokeino** steht auf dem Hinweisschild. Das bedeutet „Mitte des Weges" und meint auf Samisch den Weg von den Winterweiden im Tal, zu den Sommerweiden an der Küste. Als man die Kirche von Palojoensuu in die Distriktverwaltung Hetta verlegte, wurde das Gebäude 1856 zerlegt und seine Balken unter den Bewohnern versteigert.

Nach 26 km fährt man zuerst ein Stück parallel zum Fluss, danach durch hügelige Birkenwälder und erreicht schließlich **Enontekiö.** Die Strecke ist im Sommer ziemlich einsam. Unterwegs kommt rechts an der 93 ein etwa 500 m langes Stück schmalen Weges, das als Parkplatz ausgewiesen ist (bei GPS 68.31101, 23.209562). Ein paar Kilometer weiter befindet sich am See **Sotkajärvi** links der Straße ein schöner Rastplatz mit Sitzplätzen um eine Feuerstelle und einem Steg zum Wasser (GPS 68.312311, 23.285809). 5 km weiter taucht rechts der Straße der See **Muotkajärvi** auf. Hinter Bäumen liegt ein kleiner Rastplatz mit Blick auf den See, Toilette und Bänken. Am

⊡ *Unendliche Ruhe: der Riksväg 92 während der Rushhour*

095wn Abb.: fh

⊡ *Der Terminal des Flughafen Enontkiö wurde 1989 errichtet*

oberen Ende des Sees führt ein Stichweg zu einem weiteren netten Rastplatz am Wasser. Als Nächstes findet man 500 m weiter den Abzweig eines kleinen Flugplatzes, der 8 km vor Enontekiö auf der linken Seite liegt.

Bald erreicht man Zebrastreifen und eine Tankstelle. Hier biegt die Straße 93 nach Norden ab. **Ounasloma** bietet Luxushütten an und allerlei Unterkünfte buhlen um die Gunst des Gastes.

ENONTEKIÖ (EANODAT, ENONTEKIS) / HETTA (HEAHTTÁ)

(28 km – 28 km)

Information

- **Fjell Centre,** Ounastie 165, 99400 Enontekiö, Tel. 0400 556215, www.tosilappi.fi

Hetta wird auch nach der Gemeinde, in der es liegt, Enontekiö genannt. Bis Mitte des 19. Jh. die Kirche aus Palojoensuu nach Hetta verlegt wurde, war es ein völlig unbedeutender Ort. Hetta wurde so das Kirchdorf der Kommune Enontekiö und von den Einwohnern der Umgebung für den Kirchgang aufgesucht. Die Gemeinde wird fast ausschließlich von Samen bewohnt. Allerdings wohnen sie nicht mehr in Zelten und tragen auch nicht immer Trachten. Nur an Sonntagen, zum Gottesdienst, verwandeln sich die 800 Einwohner in rotblaue „Bilderbuchsamen". Viele Familien sind während der warmen Jahreszeit mit den Rentieren unterwegs. Die geringe Bevölkerungszahl wird durch viele Touristen aufgestockt, die sich hier alljährlich im Feriendorf versammeln. Die steinzeitlichen Bewohner lebten von Jagd und Fischerei, die Tierhaltung kam erst im 17. Jh. dazu – heute gehören 20.000 Tiere zu Enontekiö. Die erste Straßenverbindung zwischen Hetta und Palojonsuu wurde 1907 fertiggestellt.

Die Schließung der Grenzen zu Russland im 19. Jahrhundert traf die Samen hart, denn sie mussten sich neue Weidegründe für ihre Tiere suchen. 1944 zerstörten die deutschen Truppen den Ort und nach dem Krieg entstanden die üblichen Zweckbauten. Anfang der 1980er-Jahre baute man sieben Kilometer westlich von Hetta den kleinen Flughafen BNF. Heute landen hier die Skitouristen aus dem Süden.

Besonders die Ausfallstraßen des Ortes ähneln mit ihren vielen Souvenirbuden einer Kirmes. Wer die Ruhe liebt und empfindlich auf Touristentrubel reagiert, sollte diesen Fleck daher in der Urlaubssaison meiden.

Sehenswert ist die Kirche, die nicht zu verfehlen mitten im Ort bei GPS 68.385099, 23.630948 liegt. Sie wurde 1952 anstelle des im Lapplandkrieg zerstörten Vorgängerbaus errichtet. Veikko Larkas (1909–1969) entwarf das Gotteshaus aus Backsteinen und Beton. Der 30 m hohe schlanke, viereckige Kirchturm ist durch ein Vordach mit dem Kirchenschiff verbunden. Uuno Eskola (1889–1958) schuf die Altartafel in einer Kombination aus Fresko- und Mosaiktechnik. Sie zeigt den auferstandenen Christus, der Land und Volk Lapplands segnet. Die Orgel ist ein Geschenk aus Deutschland aus dem Jahr 1958 als Ersatz für die zerstörte. Alatalo, die **Silberschmiede** des Ortes, verkauft Schmuck nach samischen Vorbildern.

Hetta liegt am **Ounasjärvi,** einem 15 km langen See, der als Ausgangspunkt für Kanufahrten beliebt ist. Man kann auf dem Fluss Ounasjoki etwa bis zur Großstadt Rovaniemi fahren. Am Ounasjärvi liegt ein **Heimatmuseum.**

› **Lapin museot,** 3 km auf der 956 in Richtung Vuotisjärvi, GPS 68.395072, 23.690786, Tel. 016 556215, geöffnet: 1.7.–31.7., Di., Do., Fr. 12–18 Uhr, Eintritt frei. Hier wurden Bauernhäuser aus verschiedenen Dörfern zusammengetragen, eine Sauna von 1927 und ein Viehstall sind auch dabei.

Alljährlich im März wird das Marienfest gefeiert, ein farbenfrohes Kirchfest mit Rentierrennen und Wettkämpfen. Das **Hetta Musikfestival** findet Anfang April statt. Es bietet finnische und internationale Volks- sowie Kirchenmusik und ist für Liebhaber moderner und alter Kirchenmusik ein tolles Erlebnis.

In Hetta und der Umgebung befindet sich eine Reihe von Campingplätzen für Sommergäste. Im Norden der Gemeinde Enontekiö liegt der höchste Berg Finnlands, der 1324 Meter hohe **Haltitunturi.** Einen guten Einblick in die Region bietet ein Natur- und Kulturzentrum. Das Fjellzentrum wird von der finnischen Forstbehörde (Metsähallitus) unterhalten und präsentiert in seinen Ausstellungen die Natur Nordlapplands und die Kultur der Rentiersamen.

136 Fjellzentrum (Tunturikeskus) Galdotieva

GPS 68.57084, 23.33477

Ruijantie 2605, Leppäjärvi, km 25–11 an der 93 am See, Tel. 016 528630, www.harriniva.fi, im Sommer Stellplätze, Café, Tankstelle, Supermarkt, ganzjährig.

137 Hetan Lomakylä

GPS 68.386127, 23.610556

Ounastie 23, nach dem Abzweig der 93 bei der Tankstelle geradeaus, Tel. 040 7661737, www.hetanlomakyla.fi, weitläufiges Gelände mit Stellplätzen, Café.

138 Ounasloma

GPS 68.38566, 23.604961

Ounastie 1, direkt hinter der Tankstelle am Knick der 93, Tel. 016 521055, www.ounasloma.fi, ganzjährig geöffnet, mit Boots- und Fahrradverleih.

WEITERFAHRT NACH KAUTOKEINO

Bis Alta sind es ab Hetta ca. 210 km. Der höchste Punkt beträgt 640 m ü. d. M. Wem der Weg hierhin noch nicht einsam genug war, kommt bei der Weiterfahrt auf der 93 bestimmt auf seine Kosten: sanfte Hügel, niedrige Birkenwälder – sonst nichts! In diesen Breiten wachsen keine Fichten und Kiefern mehr. Am Ortsausgang von Hetta gibt es eine kleine Brücke, hinter der man halten und sich ein wenig die Beine vertreten kann. Hier mäandert ein Flüsschen ganz beachtlich durch die Landschaft. Das nächste „Highlight" in der Einöde ist die **Grenzstation nach Norwegen.** Es ist nicht wirklich eine Grenzstation, sondern lediglich eine Zollstelle. Die eigentliche Grenze folgt kurze Zeit später. Der Grenzort ist **Kivilompolo.** An der ganzen Grenze entlang, vom Dreiländereck bis zum Fluss Tana, erstreckt sich ein 300 km langer Rentierzaun. Auch auf der Weiterfahrt ändert sich die Straße wenig. Nach **Kautokeino** sind es noch rund 45 km nach Nor-

Nils-Aslak Valkeapää (1943–2001)

Der bekannteste Einwohner von Eanodat bzw. Enontekiö war der samische Künstler ***Nils-Aslak Valkeapää.*** *In den 1960er-Jahren suchten junge Samen nach ihren kulturellen Wurzeln und Valkeapää wurde der bekannteste Vertreter einer neuen Generation von Joik-Sängern.* ***Joik*** *ist der traditionelle gutturale, obertonlastige Gesang der Samen. Valkeapää brachte Plattenaufnahmen heraus und schrieb Gedichte auf Samisch. Seine erste Veröffentlichung war die politische Streitschrift „Hilsen fra Sameland" (auf Deutsch: „Grüße aus dem Land der Samen"). Er wurde der erste Sekretär des Weltrats der Indigenen Völker (dem „World Council of Indigenous Peoples"). Nebenbei veröffentlichte er acht Gedichtsammlungen.*

den. Der Birkenwald weicht nun zurück und die weite Tundralandschaft erscheint. Mit dem Flusstal links werden die ersten Häuser der kleinen Ortschaft sichtbar.

KAUTOKEINO (GUOVDAGEAIDNU)

(81 km - 109 km)

Kautokeino ist das Zentrum der Samen von Norwegen. Die Gemeinde bedeckt 9687 km² und ist die größte des Landes. 70.000 Rentiere sind hier beheimatet, die man jedoch im Sommer nicht antrifft, da sie die Weidegründe im Norden aufsuchen. 1640 wurde das erste Haus errichtet, 1703 die erste Kirche. Bis 1751 gehörte die Gemeinde zu Schwedisch-Lappland, danach ging sie an Norwegen. 1852 protestierten die ansässigen Samen gegen ihre Lebensbedingungen und es kam zu blutigen Ausschreitungen. Im Verlauf wurden der Kaufmann ermordet, der Pfarrer misshandelt, später wurden die Anführer hingerichtet. Während des **Zweiten Weltkrieges** wurde auch Kautokeino dem Erdboden gleichgemacht. Die Deutsche Wehrmacht hatte sogar versucht, die riesigen Rentierherden abzuschlachten.

Ostern ist der große Festtag dieser Stadt, mit Hochzeiten, Rentierschlittenrennen und allerlei Spektakel. Zu den vielen Veranstaltungen in der Osterzeit gehört auch ein Filmfest in einem Outdoor-Kino aus Schnee, das die Besucher mit dem Schneemobil anfahren.

Im Sommer wirkt der Ort zwischen den kleinen Birken eher verlassen. Viele Einwohner sind mit den Tieren nach Norden gezogen,

Information

› **Gemeindehaus,** Bredbuktnesveien 6, an der Straße nach Galaniitu, Tel. 078 487100, 07845664, www.kautokeino.kommune.no, im Sommer Mo.-Fr. 8-15.30 Uhr.

Die Bergstadt ist nicht zuletzt aufgrund ihrer Höhenlage noch nicht von Touristen überlaufen

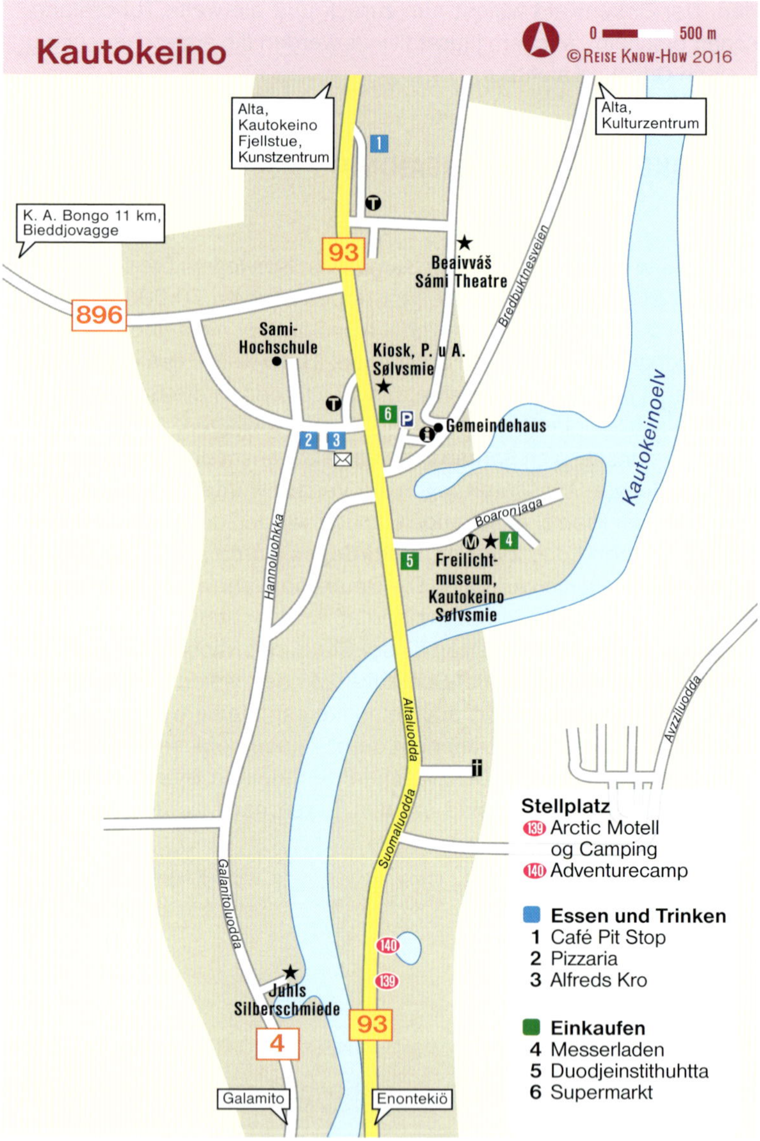

nur die Snowscooter stehen an den Häusern. Kautokeino heißt auf Deutsch „Mitte des Weges“. Kautokeino ist stolz darauf, mehr Rentiere als Menschen zu beherbergen. Die Berufsschule kann nur von Samen besucht werden (Berufsziel: Rentierzüchter etc.). Seit frühester Zeit ist der Ort ein Winterquartier der Samen. Es gibt seit 1989 eine Sami-Hochschule, die Sámi allaskuvla, oder auf Norwegisch Samisk høgskole (an der Hánnoluohkká 45). Das beachtenswerte Kulturhaus Beaivvás wurde vom samischen Architekten Åge Gaup gestaltet. Es hat einen Architekturpreis gewonnen und verfügt über das einzige Sami-Theater in Norwegen. Die Skulptur von Åge Gaup vor dem Haus heißt „Flyvesjamanes Fugl“, etwa „angestrengter Vogelflug“.

098wn Abb.: wp

Der Pikefoss liegt unweit von Masi am Altafjord

Der Ort wird links durch die samische Hochschule dominiert, die auf einer Anhöhe liegt. Auf der gleichen Seite liegt ein Stück weiter das Thonhotel im modernen Bretterbuden-Design. Trotzdem ist es das erste Haus am Platz. Das **Museum Kautokeino bygdetun** liegt mitten im Ort, östlich der Touristinfo.

Im Kunstzentrum, in einem ehemaligen Schulinternat an der 93 Richtung Norden gelegen, arbeiten mehrere Künstler in verschiedenen Ateliers. Ganzjährig wird für mehrere Monate ein 60 m² großes Atelier mit Wohnraum an interessierte Künstler vermietet. Die Kirche von Kautokeino, die nachts angestrahlt wird, wurde 1700 erbaut und im Zweiten Weltkrieg niedergebrannt. Vorher konnte die Bevölkerung jedoch wichtige Teile ihrer Einrichtung in Sicherheit bringen. Im Neubau 1958 fand alles wieder seinen Platz.

Kautokeino ist bekannt für sein Silber- und Kunsthandwerk. Das Haus von **Juhls Sølvsmie,** von den Juhls selbst entworfen und innerhalb von 20 Jahren selbst gebaut, ist beachtlich. Frank Juhls, er arbeitete als Maler, hat sich mit diesem Haus zusammen mit seiner Frau Regine einen Jugendtraum erfüllt und ein Stück Land von den Samen erworben. Seine praktischen Fähigkeiten blieben den Einwohnern nicht verborgen und so brachten sie ihm ihren alten Familienschmuck zum Reparieren. Zum Teil wurde er einfach mit Naturalien bezahlt. Dadurch kam eine schöne Sammlung aus Kunstgegenständen, Schlitten und Hausrat der samischen Kultur zusammen. Regine Juhls begann nach einer Ausbildung zur Silberschmiedin, Schmuck nach alter Tradition selbst herzustellen. Das Innere des Hauses – Werkstatt, Ausstellungsraum, Galerie, Museum, Wohnung und Cafeteria in einem – strahlt eine gemütliche Atmosphäre aus, die jeden Besucher gefangen nimmt.

Einkaufen

Kunsthandwerk gibt es auch bei Duodjeinstithuhtta, gegenüber dem Artic Motell in einer Nebenstraße des Rv93. Eine Silberschmiede ist Peter og Anita's Sølvsmie, die sich neben dem Kiosk befindet. Weiterhin bieten die Silberschmieden Kautokeino Sølvsmie beim Museum und Kristine Hættas Sølvsmie in der Touristeninformation Kunsthandwerk an.

Ein Messerladen (Samekniv) ist südlich des Zentrums, an der Straße nach Galanito. Essen kann man in Alfreds Kro, nördlich des Zentrums auf der Westseite des Rv93 (Hannoluohkka 4, zu Ostern auch Konzerte). Ein Restaurant gibt es auch in der ehemaligen Tankstelle Pit Stop an der Rv93 nach Norden.

Der erste samische Kinofilm

*Der berühmteste Einwohner Kautokeinos ist der Filmregisseur Nils Gaup (*1955). Ursprünglich begann er seine Karriere als Schauspieler, aber 1985 schrieb er das Drehbuch für den Film „Pathfinder" (auf Deutsch „Die Rache des Fährtensuchers"; auf Samisch „Ofelaš"; auf Norwegisch „Veiviseren").*

Die meisten Scenen des Films wurden in Finnmark, in der Nähe von Kautokeino gedreht, wobei es sich zu einem großen Teil um Verfolgungsjadgen in unwirtlichem Schneegebieten handelt. Der Film war der erste volständig in samischer Sprache gedrehte Kinofilm. Er wurde international gefeiert und u. a. mit als bester fremdsprachiger Film mit einem Oscar nominiert. Pathfinder spielt vor Tausend Jahren in der Finnmarksvidda, wo ein junger Mann die Abschlachtung seiner Familie durch eine samojedische Bande beobachtet und daraufhin Rache nimmt. Die Filmmusik zu dem Naturdrama schrieb der berühmte samische Musiker Nils-Aslak Valkeapää (s. S. 304), der auch eine Rolle übernahm. Es gibt eine ins Deutsche synchronisierte Fassung.

Sehenswertes

- **Beaivváš Maŋemus ođđasat, samisches Kulturhaus,** von der 93 hinter dem Supermarkt auf die Straße nach Osten. Tel. 078 484460.
- **Guovdageainnu gilisilju/Kautokeino bygdetun,** das samische Museum zeigt außer Gegenständen auch Gebäude aus dieser Region, Boaronjárga 23, Tel. 078 487195, GPS 69.008673, 23.04858, 8.6.-30.8. Di.-Fr. 10-17 Uhr, sonst 9-15 Uhr, 40 nkr.
- **Juhls Sølvsmie** (Juhls Silberschmiede), 2 km in Richtung Galamito, Tel. 078 484330, www.juhls.no, geöffnet: täglich 9-18 Uhr, Juli bis 21 Uhr. Tagsüber durch Touristenbusse völlig überlaufen.

139 Arctic Motell og Camping

GPS 68.997325, 23.036821

Soumaloudda 16, Tel. 078 485400, www.arcticmotel.com, ganzjährig geöffnet. Der Campingplatz mit angeschlossenem Motel liegt direkt am Rv93 auf der Ostseite des Flusses Richtung Enontekiö, Stellplätze auch für große Mobile ab 220 nkr.

140 Adventurecamp

GPS 68.999217, 23.036395

Suomaluodda 12, Tel. 090 898290, www.adventurecamp.no, geöffnet: 1.6.-31.8. Außer Hütten werden auch Zimmer vermietet, Stellplätze ca. 220 nkr. Der riesige Platz liegt etwas südlich des Zentrums, direkt neben dem Arctic Motell og Camping.

141 Fritidssenter & Camping (NAF)

GPS 68.946989, 23.088496

9520 Kautokeino, Tel. 078 485733, geöffnet: 30.5.-30.8., Stellplatz 160 nkr, Strom 40 nkr, kleine Anlage an der Rv93, 8 km südlich von Kautokeino am See.

WEITERFAHRT AB KAUTOKEINO

Eine Brücke führt nun über den Altaelv, der die Straße bis nach Alta in unterschiedlichen Abständen begleitet. Kaum ist man aus Kautokeino wieder heraus, geht es weiter mit der Einsamkeit. Ein Nebenfluss des Altaelv wird an der Brücke gestaut, ansonsten ist die Straße eben und ereignislos.

Das nächste Ereignis ist der Abzweig der Straße 92 (diese trifft nach 90 km bei Karasjok auf die E6). **Gievdneguoika** heißt die Stelle, an der aber keine Häuser zu sehen sind. Fährt man auf der 93 weiter, bleibt alles beim Alten. Grau hügelt die Straße dahin, begleitet von den trägen Fluten des Altaelv. Vor dreißig Jahren sorgte dieser Fluss für erheblichen Wirbel in Norwegen, als ein Staudammbau (s. S. 312) das Tal bei Masi überflutete. 10 Kilometer hinter Kautokeino bei einer Staustelle des Flusses kann man übernachten. Dort befindet sich in der Nähe des Wassers ein unbefestigter **Platz** (GPS 69.18394, 23.343351). Eine weiterer **Rastplatz** zur Übernachtung bietet sich wenige Kilometer weiter nördlich an.

Bei GPS 69.196079, 23.562816 führt eine Abzweigung auf die Rv92 nach Karasjok. Wer über die Städte Karasjok und Lakselv zum Nordkap möchte, fährt diese Verbindung zur Route 3. Ansonsten geht es geradeaus weiter auf der 93 bzw. Route 4 nach Alta (s. S. 311 Weiterfahrt auf der Route 4 nach Alta).

VERBINDUNGSROUTE 4A NACH KARASJOK

ABZWEIG RICHTUNG KARASJOK

Ca. 30 Kilometer nördlich von Kautokeino zweigt in **Gievdnegnoika** die 92 nach Karasjok ab. Sie schlängelt sich rund 100 km fast durchgängig an Flüssen entlang, zuerst am Lesjohka, später am Karasjoka. Gleich hinter dem Abzweig geht rechts ein Weg zu einem Parkplatz an der Flussbrücke ab (GPS 69.194227, 23.572319). Der Weg ist zwar schmal, aber größere Gespanne können unten wenden.

Auch die **Rv92** ist schmal, aber es geht immer geradeaus durch die weite Ebene. Auf einer Flussbrücke ist die Gemeindegrenze zwischen Kautokeino und Karasjok. Bald kommt Šuoššjávri; es liegt auf halbem Wege und ist eigentlich nur ein Gehöft. Bei Bahásguoika geht es wieder über den Lesjohka. Direkt dahinter kommt links ein Parkplatz, von dem man auch zum Ufer laufen kann. Die Ebene ist eigentlich komplett mit niederem Gestrüpp übersät und ohne Wald und Felsen.

Der nächste Lichtblick ist die Berghütte **Jergul Fjellstue,** wo man einen Kaffee bekommen kann. Sie ist ausgeschildert und befindet sich 38 km vor Karasjok rechts zwischen Straße und Fluss (GPS 69.402223, 24.651561). Der Gasthof Jergul Asttu wurde 1928 bei dem Tingort Ávjovári gebaut und liegt idyllisch am Lesjohka.

› **Jergul Asttu,** 9735 Karasjok, Tel. 078 469100. Man kann hier essen und in einer der Hütten übernachten. Vom Kamin aus kann man auf den Fluss blicken, der Besitzer organisiert auch Ausflüge mit dem Flussboot.

Etwas „lieblicher" wird es, wenn man sich Karasjok nähert. Einen netten **Parkplatz** gibt es noch, etwas abseits der Straße rechts bei GPS 69.421774, 24.778805, mit Toiletten, Sitzbänken und einem weiteren kleinen Parkplatz für Autos. Man kann zu Fuß zum Fluss hinunterlaufen. Die Landschaft hier, auf einer Höhe von 135 m, ist von Birkenwäldchen geprägt. Der Untergrund wird sandig, der Weg führt durch ein weites Tal. Die Landschaft heißt Finnmarksvidda und die Strecke gehört zu den ruhigeren, aber der Verkehr nimmt zu. Ein **Rastplatz** kommt noch vor Karasjok (GPS 69.443751, 25.225596). Vor der Flussbrücke kann man links auf einen sandigen Parkplatz abbiegen, der in der Biegung des Geaimmejohka liegt. Durch den sandigen Boden gedeihen hier jetzt sogar Kiefern. 6 km vor dem Ort gibt es ein Hinweisschild zu **Engholms Husky** – einer lokalen Berühmtheit. Dort kann man übernachten und im Winter **Hundeschlittentouren** buchen. Weiter auf dem Rv92 stößt man auf den Ortseingang von **Karasjok.** Nach rechts geht es direkt in den Ort hinein (s. S. 350) und nach links auf die E6 Richtung Nordkap auf der Route 5 (s. S. 351).

Sehenswertes

› **Engholm Husky,** Rv92, 6 km vor der Stadtgrenze, 9730 Karasjok, Tel. 091 586625, ganzjährig geöffnet, DZ ab 220 kr. Skurrile Häuschen am Karasjohka, vom Hotel Karasjok kann man sich abholen lassen. Sven Engholm veranstaltet seit Jahren Touren mit Schlittenhunden, auch im Sommer, www.engholm.no.

Das Gesetz der Berghütten

Fjellstuene heißen die Gasthöfe in Norwegens Finnmark. Ursprünglich waren es einfache Erdhütten, die Anfang des 19. Jh. für Postboten als Unterkunft errichtet wurden, wenn sie auf ihren langen Routen über die baum- und weglose Vidda unterwegs waren. Doch nicht nur die Post war unterwegs, deshalb wurde um 1870 auf eine staatliche Verordnung hin ein Netz von Blockhütten gebaut und dann verpachtet. Der Abstand der Hütten betrug jeweils einen Tagesmarsch.

Die Pächter waren verpflichtet, Reisenden Unterkunft zu gewähren. Als Gegenleistung gab ihnen der Staat das Jagd- und Fischereirecht in der Gegend und sie durften den Wald, sofern vorhanden, nutzen. Diese Blockhütten bestanden meist nur aus zwei Räumen. In dem einen Raum lebte die Pächterfamilie, der andere war für die Reisenden. Brennmaterial musste vom Pächter bereitgestellt werden und ein Reisiglager mit Fellen vorhanden sein. In der Finnmark gab es 1940 rund 50 solcher Blockhütten. Manche stehen noch heute und werden von den Nachkommen der Pächter bewirtschaftet.

WEITER AUF DER ROUTE 4 NACH ALTA

Wer von Kautokeino kommt und einen Rastplatz sucht, kann es mit einem Rastplatz 45 km nördlich von Kautokeino bei GPS 69.303962, 23.571596 versuchen. Der Rastplatz verfügt über ein Toilettenhäuschen und man kann die 8 m hohen Wasserfälle Pikefossen *(Nieidagorši)* besuchen. Der Legende nach ist ein Mädchen mit einem Rentier im Winter hier über das Eis gegangen. Das Eis brach und das Rentier ertrank. Als der Rentierbesitzer das hörte, wurde er so wütend, dass er das Mädchen hinterherwarf. Seitdem hört man es nachts im Wasser schreien.

Die Straße liegt nun schon wesentlich höher, was kaum auffällt, da, im Gegensatz zur schroffen Westseite, die Ostseite der Kaledonischen Faltung nur allmählich ansteigt. Die bis dahin eher öde, leicht hügelige Landschaft wird nun zunehmend schroffer. An der Straße befinden sich Seen und Wasserfälle.

ZWISCHENSTOPP IN MASI (MÁZE)

Bei GPS 69.421321, 23.616571 zweigt die Straße nach **Masi** (Máze) ab. Nach der Brücke an der Einmündung ist rechts ein Schotterparkplatz am Ufer, man sieht ihn schon von der Brücke. In Máze gibt es eine Tankstelle mit Rasthaus, in der man Touren entlang des Flusses buchen kann. An der Tankstelle links geht es wieder zur Rv93.

Sommerliche Idylle am Altafjord bei Masi

099wn Abb.: fh

Sautso-Canyon und Alta-Staudamm

Es lohnt ein Ausflug zum ***Sautso-Canyon,*** *dem größten Nordeuropas, der einen wahrhaft beeindruckenden Anblick bietet. Der Canyonzugang ist für den Autoverkehr gesperrt, man kann aber theoretisch noch ein Stück hinter der Sperre weiterfahren. An einer abgebrochenen Brücke kommt man nur noch mit Geländewagen weiter, da der Wasserstand im Fluss meist über 50 cm liegt. Wer eine Wandertour machen will, fahre von Alta 26 km auf der alten Straße Richtung Südost nach Gargia Fjellstue bis Bæskades. Von hier gibt es einen markierten Weg zum Canyon. Man muss allerdings mit 4 Stunden Fußweg rechnen. Eine andere Möglichkeit ist der 10 km lange, asphaltierte Weg zum Kraftwerk über das Tverrelvdalen. Dazu in Alta/Kronstad am Schild Tverrelvdalen in Richtung Stilla abbiegen. Ab der Tverrelvdal-Fjellstue muss man noch 10 km zu Fuß laufen, denn die letzten Kilometer sind für Autos gesperrt.*

Der Bau eines ***Staudamms*** *für das Kraftwerk hatte 1979 eine heftige Protestbewegung von Samen und Naturschützern zur Folge, da die Überflutung des Tals ein unüberwindbares Hindernis für die Rentiere darstellte und die Lachse nicht mehr den Fluss hinaufkamen. Außerdem stellten Fachleute den Nutzen des Mammutprojektes in Frage. Es sollte nicht nur der Ort Masi in den Fluten des Stausees versinken, auch weitere Flüsse sollten zur Stromgewinnung umgeleitet werden. Dies schürte eine Protestbewegung von in Norwegen nie gekanntem Ausmaß. Die Protestler ketteten sich im Januar bei eisigen Temperaturen an die Baugeräte. Daraufhin schickte die Regierung starke Polizeikräfte von Oslo aus in den hohen Norden. Die Besetzer wurden festgenommen und in eigens angemieteten Schiffen nach Oslo ins Gefängnis transportiert. In Folge kam es auch in Oslo zu Protesten der Samen vor dem Parlament, worauf das Projekt tatsächlich abgemildert wurde. Der 110 m hohe Staudamm wurde allerdings gebaut. Später hat man nachgewiesen, dass dieses Projekt für den Norden nutzlos war, da der Strom von der Elektrizitätsgesellschaft in den Süden abtransportiert und dort verkauft wird. Lappland blieb nur die Zerstörung der Landschaft und eine Erstarkung des samischen Willens, der schließlich zum Samenparlament führte.*

Die Berghütte **Suolovuopmi Fjellstue** am Dálloluoppal-See bietet die Möglichkeit der Rast, liegt aber direkt an der Straße (GPS 69.587959, 23.528545, www.suolovuopmi.no). Hier zweigt die Nebenstraße Gargiaveien ab, die zu einem berühmten Rasthaus in der Wildnis führt. Die Straße, die nach Südosten abzweigt, ist für Autos gesperrt. Man kann aber bis zur Berghütte Gargia-Fjellstue fahren. Zwanzig Zimmer stehen zur Vermietung bereit. Von hier aus kann man den Sautso-Canyon (Čávžu), den größten Canyon Europas, zu Fuß erreichen. Es sind 12 km, von denen nur 5 mit dem Womo befahren werden können. Das „Loch" ist übrigens über 350 m tief.

WEITERFAHRT AB MASI

Mit den schroffen Bergen zu beiden Seiten merkt man plötzlich, dass man in fast 1000 m Höhe dahingondelt. Insgesamt wird die Gegend etwas grüner und auch der Wald setzt wieder ein. Allmählich geht es nun in Serpentinen abwärts in die Gegend mit Baumbestand bei Alta am Altafjord. Auch der Altafluss taucht wieder auf. Im Tal angekommen gibt es Hinweisschilder zu den Campingplätzen Wisløff, Alta Strand und Alta River Camping, die alle am Flussufer liegen (s. S. 121). **Weiter geradeaus** auf der Rv93 erreicht man nach 3,5 km in Alta die E6 und die Route 1 und blickt auf das Wasser des Altafjords.

ALTA (ÁLAHEADJU, ALATTIO)

(132 km – 246 km)

Alta wird im Rahmen der Route 1 genauer beschrieben (s. S. 115). Wenn man sich von der Rv93 kommend Alta nähert, bietet sich ein Ausflug auf den Berg **Lille Raipas** an. An der Rv93 geht es nördlich der Campingplätze Camp Alta und Alta River Camping rechts ab Richtung Raipas über eine Brücke, die den Altaelv überquert. Die Straße führt nach Raipas, wo man zum Gipfel des Lille Raipas wandern kann. Auf dem Parkplatz, an dem der Weg beginnt, stehen Hinweisschilder (GPS 69.950209, 23.342618). Auf einer unbefestigten Straße erreicht man die Spitze (286 m) in etwa 40 Minuten. Von dort hat man eine herrliche Aussicht auf den Altafjord und die umliegenden Berge. Außerdem ist auf dem Gipfel ein Messpunkt des Struve-Bogens (siehe Exkurs S. 125).

Weiter auf der Fv15, erreicht man nach wenigen Kilometern auch das Ufer des Altafjordes und die E6. Man ist in Alta angekommen. Nach rechts geht es ab zum Nordkap.

100wn Abb.: fh

Am Altafjord

DAS LAS VEGAS DES NORDENS UND ENDLOSE TUNDREN

Die Route beginnt an der Ostseeküste und führt durch die finnische Tundra ziemlich genau nach Norden.

Unterwegs macht man in Lapplands Hauptstadt Rovaniemi Halt, was manche auch das Las Vegas des Nordens nennen. Auf jeden Fall ist es die größte Stadt auf der Nordkalotte. An der Stadtgrenze Rovaniemis überquert man den Polarkreis und kann dort dem finnischen Weihnachtsmann einen Besuch abstatten.

Vorbei am großen Inarisee mit dem Ferienort Inari erreicht man die Grenze nach Norwegen bei Karigasniemi und ist nach kurzer Fahrt in Karasjok, von wo es einen Anschluss zum Olderfjord im Norden gibt. Unterwegs kann man eine Edelsteinmine besuchen oder sich im Goldwaschen üben.

Die ganze Strecke ist über 800 Kilometer lang und führt am Ende aus den endlosen Tundren mit kontinentaler Trockenheit in das Gebiet am Porsangerfjord, in dem Seeklima herrscht. Hier kann man noch einen Ausflug in den Nationalpark Stabbursdalen machen, bevor es immer an der Küste des Fjordes entlang zum Ziel, der Nordkapinsel Magerøya, geht.

▷ *Küstenstraße auf der Insel Magerøya*

102wn Abb.: fo © Oleg Mitiukhin

ROUTE

DURCH NORDFINNLAND ZUM NORDKAP

0 1 cm = 8,75 km 20 km

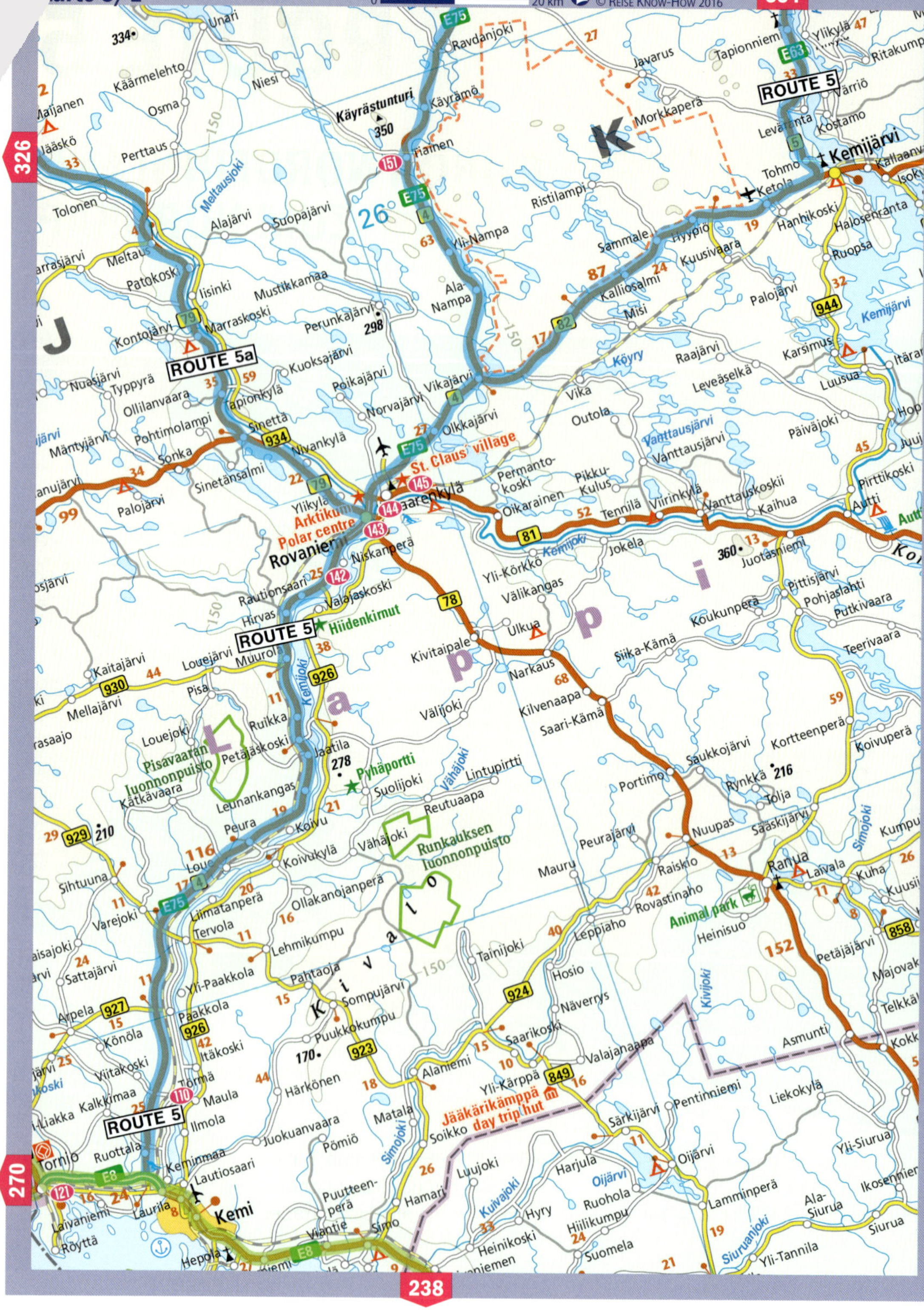

VERLAUF ROUTE 5

Kemi - Rovaniemi (121 km)
Rovaniemi - Nordkap (713 km)
Nordkyn: Lakselv - Mehamn (225 km)

VON KEMI NACH ROVANIEMI

STRECKENVERLAUF

Kemi (Giepma) - Tervola (46 km) - Rovaniemi (75 km)
Streckenlänge: 121 km

KEMI

Kemi wird genauer als Etappe der Route 3 erläutert (s. S. 242). Die Straße **E75/Finn4,** die hier beschrieben wird, ist im Sommer eine stark befahrene „Nordkaproute“: von Kemi über Rovaniemi und Muonio nach Alta. Die Autobahn E8 führt in Kemi über den Muoniojoki, wenn man nach rechts blickt, sieht man das Kraft- und Regulierungswerk, daneben gibt es eine kleinere Tankstelle und ein Einkaufszentrum. Kurz nach dem Fluss fährt man die Finn4 bzw. die E75 nach rechts in Richtung Rovaniemi ab (die E8 bzw. ab jetzt 29 geht weiter Richtung Schweden zur Route 3).

Wer nicht die Finn4 nehmen will, kann auch ein Stück die Landstraße fahren, die im Abstand von 500 m parallel zur 4 und dem Muoniojoki verläuft. Ihr Belag ist nicht schlechter. Man kann auf sie abbiegen, wenn man hinter der Brücke zweimal rechts fährt und hinter der Tankstelle links. Allerdings ist auch später ein Abbiegen auf die Landstraße möglich. Die Landschaft ist nun mit Birken und Nadelgehölz stärker bewaldet. Die Straße E75 ist gut ausgebaut und bietet ausreichend Möglichkeiten zum Anhalten. Neben der Straße befindet sich bis Rovaniemi ein Fahrradweg.

TERVOLA
(46 km - 46 km)

Auf der E75 kommt nun bei GPS 66.08512, 24.769363 eine Tank- und Raststätte. Von hier kann man nach rechts auf der 928 über die Flussbrücke in Richtung Tervola fahren, wo auch die alte Landstraße 926 einmündet. Sie verläuft die ganze Zeit parallel zum Fluss. Alle paar Kilometer gibt es auf dieser Straße eine Tankstelle.

Parallel zur E75 verläuft die Eisenbahnlinie von Helsinki nach Rovaniemi, die man bei Koivu einmal überquert. Bei GPS 66.285918, 25.339279 kann man den Fluss sehen, allerdings gibt es nur die Bushaltestelle zum Stoppen. 10 km vor Rovaniemi bei Hirvas geht es rechts nach Valajaskoski ab und man erreicht diese Stromschnellen des Kemijoki nach etwa anderthalb Kilometern auf der Straße 933. (GPS 66.424027, 25.539093). Außerdem kann man, wenn man schon auf der anderen Seite des Kemijoki ist, eine Gletschermühle besichtigen.

AUSFLUG ZUR HIIDENKIRNUT GLETSCHERMÜHLE

Die Gegend heißt Sukalanrakka. Der Hiidenkirnut, was auf Finnisch Gletschertopf heißt, besteht aus 18 Löchern von bis zu 8 m Durchmesser und 15 m Tiefe. Das Schmelzwasser hat hier nach der Eiszeit unterirdisch gewaltige Steinmassen in Bewegung gesetzt, die sich tief in das Innere des Felsens gegraben haben, bevor sie schließlich weggespült wurden. Der Fels ringsum besteht aus speziellen Steinarten, die bis zu 30 cm lange **Cordieritkristalle** enthalten. Sie ragen an vielen Stellen als Vorsprünge aus dem Gestein. Sie sind zwar voll kristallinem Glimmer, dieser ist heute aber technisch wertlos, da man ihn auch künstlich herstellen kann. Cordierit ist pleochroistisch, d. h. die Farbe ändert sich je nach Lichteinstrahlung und Blickrichtung. Da es hauptsächlich blau schimmert, hieß das Mineral ursprünglich Iolith, was auf Griechisch „Veilchenstein" heißt. Einfallendes Tageslicht wird zur Sonne polarisiert. Ein ungarischer Biophysiker vermutet, dass der sagenumwobene Sonnenstein der Wikinger ein solcher Kristall gewesen war, da dessen Strahlen auch bei bedecktem Himmel immer zur Sonne zeigten. Am Beweis wird noch gearbeitet. Auf jeden Fall hat der Stein die Härte 7 und wird als Schmuckstein verarbeitet.

› Hinter der Brücke etwa 8 km auf der 926 zurückfahren und am Hinweisschild Hiidenkirnuntie bei GPS 66.39184, 25.431204 links abbiegen und am Ende des Weges parken. Den Besucher erwartet noch ein Fußmarsch von 2 km den Berg hinauf.

WEITER RICHTUNG ROVANIEMI

Nun wird die Bebauung etwas dichter, da man sich Rovaniemi nähert. An der nächsten Kreuzung liegt das Rova-Motelli, eine ziemlich große Anlage.

142 Motelli Rovaniemi

GPS 66.45325, 25.578275

Kemintie 945, 96700 Rovaniemi, Tel. 016 3790389, www.rovahotelli.com, Motelzimmer ab 82 € pro Nacht. Ganzjährig geöffnet, Café, Sauna und Zimmer.

Kurze Zeit später führt die Straße E75 auf einem Damm über das Wasser. Es ist kein See, sondern einer der Nebenarme des Fluss Ounasjoki. Rechts folgt nun ein großer Parkplatz mit einer Infotafel, auf der man sich einen Überblick über die kommende Stadt verschaffen kann. Danach kann man noch einmal tanken, bevor man sich ins Gewimmel stürzt.

Die E4 führt nach *keskusta,* was auf Deutsch „Zentrum" heißt. Wenn die Straße über die Bahnlinie führt, sieht man links den Bahnhof liegen. Hier ist die Endstation des beliebten Lapplandexpress. Auf dem Fernsehkanal Arte konnte man schon einmal eine Fahrt ab Helsinki live mitverfolgen, der Film dauerte 10 Stunden und endete gegen 4 Uhr früh auf diesem Bahnhof.

ROVANIEMI (ROAVVENJÁRGGA, RUÁVINJARGÂ, RUÄ'VNJARGG)

(75 km – 121 km)

Dort, wo die Flüsse Kemijoki und Ounasjoki zusammenfließen, haben sich schon in der Steinzeit Menschen angesiedelt. Heute liegt dort Rovaniemi, das mit etwa 60.000 Einwohnern die „Hauptstadt Lapplands" ist und als „Las Vegas des Nordens" gilt.

1785 wurde die Gemeinde gegründet. Aber erst Ende des letzten Jahrhunderts, als man sich entschloss, hier Holzbetriebe anzusiedeln, begann der Ort sich zu entwickeln. Das Holz wurde auf den beiden Flüssen eingeflößt. 1938 wurde Rovaniemi, kurz „Roi" genannt, zur Hauptstadt der Provinz Lappi und vergrößerte sich stetig. Auch die Zerstörung der Stadt im Zweiten Weltkrieg änderte daran nichts. Innerhalb weniger Jahre war sie, unter anderem nach Plänen des berühmten Architekten Alvar Aalto, wieder aufgebaut. 1960 bekam Rovaniemi das Stadtrecht. Heute zeigt es sich von seiner modernsten Seite.

Information

- **Tourist Information,** Lordi's Square, Maakuntakatu 31, Tel. 016 346270, www.visitrovaniemi.fi.
- Mitternachtssonne: 11.6.–2.7.

Die Lainasbrücke über den Ounasjoki nahe dem Zentrum von Rovaniemi

Routenkarte S. 316

Es wurden große Anstrengungen unternommen, es zu einem Touristenzentrum zu entwickeln: Jährlich besuchen über 400.000 Reisende die Stadt! Das kulturelle Angebot, aber auch der Touristennepp ist dementsprechend groß. Den Beinamen „Las Vegas des Nordens“ verdankt die Stadt den zahlreichen Spielautomaten. Die etwa einen halben Kilometer lange Fußgängerzone Koskikatu ist eine einzige Amüsiermeile geworden. Aber es gibt auch eine Kirche mit einem riesigen Fresko zu sehen.

Rovaniemi

Die ansässige Messerfabrik **Martiini** produziert jährlich eine Million Messer. In der Fabrik Lynx werden Schneemobile hergestellt. Sehenswert Gebäude von Alvar Aalto sind die **Stadtbibliothek,** das als Kongressgebäude genutze Lappia-Haus und das Rathaus. Noch mehr finnische Kultur gibt es im **Korundi Kulturhaus,** einer ehemaligen Postgarage. Das außerhalb gelegene Heimatmuseum **Pöykkölä** informiert über das Leben in einem Bauernhaus vor etwa 100 Jahren. Das sehenswerte naturwissenschaftliche Museum **Arktikum**

Routenkarte S. 316

liegt in einem zur Hälfte unterirdischen Bau am Ufer des Ounasjoki mit 170 m langem Glasdach. Das auch für Kinder geeignete Museum informiert u. a. über die Entstehung des Polarlichts, die Mitternachtssonne, den Fischfang im Winter, die Auswirkungen des Klimawandels und die lappländische Kultur. Das **Pilke Wissenschaftszentrum** informiert zum Thema Wald und Forstwirtschaft.

Sehenswertes

- **Kaupungin Kirjasto,** (Stadtbibliothek) Hallituskatu, 1965 von Alvar Aalto entworfen: ein lichtdurchflutetes Bauwerk von innovativer Kraft. Mo.- Fr. 9-18 Uhr, Sa. 9-15 Uhr. Neben Büchern mit dem Spezialgebiet Lappland-Literatur werden hier wechselnde Ausstellungen präsentiert.
- **Lappia-Haus,** Hallituskatu 11, das Theater- und Kongressgebäude, ebenfalls von Aalto entworfen, erinnert vom Aussehen an schneebedeckte Berge. Im Keller Provinzmuseum, Kunstausstellung und kulturgeschichtliche Sammlung, geöffnet: Di.-So. 11-16 Uhr. Eintritt 2 €.
- **Lutherische Kirche,** Rauhankatu 45, Yliopistonkatu, Ecke Vapaudentie, 1950 von einem Architekt namens Liljeqvist entworfen. Drinnen gibt es ein gewaltiges Fresko von 14 m Höhe von Lennart Segerstråhle (1892-1975), das die Rückkehr Jesu nach Rovaniemi und zum Berg Ounasvaara darstellt. Weiterer Schmuck sind Glasfenster. Das Licht an der Decke fällt übrigens nicht durch ein Fenster, sondern durch Scheinwerfer vom Sims herab.
- **Korundi Kulturhaus:** Finnische Kunstausstellung und Kulturveranstaltungen in der Lapinkävijäntie 4, in der ehemaligen Postgarage, Tel. 016 3222822. Di.-So. 11-18 Uhr, 8 €.
- **Heimatmuseum Pöykkölä,** Pöykköläntie 4, 3,5 km vom Zentrum. Im ursprünglichen Zustand erhaltene Gebäude, die zum Museum ausgebaut und durch weitere Gebäude ergänzt wurden, informiert über das Leben in einem Bauernhaus vor 100 Jahren, geöffnet: 1.6.-31.8. Di.-So. 12-18 Uhr.
- **Arktikum mit Polarkreismuseum,** Pohjoisranta 4, Tel. 040 7464233, www.arktikum.fi, geöffnet: 1.6.-31.8. tgl. 9-18 Uhr, 1.9.-30.11. Di.-So. tgl. 10-18 Uhr, 1.12.-31.5. tgl. 10-18 Uhr, Eintritt 12 €. Ein halb unterirdischer Bau am Flussufer und ein weiterer auf der gegenüberliegenden Straßenseite. Das Museum beherbergt unter anderem das **Provinzmuseum von Lappland.**
- **Pilke Wissenschaftszentrum,** Ounasjoentie 6, hat den Fokus auf Holz und Forst. Geöffnet: Di.-So. 9-18 Uhr, Eintritt 7 €.
- **Das Rathaus,** Hallituskatu 7, wurde 1988 fertiggestellt.

Zum Übernachten eignen sich folgende Plätze ganz gut. Bis auf den Platz Ounasjoki, der sich etwas außerhalb des Ortes im Ounasvaara-Gebiet befindet, liegen sie in Tiainen und in Saarenkylä.

143 Camping Ounasjoki

GPS 66.497456, 25.743358

Jäämerentie 1, zwischen Jätkänkynttilä- und Eisenbahnbrücke, Tel. 016 345304, von Süden her am Schild „Udasjärvi" auf die 78 abbiegen, Womoplatz 16 €, Person 7,50 €, 1.6.-31.8. am Flussufer unter Bäumen.

144 Ounasvaaran Pirtit

GPS 66.508796, 25.787051

Antinmukka 4, Tel. 016 3330100, www.ounasvaaranpirtit.fi, 3 km östlich von Rovaniemi, ganzjährig, aber meist im Winter genutzt, Appartment ab 95 €.

145 Napapiirin Saari-Tuvat

GPS 66.517279, 25.844369

Kuusamontie 96, Saarenkylä, Tel. 016 3560045, www.saarituvat.fi, auf der 878 km in Richtung Kuusamo am Kemijoki, Womoplatz 22 €, Person 3,50 €, Strom 5,50 €, ganzjährig, der Platz liegt am Kemijoki-Fluss mit einer Menge roten Hütten, voller Service 3.5. - 19.9.

Einkaufen

Der Gang durch die Fußgängerzone erfreut den Konsumentwöhnten. Badestrände liegen an den Ufern des Kemijoki gegenüber der Stadt, auf www.rovaniemi.fi gibt es die GPS-Koordinaten dazu. Wanderwege gibt es ab dem Bahnhof, sie haben mit drei Kilometern eine für Spaziergänger gerechte Länge.

- **Lauri-Tuotteet,** Pohjolankatu 25, geöffnet: Mo.-Fr. 9-17 Uhr, Sa./So. 10-14 Uhr. Toller Laden für samische Handarbeiten, nette Atmosphäre!
- **Taigakoru** in der Koskikatu 25 verkauft Schmuck.
- Ebenfalls in der Koskikatu 25 befindet sich auch die Filiale von **Alko,** wo man Mo-Fr. 9-20 Uhr, Sa bis 18 Uhr alkoholische Getränke kaufen kann.
- Es gibt drei **Einkaufszentren:** das Sampokeskus Shopping Centre in der Maakuntakatu 29-31, den K-Supermarkt in der Koskikatu 25 und daneben das Revontuli Einkaufszentrum in der Koskikatu 27.
- **Sommernachtbootsfahrten-Lappland Safaris,** Harrikatu 4, direkt hinter dem Sokos Hotel Vaakuna, mit 11 bis 13 m langen, traditionellen Holzflussbooten abends den Kemi- und Ounasjoki entlang bis zu einer Rentierfarm. Kanus verleiht z. B. EP-Muovi, Tel. 016 369050, oder Lapin Safarit, Tel. 016 312304.

Parken

- Parken am Automat kostet 1,20 € pro Stunde, ansonsten mit Parkscheibe.
- Am Bahnhof in der Ratakatu ist ein großer Parkplatz, kostenlos gibt es Möglichkeiten auf der anderen Seite des Bahndamms im Industriegebiet.
- Außerhalb der City, etwa an der E75 am Ortseingang der Infoparkplatz GPS 66.472641, 25.617971 und kurz danach bei GPS 66.477746, 25.624709.
- Reichlich Parkplätze sind am Santapark bei GPS 66.540323, 25.800737
- Einige Parkplätze sind am Sportplatz am Ende der Karhunkaatajantie, GPS 66.503356, 25.702268.

Ausflüge

Polarkreis mit Weihnachtsmanndorf Joulupukin Pajakylä. Vom nördlichen Ufer des Flusses fährt man auf der 4 ein Stück Richtung Sodankylä und dem Flughafen und hat kurze Zeit später, ehe man sich versieht, den Polarkreis überschritten. Der Weihnachtsmann

Essen und Trinken

Besonders in der **Koskikatu** gibt es viele Cafés und Bars:

- **Restaurant Gaissa,** Koskikatu 14, gehört zum Santa-Hotel.
- **Cafe & Bar 21,** Rovakatu 21, Tel. 040 8117037, trendige Bar mit der Spezialität Waffeln, salzig oder süß.
- **Restaurant Nili,** Valtakatu 20, ein uriges Lappland-Restaurant im Zentrum, Mo.-Sa. ab 18 Uhr.
- **Arktikum Café & Restaurant,** Pohjoisranta 4, das schicke Café im Museum Arktikum im Zentrum ist ab 11 Uhr geöffnet und serviert kleine Gerichte.
- Im Santa Park steht z. B. das **Joulukka** mit Wichteln als Bedienung.
- **Café im Martiini Shop,** Vartiokatu 32, im Firmengebäude genau gegenüber dem Arktikum, mit kleinem Café und einer Ausstellung des großen Messerherstellers.
- **Kemijoen Helmi,** 18 m langes Kaffeeboot mit Abfahrt unterhalb der Brücke, Straße 4, am Arktikum. Bei einem Kaffee oder Bier kann man die vorüberziehende Landschaft genießen, mit Raucherzimmer, Rundfahrt ab 18 €

wohnt im Korvatunturi. Das **Santa Claus Village** ist eine riesige Anlage, in der es jeglichen Weihnachtskitsch gibt, den man sich vorstellen kann. Beim Sonderpostamt schreibt man im Sommerurlaub seine Karte an die Lieben daheim und zugestellt wird sie im Dezember. Wer nicht selbst dorthin kommen kann, schickt sein **Lieblingsstofftier** dorthin. Die Beweisfotos von der Stadtrundfahrt, Polarkreis und Weihnachtsmann kommen dann mit dem Tier zurück (ab 90 €, www.teddytourslapland.com). Man kann die Werkstatt des W-Mann besichtigen. Das Zentrum der Anlage ist das Santa-Claus-Haus.

› Tel. 020 799999, www.santaclausvillage.info

1972 wurde Lappland per Parlamentsbeschluss zum **Weihnachtsmannland** erklärt. Ein Abgeordneter der Region hatte eine Marktlücke erkannt. Als dann British Airways dorthin Flüge anbot, wurde zwar in den Zeitungen ausführlich gelästert, aber das Geschäft war nicht mehr aufzuhalten.

› Postadresse: Joulupukin Pajakylä, FIN 96930 Napapiiri, www.santaclaus.posti.fi, geöffnet: außer 24.12., mindestens 10–17 Uhr.

Eine weitere Attraktion ist der **Santa Park,** ein Vergnügungspark, für den ein ganzer Berg ausgehöhlt wurde, um die Landschaft nicht weiter zu verschandeln. Zwischen dem Weihnachtsmanndorf und dem Santa Park pendelt eine Bahn, die auf halbem Weg an einer Rentierfarm einen Zwischenhalt macht.

Im Santa Park ist jeden Tag Weihnachten

104wn Abb.: fo©zlikovec

ROUTE 5A: VERBINDUNG NACH MUONIO ZUR ROUTE 3

STRECKENVERLAUF

Rovaniemi - Kittilä (152 km) - Muonio (80 km)
Streckenlänge: 232 km

WEITER AB ROVANIEMI

Bevor man Rovaniemi verlässt, muss man sich entscheiden, ob man östlich oder westlich des Ounasjoki nach Norden fährt. Nach Kittilä führen zwei Wege:

Man kann die schmalere 934 auf der rechten Seite des Ounasjoki benutzen oder die 79 auf dem linken Ufer des Flusses. Beide sind gleich gut ausgebaut und durchschneiden dieselbe Landschaft. Nach etwa 5 km überschreitet man den Polarkreis, aber diesmal ohne viel Zirkus. Dass man sich parallel zum Ounasjoki bewegt, ist nicht ersichtlich, da Birken die Sicht auf beiden Seiten versperren.

Die nächste Etappe auf der 79 ist **Sinettä,** was sich durch breit angelegte Radwege ankündigt. Vom Ort bekommt man wenig mit: Er verfügt über einen Supermarkt, eine Brücke über den Sinettäjoki und danach, am Abzweig der Straße 83, eine Tankstelle. (Hier kann man nach Pello fahren, wo man auf Route 3 trifft, s. S. 277).

Die 934 rauscht inzwischen ortlos dahin, nur von kerzengerade gewachsenen Birken minderer Dicke gesäumt. Inzwischen wird die Ebene lichter, man betreibt Landwirtschaft. In **Patokoski** gibt es eine Tankstelle mit angeschlossenem Minirestaurant, dass auch Motelbetten anbietet. Der nächste Ort an der 79 ist das 500-Seelendorf **Meltaus.** Aber auch 500 Menschen brauchen etwas zu essen. Deswegen gibt es einen Dorfladen inklusive Tankstelle. Das Essen auf dem alten Hof **Poro-Pekan Pirtti** schmeckt nicht nur den Ortsansässigen. Von der Straße 934 Richtung Fluss abbiegen, in die nicht befestigte Mäkeläntie 20 einfahren (Tel. 40 8473227).

Hinter dem Ortskern von Meltaus biegt die 79 in Richtung Fluss ab und überquert diesen. Sie darauf als 952 weiter gerade nach Osten nach Sodankylä. An der Kreuzung trifft von rechts die 934 ein. Hier biegt man mitsamt der 79 links ab und hat noch 92 km nach Kittilä. (Wer auf dem linken Flussufer bleibt, fährt vor der Brücke links ab nach Tolonen. Diese Straße ist schmaler und 30 km weiter geht es wieder auf die 79.) Deswegen sollte man gleich die gut ausgebaute Straße 79 auf dem rechten Ufer weiterfahren.

Auf der 79 gleitet man sanft durch die Landschaft, ab und zu kommt ein Rastplatz, der Fluss ist selten zu sehen, aber nie weit weg. Bisweilen unterbricht ein einzelner Hof die grüne Stille. In Lohiniva

281
0
1 cm = 8,75 km
20 km
© Reise Know-How 2016
Kitkiöjärvi
Parkalompolo
Kitkiöjoki
Muonionjoki
Särkijärvi
Kälakentät
Jerisjärvi
Gallery
Tepasto
Pöntsö
Rauhala
Kangosjärvi
Muotkavaara
Veitservasa
Könkäs
Lismajoki
Kapsajoki
Vierelä
Hanhimaa
Lintula
Rautuskylä
Roura
Kiistala
Parkajoki
Water mill
Äkäsjärvi
Järvenpää
Volcano park
Sirkka
Loukinen
Kerääntöjärvi
Hukanmaa
Kuusiniemi
Salmivaara
ROUTE 3
Pakasaivo
Äkässaivo
Tiurajärvi
Sätkänä
Riikonkumpu
Rasti
Ounasjoki
Kihlanki
Äkäslompolo
Vittakumpu
Niilivaara
Kumputunturi
581
Hannukainen
Tapojärvi
Ylläs
718
Kittilä
Kuusajoki
Jeesiöjärvi
Majavakumpu
Rovanperä
Käymäjärvi
Aareavaara
Äkäsjokisuu
Luosu
Ylläsjärvi
Mustavaara
Hormakumpu
Sahavaara
Huuki
Kaunisvaara
Jauhojärvi
ROUTE 5a
Mella
Kurtakko
Palo
Kaukonen
Särestöniemi museum
Kelontekmäjärvi
Kelontekemä
Kaunisjoensuu
Kattilamaa
Kallo
Kolari
Kumpu
Pajala
Kiekisjäisvaara
Venejärvi
Alakylä
Kengis
Tornionjoki
Kokkovaara
Maunujärvi
Vaattojärvi
Tuuliharju
Molkojärvi
Hinganmaa
Sattajärvi
Sieppijärvi
Ruokojärvi
Helppi
Juustovaara
Kinisjärvi
Siväjärvi
Kierinki
Kassa
Järvirova
Pimpiö
Pasmajärvi
Taapajärvi
272
Lohiniva
Sassali
Ohtanajärvi
Kardis
Nuottavaara
Uimaniemi
334
Olkamangi
Ruonajärvi
Maijanen
Unari
Vittikkoyuoma
Jääskö
Käärmelehto
Aapua
Orajärvi
363
Osma
Suaningi
Perttaus
Tolonen
Niesi
Neistenkangas
Konttajärvi
Törmänki
Marrasjärvi
Pello
Saukkoriipi
Ruuhijärvi
Rovanpää
Rattosjärvi
Meltaus
Meltausjoki
Valkeakoski
Rantajärvi
Korpilompolo
Alajärvi
Käyrästunturi
350
Patokoski
Lankojärvi
Nuasniemi
Suopajärvi
Svanstein
Turtola
Koutus
Lampsijärvi
Ylipää
Nuasjärvi
Kontojärvi
Iisinki
Vyöni
Sirkkakoski
Kaaraneskoski
Raanujärvi
Typpyrä
Marraskoski
Mustikkamaa
Luoksenki
Jolanki
Mäntyjärvi
Ollilanvaara
Perunkajärvi
Ajanki
276
Mieko-järvi
Iso-Vietonen
Pohtimolampi
298
Ratasjärvi
Pakisjärvi
Ristioja
Palojärvi
Sonka
Tapionkylä
Kuoksajärvi
Ratasvuoma
Sinettä
Ala-Nampa
Aulinranta
Meltosjärvi
Sinetänsalmi
Poikajärvi
Pessalompolo
Nivankylä
Kantomaanpää
Lohijärvi
Norvajärvi
Vikajärvi
Aavasaksa
Törmäsjärvi
Ylikylä
Arktikum
Polar centre
Mellakoski
Olkkajärvi
Ylitornio
Kaitajärvi
Rovaniemi
St. Claus' village
Kivilompolo
Kapusta
Haaralsaajo
Mellajärvi
Rautionsaari
Saarenkylä
Väystäjä
Louejärvi
Hirvas
Niskanperä
Permanto
316
F
I
N
L
A
J

führt wieder eine Brücke über den Fluss. Um die Wahlmöglichkeit zu verdreifachen, kann man auf eine Nebenstraße nach Osten in Richtung Sodankylä abbiegen. Wesentlich interessanter ist die Kaffeebude rechts nach der Kreuzung. Nun erreicht man die Gemeindegrenze von Kittilä und wird vom Wappen mit einem furchterregenden Monster begrüßt – allerdings nur ein Vielfraß.

Etappi muistomerk heißt der nächste Parkplatz an der Route, bei GPS 67.320974, 24.909273 kann man neben der Straße etwas Ruhe finden. Plötzlich taucht links ein Friedhof mit Kapelle im Wald auf. Die dazugehörigen Häuser von Alakylä und ein kleiner Laden folgen später. Das nächste Highlight ist **Kaukonen.** Ein Schild verspricht eine Sehenswürdigkeit 9 km rechts die Särestötie ab. Es ist das ehemalige Atelier des Malers Reidar Säreströniemi.

Vielfraß

Schwedisch järv, norwegisch jerv, finnisch ahma, englisch wolverine und lateinisch gulo gulo.
Der Vielfraß lebt hauptsächlich in der Tundra des Nordens. Schon der Name ist recht vielversprechend, so viel frisst er aber nicht. Den unseligen Namen verdankt er angeblich einer falschen Übersetzung aus dem Norwegischen in grauer Vorzeit.
Der Vielfraß ist ein Marder und kann mit Schwanz bis zu einem Meter lang werden. Das scheue Gebirgstier hat ein zottiges, dunkelbraunes Fell, einen langen, buschigen Schwanz und große Pfoten, die ihm das Laufen durch den Schnee enorm erleichtern. Wie Eisbären besitzt er behaarte Fußsohlen. Sehr kurze Ohren, die kaum aus dem Fell herausschauen und eine kurze, gedrungene Schnauze reduzieren den Wärmeverlust auf ein Minimum. Obwohl die Paarung schon im Juli stattfindet, bekommt das Weibchen erst im darauffolgenden Frühling Junge. Die Keimruhe verlängert die Tragezeit, bis optimale Temperaturen für die Geburt des Nachwuchses herrschen. Die Nahrung des Vielfraßes zeigt jahreszeitliche Abwechslung. Im Sommer begnügt er sich mit Insekten, Beeren, Fischen, Vögeln und deren Eiern. Im Winter aber wird er im wahrsten Sinne des Wortes zum Tier. Nun, da die kleinen Tiere nicht mehr zur Verfügung stehen, zögert er nicht, Rentiere oder Schafe zu erlegen. Er kann mit seinen breiten Tatzen bequem auf der Oberfläche verharschten Schnees laufen, während seine viel schwerere Beute permanent einbricht und früher erschöpft ist. Wegen seines Pelzes und als Schädling gejagt, ist der Vielfraß südlich des Polarkreises selten geworden. Heute steht er unter Naturschutz. Dass die Tiere an moderner Technik interessiert sind, konnte man in einem Tierfilm sehen, in dem ein Männchen den Bewegungsmelder der versteckten Kamera fand und näher untersuchte. Auch sonst ist der Vielfraß ein scheuer, aber verspielter Geselle.

105wn Abb.: fh

ATELIER VON REIDAR SÄRESTÖNIEMI

Der 1925 in Kaukonen geborene fantastische Maler war der größte Künstler Finnisch-Lapplands. Er nannte sich nach dem Hof, von dem er stammte. Er studierte Kunst in Helsinki und Leningrad. Seine Werke wurden sogar in Japan ausgestellt. Nachdem er 1981 gestorben war, wurde sein Atelier auf dem ehemaligen Hof zu einem Museum umgebaut, das sein Bruder betreut. Es beherbergt eine Sammlung von fast 500 Kunstwerken Särestöniemis, meist Öl auf Leinwand oder Aquarelle sowie Holzschnitte, Radierungen, Zeichnungen und Skizzen.

› Säreströntie 880, 3,5 km nach Kaukonen links ab, dann 5,5 km bis zum Ounasjoki, GPS 67.524684, 24.980457. Geöffnet: Di.-Sa. 12-18 Uhr, 12 € Eintritt. Café und Shop vorhanden. Tel. 016 654480, www.sarestoniemenmuseo.fi

Zurück in Kaukonen führt die Straße 79 nun über den Ounasjoki, der an dieser Stelle relativ schmal ist. Wer es sich anders überlegt hat, kann nun auf der Kallontie bzw. Straße Nr. 9391 und bei Kurtakko auf die 80 nach Kolari (s. S. 282) der Route 3 fahren. Alle anderen fahren weiter der 79 nach. Nun erreicht man Kittilä, ein Ort der Sommer- und Wintergäste gleichermaßen anzieht.

KITTILÄ (KITTÂL, GIHTTEL)

(152 km - 152 km)

146 Stellplatz Hotel Levi

GPS 67.7858, 24.815770

In der Gondolitie 2 im Ortsteil Vielma gibt es einen großen kostenlosen Parkplatz vor dem Hotel Levi rechts. Nur im Winter viel Verkehr.

Information

› **Kittilän Kunta** (Gemeindeverwaltung), Valtatie 15, Tel. 04 00356500, www.kittila.fi/en, werktags 8-11, 11.45-16 Uhr.

Die Kleinstadt Kittilä mit etwa 6200 Einwohnern zieht sich einige Kilometer an der Straße 79 entlang. Im Zweiten Weltkrieg wurde alles bis auf die Kirche zerstört. Es gibt Geschäfte, ein Krankenhaus, Restaurants etc., alles, was zu einer Stadt gehört, aber nichts Besonderes. Hier lebt man von Land- und Forstwirtschaft und vom Kupferbergbau. Der Maler Reijo Raekallio betreibt die **Galerie Pöntsö,** hat ein Lokal und vermietet Zimmer. Galleria Raekallio, Pöntsö, Tel. 016 657122. Wer sich auf die umliegenden Flüsse begeben will: **Kanus** kann man sich unter anderem bei Levin Safarit leihen (Levintie 259, an der Zufahrt zum Flughafen, Tel. 016 641487). **Samische Handarbeiten** werden von Lapin Tuliainen angeboten (Valtatie 2-4), oder von Takkaporo/Hyötyläs (Valtatie 26). Neben dem Stellplatz mit Hütten Kittilän Leirintä am südlichen Ortsrand stehen durch den Wintersport vor Ort eine Menge an Unterkünften zur Verfügung. Im Sommer kann man versuchen, sein Wohnmobil dort abzustellen und gegen eine Gebühr die Einrichtungen zu benutzen, aber das hängt von den Verhandlungen und der Laune der Betreiber ab. Hier eine Auswahl:

147 Kittilän Leirintä

GPS 67.647018, 24.93673

Sodankyläntie 65, Tel. 040 736880, www.kittilanlomamokit.fi, am südlichen Ortsrand von der Straße 79 auf die Straße 80 abbiegen, beschildert, 80 Stellplätze jeweils ab 28 €, ganzjährig, direkt neben dem Fluss Ounasjoki mit Privatstrand und Leihfahrrädern.

148 Lomaset

GPS 67.819632, 24.837635

14 km nach Sirkka, nach 1 km rechts in die Straße 956, dann wieder nach 1 km an der Kreuzung nach Sirkan Koulu (Schule) rechts auf die 9555, am Schild Petsukkalampi links. Tel. 040 5801358, www.lomaset.fi, Ferienhäuser ab 80 € pro Nacht, man spricht Deutsch.

149 Feriendorf Levihuvilat

GPS 67.809974, 24.827764

Kelorakka 5, Hütten in Hanglage in Sirkka, Tel. 040 0562995, www.levihuvilat.com.

150 Iglucamp

GPS 67.787125, 24.891111

Harjatie 4, die Straße 9555 zum Abzeig Utsuvaara, Tel. 044 0566334, www.levinig lut.net, Eine sehr ungewöhnliche Art der Übernachtung. Besagte Iglus sind gläserne Hütten für 2 Personen, die einen freien Blick in die Landschaft gestatten. Außerdem im Programm: ein Luxuszimmer mit vergoldeter Decke oder das Holzfällerzimmer aus rohen Stämmen. Die Preise für die Glasiglus beginnen bei 290 € die Nacht.

AUSFLUG ZUM SEE PAKASAIVO

Pakasaivo ist der See mit doppeltem Boden und die Hölle der Samen. Er liegt in einem kleinen, sehr schönen Naturpark. Das Seeufer mit steilen Felswänden ist bis zu 25 m hoch, der See mindestens 90 m tief. Genau weiß man das nicht, weil in 50 m Tiefe eine feste Pechschicht den „ersten Grund" bildet. An einigen Stellen ist diese Schicht durchbrochen, und es geht noch tiefer hinunter. „Die Hölle der Lappen" heißt der See, da die Samen früher glaubten, hier wohne der Teufel. Ganz in der Nähe liegt auch ein Seita, ein heiliger Stein, dem die Samen früher Opfer gebracht haben.

› Von Kittilä 2 km auf der 79 in Richtung Sirkka, dort die Straße 80 links Richtung Äkäslompolo und von dort weiter bis Hannukainen. Hinter dem Abzweig links nach Kolari den ersten Pfad rechts. Hier müss-

106wn Abb.: fh

Tiefer als man denkt: der See Pakasaivo

te ein Schild „Pakasaivo“ stehen. Nun noch 13 km Waldweg. Zuerst kommt der Seitastein, dann ein Rastplatz mit Überdachung. Von hier zu Fuß noch 300 m, nur wenn es trocken ist (GPS 67.617524, 23.791752). Wenn man den Weg weiterfährt, kommt man nach 14 km auf die E8 (Kolari – Muonio).

ZWISCHENSTOPP IN SIRKKA

Hinter Kittilä erreicht man als Nächstes Sirkka: Links und rechts der Straße steht jeweils ein Berg und dazwischen befindet sich der kleine **„Göttersee“** Immeljärvi. In Sirkka stehen einige Cafés zur Verfügung. Hinter dem Abzweig zum Berg Levi (531 m) befindet sich eine Tankstelle mit Supermarkt. Danach erscheint links der Immeljärvi. Der Ort ist durch den Fremdenverkehr, insbesondere den Wintersport, groß geworden. Er verfügt über Fahrradwege, Straßenbeleuchtung, mehrere Hotels und Supermärkte. Verschiedene Straßenabzweige, z. B. nach Inari, lassen ein geradezu städtisches Gefühl aufkommen. Doch 5 km weiter ist der Spuk zu Ende und die ruhige, gleichmäßige Landschaft umhüllt den Wohnmobilisten wieder.

Der Weg zum Berg Levi im Morgennebel

107wn Abb.: lbv©Janni Kärppä

AUSFLUG ZUM BERG LEVI

Der Berg Levi, 531 m hoch, ist zum Großteil mit Geröll bedeckt. Im Sommer kann man von der Straße nach Sirkka eine Piste zum Gipfel fahren und die Rundumsicht mit Blick auf die weite Ebene und die Berge in der Ferne genießen. Oben gibt es eine Radiostation und das Restaurant Tuikku. Von Kittilä fährt Levi Safari dorthin (Tel. 016 3668970). Man kann sogar mit einer Seilbahn hochfahren. Dazu fährt man von der 79 zum Schild Gondoli ab und erreicht die Seilbahn, die auf den Gipfel führt (geöffnet: 20.6.–30.9., 10–17 Uhr). Parken kann man an der Talstation der Bahn und unterhalb des Gipfels vor der Gaststätte.

WEITER AUF DER 79 NACH MUONIO

Kurz hinter Sirkka beschreibt die 79 einen weiten Bogen nach Westen, Birken und Kiefern bestimmen den Bewuchs. Jetzt sind es noch etwa 60 km bis Muonio. Am Beginn des Jerisjärvi-Sees führt die schmale Straße

Nationalpark Pallas-Yllästunturi

Den insgesamt 1000 km² großen Park um die gleichnamigen Berge gibt es seit 1938. Der Park umfasst die langgestreckte, abgerundete, kahle Fjällkette, am Übergang vom südlichen zum nördlichen Wald-Lappland. Der höchste Gipfel misst 807 Meter, die durchschnittliche Höhe liegt bei über 500 Meter. Die ***Fjällkette*** *bildet die Wasserscheide zwischen dem Tornion- und dem Kemijoki. Innerhalb des Parks liegen mehrere Dutzend Teiche, die Fjellbäche fließen nach Westen in den Muonionjoki und nach Osten in den Ounasjoki.*

Am Fuße der Fjälle und in den Tälern erstrecken sich die für Lappland typischen, weiten Palsamoorgebiete. Diese spezielle Moorart entsteht durch einen komplizierten physikalischen Prozess in Gebieten ***mit dauerhaft gefrorenem Boden.*** *Das Ergebnis sind moorige Hügel. In den Wäldern des Südteils, in der Gegend der Pallasfjälle, sind sogenannte Dickmoosfichtengehölze vorherrschend, die zum Norden hin in Kiefernwälder übergehen. Oberhalb der Baumgrenze gedeiht eine Gebirgsflora, die sich im* ***Herbst malerisch verfärbt.*** *An Tieren tummeln sich dort Schneehühner, Schneehasen, Ren und zahlreiche Nager. Wandererern bietet der Nationalpark immer wieder unglaubliche Aussichten sowie endlose Stille, sauberes Wasser und sehr viel frische Luft.*

› *Zugänge gibt es von Kittilä über Jerisjärvi oder Tepasto (Straße 79); von Kolari über Äkäslompolo (Straße 21), über Muonio und die E8 und von Enontekiö via Raattama über die Straße 956.*

9572 etwa 25 km weit zum Wintersport- und Wandergebiet im **Olostunturi,** wo es alle Einrichtungen für Touristen gibt. Man fährt dazu am Pallastunturi-Gebirge vorbei und kommt durch die Siedlung Muotkavaara am oberen Ende des Sees Äkäsjärvi. Weiter auf der 79 folgt darauf links der See Akäsjärvi und nach links geht ein Abzweig der Straße 940 zum Wintersportgebiet Äkäslompolo. Wer das Besondere liebt, biegt hier nach Süden ab und kann auf Waldwegen zu den landschaftlichen Attraktionen **Äkässaivo** (den alten Opferplatz) und **Äkäslinkka** (die alte Mühle) gelangen, ohne große Umwege zu machen (GPS 67.741215, 24.092925).

Die letzte landschaftliche „Sensation" vor Muonio ist der baumlose Berg Olostunturi mit Skilift und Aussichtsturm. Die letzten 20 km bis Muonio sind eher ereignislos. Der Wald ist niedrig, da in der Vergangenheit hier viel Holz geschlagen wurde, das erst langsam wieder nachwächst. Vereinzelt sieht man wieder Rentierzäune, die die Tiere am allzu weiten Wandern hindern sollen. Hinter dem See Särkijärvi kommt der Abzweig der Straße 957 zum **Pallasstunturi** mit den gleichnamigen Hotels, Campingplätzen, Hüttenvermietern, Wanderwegen und Skipisten. Das Naturschutzgebiet Pallas-Yllästunturi ist eines der größten Wander- und Freizeitgebiete des Nordens.

Weiter in Richtung Muonio befindet sich links das Hotel Olos (Kapustarinnantie 1). Auch Nichthotelgäste besuchen das gute Restaurant Kammari (Tel. 040 7587935, www.ravintolakammari.fi, geöffnet 14–22 Uhr).

Nun nehmen die Hinweistafeln auf Unterkünfte aller Art wieder zu und man erreicht Muonio und die E8, die auf der schwedischen Seite nach Norden führt.

MUONIO (MUONÁ)

(80 km - 232 km)

Eine ausführliche Beschreibung der Stadt ist bei Route 3 auf Seite 284 zu finden. Rechts und links der Straße befinden sich Gaststätten, auf der E8 geht es gen Norden.

VON ROVANIEMI ZUM NORDKAP

STRECKENVERLAUF

Rovaniemi - Sodankylä (129 km) - Saariselkä (129 km) - Ivalo (31 km) - Inari (40 km) - Kaamanen (29 km) - Karigasniemi (70 km) - Karasjok (19 km) - Lakselv (74 km) - Russenes/Olderfjord (66,5 km) - Repvåg (48,5 km) - Nordkap-Tunnel (34 km) - Honningsvåg (19 km) - Skarsvåg (24 km) - Nordkap (13 km)

Streckenlänge: 713 km

ROVANIEMI

Die Stadt Rovaniemi mit ihrer Geschichte, Einkaufsmöglichkeiten, möglichen Ausflügen und Unterkünften wird genauer auf Seite 319 beschrieben.

Es gibt zwei Möglichkeiten, von Rovaniemi über den Inari-See nach Norwegen zu gelangen. Die weniger befahrene ist über die 79 durch Kittilä, um dann auf die absolut einsame 955 abzubiegen, die entsprechend ihrer dreistelligen Nummer auch in einem weniger gepflegten Zustand ist.

Die gebräuchlichere und gut ausgebaute Route führt auf der E75/Finn4 über Sodankylä. Von Rovaniemi fährt man nordöstlich Richtung Kemijärvi, vorbei am Flugplatz und dem unsäglichen Polarkreis-Rummel 26 km bis zum Ort Vikajärvi, wo man mit einem Rastplatz empfangen wird. An der Einmündung der 82 bleibt man auf der E75 und biegt mit ihr nach Norden ab. An der Kreuzung ist eine Tankstelle. Jetzt sind es noch **103 km nach Sodankylä.**

UMWEG ÜBER KEMIJÄRVI

Wer Lust und Zeit hat, kann nach Osten auf der 82 die Strecke nach Sodankylä mit einem Umweg über Kemijärvi erreichen. Er muss lediglich in Vikajärvi der Straße 82 folgen und in Kemijärvi auf die E63 abbiegen. Diese Alternativstrecke ist rund 60 km länger, aber besonders im Sommer weniger stark befahren.

WEITER AUF DER E75/FINN4

Auf der E75/Finn4 kommt der See Vikajärvi erst rund drei Kilometer nach dem Ort in Sicht, wo er bis an die Straße reicht. Gut 30 km weiter nördlich passiert man noch Korvola am See Korvalampi, wo sich ein einfacher Campingplatz befindet.

151 Korvalan Kestikievari

GPS 66.898054, 26.201102

Sodankyläntie 5901, 97540 Tiainen, Tel. 040 7229515, www.korvala.fi, an der 4, 60 km nordöstlich von Rovaniemi, Womoplatz 12 €, Person 3 €, Strom 5 €, geöffnet: 1.6.-31.8., der Platz liegt im Wald am Seeufer, dazu gehört ein kleines Restaurant.

Die Straße folgt nun dem Fluss Leminkorva. Dort wo ihn die Straße überquert, fließt der Raudanjoki dazu. Hier befindet sich linker Hand ein Rasthof (GPS 67.019964, 26.394482). Am Raudanjoki liegen schöne Unterkünfte (Visatupa, Seipäjärventie 409, vor dem Rasthof links rein, Tel. 016 634133, Zimmer und Appartments). Rund 50 km sind es nun noch durch die flache Landschaft bis Sodankylä. Niedrige Birkenwälder breiten sich links und rechts der Straße aus.

AUSFLUG ZUR HALBEDELSTEINMINE

Bei Torvinen kommt der Abzweig von der E4 auf die Nebenstraße 962 nach Luotso und ein Schild weist zur **Ametistikaivos** (Amethystmine). Im Sommer kann man hier die **Mine Lampivaara** südlich bei Pelkoseniemi besuchen. Amethyst ist ein Halbedelstein, die Vorkommen in Dunkelviolett gibt es nur an wenigen Fundorten. Durch Brennen bei 400 °C erzeugt man einen weiteren Schmuckstein, den gelblichen Citrin. 1985 fand man einen 650 kg-Brocken.

- **Ametistikaivos,** die Mine liegt auf dem Berg Lampivaara bei GPS 67.13748, 26.922119, der Parkplatz dazu bei GPS 67.13805, 26.92081. Weiter darf man nicht fahren, da das Gebiet im Nationalpark liegt und keine Straße dorthin führt. Die restlichen 2,5 km können aber per Transfer mit einem Raupentaxi zurückgelegt werden - wandern oder im Winter auf Skiern geht natürlich auch. Eintritt 49 € mit Transfer, 25 € ohne, im Sommer täglich geöffnet. Der Shop zum Steinekaufen mit Café am Ausgang der Mine ist von 12 bis 14 Uhr geöffnet.
- **Luosto-Game-Trall,** am Wintersportgebiet Luosto-Fjäll, 40 km südlich von Sodankylä, ein 4 km langer markierter Wanderweg von Aska nach Lepolantie, der Start ist an den Lepola-Hütten in Luosto.

WEITER AUF DER E75

Zur **Weiterfahrt** überwindet man mit der E75 nun die restlichen Kilometer ohne Besonderheiten. Bei GPS 67.340125, 26.650772 hat

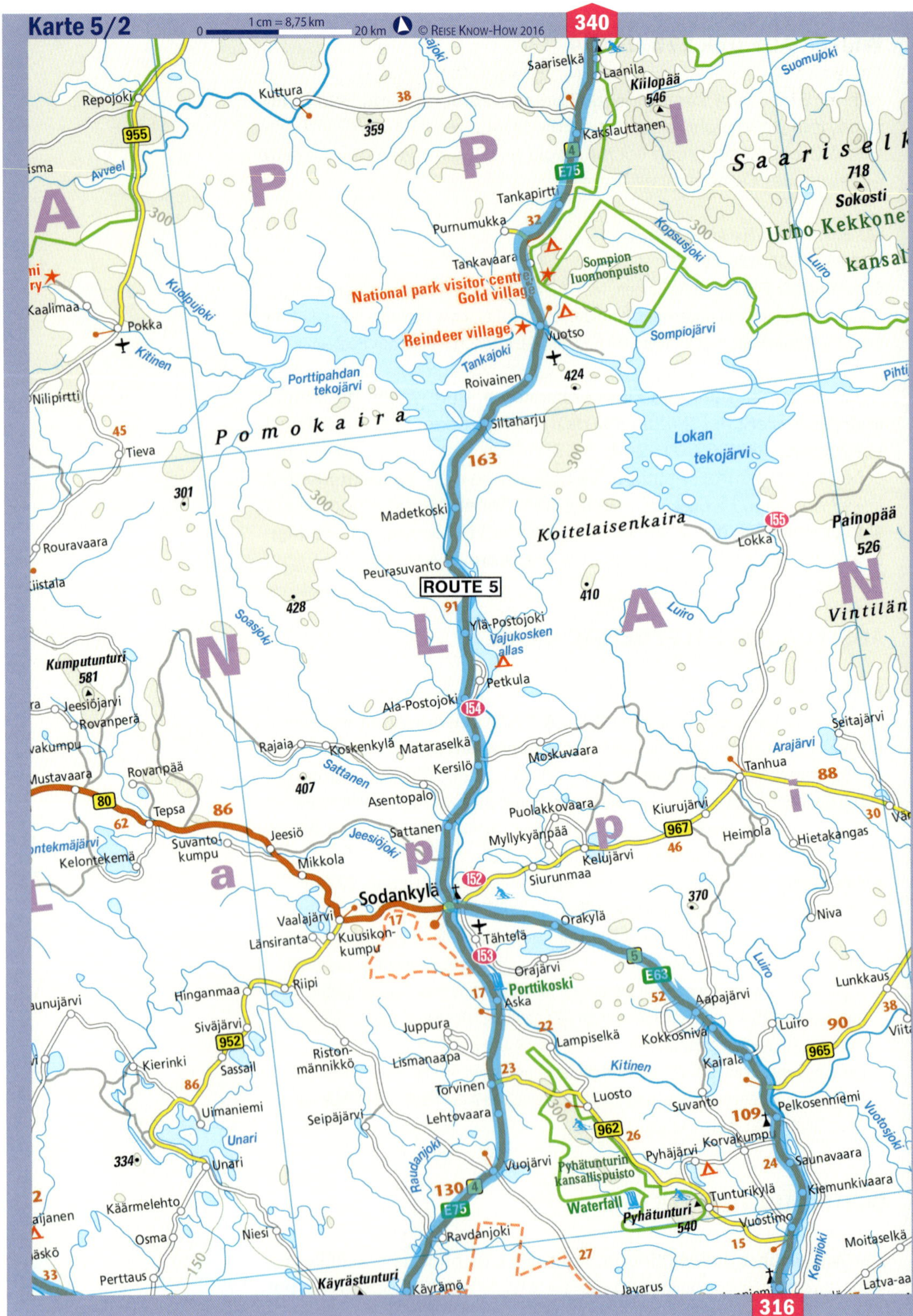
Karte 5/2
0 1 cm = 8,75 km 20 km
© Reise Know-How 2016
340
316
ROUTE 5
LAPPI
LAPPI
Saariselkä
Laanila
Kiilopää
546
Kakslauttanen
Saariselkä
718
Sokosti
Urho Kekkonen kansal
Suomujoki
Kopsusjoki
Luiro
Repojoki
Kuttura
38
359
955
Avveel
Tankapirtti
Purnumukka
32
Tankavaara
Sompion luonnonpuisto
National park visitor centre
Gold village
Reindeer village
Vuotso
Sompiojärvi
Kaalimaa
Pokka
Kuolpujoki
Kitinen
Tankajoki
Roivainen
424
Porttipahdan tekojärvi
Nilipirtti
Pomokaira
Siltaharju
45
Tieva
163
Lokan tekojärvi
301
Madetkoski
Koitelaisenkaira
155
Lokka
Painopää
526
Rouravaara
Peurasuvanto
410
428
Soasjoki
91
Ylä-Postojoki
Vajukosken allas
Vintilän
Kumputunturi
581
Jeesiöjärvi
Rovanperä
Petkula
Ala-Postojoki
154
Seitajärvi
Rajaia
Koskenkylä
Mataraselkä
Moskuvaara
Arajärvi
Kersilö
Tanhua
88
Mustavaara
Rovanpää
Sattanen
407
Asentopalo
80
Tepsa
86
62
Puolakkovaara
Kiurujärvi
967
30
Suvanto-kumpu
Jeesiö
Sattanen
Myllykyänpää
Heimola
Hietakangas
Kelontekemä
Jeesiöjoki
Mikkola
Kelujärvi
46
Siurunmaa
152
Sodankylä
370
Vaalajärvi
17
Tähtelä
Orakylä
Niva
Länsiranta
Kuusikon-kumpu
153
Orajärvi
5
E63
Luiro
Lunkkaus
Hinganmaa
Riipi
Porttikoski
Aska
52
Aapajärvi
38
Sivajärvi
22
Juppura
Lampiselkä
Kokkosniva
Luiro
90
952
Riston-männikkö
Lismanaapa
Kitinen
Kairala
965
Kierinki
Sassali
86
23
Torvinen
Luosto
Suvanto
Pelkosenniemi
Uimaniemi
Seipäjärvi
Lehtovaara
109
Vuotosjoki
Unari
962
26
334
Unari
Raudanjoki
Vuojärvi
Pyhäjärvi
Korvakumpu
24
Saunavaara
Pyhätunturin kansallispuisto
130
4
E75
Tunturikylä
Kiemunkivaara
Käärmelehto
Waterfall
Pyhätunturi
540
Vuostimo
Osma
Niesi
Ravdanjoki
15
Moitaselkä
27
Kemijoki
150
Perttaus
Käyrästunturi
Käyrämö
Javarus
Latva-aa

eine Imbissbude am Parkplatz längs der Straße geöffnet. Dort ist das Flussufer nur wenige Meter entfernt. Sodankylä begrüßt den Reisenden mit einer Tankstelle. Danach kommt der Abzweig der Straße 80 von Kittilä.

SODANKYLÄ (SOAĐEGILLI)

(129 km – 129 km)

Schon im frühen 16. Jh. war Sodankylä ein wichtiger Treffpunkt für die Waldsamen. Gegen Ende des 17. Jh. kamen finnische Siedler und vertrieben die Samen mehr und mehr. Heute leben im Norden des Ortes noch 200 Samen, die hier gegen Ende des 19. Jh. sesshaft wurden, insgesamt hat der Ort 9000 Einwohner. Im Zweiten Weltkrieg wurden etwa 80 % der Gebäude zerstört, aber man baute sie wieder auf.

Den Mittelpunkt der Kleinstadt bildet heute der Kreisverkehr, an dem man noch auf die ostwärts führende Finn5/E63 abbiegen kann. Im Ort ist die militärische Einheit Jääkäriprikaati stationiert, die im Grenzschutz eingesetzt wird. Im Militärschwimmbecken dürfen auch Zivilisten planschen. Im Sommer bieten Souvenirläden das Übliche feil, im Winter wird es nirgends in Finnland so kalt wie hier. Essen

Information

› **Turist Office,** Jäämerentie 3, Tel. 040 7469776, www.sodankyla.fi, 15.5.–15.8. 9–21 Uhr, außer So.

kann man z. B. in der Matka Kahvio an der Station der Überlandbusse, Päivin Kammari Ky (Jäämerentie 11) oder im Bari Korkala (Jäämerentie 4). Im Zentrum ist ein Heimatmuseum.

Sehenswert ist die **älteste Holzkirche Lapplands** von 1689. Eine oft fotografierte Bronzestatue nennt sich „Rentier und Same" von Ensio Seppänen. Das **Sodankylän kotiseutumuseo** ist ein Freilichtmuseum. Das Turist Office beinhaltet eine Galerie mit Bildern des Malers **Andreas Alariesto.** Auch in der Bibliothek befinden sich Kunstausstellungen. 12 km außerhalb südlich der Stadt liegt die Arctic Academy, die im Haus Pohjan Kruunu das Nordlicht erklärt und Beobachtungstouren anbietet.

Das Midnight Sun Film Festival wurde von Filmbegeisterten ins Leben gerufen, es zieht jedes Jahr Mitte Juni bis zu 20.000 Besucher an. Es gibt Filme rund um die Uhr, aber es werden keine Preise verliehen, www.msfilmfestival.fi.

Sehenswertes

› **Sodankylän kotiseutumuseo,** Freilichtmuseum südlich des Zentrums am Ufer des Kitinen, Hampputörmäntie 16, GPS 67.403596, 26.590433, Tel. 040 7653799, informiert in zwölf Gebäuden über das einfache Leben vergangener Zeiten. Einige der Häuser stammen aus Dörfern, die aufgrund des Baus der Stauseen im Süden der Gemeinde überflutet wurden, geöffnet: 1.6.–21.8. täglich 12–18 Uhr, Eintritt 2 €.

› **Umwelt- und Kunstpfad Pappilanniemi.** Südlich des Zentrums am Zusammenfluss von Kitinen und Jeesiö gibt es einen 2 km langen Naturpfad mit der Kunstinstallation „Keripäät". Sie besteht aus dreißig Holzpfosten. Traditionell wurden diese Pfosten von Jägern an den Stellen ihres Jagdglücks eingeschlagen. Diese Säulen zieren von Schülern geschnitzte Tierköpfe. Außerdem stehen entlang des

108wn Abb.: fh

⊡ *Die älteste Holzkirche Lapplands von 1689 ist sehr klein*

Weges Steine, auf denen alte Gedichte verewigt wurden. Am südlichen Kreisverkehr in die 40-km/h-Straße abbiegen und nach Süden zur Landzunge fahren.

- **Sodankylän vanha kirkko,** älteste Holzkirche Lapplands (1689), Kirkkotie 1, GPS 67.414386, 26.593716, geöffnet: 1.6.-31.8. täglich 9-18 Uhr, Eintritt frei, im Inneren ist ein hölzernes Tonnengewölbe und ein Altarbild, das Jesus und Judas zeigt.
- **Rentier und Same,** die große Bronze von Ensio Seppänen (1924-2008) aus dem Jahr 1970, steht im Zentrum nahe am Museum und der Kirche, GPS 67.413438, 26.592622.
- **Arctic Academy,** Välisuvannontie 13, www.arcticacademy.fi, zeigt im Haus Pohjan Kruunu (12 km südlich von Sodankylä, rechtes Ufer) Ausstellungen zum Nordlicht und veranstaltet Beobachtungstouren.
- **Galeria Andreas Alariesto,** Jäämerentie 3, Tel. 040 0393770. Der Maler (1900-1989) fertigte naive Bilder über samische Kultur, außerdem wechselnde Ausstellungen, geöffnet: Mo.-Fr. 9-16, Eintritt 5 €.
- **Sodankylän kirjasto,** Bibliothek, Jäämerentie 1, mit Kunstausstellungen, wochentags 10-16 Uhr.

Parken

In der sehr großzügig angelegten Stadt gibt es fast an jeder Straße Parkplätze, u. a.:

- neben dem Gemeindeamt an der Kirche, GPS 67.414254, 26.593587
- an der Kemijärventie, Ecke Jäämerentie ist ein Parkplatz mit Infotafel, GPS 67.41528, 26.593619
- am Keskusmarkt, bei GPS 67.413785, 26.58567

152 Nilimella Camping

GPS 67.418243, 26.607231

99600 Sodankylä, Kelukoskentie 5, Tel. 045 676974, www.nilimella.fi, auf der 962 über den Fluss, dann links, Womoplatz 15 €, Plus 4 € pro Person, geöffnet: 10.6.-25.8. Dieser kleine Platz liegt am Kitinen-Fluss und ist zum Teil parzellisiert. Eine sehr schöne, überdachte Grillstation wartet auf Griller.

153 Orakoski Camping

GPS 67.338059, 26.653386

Rovaniementie 928, 10 km auf der E75/Finn4 nach Süden, Tel. 040 8582704, am Flussufer gelegen, Womoplatz 25 €, geöffnet 25.5.-28.9.

154 Vajusuvanto

GPS 67.685130, 26.792350

Petkulantie 389, 99670 Petkula, Tel. 040 8249444, 30 km nördlich von Sodankylä an der alten 4, Womoplatz 12 €, Person 4 €, Strom 4 €, geöffnet: 1.6.-30.8., einfacher Platz, am Kitinen-Fluss in einem lichten Wald gelegen.

WEITERFAHRT AB SODANKYLÄ

Man folgt nun weiter der E75/Finn4. Weite Teile der Gemeinde sind flach und moorig, aus ihr erhebt sich die Tunturi, die Bergtundra: die etwa 35 km lange Pyhätunturi mit den Bergen Luosto (514 m). Im Nordwesten liegt das Tunturigebiet Saariselkä mit dem 718 m hohen Sokosti. Das Gebiet umfasst die drei Nationalparks Urho Kekkonen, Pyhä-Luosto und Sompio.

Ein Viertel der Gemeinde steht unter Naturschutz, was in der Vergangenheit zu Konflikten zwischen Naturschützern und der Forstin-

Der Naturpark Sompio bietet Bäumen einen meist unwirtlichen Boden

dustrie führte. Wer Raubtiere sehen will, ist in dieser Gegend, wo Wolf, Bär, Luchs und Vielfraß unterwegs sind, richtig.

› **Kiilopää** ist eine Adresse für Wintersport, hier findet alljährlich Mitte April ein Lauf auf Schneeschuhen statt. Übernachtung im Kiilopää Fjell Centre und Hotel Niilanpää, Tel. 016 6700700, am Eingang des UKK-Nationalparks gibt es ein Hotel und die Möglichkeit, Womos abzustellen. Kanutouren durch den Park im Sommer organisiert Lapin Luontoretket, Tel. 040 0335435.

Von Kiilopää bis Ivalo gibt es auf der E75 reichlich angenehme Rastplätze, die zum Übernachten einladen. Ab Sodankylä folgt die Straße immer dem Kitinen, der in dem See entspringt, der östlich von **Vuotso** (Vuoččhu) liegt. Bis dort sind es ca. 75 km. Vuotso ist das südlichste Dorf Finnlands, in dem Samen leben. Dieser See namens Porttipahdan Tekojärvi ist als Angelparadies bekannt. Ein Kanal verbindet ihn mit dem **Lokka-Porttipahta-Stausee.** Hier kann man eine Bootstour zum Samendorf Purnumukka unternehmen. Der See ist mit 417 km² flächenmäßig der größte Stausee Europas. Um Sodankylä entstanden mehrere Wasserkraftwerke, die beiden Stauseen wurden in den 1970er-Jahren zur Regulierung angelegt und mehrere Dörfer dabei überflutet. Weitere Vergrößerungspläne wurden nach Protesten erstmal begraben.

155 Lokan Jaloste

GPS 67.819446, 27.751014

Purnusaarentie 11, Lokka, Tel. 040 0222497, Kooperative und Laden, hier kann man auch eine Bootsfahrt erfragen.

Aktivitäten

› **Kanus für Selbstfahrer** verleiht das Ferienzentrum Peurasuvannon Siltamajat, Ivalontie 5086, links der E75, Tel. 040 358693, www.peurasuvanto.com.

GOLDWASCHEN IN TANKAVAARA

Von Vuotso bis Tankavaara sind es noch 10 km. Dieser Ort, 60 km vor Ivalo, hat sich zum Goldgräberdorf erklärt (GPS 68.180489, 27.099316). Gleich rechts der E75 findet alljährlich die finnische Meisterschaft im Goldwaschen statt, auch die Weltmeisterschaft wurde mehrfach hier veranstaltet (Infos Tel. 016 626158).

› **Tankavaaran Kultamuseo,** Tankavaarantie 11C, Tel. 016 626171. Im Hauptgebäude wird die Geschichte des Goldsuchens in Lappland vorgestellt. Geöffnet: 31.5.–30.9. täglich 9–17 Uhr, Eintritt 10 €, mit Restaurant, Hütten, Wohnmobil- und Zeltplätzen. Dieses Museum informiert über den Goldrausch im 19. Jh. und die Geschichte des letzten noch aktiven Waschgoldfelds Europas. Man kann sein Glück unter fachkundiger Anleitung für 10 € auch selbst versuchen.

SAARISELKÄ (SUOLOČIELGI)

(129 km – 258 km)

25 km vor Ivalo liegt das Wintersportgebiet **Saariselkä** rechts an der E75. In **Saariselkä** kann man in den unterschiedlichsten Hotels wohnen, der Ort verfügt über das Warenhaus Kuukkeli (Saariseläntie 1) und sogar einen Weinladen. Im Winter bietet das **Igluhotel Kakslauttanen** ein Glasiglu zur Nordlichtbeobachtung (Tel. 016 667100, www.kakslauttanen.fi, GPS 68.334352, 27.334714 in Saariselkä). Bei der Fahrt durchs Lutto-Tal kann man eine Rast im Café Julia einlegen. Ende November findet hier das jährliche **Kaamos Jazzfest** statt, das sich für Fans immer lohnt (www.kaamosjazz.fi). Kaamos heißt die dunkle Jahreszeit.

Information

› **Tourist Office,** Honkapolku 3, Tel. 016 668400, www.saariselka.fi

Wintersport in Saariselkä

Östlich von Saariselkä ragt der 438 m hohe **Kaunispää** (schöner Kopf) empor. Haare hat der Kopf keine, es stehen nur einige wenige Birken auf der kahlen Kuppe, die allesamt vom Sturm niedergedrückt sind. Dafür hat man einen weiten Rundblick. Der Berg wurde mit Skilift und Motel zum Wintersport hergerichtet.

› **Langlauf:** 40 km lange, nicht beleuchtete Loipen, bis 1½ km lange Abfahrten, Liftbetrieb: 15.10.–15.4. Von der E75 führt eine schmale Straße hoch, GPS 68.433785, 27.442131. Vom Turm hat man eine grandiose Aussicht. Die drei großen Hotels dort sind auch im Sommer gut besucht.

› **Schlittensafari:** Im Winter kann man Rentier- und Motorschlittensafaris unternehmen, z. B. mit dem Unternehmen Joiku-Kotsamo, Saariseläntie 7, Saariselkä, Tel. 040 626217, www.saariselka.fi/joikukotsamo.

Karte 5/3
354
1 cm = 8,75 km
0
20 km
© Reise Know-How 2016
ROUTE 5
ROUTE 4a
Church village
Kenespahta
Kevon luonnonpuisto
Pielppajärvi church
Siida Sami museum
Karhunpesäkivi
Inarinköngäs
Ravadasköngäs
Kultala gold village
Ritakoski
Lemmenjoen kansallispuisto
Anárjohka nationalpark
Njuorggán
Polmak
Sirbma
Niemelä
Pajukoste
Loussarjárga
Vetsikko
Gárnjárga
Utsjoki
Kaava
Yläköngäs
Paatus
Nuvvus
Patoniva
Kevo
Kenestupa
Leppälä
Mieraslompola
Mieralsjärvi
Petsikko
Säytsjärvi
Palomaa
Kaamanen
Väylä
Haapalehto
Pahtala
Sikovuono
Riutula
Tirro
Inari
Solojärvi
Kirakkakongäs
Koppelo
Ivalo
Törmä
Huuhkala
Hirvasjärvi
Menesjärvi
Lemmenjoki
Hirvassalmi
Koskenniska
Pyhäjärvi
Angeli
Bassevuovdde
Siuttavaara
Vuobmaved
Ranttila
Aslakkala
Kamiljoki
Iskuras
Pisto-oja
Karigasniemi
Rovisuvanto
Piesjoki
Geahtaveadji
Outakoski
Nuorpinniemi
Válljokka
Aittijoki
Port
Kárášjohka
Svineng
Assebakte
Buollanjagga
Raite
Dalabojegoatte
Beivasgieddi
Sarggejok
Ravnastua
Nattvatnstua
Skoganvarri
Mo
Porsangermoen
Brennelv
Stråskogen
Hamnbukt
Kaamasmukka
Kielajoki
Huutoniemi
Partakko
Iljärvi
Arola
Suonjergaissa
1007
Erttetvarri
457
Galddoaivi
450
Guivi
641
Ruohtir
552
Fattevarre
528
Iskuras
642
Muotkatunturit
520
Koarvikodds
590
Gurbis
583
534
313
418
367
Maarestatunturit
575
Viipustunturit
599
Hammastunturi
531
Tana
Teno
Utsjoki
Vetsijoki
Kevojoki
Kiellajoki
Kaamasjoki
Peäldujuuha
Vaskojoki
Inarijoki
Kietsimäjoki
Leammi
Ivalojoki
Paatari
Mutusjärvi
Vetsijärvi
Pumankijärvi
Buolbmátjohka
Váljoki
Nattvatnet
Gæimmejávri
Rahajärvi
Hammasjärvi
Pännijärvi
Kasariselkä
E6
E75
970
92
955
971
4
334

110wn Abb.: fh

Saariselkä im Sommer (ca. 30 km südlich von Ivalo)

WEITER AUF DER E75

Langsam ist die Gegend bergiger geworden, und das bleibt so bis Ivalo. Es stehen exquisite Rastplätze zum Übernachten zur Verfügung, die in der Hauptsaison allerdings recht gut belegt sind, da viele Wohnmobilisten diese Strecke nehmen.

10 km vor Ivalo bei Tolonen befindet sich an Straße 4/E75 die **Kamisak-Husky-Farm.** Die Hunde freuen sich auch im Sommer auf Besuch und wollen gestreichelt werden. Dafür zeigen sie dann den Besuchern ihre Jungen. Der Besitzer, Reijo Järvinen, spricht Deutsch und erklärt den Besuchern im angeschlossenen Café gern etwas über Hundeschlitten und Huskies.

› **Kamisak Oy,** Rovaniementie 915, vor der Straße zum Flughafen rechts, GPS 68.594429, 27.474918, Tel. 050 5707871, www.kamisak.com, geführte Tour 15 € (Dauer ca. 1 Stunde).

Auf einmal wird es schlagartig städtisch und Ivalo ist erreicht.

IVALO (AVVEEL, AVVIL, Â'VVEL)

(31 km – 289 km)

Ivalo ist seit 1785 besiedelt und besitzt heute den nördlichsten Flughafen sowie die größte Haushaltsschule Finnlands. Der Ort mit 3400 Einwohnern ist Verwaltungssitz der Gegend und bietet wenig Interessantes zu sehen. Die moderne evangelische Kirche (1966) besitzt ein Taufbecken in Form einer Goldwaschpfanne. Sonntags kommen viele Menschen in Trachten zum Gottesdienst.

Der fischreiche Ivalojoki fließt träge durch den Ort, bevor er sich in den Inarisee ergießt. Nahe der Brücke gibt es einen Sandstrand, der im Sommer gut zum Baden geeignet ist. In der Gegend leben

Information

› **Info,** Ivalontie 10, Tel. 040 1887111, im Gemeindezentrum

viele **Skoltsamen,** die russisch-orthodoxen Glaubens sind. Beim Waffenstillstand von Moskau 1944 ging das Gebiet nördlich von Ivalo um Petsamo (Petschenga) an die Sowjetunion. Die dort ansässigen Skoltsamen wurden evakuiert und nach dem Krieg hier angesiedelt. Wegen Reparationsforderungen verkaufte Finnland 1947 dann noch das Gebiet von Jäniskoski-Niskakoski am Ostufer des Inarisees an die Sowjetunion. Der dort fließende Jäniskoski lieferte den Russen nun Wasserkraft zum Betrieb der Minen in Nikel, die Skolten von dort wurden nach Sevettijärvi und Nellim umgesiedelt.

11 km südlich liegt der kleine Flughafen IVL, von dem man in die Hauptstadt fliegen kann. Er wurde 1943 von der Deutschen Wehrmacht erbaut, 1945 zerstört und zehn Jahre später wieder eröffnet. Finnavia fliegt auch nach Honningsvåg und Murmansk.

Sehenswertes

› **Rentierfarm** in Kaksamajärvi, Kittiläntie 1445, 14 km von Inari auf der 955 Richtung Kittilä, Tel. 044 0550988, http://reindeerfarm.fi. Hier wird den Besuchern alles rund um das Tier vermittelt.

156 Ivalo Rivercamping

GPS 68.624442, 27.543043

Kerttuojantie 1, an der Tankstelle, Tel. 040 0395046, www.ivalorivercamping.com, 20 Stellplätze jeweils ab 9 €, Person 3 €, Strom 5 €, geöffnet: 1.6.–20.9. Der Platz nennt sich Rivercamping, aber der Fluss ist auf der anderen Straßenseite, kostenlose Fahrräder, Sauna 20 €.

157 Ukonjärven Lomakylä

GPS 68.737162, 27.477136

ab Ivalo 10 km die 4 nach Norden vor Ukonjärvi, Ukonjärventie 141, Tel. 016 667501, Womoplatz 24 €, Strom 5 €, geöffnet: 1.4.–30.9. Angenehmer Platz an einem Ausläufer des Inarisees.

158 Näverniemen Lomkylä

GPS 68.644119, 27.530165

Näverniementie 17, 2 km südlich von Ivalo, etwa 500 m westlich der E75, Tel. 016 677601, www.narkka.com, Womoplatz 13 €, Person 4 €, Strom 5 €, geöffnet: 1.6.–30.9. Der Platz liegt in einem Mäander des Ivalojoki.

VOM INARIJÄRVI ZUM BÄRENNEST

Wer weiter nach Norden fährt, erreicht den Inarijärvi, **den Inarisee** – den größten See Finnlands (s. S. 345). Dort, wo die E75 den See tangiert, befindet sich bei GPS 68.743339, 27.447367 links ein Parkplatz. Gegenüber präsentiert sich der See mit Postkartenansicht. Ein paar Kilometer weiter, bei GPS 68.774451, 27.425094, hat man ein Stück alter Straße links oberhalb der E75 ebenfalls zum Rastplatz er-

111wn Abb.: fh

☒ *Am Karhun Pesäkivi: der Bär braucht keine Treppen*

klärt. Allerdings ist sie ziemlich schmal und man sollte zuerst schauen, ob noch ausreichend Platz frei ist. Etwa auf halber Strecke zwischen Inari und Ivalo erreicht man nach einer kurzen Fahrt direkt am Seeufer entlang nochmal einen Parkplatz auf der linken Seite (GPS 68.790308, 27.388616). Danach verschwindet der See einstweilen aus dem Blickfeld des Nordlandfahrers, dafür kommt auf der rechten Seite das **Bärennest** (Karhun Pesäkivi, GPS 68.816811, 27.315352).

Das Nest ist ein hohler Felsen. Die örtliche Legende berichtet, dass hier während eines Unwetters ein Bär und ein Mensch friedlich zusammen übernachtet haben. 152 Stufen führen zur Höhle (nichts für Herzkranke). Hier herrscht mittlerweile ein ziemlicher Rummel mit Souvenirständen und Kiosken. Bei dem Felsen handelt es sich um eine geologische Besonderheit: nämlich um eine ehemalige Gletschermühle. Der Felsen wurde von kleineren, vom Gletscherwasser mitgeführten Felsbrocken im Laufe der Jahre ausgehöhlt. Durch die Eiszeit wurde diese Gletschermühle auf den Hügel transportiert, wo sie auf dem Kopf, mit dem Hohlraum nach unten, liegen blieb. Das hat wohl zuerst der Bär entdeckt. Dem Bärenrummel entronnen, geht es nun weiter in Richtung Inari.

INARI (AANAAR, ANÁR, ENARE)

(40 km – 329 km)

Inari ist mit 17.358 km² eine ziemlich große Gemeinde, in der 7700 Menschen, darunter 1500 Samen, leben. Deshalb ist hier auch das finnische Samenparlament *Samething* ansässig. Außerdem ist es der „Tourist-Spot". Ursprünglich war es das Kirchdorf der Gegend, das aktuelle Kirchengebäude stammt von 1951. Die Hauptattraktion aber ist der riesige Inarisee. Übernachtungsmöglichkeiten gibt es im Überfluss, die Gemeinde verfügt über 13.500 Betten. **Samische Handar-**

Information

- **Inari Info, SIIDA,** Inarintie 46, Tel. 040 1689668, http://siida.fi
- Mitternachtssonne: 24.5. bis 22.7.

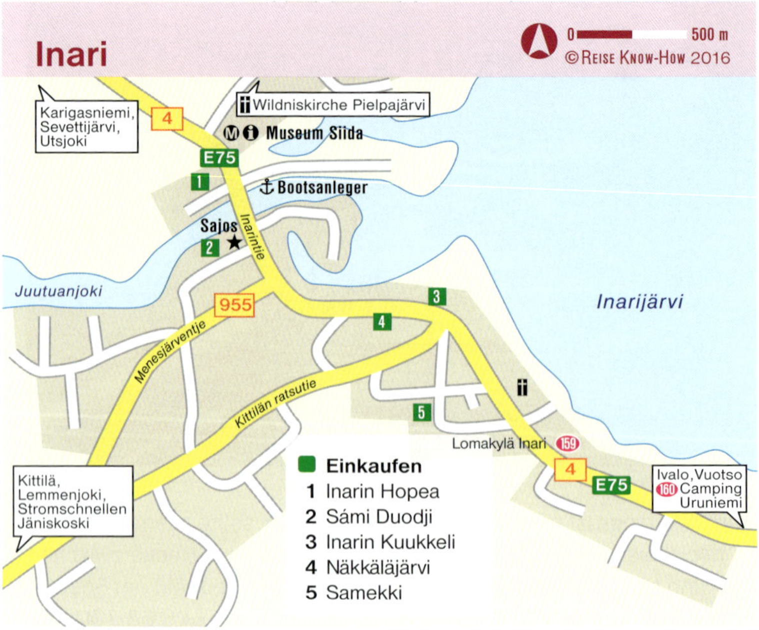

beiten kann man bei Samekki (Lehtolantie 6) erstehen, **Silber** gibt es bei Inarin Hopea, Inarintie 61, und der Kunsthandwerkerverband Sámi Duodji im Sajos verkauft **Traditionelles.** An der Hauptstraße reihen sich die Shops aneinander, z. B. Näkkäläjärvi, die Shoppinghalle Inarin Kuukkeli (Inarintie 51), wo man Lebensmittel einkaufen kann, und allerlei kleinere Läden. Der Ort bietet neben gefühlten „tausend" Souvenirständen ein sehr gutes **Freilichtmuseum,** in dem unter anderem Tierfallen besichtigt werden können.

Sehenswertes

› **Inari Siida,** Inarintie 46. Neben dem Freilichtmuseum befindet sich das Sámi-Museum Siida, das der Kultur und der Geschichte des Volkes gewidmet ist. 1984 hatte der berühmte Architekt Tapio Wirkkala (1915–1985) die Idee dazu entwickelt. Neben Dauer- und Wechselausstellungen werden hier auch Wanderkartenverkauf, www.siida.fi, geöffnet: 8–22 Uhr, Eintritt 5 €.

› **Sajos:** Das samische Parlament regelt die Angelegenheiten der über 8000 finnischen Sami. Es wird alle vier Jahre gewählt. Das sternförmige Gebäude steht am Ufer des Juutanjoki. Im Tagungssaal ist das sehenswerte Relief „Eatnu, eadni, eana" der Künstlerin Outi Pieski aus Utsjoki angebracht. Siljotie, von der 4 vor der Flussbrücke links, Mo.–Fr. 10–17 Uhr, www.sajos.fi.

159 Lomakylä Inari

GPS 68.902418, 27.036746

Inarintie 26, Tel. 016 671108, www.saariselka.fi/lomakylainari, Womoplatz 23 € inkl. Strom, ganzjährig geöffnet. Zentrale Buchung: Honkapolku 6, Tel. 016 5540500, www.saariselka.com

Der Inarisee

Der See ist mit 1386 km² mehr als zwei Mal so groß wie der Bodensee. Er liegt auf 119 m ü. d. M. und verfügt ***über 3000 Inseln.*** *Große Teile des Seeufers sind* ***Vogelschutzgebiet*** *und schwer zugänglich. 2004 fand man in einer Felsspalte vier silberne Halsringe mit kunstvollen Gravuren. Sie stammen aus der Zeit von etwa 1000 n. Chr. und wurden vermutlich aus geschmolzenen arabischen Silbermünzen hergestellt. Zu sehen sind sie im Nationalmuseum in Helsinki.*

Leider planen Investoren überdimensionale Touristenzentren und Villen am Seeufer, was wieder die Umweltschützer auf den Plan ruft.

163wn Abb.: fh

160 Uruniemi

GPS 68.903059, 27.071682

Uruniementie 7, Tel. 0150 3718826, auf der 4 nach Süden bei der Tankstelle. Der gut ausgestattete Platz liegt auf einer Landzunge des Sees, ein Stück weg von der E75, Womoplatz 22 € mit Strom, geöffnet: 1.6.–20.9. Die Chefin spricht deutsch.

Ausflüge

Die Wildniskirche Pielpajärvi liegt 7 km nordöstlich vom Ortszentrum am Ufer des Sees. Iso Pielpajärvi war das ursprüngliche Zentrum von Inari. In früheren Zeiten war hier der Ort, wo die Menschen für die Wintermonate blieben. Die Kirche, 1760 erbaut, ist eines der ältesten Gebäude Lapplands. Das rötliche Holzgebäude steht auf einem Steinfundament im Wald und ist das zweite Modell – das erste wurde 1646 abgebaut. Einen Friedhof gibt es nicht, da die Samen Inseln im Inarisee zur Bestattung nutzen. Pielpajärvi war das Zentrum des gesellschaftlichen Lebens und wurde auch von Händlern, Ministern und den Steuerbehörden besucht. Der Gottesdienst war damals ein wichtiges Ereignis. Die Veranstaltung fand eine Woche im Winter und zwei Tage im Sommer statt. Während dieser Zeit lebten die Menschen in Hütten, die sich im Umkreis der Kirche befanden. Neben religiösen Angelegenheiten mussten Pfarrer und Küster auch Tätigkeiten als Lehrer, Richter und Steuergehilfe ausüben. Nachdem immer mehr Samen sesshaft wurden, gab man Pielpajärvi auf und

Routenkarte S. 340

zog nach Inari, wo eine neue Kirche erbaut wurde. Im Zweiten Weltkrieg wurde sie allerdings von den Deutschen niedergebrannt, sodass die Bevölkerung für eine Weile wieder die Kirche von Pielpajärvi benutzte. Das Gebäude aus Holzstämmen ist kreuzförmig aufgebaut und mit geteerten Schindeln gedeckt. Im Inneren ist das Holz weiß gestrichen. Dort liegt das Gästebuch.

› **Pielpajärvi,** die Kirche ist immer geöffnet. Direkt hinter dem Samenmuseum Siida zweigt die nur teilweise asphaltierte Nebenstraße nach Nordosten ab, die nach 2 km den Parkplatz erreicht, von dem man noch 4,5 km einem markierten Fußweg folgen muss (GPS 68.951568, 27.115577).

Der Otsamo-Fjäll ist ein 20 Kilometer langer Fußweg mit guter Aussicht. Aufgrund des Klimas wachsen die Kiefern in diesen Gefilden ausschließlich als polare Zwergform. Für den bekanntesten Wanderweg am Inarisee, der ständig bergauf geht, ist eine gute Kondition von Vorteil. Bis zum Gipfel benötigt man sieben bis neun Stunden. Anstrengung wird aber belohnt: Sobald man die Baumgrenze hinter sich gelassen hat, bieten sich immer wieder tolle Ausblicke. Auf dem Gipfel in 418 Meter Höhe steht eine Schutzhütte, der Pfad beginnt gegenüber der Siida.

Ukonsaari, die Insel im See, liegt etwa 11 km ost-nordöstlich der Gemeinde Inari. Sie besteht aus einem 300 m langen runden Buckel, der aus dem Wasser ragt. Die Samen verehrten den Ort als heilige Insel.

› **Infos zu Bootsfahrten** dorthin erhält man über die Touristeninfomation.

Stromschnellen Jäniskoski: Am Juutuanjoki. 2 Kilometer der 955 in Richtung Kittilä flussaufwärts folgen, bei GPS 68.898833, 26.966257. Da es keine Schilder gibt, muss man einfach zum Ufer des Flusses laufen. Oder man fährt zur Aussichtsstelle Alakoski kurz hinter dem Zentrum, die an der Kittiläntie ausgeschildert ist.

Goldgräbersiedlung am Lemmenjoki: Man fährt die Rv955 von Inari in Richtung Kittilä und biegt nach 36 Kilometern rechts ab auf die Rv. 9551, dann 10 Kilometer weiter bis Njurgulahti. Von dort geht es weiter mit dem Boot:

› 20.6.–15.8. zweimal täglich zur Stätte des lappländischen Goldrauschs im 19. Jh., buchbar unter Tel. 040 4844511.

Weiterfahrt ab Inari

Die E75 ist gut ausgebaut. Von Inari geht's auf ihr nach Norden und nach 32 km in Kaamanen links ab.

KAAMANEN (GÁMAS)

(29 km – 358 km)

Der Ort besteht nur aus einzelnen weitab der Straße liegenden Gebäuden und dient Durchreisenden als Orientierungspunkt. (Zwei Kilometer davor führt ein Abzweig der E75 auf die Straße 971 Richtung Osten zum Ort Sevettijärvi/Ĉevetjärvi, um dann die Nordostspitze Norwegens in Kirkenes zu erreichen.)

Zwei einfache Unterkünfte für Naturfreunde stehen zur Verfügung. Im Ort gibt es das Gasthaus Kaamasen Kievari, einen Laden und eine Tankstelle.

161 Jokitörmä

GPS 69.091257, 27.18506

Kaamasentie 2709a, Kaamanen, an der E75 bei km 73–67, Tel. 016 672725, www.jokitorma.net, Womoplatz 14 €, Person 3 €, Strom 5 €, 1.6.–30.9., Zimmer, Hütten und Bungalows am Fluss.

162 Hietajoen Leirintä

GPS 69.164832, 27.840207

Sevettijärventie 3390, die 971 Richtung Osten, Tel. 0400 434411, http://hietajoenleirinta.net, in Partakko am See, Womoplatz 22 €, Hütten- und Bootsvermietung, ganzjährig geöffnet.

ABZWEIG VON DER E75 AUF DIE 92

Vor lauter Geradeausfahren muss man darauf achten, dass man bei GPS 69.13653, 27.224894 die Abzweigung auf die 92 nach Nordwest nimmt und die E75/Finn4 verlässt. Hier ist erstmals ein Schild mit der Aufschrift „Nordkap" zu sehen. Vor der Kreuzung steht eine Souvenirbude. (Wer hier nicht dieser Route folgt und geradeaus fährt, kommt nach Utsjoki und dann weiter nach Osten – eine ziemlich einsame Strecke.) Nach der Kreuzung Richtung Westen führt die 92 über eine Brücke des Wildbachs Kaamasjoki, der der Kreuzung den Namen gab – oder umgekehrt. Die schmale Straße verläuft nun schnurgerade, nach 2,5 km kommt eine Haltemöglichkeit bzw. eher eine Ausweichstelle.

Achtung: Ansonsten stehen hier keine Haltemöglichkeiten, Abzweige oder Stichstraßen zur Verfügung – bis zum nächsten **Rastplatz** Karhujärvi am See Hokkajärvi: Der namensgebende See liegt noch einen Kilometer weiter, wo sich ein einzelnes Gehöft befindet. Auf dem befestigten Parkplatz ist aber lediglich Platz für drei bis vier Wohnmobile (GPS 69.190812, 26.9347). 8 km weiter befindet sich ein Campingplatz.

163 Tunturikylä Muotkan Ruoktu

GPS 69.251695, 26.817409

Karigasniementie 2281, Peltojoki, 25 km hinter Kaamanen, Tel. 016 676900, www.muotkanruoktu.com, an der Straße 92 nach Karasjok, am Zollhaus rechts ab, Womoplatz 20 €, Strom 8 €, geöffnet: 1.3.–30.9., die 18 Hütten werden von einem privaten Verein betreut.

WEITER ZUR GRENZE NACH NORWEGEN

Die nächste Abwechselung ist nach einem Kilometer der Kusujärvi, dessen Wasserfläche sich auf der rechten Seite auftut. Ansonsten ist man mitten in der Tundra – sandig, flach und von Gestrüpp bewachsen. Wo der Wildbach rauscht, ist wieder ein **Parkplatz** an der Straße (GPS 69.259311, 26.81694). Der nächste **Parkplatz** berfindet sich bei dem Gehöft Kielajoki. Ein Schild sagt, dass man nur 4 Stunden dort stehen bleiben darf.

Also fährt man besser gleich weiter und hält nach 800 m, wo links eine sandige Stichstraße an einem Tümpel vorbeiführt. Unter der dünnen Krume kommt sofort Sand. Schwere Wohnmobile finden nach 5 km einen befestigten Parkstreifen. Wenn in der Ferne die Berge auftauchen, ist man schon in der Zielgeraden zur Staatsgrenze. Vorher tangiert man noch den **Kevo Nationalpark.** Dieses Totalreservat ist etwa 340 km^2 groß und nur von der Nordseite aus der Gegend von Utsjoki zugänglich.

Bald sind die restlichen zehn Kilometer auch noch vollbracht. Das erste was nach den Hinweisschildern zu den Campingplätzen kommt, ist ein Baumarkt. Im Ort gibt es zwei Tankstellen und den Zoll. Die **finnisch-norwegische Grenze** liegt wieder in der Mitte eines Flusses: dem Tanaelv bzw. dem Tenojoki. Zum Nordkap sind es nun noch 277 km.

KARIGASNIEMI (GÁREGASNJÁRGA)

(70 km – 428 km)

› Mitternachtssonne: 22.5. bis 22.7.

Karigasniemi liegt am Inarijoki, der sich wenige Kilometer weiter nördlich mit dem Karasjokka vereinigt und von da ab Tenojoki oder auf Norwegisch Tanaelv heißt. (In Finnland kann man auf der schmalen 970 nordwärts hügelig weiter nach Utsjoki fahren.) In Norwegen führt die E6 ostwärts nach Tana und westwärts in Richtung Nordkap und Lakselv. Um sie zu erreichen, muss man allerdings erst auf der 92 bis Karasjok durchfahren und dort wechseln.

In Karigasniemi findet man eine Tankstelle und zwei Geschäfte, in denen man alles, was man braucht, bekommt. Weiterhin bestehen hier noch einige kleine Restaurants und Souvenirshops – damit ist fast alles über den Ort gesagt. Das Wichtigste ist natürlich der Grenzübergang. Neben einigen Campingplätzen bieten eine Reihe an Hüttenvermietern, meist nur im Sommer, eine Unterkunft.

164 Camping Tenorinne

GPS 69.400676, 25.84533

Ylätenontie 55, (970), Tel. 016 676113, 27 km nördlich, in Richtung Utsjoki, Womoplatz 15 €, Person 4 €, Strom 5 €, geöffnet: 5.6.–20.9., ein paar Bäume fassen das Wassergrundstück ein.

165 Lomakeskus Napakettu Ky

GPS 69.414789, 25.825717

Ylätenontie 233, 3 km die 970 nach Norden, Tel. 016 676232, www.napakettu.fi, Womoplatz 15 €, Person 3 €, Strom 5 €, liegt auch am Ufer des Flusses und verleiht allerlei Boote.

Ausflüge

Rund 6 km vor Karigasniemi liegt der 620 m hohe **Berg Ailigas** mit schönem Mitternachtssonnen-Aussichtsplatz.

Ein Wanderweg, von der 92 auf der Südseite, führt bis etwa 1 Kilometer vor den Ort Karigasniemi, bei GPS 69.402337, 25.973697 abbiegen und bis zum Ende des Weges fahren. Bei den Samen war dieser Berg heilig, da hier das Paradies gewesen sein soll. (Der Berg ist übrigens nicht identisch mit dem 342 m hohen Ailigas in der Nähe von Utsjoki.)

In Rovisuvanto, 10 km auf der 970 nach Norden, liegt am Ufer des Teno das Ferienzentrum Tenon Eräkievari.

166 Tenon Eräkievari

GPS 69.46728, 25.838664

Rovasuvannontie 59, Tel. 016 676088, http://tenonerakievari.fi. Hier kann man sowohl wohnen als auch Ausflüge zum Ailigas und in den Kevo-Nationalpark unternehmen. Ein Restaurant und ein Bootsverleih sind auch dabei, Stellplatz 10 €.

WEITER ÜBER DIE GRENZE

Weiter fährt man auf der 92, die mit einer unspektakulären Brücke den Grenzfluss überwindet und dann am Südufer des Tana entlangläuft. Die E6 erreicht man erst nach 15 km hinter Karasjok. Links und rechts der Straße erstrecken sich Wiesen und verstreute Gehöfte. Dass die Gegend sandig ist, erkennt man an den ausgedehnten Sandstränden an den Ufern des Tana. Nach einer weiten Kurve geht es am Ufer des Karasjokk entlang, der in den Tanafluss mündet. Er besitzt ebenfalls Ufer mit Sandbänken. Auch dieses Schwemmland ist mit einzelnen Höfen besiedelt.

Ab und zu lockt ein **Rastplatz.** Zum Beispiel 7 km vor Karasjok bei Goržžejohvuovdi (GPS 69.438963, 25.648656). An der erhöhten Stelle lassen sich die Flusswindungen von einer Holzbank aus überblicken. Karasjok kündigt sich schon von Weitem an. Man sieht die Häuser an den sanften Hängen stehen. Für die golfbegeisterten Skandinavier gibt es einen Golfplatz.

Die Straße verläuft sich im Ort nun rechts herum, vorbei an der Tankstelle und der alten Kirche. Dann führt sie über den Fluss, wo sie auf die E6 trifft. Hier biegt man dann links ab, gleich folgt ein Verkehrskreisel, an dem man auf der E6 bleibend scharf rechts Richtung Norden fährt.

Information

- **Sápmi Park,** www.visitsapmi.no/karasjok, Tel. 078468860, geöffnet: Jan.-April werktags 10-14 Uhr; Juni-Mitte Aug. tgl. 9-19 Uhr, Mitte-Ende Aug. tgl. 9-16 Uhr, Sep.-20. Dez. 9-16 Uhr, bis Jan. werktags 9-16, Sa. 11-15 Uhr, Eintritt: 130 nkr, Kinder 65 nkr. Der Sápmi Park ist die größte Anlage des Ortes, rechts der E6, die hier Leavageidnu heißt. Dort stehen ein Hotel, ein Café, ein Gasthaus und einige Samenhütten. Das Center wird von der Gemeinde betrieben. Verkauf von samischem Handwerk, samischer Küche etc., mit Information und Verkaufsständen der ansässigen Handwerker.

KARASJOK (KÁRÁŠJOHKA, KAARSAJOKI)

(19 km – 447 km)

Karasjok ist mit rund 2000 Einwohnern eine der größten Samensiedlungen Norwegens. 85 % der Bevölkerung sind Samen, die sesshaft geworden sind. Der Ort wurde 1720 durch einen Freibrief des Königs zum Siedeln ausgegeben. Davor gab es in der Nähe den alten Thingplatz „Avjuvárre“. Die ersten Bewohner mussten gleichzeitig Steuern an Norwegen, Schweden und Russland zahlen. 1807 ließ der König im Ort eine Holzkirche errichten – das einzige Gebäude, das den Zweiten Weltkrieg überstand. Seit 1974 gibt's eine neue. Heute zeigt sich Karasjok, Kárášjohka auf Samisch, als moderne Siedlung. Man trug dem hohen Samenanteil der Bevölkerung Rechnung und richtete einen samischen Zweig an Gymnasium, Grund- und Mittelschule ein (mit Rentierhaltung als Schulfach). Es gibt die rein samische Zeitung Min Aigii, das samische Theater Beaivvas und den Sender des „Samischen Rundfunks“. Die Bibliothek verfügt über die größte Sammlung samischer Literatur. Prominenteste Tochter des Ortes ist die samische Sängerin Mari Boine, die mit ihrer traditionellen Musik den Sprung in den internationalen Jazz geschafft hat.

Der Ort liegt auf beiden Seiten des Karasjokka, eines Nebenflusses des Tana. Es gibt sogar Badestrände und das Wasser kann im Sommer bis zu 20 Grad warm werden. Der Familienbetrieb Strømeng stellt „Samisk Kniver“, die berühmten Wildnismesser, her, in Badjenjárga südlich des Ortes, GPS 69.456217, 25.477628. Ein Denkmal erinnert an die gefallenen Soldaten des letzten Krieges und die Opfer eines Minenunglücks. Der über die Landesgrenzen hinaus bekannte Architekt Stein Halvorsen entwarf das Gebäude des samischen Landtages, das Sametinget.

113wn Abb.: fh

Die alte Kirche, 1810 auf einem Hügel am südlichen Ufer gebaut, erinnert von außen eher an eine alte Lagerhalle (140 Sitzplätze). Die neue Kirche am nördlichen Ufer hat 500 Sitzplätze. Von innen sieht man die ungewöhnliche Konstruktion aus Holz und Stahl.

Sehenswertes

- **Sápmi Park,** Leavnnjageaidnu 1, Tel. 078 468800, www.visitsapmi.no. Das Zentrum bietet allerlei Events wie Lassowerfen und Rentierfütterung, außerdem Verkauf von Kunstgewerbe, das Restaurant Storgammen sowie Boble glasshytte, die einzige Glashütte in Lappland. 1.6.-31.8. täglich 9-16 Uhr, sonst So. geschlossen, 140 nkr.
- **RiddoDuottarMuseat – De Samiske Samlinger,** an der nördlichen Seite des Flusses, Abzweig von der

Straße nach Lakselv; www.rdm.no, schöne, modern ausgestellte Sammlung von Gegenständen samischer Kultur und Geschichte, veranstaltet auch Touren. Geöffnet 8.6.–30.8. Di.–Fr. 9–18 Uhr, sonst 9–15 Uhr, 40 nkr.

› **Sametinget,** Avjovargeaidnu 50–52, GPS 69.471148, 25.496274, von Stein Halvorsen entworfenes Gebäude des samischen Landtages, des Sametinget, eine kreisförmige Konstruktion mit einer Halle in Form eines Zeltes in der Mitte.

167 NAF Karasjok

GPS 69.472811, 25.498942

Ávjovárgeaidnu 27, Tel. 0970 72225, www.karacamp.no, 200 m vor dem Abzweig von der 96 nach Kautokeino, Womoplatz 120 nkr, Strom plus 50 nkr, ganzjährig geöffnet, voller Service 1.6.–15.9., Badestrand angrenzend.

Parken

› der größte Parkplatz mitten im Ort bei der Bank und dem Supermarkt, Fitnodatgeaidnu 19, GPS 69.472829, 25.513408

› oder gegenüber bei der kleinen Kirche, GPS 69.472671, 25.511241

WEITERFAHRT AUF DER E6

Nach Norden verlässt man den freundlichen Ort auf der E6 und bewegt sich nun langsam aufwärts. Nach 15 km lichtet sich die Landschaft. Man befindet sich hier etwa 300 m hoch am 70. Breitengrad und begibt sich auf die fast baumlose Finnmarksvidda, einem Hochplateau. Die Landschaft sieht an manchen Stellen aus, als hätte Thor mit dem Hammer draufgeschlagen: Felsbrocken überall, kaum Erhebungen, die den Fernblick behindern; Sturm im Winter, Mücken im Sommer. Ab und zu erscheint ein kleinerer See wie z. B. der Idjajávri bei GPS 69.636339, 25.290442, wo man links einen kleinen **Rastplatz** nach der Brücke findet. Strommasten begleiten die Straße. Kurz darauf am Doaresjávri befindet sich ein ganz netter, befestigter **Rast-**

Die neue Kirche von Karasjok

platz am See mit Toiletten (GPS 69.673632, 25.266838). Ortschaften gibt es hier nicht. Aber nach ein paar Kilometern kommt man in eine Gegend, wo sich etwas Wald angesiedelt hat. Rechts geht ein Weg nach **Gaggavatn** ab (GPS 69.827927, 25.145817), nach 500 m Fahrt liegen links ein paar kleine **Stromschnellen,** die großen etwas weiter sind der Stromerzeugung gewichen und bestehen nur noch aus einem Geröllbett, hinter dem sich die Staumauer auftürmt. In dieser Gegend stehen auch ein paar Häuser. Bei der Weiterfahrt ist der Lakselv (Leavdnjajohka, Lemijoki) nun der ständige Begleiter der Straße.

Information

› **Skoganvarre Villmark,** Tel. 46862958, www.skoganvarre.com, GPS 69.83870 025.07532, auch Appartments, Restaurant und Café, ganzjährig. Womoplatz 200 nkr, Strom 50 nkr. Verleiht auch Angelgeräte.

WANDERN IN SKOGANVARRE

Links liegt das Naturschutzgebiet **Skoganvarre,** ein Schild weist auf den Ort hin. Wer dort wandern will, fährt hinter dem Schild an der Bushaltestelle links ab über die Brücke, und danach links ab, etwa 5 km. Wer die E6 weiterfährt, kommt zum Abzweig des Campingplatzes am See Øvrevatn, der vom Lakselv durchflossen wird und ein Angelparadies ist.

Nationalpark Stabbursdalen

Innerhalb des Parks liegen der nördlichste Kiefernwald Norwegens und die Gebirge der Gáissene-Kette mit dem 1139 m hohen Čohkarášša. Es gibt markierte Pfade für die Menschen, an die sich Luchs und Vielfraß alerdings nicht halten. Im Stabburselva tummeln sich u.a. Lachse, Saiblinge, Meerforellen und Hechte. Der Park selbst liegt auf einer Höhe von 400 m, ist 15 km von Lakselv entfernt und 745 km² groß. Zusammen mit dem Stabbursdalen Naturschutzgebiet und dem Stabbursnes Naturreservat bildet es ein 1000 km² großes Gebiet.

In der Nähe der E6 ist das ***Stabbursnes Naturhus og museum*** *im Örtchen Indre Billefjord (GPS 70.179312, 24.909611, hier gibt es Infos und Kaffee). Übernachten kann man auf dem Campingplatz Stabbursnes.*

WEITER AUF DER E6

Immer wieder weitet sich der Lakselv zu einem See, am Nedrevann (Vuolitjávri) gibt es die erste größere Ansiedlung: **Porsangmoen.** Hier ist ein größerer norwegischer Militärstützpunkt. Die Straße führt nun langsam abwärts am Flussufer entlang. Links hat man einen schönen Blick auf die in der Nähe liegenden, über 1000 m hohen Berge im Nationalpark Stabbursdalen.

168 Stabbursdalen Feriesenter

GPS 70.177246, 24.907451

Stabbursnes, Tel. 078 464760, www.stabbursdalen.no, Womoplatz 160 nkr, Strom plus 50 nkr, 34 Hütten jeweils ab 450 nkr, geöffnet: 1.6.–1.9., 17 km nördlich von Lakselv auf einer Halbinsel zum Fjord gelegen.

5 km vor Lakselv eröffnet sich ein Blick über die Bucht. Der Ort selbst kündigt sich durch

das gleichnamige Hotel links der Straße und dem Campingplatz Banak rechts an. Das Hotel besteht aus einer Ansammlung zweistöckiger roter Holzhäuser.

Wenig später erscheint der Kreisel am Ortseingang von Lakselv, rechts geht es zur Innenstadt. Die kommende Strecke orientiert man sich immer am **Porsangerfjord.** Nach links, an der Westküste entlang auf der E6, geht es weiter zum Nordkap. Wer gleich nach Nordkyn möchte, fährt an der Ostküste des Fjords nach rechts (s. S. 374).

AM PORSANGERFJORD ZUM NORDKAP

LAKSELV (ROTŽIVUOPMI, LEMMIJOKI)

(74 km - 521 km)

Lakselv liegt landschaftlich schön am Ende des Porsangerfjords. Der 2200-Seelenort ist Verwaltungssitz und Schulzentrum. Es gibt eine Likörbrennerei zu besichtigen (in einem Flachbau hinter der Sparkasse). Wegen des Staatsmonopols kann man hier allerdings keine Erzeugnisse kaufen. Von Juni bis September fängt man Lachse. Der Fluss ist ein wichtiger Angelgrund. Da Lakselv lange Zeit kvenisch war, sind seit 2011 die Ortsschilder entlang des Flusses auf Kvenisch beschriftet.

Am Ortseingang von Lakselv befindet sich ein Kreisverkehr, an dem man die E6 nach links in Richtung Alta abfährt. (Nach rechts führt die 98 in die öden östlichen Gegenden bei Ifjord und die Route nach Nordkyn, s. S. 374. Geradeaus kommt man zum Ufer des Porsangerfjordes und zum Flughafen.) Zum Nordkap sind es 163 km. Auf der E6 tauchen jetzt sage und schreibe **drei Tankstellen** hintereinander auf, dazwischen ein Gasthaus und ein **Supermarkt.** Auf einem Hügel liegt linker Hand die kreuzförmige Kirche mittig mit einem Turm versehen.

Vom kleinen Flughafen Lakselv-Banak (LKL) startet Widerøe nach Alta, Tromsø und Kirkenes, außerdem Norwegian nach Oslo, man nennt ihn auch Nordkap-Airport, weil er am nächsten dran ist, mit dem Flugtaxi können Blitzbesuche zum Nordkap unternommen werden. Da die Startbahn für große Flieger zu kurz war, baute man einen Damm ins Meer, um sie zu verlängern.

Information

- **Tourist Information,** Smørstadbrinken 1, Tel. 097412357, www.visitporsanger.no, vom 1.5.-15.8. wochentags 11-16 Uhr.
- Mitternachtssonne: 1.6.-31.7.

169 Solstad Camping

GPS 70.051416, 25.009581

östlich des Ortes, rechts der 98, Tel. 0784 61404, einige Stellplätze jeweils 170 nkr, 4 Hütten, geöffnet: 30.5.-30.9.

170 Banak Camping

GPS 70.036621, 24.974279

Tel. 078 461031, ein paar Stellplätze für 170 nkr, geöffnet: 15.5.-30.9.

Karte 5/4

J
24°
26°
North cape / Nordkap
Northernmost Point of Europe
Tufjorden
Gjesvær
Skarvsvåg
Kamøyvær
Helnes
Magerøya
417
Vannfj.
Nordvågen
Honningsvåg
Akkarfjord
Hjelmsøya
377
Breisundet
Måsøyfjorden
Måsøya
Måsøy
Måsøysundet
Havøya
Havøysund
Gåsnes
Ingøya
Mafjordhamn
334
Tufjord
Sørkjosen
Rolvsøya
Gåsvika
Rolvsøysundet
Burstad
Relnøya
Snefjorden
Strømmen
889
Kobbefjorden
Ryggefj.
Risvik
Gullgammen
Laholmen
Lafj.
493
Kåfjord
Kjerringvik
Mannskarvik
Repvåg
Porsangerhalvøya
Skavik
Slåtten
Lillefjord
510
ROUTE 5
Revsbotn
Hammerfest-Kirkenes 26 h
Kjøtvika
Mefjorden
Akkarfjord
470
Forsol
Storvik
Revneshamn
Hammerfest
Kvaløya
Langstrand
Rypefjord
Store Vinna
ROUTE 1
Kjerringholmen
Grøtnes
Ikarnes
Straumen
Sammelsundet
Brennsvik
671
Repparfj.
Russelv
Kokelv
Nordmannset
E69
Porsangen
Sinkelvik
Langbukta
Store Tamsøya
Elvekrok
Ytre Kiæs
Indre Brenna
Kjæsvatnet
Langstrand
Russenes
Kistrand
Olderfjord
Oldernes
Kvalsund
Skáidi
E6
Hønsebybot
Russelva
Seiland
Seilandsjøkelen
Neverfjord
Vargsund
Saraby
Gjerdebakken
Klakkegga
698
Hakkstabben
Vieluft
Korsfjorden
Nyvoll
Duoddarsion
Ytre Billefjord
Ytre Veines
Indre Billefjord
Sandvik
Børselv
Reinøya
Ytre Leirpollen
Børselvfjellet kapell
Bibaktad
650
Suolojávri
Skáiddejávri
Ikkaidas
Stabbursnes
ROUTE 5b
Østerbotn
Vesterbotn
Læktoaivi
Stabbursdalen nasjonalpark
Hamnbukt
Stråskogen
Lakselv
Brennelv
Slåttenes
Korsnes
Årøya
883
Leirbotn
Sarves
Laukvik
Russeluft
Rafsbotn
Alta
Elvebakken
Bjørnstad
Rock Drawings
Stilla
Øvre Stilla
Stabbursdalen
1139
Suonjergaissa
1007
Porsangermoen
Finnmark
Skoganvarri
Mo
116
300
340

1 cm = 8,75 km
0
20 km
© Reise Know-How 2016
K
L
28°
ishavet
Kinnarodden
Steinvåg
Slettnes
Gamvik
Hurtigruten
3 h
341
Bjørnsvik
181
Mehamn
Oksfjorden
Omgang
888
Skjøtningberg
Kjøllefj.
Oksevåg
894
Nordkinn-
halvøya
Finnkongkeila
Kjøllefjord
180
362
Tyfjorden
Berlevåg
Kjølnes
Brenngam
Sandfjellet
486
Losvik
Kvitnes
Rekvik
Hellarvik
Ersvågnes
Eidsfj.
Hopseidet
Skjånes
Store Molvik
Kongsøyfjorden
Kongsfjord
Tømmervika
Mårøya
Hopsfjorden
Tanafjorden
Raggocokka
480
Langfjordnes
Vardnes
Veigam
ROUTE 5b
Laksefjorden
Gulgofjorden
Båtsfjord
890
Breidvik
Nervei
Langfjorden
Perletind
635
Lille Porsangen
Laggo
504
Lille Molvik
891
Veidnes
Bekkarfj.
Kalak
Gaednajavrre
Lávvonjárga
Bekkarfjord
Larsholmen
Vestertana
525
Aronnes
Landfjorddalen
630
Gaveslufl
Kjærrisbukta
79
888
Skiånes
Tanagård
Varange
Ifjorden
Torhop
Leirpollen
Korsnes
24
179
Ifjord
Elvebakken
64
Vestertana
Rustefjelbma
Petterlund
501
Tårnvik
98
211
Gouvddaoaivve
890
Adamsfjord
Fingervatn
Stuora Sobmerjavrre
Njuksagaissa
498
Hana
Maskjok
Kunes
98
Luoftjok
Nyborg
Hamarnes
Tanabru
13
E6
49
E75
Karlebotn
Vestre Jakobselv
Skipagurra
Gurtteoaive
350
Tana
Nyelv
Skogstad
E75
18
Stabburstranda
714
970
Njuorggán
Polmak
Gandvik
E6
E6
72
47
Niemelä
Sirbma
Pajukoste
Kørgåsen
400
Garsjøen
Teno
Pumankijärvi
Loussarjárga
Vetsikko
Arola
Gierdebu
Tana
E6
Gárnjárga
Kaava
Yläköngäs
Utsjoki
322
Vetsijoki
Buolbmátjohka
Church village
185
Paatus
4
Galddoaivi
450
E75
Erttetvarri
457
970
101
Patoniva
Villavaara
Silisjoki
Nuvvus
344
Näätämö
Kevo
Kenespahta
Vetsijärvi
Jääjärvi

WEITERFAHRT HINTER LAKSELV

Bald hat man den Ort auf der E6 hinter sich gelassen. Links ragen schroff die Ausläufer des Stabbursdalen Nationalparks empor, rechts der Straße glitzert tiefblau der Porsangerfjord (wenn die Sonne scheint). Auf der Halbinsel mit dem schönen Namen Tiilimyllinoja kann man auf einem kurzen Sandweg bis zum Wasser fahren. Ein paar Kilometer weiter gibt es wieder einen **Rastplatz,** Björnes, diesmal befestigt und mit Bänken, Toilette und Souvenirständen ausgestattet. Der Blick ist phantastisch. Teilweise ist die E6 so schmal, dass kaum zwei Lkws aneinander vorbeifahren können. Dafür läuft sie nicht mehr am Ufer, sondern etwas erhöht, sodass man eine bessere Sicht auf den Fjord hat. Die nächste Ansammlung von Häusern ist **Indre Billefjord,** wo sich eine kleine Tankstelle und ein Coop-Laden befinden. Hier ist das Infozentrum für den Stabbursnes und **Stabbursdalen-Nationalpark** (GPS 70.179778, 24.908838, s. S. 352). Zum Übernachten ist vorher links der Campingplatz mit einer Anzahl von Hütten.

171 NAF Stabbursdalen

GPS 70.177522, 24.908291

Stabbursnes, Tel. 078 464760, Stellplätze ab 180 nkr, Strom 40 nkr, am Flussufer gelegen, niederes Gras, ein paar kleine Birken, Café und Kiosk, Saison: 1.6.–1.9.

ABSTECHER NACH TROLLHOLMSUND

Ein kleiner Abstecher führt auf eine Halbinsel zu den **Trollen von Trollholmsund.** Es sind markante Felsformationen am Ufer des Fjordes, 25 km von Lakselv entfernt, 5 km abseits der E6. An der Kreuzung nach Kolvik (GPS 70.285657, 25.071659) rechts etwa 5 km fahren; markierter Weg vom Parkplatz.

WEITER ENTLANG DER E6

Der nächste Rastplatz liegt links der Straße an einem Teich namens Ruoššajávri und hat mehrere Sitzbänke und Toiletten (GPS 70.417994, 25.151396). Danach kommen **die Gehöfte von Kistrand,** von der Straße hat man eine phantastische Aussicht auf den Fjord. Die Gegend heißt auf Samisch Girkonjárgohppi. Auch **die Holzkirche von 1856** mit einem Parkplatz davor gehören zu Kistrand (GPS 70.456455, 25.227013). Vor der Kirche erinnert ein Gedenkstein an den samischen Priester Andreas Porsanger, der 1770 ein samisches Wörterbuch herausgab. Dies hatte den Bischof gestört und man suspendierte den Priester vom Dienst. Im Inneren dominieren grün gebeiztes Holz und ein Altarbild.

Die Straße biegt mit dem Ufer links ab, 5 km weiter schwenkt sie wieder nach rechts. In dieser Biegung lag einst die Küstenbatterie Kistrand, von der heute nur noch Reste vorhanden sind, 150 m abseits der Straße (GPS 70.47782, 25.21946). Es gibt an der E6 einen Parkplatz, von dem man an den Häusern vorbei auf den Hügel laufen kann. Kurz danach trifft die E6 auf die Kreuzung mit der E69. Die E6 führt nach Süden Richtung Alta (s. S. 115) bzw. zum Ende der Route 1 (s. S. 127). Geradeaus geht es weiter entlang der Küste auf der E69 Richtung Nordkap. Der nächste Halt ist die Siedlung Russenes.

RUSSENES/OLDERFJORD (LEAIBEVUOTNA, LEIPOVUONO)

(66,5 km - 587,5 km)

Das Ortsschild ist übrigens auf Norwegisch, Samisch und Kvenisch, der Sprache der finnischen Minderheit. Die E69 zum Kap zweigt hier von der E6 ab. Gleich danach ist man in Russenes, 63 km von Lakselv entfernt, 129 km fährt man noch bis zum Nordkap, meist am Porsangerfjord entlang. Der Dreh- und Angelpunkt der Ansiedlung ist das **Olderfjord Hotell Russenes Camping** an der E69, einen halben km nach dem Abbiegen von der E6. Der eigentliche Ort Olderfjord liegt rechts von der Straße ab, es sind aber nur ein paar Häuser.

172 Olderfjord Hotell Russenes Camping AS

GPS 70.47787, 25.065778

Tel. 078 463711, www.olderfjord.no. Der Platz hat eine Bushaltestelle, an dem alle Linienbusse zum Nordkap halten. In dem langgestreckten roten Gebäude befinden sich ein Laden, eine Post und ein Restaurant mit Bar. Die Hütten liegen direkt am Fjord, Ruderboote werden verliehen. Auf dem Gelände liegen eine Reihe von Campinghütten verstreut, Bettzeug kann gemietet werden. Der Campingbereich liegt direkt am Wasser: 100 Stellplätze, je 200 nkr, Motorräder mit Zelt: 120 nkr. Der Platz ist oft ziemlich überlaufen, besonders in der Touristensaison, geöffnet: 1.6.-31.8.

Kvenisch, kvænisch, kvensk

Die kvenische Sprache ist eine ***ostseefinnische Sprache.*** *Sie wird von den Nachkommen der finnischen Einwanderer in Nord-Norwegen gesprochen, etwa 10.000 Menschen. Sie waren in den Zeiten der großen Hungersnöte in den vergangenen Jahrhunderten nach Norwegen und Schweden geflohen, wo sich ihre Sprache mit norwegisch und schwedisch mischte. Seit 2005 ist kvenisch in Norwegen als eigene Sprache anerkannt. Zum Finnischen gibt es Unterschiede im Wortschatz und auch in der Grammatik, es werden nicht alle 15 Fälle des Finnischen angewandt und man entlehnte auch schwedische Wörter.*

ABSTECHER VON RUSSENES NACH HAVØYSUND

(Straße 86 km + Hurtigruten 6 Stunden)

In der Ortschaft Smørfjord zweigt hinter der Brücke über den Smørfjordelva die Rv889 nach Havøysund ab. Zu dem kleinen Hafen sind es etwa 90 km.

Wer nicht unbedingt auf eigener Achse dem Nordkap einen Besuch abstatten möchte, kann dies mit einer kurzen Seereise kombinieren – ein Weg abseits der Hauptroute. Die Rv889 führt in einer Talsohle 18 km weit in nordöstlicher Richtung nach **Russelv.** Es umfasst zehn Wohnhäuser und diverse Schuppen. An der Kreuzung vor dem Ort kann man 2 km weiter geradeaus nach **Kokelv** (Goavkejohka) fahren, mit dreimal so viel Häusern und einem Museum über das Leben der **Seesamen**. Außerdem verkündet ein Straßenschild an der Abzweigung, dass es hier wochentags von 9 bis 16 Uhr Benzin gibt.

Sehenswertes

› **Jahkovuona mearrasami musea (Kokelv sjøsamiske museum),** an der Straße 182, GPS 70.611019, 24.634695, 16.6.–9.8. Di.–So. 11–14 Uhr, 40 nkr. Zu sehen sind Gegenstände, die mit dem Lebensraum der Samen dieser Gegend zu tun haben. Im Sjøhus kann man auch Appartments mieten, Tel. 41326136.

Zurück auf der 889 geht es größtenteils an Fjordufern entlang. Die Landschaft ist einsam, urwüchsig und beeindruckend. Nach 50 km erreicht man Skavik, eine Fischersiedlung. Nach weiteren 30 km durch atemberaubende, karge Landschaft führt die Straße über eine Brücke mit kühner Architektur auf die Insel Havøya und kommt zum Hafen Havøysund, wo die Straße zu Ende ist. Die Strandgata verfügt über eine Tankstelle am Hafen, einige Läden und eine Unterkunft mit 37 Zimmern und 8 Fischerhütten, die Rorbuer genannt werden (www.havoysundhotel.com). Vom Hafen kann man einen Ausflug mit *Hurtigruten* (s. Exkurs S. S. 359) zum Kap oder in die entgegengesetzte Richtung nach Hammerfest unternehmen.

› **Abfahrt, nordgehend:** 9.45, Ankunft Honningsvåg 15.15 Uhr. Rückfahrt von Honningsvåg am nächsten Morgen um 6.15 Uhr, Autotransport ist nur begrenzt bei manchen Schiffen möglich, Auskunft erteilt das Hafenbüro oder www.hurtigruten.no.

Damit man die Ortsmitte am **Gemeindehaus** nicht übersieht, geht die Pflasterung des kleinen Marktplatzes bis über die Straße. Die meisten Leute kommen in diese Gegend, weil sie im Repparfjord fischen oder im Stabbursdalen-Nationalpark wandern wollen. „Den Lille Kro" in Havøysund verkauft Angellizenzen für Seeforelle. Das Angeln von der Brücke in Havøysund ist wegen der möglichen Verkehrsgefährdung verboten. Repparfjord-Lizenzen zum Lachsangeln gibt es in Hammerfest bei Intersport oder bei der Touristeninfo in Skaidi.

Die Hurtigrute

Diese „Schnellinie“ ist die bekannteste skandinavische Schiffslinie und aus der Notwendigkeit heraus entstanden, Post und Waren in die entlegenen Gebiete des Landes zu transportieren. Bis zum Anfang des 20. Jh. gab es fast keine Straßen im Norden und der Flugverkehr steckte noch in der Aufbauphase – es blieb nur die Möglichkeit über das Meer. Die Route wird heute von fünf Reedereien betrieben und geht von Bergen im Süden bis Kirkenes an der russischen Grenze. Täglich startet ein Schiff in Bergen und eins in Kirkenes. Unterwegs werden 35 Stationen angelaufen, jeweils auf einer Strecke bei Tag und auf der anderen bei Nacht. Dabei legen die Schiffe in 12 Tagen 4630 spektakuläre Kilometer zurück oder 2500 Seemeilen (1 Seemeile entspricht 1,865 Kilometer).

Längst haben Flugzeuge und Autos den Posttransport übernommen. Heute werden nur noch sperrige Güter und Reisende transportiert. Die norwegische Traditionsreederei steht mittlerweile vor der Insolvenz und konnte nur mit einer staatlichen Finanzspritze von 13 Mio. Euro vorerst gerettet werden.

Seit die MS Vesterålen unter Kapitän Richard With 1893 als Erstes Postschiff von Bergen in See stach, wurde die Flotte ständig vergrößert und modernisiert. In der Regel sind es keine echten Luxusliner, früher waren es sogar Frachter, die eine begrenzte Zahl von Passagierkabinen besaßen. Die Ankunft des Postschiffes war zu früheren Zeiten immer ein großes Ereignis, das die ganze Bevölkerung des Ortes zusammenströmen ließ. Es wird rund um die Uhr aus- und eingeladen. Es gibt drei Generationen von Schiffen, die zurzeit in Benutzung sind. Die MS Lofoten von 1964 gehört zur ältesten Generation. Trotz Modernisierung sind die ursprüngliche Atmosphäre und der traditionelle Stil erhalten geblieben. Wesentlich kleiner als ihre Geschwister, wird an Bord deutlich, dass eine Reise mit den Hurtigruten auch immer ein Stück weit eine Reise in die Vergangenheit darstellt. Die MS Lofoten wird nur noch zu bestimmten Saisonzeiten eingesetzt. Die mittlere Schiffsgeneration ist schon mit Aussichtssalon, Bar, Restaurant, Fahrstuhl und Shop ausgerüstet, die neusten Generationen verfügen über tausend Passagierplätze und haben Platz für 50 Autos.

Das Nordkap selbst wird allerdings nicht angelaufen. Wer dorthin möchte, muss vom Hafen in Honningsvåg mit dem Bus zum Ziel, das ist aber an Bord buchbar. Außer in Bergen muss man sich eine halbe Stunde vor Abfahrt des Schiffes an die Gangway begeben. Man kann natürlich auch Teilstrecken befahren. Tickets kauft man im Hafenbüro. Beliebt sind die Komplettfahrten, die schon in der Heimat gebucht werden.

› *Informationen und Preise findet man unter www.hurtigruten.de. So kostet die 7-tägige Fahrt von Bergen nach Kirkenes im Sommer ab 1600 € (Hochsaison) inkl. Kabine und hervorragender Verpflegung. Dazu kommt natürlich noch der Flug nach Bergen und von Kirkenes über Oslo nach Deutschland zurück. Trotz der hohen Preise sind die Kreuzfahrten oft ausgebucht, also rechtzeitig anfragen!*

114wn Abb.: fh

WEITER AUF DER E69

Zurück bzw. weiter auf der E69 in Richtung Nordkap liegen nun links und rechts einzelne Häuser an den Straßenseiten. Auf einer Halbinsel bei GPS 70.524954, 25.096722 gibt es eine alte Siedlung der Seesamen, wo man einen Kaffee trinken und sein Womo abstellen kann. Die Berge auf der linken Seite werden nun schroffer und reichen bis ins Wasser, lediglich die Straße windet sich noch zwischen Berg und Fjord entlang nach Norden. Der nächste Hof kommt etwa nach 7 km, es ist **Seljenes** bei GPS 70.563106, 25.219245, und danach erwartet den neugierigen Reisenden in **Ytre Nordmanset** die Souvenir-Verkaufsstelle Tanasølv, ein Laden für Silberschmuck und samische Handarbeiten, bei GPS 70.590835, 25.249329, geöffnet Juni bis Ende August. Hier kann man auf dem Parkplatz eine Rast einlegen, bevor es dunkel wird.

ZWEI TUNNEL VOR REPVÅG

20 km hinter Russenes kommt der 3 km lange **Skarvberg-Tunnel,** der früher keine Beleuchtung hatte. **Achtung:** Auch heute noch ist der Tunnel so eng, dass man mit größeren Wohnmobilen bei Gegenverkehr teilweise vor- und zurück rangieren muss. Man sollte besonders auf den Bus vom Nordkap achten: Dieser ist so hoch, dass er nur in der Mitte der Fahrbahn fahren kann, ohne die Wände zu touchieren. Das gilt natürlich auch für große Wohnmobile. Besitzer sollten wenn möglich vorher die Außenspiegel nach oben richten und die oberen Kanten ihres Gefährtes im Auge behalten. Der Blick des Beifahrers ist hier hilfreich. Es gibt außerdem eine Signalanlage, die die Durchfahrt bei großem Gegenverkehr sperren kann. Nun geht es quer durch den Fels unter dem Gurrajohkafluss hindurch. Nachdem es wieder hell geworden ist, umrundet man eine Landzunge und umfährt die Skarvbergetbucht.

Am Ende der Bucht ist ein größerer, befestigter **Parkplatz** (GPS 70.628791, 25.332885). Außerhalb der Parkplätze ist das Halten schwierig geworden, denn zum Meer hin gibt es eine 50 cm hohe Beton-Leitplanke und auf der andern Seite ragt meist sofort die Felswand empor.

Nach weiteren 7 km kommt der 500 m lange **Sortvig-Tunnel.** Die Straße wurde weiter an die Küste gelegt, um den winterlichen Schneeverwehungen zu entgehen. Direkt hinter dem Tunnelausgang kann man links auf der Wiese halten. Wem das zu heikel ist, findet 2 km weiter wieder einen ordentlichen Parkplatz mit Toiletten und Bänken am Ende der Bucht. Kurz vor Repvåg kommt schon ein Nordkap-Gefühl auf. Links und rechts der Straße breitet sich eine weite, unbewachsene Ebene aus. Von der E69 führt eine 2 km lange Stichstraße bis Repvåg.

REPVÅG (REIFFVÁHKI)
(48,5 km - 636 km)

Vor dem Ort selbst liegt rechts der Repvåg Campingplatz. Man erkennt ihn an den gelben Hütten. Vom schmucklosen Rezeptionsgebäude aus hat man einen herrlichen Meerblick.

173 Repvåg Camping og Kafeteria
GPS 70.7405, 25.658944

keine Straße, Tel. 078 475431, ein paar Hütten in Wassernähe, sonst nichts.

Ein paar Kilometer weiter liegt die Bucht vor einem. Mitten im Ort gibt es das Repvåg Fjordhotel und einen Campingplatz. Dazu gehört ein nett hergerichtetes Restaurant, das allein schon die Fahrt hierher lohnt.

174 Repvåg Fjordhotel & Rorbusenter
GPS 70.746789, 25.671805

keine Straße, Tel. 07847 5440, geöffnet: 6.-31.8. 57 Zimmer und 7 Rorbu-Hütten, mit Möglichkeit zur Selbstversorgung, DZ mit Frühstück ab 1000 nkr, 300 m vom Hafen in der ehemaligen Fischannahmestelle, die Rorbuhütten liegen daneben.

ABSTECHER NACH KÅFJORD

Die letzte Ansiedlung des Festlandes ist Kåfjord, rund 12 km weiter, bei GPS 70.876697, 25.755429, zweigt rechts ein Weg von der E69 ab und führt rund 2 km bis zum Hafen. Es ist still geworden am verlassenen Anleger. Als es den Tunnel noch nicht gab, fuhr von hier die Fähre im 3-Stunden-Rhythmus nach Margerøya ab und die Straße war stark befahren.

115wn Abb.: fh

Die vielen Tunnel auf der Strecke sind besonders im Winter wichtig

Der Nordkaptunnel

Der Tunnel ist der nördlichste Unterseetunnel der Welt und der drittlängste Unterseetunnel in Europa. Seit 1999 verbindet er die Insel Magerøya mit dem Festland. Der Tunnel ist 6,8 km lang und verläuft bis 212 m unter dem Meeresspiegel. Zur Refinanzierung des Projekts wurden 210 Mio. Kronen über eine Maut eingenommen. Seit Ende 2012 ist das erledigt und man fährt kostenlos nach Magerøya. Um den Tunnel eisfrei zu halten, können die Eingangstore an den beiden Enden bei Bedarf geschlossen werden. Sollte Wasser hineinlaufen, wird dies von automatischen Pumpen hinausbefördert. Im Tunnel kann durchgängig mobil telefoniert werden. Darüber befinden sich immerhin 50 m massives Felsgestein und das Nordische Eismeer. Geschlossen ist der Tunnel bei starkem Schneefall oder Starkregen im Winter. Er führt auf die Insel Magerøya, auf der das Nordkap und die Stadt Honningsvåg liegen.

WEITER RICHTUNG MAGERØYA

Zusätzliche 25 km sind in weiten Serpentinen über die Hochebene zurückzulegen. Die E69 umrundet den Kåfjord, am Ende der Bucht befindet sich wieder ein **Parkplatz.** Kurze Fahrt später ist man am Ende des Festlandes und Magerøya (Máhkarávju), die Nordkapinsel, liegt vor einem. Man erreicht sie nicht schwimmend, wie die Rentiere, sondern durch den Tunnel. Die ehemalige Mautstation ist mittlerweile abgebaut, geblieben ist nur noch der Parkplatz.

NACH DEM NORDKAPTUNNEL AUF MAGERØYA

(34 km – 670 km)

› Mitternachtssonne: 14.5.-30.7.

Nachdem man auf der Insel nach 6,8 km wieder ans Tageslicht kommt, sind es noch 19 km bis Honningsvåg. Früher kam die Fähre direkt dort an. Heute führt der Weg am Ufer entlang, ein Seitenarm wird mit einer Brücke überwunden. Weiter geht es zwischen Meer und Fels. Ab und zu vereinzelte Häuser, schroffe Berge im Hintergrund, dann die Siedlung Sarnespollen. Bald erreicht man den Sarnestunnelen, der aber nur 190 m lang ist und nicht unter die Meeresoberfläche fällt. Wenn man die nächste Bucht erreicht, kann man gegenüber der leerstehenden Schule rechts nach Smines im Sarnesfjord fahren. Hier sind 4 Rorbuhütten für Selbstversorger zu mieten.

175 Sarnes Rorbuer

GPS 70.973693, 25.792794

Sjøgata 2, Tel. 047 289320, zwei Personen pro Woche ab 6000 nkr, sehr malerisch mit eigenem Bootssteg in der ehemaligen Packstation. Transfer und Verpflegung extra, Fischerboote können gemietet werden, daher sind meist Hobbyfischer hier.

Der **Honningsvågtunnelen,** der nun erreicht wird, ist 4,5 km durch den Fels geschlagen. Gleich nach dem Ausgang des Tunnels von der Straße nach Honningsvåg rechts ab, liegt **Kobbholet** am Ende der Bucht. Auf der E69 weitergefahren, erreicht man die Storbukt, an deren Ende **Honningsvåg** liegt. Als Erstes kommt das Vandrerhjem in Sicht. Das rote Gebäude ist an eine große Industriehalle geflanscht. Wer in den Ort will, kann hinter dem Wandersheim rechts abbiegen und nach dem Parkplatz den Sørveien über den Hügel nehmen. Der führt ohne Umwege ins Zentrum. Wem das zu holperig ist, fährt die Hauptstraße an dem Vandrerhjem vorbei und ist nach 1,5 km ebenfalls im Ort angekommen. Auf halben Wege kommt man an eine Kreuzung: die E69 führt links zum Nordkap, rechts geht es in die City. Nimmt man letzteren Weg, passiert man die **Tankstelle** und an der Einmündung der Abkürzung einen **Supermarkt,** an dem man sich wieder mit Proviant eindecken kann.

> **Die Nordkap-Gemeinde**
> *Die Gemeinde Nordkap mit ihren 3500 Einwohnern verteilt sich auf eine Fläche von 924 km². Zur Gemeinde gehören die Insel Magerøya und Teile des Festlandes auf beiden Seiten des Porsangerfjords. Die Verwaltung ist in Honningsvåg, dem größten Ort auf der Insel Magerøya. Trotz des denkbar unangenehmen Klimas ist die Insel relativ dicht besiedelt. Es gibt immerhin sechs mit dem Auto zu erreichende Siedlungen, von denen einige einen Besuch wert sind. Die größeren Fischerdörfer sind Nordvågen, Kamøyvær, Skarsvåg, Gjesvær und Repvåg. Auf der Insel wurden über 10.000 Jahre alte Siedlungsspuren gefunden. Wenn im Oktober der erste Schnee fällt, wird die Straße ab Skarsvåg für Privatwagen gesperrt. Dann stehen nur noch die Buskolonnen zu Verfügung, die von Schneepflügen geführt werden.*

HONNINGSVÅG (HONNESVÁHKI, ÁVÁHKI)

(19 km – 689 km)

Information

› **Nordkapp Reiseliv AS, Nordkapphuset,** Fiskeriveien 4D, Tel. 078 477030, www.northcape.no, geöffnet: 15.6.–15.8. Mo.–Fr. 10–20 Uhr, den Rest des Jahres nur bis 14 Uhr. Infos zum Besuch der Vogelfelsen Gjesværstappan (s. S. 367)

Honningsvåg ist laut einer mehrsprachigen Tafel am Ortseingang das „nördlichste Fischerdorf Europas". Allerdings stumpft man mit der Zeit ab, weil hier alles irgendwie „das Nördlichste" ist. Das Stadtrecht wurde der Siedlung erst 1998 verliehen. Der Hafen ist einer der bedeutendsten Nordnorwegens, da hier viele Kreuzfahrtschiffe halten. Am Hafenrand steht die Skulptur „Der Nordwind", die von den Bewohnern „Angelhaken" genannt wird. Honningsvåg ist ein großer Ort, der fast senkrecht an den Felshang gebaut wurde. Man kann im Zickzack weit hinauffahren und hat von oben einen guten Blick über den Hafen. An der Touristeninformation am Hafen befindet sich das „Café Corner", wo man preiswert eine Kleinigkeit essen kann. Im **Nordkapmuseum** wird die Geschichte des Nordkaptourismus' dargestellt. Eine **Tankstelle** gibt es an der Storbukt. Zum Übernachten bei Honningsvåg muss man noch ein Stück nordwärts fahren.

Information

› **Turistinformasjon Honningsvåg,** Fiskeriveien 4d, hinter dem Rica Hotel, Tel. 078 477030, www.nordkapp.no, geöffnet 15.6.–14.8. Mo.–Fr. 8–20, Sa./So. 12–18 Uhr, 15.8.–14.6. Mo.–Fr. 9–16 Uhr

Sehenswertes

› **Nordkappmuseet,** www.nordkappmuseet.no, ganzjährig geöffnet, mit Museumsshop und Cafeteria. Deutsche Führungen werden auch angeboten. Man kann das provisorische Elektrizitätswerk besichtigen, das man nach dem Krieg mit einem Generator des versenkten Schlachtschiffes Tirpitz ausrüstete. Für die ortsansässige Fischindustrie wurde der Strom gebraucht und das Repvåg-Wasserkraftwerk reichte nicht aus. **Das Nordkappmuseet bleibt wegen Umzug bis Sommer 2016 geschlossen.**

Wanderungen nach Kjelvik und Helnes

Im Zweiten Weltkrieg wurden die beiden Siedlungen **Kjelvik** und Helnes von den deutschen Truppen zerstört. Hier einst ein wichtiger Hafen für die Fischerei. Der alte Friedhof ist noch erhalten. Heute finden sich an der Stelle der Siedlung nur noch Ferienhäuschen. Zu den Orten gelangt man nur auf einem Fußweg, der in Nordvågen beginnt. Dazu fährt man durch Honningsvåg nach Osten, erst am Hafen vorbei, dann immer am Ufer entlang. Die Landzunge wird umrundet, links steiler Fels, rechts schäumt die Barentssee. Das Inselchen Nordvågholmen liegt 20 m weiter im Meer flach wie ein Brett mit einem einzelnen Häuschen darauf.

Ein kurzer Tunnel folgt, dann wird die Bucht umrundet und man ist im Ortsteil **Nordvågen.** Hier liegt ein baumloser Friedhof. Man fährt weiter durch Nordvågen. An der Bushaltestelle Hoverveien 94 biegt man zuerst links in den Vikaveien und dann in den Haugveien ab. Am Ende (GPS 70.98154, 26.034581) führt ein Weg zwischen zwei Garagen den Hügel hinauf nach Norden.

Man lässt den Gipfel des Hügels rechts liegen und folgt quasi der Stromleitung. **Kjelvik** selbst liegt am Ende des Weges bei GPS 71.001944, 26.1125. Auf dem schmalen, waagerechten Streifen zwischen dem Hügel und dem Meer liegen die Häuschen wie hingeworfene Bauklötzchen verteilt, es gibt eine kleine Anlegestelle für die Bewohner, sonst ist es still, der Ort strahlt eine geradezu mystische Stille aus.

Bis zum Zweiten Weltkrieg war **Helnes** ein Fischerdorf, heute ist nur noch der Leuchtturm dort, der 1948 wiedererrichtet wurde. Man kann vom Honningsvåger Stadtteil Nordvågen dorthin wandern, 26 km hin und zurück. Dazu fährt man, wie unter Kjelvik beschrieben, aus der Innenstadt von Honningsvåg nach Osten durch den Nordvågtunnel bis zum Ende der schmalen Bucht.

Dort steht ein ziemlich großes, grünes Bootshaus am Wasser, das mit seinem steilen Spitzdach wie eine Kirche aussieht. Genau gegenüber führt der Weg in die Wildnis. Oder man fährt wie oben beschrieben weiter durch den Ort, biegt zuerst in den Vikaveien und dann in den Haugveien ab. Am Ende (GPS 70.98154, 26.034581) führt der Weg nach Norden. Nach 13 km Weg ist man am Meer. Auf dem nackten Fels stehen vier Häuser und der Turm, ein Weg führt noch zu einem Bootsanleger. Das ist der Rest von Helnes (bei GPS 71.061508, 26.22137).

CAMPING IN SKIPSFJORD (SKIIPAVUOTNA)

Skipsfjord, 2,5 km nördlich der Innenstadt, nennen sich die Jugendherberge und der Campingplatz bei Honningsvåg. Dabei handelt es sich um eine Ansammlung von grünen Hütten und roten, zweistöckigen Gebäuden in einer baumlosen und daher gewöhnungsbedürftigen

Landschaft. Das Gebiet liegt nicht an dem gleichnamigen Fjordarm, sondern dort, wo sich die Straße ihren Weg durch die Hügel bahnt.

176 NAF Camping Nordkapp

GPS 71.027971, 25.891764

liegt bei Skipsfjorden, Tel. 078 473377, www.nordkappcamping.no, geöffnet: 1.5.–15.9. Womoplatz 160 nkr, pro Person 50 nkr, Strom plus 60 nkr, es ist die größte Unterkunft nahe dem Nordkap und wird von der Hotelkette Scandic betrieben.

Die E69 windet sich danach in die Höhe und erreicht in einer Haarnadelkurve den Abzweig nach Kamøyvær.

ABSTECHER NACH KAMØYVÆR

(3 km pro Strecke)

Das Fischerdorf liegt am fischreichen Kamøyfjord auf der Ostseite der Insel. Hier liegen Boote im geschützten Hafen. Der Ort mit einen Laden und einer Post hat etwa 70 Einwohner. Um Kamoyvær zu erreichen, fährt man bei GPS 71.0333, 25.886657 von der E69 rechts ab und knapp 3 km nach Norden. Wohnen kann man bei Lillemors Helsestue (Tel. 078 475123) oder bei Árran. Im Dugsfjordveien gibt es auch die Möglichkeit, bei den Fischern zu wohnen (Infos unter Tel. 078 475150). Arbeitgeber des Ortes ist eine kleine Fischfabrik, 1.6.–31.8. täglich 13–20 Uhr. An der Weggabelung steht das gelbe Haus der Galerie „East of the Sun" und nach der nächsten Ecke taucht der Hafen auf, wo die blauen Häuser des Árran-Gästehauses stehen. Ein Stück weiter endet die Straße mit einem Wendeplatz.

Zur Weiterfahrt zurück auf der E69 fährt man nun über das öde Hochplateau. Manchmal im Sommer weiden Rentiere hier, sodass man immer mit den Tieren rechnen sollte.

ABSTECHER NACH GJESVÆR (GEAISSVEARRA)

(35 km pro Strecke)

Ein paar Kilometer weiter auf der E69 biegt man bei GPS 71.039346, 25.777892 am Abzweig nach Gjesvær links ab. Der Weg bis Gjesvær ist gut 20 km lang. Es ist eine sehr schöne Strecke, schöner als die zum Nordkap. Nur die Straße und die endlose Hochebene, von Hügeln umsäumt. Der **Elsejordvatnet** spiegelt den Himmel, die Straße durchmisst weite Geröllhalden. Dann weitet sich der Blick auf das Meer mit einigen flachen, unbewachsenen Inselchen und dem mächtigen Felsen von Lille Nordøya im Hintergrund.

Der recht große Fischerort im äußersten Westen mit dem malerischen Hafen liegt auf einer schmalen Halbinsel. Die Straße führt über die Landzunge einmal hin und wieder zurück. Es gibt einen Laden, am Westende einen Grill und das Terrassenrestaurant mit Fjordblick neben der Fischfabrik. Der Weg lohnt sich. Das Turistsenter bietet Touren über Magerøya, Fischzüge und Fahrten zum Gjesværstappan Naturreservat. Auch eine Fischerhütte kann man für rund 800 nkr mieten. Stappan Sjøprodukter, Kobbenesveien 8, veranstaltet **Seehundsafaris** und Vogeltouren, außerdem kann man hier auf der Terrasse des Ladens etwas Warmes zu essen bekommen. Der Ort wurde schon in der alten Wikingersage Heimskringla als Geirsver genannt. Die Deutsche Wehrmacht zerstörte 1944 das Dorf, die Gjesvær Kapelle von 1960 gilt als Kulturdenkmal. Erst 1976 erhielt der Ort eine Straßenverbindung über die Fv156 mit dem Rest der Insel Magerøya. Heute leben rund 150 Menschen ständig vor Ort.

VOGELFELSEN GJESVÆRSTAPPAN (STOAPPO)

Weit draußen vor Gjesvær im Westen thront die Inselgruppe Gjesværstappan aus fast 100 größeren und kleineren Inseln auf dem Meer. Diese Inseln sind in den Sommermonaten Heim unzähliger Seevögel, die an die Küste kommen, um zu brüten. Unter ihnen sind 800.000 Papageientaucher, große Seeadler-, Kormoran-, Tordalk-, Basstölpel-, Trottellummen- und Dreizehenmöwekolonien. Insgesamt brüten auf den Inseln rund 3 Mio. Seevögel. Die Turistinfo in Honningsvåg (s. S. 364) informiert darüber, wann und wieweit ein Besuch möglich ist. Oder man fragt direkt bei dem Unternehmen BirdSafari.

› **BirdSafari A/S,** Nygårdsvegen 38, in Gjesvær, Tel. 078 475773, www.birdsafari.com, im Sommer tgl. geöffnet. Die Boote fahren im Sommer wochentags dreimal und sonntags zweimal. Es gibt Plätze unter Deck, sodass man auch bei schlechterem Wetter fahren kann. Es werden auch Fahrten mit Übernachtung angeboten.

STORKAMØYA

Ist ebenfalls eine Vogelkolonie, außerdem brüten hier Seeadler. Am besten wendet man sich an Aurora Safaris, die diverse Touren anbieten. **Seeadler-Touren** werden ab dem 28. Aug. gefahren, wenn die Jungen geschlüpft sind und die Eltern wieder Lust haben, sich mit den Touristen abzugeben. Zuerst wird die Besatzung 20 Min. fischen, damit den Adlern das Wasser im Schnabel zusammenläuft, dann fährt man zu deren Lieblingsfelsen und lockt sie mit dem Fang an. Das klappt eigentlich immer, denn der Adler kann selten widerstehen.

Sehenswertes

› **Aurora Safaris,** Kobbenesvegen 8, beim Stappan Restaurant in Gjesvær, Tel. 095037722, www.stappan.com, 750 nkr pro Person. Eine Seeadler-Tour dauert etwa 2,5 Std., man sollte schon etwas seefest sein. Sechs Teilnehmer sollten zusammenkommen, damit der Kahn ausläuft.

WEITER AUF DER E69

Wer auf der E69 geblieben ist und nicht nach Gjesvær abgebogen ist, erlebt auch hier ein Stück baumlose Hochebene. Es kommt bald bei GPS 71.056524, 25.763919 ein Rastplatz links, dessen Parkplatz an eine Startbahn erinnert, und von dem man einen schönen Blick über den Fjord hat.

Das Rastplatzsymbol, der Nadelbaum mit Tisch und Stuhl, wirkt absurd, kein Baum, nirgends. Die Straße hat seit Honningsvåg rund 200 m an Höhe gewonnen, was man auch sehen kann. Tief einschneidende Täler sind zu sehen, während es langsam abwärts geht zur Kreuzung nach Skarsvåg. Hier biegt die E69 nach links ab, geradeaus kommt man nach 3 km in Skarsvåg an. Vorher verspricht ein Schild noch die Sehenswürdigkeit Kirkeporten.

SKARSVÅG
(24 km – 713 km)

Hier ist im Winter die Endstation für Autofahrer. 5 km rechts von der Straße zum Kap befindet sich mit 140 Einwohnern der letzte Ort vor dem Nordkap. Das Mini price Motellet (Tel. 78475248) ist wirklich das preiswerteste auf Magerøya. Wer gegen die Wellen kämpfen will, kann sich auf dem Campingplatz auch ein Ruderboot ausleihen. „Großmutter Alma's Haus" heißt das preisgekrönte Projekt, bei dem eines der alten Häuser originalgetreu rekonstruiert wurde und nun als Museum dient. Seit 2000 verkauft das „Weihnachtshaus" Kunsthandwerk sowie Kaffee und Kuchen. Ein findiger Bewohner funktionierte damals sein Haus im Winter als Laden um. Die Straße endet an einer Fischfabrik.

177 Kirkeporten Camping
GPS 71.108004, 25.812156

Rv171, Storvannsveien 2, beim Storvannet, Tel. 078 475233, www.kirkeporten.no, geöffnet: 15.5.–15.9., 16 Rorbuer und 30 Stellplätze, Stellplatz 195 nkr.

178 Midnattsol Camping
GPS 71.110186, 25.817438

im Turisthotell wird einem der Platz zugeteilt, Tel. 078 475213, 1.6.–15.9. Der Campingplatz liegt am Hang der E69. 45 Stellplätze ab 230 nkr.

AUSFLUG NACH KNIVSKJELLODDEN
(9 km Straße ab Skarsvåg und Wanderung nochmal 9 km pro Weg)

Knivskjellodden ist kein Ort, sondern schlicht Europas wirklich nördlichster Punkt bei 71° 11' 08" nördlicher Breite, 25° 40' 32" östli-

Kirkeporten („Kirchenpforte“)

Dieser außergewöhnliche Felsen ist eine geologische Besonderheit: ein mehrere Meter breiter Felsvorsprung in Treppenform, der an der Seite eine runde Öffnung hat. Durch sie ist die Mitternachtssonne zwischen 0 und 2 Uhr zu sehen. Man hat einen guten Blick zum Hornvik-Felsen (s. u.).

› *Nach Kirkeporten bei GPS 71.113437, 25.802758 führt ein 2,5 km langer Pfad von Skarsvåg. Er fängt beim Campingplatz Kirkeporten in Skarsvåg sowie beim Nordkaphotel an. Hin- und Rückweg insgesamt rund 45 Min.*

cher Länge bzw. GPS 71.185505, 25.675521. Allerdings liegt auch er auf der Insel Magerøya und nicht auf dem Festland. Von der E69 führt ein markierter Wanderpfad von etwa vier Stunden durch sanfte Hügel und grüne Flächen. Der Hin- und Rückweg misst insgesamt 18 km. Der Weg startet auf dem Parkplatz, 6 km vor dem Nordkap bei GPS 71.121867, 25.709167. Ein weißes Schild weist nur auf Knivskjellodden hin. Nach etwa 4 km teilt sich der Weg. Geradeaus führt er zur Landspitze Tunes, rechts ab zum Ziel. Zwischen dem Ørntind und dem Store Bispen fließt ein Rinnsal, dem der Weg zum Meer hinab folgt. Die letzten Kilometer legt man am Kiesstrand zurück. Am Ende wird man durch die größtmögliche Aussicht auf den Nordkapfelsen belohnt. Man kann seinen Namen in das Buch des Wandervereins eintragen und mit seiner laufenden Nummer im Verkehrsbüro später eine Urkunde kaufen (50 nkr).

Das letzte Stück des Weges ist nur im Sommer freigegeben, am Abzweig ist eine Schranke. Diese Gegend ist völlig unbewohnt, nur eine Souvenirbude liegt nach 2 km auf der linken Seite. Es geht wieder ein Stück bergan, ein See, der Kjeftavatnet, wird umrundet. In 200 m Höhe liegt der Fjordarm schwarz unten am Meer. Auch im Sommer kann hier stellenweise der Schnee liegen bleiben. Als Nächstes liegt linker Hand der Parkplatz, von dem aus man zur Landspitze Knivskjellodden wandern kann (s. S. 368). Die Straße führt weiter über die baumlose Ebene und erreicht einen Einschnitt auf der rechten Seite. Dies ist Hornvik.

AUSFLUG ZUM HORNVIK-FELSEN

Ungefähr 2,5 km vor dem Nordkap findet man bei GPS 71.15838, 25.795977 ein Gebäude und einen Steg aus der Zeit des Zweiten Weltkrieges. Dies ist der alte Anlegeplatz der Touristenschiffe, bis 1956 die Nordkapstraße (die heutige E69) eröffnet wurde.

Heute noch kann man den beschwerlichen Weg über die Treppen von 1880 auf die Spitze des Felsens nehmen, die mit rund 1000

Stufen über 300 m nach oben führen. Der Felsen galt bei den Samen als heilig. Die örtliche Pflanzen- und Tierwelt wurde im Jahr 1929 unter Schutz gestellt. Zurzeit versucht man, die Gegend wieder für Reisende attraktiv zu machen. Mit kleineren Fahrzeugen kann man versuchen, neben der Straße zwischen GPS 71.156813, 25.779247 und GPS 71.161664, 25.778676 zu halten.

Die letzten Kilometer auf der E69 zum Kap steigen nochmals an, dann kommt die Kuppel der Nordkapanlage und danach die Halle in Sicht, leider auch die Mautstation.

Im Sommer fährt mehrmals der Bus 330 von der Turistinfo in Honningsvåg zum Kap, 590 nkr inkl. Eintritt und Rückfahrt.

NORDKAP (KÁHPPA, DAVVINJÁRGGA)

(13 km - 716 km)

› Mitternachtssonne: 4.5.-30.7.

Nun hat man sein Ziel erreicht, muss allerdings erst mal Eintritt zahlen. Zurzeit kostet es pro Person 225 nkr (Fußgänger und Radfahrer frei). Damit erkauft man sich das Recht, bis zu zwei Tage auf dem Nordkapgelände zu verweilen. Man darf sein Auto auf dem Parkplatz abstellen und in dem Gebäudekomplex Schutz suchen.

Die Sehenswürdigkeiten sind zum Teil durch einen unterirdischen Gang zu erreichen. Drinnen gibt es eine Cafeteria, ein Restaurant, die

Das Ziel ist fast erreicht, der Nordkapfelsen

Öffnungszeiten der Nordkapphallen

18.5.–17.8.	11–1 Uhr
18.8.–31.8.	11–22 Uhr
1.9.–17.5.	11–15 Uhr

Grotten-Bar und einen Schnellimbiss, außerdem Souvenirs, Postkarten und ein Sonderpostamt (9–2 Uhr). In der ökumenischen St. Johanneskapelle im Tunnel kann man sich sogar trauen lassen. Die Kapelle ist sehenswert, weil sie in den Fels geschlagen und mit Kerzen beleuchtet ist. Dabei ertönt elegische Musik, die vom norwegischen Jazz-Saxofonisten Jan Garbarek eigens dafür komponiert wurde.

Die dazu passende Hochzeits-Suite gibt es auch. Ansonsten kann man nur auf dem Parkplatz im Wohnmobil übernachten. Es gibt einen thailändischen Tempel als Erinnerung an den Besuch des thailändischen Königs. In der Halle steht eine Büste des französischen Königs Louis Philippe von Orléans, der 1795 hier war. Zu sehen sind weiterhin ein Madonnenbild aus Italien und eine Gedenkplatte für das deutsche Schlachtschiff Scharnhorst, das in der Gegend versenkt wurde. Unter der Halle gibt es auch ein Kino, das auf einer 180°-Panorama-Leinwand einen sehenswerten und kostenlosen Nordkap-Film zeigt. Von der Halle gelangt man in einen Tunnel, der zu einer tiefer

119wn Abb.: fo©Tupungato

Das Nordkap (Davvinjárgga)

Das Nordkap oder im Norwegischen „Nordkapp" liegt auf der Felseninsel Magarøya, die zur Provinz Finnmark gehört. Geografisch gesehen liegt es in Lappland, politisch in Norwegen. 71° 10′ 16″ geografischer Breite, 25° 47′ 1″ östlicher Länge (GPS 71.185505, 25.675521). Das Nordkap gilt als der nördlichste Punkt Europas. Das stimmt nicht, denn etwas weiter westlich liegt die Landspitze Knivskjellodden mit 71° 11′ 08″ geographischer Breite, 25° 40′ 32″ östlicher Länge (GPS 71.185556, 25.6759), das ist nördlicher.

Aber diese Stelle gibt touristisch nicht besonders viel her. Sie ist im Gegensatz zum Nordkap eine nur gerade aus dem Meer ragende, flache Geröllhalde. Der Nordkapfelsen hingegen ist eine 307 m steil abfallende Felswand mit einem flachen Plateau oben. Sie bilden die Nordkap-Klippe, die in vorchristlicher Zeit ein heiliger Ort der Sami war, er wurde als Wohnort der Götter verehrt. Früher lebten ausschließlich Samen in dem Gebiet nördlich des Polarkreises. Sie wurden dann von den einwandernden Skandinaviern immer weiter zurückgedrängt. Gekrönt wird das Nordkap (Infos beim Nordkapp Turistkontor, Tel. 078 4728) von den aus dicken Felsbrocken erbauten Nordkappshallen, einem großen Komplex mit verschiedenen Einrichtungen und Sehenswürdigkeiten. Das Klima hier oben ist auch im Sommer meistens kalt und stürmisch. Die Wolken hängen fast immer so tief, dass man noch nicht einmal bis zum Meer hinuntersehen kann. Aus diesem Grunde ist auch die Mitternachtssonne von hier oben recht selten zu sehen, obwohl sie nirgends in Skandinavien so lange scheint (14.5.–30.7.). Im Winter ist es hier allerdings, abgesehen von dem eisigen Wind, erstaunlich warm. Ende Februar kann es tagsüber 0 °C sein, während in Zentrallappland Temperaturen von –15 ° bis –20 °C herrschen.

Wenn man den definitiv nördlichsten Punkt auf dem Festland sucht, muss man weiter zur Halbinsel Nordkyn fahren. Es ist die Landzunge Kinnarodden 71° 08′ 01″ nördlicher Breite, 27° 39′ 26,9″ östlicher Länge (GPS 71.13361, 27.65747).

117wn Abb.: fh

gelegenen Aussichtsplattform mit Bar führt. In ihm stehen Figuren berühmter Besucher. Wer Mitglied des Königlichen Nordkapklubs werden will, zahlt 125 nkr und erhält allerlei Reklame. Die Einnahmen dienen der Erhaltung des Kaps. Von der Plattform hat man den besten Blick nach Norden.

Das draußen stehende Monument „Kinder der Erde“ wurde von Kindern aus sieben Ländern geschaffen und symbolisiert Hoffnung, Freude und Freundschaft. Am meisten fotografiert wird die stählerne Weltkugel auf dem Plateau.

IM WINTER ZUM NORDKAP

Ein arktisches Abenteuer ist der Besuch des Nordkaps im Winter. Die Nordkap-Straße ist zwar im Winter nur eingeschränkt für den Verkehr geöffnet, aber etwa ab Dezember bis Ende April ist das Befahren auf der 13 km langen Stecke Skarsvåg – Nordkap in Kolonne hinter einem Schneepflug möglich. Dies ist allerdings nur Reisebussen und nicht Privatwagen gestattet, um die Zahl der Fahrzeuge zu begrenzen. Ab April ist aufgrund der besseren Witterungsbedingungen und der starken Nachfrage das Befahren der Straße mit Privatautos wieder erlaubt. **Achtung:** Das Benutzen des Busses ist aber trotzdem empfehlenswert, da der Untergrund tückisch ist und man mit festgefahrenenem Fahrzeug den Unmut der Nachfolgenden auf sich zieht.

Die Nordkaphalle ist im Winter nur beim Eintreffen der Busse geöffnet, man sollte sich im Hotel erkundigen.

› Wer **im Winter zum Nordkap** will, wendet sich an die Touristinformation, Tel. 078 477030, oder an das Busunternehmen Boreal Transport, Tel. 078475840, www.boreal.no, dort unter Rutetider den Bus (Finnmark) 177 suchen und sich weiter durchklicken, und www.northcape.no. Es wird für 900 nkr eine Bustour vom Scandic Hotel Honningsvåg zum Nordkap und zurück organisiert (inkl. Eintritt). Abfahrt ca. 11.45 Uhr, Rückfahrt 14.50 Uhr, Buchung am Vortag bis 15 Uhr. Ansonsten kommt der Bus etwa um 12.30 Uhr an der Kreuzung Skarsvåg vorbei.

VOM NORDKAP ZURÜCK

Hier endet nun die Wegbeschreibung zum Nordkap. Nach den ganzen Erlebnissen und Eindrücken muss man nun das Wohnmobil wenden und an die Rückreise denken, die ja auch einige Tausend Kilometer lang ist.

Wer Zeit hat, nimmt eine andere Route als bei der Hinfahrt. Wer es eilig hat, fährt über Alta, Kautokeino, Tornio, Luleå, Sundsvall, Stockholm und Malmö zurück. Das geht am reibungslosesten. Oder man hat das Wohnmobil geliehen und muss nur bis Rovaniemi fahren, um es dort abzugeben. Wer immer noch Abenteuer erleben will, kann noch ein Stück nach Osten fahren.

NORDKYN – DAS NÖRDLICHSTE FESTLAND EUROPAS

STRECKENVERLAUF

Lakselv – Ifjord (123 km) – Lebesby (18 km) – Hopseidet (54 km) – Mehamn (30 km, von Kjøllefjord 41 km)
Streckenlänge: 225 km (von Kjøllefjord 236 km)

Wer den definitiv nördlichsten Festlandspunkt Europas sehen will – Nordkap und Knivskjellodden liegen ja auf einer Insel – muss auf die Halbinsel Nordkyn (auf Norwegisch Nordkinnhalvøya) gelangen, entweder per Fähre oder über Land. Die allerletzten 25 km muss man zu Fuß nach Kinnarodden wandern. Das liegt auf 71.13361° (71° 8' 1") nördlicher Breite.

PER FÄHRE NACH NORDKYN

Dazu kann man vom Hafen Honningsvåg mit der Hurtigruten nach Kjøllefjord übersetzen und erreicht dort die Straße 894. Das Auto inkl. 2 Personen kostet 650 nkr. In Kjøllefjord gibt es eine Unterkunft mit 50 Betten, das Nordkyn Vertshus (Tel. 078 498151). Die Fahrt nach Nordkyn wird auf Seite 328 beschrieben. Als Alternative fährt man auf der E6 nach **Lakselv.**

LAKSELV (LEAVDNJA, LEMMIJOKI)

Stellplatz
GPS 70.1402, 25.2469
Ein Parkplatz zum Übernachten (ohne Infrastruktur) liegt etwas abseits der Straße 98 Richtung Meer.

In Lakselv (Erläuterungen s. S. 353) fährt man am zentralen Kreisverkehr der E6 bei GPS 70.051402, 24.977968 geradeaus auf der Straße 98 am Ufer des Olderfjordes entlang nach Børselv (Bissojohka, Pyssyjoki). Hier stehen ein Laden und eine Tankstelle zur Verfügung. An der Straßenkreuzung biegt man rechts auf die 98 ab. Nachdem man die Halbinsel abgeschnitten hat, erreicht man bei Kunes das Ende des Laksefjordes. Im Ort gibt es bei der Post einen kleinen Laden. Wenn man weiterfährt, kommt man an die Stelle, bei der der Fluss Adamselva in den Adamsfjord einmündet. Hier kann noch der **Adamsfjordfossen** (Àttángorži) besichtigt werden. Es ist ein beeindruckender Wasserfall, das Wasser stürzt sich 25 m tief in den Fjord. Man muss nach der Straßenbrücke parken und dann zurücklaufen. Der Parkplatz mit Toilette liegt rechts der Straße bei GPS 70.381561, 26.632242. Weiter geht es auf der 98 am Fjordufer entlang. Teilweise ist die Fahrt beeindruckender als die nach Magerøya, weil die Felsgebirge steiler emporragen. So erreicht man die nächste Siedlung, Ifjord.

IFJORD (IDJAVUOTNA)

(123–123 km)

Hier ist das typisch lappländische Kreuzungsambiente: Straßenschilder, Brücke, Tankstelle und Gasthaus. Zum Ende der Welt biegt man links zur 894/888 ab. Die Straße verläuft nun weiter am Laksefjord entlang, es gibt ein paar Gehöfte und einmal eine Serpentine vom Meer weg, aber kurz darauf sieht man wieder die Küste. Die Gehöfte haben beziehungsreiche Namen wie „Strand“ oder „Bucht“, ansonsten verläuft die Straße durch unbewohnte Gegenden. Dann ist Lebesby erreicht.

179 Ifjord Camping & Cafe

GPS 70.461091, 27.107391

Muorraveaivuovdi, 2,5 km südlich an der 98, ein ganz einfacher Platz, es werden ein paar Hütten vermietet und das Womo kann man auch abstellen. Tel. 090882814. außerdem Info, Café und Tankstelle.

LEBESBY (DAVVESIIDDA)

(18 km – 141 km)

Die Ansammlung von Häusern um eine Holzkirche liegt am Adamsfjord, der einen Seitenarm des Laksefjordes bildet. In der Gemeinde Lebesby fand man 1920 sieben Goldringe und ein geflochtenes Silberarmband. Forscher datierten den Fund auf 500 bis 600 nach Christus.

Die Weiterfahrt führt am Laksfjord entlang. Das Schwemmland hat in Bekkarfjord etwas Landwirtschaft ermöglicht. Wie es normalerweise in diesen Breiten aussieht, erfährt man 20 km weiter, wenn sich die 888 landeinwärts wendet. Hier ist die Landschaft ähnlich wie die von Magerøya: kahle, sanft gerundete Hügel, wenig Bewuchs und ab und zu ein See. Rechts der Straße taucht einer auf mit dem gar so seltenen Namen Storvannet (Großer See). An der Uferböschung sieht man, wie dünn die Erdkrume über dem Geröll ist.

Durch dies Felsgeröll ist der Untergrund recht tragfähig, sodass eine Rast abseits der Straße in dieser Gegend problemlos möglich ist. Man fährt einfach von der Fahrbahn auf den Fels. Trotzdem gibt es Parkplätze. Zum Beispiel bei GPS 70.61609, 27.370892, wo die Autos mit Blick auf das sanfte Tal parken. Man kann von dort zu einem Bergbach hinunterlaufen.

So geht es landschaftlich weiter: Nikolassee, Hundsee und dann durchfährt man die Ausläufer des Dorschtales, wo sich ein paar zaghafte Birken ausgesät haben. Danach hat man für die Straße ein Stück Berg weggesprengt. Das ergibt eine schöne Aussicht ins Tal. Auf dieser Strecke erlebt man die Einsamkeit der nordischen Landschaft wie sonst nur selten.

HOPSEIDET (NUORRI)

(54 km – 195 km)

Nächstes Highlight ist der einen Kilometer breite Isthmus von Hopseidet. Der Landstreifen verbindet die Halbinsel zwischen dem Laksefjord und dem Tanafjord mit dem restlichen Festland. Direkt hinter der Landverbindung gibt es eine Straßenkreuzung, hier mal ohne den typischen Ort dazu. Links verkündet das Schild, 30 km nach **Mehamn** und 42 km nach **Kjøllefjord.** Eine Schranke am Weg läßt nichts Gutes ahnen. Erst 1989 wurde die Nordkinnhalbinsel an das norwegische Straßennetz angeschlossen.

Das Stück von Bekkarfjord nach Hopseidet muss in manchen Jahren an über 200 Tagen vom Schnee geräumt werden, manchmal wird deshalb die Straße einfach geschlossen. (Rechts ab führt der Weg noch 25 km weit nach Skjånes, wo er dann endet.) Auf der 888 hat man noch einen Kilometer lang atemberaubende Ausblicke auf den Isthmus, bevor es mit der Stromleitung rechts herum ins Gelände geht. Die Einsamkeit der Landschaft ist nicht mehr zu überbieten! Rentierzäune künden von den Bewohnern dieser Ödnis. Mit Schrecken denkt man daran, dass es auch ab und zu Autopannen gibt – zu Fuß zur nächsten Bushaltestelle laufen ist hier schwierig.

Doch plötzlich, 90 km nach Ifjord, wird man zu einer Entscheidung gezwungen: Es geht nur noch nach links oder rechts. Die Straße 894 führt 23 km weit nach Westen zum Hafenort **Kjøllefjord.** Nach rechts biegt die 888 nach Gamvik und Mehamn ab (s. S. 377).

KJØLLEFJORD (GILEVUODNA)

(41 km bis nach Mehamn)

Wer mit dem Schiff von Honningsvåg gekommen ist, fährt in den Kjøllefjord ein und erlebt noch eine besondere Naturschönheit: Bei der Einfahrt in den Fjord auf der Nordkinnhalbinsel (Nordkynhalvøya) steht die Samen-Kirche **Finnkirka** am Ufer, eines der Wunderwerke der Natur. Die Felsenformation erhebt sich wie eine Kirche mit Kirchturm, Dach und Wänden zwischen einer Steilküste und dem Eismeer, geschaffen durch die Erosion in Jahrtausenden. Da den Samen auffallende Formen in der Landschaft heilig waren, ist die Finnkirka ein Seitastein, ein Opferplatz, gewesen.

Heute wird sie nachts illuminiert. In den Genuss dieses Schauspiels kommen vor allem die Passagiere des Hurtigruten-Schiffes, denn die Linie läuft jeden Tag diesen Hafen an.

180 Stellplatz Kjøllefjord

GPS 70.9491, 27.3309

Der Platz liegt direkt am Fjord neben dem Anlegeplatz von den Hurtigruten. 10 Stellplätze, 100 nkr, man muss bei der Touristeninformation (Strandveien 152) zahlen.

Der Ort selbst hat 1400 Einwohner. Er gehört zu den größten Fischereihäfen der Finnmark. Bereits im 16. Jahrhundert war hier ein größerer Handelsplatz, man handelte bis zum Ersten Weltkrieg mit Russland. Der Hafen bot Schutz auf dem Weg nach Osten. Die deutsche Armee zerstörte auch diese Stadt. Die Kirche war 1951 eine der ersten, die wieder aufgebaut wurde. Das Gotteshaus war ein Geschenk dänischer Gemeinden aus Dankbarkeit dafür, dass Dänemark vor dem Krieg bewahrt blieb. Heute ist Kjøllefjord ein idyllisches Dorf mit bunten Häuschen.

Wer hier ankommt, fährt auf den Rv894 durch die Ödnis bis zur Kreuzung und trifft nach 41 km bei GPS 70.946476, 27.75341 auf die 888.

MEHAMN (DONJEVUOTNA, MEEHAMINA)

(30 km – 225 km)

Der 900 Einwohner zählende Ort ist als Ausgangspunkt für Wanderungen zur **Nordkinnhalvøya** mittlerweile zu einiger Berühmtheit gekommen. Der Hafen ist die nördlichste Anlegestelle der Hurtigruten. Viele Besucher kommen aber mit dem Flugzeug, es gibt vier Landun-

118wn Abb.: fh

Finnkirka, von der Fähre gesehen

Zwei von Vierzehntausend

Lange Jahre dienten die zwei notgelandeten deutschen ***Junkers Ju 88*** *Jagdflugzeuge aus dem Zweiten Weltkrieg als Mahnmal, Wegmarkierung und Schutzhütte. Von dem Standard-Kampfflugzeug der Deutschen Luftwaffe gab es über 14.000 Exemplare. Die beiden abgestürzten waren das einzige, was es in der nördlichen Ödnis außer Steinen und Flechten gab.*

Eine Ju 88 zerschellte in ***Sandfjorden,*** *wobei die drei Insassen verletzt wurden, die andere Maschine landete nach einem Treffer durch eine englische Flugabwehrkanone auf dem* ***Nordkinnplateau*** *kurz vor der Senke Nordavindskardet, die vier Insassen blieben unverletzt.*

Die Wracks wurden nach dem Krieg an Privatleute verkauft, die sie aber vor Ort liegen ließen. Die Regierung kaufte sie zurück und flog sie 2001 mit Hubschraubern ins Flugzeugmuseum Bodø (s. S. 84). Ein Exemplar bekam das Technikmuseum in Berlin, die damit eine in Ungarn gekaufte Maschine komplettierten. Bodø bekam den Rumpf einer anderen Ju 88 dafür. So entstanden also in Berlin und Bodø die Maschinen sozusagen als Bastarde neu.

gen pro Tag. Der Ort hat eine wechselvolle Geschichte: 1903 stürmten 1200 erboste Fischer die dortigen Walfangstationen und zerstörten sie, bis das Militär der Zerstörung ein Ende bereitete.

Auch wenn es unlogisch ist: Die Wale hatten den Fischbestand gefährdet und die Station der Walfänger war für die Fischer die Ursache für das Vorhandensein der Wale. Fischerei ist immer noch die wichtigste Einnahmequelle von Mehamn. Man exportiert heute Königskrabben bis nach Japan, Trockenfisch nach Osteuropa und Stockfisch nach Afrika. Es gibt mehrere Läden und das Arctic Hotel, die Kirche ist modern.

181 Arctic Hotel

GPS 71.039039, 27.852548

Værveien 40, Tel. 78496700. Restaurant, Info, WLAN, alles was man braucht, gibt es hier – nicht zuletzt etwas Zivilisation! Zimmer 1250 nkr.

Stellplatz

Holmeveien 2, GPS 71.033273, 27.842257, unbefestigter Parkplatz am Ortseingang von Mehamn in Industrieumgebung, Wasser und Entsorgungsmöglichkeit kostenlos

Die Wanderung zum nördlichsten Punkt Europas ist 10 km pro Strecke lang und nur im Sommer möglich. Auch dann bläst oft ein kalter Wind. Man beginnt sie am Holztor beim Flughafen. Die Vegetation besteht aus Hochgebirgs- und Strandpflanzen. Die Junkers Ju 88, die im Zweiten Weltkrieg hier notgelandet waren, hat man 2001 entfernt.

Das Kap Kinnarodden liegt nun ohne makabere Wegmarkierungen vor einem. Bei GPS 71.13361, 27.65747 steht man dann definitiv an Europas nördlichster Spitze.

WEITERFAHRT NACH GAMVIK (GÁŊGAVIIKKA)

(20 km pro Strecke)

In Mehamn geht die Straße nach Gamvik an der Kirche rechts ab. Vorbei an einer weiteren Ausgabe des Storvannet. Der Weg führt über die Hochebene, ein paar Häuschen liegen verstreut in der Gegend, überall kann man halten und die Aussicht genießen. In Gamvik endet die Straße, der Hafenort hat 270 Einwohner.

Der Ort verfügt über ein kleines Museum mit Café, ein Gästehaus und, ganz wichtig, eine Tankstelle, die auch Kaffee anbietet. Auf dem Hügel oberhalb des Ortes liegt die hölzerne Kirche. Die Hurtigrute hat den Betrieb hierhin eingestellt. Auch der Autofahrer muss umdrehen und über Mehamn zurück.

Einen letzten Ausflug gibt es noch, ein Stückchen weiter nach Norden, zu einem Naturreservat und einem bekannten Leuchtturm.

SLETTNES FYR

In Ortsmitte der zweigt links eine schmale, leidlich befestigte Straße nach Slettnes ab. 4 km pro Weg kommen dann noch dazu. Die Straße führt an einer Wetterstation mit einer alten Landebahn vorbei und endet am Leuchtturm Slettnes fyr bei GPS 71.089543, 28.218566. Ein Schild verkündet die Koordinaten: 71° 05' 33". Das Nördlichste ist hier der nördlichste Leuchtturm auf dem europäischen Festland. Der gusseiserne Turm ist 39 Meter hoch. Die erste Version von 1905 wurde 1944 von den deutschen Truppen zerstört. Die jetzige Ausführung ist aber auch noch ziemlich alt, man baute den Leuchter 1948 wieder auf. Die Besichtigung mit Führung kostet 50 nkr (1.6.–15.8. 10–16 Uhr, www.slettneslighthouse.com). In einem der Nebengebäude ist ein Café eingerichtet, wo man warme Waffeln essen kann.

› **Übernachten im Leuchtturm:** Für romantische Herzen stehen Juni bis August fünf einfache Zimmer im Leuchtturmwärterhaus zur Verfügung: DZ ab 695 nkr pro Person, Infos durch das Gamvik-Museum und www.kystmuseene.no. Dort kann man auch Vogelbeobachtungstouren in dem nahe gelegenen Naturreservat buchen.

130wn Abb.: ta

131wn Abb.: ta

132wn Abb.: ta

129wn Abb.: ta

ANHANG

STELLPLATZLISTE

ROUTE 1: ENTLANG DER NORWEGISCHEN KÜSTE

Nr.	Platz	geografische Koordinaten	Seite
1	Camping Lilleby (SCR)	GPS 57.743931, 11.756397	39
2	NAF Bogstad	GPS 59.963948, 10.642562	48
3	NAF Ekeberg	GPS 59.89829, 10.773529	48
4	Oslo Fjordcamping Stubljan	GPS 59.835468, 10.776619	48
5	Sjølyst Marina Bobil parkering	GPS 59.919215, 10.676798	48
6	Tangenodden	GPS 60.614038, 11.260679	50
7	Marine senteret Tjuvholmen	GPS 60.789155, 11.072395	50
8	Faksfall Camping	GPS 62.042111, 9.155611	54
9	Motel und Camping Sandmoen	GPS 63.33143, 10.356195	54
10	Øysand Camping	GPS 63.327231, 10.21372	54
11	Vikhammer Motell & Camping	GPS 63.440629, 10.637376	55
12	Storsand Gård	GPS 63.43244, 10.70776	57
13	Hognes Gård og Camping	GPS 63.46547, 10.965205	58
14	NAF Camp Gullberget	GPS 63.623, 11.0681	58
15	Koa Camping	GPS 63.847791, 11.405329	60
16	Guldbergaunet Camping	GPS 64.022265, 11.5064072	63
17	Øksnes Camping	GPS 64.179276, 11.861703	63
18	Vegset Camping og kiosk	GPS 64.262611, 12.269056	63
19	Moa Camping	GPS 64.563389, 12.497389	65
20	Langnes Camping	GPS 64.460489, 12.303942	65
21	Mosjøen Camping	GPS 65.834749, 13.209363	66
22	Sandvik Gjestegård	GPS 65.941005, 13.40366	66
23	Korgen Camping	GPS 66.074462, 13.83863	69
24	Storli Camping	GPS 66.40225, 14.426002	71
25	Skogly Camping	GPS 66.380906, 14.601209	71
26	NAF Krokstrand Camping	GPS 66.462626, 15.093642	71
27	Stellplatz Saltdalsfjord	GPS 67.133, 15.4463	79
28	NAF Fauske Camping & Motell	GPS 67.239631, 15.420213	81
29	Campotel Fauske	GPS 67.245420, 15.336100	81
30	PlusCamp Saltstraumen	GPS 67.235969, 14.621243	82
31	Tømmerneset Camping	GPS 67.906238, 15.873549	87
32	Notvatn Camping	GPS 67.978677, 15.980149	87
33	Ness Camping	GPS 68.007792, 15.411885	93
34	Sørkil Fjordcamping	GPS 68.133, 15.897	95
35	Ballangen Camping	GPS 68.339525, 16.857569	97
36	Herslætta Camping	GPS 68.472195, 17.657175	102
37	Bardu Camping	GPS 68.876744, 18.361537	105
38	NAF Bjørnebo	GPS 69.216268, 19.556747	106
39	Ramfjord Camping	GPS 69.516587, 19.247335	109
40	Skittenelv Camping	GPS 69.777298, 19.382111	110
41	NAF Skibotn	GPS 69.393111, 20.268	110
42	Brennfjell Camping	GPS 69.322571, 20.360709	110
43	Stellplatz Okfjordhamn	GPS 69.9083, 21.3268	113
44	Altafjord Camping	GPS 70.027676, 22.284629	113
45	Alta River Camping	GPS 69.930006, 23.260453	121

46	Camp Alta	GPS 69.927487, 23.270195	121
47	Kronstadt	GPS 69.962608, 23.397335	121
48	Solvang Camping & Ungdomssenter	GPS 69.979357, 23.467698	121
49	Hammerfest Turistsenter	GPS 70.65261, 23.66096	127
50	NAF Storsvannet	GPS 70.659741, 23.713081	127

ROUTE 2: DURCH SCHWEDEN NACH NORDNORWEGEN

Nr.	Platz	geografische Koordinaten	Seite
51	Husbilcamping Tantolunden	GPS 59.312372, 18.053766	138
52	Husbilcamping Långholm	GPS 59.320062, 18.03138	138
53	Ängby Camping	GPS 59.337501, 17.90121	138
54	Rösjöbadens Camping	GPS 59.438431, 17.992126	138
55	Bredäng Camping	GPS 59.295662, 17.922925	139
56	Engesbergs Camping	GPS 60.727888, 17.28958	143
57	Bergafjärdens Camping	GPS 62.268202, 17.452161	148
58	Fläsians Camping & Stugor AB	GPS 62.359307, 17.369678	148
59	Bergeforsparken	GPS 62.517081, 17.384888	148
60	Storsjö Camping & Trädgård	GPS 62.922980, 18.070100	151
61	Ava Havsbad	GPS 63.47944, 19.295897	153
62	Nordmalings Camping	GPS 63.575426, 19.458203	155
63	Norrmjöle Camping	GPS 63.672642, 20.115772	155
64	Umeå Camping	GPS 63.791637, 20.307389	157
65	First Camp Umeå	GPS 63.844414, 20.34479	158
66	Norets Camping	GPS 64.370600, 21.320100	158
67	Bovikens Havsbad	GPS 64.777564, 21.119671	160
68	Byske Havsbad	GPS 64.947745, 21.234886	160
69	Campingplatz Slagnäsforsen	GPS 65.589126, 18.173904	166
70	Camp Gielas	GPS 65.581675, 19.190526	167
71	Renvallens Stugby	GPS 65.611428, 19.092693	167
72	Kraja Camping	GPS 66.050894, 17.863584	171
73	Laisvall Fjällcamp	GPS 66.132033, 17.168216	173
74	Adolfströms Camping	GPS 66.277364, 16.666063	173
75	Jäkkviks Fjällcenter	GPS 66.367835, 16.994734	174
76	Jäkkviks Stugby	GPS 66.382634, 16.969972	174
77	Kyrkans Fjällgård	GPS 66.387027, 16.964819	174
78	Camp Polcircelen	GPS 66.575388, 16.347349	175
79	Graddis Fjellstue	GPS 66.742291, 15.738405	177
80	Stellplatz Saltdal Turistsenter	GPS 66.813114, 15.4033	177
81	Västra Kajen Camping	GPS 65.314231, 21.469409	180
82	Pite Havsbad Camping	GPS 65.234064, 21.533239	180
83	Borgaruddens Camping & Havsbad	GPS 65.355163, 21.584312	180
84	First Camp Arcus	GPS 65.593763, 22.073053	182
85	Töre Camping	GPS 65.901681, 22.656601	184
86	Kalix Camping	GPS 65.852965, 23.140125	186
87	Seskarö Havsbad	GPS 65.713546, 23.756297	186
88	Stellplatz Aavajoki	GPS 65.817445, 23.830199	186

89	Stellplatz Laxholmen	GPS 66.233342, 20.868215	187
90	Skabram Turism och Gårdsmejeri	GPS 66.606214, 19.762552	191
91	Arctic Camp Jokkmokk	GPS 66.59568, 19.89366	192
92	Stellplatz Porjus	GPS 66.9568, 19.8086	196
93	Stellplatz Lulevatten	GPS 67.3095, 18.9748	197
94	Gällivare Camping	GPS 67.127407, 20.674803	200
95	Stellplatz Kalixälven bro	GPS 67.4902, 21.1202	201
96	Trollsparvens Camping	GPS 67.694204, 21.624935	204
97	Ripan Camping	GPS 67.860861, 20.240657	209
98	Björkliden Fjällby Camping	GPS 68.40812, 18.677952	214

ROUTE 3: DURCH FINNLAND NACH NORDNORWEGEN

Nr.	Platz	geografische Koordinaten	Seite
99	Naantali Camping	GPS 60.461651, 22.029301	224
100	Camping Ruissalo	GPS 60.424445, 22.091249	224
101	Poroholma Camping	GPS 61.135623, 21.470246	225
102	Camping Siikaranta	GPS 61.617547 21.422864	226
103	Leirintä Yyteri	GPS 61.569897, 21.527367	226
104	Camping Merikarvia	GPS 61.850116 21.470532	226
105	Top Camping Vaasa	GPS 63.100205 21.57663	230
106	Svanen Camping	GPS 63.70476, 22.728971	233
107	Camping Hiekkasärkät Oy	GPS 64.233553, 23.801873	235
108	Kokkola Camping	GPS 63.855195, 23.113246	235
109	Camping Nallikari	GPS 65.029861, 25.416734	242
110	Törmä Camping	GPS 65.895642, 24.63619	244
111	Camping Silversand	GPS 59.850678, 23.002127	245
112	Ormnäs Camping	GPS 59.968566, 23.443104	247
113	Camping Rastila	GPS 60.20683, 25.121044	254
114	Parkplatz am Zoo Korkeasaari	GPS 60.180002, 24.982476	254
115	Parkplätze am Olympiastadion	GPS 60.183398, 24.927828	254
116	Camping Aulangonjärvi	GPS 61.033853, 24.473391	256
117	Tampere Camping	GPS 61.471855, 23.739864	259
118	Pahkalanniemi Camping	GPS 62.009849, 23.008654	262
119	Haparandahamn	GPS 65.772120, 23.904501	269
120	Huvilompolo	GPS 66.034366, 24.015555	269
121	Camping Tornio	GPS 65.83181, 24.203417	269
122	Kukkolaforsen	GPS 65.962778, 24.038919	271
123	Vuennonkosken Leirintäalue	GPS 66.171366, 23.837839	272
124	Aavasaksa Aurinkomajat	GPS 66.390155, 23.73054	273
125	Övertorneå Camping	GPS 66.395431, 23.645239	275
126	Camping Pello	GPS 66.785212, 23.94453	277
127	Myllyn Pirtti	GPS 66.937862, 23.887711	277
128	Jouttensuvannon Loma	GPS 67.002692, 23.776857	279
129	Lappean Loma	GPS 67.155518, 23.578042	279
130	Pajala Camping	GPS 67.204365, 23.408854	280
131	Logen Camping	GPS 67.419392, 22.55329	280
132	Rajamaa AB	GPS 67.898457, 23.563185	283
133	Harrinivan Lomakeskus	GPS 67.933469, 23.656586	284
134	Lomamaja Pekonen	GPS 67.954862, 23.673477	285
135	Kilpisjärven Lomakeskus Oy	GPS 69.013965 20.878615	294

ROUTE 4: VON PALOJOENSUU NACH ALTA

Nr.	Platz	geografische Koordinaten	Seite
136	Fjellzentrum (Tunturikeskus) Galdotieva	GPS 68.57084, 23.33477	304
137	Hetan Lomakylä	GPS 68.386127, 23.610556	304
138	Ounasloma	GPS 68.38566, 23.604961	304
139	Arctic Motell og Camping	GPS 68.997325, 23.036821	308
140	Adventurecamp	GPS 68.999217, 23.036395	308
141	Fritidssenter & Camping (NAF)	GPS 68.946989, 23.088496	308

ROUTE 5: DURCH NORDFINNLAND ZUM NORDKAP

Nr.	Platz	geografische Koordinaten	Seite
142	Motelli Rovaniemi	GPS 66.45325, 25.578275	318
143	Camping Ounasjoki	GPS 66.497456, 25.743358	322
144	Ounasvaaran Pirtit	GPS 66.508796, 25.787051	323
145	Napapiirin Saari-Tuvat	GPS 66.517279, 25.844369	323
146	Stellplatz Hotel Levi	GPS 67.7858, 24.815770	328
147	Kittilän Leirintä	GPS 67.647018, 24.93673	329
148	Lomaset	GPS 67.819632, 24.837635	329
149	Feriendorf Levihuvilat	GPS 67.809974, 24.827764	329
150	Iglucamp	GPS 67.787125, 24.891111	329
151	Korvalan Kestikievari	GPS 66.898054, 26.201102	333
152	Nilimella Camping	GPS 67.418243, 26.607231	337
153	Orakoski Camping	GPS 67.338059, 26.653386	337
154	Vajusuvanto	GPS 67.685130, 26.792350	337
155	Lokan Jaloste	GPS 67.819446, 27.751014	338
156	Ivalo Rivercamping	GPS 68.624442, 27.543043	342
157	Ukonjärven Lomakylä	GPS 68.737162, 27.477136	342
158	Näverniemen Lomkylä	GPS 68.644119, 27.530165	342
159	Lomakylä Inari	GPS 68.902418, 27.036746	344
160	Uruniemi	GPS 68.903059, 27.071682	345
161	Jokitörmä	GPS 69.091257, 27.18506	347
162	Hietajoen Leirintä	GPS 69.164832, 27.840207	347
163	Tunturikylä Muotkan Ruoktu	GPS 69.251695, 26.817409	347
164	Camping Tenorinne	GPS 69.400676, 25.84533	348
165	Lomakeskus Napakettu Ky	GPS 69.414789, 25.825717	349
166	Tenon Eräkievari	GPS 69.46728, 25.838664	349
167	NAF Karasjok	GPS 69.472811, 25.498942	351
168	Stabbursdalen Feriesenter	GPS 70.177246, 24.907451	352
169	Solstad Camping	GPS 70.051416, 25.009581	353
170	Banak Camping	GPS 70.036621, 24.974279	353
171	NAF Stabbursdalen	GPS 70.177522, 24.908291	356
172	Olderfjord Hotell Russenes Camping AS	GPS 70.47787, 25.065778	357
173	Repvåg Camping og Kafeteria	GPS 70.7405, 25.658944	361
174	Repvåg Fjordhotel & Rorbusenter	GPS 70.746789, 25.671805	361
175	Sarnes Rorbuer	GPS 70.973693, 25.792794	362
176	NAF Camping Nordkapp	GPS 71.027971, 25.891764	366
177	Kirkeporten Camping	GPS 71.108004, 25.812156	368
178	Midnattsol Camping	GPS 71.110186, 25.817438	368
179	Ifjord Camping & Cafe	GPS 70.461091, 27.107391	375
180	Stellplatz Kjøllefjord	GPS 70.9491, 27.3309	376
181	Arctic Hotel	GPS 71.039039, 27.852548	378

KLEINE SPRACHHILFE

BEZEICHNUNGEN FÜR LANDSCHAFTSFORMATIONEN

Deutsch	Norwegisch	Schwedisch	Finnisch	Samisch
Bach	bekk	bäck	oja/puro	johka
Berg	berg	berg	vuori	tjåkka/várri
Bergrücken	rygg	rygg	vaara/selkä	sealgi
Bucht	bukt	bukt/vik	lahti	luokta
Fluss	elv	älv	joki	johka/ätno
Gewässer	vatn	vatten	vesistö	jávri
Gipfel	tind/nut	spets/topp	vuorikero	gáisi/cohkka
Hochebene	vidda	platå	ylätasanko	duottar/kåbbå
Hof	gård	gård	autiotupa	dallu
Hügel	kolle	kulle	kukkula	borri/corru
Hütte	hytter	stuga	autiotupa	kåta/stophu
Insel	øy	holme/ö	saari	suolo
kahler Berg	fjell	fjäll	tunturi	duottar, várri
Meer	hav	hav	meri	áhpi
Moor	myr	myr	räme	jeaggi/áhpi
Mündung	munning	mynning	suu	oaivvuš
See	sjø	sjö	järvi	jaure/jávri
Sumpf	sump	kärr, moras, sump	kärr suo	guoika/kvoika
Tal	dal	dal	laakso/kuru	vággi/kårså
Wasserfall	koski/foss	fors	vesiputous	gorzi/kårtje

NORWEGISCHE BEZEICHNUNGEN

In Norwegen gibt es zwei amtliche Sprachen, die sich nach der Trennung vom Dänischen Reich durchsetzten, Bokmål und Nynosk. Hier sind die Wörter aus beiden gebräuchlichen Sprachen ohne eine Trennung aufgeführt. Das ø gibt es in beiden Sprachen und entspricht unserem ö. Die Endung -en -ene -a an Hauptwörtern ist der Artikel und -e -er die Mehrzahl.

Apen	geöffnet
Adgand forbud	kein Zutritt
Ankomst	Ankunft
Anleggsted	Anlegeplatz
Avsmalnende veg	Engpass
Avgang	Abfahrt
Bading forbud	Baden verboten
Bensinstation	Tankstelle
Bil	Auto
Bilferjer	Autofähre
Blindgate, Blindvei	Sackgasse
Bobil	Wohnmobil
Brygge	Landungsbrücke
Dekk	Reifen
Dårlig veg	Schlechte Wegstrecke
Dårlig veidekke	schlechte Fahrbahn
Drosje	Taxi
Dyretrekk	Wildwechsel
Egner seg ikke for Campingvogen	nicht geeignet für Gespanne
Fjell	Gebirge
Forbud mot omkjøring	Überholverbot
Forbud mot gjennomfart	Durchfahrt verboten
Forbud mot stanna	Halteverbot
Gate	Straße
Gjenomgang forbud	kein Durchgang
Gasbeholder	Gasflasche
Inn	Eingang

Kjør sakte	langsam fahren
Lastebil	Lastwagen
Ledig	frei
Livbåter	Rettungsboote
Løs grus	loser Schotter
Lugar	Kabine
Lukket	geschlossen
Møtsplats	Ausweichstelle
nkr	Norwegische Krone
NOK	Norwegische Krone
Omkjøring	Umleitung
Opplysninger	Auskunft
Opptatt	besetzt
Overnatting	Übernachtung
Øl	Bier
Parkere	abstellen
Røkekupe	Raucherabteil
Røking forbud	Rauchen verboten
Selvbetjening	Selbstbedienung
Skadet	verletzt
Stasjon	Bahnhof
Stengt	geschlossen
Stikkontakt	Steckdose
Stoppested	Haltestelle
Svake kanter	Seitenstreifen nicht befahrbar
Sykehus	Krankenhaus
Til bildekk	zum Autodeck
Til leie	zu vermieten
Toalett	Toilette
Tollhus	Zollhaus
Torget	Platz
Ut	Ausgang
Utsalg	Ausverkauf
Vatten	See
Veiarbeid	Baustelle
Venterom	Wartesaal
Mandag	Montag
Tirsdag	Dienstag
Onsdag	Mittwoch
Torsdag	Donnerstag
Fredag	Freitag
Lørdag	Samstag
Søndag	Sonntag
Daglig	täglich
Skoledag	an Schultagen

SCHWEDISCHE BEZEICHNUNGEN

Der Buchstabe **å, Å** ist im Alphabet hinten angehängt, im Internet meist als a geschrieben. Er spricht sich aber wie ein **o.**

Ankomst	Ankunft
Annan fara	Achtung
Vägarbete	Baustelle
Att hyra	zu vermieten
Avgång	Abfahrt
Avgift	Gebühr
Avfart	Ausfahrt
Avsmalnande väg	Engpass
Återvändsgränd	Sackgasse
Badning förbjuden	Baden verboten
Barnkupé	Abteil für Mutter und Kind
Bäck	Bach
Hastighetsbegränsning	Geschwindigkeits-begrenzung
Bensinstation	Tankstelle
Bil	Auto
Bilfärja	Autofähre
Biljetter	Fahrkarten
Biljettluckan	Fahrkartenschalter
Bio	Kino
Cykel	Fahrrad
Dålig väg	schlechte Wegstrecke
Drag	ziehen
Dricksvatten	Trinkwasser
Effektförvaringen	Gepäckaufbewahrung
Ej Simkunnig	Nichtschwimmer
Ej genomfart	keine Durchfahrt
Ej motorforden	Nicht für Autos
Enskild väg	Privatweg
Enkelriktad gata	Einbahnstraße
Fjäll	kahler Berg
Förbud genomfart	Durchfahrt verboten
Fors	Wasserfall
Fram	vorn
Fritt inträde	Eintritt frei
Fullbelagt	Hotel belegt
Färjan	Fähre
Förrörelsehämnade	Schwerbeschädigte
Förbifartsväg	Umleitung
Förbjuded att bada	Baden verboten
Förbud att stanna	Halteverbot

Förbud mot högersväng	rechts abbiegen verboten
Förbud mot omkörning	Überholverbot
Fågelskyddsområde	Vogelschutzgebiet
Gastub	Gasflasche
Gasol	Propangas
Gård	Hof
Genomgång förbjuden	Durchgang verboten
Gräns	Grenze
Hållplats	Haltestelle
Hamnpolisen	Hafenpolizei
Håll till höger	nach rechts
Håll till vänster	nach links
Hembygdsgård	Freilichtmuseum
Hjälpstation	Erste-Hilfe-Station
Husbil	Wohnmobil
Höger	rechts
Icke rökare	Nichtraucher
Inresa	Einreise
Järnväg	Eisenbahn
Kör sakta	langsam fahren
Kulle	Hügel
Ledig	frei
Livsfara	Lebensgefahr
Lilla	klein
Ljus	Licht
Lämna företräde	Vorfahrt beachten
Läsk	Limonade
Marknad	Markt
Matsalen	Speisesaal
Myr	Moor
Mötesplats	Ausweichstelle
Nattklubb	Nachtklub
Nej	rein
Nödbroms	Notbremse
Nödutgång	Notausgang
Olycksfall	Unfall
Och	und
Öl	Bier
öppet	geöffnet
Påstigning	Eingang
Posten	Postamt
Rakt fram	geradeaus
Rea	Ausverkauf
Rum	Zimmer
Rökare	Raucher
Rökning förbjuden	Rauchen verboten
SEK	Schwedische Krone
Simmare	Schwimmer
Sjukhus	Krankenhaus
Sjö	See
Skjut	drücken
skr	Schwedische Krone
Sluss	Schleuse
Slutstation	Endstation
Snabbköp	Selbstbedienung
Spår	Gleis
Station	Bahnhof
Stugor	Ferienhäuschen
Stängt	geschlossen
Stor	groß
Stortorget	Der große Platz, meist Marktplatz mit Kirche und Rathaus
Strömming	Hering
svagar vägrenar	Seitenstreifen nicht befahrbar
Systembolaget	Alkoholverkaufsstelle
Tandläkare	Zahnarzt
Tidtabell	Fahrplan
Till	nach, zu
Tillträde förbjudet	Eingang verboten
Tillåten	erlaubt
Tjälskador	Frostschäden
Torg	Marktplatz
Tull	Zoll
Tullfria varor	zollfreie Waren
Tvättrum	Waschraum
Upptaget	besetzt
Utgång	Ausgang
Utresa	Ausreise
Utsålg	Ausverkauf, oft nur Sålg
Varning	Vorsicht
Varning för tåg	Vorsicht Zug
Vägkorsning	Kreuzung
Vägkurva	Kurve
Vägspärr	Straßensperre
Väntsalen	Wartehalle
Växelkontoret	Wechselstube

FINNISCHE BEZEICHNUNGEN

Im Finnischen wird alles so gesprochen, wie es geschrieben ist, doppelte Buchstaben bedeuten lediglich, dass es lang gesprochen wird.

Aikataulu	Fahrplan
Aja hitaasti	Langsam fahren
Ajo sallittu omalla vastuulla	Befahren auf eigene Gefahr
Aluerajoitus	Geschwindigkeitsbegrenzung
Asema	Bahnhof
Autolautta	Autofähre
Avoinna	geöffnet
Etuajo-oikeus muuttunut	Vorfahrt geändert
Heikko tien reuna	Seitenstreifen nicht befahrbar
Hengenvaara	Lebensgefahr
Hissi	Fahrstuhl
Hätäjarru	Notbremse
Irtokiviä	Rollsplitt
Itsepalvelubaari	Selbstbedienungsrestaurant
Juomavesi	Trinkwasser
Jäätelö	Eis
Kahvi	Kaffee
Kaiteet puuttuvat	Leitplanke fehlt
Kapea silta	Enge Brücke
Kelirikko	schlechte Wegstrecke
Keskusta	Zentrum
Kielletty	Verboten
Kiertotie	Umleitung
Korkeajännitys	Hochspannung
Käymälät	Toilette
Käytävä	Eingang
Lautta	Fähre
Liukas tie	Straßenglätte
Lossi	Fähre
Lähtevät	Abfahrt
Läpiajo kielletty	Durchfahrt verboten
Läpikulku kielletty	Durchgang verboten
Leirintäalue	Campingplatz
Matkailukeskus	Touristen-Station
Matkailuauto	Wohnmobil
Miehille	Männer
Mökki	Sommerhaus
Naisille	Frauen
Näkotorni	Aussichtsturm
Odotussali	Wartesaal
Oikealle, Oikeaan	rechts
Olut	Bier
Onnettomuus	Unfall
Opastus	Information
Poliisilaitos	Polizeirevier
Pysäkki	Haltestelle
Pysäköinti kielletty	Parken verboten
Pysäyttäminen kielletty	Halten verboten
Pysäköintipaikka	Parkplatz
Päällystevaurioita	Straßenschäden
Rautatieasema	Bahnhof
Ravintola	Restaurant
Ravintolavaunu	Speisewagen
Retkeilymaja	Jugendherberge
Ruotsi	Schweden
Saapuvat	Ankunft
Sairaala	Krankenhaus
Saksaa	Deutsch
Satama	Hafen
Silta	Brücke
Sisään	Eingang, Einfahrt
Soranajo	schmutzige Fahrbahn
Suljettu	geschlossen
Tie savettu	neue Straßendecke
Tiemerkintä	Straßenmarkierungen
Tietyö	Baustelle
Tonteille ajo sallittu	Anlieger frei
Tulli	Zoll
Tunturi	baumlose Hochebene
Tupakanpoltto kielletty	Feuer verboten
Tupakoiminen kielletty	Rauchen verboten
Tupakoitsijoille	Raucher
Työnnä	Drücken
Uiminen kielletty	Baden verboten
Uimaranta	Badestrand
Uloskäytävä	Ausgang
Umpikuja	Sackgasse
Vaja	Garage
Valtatie	Bundesstraße
Vapaa	frei
Varattu	besetzt
Vesi	Wasser
Yksityistie	Privatweg

GLOSSAR

AB	Aktiebolaget, Aktiengesellschaft
Aurora borealis	das Nordlicht
å	am Ende eines Namens deutet auf ein Gewässer hin.
Bautastein	Gedächtnisstein der Samen aus der Bronze- und Eisenzeit
Erzbahn	Eisenbahnstrecke von Kiruna in Schweden nach Narvik in Norwegen
G:a	alte schwedische Abkürzung für gamla (alt)
Holm	Felseninsel, deren Oberfläche mit Erde bedeckt ist.
Joik	Ritueller Gesang der Samen aus kurzen Versen
Kvarn	eine schwedische Mühle
Kaamos	Die Polarnacht in Finnland. Zeit in der die Sonne niemals aufgeht.
Kota	samische Hütte
L:a	schwedische Abkürzung für lilla, klein
LKAB	Schwedische Grubengesellschaft (Luossavaara-Kiirunavaara Aktiebolag)
Mil	Die skandinavische Mil (Meile) entspricht 10 km.
Mitternachtssonne	Wenn im Sommer die Sonne niemals unter den Horizont sinkt.
Noaide	samischer Schamane
NOK	Norwegische Krone (offizielle Bankenabkürzung)
nkr	Abkürzung für Norwegische Krone
Nordkalotte	Der Teil Norwegens, Schwedens und Finnlands, der nördlich des Polarkreises liegt.
Ö, øya	am Ende eines Namens bezeichnet eine Insel.
Öl	Bier in Schweden
Øl	Bier in Norwegen
Puukko	traditionelles Messer in Finnland mit Birkenholzgriff
Rorbuer	Hütten in Nordnorwegen, ursprünglich als Unterkunft für Fischer während der Kabeljausaison gedacht, heute für Touristen
Rv (Riksväg)	schwedisch für Reichsstraße, entspricht unseren Bundesstraßen
Sameting	samisches Parlament
Seitastein	samischer Opferstein
Siida	samisch für Sippe
Schäre	flache Insel, durch die Eiszeit glattgeschliffen
SEK	Schwedenkrone (offizielle Bankenabkürzung)
SJ	Statens Järnvägar, die schwedische Staatsbahn
Skoltsamen	Bewohner der Halbinsel Kola
skr	Abkürzung für die Schwedische Krone
STF	Svenska turistföreningen, der schwedische Touristenverein
Sund	Meerenge zwischen dem Festland und einer Insel
Sverige	So nennt sich Schweden.
Systembolaget	der Alkoholladen des schwedischen Staates
S:t	Abkürzung für heilig/heilige
Torg	oder Torget bedeutet in Schweden Platz
Tundra	baumlose Kältesteppe
Tysk	deutsch
Vägverket	die schwedische Straßenbaubehörde
Vidda	Hochebenen in Norwegen

REISE
KNOW-HOW
Albanien
Sardinien
Tessin
Lago Maggiore
Nordseeküste
Schleswig-Holstein
Ostseeküste
Andalusien
Litauen
England
Norden und Mitte
New York City
POSEN
ROSTOCK · WISMAR
WIESBADEN
PALMA de Mallorca
BUENOS AIRES
GÖTEBORG
ROTTERDAM
TRIER
WARSCHAU
Kauderwelsch plus
Brasilianisch plus Wörterbuch
Französisch Slang
Polnisch Slang
Polnisch

REGISTER

A

B

C

D

E

F

G

H

I

J

K

L

M

N

O

P

Q

R

S

139wn Abb.: sk

DER AUTOR

Frank-Peter Herbst (Jahrgang 1952) wurde in Berlin geboren und ging 1994 wieder dorthin zurück. Ein Grund mehr, so oft wie möglich dem Trubel der Hauptstadt den Rücken zu kehren und zur Entspannung die unverbauten Weiten der Tundra zu suchen. Die direkte Verbindung Rostock – Trelleborg macht es ihm leicht, für ein Wochenende in sein geliebtes Skandinavien zu entfliehen. Seit seinem Designstudium entwirft er Leuchten für private Wohnzimmer und Beleuchtungsanlagen für Kinos und Restaurants. Dabei lässt er sich immer wieder von der Formauffassung der skandinavischen Kollegen beeinflussen, was natürlich im Lande selbst am besten gelingt. Als Projektmanager einer Internet-Service-Firma beschäftigt er sich mit der modernsten Seite der Kommunikation. Auch hier ist der Blick nach Skandinavien ein Teil des Arbeitsalltags.

Außer diesem Routenführer erschienen von ihm bereits die Reisehandbücher „Skandinavien, der Norden“ und „Südschweden“.

Schreiben Sie uns

Dieses Buch ist gespickt mit Adressen, Preisen, Tipps und Infos. Nur vor Ort kann überprüft werden, was noch stimmt oder was sich verändert hat. Unser Autor ist zwar stetig unterwegs und erstellt alle zwei Jahre eine komplette Aktualisierung, aber auf die Mithilfe von Reisenden können wir nicht verzichten.
Darum: Schreiben Sie uns, was sich geändert hat. Wenn sich die Infos direkt auf das Buch beziehen, würde die Seitenangabe uns die Arbeit sehr erleichtern. Gut verwertbare Informationen belohnt der Verlag mit einem Sprechführer Ihrer Wahl aus der über 220 Bände umfassenden Reihe „Kauderwelsch“. Bitte schreiben Sie an:

REISE KNOW-HOW Verlag Peter Rump GmbH,
Postfach 140666, D-33626 Bielefeld,

oder per E-Mail an: info@reise-know-how.de

Danke!

Bildnachweis

Soweit nicht direkt am Bild vermerkt, stehen die Kürzel an den Abbildungen für folgende Fotografen, Firmen und Einrichtungen. Wir bedanken uns für die freundliche Abdruckgenehmigung.

Umschlag-vorderseite	fotolia.com © Rageziv
fh	Frank-Peter Herbst (der Autor)
fo	fotolia.com
hwk	Heinz-Wilhelm Konjer
ibs	imagebank.sweden.se
ibv	imagebank.visitfinland.fi
kw	Klaus Werner
ld	Lars Dörenmeier
ms und Umschlag-rückseite	Martin Schmidt
sk	Sonja Körber
ta	Thorsten Altheide
wp	wikipedia.de

Symbole in den Routenkarten

E60 218 23	Straßennummern Road numbers
	Autobahn mit Anschlussstelle / im Bau Highway with junction / under construction
	Autobahn in Planung / Tunnel Highway projected / Tunnel
	Schnellstr. mit Anschlussstelle / im Bau / Tunnel Expressway with junction / under construction / Tunnel
	Fernstraße / im Bau / Tunnel Major route / under construction / Tunnel
	Nebenstraße Secondary road
	Sonstige Straße Other road
	Fahrweg / Fußweg Track / Path
	Fernwanderwege Hiking route
	Im Winter gesperrt Closed during winter
10 / 10	Entfernung in Kilometern Distance in kilometres
	Eisenbahn / Eisenbahntunnel Railway / Railway tunnel
	Autofähre Carferry
	Fluss / Wasserfall River / Waterfall
	Kanal Canal
	Binnengewässer Inshore waters
	Gletscher Glacier
• 2072	Höhenpunkt (Höhe in m) Spot elevation (height in m)
▲ 1244 Stipok	Berg (Höhe in m) Mountain (height in m)
	Besiedeltes Gebiet Populated area
	Staatsgrenze mit Grenzübergang Int. boundary with border crossing
300	Höhenlinie (Höhe in m) Contour (heights in m)

Verwaltungsgrenze County boundary	
Naturschutzgebiet Nature reserve	
Sperrgebiet Restricted area	
Flugplatz Airfield	
Flughafen Airport	
Internationaler Flughafen International Airport	
Hafen Harbour	
Wintersportort Winter sports resort	
Zoo Zoo	
Leuchtturm Lighthouse	
Bergwerk Mine	
Höhle / Campingplatz Cave / Campingsite	
Aussichtspunkt Viewpoint	
Archäologischer Fundort Archeological site	
Museum Museum	
Kirche sehenswert Church of interest	
Kloster sehenswert Monastery of interest	
Schloss, Burg sehenswert Palace, castle of interest	
UNESCO Welterbe UNESCO world heritage	
Sonstige Sehenswürdigkeit Other place of interest	
Besuch empfohlen von Reise Know-How Recommended by Reise Know-How	Mandal
Tiefenschichtzahl (Tiefe in m) Bathymetric tints number (depths in m)	200

Höhenstufen
1200-1500 m
900-1200 m
600-900 m
300-600 m
150-300 m
0-150 m
0-200 m
200-300 m
300-500 m
500-1000 m
1000-1500 m
1500-2000 m
> 2000 m

- Route 1
- Route 2
- Route 3
- Route 4
- Route 5

Die in diesem Buch abgedruckten Routenkarten beruhen auf den beiden Faltplänen „Südschweden/Südnorwegen" und „Finnland und Nordskandinavien", jeweils mit einem Maßstab von 1 : 875.000 aus dem world mapping project™, herausgegeben vom Reise Know-How Verlag. Sie sind auf reiß- und wetterfestem Material gedruckt, GPS-tauglich und verfügen über einen ausführlichen Ortsindex.

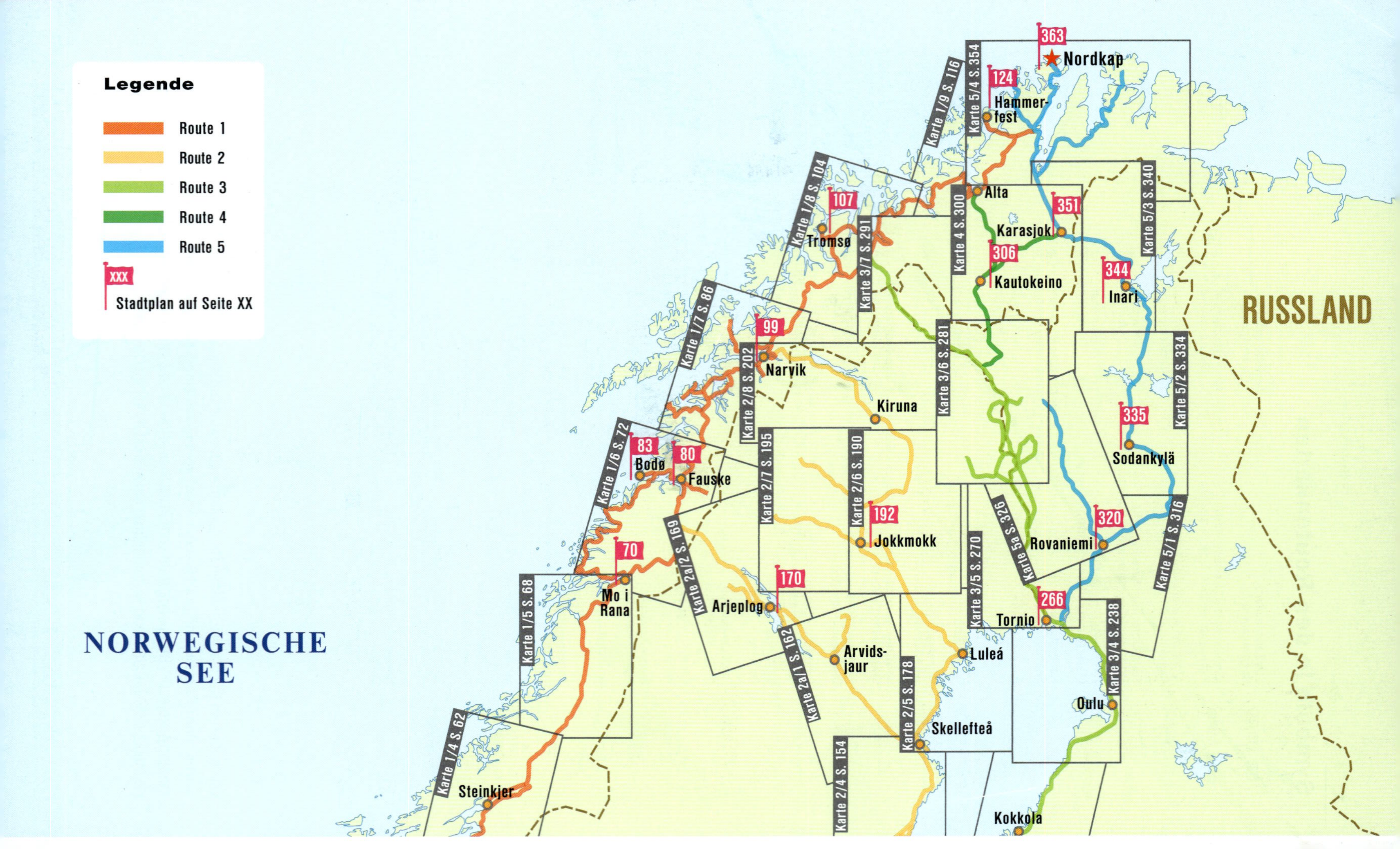
0
200 km
©Reise Know-How 2016
Legende
Route 1
Route 2
Route 3
Route 4
Route 5
XXX
Stadtplan auf Seite XX
363
Nordkap
124
Hammer-
fest
Alta
351
Karasjok
306
Kautokeino
344
Inari
335
Sodankylä
320
Rovaniemi
266
Tornio
Oulu
Kokkola
107
Tromsø
99
Narvik
Kiruna
192
Jokkmokk
170
Arjeplog
Arvids-
jaur
Luleá
Skellefteå
83
Bodø
80
Fauske
70
Mo i
Rana
Steinkjer
RUSSLAND
NORWEGISCHE
SEE
Karte 1/9 S. 116
Karte 5/4 S. 354
Karte 1/8 S. 104
Karte 3/7 S. 291
Karte 4 S. 300
Karte 5/3 S. 340
Karte 5/2 S. 334
Karte 3/6 S. 281
Karte 1/7 S. 86
Karte 2/8 S. 202
Karte 1/6 S. 72
Karte 2/7 S. 195
Karte 2/6 S. 190
Karte 5a S. 326
Karte 5/1 S. 316
Karte 2a/2 S. 169
Karte 3/5 S. 270
Karte 3/4 S. 238
Karte 1/5 S. 68
Karte 2a/1 S. 162
Karte 2/5 S. 178
Karte 1/4 S. 62
Karte 2/4 S. 154